**Franz Kurowski
An alle Wölfe: Angriff!**

Genehmigte Lizenzausgabe für DÖRFLER VERLAG GmbH, Eggolsheim

Alle Rechte vorbehalten.
Kein Teil des Werkes darf in irgendeiner Form (durch Fotokopie, Mikrofilm oder ein ähnliches Verfahren) ohne die schriftliche Genehmigung des Verlages reproduziert oder unter Verwendung elektronischer Systeme verarbeitet, vervielfältigt oder verbreitet werden.

Verantwortlich für den Inhalt ist der Autor.
Titelfoto: Eckard Wetzel

Im Internet finden Sie unser Verlagsprogramm unter:
www.doerfler-verlag.de

Franz Kurowski

An alle Wölfe: Angriff!

U-Boote, Crews und Kommandanten
im Zweiten Weltkrieg 1939–1945

DÖRFLER·VERLAG

INHALT

Ein Wort zuvor	6
Der U-Boot-Krieg	8
Die Schlacht im Atlantik	12
Die U-Boot Erfolge	17
Bis zum bitteren Ende	20
Das Fazit des U-Boot-Krieges	22
Kapitänleutnant Fritz-Julius Lemp	24
Fregattenkapitän Heinrich Liebe	41
Korvettenkapitän Günther Prien	52
Kapitänleutnant Joachim Schepke	78
Kapitänleutnant Herbert Wohlfarth	95
Fregattenkapitän Klaus Scholtz	105
Korvettenkapitän Georg Wilhelm Schulz	124
Kapitänleutnant Engelbert Endrass	138
Fregattenkapitän Günter Hessler	157
Fregattenkapitän Heinrich Lehmann-Willenbrock	171
Die nicht Zurückgekehrten	186
Kapitänleutnant Rolf Mützelburg	190
Korvettenkapitän Peter Erich Cremer	206
Kapitän zur See Karl-Friedrich Merten	223
Die Wahrheit über "Laconia"	237

Korvettenkapitän Heinrich Bleichrodt	273
Kapitän zur See Ernst Kals	292
Korvettenkapitän Reinhard Hardegen	302
Fregattenkapitän Erich Topp	315
Korvettenkapitän Johann Mohr	340
Kapitänleutnant Hans Diedrich Freiherr von Tiesenhausen	358
Fregattenkapitän Albrecht Brandi	369
Fregattenkapitän Helmut Rosenbaum	383
Oberleutnant zur See Horst Arno Fenski	393
Kapitänleutnant Siegfried Koitschka	400
Korvettenkapitän Adalbert Schnee	410
Korvettenkapitän Georg Lassen	423
Oberleutnant zur See Hans Trojer	440
Tödlicher Mai 1943	451
Korvettenkapitän Werner Henke	462
Kapitän zur See Werner Hartmann	476
Kapitän zur See Wolfgang Lüth	483
Kapitänleutnant Hans-Günther Lange	497
Die unbekannten Boote: U 999 unter Oberleutnant zur See Werner Heibges	511
Die Kommandanten	513
Danksagung	519
Abkürzungsverzeichnis	520
Quellenangabe und Literaturverzeichnis	522

VORWORT

Seit Ende des Zweiten Weltkrieges ist eine große Anzahl von U-Boot-Büchern erschienen. Mit diesem umfassenden Band wird der U-Boot-Krieg und mit ihm der opfervolle Einsatz der 35.000 U-Boot-Fahrer in besonderer Weise gewürdigt. Zwei Gründe sind es, die diesen Band kennzeichnen und hervorheben: Im Laufe von vier Jahrzehnten haben sich viele bisher unbekannte Fakten ergeben, die jetzt zu berücksichtigen sind.

Zum anderen sind gerade in letzter Zeit die U-Boot-Fahrer und insbesondere ihr Befehlshaber, Großadmiral Karl Dönitz, in oftmals niederträchtiger Art diffamiert worden.

An der hier vorgelegten Geschichte der Kriegseinsätze von 30 hochausgezeichneten deutschen U-Boot-Fahrern und einer Reihe weiterer Kommandanten, die alle ausliefen, um ihre Pflicht als Soldaten zu erfüllen, wird deutlich, daß sie sich weder verheizt fühlten noch daß die Absicht bestand, dies zu tun.

Sie wußten alle, daß "Sieg oder Niederlage auf allen anderen Kriegsschauplätzen letztlich vom Ausgang ihres Kampfes abhing", wie dies Captain S. W. Roskill ausdrückte.

Dafür daß das Werk in dieser Form entstehen konnte, dankt der Verfasser jenen überlebenden Kommandanten und dem Großadmiral Karl Dönitz, die ihm in den vergangenen Jahren mit Rat und Tat zur Seite standen. Das U-Boot-Archiv in Westerland unter der Leitung von Horst Bredow, ermöglichte es, mit seinen Erkenntnissen den letzten Stand der Forschung einzubringen.

"Als Großadmiral Dönitz die Kapitulation anordnete, standen immer noch 49 Boote in See. So groß war die Hartnäckigkeit des deutschen Widerstandes, so unerschütterlich die Standhaftigkeit der deutschen U-Boot-Fahrer."

Diesen Worten von Sir Winston Churchill ist nichts mehr hinzuzufügen.

Dortmund, im Juli 1986   Franz Kurowski

"Es ist keine Übertreibung, wenn man sagt, daß Sieg oder Niederlage auf allen anderen Kriegsschauplätzen letztlich vom Ausgang jenes Kampfes abhing, der in den Weiten des Atlantiks ausgetragen wurde. Hätte sich Großbritannien dort den Erfolg aus den Händen reißen lassen, dann hätte es in sehr kurzer Zeit der endgültigen Katastrophe gegenübergestanden."

S. W. Roskill in: "Royal Navy"

Der U-Boot-Krieg

Wie es begann

"Vom Führer der U-Boote:
An alle in See befindlichen U-Boot-Kommandanten.
Die Gefechtsbefehle für die U-Boot-Waffe der Kriegsmarine sind in Kraft getreten. Truppentransporter und Handelsschiffe sind gemäß Prisenordnung der Haager Konvention anzugreifen.
Feindliche Geleitzüge sind o h n e Warnung anzugreifen. Passagierschiffe, die nur Passagiere befördern, dürfen nicht angehalten werden. Diese Schiffe sind auch dann nicht anzugreifen, wenn sie in militärisch gesicherten Geleitzügen laufen.
gez. Dönitz"
Der Zweite Weltkrieg hatte damit auch für die U-Boot-Waffe am 3. September 1939 begonnen, etwa 30 Stunden nach dem Beginn des Polenfeldzuges und unmittelbar nachdem England und Frankreich dem Reich den Krieg erklärt hatten.
Die ersten Boote, die zum Einsatz kamen, waren U 30, U 48, U 47 und U 29, sowie einige weitere. Alles in allem wurde im ersten Monat des Krieges ein guter Erfolg erzielt, obgleich die Stärke der U-Boot-Waffe weit hinter den Forderungen des Führers der U-Boote, Kapitän zur See und Kommodore Dönitz, zurückgeblieben war.
Immerhin waren von der Handvoll deutscher U-Boote Handelsschiffe mit einer Gesamt-Tonnage von 175000 BRT versenkt worden.
Unter den versenkten Schiffen war ein Schiff, dessen Untergang in England ebenso große Erregung hervorrief wie in Deutschland: der Passagierdampfer "Athenia", der von U 30 unter Lemp als Truppentransporter angegriffen und versenkt worden war.

Was stand am ersten Tag des U-Boot-Krieges der U-Boot-Waffe an Booten zur Verfügung? Wie stark war die U-Boot-Waffe?
Die Marine verfügte am 3. September 1939 über insgesamt 46 einsatzbereite Boote, davon waren jedoch nur 22 für eine Verwendung im Atlantik geeignet, alle übrigen waren Boote, die mit der treffenden Bezeichnung "Einbäume" versehen wurden, und die nur in den küstennahen Gewässern operieren konnten.
Der Führer der U-Boote hatte 300 U-Boote gefordert. Er begründete dies mit folgenden Worten:
"Für einen erfolgreichen Handelskrieg sind — wenn der Gegner, wie ich glaube, seinen Handel in gesicherten Geleitzügen zusammenfassen würde — mindestens 300 Front-U-Boote erforderlich. Bei dieser Zahl wird gerechnet, daß 100 Boote jeweils zur Überholung und Erholung der Besatzungen in den Werften liegen, 100 weitere sich auf dem Marsch zum oder vom Operationsgebiet befinden und 100 Boote im Operationsgebiet am Feind stehen. Mit dieser Zahl glaube ich aber auch einen e n t s c h e i d e n d e n Kampf führen und einen ebensolchen Erfolg im Handelskrieg zu erzielen." (Siehe Dönitz, Karl: Zehn Jahre und 20 Tage).
Dönitz schloß diese Denkschrift mit den Worten: "Mit der augenblicklichen Zahl der U-Boote, und der nach der derzeitigen Bauzuteilung und dem Bautempo in den nächsten Jahren zu erwartenden, sind nur Nadelstiche im Handelskrieg zu erzielen."
Und der größte Gegner der deutschen U-Boot-Kriegführung, England, und der englische Kriegspremier Sir Winston Churchill, bestätigt diese Auffassung des deutschen Befehlshabers, indem er bekundete:
"Der deutsche U-Boot-Krieg war unser größtes Übel, es wäre weise von den Deutschen gewesen, a l l e s auf diese Karte zu setzen."

Bereits in der ersten Phase des U-Boot-Krieges, die unter der Bezeichnung Handelskrieg nach Prisenordnung geführt wurde, zeigte es sich, daß der Gegner zur See, England, sich nicht an jene Bestimmungen hielt, die allein diese Art der U-Boot-Kriegführung hätte weiterlaufen lassen können.
Die deutsche Seekriegsleitung, und damit Großadmiral Raeder an der Spitze, war entschlossen, diesen Handelskrieg nach Prisenordnung so lange fortzusetzen, wie der Gegner dies ermöglichte. Dies hatte Raeder in seiner "Kampfanweisung für die U-Boote" vom 3. September 1939 unmißverständlich zum Ausdruck gebracht.
Es sollte sich sehr rasch zeigen, daß der Gegner von dieser humanen Form der U-Boot-Kriegführung, bei der die Rettung der Besatzungen der versenkten Schiffe an der Spitze stand und auch durchgeführt wurde, eine andere Vorstellung hatte.

England ließ vom ersten Kriegstage an seine Handelsschiffe bewaffnen. Dazu Winston Churchill:
"Wir planten im Laufe der ersten drei Kriegsmonate etwa 1000 Handelsschiffe mit wenigstens je einem Geschütz zur Abwehr der deutschen U-Boote zu bestücken. Dieser Plan wurde auch durchgeführt."
(Siehe Sir Winston Churchill: Memoiren).
Sowohl die bereits 1938 erlassenen Confidential Orders Englands, als auch die im selben Jahr herausgegebenen Weisungen des "Defence of Merchant Shipping Handbook" weisen Direktiven für Handelsschiffe auf, die in totalem Widerspruch zum Seekrieg nach Prisenordnung standen.
Am 1. Oktober 1939 wurden alle in See stehenden britischen Handelsschiffe über Radio aufgefordert, j e d e s deutsche U-Boot, das sie erwischen konnten, zu rammen.
Alle diese Direktiven und Befehle waren entgegen dem Seerecht für Handelsschiffe erlassen und stellten eine große Gefahr dar, da die deutschen U-Boote ja zur Führung des U-Boot-Krieges nach der Prisennordnung auftauchen, das Schiff anhalten und untersuchen mußten. Dabei gaben sie dann, auf der See liegend, gute Ziele für versteckte Geschütze und für Rammings ab.
Dies veranlaßte die deutsche Seekriegsleitung, den U-Boot-Krieg nach Prisenordnung nach und nach aufzugeben, wenn auch Neutrale auf hoher See bis Kriegsschluß angehalten und untersucht wurden. Nur wenn Bannware an Bord war, mußte dann das Schiff versenkt werden.
Alle Handelsschiffe, die nach den erlassenen britischen Weisungen verfuhren, handelten nach internationalem Recht automatisch kriegsmäßig und entzogen sich selber den Schutz des Seerechtes.
Am 6. Januar 1940 wurden deutscherseits bestimmte Seegebiete zum Operationsgebiet erklärt. Alle in diesem Gebiet angetroffenen Schiffe würden ohne Warnung versenkt. Es handelte sich um den Seeraum zwischen 51 und 56 Grad Nord und 00 bis 04 Grad West. Durch dieses Gebiet mußte jedes Schiff, das einen englischen Hafen anlaufen wollte. Dieses Operationsgebiet wurde im Mai desselben Jahres erweitert.
Im ersten Halbjahr des U-Boot-Krieges blieben 16 Boote am Feind. Diesen Verlusten stand ein Erfolg von 199 versenkten Handelsschiffen mit 701.985 BRT gegenüber. Hinzu kamen 115 Schiffe, die auf Minen gelaufen waren, die deutsche U-Boote vor der englischen Küste gelegt hatten.
Unter den versenkten Schiffen waren auch Kriegsschiffe.
So die "Royal Oak", die von Prien in Scapa Flow versenkt wurde, und der Flugzeugträger "Courageous", der den Torpedos von U 29 zum Opfer fiel.
Die ersten Kommandanten-Persönlichkeiten schälten sich heraus, die

sehr bald zu den größten zählen sollten, die die U-Boot-Waffe kannte. Es waren dies zunächst Prien, Kretschmer und Schepke, Schultze, Hartmann und Schuhart, Liebe, Lemp und Rösing und einige andere. Wenig später kamen dann Endrass und Frauenheim, Schütze, Bleichrodt, Lüth und Suhren, Lehmann-Willenbrock, Schulz und Wohlfahrth hinzu.

Alle diese Kommandanten machten in kurzer Zeit von sich reden, sie standen in der ersten Reihe der Erfolgsliste und immer wieder drängten andere Namen nach.

Und hinter jedem dieser Namen, hinter jedem Erfolg, der errungen wurde, standen schwere, harte Einsätze bis an die Grenze des psychisch und physisch Möglichen und oft wurden aus den grauen Wölfen der See, die im Rudelangriff jagten und auf Schiffe Beute machten, Gejagte, die selber den Killer Groups des Gegners zum Opfer fielen.

Die Torpedokrise vor Norwegen sah alle eingesetzten Boote in einem erbitterten Kampf um das nackte Überleben, sie kämpften mit schlechten Torpedos, mit "hölzernen Schwertern", wie Günther Prien dies beschrieb.

Als der deutsche Sieg über Frankreich im Sommer 1940 die Biskayahäfen und jene der französischen Atlantikküste für deutsche U-Boote freimachte, ersparte dies den Booten 450 Seemeilen An- und Abmarschwege zum Operationsgebiet und zurück. Die goldene Zeit der U-Bootangriffe und vor allem der Rudelschlachten begann. Die Schlacht im Atlantik, wie die längste Schlacht des Zweiten Weltkrieges genannt wurde, sie dauerte 48 Monate, sah einmalige Erfolge.

Die U-Boot-Führung unter Admiral Dönitz verlegte nach Frankreich. Von Paris ging sie wenig später nach Kernevel bei Lorient.

Am 17. August 1940 wurde die englische Blockade Deutschlands mit der Gegenblockade beantwortet.

Am Ende des ersten Kriegsjahres waren 29 deutsche U-Boote verlorengegangen und ebenso viele waren hinzugekommen. Die Verluste des Gegners beliefen sich auf sieben Kriegsschiffe, darunter ein Schlachtschiff und ein Flugzeugträger, fünf Hilfskreuzer und 440 Handelsschiffe mit 233.000 BRT. Elf Angehörige der U-Boot-Waffe hatten im ersten Kriegsjahr das Ritterkreuz erhalten. Als drittem Soldaten dieser Waffe wurde es am 21. April 1940 Konteradmiral Dönitz, dem Befehlshaber dieser Waffe, verliehen.

Die Schlacht im Atlantik

Die erste Rudelschlacht größeren Ausmaßes begann am 20. September 1940, als die Boote U 32, U 47, U 48, U 99 und U 100 auf den Konvoi HX 72 zum Schuß kamen. Zwölf Schiffe mit 77.863 BRT gingen dem Gegner in dieser Rudelschlacht verloren.
Dennoch hatte schon damals die U-Boot-Führung große Sorgen, denn im Verlaufe des Jahres 1940 konnten nicht einmal die verlorengegangenen Boote ersetzt werden, so daß zu Ende des Jahres 1940 für die bis dahin verlorengegangenen 32 Boote keine Neubauten zur Front gehen konnten. Dies bewirkte, daß zu Ende des Jahres 1940 nur noch 21 Boote bei den Front-Flottillen standen und zur Jahreswende waren davon ganze drei Boote in See. 150 deutsche U-Boot-Fahrer führten praktisch den Seekrieg gegen England.
"Die Langsamkeit, mit der Hitler die Notwendigkeit eines großen U-Boot-Bauprogramms einsah", bemerkte der britische Seekriegshistoriker S. W. Roskill, "linderte zweifellos die Großbritannien drohende Gefahr."
Mit der geringen Zahl an U-Booten war die Aufgabe, die sich der inzwischen zum Vizeadmiral beförderte Dönitz gestellt hatte, nicht zu bewältigen, nämlich mehr Schiffe zu versenken, als die alliierten Werften neu bauen konnten.
Daß im Oktober 1940 die nur acht am Feind stehenden U-Boote 63 Schiffe mit 352.407 BRT versenkten, war eine einmalige Leistung, die später nur in den großen Rudelschlachten in den ersten Monaten 1943 und im Paukenschlag vor der US-Ostküste übertroffen wurde.
Als das zweite Kriegsjahr zu Ende ging, war mit 23 verlorengegangenen Booten, von denen eines außer Dienst gestellt und zwei weitere. die gesunken waren, später wieder gehoben werden konnten, die Verlustrate äußerst gering. In Dienst gestellt wurden in diesem zweiten Kriegsjahr insgesamt 150 Boote. Diese durchliefen jeweils bis zu vier Monate der Einfahr- und Schießzeiten etc., ehe sie zur Front treten konnten. Ein Teil davon mußte aber auch an die Schulen abgegeben werden.
Ende September 1941 liefen die ersten sechs deutschen U-Boote ins Mittelmeer. Im November bereits folgten vier weitere Boote nach, und schließlich belief sich die Stärke der im Mittelmeer stationierten Boote auf 58.

Diese Boote erzielten einige aufsehenerregende Erfolge und banden die große Mittelmeer-Flotte der Engländer in diesem Seeraum. Der britische Flugzeugträger "Ark Royal" wurde am 13. November 1941 von U 81 unter Guggenberger versenkt. U 331 unter von Tiesenhausen versenkte mit der "Barham" das einzige britische Schlachtschiff, das in See stehend durch U-Boote vernichtet wurde. U 557 unter Paulshen versenkte den Leichten Kreuzer "Galathea" und Rosenbaum konnte mit U 73 den Träger "Eagle" auf Grund schicken.

Andere Erfolge kamen hinzu, aber dennoch: für die Atlantik-Kriegführung fielen diese Boote auf immer aus, denn sie kamen aus der "Mausefalle Mittelmeer" nicht mehr zurück in den Atlantik.

Als dann auch noch die Seekriegsleitung den schwerpunktmäßigen Ansatz der gesamten Front-U-Boot-Waffe im Mittelmeer u n d westlich der Straße von Gibraltar anordnete, und eine weitere Anordnung der Skl vom 29. November 1941 besagte, daß ständig 15 U-Boote beiderseits der Straße von Gibraltar und zehn U-Boote im östlichen Mittelmeer zu stehen hätten, wurde die Kriegführung im Atlantik stark belastet. In einer Reihe mündlicher und schriftlicher Anträge versuchte Dönitz, diese Boote für die Kriegführung im Atlantik zurückzubekommen, denn er glaubte zu dieser Zeit nicht an eine Invasion der Alliierten in Nordafrika. Die Ereignisse sollten ihm recht geben.

Ende Dezember 1941 übernahm Kapitän zur See, später Konteradmiral Leo Kreisch, die Führung der deutschen U-Boote im Mittelmeer. Seine Dienststellenbezeichnung lautete: "Führer der U-Boote Italien". Sein Erster Admiralstabsoffizier wurde KKpt. Viktor Oehrn, der ebenfalls ein erfolgreicher U-Boot-Kommandant gewesen war.

Die im Mittelmeer stationierten US-Flottillen waren:
Die 23. U-Flottille in Salamis unter KKpt. Frauenheim.
Die 29. U-Flottille in La Spezia unter KKpt. Becker.

Letztere wurde später nach Toulon verlegt, dem Hauptstützpunkt im Mittelmeer ab August 1943. Sie lag aber auch für kurze Zeiten jeweils in Salamis, Pola und Marseille. Beckers Nachfolger waren die Korvettenkapitäne Frauenheim und Gunter Jahn.

Die Mittelmeer-U-Boote sollten bis zum Ende ihres letzten U-Bootes, es war U 565, das sich am 30. September 1944, nach Fliegerbomben-Beschädigung am 24. September vor Salamis selbst versenkte, im Einsatz stehen. Allein 24 Boote der Mittelmeer-Flottillen sanken mit der gesamten Besatzung.

Die großen Rudelschlachten des Frühjahrs 1941 sahen zugleich auch das Ende der drei erfolgreichsten U-Boote U 47, U 99 und U 100. Während U 47 mit der gesamten Besatzung versenkt wurde, konnten von U 100 einige Männer gerettet werden. Aber Joachim Schepke ging mit dem Boot unter. Die Besatzung von U 99 war glücklicher, fast alle

13

konnten gerettet werden, als das Boot in der Tiefe versank.
In diesem Sommer 1941 fanden dann auch die ersten Angriffe deutscher U-Boote vor der Küste von Westafrika statt. Hier versenkten sieben Boote insgesamt 74 Schiffe. Erfolgreichstes Boot war U 107 unter Hessler, das 14 Schiffe versenkte. Bis Ende Juni 1941 wurden im Seeraum vor Freetown 119 Schiffe mit 635.635 BRT in die Tiefe geschickt.
Im ersten Vierteljahr des dritten Kriegsjahres gab es eine Reihe weiterer Erfolge, aber während der Angriffe auf den Geleitzug HG 76, der von dem berühmten englischen U-Boot-Jäger Commander, dem Captain Walker mit seiner Geleitsicherungsgruppe abgeschirmt wurde, gingen insgesamt fünf deutsche U-Boote verloren. Unter ihnen auch Engelbert Endrass.

Am 31. Oktober 1941 wurde der US-Zerstörer "Reuben James", der in der Sicherungsgruppe für den Konvoi HX 156 lief und deutsche U-Boote angriff, durch U 552 unter Kptlt. Topp versenkt. Politische Verwicklungen schlossen sich sofort an.
Als Admiral Dönitz am 9. Dezember vom Führerhauptquartier die Mitteilung erhielt, daß die von Hitler persönlich angeordneten Einschränkungen gegenüber US-Fahrzeugen aufgehoben seien, versuchte er eine Gruppe von zwölf großen Booten zusammenzustellen, um diese mit dem Stichwort "Paukenschlag" gegen die US-Ostküste operieren zu lassen. Anstelle der zwölf Boote konnte der BdU nur auf ganze fünf zurückgreifen, denen wenig später fünf weitere folgten.
Der "Paukenschlag" wurde trotz der Minimalzahl an Booten für die US-Führung zu einem Desaster. Allein im Januar 1942 wurden vor der US-Küste 62 Schiffe mit 327.357 BRT von deutschen U-Booten versenkt. Kptlt. Hardegen versenkte in diesem ersten Einsatz vor Amerika neun Schiffe mit 53.173 BRT.
Anfang Januar 1942 konnte Admiral Dönitz endlich fünf weitere große Boote in den karibischen Seeraum entsenden. Ihr Angriff wurde am 16. Februar freigegeben. Die Ölzentren der karibischen Inseln wurden angegriffen, Tanker versenkt, Raffinerien beschossen.
Im zweiten Einsatz vor der US-Küste konnte Hardegen, der seit seinem ersten Amerikaeinsatz zu den Assen zählte, erneut von sich reden machen, als es ihm gelang, elf Schiffe zu vernichten. Hier war es auch Kptlt. Mohr, der sich in die Spitzengruppe der erfolgreichen Kommandanten vorschob. Topp und Mützelburg, Lassen und Scholtz, Kals und Hessler, Merten und Lüth, Henke und Lange und einige weitere hatten mit ihren Feindfahrten bald die Erfolgsserien der ersten Asse erreicht.
Durch die "Milchkühe", wie die Treibölversorger des Tpys XIV genannt wurden, — als erstes Boot lief U 459 unter von Wilamowitz-Möllendorf in die Karibische See und versorgte dort im April/Mai 1942 nicht weni-

ger als 14 Boote des Typs VII C mit Treiböl — gelangen große Erfolge. Die Boote konnten jetzt die doppelte Schießzeit draußen bleiben. Im Mai 1942 wurden in diesem Seegebiet 148 Schiffe, in der Mehrzahl Tanker, mit insgesamt 752.009 BRT versenkt.

Vom 1. Januar bis zum 30. Juni 1942 konnten in der goldenen Zeit der U-Boot-Erfolge 585 Schiffe mit 3.080.934 BRT versenkt werden. Diese Zahl beinhaltet allein die vom Gegner bestätigten Versenkungen. Eine Reihe weiterer kam hinzu, und zwar waren dies angeschossene Schiffe, die bei dem Versuch, den rettenden Hafen zu erreichen, doch noch sanken. Sie wurden aus versicherungstechnischen Gründen nicht als Versenkungen geführt.
Während dieser Zeit gingen 20 deutsche U-Boote verloren. In diesem Zeitraum waren übrigens 69 neue Boote zur Front getreten. Von diesen gingen allerdings 26 in den Raum um Nordnorwegen, zwei ins Mittelmeer, nur 41 standen für den Handelskrieg im Atlantik zur Verfügung. Damit betrug der praktische Zuwachs ganze 20 Boote.
Im August 1942 begannen weitere große Geleitzugschlachten. Sie galten den Konvois ON 115, SC 94 WAT 13, TAW 12, TAW 13, SL 118, ON 122 und TAW 15, sowie noch SL 119. 495.013 BRT Schiffsraum wurden im August aus diesen Konvois herausgeschossen und vernichtet.
Im Laufe dieses letzten Monats des dritten Kriegsjahres waren die ersten großen Boote des Typs IX C zu einem neuen Einsatz in den Südraum, mit Schwerpunkt Kapstadt, ausgelaufen. Am 12. September wurde von einem dieser Boote, U 156 unter KptIt. Hartenstein, ein großer Truppentransporter gesichtet. Es war die "Laconia", die neben britischen Truppen und Frauen vom Womens Corps auch noch 1.800 italienische Kriegsgefangene an Bord hatte.
An Deck dieses Schiffes wurden von Hartenstein acht großkalibrige Kanonen erkannt, daneben waren Flawaffen und Wasserbomben-Racks zu sehen. Die "Laconia" hatte darüber hinaus noch ein Asdic-Gerät zum Aufspüren deutscher U-Boote an Bord. Hartenstein fuhr den Angriff, und U 156 versenkte dieses große Schiff. Näher an die Untergangsstelle heranlaufend hörten die Männer auf dem U-Boot-Turm Hilferufe in italienischer Sprache. Sofort begann die Besatzung damit, alle im Wasser schwimmenden Schiffbrüchigen zu bergen. Hartenstein ließ am 13. September einen FT-Spruch an den BdU absetzen, aus dem die Tatsache hervorging, daß viele italienische Kriegsgefangene unter den Schiffbrüchigen seien.
Später stellte sich heraus, daß sich insgesamt 1.800 Kriegsgefangene, 436 Mann Besatzung, 268 britische Urlauber, 80 Frauen und Kinder sowie 180 polnische Gefangenenwärter befunden hatten.

Entgegen den Grundsätzen des Seekrieges leitete Admiral Dönitz eine großzügige Rettungsaktion ein. Er ordnete sofort den Abbruch aller in diesem Raum stattfindenden Operationen an und beorderte U 506 und U 507 sowie die gesamte Gruppe "Eisbär", die vor Kapstadt angreifen sollte, zur Untergangsstelle, um so viele Menschen wie möglich zu retten.

Hartenstein ließ, nachdem er bereits insgesamt 393 Menschen "gefischt" hatte, einen offenen Funkspruch auf der 25-Meter-Welle tasten, die vom Gegner abgehört wurde, in dem er den genauen Standort des Schiffsuntergangs angab und daß er keines der heranlaufenden Hilfsschiffe angreifen werde. Zehn Minuten später wurde dieser FT-Spruch auf der 600-Meter-Welle wiederholt.

U 506 und U 507 trafen am 14. und 15. September an der Untergangsstelle der "Laconia" ein und beteiligten sich an der Bergung. Am 16. September kam zwar keine Hilfe, dafür aber ein viermotoriges US-Flugzeug, welches das deutsche U 156 mehrmals umkreiste und die große Rote-Kreuz-Flagge sehr genau sah.

Wenig später erfolgte der Anflug einer weiteren Maschine dieses Typs. Es war 12.32 Uhr, als dieses Flugzeug trotz des Anmorsens durch einen britischen Seeoffizier zwei Bomben auf U 156 und die im Schlepp des Bootes und an Bord befindlichen Schiffbrüchigen der "Laconia" warf. Ein Boot kenterte nach Volltreffer.

Alle britischen Schiffbrüchigen mußten nun von Bord gegeben werden, ebenfalls die Italiener, weil Hartenstein für sie keine Tauchretter hatte.

Nach diesen Angriffen befahl Dönitz, daß die Rettung Schiffbrüchiger n i c h t zu Kosten des Bootsverlustes gehen könne. Er bemerkte dazu: "Annahme der Schonung des Bootes durch den Gegner ist abwegig."

Diese Einschätzung war völlig richtig. Der Gegner hatte in den vergangenen vier Tagen n i c h t s getan, um die insgesamt 964 britischen und polnischen Menschen zu retten, sondern sofort die Chance ergriffen, das deutsche U-Boot zu vernichten und dabei auch die Tötung der 964 Menschen voll in Kauf genommen. Am 17. September wurde auch U 506, das 142 Schiffbrüchige an Bord hatte, mit Bomben angegriffen. Captain Roskill, ein unbestechlicher Zeitzeuge, dazu:

"Alles ging gut, bis von dem neu errichteten Stützpunkt auf der Insel Ascension ein amerikanisches Armeeflugzeug U 156 angriff. Es ist gleicherweise unmöglich, diese Handlungsweise zu rechtfertigen, wie es schwerfällt, zu erklären, warum dies getan wurde. Da man im KTB der englischen Station Freetown k e i n e Eintragung über einen Angriffsbefehl fand, muß die amerikanische Dienststelle auf Ascension diesen Befehl gegeben haben."

Das vierte Kriegsjahr sah gleich zu Anfang Hitler bei einer Besprechung in der Reichskanzlei mit U-Boot-Fragen befaßt, als am 28. September 1942 sowohl der Großadmiral Raeder als auch Admiral Dönitz über die augenblickliche Lage des U-Bootkrieges vortrugen.

Dönitz erklärte auf dieser Besprechung, daß der Schwerpunkt des U-Boot-Krieges nach wie vor im Nordatlantik zu sehen sei. Alle Erfolge im Süden und vor der US-Küste täuschten ihn nicht darüber hinweg, daß die Geleitzugbekämpfung Vorrang haben müsse, wenn man England friedensbereit machen wollte.

Hier wurde zum Schluß auch über die sagenhaften "Walter-U-Boote" berichtet, und Großadmiral Raeder meldete, daß je zwei kleine Boote dieser totalen Unterwasserboote bei Blohm & Voss und auf der Germaniawerft in Auftrag gegeben seien.

Hitler entließ den Befehlshaber der U-Boote mit den Worten:
"Der U-Boot-Krieg ist von kriegsentscheidender Bedeutung für uns!"

Die U-Boot-Erfolge 1942

Im Jahr 1942 waren von deutschen und einigen italienischen U-Booten, die in einer Flotte unter deutscher Führung im Atlantik eingesetzt waren, insgesamt 1.160 Schiffe mit 6.266.215 BRT versenkt worden. Dazu Captain Roskill:

"Es war der britischen Admiralität klar, daß die Schlacht auf den Geleitzugwegen noch nicht entschieden war, daß der Feind größere Kräfte besaß als jemals zuvor und daß die Krise in diesem sich schon so lange hinziehenden Kampf nahe bevorstand."

Am 30. Januar 1943 erfolgte die Amtsübergabe des alten Oberbefehlshabers der Kriegsmarine, Großadmiral Raeder, an seinen Nachfolger, Karl Dönitz, der mit diesem Tage ebenfalls zum Großadmiral ernannt wurde.
Zu dieser Ernennung sagte Dönitz:
"Als ich im Januar 1943 meine Ernennung zum Oberbefehlshaber der Kriegsmarine erhielt, war ich mir der Größe der Verantwortung, die ich übernahm, durchaus bewußt. An meiner Einstellung, daß meine einzige Verpflichtung als Soldat im Kriege sei, mit aller Kraft gegen den äußeren Feind zu kämpfen, änderte sich nichts.
Jede Nation fordert diese Haltung von ihren Soldaten und bindet sie an diese Pflicht durch die am schwersten wiegende Form der Verpflichtung, den Eid.
Diese Pflicht ist unabdingbar. Sie ändert sich auch nicht, wenn die militärische Lage aussichtslos wird.
Ein Staat, der zuläßt, daß seine Soldaten nicht mehr ihre volle Kraft im Kampf einsetzen, wenn die militärische Lage ungünstig oder hoffnungslos wird, und der etwa das Urteil darüber, ob dies der Fall sei, in das Ermessen eines jeden einzelnen Soldaten stellt, rüttelt an den Grundlagen seiner eigenen Existenz."
Die Operationsabteilung des BdU verlegte noch im Januar 1943 von Frankreich nach Berlin. Dönitz blieb nach wie vor auch Befehlshaber der U-Boote. Der Stab des BdU wurde, um in der Nähe von Dönitz zu sein, als 2. Abteilung der Skl in das Oberkommando der Kriegsmarine in Berlin eingegliedert.
Konteradmiral Godt, Chef des Stabes des BdU, wurde Leiter dieser Abteilung. Er besaß das vollste Vertrauen des Großadmirals und hat dieses nie enttäuscht. Ihm vertraute Dönitz damit die weitere Führung des U-Boot-Krieges an. In der Person von KKpt. Hessler stand Godt ein erfahrener U-Boot-Offizier als Erster Generalstabsoffizier zur Seite.

Der Januar 1943 sah die deutsche U-Boot-Waffe in einer bis dahin noch nicht erlebten Kampfstärke von 215 Booten im Einsatz, von denen 164 im Atlantik standen. Die übrigen waren im Mittelmeer, im Nordmeer und im Schwarzen Meer eingesetzt.
Die letzten großen Rudelschlachten begannen.
In den großen Geleitzugoperationen gegen die Konvois TM 1 und TB 1, HX 222 und 223, SC 118 im Januar und gegen den ON 166 und 167, den UC 1 und den HX 227 im Februar, wurde eine Vielzahl von Schiffen versenkt. Aber der große Doppelschlag sollte erst noch im März kommen.
Am HX 228 und dann am SC 121 wurden erste große Erfolge erzielt. Bis zum 15. März waren 38 deutsche U-Boote in drei großen Rudeln

dort zusammengezogen, wo die beiden Geleitzüge SC 122 und HX 229 passieren mußten.
Bis zum 20. März wurden aus diesen beiden Konvois 21 Schiffe mit 140.842 BRT versenkt. Eine weitere Zahl torpediert, so daß von den 100 Schiffen dieser beiden Konvois nur 69 in den Nordkanal einliefen.
Weitere Erfolge im März schraubten die Zahl der Versenkungen so hoch hinauf, daß sich Captain Roskill zu jenem Satz bekannte:
"Man kann auf diesen Monat nicht zurückblicken, ohne so etwas wie Entsetzen zu empfinden über die Verluste, die wir erlitten."
Aber die Britische Admiralität, die nun mit dem Rücken zur Wand stand, traf alle nur möglichen Anstrengungen, diese Erfolgsserie deutscher U-Boote zu brechen. Fünf Support Groups wurden durch Admiral Horton aufgestellt. Die Amerikaner schickten eine weitere mit dem Träger "Bogue" und fünf Zerstörern. Ihr gemeinsames Ziel lautete: "kills the Wolf packs!"
Der Einbau von "High Frequency Direction Finders" und des neuen Wasserbomben-Wurfgerätes "Hedgehog", mit dem 24 Wasserbomben mit verschiedenen Tiefeneinstellungen gleichzeitig geworfen werden konnten und der Einsatz der tiefstdetonierenden "Thorpex"-Wasserbombe bereiteten das Ende der Rudelschlachten vor.
So wurde bereits der Einsatz im April zu einem zähen Ringen unter hohen Verlusten. Den 108 im März versenkten Schiffen mit einer Tonnage von 627.000 BRT folgte im April ein Tiefstand. Der Mai brachte dann das Ende, als allein am Konvoi ONS 5 sieben deutsche U-Boote verlorengingen. Großadmiral Dönitz ließ den Angriff auf diesen Konvoi abbrechen.
Vom 1. bis zum 22. Mai 1943 gingen allein auf See insgesamt 38 deutsche U-Boote verloren. An Bord von U 954, das am 19. Mai 1943 südostwärts von Cape Farewell durch einen Liberatorbomber versenkt wurde, befand sich auch Oblt. z. S. Peter Dönitz als Wachoffizier. Er fiel mit seinen Kameraden.
Am 24. Mai befahl Großadmiral Dönitz den noch im Nordatlantik stehenden Booten, sich in den Seeraum um die Azoren abzusetzen.
Bis zum Monatsende erhöhte sich die Zahl der gesunkenen Boote auf 41. Gleichzeitig waren 41 Schiffe des Gegners mit 205.372 BRT versenkt worden. Dies war ein Ergebnis, das sofortiges Handeln verlangte.
Großadmiral Dönitz erklärte zu diesem Zeitpunkt: "Wir waren in der Atlantikschlacht unterlegen . . ."
Captain Roskill wiederum schrieb in sein Seekriegswerk: "Wir wußten, daß wir einen Griff abgeschüttelt hatten, der uns beinahe den Hals zugedrückt hätte."

Bis zum bitteren Ende

Ende August 1943 lag die Bilanz des vierten Kriegsjahres vor. In diesem Jahr waren 220 U-Boote gesunken, während es im vorangegangenen Jahr nur 63 Boote gewesen waren.
Der Einsatz in den fremden Gewässern wurde fortgesetzt. Hier waren es die alten Asse, die zu neuen Feindfahrten ausliefen, die bis zu 225 Tage dauerten. U 181 unter Wolfgang Lüth war ebenso dabei wie U 198 unter FKpt. Hartmann. Dommes mit U 178, Gysae mit U 177, Kentrat mit U 196, der die längste Feindfahrt des Zweiten Weltkrieges mit 225 Tagen in See durchstand, und Steinfeldt und Bartels mit U 195 und U 197 kamen noch hinzu.
Von Juni bis Dezember 1943 wurden im Indischen Ozean, im Pazifik, im Roten Meer und im Persischen Golf 57 Schiffe mit 337.000 BRT versenkt.
Was aber war mit den Wunderbooten, die oftmals angekündigt, aber noch nicht zum Einsatz gekommen waren?
Der Bau der ersten Boote des Typs XXI und XXIII lief auf Hochtouren. In den neuen Konstruktionsbüros für den U-Boot-Bau in Blankenburg im Harz entstanden die Zeichnungen, und bereits im Winter 1943 gingen die Bauaufträge an die Werften hinaus. Otto Merker, der Leiter des Hauptausschusses Schiffbau, wollte zum 1. April 1944 das erste XXI-er Boot ausliefern und noch im April 1944 würden die ersten Boote des Typs XXIII verfügbar sein. Mit diesen Bootstypen würde der Einsatz der U-Boote revolutioniert werden. D a s waren die wirklichen, jetzt dringend benötigten Unterwasser-Boote, die dem Gegner auch unter Wasser davonlaufen konnten.
Aber auch in dieser Hinsicht verlief alles anders, als es geplant war. Es sollte, mit Ausnahme von U 2501, das am 27. Juni 1944 fertig war, noch viele Monate dauern, ehe die ersten deutschen Boote des Typs XXI fertig wurden, und nach dem Einfahren war es bereits April 1945 geworden, ehe das erste Boot unter KKpt. Adalbert Schnee zu einer Feindfahrt auslaufen konnte. (Siehe Kapitel: Korvettenkapitän Adalbert Schnee).
Bis zum August 1944 fanden einige militärische Ereignisse statt, die auch den U-Boot-Einsatz tangierten. Das größte davon war die alliierte Invasion an der französischen Atlantikküste.
Der BdU hatte zur Abwehr einer solchen Invasion zwei U-Boot-

Gruppen bereitgestellt. Es waren: 20 Boote der Gruppe Mitte, die unter FKpt. Schütze in Norwegen lagen, und 36 Boote der Gruppe "Landwirt", die in den Häfen der Atlantikküste zur Verfügung standen. Davon 15 Boote in Brest, von denen sieben mit einem Schnorchelmast ausgestattet waren, so daß sie auch unter Wasser mit Dieselmaschinen angetrieben werden konnten.

Diese Boote liefen sofort nach Bekanntwerden der Invasion aus und kämpften ihren letzten Einsatz. Ununterbrochen wurden sie von feindlichen Flugzeugen und Zerstörern erfaßt, vernichtet, aufgegriffen oder schwer beschädigt. Zwischen dem 24. und 26. August 1944 ließ Dönitz die im Invasionsgebiet stehenden U-Boote zurückrufen. Nur fünf Boote erreichten ihre Stützpunkte.

Als die alliierten Truppen am 31. Juli 1944 bei Avranches den Durchbruch erzielten, wurden die Biskaya-Stützpunkte eingeschlossen und fielen aus. Die hier noch liegenden Boote marschierten nach Norwegen. Vier Boote, die nicht mehr fahrklar gemacht werden konnten, wurden gesprengt. In den Atlantik-Festungen blieben die Flottillenchefs zurück. So Winter, Kals, Piening und Zapp. Der FdU West, Kpt. z. S. Rösing, verlegte ebenfalls nach Norwegen.

Nunmehr kämpften die U-Boote wieder vor der Küste Englands und vor dem Nordkanal. Sie schlugen sich in der Westsibirischen See mit russischen und englischen Geleitkräften der berühmten PQ- und QP-Geleitzüge herum, die sie schon seit 1941 bekämpft hatten.

Im April 1944 stiegen die U-Boot-Verluste, die in den vergangenen Monaten geringer geworden waren, wieder auf 23 Boote an. Die Luftangriffe auf deutsche Werften häuften sich. Viele U-Boote gingen dort in fertigem und halbfertigem Zustand verloren. Als am 31. August 1944 Bilanz gezogen wurde, waren in diesem fünften Jahr 221 Boote verlorengegangen, zehnmal soviel wie im ersten Kriegsjahr.

Ab Januar 1945 kämpften einige wenige U-Boote vor Gibraltar, im Nordmeer und vor Englands Küste. Der März sah noch einmal ein letztes Aufbäumen, das bis Mitte April anhielt. Eine Reihe von Booten gingen in den letzten vier Wochen noch verloren. Großadmiral Dönitz mußte aus seinem Lager Koralle bei Berlin nach Plön ins Lager "Forelle" umsiedeln, weil die Rote Armee dabei war, die Reichshauptstadt einzuschließen. Die deutsche U-Boot-Waffe aber kämpfte auch jetzt noch. Den letzten Erfolg des U-Boot-Krieges erzielte U 2336 unter Kptlt. Klusmeier, der am 7. Mai 1945 noch zwei Dampfer versenkte. Bis zum bitteren Ende, so lautete der Wahlspruch der U-Boot-Männer, und kein geringerer als Sir Winston Churchill, der größte Gegner dieser Waffe, war es, der zu ihrem Abgesang den Epilog schrieb:

"Mit erstaunlicher Standhaftigkeit und ungeachtet aller Verluste harrten sechzig bis siebzig U-Boote bis fast zum Schluß an der Front aus.

Ihre Erfolge waren nicht mehr bedeutend, aber sie trugen in der Brust unbeirrbar die Hoffnung auf einen Umschwung im Seekrieg ... Die Endphase des Kampfes lag in den deutschen Küstengewässern. Als Großadmiral Dönitz die Kapitulation anordnete, standen noch immer nicht weniger als 49 Boote in See. So groß war die Hartnäckigkeit des deutschen Widerstandes, so unerschütterlich die Tapferkeit der deutschen U-Boot-Fahrer."

Dies zur Erinnerung jener, daß das ein Mann schrieb, der die deutschen U-Boote wie nichts anderes gehaßt hatte, aber unumwunden zugeben mußte, daß sie für ihn "das größte Übel des Zweiten Weltkrieges gewesen waren".

Am 6. Mai 1945 richtete Großadmiral Karl Dönitz seinen letzten Tagesbefehl an die U-Boot-Waffe. Er war am Abend des 30. April, nach dem Freitod Hitlers, zum letzten deutschen Staatsoberhaupt ernannt worden. Hitler selbst hatte verfügt, daß der Großadmiral sein Nachfolger werden sollte.

Das Fazit des U-Boot-Krieges

Die deutsche U-Boot-Waffe war mit 57 Booten in den Zweiten Weltkrieg gegangen. 1.099 Neubauten waren während der Kriegszeit gebaut worden. Vier Bauten ausländischer Werften und zehn Beuteboote erhöhten die Gesamtzahl der in Dienst gestellten Boote auf 1.170. Von ihnen kamen 863 in den Fronteinsatz.

630 dieser 863 U-Boote blieben in See. Davon 595 durch Feindeinwirkung, 27 aus bisher ungeklärter Ursache und acht durch Unfälle.

In den Stützpunkten und in der Heimat gingen 80 Boote durch Bombenangriffe und Minen verloren. 25 Boote sanken durch Unfälle.

Während des Krieges wurden 34 Boote außer Dienst gestellt und zehn an fremde Marinen abgegeben oder in fremden Häfen interniert.
Bei Kriegsende sprengten oder versenkten die Besatzungen nach dem Stichwort "Regenbogen" 206 Boote in oder vor den Stützpunkten.
Während der Operation "Deadlight" wurden 113 U-Boote in britische oder alliierte Häfen überführt.
Der Erfolg der 863 zum Einsatz gelangten U-Boote lautete:
    2.779 Handelsschiffe mit 14.119.413 BRT versenkt.
Die Zahl der torpedierten Schiffe ging ebenfalls in die Tausende. Sie konnte nicht ermittelt werden.
Von den 39.000 U-Boot-Fahrern — alles Freiwillige — sind nach den offiziellen Feststellungen 30.003 gefallen.
In diesem Werk werden die Feindfahrten von 30 U-Boot-Kommandanten beschrieben. Viele weitere Kommandanten werden in diesem Buch genannt werden, die ebenfalls hätten zu Wort kommen können. Die hier vertretenen stehen stellvertretend für alle jene Männer, die auf deutschen U-Booten in selbstverständlicher Einsatzbereitschaft und Selbstaufopferung versucht haben, einen übermächtigen Gegner niederzuringen. Sie kämpften und starben in der festen Überzeugung, dieses Opfer für ihr Vaterland bringen zu müssen, an das sie bis zuletzt glaubten.

Kapitänleutnant Fritz-Julius Lemp
Kommandant von U 30 und U 110

"Ich habe die Athenia versenkt."

Am Mittag des 3. September 1939 hatten die zwischen dem 16. und 19. August vorsorglich ausgelaufenen deutschen U-Boote den FT-Spruch des Führers der U-Boote, Kapitän zur See und Kommodore Dönitz, erhalten. Darin befahl dieser nach der soeben erfolgten englischen Kriegserklärung:

"Beginn der Feindseligkeiten gegen England sofort!"

U 30, das unter dem Kommando des Kapitänleutnants Fritz-Julius Lemp stand, befand sich zu dieser Zeit weit draußen nach Westen herausgesetzt im Aufstellungsstreifen der Boote. Am Abend dieses 3. September wurde dem Kommandanten von der Brücke eine Sichtmeldung gemacht. Lemp enterte sofort auf und sah durch sein lichtstarkes Nachtglas einen großen Dampfer, der abgeblendet mit hoher Fahrt lief.

"Das ist ein Truppentransporter, kein Zweifel!" sagte Lemp, denn Passagierschiffe brauchten nicht abgeblendet zu fahren, weil sie nicht fürchten mußten angegriffen zu werden. Wer aber abgeblendet fuhr, der setzte sich sofort dem Verdacht aus, ein Truppentransporter zu sein.

Ein kurzer Ruderbefehl ließ U 30, ein Boot des Typs VII A, herumgehen. Mit beiden Dieseln äußerste Kraft laufend, versuchte Lemp, sein Boot vorzusetzen. Wenig später war es soweit:

"Auf Gefechtsstationen! — Boot klarmachen zum Viererfächer auf großen Truppentransporter!"

Die Mündungsklappen wurden geöffnet, die vier Rohre bewässert und klargemeldet.
Sie gewannen schneller als erwartet die zum Schuß notwendige optimale Position. Um 21.42 Uhr kam der Befehl zum Fächerschuß aus Rohr I und Rohr II. Zwei Torpedos wurden geschossen, aber nur einer raste durch die See seinem Ziel entgegen, der zweite war im Rohr steckengeblieben . . .
Der laufende Aal traf den Dampfer genau mittschiffs. Eine hohe Detonationsflamme stob in den Abendhimmel empor, und wenig später fing der Funkmaat des Bootes auch den SOS-Spruch des Dampfers auf:
»'Athenia' torpedoed, 56.44 north, 14.05 west, help.«
»'Athenia' ist Fahrgastschiff!« meldete der Horchraum wenig später, nachdem man dort im Lloyds-Register nachgesehen hatte.
"Abdrehen!" befahl Lemp mit tonloser Stimme. Er hoffte, daß sich das Schiff würde halten können, bis Hilfe herbeigekommen war. Er wußte in dieser Sekunde, daß er ein Schiff torpediert hatte, das unter keinen Umständen angegriffen werden durfte.
Im Boot hörte man noch über Stunden die SOS-Rufe der "Athenia". Dann wurde ein FT auf die Brücke gebracht, der dem Kommandanten zeigte, daß die ersten Helfer zu dem bereits sehr tief mit starker Schlagseite in der See liegenden Schiff unterwegs waren. Es waren die britischen Zerstörer "Escort" und "Electra", die als erste auf der Stätte der Vernichtung eintrafen. Eine Stunde später meldete sich auch die Jacht "Southern Cross", und dann kam noch der schwedische Dampfer "Knute Nelson" hinzu.
Fritz-Julius Lemp atmete auf. Am 4. September 1939 versank die "Athenia" in den Fluten. Der 13.581 BRT große Passagierdampfer war nach langem Sterben von der See verschwunden und hatte 128 der 1.428 Passagiere und Besatzungsmitglieder mit in die Tiefe genommen.
Der U-Boot-Krieg hatte damit schon in den ersten Stunden des Weltbrandes seine erste Sensation, die von der Gegenseite als offensichtlicher und brutaler Überfall auf ein Passagierschiff gebrandmarkt wurde. Alle Anfragen der U-Boots-Führung ergaben nichts, denn Kptlt. Lemp hatte strengstes Stillschweigen über diese Versenkung angeordnet.
U 30 lief weiter auf Suchkurs. Am 11. September wurde die "Blairlogie" mit 4.425 BRT versenkt. Das Boot stellte in der Mittagsstunde des 14. September einen weiteren Dampfer, stoppte ihn nach Prisenordnung und versenkte den Briten "Fanad Head", da dieser Bannware für England an Bord hatte. Am selben Tag wurde U 30 durch Flugzeuge der "Arc Royal" beschädigt, entkam aber. Damit kamen 9.625 BRT auf das

Versenkungskonto des Bootes, das in den nächsten Tagen keinen Gegner mehr sichtete und am 29. September in Wilhelmshaven einlief. Kpt. z. S. Dönitz war selbst zur Schleuse gekommen, um das Boot und die Besatzung zu begrüßen. Lemp meldete dem BdU das Boot von der Feindfahrt zurück und als die offizielle Meldung beendet war, sagte Lemp:
"Ich habe Herrn Kommodore noch etwas zu melden: Ich habe die 'Athenia' versenkt. Ich hielt das Schiff für einen Hilfskreuzer oder einen Truppentransporter. Erst später kamen mir Bedenken und als ich die SOS-Meldung hörte, wußte ich Bescheid."
"Da haben Sie sich eine dicke Suppe eingebrockt, Lemp. Ich werde Sie vor ein Kriegsgericht stellen müssen", antwortete Dönitz.
"Ist mir klar, Herr Kommodore!"
"Gut, bevor ich nichts anderes befohlen habe, wird die ganze Sache streng geheimgehalten. Sagen Sie das auch der Besatzung."
Die Untersuchung begann, und Lemp wurde von Dönitz disziplinarisch bestraft. Allerdings trat das Kriegsgericht nicht zusammen, weil Lemp eindeutig im guten Glauben gehandelt hatte und der Dampfer abgeblendet gelaufen war, womit er sich selber in Verdacht gebracht hatte. Die deutsche Staatsführung ordnete die Geheimhaltung der Versenkung der "Athenia" an. Entsprechend dieser Anordnung wurde vom OKM zum ersten und einzigen Male befohlen, die entsprechende Seite aus dem KTB von U 30 zu entfernen.
Diese allererste Versenkung eines Dampfers durch U-Boote im Zweiten Weltkrieg tauchte später natürlich auch nicht in Lemps "Rekord" auf. Allerdings wurde sie nach dem Kriege mit in die Nürnberger Anklageschrift gegen Großadmiral Dönitz aufgenommen.
Die zweite Feindfahrt von U 30 war eine Minenaufgabe vor der englischen Westküste. Auf den Minen, die damals von diesem Boot gelegt wurden, gingen nachweislich zwei feindliche Schiffe verloren.
Auf dem Rückmarsch, das Boot war bereits aus dem Nordkanal herausgekommen und stand nordwestlich der Hebriden, wurde am frühen Morgen des 28. Dezember das britische Hilfs-Minensuchboot "Barbara Robertson" gestellt und mit der Artillerie vernichtet. Wenig später, gegen Mittag dieses Tages, wurde an der Kimm ein riesiger Brocken gesichtet. Oblt. z. S. Greger, der I. WO, ließ ohne Zögern den Kommandanten auf die Brücke rufen. Ein kurzer Blick durch das Glas: kein Zweifel, was Lemp dort sah, war das Schlachtschiff "Barham", das mit seinen 31.100 BRT über vierzigmal größer war als sein Boot.
"Auf Gefechtsstationen! — Viererfächer fertigmachen."
Alles geschah schnell in der eingespielten Routine des lange Geübten. Augenblicke später wurden die Rohre klargemeldet, und um 15.45 Uhr fiel der Fächerschuß.

Viermal 350 Kilogramm Trinitrotoluol liefen auf das englische Schlachtschiff zu. Eine gewaltige Masse an Zerstörungskraft mußte diesem stählernen Riesen den Garaus machen. Doch plötzlich ging das Schlachtschiff mit seiner Fahrt herunter! Jetzt bestand die Gefahr, daß der Fächer vor dem Schlachtschiff vorbeigehen würde. Dann eine Wassersäule am Schiff, einer der Aale hatte das Schlachtschiff getroffen, die hohe Sprengsäule stob immer höher in den Himmel. Jetzt verlor das Schlachtschiff schlagartig weiter an Fahrt.
"Zerstörer, Steuerbord querab! — Kommt in Lage Null!"
"Alarm! — Schnelltauchen!"
U 30 verschwand von der Wasseroberfläche und setzte sich mit AK beider E-Maschinen ab. Sechs Stunden dauerte die Wasserbomben-Verfolgung, bis endlich auf einmal die Stille da war. Lemp hatte sein Boot, wenn auch leicht beschädigt, aus der Gefahrenzone herausmanövriert.
Die "Barham" aber sank nicht, sie steckte den Torpedotreffer weg und sollte erst am 15. November 1941 im Mittelmeer durch die Aale von U 331 auf Grund geschickt werden.
Im Januar 1940 und im Februar sanken auf den von U 30 gelegten Minen die britischen Schiffe "Cairnross", "Munster", "El Oso" und "Chagres". Der Dampfer "Gracia" konnte schwer getroffen eingeschleppt werden. Damit war das Boot auch auf dieser zweiten Minenoperation erfolgreich.

Der große Schlag des Juni 1940

Zu seiner sechsten Feindfahrt war U 30 (nach erfolgloser Jagd im April vor der Küste von Norwegen) im Juni ausgelaufen.

Am 20. Juni hatte das Boot Jagdglück und versenkte den britischen Dampfer "Otterpool". Zwei Tage darauf kam das Boot um 22.40 Uhr auf das norwegische Motorschiff "Randsfjord" zum Schuß. Auf der 70 Meter-Marke südsüdostwärts von Queenstown sank dieses Schiff.

Der nächste Dampfer, die "Llanharth", wurde zwei Stunden nach Mitternacht des 28. Juni versenkt, und am 1. und 6. Juli folgten drei weitere Schiffe. Am nächsten Tag lief U 30 als erstes deutsches U-Boot in Lorient ein. Am 21. Juli, auf der 7. Feindfahrt, stoppte U 30 den kleinen britischen Dampfer "Ellaroy" mit der Artillerie und versenkte ihn darauf mit einem Fangschuß.

Das schwedische Motorschiff "Canton" mit 5.779 BRT wurde vor Tory Island am 9. August um 20.32 Uhr vernichtet. Danach mußte Lemp nach einer langen und erfolgreichen Feindfahrt den Rückmarsch antreten. Als es am 14. August den Stützpunkt erreichte, flatterten neun Versenkungswimpel am ausgefahrenen Luftzielsehrohr. Lemp erhielt noch auf der Pier aus der Hand des BdU, Konteradmiral Dönitz, das ihm am selben Tag verliehene Ritterkreuz.

Am nächsten Tag, nach der KTB-Besprechung, versprach Dönitz dem Kommandanten ein neues Boot. Und der Große Löwe hielt Wort, und am 21. November 1940 stellte Fritz-Julius Lemp bei der Deschimag in Bremen das Boot U 110 in Dienst. Es war ein Boot des Typs IX B für ozeanische Verwendung.

Oblt. z. S. Greger blieb auch auf U 110 I. WO. Allerdings unternahm er mit diesem Boot nur eine Feindfahrt, um danach mit U 85 ein eigenes Boot zu übernehmen.

Noch im November marschierte U 110 zur Erprobung nach Pillau. Erst Ende Feburar 1941 konnte Lemp sein neues Boot einsatzbereit melden. Der LI Oblt. (Ing.) Hans Joachim Eichelborn hatte das Boot nun gut in der Hand, und der II. WO, Lt. z. S. Ulrich Wehrhöfer, hatte vorher noch keine Erfahrung auf U-Booten erworben.

Am 9. März 1941 lief U 110 zu seiner ersten Feindfahrt aus. Fünf Tage später, am 14. März, meldete der Kommandant ein schnelles Kanada-

Geleit, es war HX 112, auf den der BdU ohne Zögern alle in der Nähe stehenden Boote ansetzte. Unter den an diesen Konvoi heranschnürenden Booten befanden sich auch U 100 und U 99, die Boote von Schepke und Kretschmer.
Kurz vor Mitternacht zum 16. März hatte U 110 den zum Torpedoschuß notwendigen Vorlauf gewonnen und drehte nun zum Angriff ein. Lemp ließ nach kurzem Überprüfen der Lage auf zwei Schiffe schießen. Auf den Tanker "Erodona" und einen Frachter von geschätzten 6.000 BRT. Der Tanker "Erodona" stand kurz nach dem Doppeltreffer lichterloh in Flammen. Sie sank nicht, der Frachter jedoch wurde verfehlt. Dann brausten die Zerstörer heran und U 110 wurde von "Volunteer" und "Vanoc", aus der berüchtigten Killer Group des Commanders McIntyre, mit Wasserbombenwürfen belegt. Stundenlang mußte Lemp durch blitzschnelle Aktionen und Reaktionen, die oftmals nur um Haaresbreite gelangen, diesen tödlichen Wasserbomben ausweichen. Endlich waren beide Zerstörer abgehängt, nachdem ein 48-Wasserbomben-Gewitter über U 110 niedergegangen war.
Um 06.32 Uhr kam das Boot dann doch noch zum Schuß auf einen 8.000 Tonnen-Tanker, doch dieser Torpedo ging vorbei, und abermals wurde das Boot abgedrängt. Danach kam es nicht mehr an den Konvoi heran.
Kapitänleutnant Otto Kretschmer, der am 16. März aus diesem Geleitzug nicht weniger als sechs Schiffe herausschoß, wovon fünf sanken, wurde am nächsten Morgen von dem Zerstörer "Walker" der gleichen Killer Group versenkt. U 100, das ebenfalls aufgeschlossen hatte, erlitt durch den Zerstörer "Vanoc" das gleiche Schicksal. (Siehe Kapitel über Günther Prien und Schepke.)
U 110 aber war entkommen und versuchte in den nächsten Tagen Fühlung zu einem anderen Geleitzug zu bekommen. Als am 23. März über der Kimm ein kleiner Dampfer heraufwuchs, versuchte Lemp wenig später das Schiff durch die Artillerie zu versenken. Doch der erste Schuß war ein Rohrkrepierer, weil die Geschützbedienung in der Eile vergessen hatte, den Mündungsschoner abzunehmen. Drei Männer der Bedienung wurden verwundet, das Angriffssehrrohr derart beschädigt, daß es nicht mehr benutzt werden konnte. Der dann doch noch geschossene Torpedo traf die 2.468 BRT große "Siremalm" und beschädigte das Schiff, ohne es zu versenken.
U 110 mußte den Rückmarsch antreten und erreichte am 29. März 1941 den Stützpunkt Lorient.
Oblt. z. S. Greger verließ das Boot. Neuer I. Wachoffizier wurde Oblt. z. S. Dietrich Loewe.

Die letzte Feindfahrt

In den frühen Morgenstunden des 15. April 1941 ging die Besatzung von U 110 an Bord ihres Bootes. Mit der 46-köpfigen Besatzung stieg auch der Marine-PK-Mann Helmut Ecke ein. Er hatte den Auftrag, von den Rudelschlachten in der Weite des Nordatlantik Aufnahmen zu machen.

Elf Tage später, am Abend des 26. April, wurde ein Einzelfahrer gesichtet, es war der französische Dampfer "André Moyrant" mit 2.471 BRT, der nach dem Torpedotreffer in der Mitte durchbrach und binnen einer Minute versunken war.

Der bereits am 5. Mai aus dem Minch-Kanal in Richtung Nordatlantik ausgelaufene Konvoi OB 318, der ab 8. Mai von der 3. Geleitgruppe unter Commander Baker-Cresswell eskortiert wurde, konnte bereits am 7. Mai von U 94 unter Kuppisch angegriffen werden, der zwei Schiffe daraus versenkte.

Mit großer Fahrt versuchte nun U 110 heranzuschließen, und Lemp machte am 8. Mai eine Fühlungshaltermeldung, die von der britischen Admiralität abgehört werden konnte. Sofort gab man eine Weisung an den Konvoi-Kommodore Mackenzie heraus, und der erfahrene Kommodore ließ eine Kursänderung um 30 Grad nach Backbord einlegen, um den gemeldeten deutschen "Wolfs Packs" zu entgehen.

Lemp ließ sich nicht abschütteln. U 110 hielt weiter Fühlung und meldete immer wieder durch Peilzeichen. Da die Nacht zum 9. Mai mondhell war, beschloß Lemp, jetzt noch nicht anzugreifen. Am frühen Morgen des 9. Mai ließ er abermals Standort, Kurs und Geschwindigkeit des Konvois über Funk melden. Dönitz setzte jetzt auch U 556 unter Wohlfahrth und U 96 unter Lehmann-Willenbrock auf diesen Geleitzug an. Am Vortage hatten bereits U 201 unter Schnee und ein weiteres Boot Weisung erhalten, darauf zu operieren.

Unmittelbar nach der neuen Meldung kam ein U-Boot in Sicht. Es war U 201 unter Schnee. Lemp rief dem Kameraden zu: "Ich greife am Vormittag an, wenn Geleitzug nicht mehr mit einem Angriff rechnet. Und zwar von Nordwesten. Damit ziehe ich die Bewacher heraus, und Sie greifen eine halbe Stunde später von der anderen Seite an. Lehmann-Willenbrock und Wohlfahrth liegen auch ganz in der Nähe. Sie stehen wahrscheinlich östlich hinter dem Geleitzug. Möglich, daß sie auch die Verwirrung ausnutzen werden."

"Gut, ich greife eine halbe Stunde später nach Ihren Schüssen an", stimmte Schnee zu. Er winkte noch einmal zu Lemp hinüber, der schon mit seinem Boot Fahrt aufgenommen hatte und in den Kurs des Geleitzuges hineinschwenkte und wenig später von der Wasseroberfläche verschwand, um den Unterwasserangriff zu fahren.
"Auf Gefechtsstationen!"
Dieser Befehl des Kommandanten um 11.30 Uhr ließ die Besatzung aus der angespannten Stille der Erwartung erwachen.
"Torpedowaffe: Rohre I bis IV klar zum Unterwasserschuß!"
Lemp saß im Sattelsitz des Angriffssehrohrs und gab die Schußwerte für die Torpedos durch. Er wollte zwei Zweierfächer auf Dampfer von geschätzten 5.000 BRT schießen, um sicher zu gehen, daß diese angegriffenen Schiffe auch sanken.
Die beiden Zweierfächer liefen. Lemp ließ herausdrehen, aber noch in Sehrohrtiefe bleiben, weil er die Ergebnisse der Schüsse sehen wollte. Um 11.58 Uhr fielen die beiden Fächerschüsse fast gleichzeitig. Nach Ablauf der Laufzeit hörten die Männer im Boot zweimal einen harten Doppelschlag der Torpedodetonationen.
"Aus!" befahl Lemp. Surrend fuhr der Motor das Sehrohr aus. Ein einziger Blick in die bekannte Richtung zeigte ihm, daß beide Dampfer schwer getroffen liegengeblieben waren.
"Beide Dampfer getroffen, sinken rasch!" berichtete er den Männern auf den Stationen.
Sekunden später trafen Asdic-Ortungsstrahlen das Boot. "Schraubengeräusche!" meldete der Mann aus dem Horchraum.
"Auf 120 Meter gehen! Beide AK! — — — Steuerbord 10!
Zehn Männer Bugraum!"
Die Befehle des Kommandanten wurden blitzschnell befolgt. Das Boot drehte aus dem alten Kurs heraus. Doch der Zerstörer ließ sich nicht düpieren, er drehte mit. Dann fiel der erste Wabofächer, und die Wasserbomben detonierten an Backbord von U 110. Dann fiel schon der nächste Fächerwurf, und mit der Detonation dieser Wasserbomben brach das Verderben über U 110 herein. Das Boot legte schwer über. Männer und Geräte wurden durch die Röhre geschleudert.
"Tiefenruder ausgefallen!"
"E-Maschinen ausgefallen!"
"Öleinbruch Bugraum!"
Schäden über Schäden wurden gemeldet und dazwischen immer wieder Detonationen und dann das helle Zirpen der Ortung. Eine Reihe von Jägern hatte den grauen Wolf gestellt.
Steil fiel U 110 weiter in die Tiefe hinunter. "Boot ist nicht mehr zu halten!" meldete der LI.
Jetzt war allen klar: Das Ende stand bevor, denn nun mußte Lemp mit

aller Kraft anblasen lassen, um das Boot wieder an die Wasseroberfläche zurückzubringen.
"Preßluft auf alle Tanks!"
U 110 erhob sich tatsächlich noch einmal aus der Tiefe und stieß nach oben hinauf. Als es die Wasseroberfläche durchbrach, wurde es von vielen Waffen der Zerstörer beschossen.
"Alle Mann aus dem Boot!" befahl Lemp.
Der Kriegsberichter Ecke schwang sich durch das Luk auf den Turm, die übrigen Männer folgten nach. Geschosse peitschten über ihre Köpfe hinweg. Sie enterten vom Turm und rannten nach Feuerlee, um dort in die See zu springen. Als letzter verließ Fritz-Julius Lemp sein Boot.
Vor sich sah er unmittelbar vor dem Sprung in die See einen Zerstörer, der mit kleiner Fahrt auf sein Boot zulief, um es zu rammen.
Es war die "Broadway", die diesen Rammstoß entgegen dem ausdrücklichen Befehl von Baker-Cresswell ausführte. Das vordere Tiefenruder des U-Bootes riß dem Zerstörer vorn ein großes Loch und schlug ihm dann noch die Backbordschraube weg. So beschädigte das bereits dem Untergang geweihte U-Boot noch einen seiner Gegner schwer.
Lemp, der in letzter Sekunde das Boot verlassen hatte, schwamm zunächst zu dem dichten Pulk der im Wasser liegenden Männer hinüber. Er sah seinen WO Loewe, den LI und auch seinen jungen II. WO, Oberleutnant zur See Wehrhöfer, der nach einer schweren Krankheit wieder die erste Feindfahrt mitmachte.
Lemp kümmerte sich um alle Kameraden. Dies veranlaßte Captain Roskill in seinem Werk "The secret Capture" zu der Bemerkung:
"Bis zum letzten Atemzug hörte Kapitänleutnant Lemp nicht auf, für seine Besatzung zu sorgen."
Als Lemp feststellte, daß sein Boot trotz der geöffneten Flutventile nicht sank, oder daß es zumindest viel zu langsam sank und bemerkte, daß ein Enterkommando sich bereitmachte, um U 110 zu kapern, drehte er um und schwamm in Richtung auf sein Boot zurück.
Die geborgene Besatzung von U 110, es waren insgesamt 34 Männer von der "Aubrietia" gefischt worden, wurde sofort unter Deck geschafft, weil sie von der Kaperung nichts merken sollten, und dort mit warmen Sachen versorgt.
Was Fritz-Julius Lemp anlangte, so hatte dieser inzwischen U 110 erreicht und schickte sich an, die beste Stelle zu finden, um rasch an Bord zu gelangen und zu sprengen oder wenigstens die wichtigen Schlüsselunterlagen zu versenken.
In diesem Augenblick bemerkte er, daß das Enterkommando bereits an Bord gegangen war. Sekunden darauf peitschte eine MG-Salve.

Von mehreren Kugeln durchbohrt versank Fritz-Julius Lemp in der See.
Dieses Vorkommnis wurde geheimgehalten und konnte erst jetzt durch die neuen Unterlagen des Marinearchivs rekonstruiert werden. Die fromme Lüge, der sich auch die Engländer bedienten, daß Lemp bei der Suche nach dem verschollenen II. WO Wehrhöfer unbemerkt ertrunken sei, war entlarvt, zumal ja auch Wehrhöfer gerettet werden konnte.
Die Vernichtung des Bootes U 110 kam auf das Konto der "Bulldog", auf der Commander Baker-Cresswell seine Escort Group führte.
An Bord des U-Bootes wurde auch das Ritterkreuz von Kapitänleutnant Lemp gefunden. Nachdem man das Boot leergeräumt hatte, wurde es in Schlepp genommen. Aber am nächsten Tag, auf dem Weg nach Reykjavik, mußte das Boot versenkt werden, weil ein Einbringen nicht mehr möglich war.
Wie überhaupt eine Geleitzugführung funktionierte und auf welche Weise sich die einzelnen Schiffsgruppen trafen, um gemeinsam ihren Weg über den Atlantik fortzusetzen, das sei im folgenden Zwischenabschnitt dargelegt und von der Seite der Gegner beleuchtet.

Der OB 318 und seine Verteidigung

Jener Geleitzug, an dem U 110 verlorenging, war einer der wenigen gutgesicherten Konvois dieser Zeit. Er wurde in Liverpool Ende April zusammengestellt. 17 Schiffe verließen diesen Hafen, zwölf weitere stießen auf See hinzu; sie hatten sich in westschottischen Häfen befunden. Aus dem Firth of Clyde kamen weitere fünf und aus Milford Haven noch einmal vier Schiffe hinzu.

Der Geleitzug-Kommodore, Konteradmiral D. W. B. Mackenzie, wurde über Funk informiert, daß sich weitere vier Frachter aus Island seinem Konvoi anschließen würden. In seinen Weisungen hatte der Kommodore den Befehl, mit diesen insgesamt 42 Schiffen geschlossen bis auf 50.50 Grad Nord und 35.00 Grad West zu laufen. Dort sollte sich der Konvoi auflösen, und getrennt sollten die einzelnen Schiffe ihre Bestimmungshäfen zu erreichen versuchen.
Auf dem Wege zum Sammelpunkt wurde dieser Geleitzug von der 7. Geleit Group unter Korvettenkapitän I. H. Bockett-Pugh gesichert. Der Group Commander war auf dem Führerzerstörer "Westcott" eingeschifft. Neben diesem Zerstörer gehörten zwei weitere Zerstörer, eine Sloop, fünf Korvetten und ein Fischdampfer zum Verband.
Von allen zehn Geleitfahrzeugen verfügte lediglich die "Westcott" über Radar. Um auch die Luftsicherung mit in die Abwehr vermuteter deutscher U-Bootangriffe einzubeziehen, wurde die 15. Group des Coastal Command über den Kurs des Geleitzuges verständigt und flog zusätzliche Sicherung.
Am 7. Mai sollte die 3. Geleit Group unter Korvettenkapitän A. J. Baker-Cresswell 150 Seemeilen südlich Reykjavik die bisherige Geleitzugsicherung ablösen.
Am Nachmittag des 2. Mai lief der OB 318 aus Liverpool aus. Die 38 Schiffe, die zunächst zusammenkamen, hatten eine Gesamt-Tonnage von 204.811 BRT. Unter diesen Schiffen befanden sich fünf Tanker, die in die Karibische See laufen sollten, um aus den dortigen Raffinerien Treiböl und Benzin zu holen, die für das Mutterland und für Army und Navy bestimmt waren.

Konteradmiral Mackenzie hatte in einer Vorabbesprechung, die immer vor dem Auslaufen eines Konvois mit den Kapitänen dieser Schiffe stattfand, darauf hingewiesen, daß sie nach Übernahme der vier aus Reykjavik kommenden Schiffe in neun Kolonnen marschieren würden und daß der Abstand von einer dieser Kolonnen zur anderen höchstens fünf Kabellängen (etwa 1.000 Meter) betragen dürfe. Für den Notfall hatten die Kapitäne bestimmte Weisungen erhalten.
Am Abend des 4. Mai erreichte dieser Konvoi den Nordausgang des Minch-Kanals. Hier übernahm Zerstörer "Westcott" die Führung. Nach Erreichen der Freien See ließ der Kommodore den Kurs 74 Grad West steuern. Mit der "Westcott" umkreiste Korvettenkapitän Bockett-Pugh ständig den Geleitzug. Seine Fahrzeuge hatten Befehl, j e d e Unregelmäßigkeit sofort zu melden.
Den ganzen 5. Mai hindurch wurde der Konvoi aus der Luft durch die Maschinen des Coastal Command gesichert. Außer den Flugzeugen der 15. Group waren noch die Whitley's des 612. Squadron, die Hud-

son's der 220. und 269. Squadron sowie einige Blenheim-Bomber aus Wick eingesetzt.
In dieser Phase des Marsches war der Geleitzug unangreifbar und damit sicher.
Die 3. Geleitgruppe erhielt den Befehl, rechtzeitig aus Island auszulaufen, um sich am 7. Mai um 10.00 Uhr auf 61.07 Grad Nord und 23.37 Grad West mit dem Geleitzug zu treffen und die 7. Geleitgruppe abzulösen.
Als am 6. Mai das deutsche U-Boot U 95 unter Kapitänleutnant Gerd Schreiber, das mit fünf anderen deutschen Booten im Mittelatlantik eine Suchharke gebildet hatte, auf den nach England laufenden gemeldeten Konvoi HX 122 anlief und diesen am anderen Morgen sichtete, ließ der Kommandant einen Funkspruch absetzen und den Standort dieses Konvois melden.
Dieser Funkspruch, der also nicht dem OB 318 galt, wurde vom englischen Funkhorchdienst eingepeilt. Die britische Admiralität war der Meinung, daß das deutsche Boot den Konvoi OB 318 gesichtet habe und teilte dem Geleitzug-Kommodore und dem Commander der Sicherungsstreitkräfte mit, daß ein deutsches U-Boot sie gesehen habe. Gleichzeitig damit wurde dem Geleitzug eine Kursänderung befohlen, der ihn auf 62 Grad Nord hinunterlaufen ließ und dann schnurgerade nach Westen bringen würde.
Kommodore Mackenzie ließ diese Kursänderung durchführen und d a d u r c h lief der Konvoi OB 318 genau auf ein deutsches U-Boot zu. Es war U 94 unter Kapitänleutnant Herbert Kuppisch. Das Boot meldete durch Kurz-FT-Spruch.
Um 09.00 Uhr des 7. Mai hatte Korvettenkapitän Baker-Cresswell auf dem Führerzerstörer "Bulldog" mit zwei weiteren Zerstörern, dem Hilfskreuzer "Ranpura", drei Korvetten und dem Fischdampfer "St. Apollo" die vier Islandschiffe zum Treffpunkt mit dem OB 318 mitgebracht.
Die beiden Geleitzug-Groupführer besprachen sich, dann lief Korvettenkapitän Bockett-Pugh mit seiner Group wieder in Richtung Heimat zurück.
Am Abend des 7. Mai hatte U 94 Anschluß an den Geleitzug erhalten. Es griff mit schußbereiten Torpedos an.
Es war kurz nach 21.00 Uhr, als der Wachgänger am Asdic-Gerät des Zerstörers "Bulldog" einen U-Boot-Kontakt erhielt. Er meldete diesen Kontakt, und Korvettenkapitän Baker-Cresswell ließ die "Bulldog" zwischen der 8. und 9. Kolonne des Konvois hindurch nach achtern laufen.
Plötzlich erreichten die Druckwellen zweier Torpedodetonationen das Boot, zwei harte Detonationen rissen die Stille der Nacht in Fetzen.

Kurz nacheinander waren die "Eastern Star" und der 10.263 BRT große Frachtdampfer "Ixion" von den Torpedos des mit dem Asdic-Gerät georteten U-Bootes getroffen worden.

Beide Schiffe hatten große Mengen Whisky geladen. Die "Eastern Star" stand eine Minute nach dem Treffer über alles in Flammen. Sie glich eine weitere Minute später einem feuerspeienden Vulkan. Auch die "Ixion" geriet in Brand, aber ihre Flammen waren nicht so gewaltig, so fürchterlich.

"Wasserbomben werfen!" befahl der Group Commander. »'Rochester' von 'Bulldog': werfen Sie Wasserbomben!«

Kapitänleutnant Allen, Kommandant der Sloop "Rochester", begann die Bekämpfung des U-Bootes mit einem Zehnerfächer. Wenige Sekunden darauf sichtete der Ausguck auf dem Achterdeck der Sloop nahe an Backbord querab ein ausgefahrenes Sehrohr und meldete sofort.

Fast gleichzeitig damit erfaßte der Zerstörer "Amazon" mit seinem Asdic das U-Boot, das etwa 1.600 Meter entfernt stand. Die "Amazon" lief auf das Boot zu und warf Wasserbomben. Unmittelbar darauf eröffnete auch "Bulldog" das Bombardement. Der Führerzerstörer hatte sich zuerst noch einen Weg aus dem um 40 Grad nach Backbord wegzackenden Konvoi bahnen müssen.

Nun warfen "Rochester", "Amazon" und "Bulldog" laufend ihre Wabos. Vier Stunden lang glaubten sie das U-Boot gepackt zu haben. Dann aber war das Boot aus der Ortung verschwunden. U 94, um dieses Boot hatte es sich gehandelt, war seinen drei Verfolgern entkommen.

"Bulldog" und "Amazon" setzten die Suche nach diesem Boot bis zum Morgen des 8. Mai ohne Erfolg fort. Korvettenkapitän Baker-Cresswell fluchte, aber das half nichts.

Die 105 Männer der "Ixion"-Besatzung gingen auf Befehl ihres Kapitäns W. F. Dark unmittelbar nach dem schweren Treffer auf "Bootsstationen". Die Geheimsachen dieses Schiffes wurden in einem mit Blei beschwerten Sack über Bord geworfen. Alle Besatzungsmitglieder wurden gerettet. An die brennende "Eastern Star" lief der Fischdampfer "Daneman" heran, der von Oberleutnant Ballard geführt wurde. Er rettete die Besatzung und konnte noch einige Kisten Whisky "als Medizin" bergen.

Um 01.15 Uhr sank die "Eastern Star". Die See schien zu kochen, als die Flammen zischend erloschen; dicker Wasserdampf waberte empor und hüllte das in die Tiefe gehende Schiff ein. Baker-Cresswell hoffte bereits, die noch immer schwimmende "Ixion" nach Reykjavik einschleppen lassen zu können, als auch sie um 02.45 Uhr ganz überraschend sank. Mit diesem Schiff gingen auch 900 Postsäcke unter, die Briefe nach Amerika überbringen sollten.

Damit war der erste U-Boot-Angriff erfolgreich durchgeführt worden und sowohl der Kommodore als auch der Commander der Geleitgruppe warteten auf das, was nun folgen mußte, denn daß es damit getan sein würde, das wagten sie nicht zu hoffen.
Der Konvoi erreichte um 23.55 Uhr den 62. Grad nördlicher Breite und schwenkte hier gemäß den Befehlen der Britischen Admiralität auf Westkurs ein.
Nach der Erfolgsmeldung von U 94 hatte die Operationsabteilung des Befehlshabers der U-Boote alle weiter nördlich stehenden U-Boote nach Westen befohlen. Es war — wie im Vorabschnitt gemeldet U 110 unter Kapitänleutnant Fritz-Julius Lemp, der am Nachmittag dieses 8. Mai den OB 318 sichtete und ihn über FT-Kurzspruch meldete. Er erhielt den Angriffsbefehl und wurde aufgefordert, Fühlunghaltermeldungen zu tasten.
Eines jener Boote, die nahe am Konvoi OB 318 standen, war U 201 unter Oberleutnant zur See Schnee. (Zu dessen Aktion siehe Kapitel Korvettenkapitän Schnee.)
Die Sichtmeldung von U 110 war ebenfalls von der englischen Horchfunkstelle aufgefangen worden. Abermals wurde der Konvoi vor deutschen U-Booten gewarnt, und Kommodore Mackenzie befahl am Abend des 8. Mai einen weiteren Zack nach Backbord, der den Konvoi um 3 Grad aus dem Westkurs herausführte.
U 110 blieb am Konvoi. Das Boot konnte jedoch in der mondhellen Nacht nicht angreifen. Es setzte am frühen Morgen des 9. Mai abermals eine Fühlunghaltermeldung ab. Vom BdU wurden U 96 und U 556 auf den Konvoi angesetzt. Damit waren vier Boote dicht vor dem Ziel. Der nächste Angriff auf den Geleitzug erfolgte von U 110. Der Kommandant schoß einen Viererfächer, von dem drei Torpedos liefen, während der vierte Abfeuerversager hatte.
Aus der Sicht des Konvois geschah in diesem Zeitabschnitt folgendes: Kapitänleutnant Smith, Kommandant der Korvette "Aubrietia", faßte die drei von U 110 geschossenen Torpedos im Asdic auf und drehte sofort nach Steuerbord ab. Als sich Smith den Schiffen zuwandte, sah er, wie an der Steuerbordseite des Dampfers "Esmond", dem Spitzenschiff der Steuerbord-Kolonne, eine masthohe feuerdurchlohte Wassersäule emporstieg. Er wußte, das war ein Torpedotreffer.
Auf der "Bulldog" hatte Korvettenkapitän Baker-Cresswell soeben diesen Treffer erblickt, als eine zweite Torpedodetonation von der Steuerbordseite zu ihm herüberdröhnte. Dort war die "Bengore Head" getroffen worden. Keine Minute nach dem Treffer stellte sich die "Esmond" auf den Bug. Das Heck hob sich aus der See heraus und während die aus dem Wasser kommenden Schrauben leer drehten, stürzten die

Fahrzeuge der Deckslaudung ins Meer. Es war ein unbeschreibliches Getöse und dann stieß das Schiff, scheinbar von unten mit Brachialgewalt gezogen, in die Tiefe hinunter.
Die "Bengore Head" brach wenige Minuten später in der Mitte auseinander.
In das Getöse der Befehle der einzelnen Schiffsführer und des Geleitzug-Kommodore hallten die Befehle von Baker-Cresswell auf der "Bulldog" durch das Chaos: "Hartruder Steuerbord!" befahl er. "Bulldog" legte sich weit über, als er in großer Fahrt drehte und auf die Stelle zulief, auf der das U-Boot beim Schuß gestanden haben mußte.
"Gefechtswendung nach Backbord!" befahl gleichzeitig Konteradmiral Mackenzie, um von dem U-Boot fortzukommen.
Über UKW-Sprechfunk delegierte Korvettenkapitän Baker-Cresswell die Sicherung des Konvois an die "Amazon" und befahl Kapitänleutnant Taylor, Kommandant auf der "Broadway", mit ihm anzugreifen. Aber es waren nicht diese beiden Zerstörer, die das deutsche U-Boot zuerst stellten, sondern die "Aubrietia". Sie bekam das U-Boot in die Asdic-Ortung und schloß bis auf 800 Meter an diesen gefährlichen Gegner heran. Dann versagte das Gerät, und Kapitänleutnant Smith ließ "nach Augenmaß" einen Zehnerfächer mit Einstellungen zwischen 35 und 70 Meter Tiefe werfen.
Als bald darauf Obermatrose Rutledge sein Asdic wieder klarmeldete, erkannte Smith, daß das U-Boot unter Wasser in Richtung auf die sinkenden Handelsschiffe zusteuerte. Er ließ nachsetzen und einen weiteren Zehnerfächer werfen. Diesmal mit Einstellungen zwischen 50 und 120 Meter. Er glaubte, zu spät geworfen zu haben und ließ die "Aubrietia" zur sinkenden "Esmond" weiterlaufen, um die Besatzung abzubergen. Doch plötzlich zeigte sich vor den beiden nun auch bereits in Angriffsposition befindlichen Zerstörern eine kabbelige Stelle auf der See und gleich darauf durchbrach ein U-Boot die Wasseroberfläche. Es war — wie sich sehr bald herausstellen sollte — U 110.
Die "Bulldog", die auf Rammkurs lief, drehte hart vor dem U-Boot weg. Baker-Cresswell sah, daß sich die Besatzung des Bootes auf dem Vorschiff sammelte und glaubte, daß sie das Buggeschütz besetzen wollte. Deshalb ließ er das Feuer auf sie eröffnen.
Als erste schoß die 7,6 cm-Flakkanone. Sie traf sofort den U-Boots-Turm. Dann ratterte ein Lewis-MG los. Männer fielen an Bord des Bootes, das Gros aber sprang ins Wasser.
In diesem Moment, da Baker-Cresswell einen Kutter mit einem Prisenkommando zu Wasser lassen wollte, um das Boot zu kapern und einzubringen, sah er, daß die "Broadway" mit äußerster Kraft direkt auf das U-Boot zulief.

"Morsespruch an 'Broadway': sofort abdrehen!" Noch während der Maat diesen Befehl wiederholte, griff Baker-Cresswell zum Lautsprecher: "Nicht rammen!" schrie er zur "Broadway" hinüber.
Die "Broadway" zeigte verstanden und drehte weg, ohne daß sie verhindern konnte, das U-Boot dennoch leicht zu rammen, weil das Brückenfenster durch das Feuer der eigenen 10,2 cm-Geschütze zersplittert war und Kapitänleutnant Taylor nichts sehen konnte.
Das vordere Tiefenruder von U 110 schnitt ein klaffendes Loch in die Backbordseite des Zerstörers und riß diesem die Backbordschraube ab. Die "Broadway" hatte sich selbst aus dem Rennen geworfen.
Von U 110 wurden 34 Soldaten gefischt und von den drei an der Jagd beteiligten englischen Sicherungsfahrzeugen aufgenommen und versorgt.
Korvettenkapitän Baker-Cresswell ließ ein Prisenkommando an Bord des U-Bootes gehen. Es bestand aus acht Männern, die jeden Winkel des Bootes durchsuchten.
Im Kommandantenraum fanden sie das Ritterkreuz des Kommandanten, das Baker-Cresswell übergeben wurde. Das wichtigste aber, was das Enterkommando fand, war die Schlüsselmaschine mit allen dazu gehörenden Unterlagen, die noch bis Ende Juni gültig waren. Durch diesen Fund war es der englischen Funkentschlüsselung möglich, einige wichtige deutsche Funksprüche zu entziffern.
Korvettenkapitän Baker-Cresswell versuchte U 110 nach Island einzuschleppen. Der Führerzerstörer "Bulldog" erhielt diese Aufgabe zugewiesen. Aber am 11. Mai sank U 110 in der groben See. Die Erbeutung war mißlungen.
Der Kampf der Geleitsicherung des OB 318 gegen die deutschen U-Boote war jedoch noch nicht zu Ende. Es war nunmehr U 201, das herangekommen war und vier Torpedos geschossen hatte. Der Fischdampfer "St. Apollo" sichtete das Boot und belegte es mit Wasserbomben. Schon glaubte die Besatzung, dem U-Boot den Garaus gemacht zu haben, als dieses auf Tiefe ging und mit leckendem Treibstofftank ablief. Das Boot hatte die "Empire Cloud" und die "Gregalia" versenkt. Kapitänleutnant Smith, der Kommandant der "Aubrietia", der neben der "St. Apollo" Jagd auf dieses deutsche Boot machte, war der Überzeugung, daß es drei U-Boote gewesen sein mußten.
Am frühen Morgen des 10. Mai war auch noch U 556 zum Angriff herangekommen. Um 02.42 Uhr ließ der Kommandant des Bootes, Kapitänleutnant Wohlfarth, zwei Einzelschüsse schießen. Dann drehte das Boot weg, um noch einmal anzugreifen, sobald die Rohre nachgeladen waren.
Etwa um diese Zeit gab Geleitzug-Kommodore Mackenzie das Signal

zur Auflösung dieses Geleitzuges. Die Schiffe standen auf 60.12 Grad Nord und 32.00 Grad West.

Versenkungsliste von U 30 und U 110 unter Kapitänleutnant Lemp

Datum	Zeit	Typ	Schiff	BRT	Position
03.09.39	21.42	brD	"Athenia"	13.581	56.44 N/14.05 W
11.09.39	04.24	brD	"Blairlogie"	4.425	54.28 N/15.14 W
14.09.39	13.23	brD	"Fanad Head"	5.200	56.43 N/15.21 W
28.12.39	04.00	BrAPC	"Barbara Robertson"	325	35 m NW Butt of Lewis
28.12.39	15.45	BrBB	"Barham"*	31.100	58.57 N/08.05 W
09.01.40	Mine	brDT	"El Oso"	7.267	vor Liverpool
09.01.40	Mine	brD	"Gracia"*	5.642	vor Liverpool
09.01.40	Mine	brD	"Cairncross"	5.494	vor Liverpool
09.01.40	Mine	brM	"Munster"	4.305	vor Liverpool
09.01.40	Mine	brD	"Chagres"	5.406	vor Liverpool
20.06.40	21.40	brD	"Otterpool"	4.876	48.45 N/08.13 W
22.06.40	22.40	nwM	"Randsfjord"	39.999	70 m SSE Queenstown
28.06.40	02.02	brD	"Llanarth"	5.053	47.30 N/10.30 W
01.07.40	00.23	brD	"Beignon"	5.218	47.20 N/10.30 W
01.07.40	04.00	brD	"Clearton"	5.219	47.53 N/09.30 W
06.07.40	08.31	brD	"Sea Glory"	1.964	Nordatlantik
21.07.40	22.39	brD	"Ellaroy'	712	42.30 N/12.36 W
09.08.40	20.32	swM	"Canton"	5.779	Tory Island
16.08.40	19.32	brD	"Clan Macphee"	6.628	57.30 N/17.14 W
16.03.41	00.18	- - -	Dampfer	- - -	torpediert
16.03.41	00.22	brMT	"Erodona"*	6.207	61.20 N/17.00 W
16.03.41	06.32	- - -	Tanker	- - -	torpediert
23.03.41	04.27	nwD	"Siremalm"*	2.468	60.35 N/28.25 W
26.04.41	- - -	frD	"André Moyrant"	2.471	- - - / - - -
09.05.41	11.58	brD	"Esmond"	4.976	60.45 N/33.02 W
09.05.41	11.58	brD	"Bengore Head"	2.609	60.45 N/33.02 W

Gesamterfolge   16 Schiffe mit 75.435 BRT versenkt
    4 Schiffe mit 39.775 BRT torpediert
    5 Schiffe mit 28.114 BRT Minentreffer

* "Barham", "Gracia", "Erodona" und "Siremalm" sind nicht gesunken.

Fregattenkapitän Heinrich Liebe

Mit U 38 in der Schlacht im Atlantik

Die ersten Erfolge — Der Motortanker "Inverliffey"

Als die Deutsche Seekriegsleitung am 18. August 1939 auf Grund der kritischen Lage die ersten 14 U-Boote auf ihre Wartepositionen in den Nordatlantik entsandte, war auch U 38 unter Kapitänleutnant Heinrich Liebe dabei. Der Kommandant, am 29. Januar 1908 in Gotha geboren, war einer der altbeschossenen Hasen der Crew 27 und hatte seine Ausbildung in der alten Reichsmarine erhalten. In der U-Boot-Schule Kiel war er als Kommandat auf U 2 einer der Lehrer der jungen Kommandantenanwärter gewesen. Der Kommandeur und Chef des Schulverbandes, Kpt. z. S. Slevogt, sah in dem dunkelhaarigen und adretten U-Boots-Offizier einen seiner besten Kommandanten.
Slevogts Nachfolger, Kpt. z. S. Scheer war es, der Liebe empfahl, als für das neu in Dienst zu stellende U 38 ein Kommandant vorgeschlagen werden sollte.
Am 24. Oktober 1938 übernahm Liebe dieses Boot für die 6. U-Flottille "Hundius", deren Chef KKpt. Werner Hartmann war.
Das Boot war — wie alle übrigen Boote auch — aus Kiel ausgelaufen und stand am 3. September, dem Tage der Kriegserklärung Englands und Frankreichs an Deutschland, im Nordatlantik.
Am 6. September, um 05.00 Uhr, stellte das Boot den britischen Dampfer "Manaar", der U 38 völkerrechtswidrig unter Feuer nahm. Als die Besatzung das Schiff verlassen hatte, wurde der "Manaar" der Fangschuß gegeben. Anschließend ließ Liebe es mit der Artillerie beschie-

ßen, bis das Schiff auf 38.28 N/10.50 W sank. Damit hatte das Boot die ersten 7.242 BRT seiner langen Versenkungsliste vernichtet.

Nachdem einige der Neutralen das Boot passiert hatten, stieß das Boot am Vormittag des 11. September auf ein neues Ziel. Bei der Meldung "Mastspitzen in Sicht!" war der Kommandant sofort auf die Brücke geeilt, und wenig später wuchsen die Aufbauten eines großen Tankers über der Kimm heraus.

"Wir setzen uns vor und stoppen ihn mit einem Schuß vor den Bug!" befahl der Kommandant.

Der Tanker lief genau in den Kurs von U 38 hinein. Die Bedienung des Buggeschützes enterte ab, und nach dem Feuerbefehl des Kommandanten setzte sie dem großen Tanker einen Schuß direkt vor den Bug. Gleichzeitig damit wurde das Signal "Stoppen Sie!" aufgezogen.

Der Tanker kam dieser doppelten Aufforderung sofort nach. "Senden Sie Boot mit dem Kapitän!" lautete der nächste Flaggenspruch an das Schiff, und auch diese Weisung wurde prompt ausgeführt, Das Boot kam zum U-Boot, das jetzt gestoppt hatte, herüber.

Noch während die Papiere übergeben wurden, meldete sich der Funkraum:

"Feindlicher Tanker macht SOS. Sein Name ist "Inverliffey".

"Torpedowaffe — Schuß aus Rohr I — los!"

Die bereits in Erwartung dieses Befehls wartenden Männer traten in Aktion. Der Torpedo lief zu dem großen Gegner hinüber. Mittschiffs an der "Inverliffey" sprang die masthohe Sprengsäule des Torpedos empor. Dann war auf der See die Hölle los. Der Tanker brach in der Mitte auseinander und begann zu brennen. Das auslaufende Öl geriet kurz darauf ebenfalls in Brand, dunkle Wolken wälzten sich über die See.

Die Tankerbesatzung hatte bereits vorher die Rettungsboote gefiert und pullte nun in wilder Hast vor dem sich ausbreitenden brennenden Ölteppich davon.

"Wir müssen die Boote aus dem Feuerteppich herausholen, Müller!" rief der Kommandant seinem Leitenden Ingenieur zu. Das Boot nahm Fahrt auf, ohne sich weiter um den Kapitän des Tankers und dessen Boot zu kümmern, da dieses außerhalb der Reichweite der Flammen stand.

Näher und näher ging es an den Brandherd heran. Die Boote, die jetzt mitten in dem Flammenteppich schwammen, wurden angelaufen und die Seeleute an Bord geholt. Andere Boote wurden weggeschleppt.

"Was machen wir nun, Lüth?" wandte sich der Kommandant an seinen I. WO und TWO, der später einmal einer der Größten unter den U-Boot-Fahrern werden würde.

"Vielleicht treffen wir bald einen Neutralen, der sie aufnimmt", meinte der.
Es dauerte nicht lange, als in der Tat ein US-Tanker gesichtet wurde, der ohne Ladung von England in die USA zurücklaufen wollte und die Seeleute auch ohne weiteres übernehmen konnte, zumal die USA neutral waren, und ein leerer Dampfer eben auch keine Bannware für England an Bord haben konnte.
Liebe ließ dem Tanker einen Schuß vor den Bug geben und lief mit großer Fahrt auf den Amerikaner zu. Die britische Tankerbesatzung an Deck des U-Bootes zeigte plötzlich querab zum Boot, wo einige Rauchwolken aufgetaucht waren. Doch die Warnmeldung der Engländer entpuppte sich als Irrtum.
Der US-Tanker hatte gestoppt. Seine Besatzung stand mit Schwimmwesten angetan an der Reling und erst die Rufe der englischen Sailors: "Send a Boat, here are british sailors!" überzeugte sie davon, daß es ihrem Schiff nicht an den Kragen gehen sollte.
Die britische Tankerbesatzung wurde von dem US-Tanker übernommen. Wolfgang Lüth machte von dieser Situation einige Fotos, als die geretteten Sailors zum deutschen U-Boot hinübergrüßten. Zwei Iren hatten übrigens die Hand zum deutschen Gruß erhoben.
Nach diesen beiden Erfolgen wurde das Boot zurückgerufen, weil der FdU, Kpt. z. S. Dönitz, sie neu ausrüsten und bald wieder zu neuer Feindfahrt in Marsch setzen wollte, um keine U-Boot-Leere entstehen zu lassen, wenn alle gleichzeitig in die Stützpunkte zurückkehrten.

Vor der Nordküste Norwegens

In einem Wintersturm des Jahres 1939 knüppelte U 38 während seiner zweiten Feindfahrt hoch im Norden durch die See. Es war am 7. Dezember, als an der Kimm ein Dampfer in Sicht kam. Es war der Brite "Thomas Walton" mit 4.460 BRT, der den beiden ersten Torpedos von U 38 zum Opfer fiel.

Vier Tage später, am Morgen des 11. Dezember, kam Liebe auf den griechischen Dampfer "Garoufalia" mit 4.708 BRT zum Schuß. Auch dieses Schiff sank und am Nachmittag des 13. Dezember konnte die 4.101 BRT große "Deptford" vor der Küste bei Honningsvaag versenkt werden. Nach dieser erfolgreichen Ausbeute mußte das Boot allerdings den Rückmarsch antreten.

Anfangs März 1940 lief U 38 gemeinsam mit U 52 zu neuer Feindfahrt in den Nordatlantik aus. Am 5. März wurden beide Boote zurückgerufen und gemeinsam mit sieben weiteren Booten im Gebiet beiderseits der Shetland- und Orkney-Inseln gegen britische Flottenverbände aufgestellt, die dort passieren sollten. Dies war vom B-Dienst gemeldet worden. Zwar traten diese Feindkräfte nicht auf den Plan, aber vom 9. März an kam das Boot in der nördlichen Nordsee von Tory Island bis zu den Orkneys zum Schuß auf eine Reihe von Einzelfahrern.

Der britische Fischdampfer "Leukos" mit nur 216 BRT machte am 9. März den Anfang. Er wurde mit einigen Schüssen des Buggeschützes versenkt. Am 17. März folgte ihm das dänische Motorschiff "Argentina" mit 5.375 BRT nach. Dieser Dampfer war auf dem Wege von Kopenhagen nach Argentinien.

Der 21. März sah das Boot gleich zweimal erfolgreich. Das dänische Motorschiff "Algier" mit 1.654 BRT sank ebenso wie die "Christiansborg", die mit 3.270 BRT etwas größer war, als die vorher versenkten kleinen Kolcher.

Das norwegische Motorschiff "Cometa" war das nächste Opfer, das am 26. März torpediert wurde. Am 2. April schoß Liebe dann 21 Minuten nach Mitternacht auf einen 5.000-Tonner, der am Schluß eines kleinen Geleitzuges lief. Er beobachtete nach dem Torpedotreffer eine hohe Qualmwolke mit Wasserdampf. Dann wurde U 38 jedoch abgedrängt.

Als das Boot kurz darauf in den Stützpunkt einlief, hatte es sechs Versenkungswimpel am ausgefahrenen Sehrohr, von denen fünf bestätigt wurden.

Während des Norwegenfeldzuges war auch U 38 vor der Küste aufgestellt, um zum Schuß auf englische Kriegsschiffe und Großtransporter zu gelangen, die nach dem 9. April dort erwartet wurden.

Das Boot kam tatsächlich am 14. April zum Schuß auf den britischen Kreuzer "Southampton", der Fächerschuß ging jedoch vorbei. Wenig später hatte Liebe das britische Schlachtschiff "Valiant" im Fadenkreuz der Zieloptik des Angriffssehrohrs..Der Viererfächer ging ebenfalls vorbei! Das Boot wurde von den neun Sicherungszerstörern mit Wasserbomben verfolgt und beschädigt.

Südwestlich der Lofoten kam U 38 zum drittenmal während dieser Feindfahrt auf ein Kriegsschiff zum Schuß. Diesmal war es der Zerstörer "Effingham". Aber auch dieser mögliche Erfolg ging durch Torpedoversager verloren und machte auch für dieses Boot die Feindfahrten vor Norwegen zu einem Desaster.

Ebenso wie Liebe aber hatten auch alle anderen Kommandanten unter dieser Katastrophe zu leiden. Hier, an dieser Stelle, standen den Gruppen der deutschen U-Boote die feindlichen Schlachtschiffe, Kreuzer, Zerstörer und große Transporter oftmals auf nur wenige hundert Meter Distanz vor den Rohren, ohne daß es gelungen wäre, auch nur eines dieser Schiffe zu versenken, Hier war die einmalige Gelegenheit, das englische Norwegenunternehmen in einer Katastrophe enden zu lassen. (Siehe dazu auch das Kapitel "Mit hölzernen Schwertern").

Im Juni waren es dann die bis dahin erfolgreichsten Kommandanten, die von dem BdU mit verbesserten, aber immer noch nicht voll befriedigenden Torpedos auf Feindfahrt geschickt wurden, um das Vertrauen der Besatzung in die eigene Waffe wiederherzustellen.

Sechs Schiffe
auf der vierten Feindfahrt

Mit Schwerpunkt westlich des Kanals und in der Biskaya wurden von der Operationsabteilung des BdU sieben Boote zur gemeinsamen Feindfahrt im Juni 1940 abgestellt. Unter ihnen auch U 38 unter Heinrich Liebe, dessen stille, zuverlässige Art dem BdU bereits aufgefallen war.

Am 14. Juni kam das Boot zum erstenmal auf dieser neuen Feindfahrt zum Schuß. Würden sich die Torpedos bewähren? Das war jetzt die große Frage, die nach etwa 70 Sekunden beantwortet war: An der "Mount Myrto" stieg mittschiffs die Einschlagpinie hoch und einige Sekunden später schallte die Detonation zum Boot herüber.

"Der sinkt nicht, Herr Kaleunt!" meinte wenig später einer der Wachgänger. "Den müssen wir mit dem 'Kanon' umlegen."

Erst die Artilleriebeschießung ließ den griechischen Dampfer, der 5.403 BRT hatte, schließlich in den Fluten versinken.

In der kommenden Nacht gewann U 38 Anschluß an den Konvoi HX 48, der wenige Zeit vorher vom B-Dienst gemeldet worden war. Es stellte sich aber sehr bald heraus, daß diese Schiffe, die dort dahinzogen, nur Nachzügler waren und daß das Gros des Konvois bereits die Suchharke passiert hatte.

Es war eine Stunde nach Mitternacht, als U 38 zum Schuß kam: Um 01.01 und 01.05 Uhr zischten die beiden Fächerschüsse aus den Rohren. Der norwegische Motortanker "Italia", ein großer Brocken mit 9.973 BRT, geriet in Brand und sackte schnell tiefer. Dann waren kurz hintereinander mehrere Explosionen zu hören, die "Italia" sank dann rasch. Der dänische Dampfer "Erik Boye" wurde getroffen und sank. Von der Geleitsicherung abgedrängt und unter Wasser gedrückt, kam auch U 38 danach nicht mehr an diesen Geleitzug heran; stattdessen gelang es Liebe aber am Nachmittag des 20. Juni um 16.14 Uhr den schwedischen Dampfer "Tilia Gorthon" zu versenken, und 25 Stunden darauf kam das Boot auch noch auf den belgischen Dampfer "Luxembourg" zum Schuß, der ebenfalls versenkt werden konnte.

Es war der 22. Juni, als Liebe die Erfolgsserie mit der Versenkung des griechischen Dampfers "Neion" fortsetzte, ehe das Boot "verschossen" den Rückmarsch antreten mußte. Es hatte sechs Schiffe mit über 30.000 BRT auf den Meeresgrund geschickt.

Das Ritterkreuz vor dem Nordkanal

In der August-Feindfahrt hatte U 38 das Operationsgebiet des Nordkanal, direkt "vor der Haustür des Gegners", zugewiesen bekommen. Acht weitere Boote waren ebenfalls in dieses Seegebiet geschickt worden, weil genau dort der meiste Schiffsverkehr erwartet wurde. Allerdings war dort auch die feindliche Abwehr durch die See- und Luftpatrouillen der Briten am dichtesten.
Bereits am 7. August kam U 38 auf ein Schiff des Konvois HX 60 zum Schuß. Der 7.527 BRT große ägyptische Dampfer "Mohamed Ali El Kebir" sank nach einem Zweierfächer. Die dichte Zerstörer-Eskorte drängte nun auch U 38 ab, das als letztes Boot an diesem Konvoi zum Schuß gekommen war, der durch Salman auf U 52 und Schonder auf U 58 bereits fünf Schiffe verloren hatte.
Am 11. August kam das Boot auf einen Einzelfahrer zum Schuß und versenkte diesen. Es war der britische Dampfer "Llanfair" mit 4.966 BRT.
In den nächsten Tagen blieb das Boot erfolglos. Ein Versuch der Operationsabteilung, es zusammen mit U 46 und U 48 gegen einen vom B-Dienst erfaßten HX-Geleitzug anzusetzen, mißlang.
Erst am 31. August kam U 38 noch einmal zum Torpedoschuß auf einen 5.000-Tonner, doch der Torpedo verfehlte sein Ziel.
Noch in See stehend, war dem Kommandanten am 14. August als 24. deutschen U-Boot-Kommandanten das Ritterkreuz des Eisernen Kreuzes verliehen worden.

Der große Erfolg

Als U 38 auf seiner nächsten Feindfahrt in sein Operationsgebiet zwischen dem Nordkanal und Rockall Bank hineinlief, stieß das Boot gleich am 1. Oktober 1940 auf ein großes Schiff, das als Hilfskreuzer angesprochen wurde, weil, wie eindeutig zu erkennen war, Kanonen an Bord auszumachen waren. Es handelte sich jedoch um das britische Motorschiff "Highland Patriot" mit 14.172 BRT.
Um 06.47 Uhr verließen die Torpedos die Rohre des Bootes und schlugen in diesen Schiffsriesen hinein; nach zwei weiteren Torpedoschüssen war die "Highland Patriot" besiegt und sank.
14.172 BRT Schiffsraum kamen auf das Konto des Kommandanten von U 38, Heinrich Liebe.
Das Boot setzte nach diesem Erfolg seine Fahrt fort und stand am Morgen des 17. Oktober hart am Geleitzug SC 7, an dem bereits Bleichrodt mit U 48 Erfolg gehabt hatte. Knapp vier Stunden nach den Schüssen von U 48 griff auch U 38 an. Der griechische Dampfer "Aenos" sank, nachdem Liebe diesen Nachzügler mit der Artillerie beschossen hatte, auf 59.00 Grad Nord und 13.00 Grad West.
Mit AK lief das Boot nun hinter dem Geleitzug her, holte ihn ein und griff in der Nacht zum 18. erneut an. Liebe hatte sich herangepirscht und schoß auf einen Dampfer, verfehlte ihn aber. Im zweiten Anlauf, um 02.04 Uhr des 18. Oktober 1940, torpedierte er die "Carsbreck". Doch noch ehe er diesem Schiff den Fangschuß geben konnte, wurde sein Boot von der rasch hinzustoßenden Sloop "Leith" und der Korvette "Heartsease" mit Leuchtgranaten angegriffen und abgedrängt. Den ganzen Tag über und auch am Tag des 19. Oktober kam das Boot, trotz immer neuer Versuche, nicht mehr an den Konvoi heran.
Inzwischen hatte sich jedoch ein weiterer Geleitzug, der Konvoi HX 79, in den Seebereich geschoben, in welchem ein Teil der abgedrängten Boote stand. Es waren U 100, U 47, U 46 und U 48 unter den Assen Schepke, Prien, Endrass und Bleichrodt, die mit U 38 gemeinsam nun diesen Konvoi angriffen.
Als erstes dieser Boote kam U 38 am Abend des 19. Oktober heran, gab Peilzeichen für die nachfolgenden Boote und eröffnete die Schießzeit mit vier Einzelschüssen, denen die britischen Dampfer "Matheran" mit 7.653 BRT und "Uganda" mit 4.966 BRT zum Opfer fielen.

Danach kamen alle genannten Boote zu teilweise großen Erfolgen. Der HX 79 verlor neun zum Teil sehr große Schiffe, darunter vier große Motortanker.

U 38, das sich verschossen hatte, mußte den Rückmarsch antreten und lief mit vier Versenkungswimpeln und einer Torpedierung in seinen Stützpunkt ein. Damit hatte sich Heinrich Liebe als einer der beständigsten Kommandanten erwiesen, der bei jeder Feindfahrt seine Erfolge erzielte.

Im Dezember 1940 operierten U 38 und U 95 gleichzeitig im Seeraum westlich des Nordkanals. Weiter nach Westen herausgesetzt, standen die italienischen Boote "Calvi" und "Tazzoli". U 124 kam später hinzu. Bei dieser Feindfahrt in der oftmals stürmischen See, zweimal wurde der Sturm zum Orkan, war kein Waffengebrauch möglich. Die Fahrt endete für U 38 mit einem einzigen Versenkungserfolg, den das Boot erzielte, als es am 31. Dezember auf 60.01 N/23.00 W den schwedischen Dampfer "Valparaiso" stellte und versenkte.

Mit diesem spärlichen Ergebnis mußte sich Heinrich Liebe diesmal zufrieden geben und noch froh sein, daß er das durch die See und durch Geleitfahrzeuge getroffene und beschädigte Boot heil nach Hause bringen konnte.

Der große Schlag vor Freetown

Im April, Mai und Juni standen eine Reihe deutscher U-Boote erstmals in dieser Massierung vor der westafrikanischen Küste im Einsatz. Als erste Welle waren U 105 und U 106 in dieses Seegebiet gelaufen und hatten beachtliche Erfolge erzielt, die den BdU dazu veranlaßten, eine zweite Welle mit den Booten U 107, dem Italiener "Calvi", U 103, U 38, UA und U 69 dorthin in Marsch zu setzen. Der Italiener "Tazzoli" kam noch hinzu.

Am 4. Mai traf U 38 um 19.15 Uhr auf ein zurückhängendes Schiff des Konvois OB 310d und kam zum Schuß. Es war der schwedische Dampfer "Japan", der im Angesicht des Hafens von Freetown mit seinen 5.230 BRT sank. Am Mittag des nächsten Tages fuhr das Boot einen Unterwasserangriff auf das britische Motorschiff "Queen Maud". Dieses 4.976 BRT-Schiff wurde von den Torpedos von U 38 tödlich getroffen.

Dies war für Kommandant und Besatzung ein furioser Auftakt. Danach kam das Boot erst wieder am Abend des 23. Mai und am frühen Morgen des 24. Mai zum Schuß. Die "Berhala" und die "Vulcain" sanken nach den Treffern in die Tiefe.

Am 29. Mai folgte der britische Dampfer "Tabaristan" mit 6.251 BRT und am 30. Mai kam Liebe auf die "Empire Protector" und die "Rinda" zum Schuß. Beide Dampfer sanken.

Um länger im Operationsgebiet bleiben zu können, hatte das Boot bereits am 17. Mai von dem Troßschiff "Egerland" neuen Treibstoff und einigen Proviant sowie Torpedos erhalten. Das hatte die doppelte Einsatzdauer des Bootes gewährleistet und mit zu dieser Erfolgsbilanz beigetragen, die noch am 7. Juni durch die Versenkung der 7.628 BRT großen "Kingston Hill" verbessert wurde. Als das Boot nach diesem erfolgreichen Einsatz wieder in den Stützpunkt zurücklief, hatte es acht Schiffe mit zusammen 47.279 BRT versenkt, und damit stand der Kommandant zur Verleihung des Eichenlaubs zum Ritterkreuz an.

Heinrich Liebe wurde zum Korvettenkapitän befördert und erhielt am 10. Juni 1941 als 13. Soldat der deutschen Wehrmacht und als vierter der U-Boot-Waffe das Eichenlaub.

Nunmehr wollte der BdU auf die Dienste dieses überlegten und glänzenden Taktikers im Stab nicht verzichten. Liebe wurde Referent im OKM, und zwar in der 2. Skl.-BdU-Operationsabteilung. In dieser Dienststellung erlebte er auch als Fregattenkapitän das Kriegsende.

Versenkungserfolge von U 38
unter Kapitänleutnant Liebe

06.09.39	06.00	brD	"Manaar"	7.242	38.28 N/10.50 W
11.09.39	13.50	brMT	"Inverliffey"	9.456	48.14 N/11.48 W
07.12.39	17.09	brD	"Thomas Walton"	4.460	67.52 N/14.28 E
11.12.39	08.19	grD	"Garoufalia"	4.708	64.36 N/10.42 E
13.12.39	15.28	brD	"Deptford"	4.101	Honningsvaag
09.03.40	21.13	brDF	"Leukos"	216	NW Tory Island
17.03.40	23.25	däM	"Argentina"	5.375	Nordsee
21.03.40	01.11	däD	"Algier"	1.654	60.17 N/02.49 W
21.03.40	03.26	däM	"Christiansborg"	3.270	60.17 N/02.49 W
26.03.40	02.20	nwM	"Cometa"	3.794	60.60 N/04.36 W
02.04.40	00.21	- - -	- - -	- - -	Treffer auf D.
14.06.40	19.38	grD	"Mount Myrto"	5.403	50.03 N/10.05 W
15.06.40	01.01	nwMT	"Italia"	9.973	50.37 N/08.44 W
15.06.40	01.05	däD	"Erik Boye"	2.238	50.37 N/08.44 W
20.06.40	16.14	swD	"Tilia Gorthon"	1.776	48.32 N/06.20 W
21.06.40	17.53	beD	"Luxembourg"	5.809	47.25 N/04.55 W
22.06.40	02.17	grD	"Neion"	5.154	47.09 N/04.17 W
07.08.40	21.40	ägD	"Mohamed Ali El Kebir"	7.527	55.22 N/13.18 W
11.08.40	20.32	brD	"Llanfair"	4.966	54.48 N/13.46 W
31.08.40	- - -	- - -	- - -	- - -	Fehlschuß
01.10.40	06.47	brM	"Highland Patriot"	14.172	52.20 N/19.04 W
17.10.40	09.51	grD	"Aenos"	3.554	59.-- N/13.-- W
18.10.40	02.04	brD	"Carsbreck" =	3.670	58.46 N/14.11 W
19.10.40	22.13	brD	"Matheran"	7.653	57.-- N/17.-- W
19.10.40	22.19	brD	"Uganda"	4.966	56.37 N/17.15 W
27.12.40	01.46	brD	"Ardanbhan" =	4.980	59.16 N/20.27 W
31.12.40	21.11	swD	"Valparaiso"	3.760	60.01 N/23.00 W
04.05.41	19.15	swD	"Japan"	5.230	vor Freetown
05.05.41	11.05	brM	"Queen Maud"	4.976	07.54 N/16.41 W
23.05.41	19.51	nlM	"Berhala"	6.622	09.50 N/17.50 W
24.05.41	02.49	brD	"Vulcain"	4.362	09.20 N/15.35 W
29.05.41	23.50	brD	"Tabaristan"	6.251	06.32 N/15.23 W
30.05.41	13.11	brD	"Empire Protector"	6.181	06.-- N/14.25 W
31.05.41	00.24	nwD	"Rinda"	6.029	06.22 N/14.15 W
07.06.41	- - -	brD	"Kingston Hill"	7.628	09.35 N/29.40 W

Gesamtergebnis:
versenkt: 31 Schiffe mit 168.506 BRT
torpediert: 2 Schiffe mit 8.650 BRT
= — torpediert

Korvettenkapitän Günther Prien

Sein Weg nach Scapa Flow

Die ersten Erfolge — Eine Unterredung

U 47 stand seit dem 19. August 1939 in See. Bis zum Mittag des 3. September konnten die deutschen U-Boot-Fahrer noch hoffen, daß es nur ein blinder Alarm war, der sie zur vorsorglichen Aufstellung auf den Schiffsrouten Englands befohlen hatte. Nachdem aber der Befehlsübermittler und Signalgast des Bootes, der Gefreite Hänsel, die Sondermeldung über den deutschen Rundfunk gemeldet hatte und Prien in der Zentrale die Marschmusik hörte, wußte er Bescheid. Dann meldete sich der Sprecher:

"Hier ist der Großdeutsche Rundfunk!

Wir bringen eine Sondermeldung des Drahtlosen Diensts.

Die britische Regierung hat in einer Note an die Reichsregierung die Forderung gestellt, die auf polnisches Gebiet vorgedrungenen deutschen Truppen wieder in ihre Ausgangsstellungen zurückzunehmen.

Heute morgen, 9 Uhr, wurde durch den englischen Botschafter in Berlin in einer herausfordernden Note mitgeteilt: 'Sollte bis 11 Uhr vormittags nicht eine für London befriedigende Antwort gegeben werden, befindet sich England im Kriegszustand mit Deutschland.'

Die Antwort war eindeutig: Die Deutsche Reichsregierung hat es abgelehnt, von der britischen Regierung ultimative Forderungen entgegenzunehmen oder gar zu erfüllen."

Dies bedeutete Krieg mit England, das war Günther Prien klar. Er enterte auf den Turm, auf dem Engelbert Endrass Wache ging.

"Ja, Endrass", wandte sich Prien an den Wache gehenden I. WO, "nun ist es soweit. Ab sofort Kriegswache und hundertprozentiger Ausguck!"

Wenig später ging auch der FT-Spruch der Seekriegsleitung ein: "Beginn der Feindseligkeiten gegen England sofort!"

Damit war auch für die in See stehenden U-Boote und alle anderen Fahrzeuge der Kriegsmarine der Kampfbeginn gekommen.

Am nächsten Tage war es soweit. Ein Dampfer wurde gesichtet, der langsam aufkam und vor dem Bug des U-Bootes passieren mußte. Prien ließ sofort auf Sehrohrtiefe gehen, und als der Dampfer nahe genug herangekommen war, ließ Prien anblasen, tauchte auf und setzte dem Dampfer einen Schuß vor den Bug. Der Kapitän wurde aufgefordert, sofort zu stoppen.

Kurz danach war zu erkennen, daß die Besatzung des Dampfers die Boote ausfierte, und dann begann ein wildes Davonpullen.

"Gehen wir doch an die Boote heran und fragen wir mal den Kapitän!" meinte Prien. U 47 nahm Fahrt auf und war wenig später bei den Rettungsbooten angelangt. Prien nahm das Sprachrohr und fragte nach dem Kapitän, er erhielt dann auch die Ladepapiere des Bootes. Es war ein neutrales Schiff mit einer für Deutschland bestimmten Ladung, das die Fahrt fortsetzen konnte.

"Wenn Sie aber funken", erklärte Prien dem Kapitän nachdrücklich, dann muß ich dies als feindlichen Akt ansehen und Ihr Schiff versenken!"

U 47 setzte die Suchfahrt fort, und am Morgen des 5. September wurde der Dampfer "Bosnia" gestellt. Er funkte sofort wild nach Hilfe. Mehrere Schüsse aus der Bordkanone trafen ihn, und während der Dampfer liegenblieb, meldete der Steuerbord-Ausguck ein zweites Schiff. Es war ein Norweger, und Prien ließ ihn auffordern, die Besatzung der "Bosnia" aufzunehmen, die inzwischen in die Boote gegangen war. Dann ließ Prien sein Boot bis auf 600 Meter an die "Bosnia" herangehen und schoß aus 600 Meter Distanz seinen ersten scharfen Torpedo im Kriege. Der Aal traf mittschiffs, und nach einer knappen Minute ging die "Bosnia" über dem Vorsteven abkippend in die Tiefe.

Die "Gartavon", die am 7. September gestellt wurde, ereilte das gleiche Schicksal. Auch sie funkte sofort SOS und blieb erst nach dem zweiten Treffer aus der Bugkanone liegen. Als Prien die vom Schiff ablegenden Boote beobachtete, warnte ihn ein Ruf des Backbordachteren Ausgucks. Er fuhr herum und sah, daß die "Gartavon" gedreht hatte und genau auf ihn zuhielt, so als wollte sie das U-Boot rammen. "Beide große Fahrt!" rief Prien. Wichtige Sekunden vergingen, ehe die beiden Diesel aufbrüllten und das Boot vorwärtsbrachten. Der Bug des Schiffes war sehr nahe herangekommen. Das Schattengitter seiner Takelage fiel bereits auf den U-Boots-Turm. Knapp zehn Meter hinter dem Heck von U 47 schnitt der Steven der "Gartavon" ins Leere. Nun war Priens Geduld am Ende, und er ließ das Schiff mit der Artillerie des Bootes versenken. U 47 lief weiter. Was Günther Prien suchte, war ein Geleitzug, auf den er die gesamte Chargierung schießen konnte und durfte, ohne erst jeden einzelnen Dampfer anhalten und nach Bannware fragen zu müssen.

Der Handelskrieg nach Prisenordnung war, das hatte ihm dieses Ereignis gezeigt, für U-Boote viel zu gefährlich. Dennoch mußte er geführt werden, weil die Bestimmungen des Londoner U-Boot-Protokolls, die auch Deutschland unterschrieben hatte, dies vorschrieben. Bereits am 6. September hielt U 47 den Dampfer "Rio Claro" an. Auch er wurde versenkt, weil er Bannware für England hatte. Der nächste Dampfer, ein Niederländer, mußte wieder entlassen werden. Dies war der Tag, an dem der L. I. des Bootes, Oblt. (Ing.) Wessels meldete, daß der Treibstoff knapp sei. Da half nichts, jetzt mußte das Boot den Rückmarsch antreten. Es erreichte wohlbehalten Kiel, und die Männer gingen in den verdienten Kurzurlaub.

Während das Boot zu seiner zweiten Feindfahrt ausgerüstet wurde, betrat am Sonntag, dem 1. Oktober 1939, der Chef der Organisationsabteilung, Kpt. z. S. von Friedeburg, das Wohnschiff "Hamburg", auf dem während der Liegezeit auch Prien einquartiert war.

Er bat KKpt. Sobe und die Kapitänleutnante Wellner und Prien, auf die "Weichsel" zu kommen. Die drei Offiziere fuhren von der Tirpitzmole zur Blücherbrücke, wo die "Weichsel", das Wohnschiff des FdU, Kapitän z. S. Dönitz, lag.

Nacheinander wurden Sobe, Wellner und Prien in den Arbeitsraum des Kommodore gerufen. Als Prien als letzter eintrat, wurde er gefragt, ob er glaube, daß ein U-Boot-Kommandant sein Boot nach Scapa Flow, dem britischen Kriegshafen, führen und dort auf die großen britischen Kriegsschiffe zum Angriff kommen könnte. Wellner hatte den FdU auf diese Idee gebracht, denn er war mit seinem U 14 vom 13. bis 18. September vor dem Pentland Firth im Einsatz gewesen und wurde mit seinem kleinen Boot durch die enge Durchfahrt nach Scapa Flow getrieben. Was zufällig geschehen war, das sollte doch auch absichtlich von einem guten Kommandanten durchgeführt werden können. Prien erhielt bis zum Dienstag Bedenkzeit, um alles durchzurechnen. Prien fuhr mit allen Unterlagen zur "Hamburg" zurück und begann mit

seinen Berechnungen. Am nächsten Tag ließ er sich bei Kpt. z. S. von Friedeburg melden und fragte diesen, wann er dem Kommodore Meldung erstatten könne.
Bereits um 14.00 Uhr stand der U-Boot-Kommandant vor dem Führer der U-Boote. Dönitz blickte Prien fragend an. "Ja oder nein, Prien?" fragte er.
"Jawohl, Herr Kapitän!" lautete Priens Antwort.

Der Weg nach Scapa Flow

Am 8. Oktober legte U 47 zu seiner zweiten Feindfahrt ab. Das Boot lief durch den Kaiser-Wilhelm-Kanal in die Nordsee. Südlich von Helgoland wurde ein Tauchversuch unternommen und am 9. Oktober marschierte U 47 über den "Borkum"-Weg zur Doggerbank. Immer wenn ein Schiff gesichtet wurde, ließ Prien tauchen. Abends liefen sie im Überwassermarsch mit AK weiter.
Am Abend des 12. Oktober stand das Boot vor den Orkney-Inseln. Hier vertraute Prien seinem I. WO das Ziel dieser Feindfahrt an:
"Halten Sie sich fest, Endrass! — Wir gehen nach Scapa Flow 'rein!"
"Das geht klar, Herr Kaleunt!" erwiderte der I. WO einfach.
Als am kommenden Morgen gegen 03.30 Uhr die Orkney-Inseln auftauchten, befahl Prien "Auf Tauchstation!" Oblt. (Ing.) Wessels legte das Boot auf Grund, und der Kommandant befahl alle Mann in den Bugraum. Endrass meldete dem Kommandanten die Besatzung vollzählig angetreten. Im Lederpäckchen trat Prien mitten unter seine Männer. Sein Blick ging über die jungen erwartungsvollen Gesichter hinweg.

"Wir laufen in der kommenden Nacht nach Scapa Flow ein. Alles geht jetzt auf Ruhestationen. Um 16.00 Uhr gibt es Mittagessen. Alle überflüssigen Lichter werden gelöscht. Beim Unternehmen gilt eines: Absolute Ruhe! Kein Befehl darf doppelt gegeben werden müssen. — Wegtreten auf Ruhestationen!"
Um 19.15 Uhr befahl Günther Prien: "Auf Tauchstation!"
Langsam löste sich U 47 vom Meeresgrund und glitt, vom LI gesteuert, auf Sehrohrtiefe empor. Prien suchte die See und den Himmel in der Runde ab. Dann befahl er aufzutauchen. Das Boot durchbrach die Wasseroberfläche. Das Turmluk sprang zurück. Die Frischluftumwälzer schickten Schwaden frischer Seeluft durch das Boot.
"E-Maschinen stop! — Beide Diesel kleine Fahrt!"
Langsam glitt U 47 durch die nächtliche See. Am Horizont zog plötzlich ein Nordlicht herauf. Es sah so aus, als sollte der ganze Himmel in Brand gesteckt werden. Unsicher blickte Prien seinen I. WO an.
"Na, Endrass?" meinte er zweifelnd.
"Gutes Büchsenlicht, Herr Kaleunt!" entgegnete der Wachoffizier. Der Kommandant nickte zustimmend und gab dem Rudergänger im Turm die neuen Kurse durch. Das Boot lief nunmehr genau auf sein Ziel zu. Voraus tauchte bereits der Leuchtturm von Rose Ness auf. Von hier aus lief das Boot, das vor jedem aufkommenden Dampfer hatte tauchen müssen, in Richtung Holmsund weiter, wo sie auf jenes Wrack stoßen mußten, das den Eingang nach Scapa Flow sperrte. Vor einem auftauchenden Wachboot glitt U 47 zur Seite.
"Ich habe das Wrack und fahre ab jetzt nach Sicht", sagte Prien. Die Strömung wurde von Minute zu Minute stärker. Das Boot wurde durch die Strömung genau auf das Blockschiff zugetrieben. Die Situation wurde kritisch. Pries konnte schon deutlich die stählernen Trossen erkennen, die sich vom Wrack aus nach Land hinüberzogen. Ein Befehl an den Rudergänger ließ das Boot etwas herumgehen und dicht vor dem Bug des Wrackes glitt U 47 unter den Strahltrossen hindurch. Die Trossen rissen knirschend die Antenne des Bootes herunter, dann hatten sie dieses schwere Hindernis geschafft.
"Hier spricht der Kommandant", sagte Prien halblaut in die Bordverständigung. "Wir sind jetzt in Scapa Flow!"
Durch das stille Wasser schob sich U 47 tiefer in die Bucht hinein und lief nach Westen, bis in Sichtweite der Insel Vave. Kurz darauf sichtete Prien die im Hoxasound liegenden Bewacher.

Er befahl: "Auf Gegenkurs!". U 47 drehte und lief anschließend dicht unter der Küste nach Norden.
Es war von Varendorff, der als II. WO die Wache übernommen hatte, und als erster einen großen Schatten sichtete, den er sofort dem Kommandanten meldete. Prien hob sein Glas und spähte in die angegebene Richtung. Dicht unter Land war eine gewaltige Schiffssilhouette zu erkennen. Prien befahl, näher heranzugehen.
"Sieht wie ein Schlachtschiff aus, Herr Kaleunt, und dahinter liegt noch ein zweites", meldete von Varendorff.
"Scheint die 'Royal Oak' zu sein. Von dem anderen kann ich nur das Vorschiff erkennen. Möglicherweise ist das die 'Repulse'.
"Alle Rohre klar zum Überwasserschuß!"
Die vier Bugrohre und das Heckrohr des Bootes wurden Augenblicke später klargemeldet. Torpedomechaniker Tewes meldete "Mündungsklappen auf!"
Hinter der Zieloptik, die auf der Zielsäule auf dem Turm aufgesetzt worden war, stand Engelbert Endrass als Torpedowaffen-Offizier und wartete auf die Weisungen des Kommandanten.
"Fächerschuß auf die 'Royal Oak' und Einzelschuß auf die 'Repulse', Endrass", sagte der Kommandant.
Die Schußwerte wurden eingestellt. Der Zielgeber meldete "Hartlage!" Und dann kam der Befehl des TWO: "Viererfächer — los!"
Drei der vier Torpedos liefen, der vierte war ein Abfeuerversager. Das Boot drehte sofort ab, und nun wurde auch der Hecktorpedo geschossen.
Mit jeder Schraubenumdrehung entfernte sich U 47 weiter von den anvisierten Schiffen. Obersteuermann Spahr starrte auf den Zeiger der Stoppuhr. Gerade als die Laufzeit vorbei war, stieg weißleuchtend an der Bordwand des hinter der "Royal Oak" liegenden Schiffes eine riesige Fontäne empor. Sonst nichts. Die drei übrigen Torpedos hatten scheinbar nur an der Bordwand angeklopft.
Trotz der laut durch die Bucht hallenden Detonation des einen Torpedos, geschah an Land oder an Bord der beiden Kriegsschiffe nichts. Prien hätte jetzt die Bucht von Scapa Flow verlassen können, denn es bestand natürlich die Gefahr, daß die Bewacher nun den Ausgang sperrten. Aber er befahl:
"Rohre nachladen! — Abfeuerversager klarieren. — Wir greifen noch einmal an!"

Zum zweiten Angriff drehte das Boot gute 30 Minuten darauf zum Strand und zur Pier mit den beiden Kriegsschiffen ein. Die Rohre waren nachgeladen. Prien ließ das Boot bis auf 500 Meter an die beiden Kriegsschiffe herangehen. Die Rechenanlage lieferte die neuen

Schußwerte und Engelbert Endrass stand wieder hinter der UZO bereit.

Prien befahl Dreierfächer. Um 01.16 Uhr schoß Endrass diesen Fächer und genau nach Ende der vorausberechneten Laufzeit stiegen an der Bordwand des Schlachtschiffes nacheinander drei Wassersäulen empor. Die aus dem Schiffsriesen herausgerissenen Teile der Aufbauten klatschten um U 47 herum in die See. Das Boot drehte in die Fluchtrichtung, und Günther Prien richtete sein Nachtglas auf die Stelle der Vernichtung. Weitere Detonationen hallten durch die Bucht. Greller Feuerschein zuckte durch die Nacht. Das vorn liegende Kriegsschiff schien auseinanderzubersten.

Jetzt aber schäumten Zerstörer durch die Bucht. Scheinwerfer strichen suchend über die See. Von irgendwoher schrillten Signalpfeifen. Einer der Suchscheinwerfer eines U-Jägers glitt langsam über den Turm des Bootes hinweg.

"Zerstörer von achtern! — Kommt rasch in Lage Null auf!"

"Beide Diesel AK voraus!"

Die Diesel wummerten stärker, das Boot wurde schneller und glitt mit einer Ruderkorrektur aus dem Kurs des Verfolgers heraus, der das Boot noch nicht gesichtet hatte und auch nicht mitdrehte.

"Wessels, beide Diesel dreimal AK — Holen Sie alles aus den Jumbos heraus, was drin ist!"

U 47 wurde von der einlaufenden starken Strömung erfaßt, und Prien versuchte mit aller Kraft, die die Diesel hergaben, durchzukommen. Er befahl noch 20 Grad Umdrehungen mehr, als es eine Weile schien, als würde das Boot von dem in die Bucht einströmenden Sog festgehalten.

"Maschinen laufen äußerste Kraft", scholl es aus der Zentrale herauf. Das Boot kam langsam weiter. Der verfolgende Zerstörer wanderte plötzlich aus und warf Schreckwasserbomben.

Meter um Meter kämpfte sich U 47 aus dem Klammergriff der Strömung ins freie Wasser. Hinter U 47 wurde die Nacht von Signalraketen und Buntsternschüssen durchzuckt. Leuchtfallschirme standen über der Bucht und dort, wo die blind geworfenen Wasserbomben hochgingen, schnellten sich ganze Wassergebirge aus der See in die Höhe.

Dann endlich hatte das Boot die Enge passiert. Der starke Gegenstrom verschwand, und vor ihnen lag die freie See.

Günther Prien schaltete die Bordsprechanlage ein:

"An alle! — Hier spricht der Kommandant: Wir haben ein Schlachtschiff torpediert und ein zweites versenkt . . ."

Die britische Admiralität gab am 14. Oktober 1939 den Verlust des Schlachtschiffes "Royal Oak" bekannt und teilte darüber hinaus mit, daß das feindliche U-Boot voraussichtlich vernichtet worden sei. (Der

Treffer hatte das Flugzeugtransportschiff "Pegasus" getroffen). Auf der Liste der Überlebenden der "Royal Oak" standen nur 375 Namen. 809 Soldaten und 24 Offiziere waren mit ihrem Schlachtschiff untergegangen.
Am 17. Oktober lief U 47 jadeaufwärts. Die Schleuse Brunsbüttel kam in Sicht. Das Boot erhielt einen Winkspruch, noch mit dem Einlaufen zu warten. Nach einer endlos erscheinenden Stunde Wartezeit erhielt das Boot die Weisung, mit dem Einlaufen zu beginnen. Auf der Pier der Schleuse waren ganze Menschentrauben zu sehen. Musik schallte zur Besatzung herüber, und langsam glitt U 47 in das Schleusenbecken. Günther Prien befahl der Besatzung, an Oberdeck anzutreten. Großadmiral Erich Raeder tauchte auf der Pier auf, an seiner Seite Kommodore Dönitz.
Prien ging über die Stelling an Land und meldete die Besatzung seines Bootes von der Feindfahrt zurück. Großadmiral Raeder hielt eine kleine Ansprache, in der er dieser Besatzung für den schneidigen Einsatz und den errungenen Erfolg dankte. Jeder Mann der Besatzung erhielt das EK II., während Prien mit dem EK I. ausgezeichnet wurde.
Oblt. z. S. Endrass überführte das Boot danach zum Liegeplatz, und Prien begleitete indessen den Kommodore zur "Schnorchelbude", wie die Befehlsstelle des BdU genannt wurde. Dort wurde der Kommandant von einigen Stabsoffizieren erwartet, die den Bericht Priens entgegennahmen.
Als Prien später zum Boot zurückkehrte, sagte er: "Alle mal herhören! Mit dem Kommandanten fliegt die ganze Besatzung heute Nachmittag in zwei Maschinen nach Berlin!"
Am nächsten Tag erhielt Kapitänleutnant Günther Prien als erster U-Boot-Kommandant das Ritterkreuz des Eisernen Kreuzes.

Wieder am Feind
— Erfolge und Gefahren —

Auf seiner dritten Feindfahrt, die an Helgoland vorbeiführte, lief U 47 in Richtung der Shetland-Inseln. Es war inzwischen Mitte November geworden.
Am 23. November wurde der erste Dampfer gesichtet. Es war ein Neutraler, der nicht angegriffen werden durfte. Das Boot "ging in den Keller", um nicht vorzeitig gesichtet und an die Admiralität nach London gemeldet zu werden.
Im Sturm der nächsten Tage, der bis zum Orkan anschwoll, kämpfte sich das Boot durch dichte Regenfronten hindurch und suchte nach einem Schiff, das gestoppt und versenkt werden konnte, wenngleich niemand wußte, wie sich beispielsweise die Bedienung des Geschützes bei solcher See an Deck hätte halten können.
Am Morgen des 28. November flaute der Sturm ab, und gegen Mittag wurde der Kommandant auf den Turm gerufen. Der Wachhabende meldete "Mastspitzen und Rauchwolken in Sicht!"
Das Boot tauchte, weil der Kurs des Dampfers direkt auf sie zuhielt. Es war ein Wunder, es in Sehrohrtiefe zu halten. Immer wieder wurde der Sehrohrkopf überspült, doch Prien konnte das Schiff dennoch sehr schnell als Kreuzer klassifizieren, dessen Aufbauten bereits über der Kimm herausgetreten waren.
"Einzelschuß aus Rohr I!" befahl Prien. Der Torpedomechanikermaat gab die Befehle an die Männer seines Kommandos:
"Druckausgleichshahn öffnen! — Schußhebel auf Unterwasserschuß stellen! — Preßluft auf die Ausstoßpatrone! Mündungsklappe auf und Rohr bewässern!"
Dann meldete er: "Rohr I klar zum Unterwasserschuß!"
Prien saß im Sattelsitz des Sehrohrs. Der Gegner lief ins Fadenkreuz hinein. Dann gab er Befehl zum Schuß. Der Torpedo lief, wurde aber nur ein Nahdetonierer, der sehr dicht am Heck des Kreuzers hochging, und das Flugzeug des Kreuzers nach rückwärts von seinem Katapult herunterriß. Der Kreuzer "Norfolk" lief weiter, er war nur leicht beschädigt worden.
Das Boot mußte tief hinuntergehen, um der Wasserbombenverfolgung zu entgehen.
In der Nacht zum 30. November wurde ein Neutraler gesichtet. Prien

ließ ihn unbehelligt. Erst am 3. November kam ein Geleitzug mit zwölf Einheiten auf, der von drei Zerstörern geleitet wurde. Fünf Minuten später wurde ein vierter Zerstörer ausgemacht. Dennoch ließ Prien sofort angreifen. Das Boot wurde jedoch nach vergeblichem Angriff abgedrängt, unter Wasser gedrückt und gejagt. Wasserbomben schüttelten das Boot immer wieder durch, erstaunlicherweise gab es nur leichte Schäden, die bald repariert werden konnten.
Prien ließ wegzacken, und das Boot konnte entkommen. Günther Prien, ein erfahrener Seemann, der nicht nur auf Segelschiffen gefahren war, sondern auch auf großen Dampfern und sein Patent als Kapitän auf großer Fahrt gemacht hatte, verstand es, dieses Boot optimal zu führen. Er hatte auf U 26 unter Werner Hartmann die U-Bootfahrt erlernt, und mit U 47 erhielt er als einer der ersten ein großes Boot.
Bis zum Mittag des 5. Dezember hatte U 47 wieder herangeschlossen. Um 14.40 Uhr war es soweit, Prien ließ auf einen großen Dampfer schießen. Der Zweierfächer traf das britische Motorschiff "Navasota" (8.795 BRT). Damit hatte der Geleitzug OB 46 seinen ersten Verlust erlitten.
Ein in Lage Null anlaufender Zerstörer zwang U 47 zum Alarmtauchen. Drei Wasserbomben detonierten an der Backbordseite des Bootes, zum Glück etwa 400 Meter seitab. U 47 drehte aus dem Verfolgerkurs heraus und konnte entkommen. Die gemeldeten Schäden wurden rasch repariert, und Zentralemaat Böhm meinte trocken, daß alle wieder einmal gewaltig "Schwein" gehabt haben.
Am nächsten Morgen wurde das Boot von den Zerstörern endgültig abgedrängt, gegen Abend des 6. Dezember jedoch kam man auf einen Einzelfahrer zum Schuß, der sich sehr bald als moderner Tanker herausstellte. Um 20.29 Uhr fiel der Einzelschuß aus Rohr III; nach einer Minute Laufzeit detonierte der Torpedo mittschiffs am Tanker. Es war die 6.214 BRT große "Britta", die binnen einer Minute in Flammen stand, ihren Notruf durch die Nacht schrie und schnell tiefer sackte. Die "Britta" sank auf der 45 Meter-Marke südwestlich von Longships.
Zwei Stunden darauf wurde von Engelbert Endrass ein Dampfer gemeldet. Es war der in britischer Charter fahrende Niederländer "Tajandoen", ein schnelles Motorschiff mit 8.159 BRT.
Der Zweierfächer traf das große Motorschiff mittschiffs. Sechs Minuten dauerte es, bis es von der Wasseroberfläche verschwunden war. Auf dem Rückmarsch wurde noch ein schneller Dampfer gesichtet. Prien ließ angreifen. Der erste Torpedo lief vorbei. Auch der zweite Angriff erbrachte keine Wirkung. Der Dampfer entkam.
Zwei Tage darauf machte U 47 im Stützpunkt Kiel fest. Prien meldete dem BdU, wobei er seine Erregung und seinen Zorn mühsam beherrschen mußte, daß es nicht weniger als sechs Torpedoversager gege-

ben habe, und dies zeige ihm, so sagte er dem Konteradmiral, daß mit den Aalen eine Menge nicht in Ordnung sei.

Mitte März lief U 47 zu seiner vierten Feindfahrt aus. Doch schon nach wenigen Stunden mußte der LI dem Kommandanten melden, daß ein Schaden an der Kompaßanlage eingetreten sei. Das Boot lief nach Helgoland ein.

Als U 47 von dort wieder auslief, wäre es um ein Haar auf eine Treibmine gelaufen. Weitere zwei dieser gefährlichen "Eier" mußten in den nächsten Stunden passiert werden. Dann erfolgte die erste Sichtmeldung. Doch der "riesige Schiffsschatten" entpuppte sich als — Felsen.

Das Boot erreichte den Raum der Orkney-Inseln; hier sichtete der Bootsmannsmaat der Wache einen feindlichen Zerstörer. Dahinter kam ein Schlachtschiff in Sicht, das aber 12 Kilometer weit abstand und sehr schnell verschwand.

In der Nacht zum 25. März sichtete die Brückenwache einen Dampfer, kaum mehr als ein dunkler Kern in der Finsternis. Aber dieser kleine Kolcher war gerissen und zackte immer wieder weg. Der I. WO, nunmehr Oblt. z. S. von Varendorff, weil Endrass ein eigenes Boot erhalten hatte, rechnete die Schußunterlagen durch. Der Einzelschuß ging vorbei. Erst der nächste Torpedo traf die "Britta" mit nur 1.146 BRT. Das Boot wurde von einigen Zerstörern entdeckt und drei Stunden lang gejagt. Als es wieder auftauchte, war die See leer. 24 Stunden später erhielt U 47 mit einigen anderen Booten den Einlaufbefehl. Das Boot war neben allen anderen Booten zu einem Sondereinsatz vorgesehen. Und zwar handelte es sich um die Truppenlandung in Norwegen, das Unternehmen "Weserübung".

Am 3. April 1940 lief U 47 zu diesem Einsatz aus. Im Safe des Kommandanten lag der Geheimbefehl mit der Aufschrift Unternehmen "Hartmut".

U 47 war der Aufstellungsgruppe 5 zugeteilt worden. Zu dieser Gruppe gehörten noch U 48, U 49, U 50 und U 52. U 37 kam später hinzu. Als Günther Prien den FT-Spruch erhielt, den Geheimbefehl zu öffnen, war es Sonntag geworden. Günther Prien schlitzte den Umschlag auf und las:

"Laufen Sie sofort Norwegen an. Gehen Sie Vaagsfjord!"

Das Boot drehte auf den neuen Kurs und lief durch die grobe See diesem neuen Ziel entgegen, das am 12. April erreicht wurde. Das Boot lief in den Vaagsfjord ein, aber am frühen Morgen erhielt auch Prien den Sammel-FT-Spruch:

"Nr. 1430: An Narvik-Boote, Narvik gehen. Britische Seestreitkräfte eingebrochen."

Die hölzernen Schwerter

Günther Prien beschloß, zunächst tiefer in den Vaagsfjord einzulaufen, weil er der Überzeugung war, daß der Gegner auch hier, im Raume Gratangen und Lavangen, landen würde. Am 15. April stand das Boot mitten im Fjord auf und ab. Der neue LI, Oblt. (Ing.) Bothmann, brachte das Boot auf Sehrohrtiefe hoch, als starke Schraubengeräusche geortet wurden.
Prien nahm einen Rundblick, dann berichtete er der Besatzung: "Über uns liegt eine ganze Flotte. — Rohre I bis IV klar zum Unterwasserschuß!"
Prien ließ einen Fächerschuß auf einen großen Frachter und zwei Einzelschüsse aus den übrigen Rohren auf ebenfalls große Schiffe schießen.
Nicht eine einzige Detonation zeigte ihnen, daß ihre Schüsse getroffen hätten. "Himmel, was ist mit den Aalen los?" fluchte Prien. "Alle Rohre nachladen! Wir laufen in den Astafjord nach Norden ab."
Dicht unterhalb Andorja tauchte U 47 wieder auf. Prien ließ über Funk diese Schiffsansammlung und die unerklärlichen Fehlschüsse melden.
Bei einfallender Dunkelheit schloß das Boot wieder an den Gegner heran. Drei Elektro-Torpedos und ein Preßlufttorpedo lagen in den vier Bugrohren bereit. Diesmal mußten sie treffen!
Wieder glitt das Boot bis auf 800 Meter an die riesigen Transportschiffe heran. Der Preßlufttorpedo zackte kurz vor dem Ziel um 20 Grad herum und detonierte hinter dem großen anvisierten Schiff an der Felswand. Von den drei Etos war nichts zu hören. Prien befahl, den Hecktorpedo zu schießen. Während das Boot drehte, lief es auf einen Unterwasserfelsen auf und saß fest.
Pries versuchte alles, das Boot wieder flottzubekommen. Er ließ alle Bugrohre entwässern und auch die vorderen Torpedozellen lenzen, um den Bug, der aufsaß, leichter zu machen.
Wenn jetzt ein Zerstörer heranlief, konnte er ein Scheibenschießen auf das Boot veranstalten. Und das alles wegen einer Reihe vorbeigegurkter Torpedos, die nichts taugten.
Erst nach geraumer Weile gelang es, das Boot mit Rückwärtslauf der Diesel von dem Felsen herunterzubugsieren. U 47 drehte und lief auf einen Fischdampfer zu, der im Fjordeingang lag. Kurz davor kippte das Boot an und ging auf Tiefe. Mit E-Maschinenfahrt lief U 47 unter

dem Fischdampfer her und entkam einigen hinterhergeworfenen Wasserbomben.

"Das war vielleicht eine Schauderpartie", meinte Zentralemaat Böhm zum Kommandanten, und Prien erwiderte:

"Ja Böhm, wenn ich Zeit gehabt hätte, wäre mir Angst und Bange geworden."

Die letzten vier Torpedos, die nunmehr in den Rohren von U 47 lagen, sollten doch noch etwas bringen, so hoffte der Kommandant. Als das Boot am 19. April auf das Schlachtschiff "Warspite" zum Schuß kam, schien ein großer Erfolg zu winken. Der Zweierfächer aus nur 900 Metern mußte dieses Riesenschiff doch treffen. Er konnte überhaupt nicht vorbeigehen!

Beide Torpedos liefen direkt auf das Schlachtschiff zu. Aber es erscholl keine Detonation. Erst sieben Minuten nach dem Schuß wurde der schwache Knall der Endstreckendetonierer gehört.

Abermals wurde das Boot nach diesen Fehlschüssen von feindlichen Zerstörern gejagt. Das Boot stand mehrfach am Rande der Vernichtung. Doch dann endlich war der Gegner abgehängt.

"Das ist eine riesengroße Schweinerei, Varendorff", sagte Prien zu seinem I. WO. "Wir kämpfen mit hölzernen Schwertern und riskieren alles für nichts." Prien machte unzweideutig klar, daß er dies dem BdU melden werde.

Am 26. April lief U 47 in Kiel ein. Hier erst erfuhr die Besatzung das ganze Ausmaß dieser Torpedotragödie. Am Vormittag nach seiner Rückkehr stand Günther Prien dem BdU gegenüber. Er machte aus seinem Herzen keine Mördergrube, und der Große Löwe versprach ihm, daß sie bald wieder Erfolg haben würden.

Priens Antwort darauf lautete:

"Jawohl, Herr Admiral! — Wenn wir die richtigen Torpedos kriegen und nicht mit hölzernen Schwertern fechten müssen."

"Verlaß Dich darauf, Prienchen", sagte Dönitz, "ich werde dazwischenfunken."

Die sechste Feindfahrt
— Schlacht im Atlantik —

Am frühen Morgen des 4. Juni 1940 lief U 47 zu seiner sechsten Feindfahrt aus. Das Operationsgebiet lag im Atlantik, westlich von Irland. Auf dem Ausmarsch wurde ein dringender FT-Spruch des BdU aufgefangen, in dem dieser mitteilte, daß ein eigenes Flugzeug auf dem Kurs des U-Bootes notgewassert haben müsse. Alle Boote wurden aufgefordert, danach zu suchen und die Überlebenden an Bord zu nehmen.
Nach genauer Berechnung des Notwasserungsstandortes und Einbeziehung der Wasserdrift korrigierte Prien den Kurs des Bootes und lief auf die angegebene Stelle zu. Prien stand auf der Brücke, als sie das Gebiet erreicht hatten. In einer besonderen Eingebung ließ er das Boot auf 245 Grad schwenken. Sekunden nach Aufnahme der neuen Richtung wurde ein Signalstern gesehen. Das Boot hielt darauf zu, und wenig später wurden drei Flieger aus dem gesichteten Schlauchboot geborgen. Einer von ihnen war verwundet. Der Flugzeugführer fehlte. Er war nicht mehr rechtzeitig herausgekommen.
Wenig später wurde ein Dampfer gesichtet und auf Sehrohrtiefe hinuntergehend, schob sich das Boot näher heran, bis Prien einen ganzen Geleitzug in Sicht bekam.
Prien zählte 42 Dampfer und sah, achtern angehängt, zwei Zerstörer. Danach kamen weitere zwei Zerstörer von achtern auf und liefen an der Flanke der Außenkolonne entlang nach vorn. Dort stand noch ein Feger, der in weiten Schlägen nach Backbord und Steuerbord ausholte.
Drei Stunden lang versuchte U 47 zum Schuß heranzuschließen. Aber immer wieder wurde das Boot von einem herausscherenden Gegner abgedrängt. Dann sichtete Prien einen Einzelfahrer, der hinter dem Konvoi herlief. Es war ein Dampfer von geschätzten 6.000 BRT. Das Boot glitt in die günstige Angriffsposition, und am 14. Juni um 19.44 Uhr fiel der Einzelschuß aus Rohr I.
Der Dampfer blieb nach dem aufbrandenden Treffer gestoppt liegen und machte Notruf. Es war die 5.834 BRT große "Balmoralwood", die hier auf Tiefe ging.
Prien hatte das erste Schiff aus dem HX 48 herausgeschossen und versuchte nun mit AK Anschluß zu gewinnen. Er kam jedoch nicht

mehr heran, doch U 38 unter Liebe schoß zwei Schiffe aus diesem Konvoi heraus.

Am 21. Juni sichtete Feldwebel Klare, einer der Flieger, die an Bord genommen worden waren, den nächsten Geleitzug, er war zwar nur zu einer Zigarettenpause auf den Turm gekommen, hatte aber dabei die Augen offen gehalten.

"Wir laufen am Rande des Sichtkreises mit und schließen nach Einfall der Abenddämmerung heran", entschied der Kommandant.

Zum Überwasserschuß lief U 47 kurz vor 20.00 Uhr an. Sieben Minuten später wurde der Zweierfächer auf einen Tanker geschossen, während zwei Einzelschüsse anderen großen Dampfern galten.

Der Tanker wurde von beiden Torpedos tödlich getroffen. Es war die 13.056 BRT große "San Fernando".

Der panamesische Dampfer "Cathrine", der am 24. Juni gesichtet wurde, entging knapp dem Einzelschuß, wurde dann aber mit der Acht-acht beschossen und versenkt.

Am 27. Juni folgte die "Lenda" mit 4.005 BRT nach. Sie erhielt einen Torpedo und wurde anschließend mit der Artillerie versenkt.

Und noch am selben Tage durfte Prien einen weiteren Erfolg in das KTB eintragen, als der Einzelschuß den niederländischen Dampfer "Leticia" versenkte. Dieses Schiff war mit Heizöl aus der Karibischen See nach England unterwegs. Als Prien einige Männer dieses Schiffes in den ausgelaufenen Öllachen schwimmen sah, ließ er sie an Bord holen und reinigen. Dann befahl er, daß die Rettungsboote des Tankers mit denen bemannt wurden, die ihre Kameraden im Stich gelassen hatten. Es waren der dritte und vierte Offizier des Dampfers, die Prien an eines der Rettungsboote übergab. Danach ließ er sich den Kapitän zeigen und geigte ihm verdammt eindeutig seine Meinung, was er von ihm als Seemann halte.

In der folgenden Nacht verfehlte ein Torpedo, der auf einen schnellen Einzelfahrer geschossen worden war, sein Ziel.

Mit dem Morgengrauen des 29. Juni kam ein Tanker in Sicht. Diese Sichtmeldung mußte aber korrigiert werden, es war kein Tanker, sondern ein Dampfer. Er wurde mit den letzten sechs Schüssen der Bordkanone gestoppt und aus nächster Nähe mit Torpedo-Fangschuß versenkt. Die "Empire Toucan" mit 4.421 BRT ging rasch auf Tiefe.

Am 30. Juni kam dann noch ein Einzelfahrer in Sicht. Das Boot ging im Unterwasserangriff nahe heran und um 14.45 Uhr fiel der Schuß. Der griechische Tanker "Georgios Kyriakides" versank Minuten später.

Am Morgen des 2. Juli, das Boot hatte bereits den Rückmarsch angetreten, meldete Torpedomaat Tewes den letzten der unklaren Torpedos klar.

Wenig später geschah dies: Bei diesiger Sicht kam ein scheinbar rie-

sengroßes Schiff rasch auf. Es lief genau auf Kollisionskurs zum Boot, das mit Alarmtauchen hinunterging und in Sehrohrtiefe eingependelt auf das Näherkommen dieses Schiffes wartete.
Aus kurzer Distanz, so nahe es gerade ging, ließ Günther Prien den letzten Torpedo schießen. Der Treffer blies unter dem vorderen Schornstein empor. Der Dampfer stoppte und machte Notruf. Es war die 15.501 BRT große "Arandora Star", die hier ihr Ende fand.
Die Besatzung des Schiffes konnte 24 Stunden später von einem Zerstörer gerettet werden.
Mit zehn Versenkungswimpeln am ausgefahrenen Sehrohr kehrte U 47 am 5. Juli 1940 in seinen Stützpunkt zurück.

Es war der 26. August 1940, als U 47 zu seiner siebten Feindfahrt auslief. Am frühen Morgen des 2. September wurde am Rande des Operationsgebietes ein Dampfer gesichtet, der Zickzackkurs steuerte und in Richtung England lief. Es war, wie es sich herausstellte, die "Ville de Mons" mit 7.463 BRT, die nach einem Treffer binnen weniger Minuten über den Vordersteven wegsackte und auf Tiefe ging.
Nach diesem guten Anfang ging es Schlag auf Schlag. Am 4. September wurde die 9.035 BRT große "Titan" versenkt und ein zweiter Dampfer torpediert. Von einem ununterbrochen Leuchtgranaten schießenden Zerstörer wurde U 47 abgedrängt.
Erst am frühen Morgen des 7. September konnte aus dem Konvoi SC 2 die "Neptunian" versenkt werden, und um 05.15 Uhr und 05.33 Uhr kam das Boot jeweils noch einmal zum Schuß. Die "Jose de Larrinaga" und die "Gro" sanken. Knapp 48 Stunden später fiel die "Possidon" einem weiteren Torpedo von U 47 zum Opfer.
Danach war es mit den Erfolgen, wenigstens vorläufig, vorbei.
Drei Sicherungsfahrzeuge verfolgten U 47 und versuchten stundenlang, dieses gefährliche Boot zu vernichten. Aber Prien schaffte es auch diesmal. Als er wieder auftauchen konnte, lief er ohne Zögern hinter dem SC 2 her, kam aber doch nicht mehr heran.
Am Abend des 10. September wurde das Boot erneut unter Wasser gedrückt. Es fielen zum Glück keine Wasserbomben. Erst der nächste Anlauf eines weiteren Zerstörers wurde gefährlicher. Aber auch diese kritische Situation wurde überstanden.
Prien ließ die Erfolge melden und bemerkte dazu, daß er nur noch einen einsatzfertigen Torpedo zur Verfügung habe. Daraufhin wurde das Boot von dem BdU als Wetterboot eingesetzt.
Bis zum Morgen des 20. September versah U 47 diesen Dienst. Dann sichtete es den nach England laufenden Konvoi HX 72 und lief nach einem Sicht-FT hinterher, um Fühlung zu halten und die anderen Boote heranzuführen. Fünf Boote schlossen an diesen Konvoi heran. Es

waren die Asse Kretschmer mit U 99, Schepke mit U 100, Bleichrodt mit U 48 und Jenisch mit U 32.

Alle fünf Boote kamen schnell heran, und dabei trafen sich U 99 und U 47. Die beiden Boote trennten sich nach einigen Worten der Information. U 99 kam als erstes Boot auf diesen Geleitzug zum Schuß. Es meldete eine Reihe Versenkungen. Am Morgen des 21. September trafen U 47 und U 99 abermals zusammen.

Prien bat seinen Kameraden, auch einige Schüsse auf die von U 99 torpedierte und beschossene "Elmbank" schießen zu dürfen.

Kretschmer gab ihm dies frei, und so konnte die Besatzung von U 47 noch eine Reihe Phosphorgranaten auf die anscheinend unsinkbare "Elmbank" schießen, ehe dieses Schiff mit einem Fangschuß von U 99 versenkt wurde.

Am 25. September lief U 47 zum erstenmal in einen französischen Hafen ein. Es hatte den Rücklaufbefehl nach Lorient erhalten.

Nach nur 17 Tagen Liegezeit lief U 47 am 12. Oktobr 1940 zur achten Feindfahrt aus. Als U 93 unter Klaus Korth am 16. Oktober einen Geleitzug meldete, beschloß Prien, schnell auf diesen Geleitzug zu operieren. Das Boot drehte auf Kollisionskurs ein und lief mit AK dem vermeintlichen Ziel entgegen. Am nächsten Tag aber sichtete U 48 einen anderen Konvoi. Es war der SC 7, der auch für Prien günstiger lag, so daß man nun auf diesen Konvoi einschwenkte.

Insgesamt schlossen acht Boote an den SC 7 heran. Bereits aus einiger Entfernung vernahm Prien auf dem Turm von U 47 die Torpedodetonationen, die ihm zeigten, daß Kameradenboote bereits zum Schuß gekommen waren.

Kurz bevor das Boot jedoch in Schußposition kam, wurde es bereits abgedrängt. Als es schließlich am 19. Oktober wieder auftauchte, sahen die Männer im Turm an der Kimm einen brennenden Dampfer, der ihnen die Richtung wies.

Am Abend des 19. Oktober hatte auch U 47 herangeschlossen. Das Boot unternahm sofort eine Reihe von Angriffen: Als erstes Schiff wurde die 6.856 BRT große "Bilderdijk" aus dem HX 79 herausgeschossen. Der Motortanker "Shirak" wurde torpediert, die "Wandby" zusammen mit U 46 versenkt, und am 20. Oktober kam die "La Estancia" hinzu. Die "Withford Point" war das nächste Opfer, und mit dem Motortanker "Athelmonarch", der seine 8.995 BRT hatte, wurde am Morgen des 20. Oktober noch ein großes Schiff torpediert, das allerdings eingeschleppt werden konnte.

Acht Schiffe glaubte Prien versenkt zu haben, und er hatte die Gesamt-Tonnage mit 50.500 BRT addiert. Aber nur vier Schiffe waren gesunken und zwei weitere torpediert worden. Die zwei restlichen blie-

ben ungeklärt. Es ist anzunehmen, daß zwei Torpedos dasselbe Schiff, die "La Estancia" trafen.
Da U 47 nach der deutschen Versenkungsliste nunmehr über 200.000 BRT feindlichen Schiffsraums versenkt hatte, erhielt Günther Prien am 20. Oktober 1940 als fünfter Soldat der deutschen Wehrmacht und als erster der Marine das Eichenlaub zum Ritterkreuz des Eisernen Kreuzes.
Am 23. Oktober lief das Boot wieder in Lorient ein, und am nächsten Tag bei der KTB-Besprechung meinte Admiral Dönitz zu diesem Kommandanten: "Wieder eine ausgezeichnete Fahrt, Prien. Das Eichenlaub hast Du verdient und Deine Crew mit Dir. Habt Ihr Schäden?"
"In zehn Tagen sind wir wieder auslaufbereit, Herr Admiral."
Alle Männer waren frisch und fühlten sich in bester Verfassung, nichts deutete darauf hin, daß das Boot eine besondere Erholungspause notwendig gehabt hätte. Die achte Feindfahrt von U 47 hatte nur 18 Tage gedauert, und das Boot hatte nur 24 Stunden am Geleitzug gestanden.

Die nächsten beiden Feindfahrten

Am 31. Oktober 1940 stand Günther Prien am Vormittag zum zweiten Male Hitler gegenüber. Hitler selbst verlieh einem der erfolgreichsten U-Boot-Kommandanten das Eichenlaub zum Ritterkreuz.
Bereits am frühen Morgen des 3. November lief U 47 schon wieder aus. Als das Boot die Biskaya erreichte, wurde die steife Brise zum Sturm. In der kommenden Nacht wurde es sogar noch schlimmer. Am

späten Nachmittag des 4. November wurde ein FT-Spruch von U 99 an den BdU aufgefangen. Kretschmer hatte ein dickes Geleit gesichtet und griff sofort an. Der schweigsame Otto versenkte daraus 30.000 BRT und erhielt nach Prien als sechster Soldat der deutschen Wehrmacht das Eichenlaub zum Ritterkreuz, denn auch er hatte damit die 200.000 Tonnen-Grenze überschritten.

Ein paar Tage später darauf wurde die "Gonzalo Velho", ein Portugiese, angehalten. Prien ließ ihn laufen, weil er ein Neutraler war und keinerlei Bannware transportierte.

Im Sturm lief das Boot weiter. Prien meinte in seiner bekannten Art von Humor: "Wetten, daß Petrus Engländer ist?"

Es schien wirklich so, denn drei Wochen lang gab es nichts anderes als gegen die See anzuklotzen, bis schließlich U 47 den Konvoi HX 90 in Sicht bekam. Sechs weitere Boote waren darauf angesetzt. Nachdem U 101 unter Mengersen eine Reihe Schiffe daraus versenkt hatte, kam endlich U 47 am frühen Morgen des 2. Dezember ebenfalls zum Schuß. Die 7.555 BRT große "Ville d' Arlon" wurde mit einem Zweierfächer versenkt. Sie ging kurz nach 04.00 Uhr auf Tiefe. Um 05.25 Uhr kam das Boot mit einem weiteren Zweierfächer auf den britischen Motortanker "Conch" zum Schuß. Der erste Treffer ließ das Schiff stoppen. Zwei weitere Torpedos als Fangschüsse erzielten ebenfalls Wirkung, aber dennoch kam dieses Schiff nicht auf die Versenkungsliste von U 47, weil es von U 99 am 3. Oktober um 10.19 Uhr mit Fangschuß versenkt wurde. Damit gingen Prien 8.375 BRT "durch die Lappen", wie Zentralemaat Böhm bitter klagte.

U 47 wurde im weiteren Verlauf dieser Einsätze mehrfach gejagt. Zu den Wetterschäden kamen noch schwerwiegende Schäden hinzu, die durch Waboverfolgungen aufgetreten waren. Prien entschloß sich deshalb kurzerhand, die Feindfahrt abzubrechen und um den Rückmarschbefehl zu bitten.

Admiral Dönitz befahl auch ohne weiteres den sofortigen Rückmarsch und fragte nach Schäden. Prien ließ über FT zurücktasten:

"Nr. 30/151, ausgefallen: Hauptlenzpumpe, Trimm- und Backbord-Kühlwasserpumpe; gesamte Feuerleitanlage und Kommandoanlage. Undicht: Abgasklappen, Turmluk, Kurbelwellendurchführung. Bei höherer Fahrtstufe Ölverlust. Mindestreparaturdauer sechs Wochen."

Am 6. Dezember lief U 47 ein, und am nächsten Morgen hielt Prien dem Großen Löwen Vortrag. Nach Ende meinte Dönitz:

"Jetzt brauchst Du ebenso wie die Besatzung Ruhe. Aber was soll es nachher sein? Eine Flottille? Wir brauchen Männer wie Dich, Prientje."

"Wenn ich wählen darf, dann wünsche ich mir ein neues Boot des Typs IX D2, die ja bald fertig sind", entgegnete Prien.

"Also abgemacht! Du läufst noch einmal mit dem braven U 47 aus.

Dann geht das Boot in die Ostsee zum Schuldienst, und Du bekommst eines der neuen Boote!" stimmte Dönitz zu.
"Danke, Herr Admiral!" antwortete Prien, natürlich erfreut über dieses Entgegenkommen des Großen Löwen.

Der Tod fährt mit

Es war so, als wollte ein gütiges Geschick verhindern, daß U 47 noch einmal zum Einsatz auslief, denn bei der Probefahrt am 15. Februar 1941 zeigte sich am Zylinderblock des Steuerbord-Diesels ein Riß. Doch dieser Defekt wurde rasch beseitigt, so daß es am 20. Februar nach einem weiteren Zwischenfall soweit war. U 47 legte zu seiner zehnten Feindfahrt ab. Prien verabschiedete sich von seinem Feund Otto Kretschmer mit den Worten: "Bis dann, Otto!"
"Prientje, in zwei Tagen bin ich draußen. Halte mir einen Geleitzug parat!" Das war Kretschmers Antwort an den Kameraden.
Das Boot legte von der Isere ab und lief in den Operationsraum hinein, Es meldete am 25. Februar einen Geleitzug in Sicht und operierte darauf. Am frühen Morgen des 26. Februar kam U 47 auf vier Dampfer des Konvois OB 290 zum Schuß. Nacheinander gingen der belgische Dampfer "Kasongo", das schwedische Motorschiff "Diala", ein Tan-

ker übrigens, das norwegische Motorschiff "Borgland" und der Schwede "Rydboholm" nach den Treffern mit der Fahrt herunter. Alle, bis auf den 8.106 BRT großen Tanker "Diala", sanken.

Am 28. Februar versenkte U 47 noch den von U 99 angeschossenen Dampfer "Holmelea" mit seiner Artillerie. Damit hatte das Boot auf dieser Feindfahrt bereits wieder vier Schiffe versenkt.

Prien meldete diesen Erfolg wenige Stunden später mit einem Kurz-FT-Spruch an den BdU:

"Waboverfolgung. Habe Fühlung verloren. Bisheriger Erfolg 22.000 Tonnen, Prien."

An diesem 28. Februar trafen sich Prien und Kretschmer am Geleitzug. Prien berichtete dem Kameraden, daß er vorher auch U 100 getroffen hatte.

"Schepke muß mit U 100 direkt hinter uns stehen, Otto."

"Fein, zu dritt werden wir es schon schaffen! Wenn wir den Geleitzug nur erst wieder vor den Rohren hätten."

"Genau Otto!" sekundierte Prien.

In diesem Augenblick hob sich der Nebel etwas, und die beiden Brückenwachen sahen fast gleichzeitig den Konvoi, der mit etwa 40 Schiffen in einer Distanz von drei Seemeilen an den beiden U-Booten vorbeizog. Auf der ihnen zugewandten Flanke des Konvois liefen zwei Zerstörer mit. Während einer weiterlief, drehte der zweite plötzlich auf die beiden Boote ein, die nach einem letzten Winken hinüber und herüber wegtauchten und mit AK abliefen.

Beide Boote wurden den ganzen Tag von den Zerstörern unter Wasser gehalten. Als U 99 am Abend auftauchte, fing der Oberfunkmaat des Bootes, Kassel, einen FT-Spruch der Operationsabteilung auf, daß am nächsten Morgen Suchflugzeuge starten und den Konvoi für die U-Boote suchen würden.

Am nächsten Tage fanden die Brückenwächter den Geleitzug nicht mehr. Erst als es Abend wurde, erreichte U 99 drei brennende und schon im Sinken befindliche Dampfer dieses Geleitzuges, die von der Focke Wulf 200 "Condor" der Fernaufklärung zerbombt worden waren. Ein Einzelfahrer, der eine Stunde später gesichtet wurde, entging dem ihn angetragenen Torpedo und entkam.

Als bis zum 4. März noch immer keine Erfolgsmeldungen oder Standortmeldungen der eingesetzten Boote im U-Boot-Hauptquartier in Kernevel eingelaufen waren, ließ der BdU alle im Operationsgebiet südlich Island stehenden Boote einen neuen Suchstreifen quer zum Kurs des Geleitzuges bilden. In diesem Streifen befanden sich nunmehr U 47, U 95, U 99 und U 100. Die Boote standen auf einer Breite von 24 Seemeilen auseinandergezogen und harkten mit ostwärtigem Kurs durch die See.

Am 6. März meldete sich U 47 morgens um 04.45 Uhr abermals. Das Boot hatte einen weiteren Geleitzug gesichtet, der von den Nord-Minches aus mit acht Knoten Fahrtstufe und Kurs Nordwest durch die See lief. Sofort drehte U 99 auf diesen Konvoi ein. Mit AK ließ Kretschmer auf den Geleitzug zuhalten. Es war der Konvoi OB 293, ein aus England nach Westen in Richtung USA-Küste laufender Schiffsverband.
Dieser Konvoi war von einer sehr starken Zerstörersicherung begleitet. U 99 erreichte ihn am 7. März um 01.00 Uhr früh. Kretschmer ließ sein Boot um die Geleitzugspitze herum auf die Flanke laufen, auf der er sich im Mondschatten befand. Danach ließ er sein Boot achteraus sacken und sichtete gleich darauf drei Zerstörer, die als Steuerbordsicherung liefen. U 99 wurde abgedrängt.
Zwei Stunden später bekam die Brückenwache einen riesigen Schiffsschatten zu Gesicht. Dieser Dampfer gehörte aller Wahrscheinlichkeit nach nicht zum Konvoi, aber Kretschmer ließ sich diese große Chance nicht entgehen.
Der Einzelschuß traf den Schiffsriesen, der sofort mit der Fahrt herunterging und Notruf tastete. Es war die britische Walkocherei "Terje Viken", die nun auslief und gestoppt auf der See lag: "Ein riesiges nicht mit verbundenen Augen zu verfehlendes Ziel."
Ein zweiter Torpedo wurde auf einen ebenfalls in Sicht gekommenen und nunmehr von U 99 verfolgten Tanker geschossen. Auch dieser Tanker machte seinen Notruf. Sein Name war "Athelbeach", er hatte 6.568 BRT.
"Wir gehen näher heran und versenken den Tanker mit der Artillerie", befahl Kretschmer.
Die Beschießung begann, und sehr bald stellte sich heraus, daß es lange dauern würde, bevor die "Athelbeach" auf diese Art und Weise zum Sinken gebracht wurde.
"Fangschuß!" befahl Kretschmer schließlich.
Der Torpedo traf den Tanker in den Wellenkanal und ließ ihn unterschneiden.
In diesem Moment fing der Funkmaat des Bootes einen letzten Funkspruch von U 47 auf. Darin ließ Günther Prien noch einmal Standort, Kurs und Fahrtstufe des Konvois durchtasten, an den er sich angehängt hatte.
Kretschmer entschied sich jedoch dafür, noch einmal zur Stelle zurückzulaufen, wo die getroffene Walkocherei liegen mußte, um diese endgültig unter Wasser zu bringen.
Als das Boot in den Nahbereich dieses Standortes kam, fanden die Brückenwächter wohl einige brennende Schiffe auf der See, aber von der Walkocherei war nichts mehr zu entdecken.

"Die ist mit Sicherheit gesunken", meinte der II. WO, aber Kretschmer schüttelte zweifelnd den Kopf. (Das, was von der wrackgeschossenen "Terje Viken" übriggeblieben war, wurde erst am 14. März von zwei britischen Zerstörern und einer Korvette versenkt).
Wenig später fing U 99 einen Funkspruch von U 70 auf. Kapitänleutnant Matz meldete schwere Schäden am Turm. Wenig später wurde das Boot von U 99 gesichtet, das in die Richtung des Kameradenbootes eingedreht hatte, um eventuell helfen zu können. In diesem Augenblick, als beide Boote durch ihre Signalgasten miteinander Verbindung aufnahmen, griffen aus einer Regenböe heraus zwei feindliche Korvetten an. Beide Boote wurden unter Wasser gedrückt.
Während U 99 dieser folgenden Wasserbombenjagd entkommen konnte, wurde U 70 den ganzen Tag über von den Korvetten "Camellia" und "Arbutus" verfolgt und schließlich von einer deckend liegenden Wasserbombenserie auseinandergerissen. Dennoch konnten der Kommandant und einige Männer der Besatzung gefischt und damit gerettet werden.
Als U 99 nach der Waboverfolgung wieder auftauchte, fing Kessel, der Funkmaat des Bootes, einen weiteren Funkspruch auf, der ihnen zeigte, daß auch U A unter Kapitänleutnant Eckermann bei einer Wasserbombenverfolgung schwere Schäden erlitten hatte und den Rückmarsch nach Lorient meldete.
Nun standen nur noch U 47 und U 99 am Konvoi, aber U 47 meldete sich nicht mehr, als Kretschmer versuchte mit einem Kurzspruch Kontakt aufzunehmen. Im Verlauf dieses 7. März wurde U 47 mehrfach vergeblich von der Stabsfunkstelle des BdU in Kernevel gerufen. Doch das Boot blieb stumm, es sollte sich nie wieder melden.
Über das Ende von U 47 gab Lieutenant Commander J. M. Rowland, Kommandant des Zerstörers "Wolverine", wenige Tage später im Feststellungsbüro der britischen Admiralität in London dem Befehlshaber der "Western Approaches", Captain Creasy, einen mündlichen Rapport. Hier dieser Rapport im Wortlaut:
"Ich begleitete mit meinem Zerstörer 'Wolverine' den Konvoi OB 293. Am Abend des 7. März standen wir südostwärts von Island. Wir hielten genauen Kurs und schossen keine Leuchtgranaten, um den Standort unseres Konvois nicht zu verraten. Dann gab es U-Boot-Alarm, und ich eilte auf die Brücke.
Um 00.23 Uhr des 8. März horchte der Horchgast am Asdic-Gerät Schraubengeräusche. Ein halbe Minute später sichtete der Ausguck Brücke voraus Rauchwolken.
Ich operierte mit 18 Knoten Fahrt auf diese Stelle zu und gab Signal an die 'Verity', die als zweiter Zerstörer auf der Steuerbordseite des Konvois lief. Als unser Ausguck Kielwasser sichtete, ging ich auf 22 Kno-

ten herauf. Um 00.27 Uhr erkannte ich ein U-Boot und ließ auf AK voraus heraufgehen. Als die 'Verity' um 00.31 Uhr Leuchtgranaten feuerte, tauchte das U-Boot. Die Distanz zu mir betrug etwa eine Seemeile. Um 00.48 Uhr, als der Horchraum 'over Head!' meldete, ließ ich einen Wasserbombenteppich werfen. Wenig später bekamen wir wieder Kontakt, und ich ließ abermals einen Wabofächer, diesmal mit acht Wasserbomben, werfen. Anschließend ließ ich eine überschwere Wasserbombe folgen.

Gegen 03.31 Uhr — wir hatten nichts mehr von dem U-Boot gehört oder gesehen — meldete mein Ingenieur-Offizier Ölflecke auf der See. Er ließ eine Probe nehmen und kam nach kurzer Analyse zu der Überzeugung, daß dies Öl von einem deutschen U-Boot sein müsse.

Wenige Minuten später faßten wir das Boot ein weiteresmal auf und warfen erneut Wasserbomben. Um 04.03 Uhr sichteten wir eine weitere Ölspur. Als wir dieser Spur nachliefen, meldete der Horchraum plötzlich 'Schraubengeräusche!' Aber sie kamen von achteraus. Wir mußten es mit einem sehr erfahrenen und versierten Kommandanten zu tun haben, der uns wieder einmal genarrt hatte.

Auf Gegenkurs gehend, sichteten wir dann um 05.18 Uhr das U-Boot, das aufgetaucht war.

Ich befahl 'AK voraus!' und dann: 'Klar zum Rammen!' Doch das Boot bemerkte uns rechtzeitig und kippte an. Im Wegtauchen sah ich, daß es drehte und befahl meinem Rudergänger, mitzudrehen. Zum Glück für uns war das Wasser sehr klar. Ich erkannte deutlich die Hecksee des niederstoßenden Bootes und sah eine keilförmige Blasenspur ausgestoßener Preßluft am Heck.

Als ich über dem Boot stand, ließ ich einen Zehnerteppich werfen. Es war genau 05.22 Uhr. In Intervallen von jeweils vier Sekunden wurden jeweils zwei Wasserbomben geworfen, und zwar mit kleiner, mittlerer und tiefer Einstellung. Ich selbst lief nach Abgabe dieses Befehls zur Steuerbordnock und sah, daß die Steuerbord-Racks ihre Wasserbomben genau dort in die See schleuderten, wo sich die eine Seite der Blasenspur befand. Das U-Boot konnte kaum 15 Meter tief heruntergekommen sein.

Ich ließ aufdrehen, um nach Wrackteilen zu suchen; doch im gleichen Moment meldete der Horchraum einen neuen Kontakt. Ich drehte auf diesen neuen Gegner ein. Dort aber, wo wir die Wasserbomben geworfen hatten, sah ich kurz nach den Detonationen orangerote Flammen auf der See, die etwa zehn Sekunden lang aufleuchteten und dann erloschen.

Drei Stunden später stellten wir fest, daß die neuen Kontakte von keinem zweiten U-Boot stammten, sondern von einem Schwarm Schweinsfische, die uns zum Narren gehalten hatten. Sofort ließ ich

wieder zurücklaufen und die Stelle aufsuchen, wo wir die Flammen aus der See hatten emporzüngeln sehen."
Soweit der Bericht des Kommandanten der "Wolverine", die am Ort des Unterganges einige Wrackteile aufsammeln konnte und damit sicher war, das U-Boot versenkt zu haben. Captain Creasy dazu:
"Ich bin sicher, daß es U 47 gewesen ist, das Sie am Morgen des 8. März mit Wasserbomben belegt haben und daß Sie wahrscheinlich das Boot versenkt haben. Dennoch ist Ihr Rapport kein endgültiger Beweis dafür, daß dieses Boot wirklich von Ihnen vernichtet worden ist und daß die gesamte Besatzung mit diesem Boot unterging."
Doch es war leider so. Die "Wolverine" h a t t e U 47 vernichtet. Der strahlende Stern dieses berühmten U-Boot-Kommandanten war erloschen.
Doch dies sollte längst nicht das Ende der Märzverluste der U-Boot-Waffe sein. Neben einem der Besten sollten zwei weitere Kommandanten in diesem Monat das Ende des eigenen Bootes beziehungsweise ihr eigenes Ende erleben. Es waren U 99 und U 100.
Wochenlang wurde U 47 von der Befehlsstelle des BdU in Kernevel noch gerufen. Aber das Boot antwortete nicht mehr. Erst am 23. Mai 1941 gab das Oberkommando der Wehrmacht bekannt:
"Das von Korvettenkapitän Günther Prien geführte Unterseeboot ist von seiner letzten Fahrt gegen den Feind nicht zurückgekehrt. Mit dem Verlust des Bootes muß gerechnet werden.
Korvettenkapitän Günther Prien, der Held von Scapa Flow, und seine tapfere Besatzung leben in den Herzen aller Deutschen weiter."
Der Tagesbefehl des Befehlshabers der U-Boote aber lautete:
"Günther Prien, der Held von Scapa Flow, tat seine letzte Fahrt.
Wir U-Boot-Männer verneigen uns und grüßen ihn und seine Besatzung. Auch wenn ihn nun der weite Ozean deckt, Günther Prien steht doch noch mitten unter uns.
Kein Boot wird nach Westen laufen, das er nicht begleitet, das nicht von seinem Geist mitnimmt. Kein Schlag wird von uns gegen England geführt, den er nicht, zum Angriff drängend, mitführt.
Wir verloren ihn und gewannen ihn wieder; Symbol ist er uns geworden für unseren harten, unerschütterlichen Angriffswillen gegen England.
Der Kampf geht weiter in seinem Geiste.   —   Dönitz."

Versenkungsliste von U 47 unter Kapitänleutnant Prien

05.09.39	08.15	brD	"Bosnia"	2.407	45.29 N/09.45 W
06.09.39	14.40	brD	"Rio Claro"	4.086	46.30 N/12.00 W
07.09.39	17.47	brD	"Gartavon"	1.777	47.04 N/11.32 W
13.10.39	23.58	brBB	"Pegasus"	- - -	torpediert
14.10.39	01.16	brBB	"Royal Oak"	29.150	58.55 N/02.59 W
28.11.39	13.34	brCA	"Norfolk"	- - -	torpediert
05.12.39	14.40	brD	"Navasota"	8.795	50.43 N/10.16 W
06.12.39	20.29	nwMT	"Britta"	6.214	45 m SW Longships
07.12.39	05.24	nlM	"Tjandoen"	8.159	49.09 N/04.51 W
25.03.40	05.40	däD	"Britta"	1.146	60.00 N/04.19 W
14.06.40	19.44	brD	"Belmoralwood"	5.834	50.19 N/10.28 W
21.06.40	20.07	brDT	"San Fernando"	13.056	50.20 N/10.24 W
24.06.40	02.41	paD	"Cathrine"	1.885	50.08 N/14.-- W
27.06.40	03.38	nwD	"Lenda"	4.005	150 m SW Fastnet
27.06.40	- - -	nlDT	"Leticia"	2.580	50.11 N/13.15 W
29.06.40	05.00	brD	"Empire Toucan"	4.421	49.20 N/13.52 W
30.06.40	14.45	grD	"Georgios Kyriakides"	4.201	50.25 N /14.33 W
02.07.40	07.58	brD	"Arandora Star"	15.501	55.20 N/10.33 W
02.09.40	16.35	beD	"Ville de Mons"	7.463	58.20 N/12.-- W
04.09.40	01.28	brD	"Titan"	9.035	58.14 N/15.40 W
07.09.40	04.04	brD	"Neptunian"	5.155	58.27 N/17.17 W
07.09.40	05.15	brD	"Jose de Larrinaga"	5.303	58.30 N/16.10 W
07.09.40	05.33	nwD	"Gro"	4.211	58.30 N/16.10 W
09.09.40	00.24	grD	"Possidon"	3.840	56.43 N/09.16 W
19.10.40	22.27	nlD	"Bilderdijk"	6.856	56.35 N/17.15 W
19.10.40	23.31	brMT	"Shirak" =	6.023	57.00 N/16.53 W
19.10.40	23.46	brD	"Wandby" (mit U 46)	4.946	56.45 N/17.07 W
20.10.40	00.37	brD	"La Estancia"	5.185	57.-- N/17.-- W
20.10.40	01.48	brD	"Withford Point"	5.026	56.38 N/16.00 W
20.10.40	02.02	brMT	"Athelmonarch" =	8.995	56.45 N/15.58 W
02.12.40	04.09	beD	"Ville d' Arlon"	7.555	Nordatlantik
02.12.40	05.25	brMT	"Conch" =	8.376	55.40 N/19.00 W
26.02.41	- - -	beD	"Kasongo"	5.254	55.50 N/14.20 W
26.02.41	- - -	brMT	"Diala" =	8.106	55.50 N/14.-- W
26.02.41	- - -	swM	"Rydboholm"	3.197	55.32 N/14.24 W
26.02.41	- - -	nwD	"Borglans"	3.636	55.50 N/14.-- W
28.02.41	- - -	brD	"Holmelea"	4.223	54.24 N/17.25 W

Gesamterfolge: 31 Schiffe mit 184.102 BRT versenkt; darunter
= — torpediert   Schlachtschiff "Royal Oak"
                 4 Schiffe mit 31.500 BRT torpediert.
                 Kreuzer "Norfolk" Nahtreffer (?)

Kapitänleutnant Joachim Schepke

Mit drei Booten auf Feindfahrt

Minenlegen vor der englischen Ostküste

Als der Zweite Weltkrieg ausbrach, unternahm Oblt. z. S. Schepke auf U 3, einem der nur 254 BRT großen Einbäume der U-Boot-Waffe, die erste Feindfahrt, die ihn vor die englische Ostküste führte. Nach dieser Minenoperation kehrte das Boot in den Stützpunkt zurück, um gleich nach der Wiederausrüstung und der Anbordnahme neuer Minen erneut auszulaufen.

Erst auf der dritten Feindfahrt mit diesem Boot gelang es dem Kommandanten am 30. September vormittags den dänischen Dampfer "Vendia" zu stoppen. Es stellte sich heraus, daß dieser eine Erzladung für England an Bord hatte und versenkt werden durfte.

Dieser Dampfer von 1.150 BRT wurde mit der Artillerie beschossen. Als er nicht sinken wollte, erhielt er noch einen Torpedo.

Noch am selben Tage lief dem Boot der kleine schwedische Dampfer "Gun" vor die Rohre. Ein Warnschuß aus dem FlaMW ließ ihn stoppen. Er wurde untersucht, und da auch er Bannware für England an Bord hatte, schlug das übergesetzte Prisenkommando einige Sprengpatronen an, die mit Zeitzünderverstellung gezündet wurden. Die "Gun" sank um 21.30 Uhr auf der 30 Meter-Marke nordwestlich von Hanstholm.

Als das Boot nach diesem Einsatz zum Stützpunkt zurückkehrte, erhielt Joachim Schepke von Kommodore Dönitz ein neues Boot.

Es war U 19, ein Boot des Typs II B, das auch nicht wesentlich größer war als U 3. In der ersten Januarwoche lief U 19 aus. Es herrschten 15 Grad Kälte. Das Operationsgebiet war die englische Ostküste. Zunächst aber ging es durch das Eis mit Schlepperhilfe aus dem Wilhelmshavener Stützpunkt hinaus und nach drei Tagen des Marsches durch eine hochgehende See, die dem Einbaum schwer zu schaffen machte, wurde das Operationsgebiet vor der Küste bei Grimsby erreicht. In der ersten Nacht kam das Boot auf einen Zerstörer zum Schuß, der das Boot angriff. Mit Schnelltauchen ging es hinunter und in Schleichfahrt lief der Einbaum ab, von zwei Waboserien durchgeschüttelt.

In den ersten Morgenstunden des 9. Januar wurde ein kleiner Dampfer gesichtet. U 19 operierte darauf zu und um 02.21 fiel der Einzelschuß, der den Norweger "Manx" sinken ließ.

Fast zwei Wochen sollten vergehen, in denen das Boot bei stürmischer See, in eisiger Kälte aushielt. Immer wieder von Flugzeugen und Bewachern unter Wasser gedrückt, blieb U 19 vor der Küste stehen. Dann aber entschloß sich Schepke, weiter herumzugehen, und am 23. Januar sichtete die Brückenwache einen kleinen Küstengeleitzug.

"Auf Gefechtsstationen!"

Das eingefahrene Ritual lief. Die Rohre wurden klargemeldet, dem Überwasser-Nachtangriff stand nichts mehr im Wege. Aber es sollte doch noch zwei Stunden dauern, ehe das Boot zum Schuß kam. Um 08.40 Uhr und um 08.48 Uhr fielen die Einzelschüsse. Die Dampfer "Baltanglia" und "Pluto" sanken, und U 19 setzte sich aus der Küstennähe ab, weil der Gegner inzwischen eine beachtliche Streitmacht zu seiner Versenkung aufgebracht hatte, um das Boot zu erwischen.

Doch U 19 entkam, setzte die Suche fort, und stieß am Abend des 25. Januar nahe Longstone auf einen weiteren Küstengeleitzug. Diesmal traf es den lettischen Dampfer "Everene" und den Norweger "Gudveig".

Damit waren alle Torpedos verschossen, und das Boot mußte den Rückmarsch antreten. Es kehrte nach Wilhelmshaven zurück. Am ausgefahrenen Sehrohr flatterten fünf Versenkungswimpel.

Auf der nächsten Feindfahrt im Februar 1940 kam U 19 sehr rasch zum ersten Torpedoschuß. Bereits am späten Abend des 19. Februar wurde ein Tanker gesichtet, der allerdings von zwei Geleitfahrzeugen stark gesichert wurde. Das Boot schloß heran und kam um 00.15 Uhr des 20. Februar zum Schuß. Gleich darauf tauchten Bewacher auf, es wurde sofort abgedrängt, mit Wasserbomben belegt und schwer beschädigt. Der anvisierte Dampfer "Daghestan" aber, von dem Schepke annahm, daß er ihn getroffen habe, sank nicht, weil der Aal direkt vor der Bordwand dieses Tankers detoniert war und nur geringe Schäden verursacht hatte.

Schepke trat den Rückmarsch an, denn die Wabo-Schäden waren mit Bordmitteln nicht zu beheben.

"Beim nächstenmal wirst Du wieder Erfolg haben", tröstete Konteradmiral Dönitz den jungen Seeoffizier, als dieser ihm den KTB-Bericht gab.

"Alles kleine Kolcher!"

Mitte März 1940 war U 19 wieder ausgelaufen und stand wenige Tage später im Einsatzgebiet. Joachim Schepke war zuversichtlich, daß sie diesmal mit großer Beute heimkehren würden. Diese Zuversicht schien sich dann auch zu bestätigen, als das Boot am Abend des 19. März vom Rande des Sichtkreises aus an einen kleinen Konvoi heranglitt und um 22.21 und 22.37 Uhr zwei gezielte Einzelschüsse auf Dampfer von geschätzten 3.000 BRT schoß. Der dänische Dampfer "Minsk", der nach dem Treffer liegengeblieben war, wurde mit der Artillerie "ausgelüftet", denn er schwamm noch immer auf der Luft, die sich in seinem Stauraum befand. Und "Charkow" sank nach dem Treffer binnen vier Minuten.

"Sind das kleine Kolcher", bemerkte der Funkmaat, als er mit einem FT-Spruch auf die Brücke durfte und einen Blick auf die Schiffe neh-

men konnte. So war es auch. Die "Minsk" mit ihren 1.229 BRT sah sehr mickrig aus und was die 1.026 BRT große "Charkow" anging, so war sie noch unscheinbarer.
"Diese kleinen Schiffe sind wichtig für den Küstenverkehr", meinte der Kommandant sachlich.
"Wohl wahr, Herr Oberleutnant, aber jeder Torpedo kostet 25.000 Reichsmark, und im übrigen wären mir Pötte von 10.000 Tonnen nun einmal viel lieber."
"Das sind mir auch die liebsten, doch anscheinend sind solche Plätteisen ziemlich rar."
In den ersten Morgenstunden des 20. März kamen dann weitere Dampfer in Sicht, gerade als das Boot, das sich etwas abgesetzt hatte, wieder auf den Küstenkurs eindrehte. Sie gehörten zum selben Geleitzug und waren wieder sehr klein. Dennoch ließ Schepke jeweils einen Einzelschuß auf die "Viking" und die "Bothal" schießen. Beide Schiffe sanken. Das letztere hatte immerhin 2.109 BRT. Dennoch: Wer mit einer solchen Versenkungsziffer trotz der vier Siegeswimpel heimkam, der brauchte lange, bis er die zum Ritterkreuz notwendige Tonnagezahl von 100.000 BRT voll hatte.
Während des erfolglosen Norwegen-Unternehmens stand U 19 gemeinsam mit U 13, U 57, U 58 und U 59 in der sechsten Aufstellungsgruppe vor dem Pentland Firth. Alle fünf Boote blieben erfolglos. Auch bei ihnen wirkte sich die Torpedomisere aus, die alle Boote heimsuchte und die so naheliegenden Erfolge verhinderte, die vielleicht im Seekrieg gegen England die Entscheidung gebracht hätten.
Als Joachim Schepke nach der KTB-Besprechung bei Admiral Dönitz erfuhr, daß dieser ihm ein neues Boot des Typs VII B anvertrauen wollte, war er begeistert.
"Für die nächste Feindfahrt steht Dir U 100 zur Verfügung, Schepke", sagte der Große Löwe. "Du wirst damit Erfolge erringen, dessen bin ich sicher."
Schepke war auch davon überzeugt, und im Mai fuhr er nach Kiel in die Germaniawerke, um sich das neue Boot anzusehen. Am 30. Mai stellte er U 100 in Dienst, und danach begann das Einfahren in der Ostsee und schließlich das Übungsschießen. Danach war U 100 schließlich einsatzbereit.

Mit U 100 am HX 66

Am 11. August 1940 lief U 100 zu seiner ersten Feindfahrt aus. Sein Operationsgebiet war der Seeraum westlich des Nordkanals. Das britische Motorschiff "Empire Merchant" fiel bereits am Vormittag des 16. August 1940 den Torpedos des Bootes zum Opfer. Zum erstenmal war der Funkmaat des Bootes mit der Tonnage zufrieden, die sich in diesem Falle auf 4.864 BRT belief.
"Na ja", meinte er, "schon besser. Aber auch noch nicht das Optimale."
Der britische Dampfer "Jamaica Pioneer" mit 5.471 BRT war da schon etwas besser, der am Nachmittag des 25. August in Sicht kam und offenbar ein Nachzügler des Konvois HX 65A war. Um 19.12 Uhr wurde ihm der tödliche Torpedo angetragen, und als eine Stunde vor Mitternacht U 124 den Geleitzug meldete, schloß auch U 100 heran. Genau eine Minute nachdem der Torpedotreffer von U 124 auf der "Stakesby" aufbrandete, befahl Kapitänleutnant Schepke dem TWO, Günter Krech, der hinter der UZO stand, auf die angegebenen Ziele zu schießen. Doch noch bevor dieser Befehl ausgeführt werden und der TWO diesen Befehl geben konnte, mußte das Boot von der Wasseroberfläche verschwinden und wurde von einem in Lage Null anrennenden Zerstörer gebombt. Die Wasserbomben detonierten im Kielwasser des steil vorlastig herabstoßenden Bootes.
Es war U 124, das nun einen Viererfächer schoß, nach welchem zwei weitere Dampfer sanken.
Der HX 65A war damit für U 100 verloren, doch als U 28 unter Kuhnke am Abend des 28. August eine Sichtmeldung tastete und dann Peilzeichen machte, griff U 100 in Richtung auf den nächsten Konvoi an. Es war der HX 66, der gegen Mitternacht aus dem Schatten der Nacht aufkam und sichtbar wurde.
"Boot greift wieder an! — Auf Gefechtsstationen! — Alle Rohre klar zum Überwasserschuß!"
23 Minuten nach Mitternacht, es war der 29. August, schoß U 100 einen Einzelschuß auf einen 5.000-Tonner und einen Zweierfächer auf ein größeres Schiff. Nach Ablauf der Laufzeit stiegen die feuerdurchmischten Wassergeysire an den beiden Dampfern empor. Es waren die "Dalblair" und die "Empire Moose", die die Torpedos erhalten hatten und auf 56.06 N/13.33 W für immer sanken. Die "Hartismere" wur-

de torpediert. Das Boot wurde von blind schießenden und Schreckwasserbomben werfenden Geleitfahrzeugen des HX 66 abgedrängt, schloß aber wenig später wieder heran und schoß um 01.40 Uhr auf den Dampfer "Astra II", der getroffen liegenblieb und sank. Als das Boot heranschloß, um der "Hartismere" den Fangschuß zu geben, wurde es abermals abgedrängt. U 100 lief ab, drehte wieder ein und griff abermals an. Die See war von brennenden Dampfern bedeckt, so schien es wenigstens den Männern auf dem U-Boots-Turm, als sie die Seenotraketen und Rotsternschüsse sahen, die von den flachen Flugbahnen der Zerstörer-Leuchtgranaten durchflitzt wurden.
Diesmal blieb das Boot sehr dicht am Konvoi und wurde einmal in einer Distanz von höchstens 600 Metern von einem Geleitfahrzeug passiert, das es nicht sichtete.
Der Befehl zum vorletzten Torpedoschuß fiel um 03.38 Uhr. Die "Alida Gorthon" wurde getroffen und sackte auf ebenem Kiel reitend weg. Die "Empire Moose" wurde um 04.27 Uhr getroffen.
U 100 setzte sich ab, meldete das Ergebnis und daß es verschossen sei und erhielt kurze Zeit später den Rückmarschbefehl, der das Boot in den neuen Stützpunkt Lorient an der französischen Atlantikküste einlaufen ließ.
Am ausgefahrenen Sehrohr flatterten sieben Versenkungswimpel. Sechs Versenkungen wurden vom Gegner bestätigt. Die "Hartismere" konnte eingeschleppt werden.

Der HX 72 wird zersprengt

U 100 war nach dieser ergfolgreichen Fahrt rasch wieder ausgerüstet und verproviantiert worden und lief am 11. September zur nächsten Feindfahrt aus. Es sollte wieder im gleichen Operationsgebiet westlich des Nordkanals auf den Geleitzug-Routen aus den USA nach Beute suchen. Am späten Abend des 20. September hatte U 99 unter Kptlt. Kretschmer den Geleitzug HX 72 gemeldet und Prien, Schepke und Bleichrodt wurden darauf angesetzt.
Otte Kretschmer, der "schweigsame Otto" wie er in Kameradenkreisen genannt wurde, schoß aus diesem Konvoi den britischen Motortanker "Invershannon" mit 9.154 BRT und den Dampfer "Baron Blythswood" heraus, ehe er die "Elmbank" mit einem Torpedo stoppte und dann 88 Schuß aus der 8,8 cm-Bugkanone auf den liegengebliebenen Dampfer schoß. U 47, unter Günther Prien, stieß hinzu und schoß die längst von ihrer Besatzung verlassene "Elmbank" mit weiteren 99 Phosphorgranaten in Brand, ehe dieses zähe Schiff endgültig von U 99 mit einem Fangschuß versenkt wurde.
Längst hatte Joachim Schepke, der mit den beiden genannten Kameraden um die Ehre des Tonnagekönigs ringen wollte, den Geleitzug, an den Rauchfahnen zu erkennen, zu Gesicht bekommen. Er drehte gegen Abend, nach Einfall der Dunkelheit, auf den Konvoi ein.
Von 23.10 bis 23.13 Uhr fielen die vier gezielten Einzelschüsse auf vier Dampfer. Die "Canonesa" mit 8.286 BRT war als 5.000-Tonner avisiert worden. Sie erhielt einen Treffer und sank. Der britische Motortanker "Torinia" sank ebenfalls. Er hatte eine Verdrängung von 10.364 BRT, und als der Funkmaat dies meldete, nachdem er die Daten aus dem "schlauen Buch" (dem Lloyds Register) herausgesucht hatte, schwang Triumph in seiner Stimme mit.
"Das gefällt Ihnen besser, was?" fragte der Kommandant.
Da konnte natürlich niemand an Bord nein sagen. Der dritte Torpedo traf die "Dalcairn" mit 4.608 BRT. Der vierte Aal ging vorbei.
Das Boot drehte ab, und im Bugraum wurde fieberhaft gearbeitet, um die Rohre für den zweiten Anlauf nachzuladen.
Um Mitternacht drehte U 100 bereits wieder auf eine der Kolonnen des Konvois ein. Um 00.22 Uhr fiel der erste Torpedoschuß, und die 6.586 BRT große "Empire Airman" sank.
Um 01.52 Uhr wanderte der Tankerriese "Frederick S. Fales" ins Visier der UZO. Der Zweierfächer lief und traf den 10.525 BRT großen Tanker, der zwei Minuten später über alles brannte.

Das Boot drehte nur wenig ab, als zwei Geleitfahrzeuge zum Tanker liefen, der soeben mit der Fahrt stoppte, um dort die von Bord gehenden Besatzungsmitglieder zu übernehmen. Dann schloß es abermals heran, und um 02.14 Uhr wurde der norwegische Dampfer "Simla" getroffen. Auch er sank, und damit hatte U 100 aus dem HX 72 sieben große Dampfer herausgeschossen.

Doch damit war es erst einmal genug, Geleitfahrzeuge brausten heran, und das Boot wurde von ihnen unter Wasser gedrückt und schwer gebombt. Es sackte auf 160 Meter durch, wurde abgefangen und konnte sich angeschlagen davonschleichen. Als es drei Stunden später auftauchte, ließ Schepke den FT-Spruch an den BdU tasten, der die Erfolge meldete und darüber Auskunft gab, daß das Boot verschossen habe. Es erhielt den Rückmarschbefehl, und am 24. September nahm der Funkmaat einen FT-Spruch auf, in dem stand, daß dem Kommandanten ihres Bootes das Ritterkreuz verliehen worden sei.

Der SC 7
— Die Nacht der langen Messer —

Am 13. Oktober war U 100 aus seinem Stützpunkt Lorient ausgelaufen, um erneut zu den bevorstehenden Rudelschlachten im Atlantik anzutreten.
Die Boote U 99, U 47 und U 123 waren bereits einige Tage vorher ausgelaufen, und damit standen drei der besten Kommandanten in See, als sich Joachim Schepke ihnen zugesellte.
Am Morgen des 17. Oktober meldete U 48, das bereits in See stand und von dem As Bleichrodt geführt wurde, den Geleitzug SC 7. Alle in

der Nähe stehenden Boote, zu denen noch U 46 unter Engelbert Endrass und U 101 unter Frauenheim kamen, wurden auf den Konvoi angesetzt. U 48 und U 38 eröffneten den Reigen der Versenkungen an diesem Konvoi, dann kam Möhle mit U 123 zum Schuß.
Mit großer Fahrt lief U 100 dem Schauplatz der Ereignisse entgegen. Am Nachmittag des 18. Oktober kamen Mastspitzen in Sicht.
Um 23.17 Uhr kam U 100 auf den Dampfer "Shekatika" zum Schuß. Der Dampfer wurde schwer getroffen, sank aber nicht. Es stellte sich heraus, daß er mit Holz beladen war und infolge dieser Ladung trotz weiterer Torpedotreffer von U 101 nicht sank. Erst der Fangschuß von U 123 am frühen Morgen des 19. Oktober gab diesem Schiff den endgültigen Todesstoß.
U 100 war nach dem schweren Treffer auf der "Shekatika" weitergelaufen und hatte um 23.37 Uhr auf einen weiteren Dampfer des Konvois geschossen. Es war die "Fiscus", die unmittelbar nach dem Treffer tiefer wegsackte. (Sie wurde von U 99 versenkt).
Die ganze Nacht hindurch sah Joachim Schepke, der auf dem Turm des Bootes stand, die Trefferfontänen seiner Kameraden, die am Geleitzug rakten. Er selbst aber wurde abgedrängt und kam erst um 02.50 Uhr des 19. Oktober wieder zum Schuß. Es war der Dampfer "Blairspey", der den Treffer erhielt. Sie konnte eingeschleppt werden.
Die britischen Zerstörer schossen wie wild durch die Nacht, und die gesamte Geleitsicherung lief aufgeregt auf Zickzackkursen durch die See und suchte nach den U-Booten. Dies gab immer wieder anderen Booten die Chance aufzuschließen und Treffer anzubringen. Kretschmer und Frauenheim, Moehle und wieder Kretschmer, das waren die Männer, die mit ihren Booten das Desaster am SC 7 herbeiführten.
Der Geleitzug zerplatzte förmlich. Als U 100 nach einer mehrstündigen Wasserbombenverfolgung am späten Morgen des 19. Oktober wieder auftauchte, kam es nicht mehr an den SC 7 heran.
Dieser Geleitzug hatte 17 Schiffe verloren und mehrere weitere wurden torpediert.

Als dann U 100 am Abend des 19. Oktober, gegen 22.00 Uhr, wieder auftauchte, wurden Torpedodetonationen auf dem Generalkurs gehorcht. Doch diese Schüsse, die U 38 unter Liebe, Prien, Bleichrodt und Endrass schossen, galten nicht mehr diesem Konvoi sondern dem HX 79, der wie ein Traumwandler mitten in das U-Boot-Rudel hineingelaufen war.
Erneut begann das Schießen aller Boote. U 100 schloß sehr schnell auf, und um Mitternacht stand alles auf Gefechtsstationen. Um 00.15 Uhr und 00.16 Uhr fielen die beiden Zweierfächerschüsse auf zwei Tanker, die Schepke als Ziel ausgesucht hatte. Die beiden Motortan-

ker "Caprella" und "Sitala" wurden voll getroffen und brüllten ihren Notruf in die Nacht hinaus.
Doch dann wurde U 100 wieder abgedrängt, kam aber sieben Stunden später noch einmal heran und schoß die "Loch Lomond" aus dem Konvoi heraus. Der Dampfer blieb bald nach dem Treffer gestoppt liegen und als keine Gefahr mehr für die Besatzung bestand, die in die Boote gegangen war, ließ Schepke das Feuer aus dem Buggeschütz eröffnen und den Dampfer endgültig unter Wasser bringen.
Alle Torpedos waren in diesen 36 Stunden eines erbitterten Kampfes verschossen worden. Das Boot marschierte nach Lorient zurück. Es hatte diesmal einige große Tanker versenkt und mit drei Versenkungen und drei Torpedierungen einen "guten Durchschnitt" gemacht, wie einer der Männer dem PK-Mann in Lorient sagte.

Wieder im Geleitzugskampf am SC 11
Sieben an einem Tag!

Auf der nächsten Feindfahrt operierte U 100 wieder auf der Geleitzugroute. Das Boot hatte bei grober See am 22. November 1940 das Operationsgebiet erreicht. Es wurde eine sehr kurze Feindfahrt, denn unmittelbar nachdem der Geleitzug SC 11 von U 100 gesichtet und gemeldet worden war, lief das Boot in der Nacht zum Überwasserangriff an.

Der erste Torpedo wurde geschossen, als der 23. November genau 18 Minuten alt war. Er traf die 4.562 BRT große "Justicita", die als erstes Schiff des SC 11 sank. Von diesem Zeitpunkt an bis zum späten Abend dieses Tages stand U 100 in einem ständigen Angriff und Ablaufkampf. Es wurde geschossen, das Boot setzte sich verfolgt von Geleitfahrzeugen ab, schloß wieder auf, um abermals zu schießen.

Der zweite Anlauf galt zwei Schiffen: der "Bradfyne" und der "Bruse", die beide nach den Treffern sanken. Knapp drei Stunden später, um 04.14 Uhr, schoß Schepke auf den niederländischen Dampfer "Cotmarsum", der Norweger "Salonica" wurde um 04.36 Uhr getroffen und blieb, SOS-Rufe sendend, auf der See liegen, ehe er sank.

Es war 08.02 Uhr als das britische Motorschiff "Leisa Maersk" von U 100 torpediert und versenkt wurde. Dann schoß Moehle zweimal und traf.

Anschließend wurden diese beiden Boote unter Wasser gedrückt. Immer wieder, wenn eines versuchte aufzutauchen, wurde es sofort gesichtet und von Flugbooten und Geleitfahrzeugen unter Wasser gejagt. Erst am Abend des 23. November um 21.05 Uhr verließ wieder ein Torpedo das Heckrohr von U 100 und vernichtete den niederländischen Dampfer "Bussum".

U 100 hatte aus dem SC 11 nicht weniger als sieben Schiffe herausgeschossen.

48 Stunden hatte der Kommandant von U 100 auf dem Turm gestanden, oder in der Zentrale während des Unterwassermarsches seine Befehle gegeben. Das Boot hatte sich verschossen und lief nach Lorient zurück. Am 20. Dezember 1940 erhielt Joachim Schepke als siebter deutscher Soldat nach Prien und Kretschmer das Eichenlaub zum Ritterkreuz des Eisernen Kreuzes.

Die beiden letzten Feindfahrten

Nach gründlicher Überholung und Übernahme von Torpedos, Treiböl und Proviant lief U 100 bereits acht Tage später zu seiner nächsten Feindfahrt aus. Joachim Schepke war sicher, daß er bald die Spitze der erfolgreichen U-Boot-Kommandanten anführen würde.
In den schweren Winterstürmen des Atlantiks gingen fast alle Boote, die zu dieser Zeit draußen standen, leer aus. Nicht so U 100, das am 14. Dezember um 08.16 Uhr auf den britischen Dampfer "Kyleglen" zum Schuß kam. Der Dampfer sank.
Kurz vorher und wenige Stunden nach Schepke war U 96 unter Kapitänleutnant Lehmann-Willenbrock mehrfach zum Schuß gekommen und hatte dabei das britische Motorschiff "Western Prince" mit 10.926 BRT versenkt.
Noch am Abend desselben Tages konnte U 100 die "Euphorbia" stellen und versenken. Danach schien es mit dem Schußglück zu Ende, denn mehrere Torpedos wurden vorbeigeschossen.
Erst am Abend des 18. Dezember kam mit der "Napier Star" ein großer britischer Dampfer von 10.116 BRT in Sicht. Er erhielt drei Treffer, ehe er nach einem vierten Torpedo als Fangschuß auf 58.58 N/23.13 W sank.
Nach Ausfall des Backbord-Diesels und einem Defekt an der E-Maschine mußte U 100 den Rückmarsch antreten. Es lief nach Lorient ein und konnte weitere drei Versenkungen mit insgesamt 17.166 BRT melden.

Das Ende dreier Asse

Am 21. Februar 1941 lief U 99 unter Kapitänleutnant Otto Kretschmer, der in den vergangenen Feindfahrten großartige Erfolge erzielt hatte und mit dem Eichenlaub zum Ritterkreuz ausgezeichnet worden war, zu einer neuen Feindfahrt aus.
Otto Kretschmer war eine Stellung an Land, als Flottillenchef, angeboten worden. Aber auch er wollte weiter fahren, wie dies auch Günther Prien gegenüber dem Großen Löwen zum Ausdruck gebracht hatte.
Fast gleichzeitig mit U 99 waren auch U 47 und U 100 zu ihrer neuen — und letzten — Feindfahrt ausgelaufen.
Als diese Boote bis zum 4. März noch keine Erfolgsmeldung getastet hatten, ließ Admiral Dönitz alle in dem Gebiet südlich Island stehenden Boote einen neuen Suchstreifen bilden und diesen quer zu einem gemeldeten Geleitzug aufstellen.
Es waren dies: U 47, U 70, U 99 und U-A. Am 6. März sichtete U 99 den Konvoi, der sehr stark gesichert war. Kretschmer brachte sein Boot um den Konvoi herum auf die "Schattenseite", was mit der Steuerbordflanke des Geleitzuges identisch war. Die Brückenwache sichtete wenig später einen riesigen Schatten im Dunkel der Nacht. Es war das Walfang-Mutterschiff "Terje Viken" mit 20.638 BRT. Der Torpedo aus Rohr I stoppte das riesige Schiff, das sofort SOS-Rufe tastete.
Genau zu dieser Zeit kam ein Motortanker in Sicht. Es war die "Athelbeach" mit 6.568 BRT, die nun von U 99 verfolgt und mit zwei Torpedos vernichtet wurde. Danach lief U 99 eilig zu der Walkocherei zurück. Aber von der "Terje Viken" war nichts mehr zu entdecken. Kretschmer nahm an, daß sie schon gesunken sei. (Dies traf jedoch, wie sich zeigte, nicht zu. Das Schiff wurde zunächst von zwei Zerstörern in Schlepp genommen und dann, als feststand, daß es sich nicht länger würde halten können, von zwei Zerstörern und einer Korvette — nach Übernahme der Besatzung — versenkt.)
Danach suchten U 70 und U 99 vergeblich nach dem Konvoi, und U 100 versuchte ebenfalls noch heranzukommen, aber keinem der Boote gelang der Anschluß.
Erst, nachdem der HX 112 am 15. März 1941 von U 110 unter Fritz-Julius Lemp gemeldet worden war, hoffte auch Joachim Schepke, erneut zum Schuß zu kommen. Mit AK lief er auf den Geleitzug zu, der inzwischen bereits herbe Verluste hatte einstecken müssen. Einer je-

ner Kommandanten, die wieder einmal mehr über sich hinauswuchsen, war Otto Kretschmer. Er begann am Abend des 16. März mit seinen Angriffen und schoß bis zum Morgen des 17. März aus diesem stark gesicherten Geleitzug sechs Schiffe heraus, von denen fünf sanken. Der 9.314 BRT große französische Motortanker "Franche Comte", ein sehr modernes Schiff, konnte nicht unter Wasser gebracht werden.
Inzwischen war auch U 100 unter Joachim Schepke zur Stelle. Geben wir an dieser Stelle Captain Donald MacIntyre, dem Chef der Escort Group, das Wort, der mit seinem Führerzerstörer "Walker", den Zerstörern "Volunteer", "Sardonyx" und "Scimitar" und den Korvetten "Bluebell" und "Hydrangea" die Geleitzugsicherung übernommen hatte. Er ist der einzige Zeuge, der genau sagen kann, wie sich das Desaster des 17. März 1941 vollzog.
"Die 'Scimitar" ortete ein U-Boot, das sich später als U 100 herausstellte. 'Scimitar' meldete dieses Boot sechs Seemeilen voraus laufend. Sofort ließ ich alle vorn stehenden Geleitfahrzeuge auf dieses Boot zulaufen. 'Walker' und 'Vanoc' liefen mit großer Fahrt zur 'Scimitar', um ihr bei der Jagd zu helfen.
Als wir bis auf drei Seemeilen an das Boot herangekommen waren, tauchte es weg. Zwei Stunden suchten wir es, aber das Boot war spurlos verschwunden.
'Walker' lief zum Konvoi zurück, während 'Vanoc' und 'Scimitar' die Suche fortsetzten. Nach einer weiteren Stunde gaben auch sie auf. Gerade als ich aufzuatmen begann, schmetterte der harte Schlag einer Torpedodetonation durch den Morgen des 17. März. Es war das schwedische Motorschiff "Korshamn", das getroffen worden war.
Es war U 99, das zwischen zwei Zerstörern der Sicherung hindurchlaufend, diesen Angriff gefahren hatte, wie sich später herausstellte. Das Boot wurde unter Wasser gedrückt, und 'Walker' lief in einer leichten Kurve auf einen weißen Gischtstreifen zu, der aber von einem anderen U-Boot stammen mußte. Es standen also zwei U-Boote dicht beieinander am Konvoi.
Ich gab Befehl, auf 30 Knoten heraufzugehen, aber das U-Boot, das neu aufgetaucht war, ging sofort wieder hinunter. Als wir Sekunden später die Gischtflecken der Luftausblasung überliefen, ließ ich einen Zehnerfächer Wasserbomben werfen. Die zehn Wasserbomben detonierten mit hartem Krachen. Zweieinhalb Sekunden darauf krachte eine Explosion, und ein orangeroter Blitz sprang aus der See empor. Wir glaubten, dieses Boot versenkt zu haben. Aber eineinhalb Stunden darauf hatten wir mit demselben Boot wieder Kontakt."
U 100, das während der Wasserbombenverfolgung schwere Schäden erlitten hatte, konnte gegen 03.00 Uhr des 17. März nicht länger unter

Wasser gehalten werden. Es stand plötzlich dicht unter dem Zerstörer "Vanoc" und wurde von der Radarstation dieses Zerstörers entdeckt, als es die Wasseroberfläche durchbrach. Geben wir wieder Captain MacIntyre das Wort:
"Ich befahl AK für die 'Walker', und Lieutenant Bray rief mir zu, 'Sie müssen ein U-Boot gesichtet haben, Sir!'
Da kam auch schon der Blinkspruch der 'Vanoc': 'Haben soeben ein U-Boot gerammt und zum Sinken gebracht.'
Die 'Vanoc' hatte U 100 mittschiffs gerammt. Joachim Schepke, der Kommandant des Bootes, der gehofft hatte, der Zerstörer würde achtern am Boot vorbeilaufen, wurde durch die Wucht des einhauenden Zerstörerstevens in dem zusammengedrückten Turm seines Bootes eingequetscht. Die Wucht dieses Zusammenpralles riß ihm beide Beine ab, und als die 'Vanoc' herausging, wurde der Kommandant von U 100 über Bord geschleudert und verschwand, um sich schlagend, in der See. Nur noch seine Mütze schwamm auf dem Wasser."
Von der Besatzung von U 100 konnten nur fünf Männer geborgen werden. Sie wurden an Bord des gegnerischen Zerstörers versorgt und ärztlich betreut.
In dieser Minute des Unterganges eines deutschen U-Bootes, der wiederum ein neuer Erfolg für den "U-Boat-Killer" war, wie Captain MacIntyre genannt wurde, fing der Asdicmann des Führerzerstörers "Walker" einen Ortungsimpuls auf. Wieder Captain Mac Intyres Darstellung folgend, erfahren wir:
"Ich wollte es nicht glauben, daß hier in unmittelbarer Nähe des versenkten Bootes ein zweites sein könne und äußerte meine Zweifel auch gegenüber dem Asdic-Offizier First-Lieutenant Langton. Aber der Mann am Asdic meldete auf Langtons Frage: 'Ja Sir, es ist ein U-Boot!'
Als ich 'Walker' zum nächsten Angriff drehte, kam von der 'Vanoc' der Warnruf: 'U-Boot ist hinter Ihnen aufgetaucht!'
Die Geschütze der 'Walker' begannen zu feuern. Auf dem Turm des Bootes blitzte ein Handscheinwerfer auf: 'Wir sinken, stoppen Sie Ihr Feuer!'
Das machte mir klar, daß der Kampf vorüber war. Es war U 99 unter Kapitänleutnant Kretschmer, das wir hier knapp eine halbe Stunde nach U 100 versenkt hatten."
Von der Besatzung von U 99 fielen drei Soldaten. Zwei davon wurden vermißt. Der dritte aber, Oblt. (Ing.) Schröder, ging mit U 99 in die Tiefe, als er sicherheitshalber noch einmal ins Boot zurückkehrte und die Entlüftung der Tauchzelle I öffnete, damit U 99 auch sicher und rasch sank und nicht etwa beschädigt in die Hand des Gegners fiel.
Damit waren zwei der drei ersten Eichenlaubträger am selben Geleit-

zug kämpfend, innerhalb einer ganz kurzen Zeit, von Captain MacIntyre ausgeschaltet worden.

Versenkungsliste von U 3, U 19 und U 100 unter Kapitänleutnant Schepke

30.09.39	11.00	däD	"Vendia"	1.150	35 m NW Hastholm
30.09.39	21.30	swD	"Gun"	1.198	30 m NW Hastholm
09.01.40	02.21	nwD	"Manx"	1.343	58.30 N/01.33 W
23.01.40	08.40	brD	"Baltanglia"	1.523	55.35 N/01.27 W
23.01.40	08.48	nwD	"Pluto"	1.598	55.35 N/01.27 W
25.01.40	21.12	leD	"Everene"	4.434	Longstone L.T.
25.01.40	21.30	nwD	"Gudveig"	1.300	4,5 m E. Longstone
20.02.40	00.15	brMT	"Daghestan"	- - -	beschädigt
19.03.40	22.21	däD	"Minsk"	1.229	58.07 N/02.39 W
19.03.40	22.37	däD	"Charkow"	1.026	58.07 N/02.39 W
20.03.40	04.57	däD	"Viking"	1.153	58.21 N/02.22 W
20.03.40	05.18	däD	"Bothal"	2.109	58.21 N/02.22 W
16.08.40	09.27	brM	"Empire Merchant"	4.864	55.23 N/13.24 W
25.08.40	19.12	brD	"Jamaica Pioneer"	5.471	57.05 N/11.02 W
29.08.40	00.23	brD	"Dalblair"	4.608	56.06 N/13.33 W
29.08.40	04.27	brD	"Empire Moose"	6.103	56.06 N/13.33 W
29.08.40	00.23	brD	"Hartismere" =	5.498	56.04 N/13.06 W
29.08.40	04.27	brD	"Astra II"	2.393	56.09 N/12.14 W
29.08.40	03.38	swD	"Alida Gorthon"	2.373	56.09 N /12.14 W
21.09.40	23.10	brD	"Canonesa"	8.286	54.55 N/18.25 W
21.09.40	23.10	brMT	"Torinia"	10.364	55.00 N/19.00 W
21.09.40	23.13	brD	"Dalcairn"	4.608	55.00 N/19.00 W
22.09.40	00.22	brD	"Empire Airman"	6.586	54.00 N/18.00 W
22.09.40	00.50	brD	"Scholar"	3.940	55.11 N/17.58 W

22.09.40	01.52	brDT	"Frederick S. Fales"	10.525	55.30 N/13.40 W
22.09.40	02.14	nwD	"Simla"	6.031	55.11 N/17.58 W
18.10.40	23.17	brD	"Shekatika" =	5.458	57.12 N/11.08 W
18.10.40	23.37	brD	"Fiscus" =	4.815	57.29 N/11.10 W
19.10.40	02.50	brD	"Blairspey" =	4.155	57.55 N/11.10 W
20.10.40	00.15	brMT	"Caprella"	8.230	56.37 N/17.15 W
20.10.40	00.16	brMT	"Sitala"	6.218	150 m SW Rockall
20.10.40	07.20	brD	"Loch Lomond"	5.452	56.00 N/14.30 W
23.11.40	00.18	brD	"Justitia"	4.562	55.00 N/13.10 W
23.11.40	01.01	brD	"Bradfyne"	4.740	55.04 N/12.15 W
23.11.40	01.17	nwD	"Bruse"	2.205	55.04 N/12.15 W
23.11.40	04.14	nlD	"Cotmarsum"	3.628	55.00 N/12.00 W
23.11.40	04.36	nwD	"Salonica"	2.694	55.15 N/12.14 W
23.11.40	08.02	brM	"Leise Maersk"	3.136	55.30 N/11.00 W
23.11.40	21.05	nlD	"Bussum"	3.636	55.39 N/08.58 W
14.12.40	08.16	brD	"Kyleglen"	3.670	58.-- N/25.-- W
14.12.40	19.55	brD	"Euphorbia"	3.380	Nordatlantik
18.12.40	20.20	brD	"Napier Star"	10.116	58.58 N/23.13 W

Gesamterfolge: 37 Schiffe mit 145.842 BRT versenkt
 4 Schiffe mit 19.926 BRT torpediert
 1 Schiff mit   5.000 BRT beschädigt

Kapitänleutnant Herbert Wohlfarth

Drei Boote und ein Kommandant

Als der Zweite Weltkrieg begann, zählten zu den U-Booten der Deutschen Kriegsmarine auch jene "Einbäume" des Typs II B, die mit ihren gut 300 Tonnen Größe, drei Torpedorohren und einer Höchstgeschwindigkeit von 13 Knoten über Wasser mit Dieselmotoren und 7 Knoten unter Wasser nur in küstennahen Gewässern Verwendung finden konnten.
Zu den Booten dieses Typs gehörten auch U 14 und U 23. Beide Boote waren mit jeweils acht Magnetminen beladen ausgelaufen, um diese Teufelseier zu der Insel zu bringen, die ihr Ziel sein würde.
Sechs Boote waren es insgesamt, die am 27. August ihre Position in der nördlichen Nordsee bezogen. Eines davon war U 14 unter Kapitänleutnant Herbert Wohlfarth. Das Boot erreichte nach der Kriegserklärung Englands und Frankreichs vom 3. September an Deutschland seinen Bestimmungsort, legte seine Minen und lief wieder in den Heimathafen zurück.
Mit U 3 lief auch Joachim Schepke aus. Dieses Boot des Typs II A hatte die annähernd gleiche Verdrängung.
Nach einigen weiteren ähnlichen Einsätzen lief U 14 sodann ohne Minen, dafür aber mit Torpedos bestückt, zur ersten Feindfahrt aus, in der es anzugreifen und zu versenken hieß.
Herbert Wohlfarth stieß am 15. Februar 1940 abends auf ein Kleingeleit. "Auf Gefechtsstationen!" befahl er, und der "Einbaum" verwandelte sich in einen bißbereiten Wolf.
Um 23.55 Uhr fiel der erste Torpedoschuß. Der dänische Dampfer

"Sleipner" erhielt den Treffer mittschiffs und sank. Das Boot hatte auf dieser zweiten Feindfahrt den ersten Versenkungserfolg errungen, der zwar mit 1.066 BRT nicht berauschend hoch ausfiel, aber als Anfang genügen mochte, zeigte er doch, daß auch Einbäume in der Lage waren, Erfolge zu erzielen.
Fünf Minuten später kam das Boot zum zweiten Erfolg. Ein Torpedo traf die 1.066 BRT große "Rhone". Beide Dampfer gingen auf 58.18 N/01.46 W unter.
Von Geleitfahrzeugen abgedrängt, mußte U 14 tauchen. Das Boot entzog sich jedoch geschickt den Verfolgern und stand am Abend des 16. Februar wieder am Küstengeleitzug, der auf der 20 Meter-Marke nördlich Kinnard Head lief.
Der Einzelschuß auf den schwedischen Dampfer "Osmed" ließ diesen sinken. Ein zweiter Torpedo auf einen Dampfer von geschätzten 4.500 BRT gezielt, ging vorbei. Dann, 10 Minuten nach dem ersten Schuß, fiel der dritte, welcher der "Liana" zum Verhängnis wurde.
Als das Boot nach dieser Feindfahrt in den Stützpunkt zurückkehrte, flatterten vier Versenkungswimpel am ausgefahrenen Luftzielsehrohr. Allerdings hatte das Boot nur "kleine Kolcher" erwischt. Dennoch: U 14 hatte sich in die Reihe jener großen Boote geschoben, die ebenfalls bereits erhebliche Erfolge errungen hatten.
Übrigens hatte um die gleiche Zeit ein weiterer Einbaum, U 23 unter Otto Kretschmer, den britischen Zerstörer "Daring" und die "Loch Maddy" versenkt, ein Schiff mit 4.996 BRT, das vorher von U 57 getroffen worden war. Mit U 10 unter Preuß, U 19 unter Joachim Schepke und U 22 unter Hans Jenisch, und nicht zu vergessen U 21 unter Fritz Frauenheim, erzielten die Einbäume beachtliche Erfolge in dieser Zeit vor Englands Küste.
Auf jener vorhergehenden Minenunternehmung an der Ostküste Englands hatte Herbert Wohlfarth nach Durchführung seiner Minenaufgabe Glück, als das Boot in der Nacht zum 25. Januar 1940 einen Dampfer sichtete und auf ihn eindrehte. Es war der norwegische Dampfer "Biarritz" mit 1.752 BRT, der nach dem Torpedotreffer liegenblieb und schließlich auf 52.39 N/04.15 E sank.
Damit hatte das Boot nach seinen letzten Erfolgen bereits fünf Dampfer versenkt, und Wohlfarth war zuversichtlich, daß es auch einmal besser kommen müsse, daß ihm größere schwimmende Untersätze vor die Rohre kommen müßten.
Doch auch die März-Feindfahrt zeigte, daß im Küstenverkehr vor der englischen Ostküste keine allzu großen Fische gefangen werden konnten.
Dennoch: Am 7. März 1940 um 4.30 Uhr kam das Boot auf den niederländischen Dampfer "Vecht" zum Schuß. Dieser Dampfer sank. Zwei

Tage und eine Stunde später lief U 14 auf den Briten "Borthwick", der mit 1.097 BRT ebenfalls ein sehr kleines Schiff war. Doch Wohlfarth zögerte nicht ihn zu versenken, denn jedes Schiff, das im Küstenverkehr um England herum lief, zählte. Die "Borthwick" sank, und mit AK mußte sich das Boot vor den kurz danach heranbrausenden Geleitfahrzeugen in Sicherheit bringen und wich auf die offene See aus.
Noch am selben Abend dieses 9. März schloß das Boot wieder heran, und Herbert Wohlfarth ließ es bei grober See vorsichtig in einen weiteren Küstengeleitzug einsickern. Um 23.30 Uhr fiel der erste Schuß und 15 Minuten darauf der zweite auf einen kleinen Dampfer. Beide Schiffe sanken.
Verschossen und mit einem Erfolg von vier kleinen Schiffen, neben der erfolgreich durchgeführten Minenaufgabe, ging das Boot auf Heimatkurs.
Herbert Wohlfarth, am 5. Juni 1915 in Kanagawa, Japan, geboren, hatte sich sehr früh zur U-Boot-Waffe gemeldet und war mit diesem Einbaum in den ersten Einsätzen einer der erfolgreichsten Kommandanten geworden, nicht so sehr was die gesamte versenkte Tonnage anlangte, sondern was seine schneidigen Angriffe, die er fuhr, betraf.
Der Befehlshaber der U-Boote war auf diesen mittelgroßen selbstsicheren Kommandanten schon bald aufmerksam geworden. Er stellte ihm ein neues Boot in Aussicht, und am 15. Juni 1940 stellte Herbert Wohlfarth mit U 137 das erste Boot des Typs II D in Dienst, das nur um wenige 50 Tonnen größer war als sein erster Einbaum, allerdings einen doppelt so großen Aktionsradius hatte.

Die erste Feindfahrt mit U 137

Nach dem Einfahren und der Schießausbildung lief U 137 im September 1940 zu seiner ersten Feindfahrt aus. Herbert Wohlfarth war sicher, daß er auch mit diesem handlichen Boot zum Erfolg kommen und daß ihm der große Löwe dann ein richtiges Boot für weite ozeanische Verwendung zur Verfügung stellen würde.
Am Abend des 25. September 1940 sichtete U 137 einen Teilgeleitzug auf 54.53 N/10.22 W. Als der Kommandant auf den Turm enterte, sah er auch schon die Rauchfahnen und die ersten Aufbauten.
"Auf Gefechtsstationen!" befahl er.
U 137 lief zum Angriff. Hinter der UZO, die auf den Turm geschafft worden war, stand der Torpedowaffen-Offizier.
"Wir nehmen zwei 5.000-Tonner der ersten Reihe und danach die beiden dahinter laufenden Dampfer. Einer scheint Tanker zu sein!"
50 Minuten nach Mitternacht, es war der 26. September 1940, fielen in einer Minute Abstand zueinander die beiden Einzelschüsse. Genau nach Ablauf der geschätzten Laufzeit blitzten an beiden 5.000-Tonnern die Torpedotreffer auf. Masthohe mit Wasser durchmischte Feuersäulen stiegen in den Nachthimmel auf. Der britische Dampfer "Manchester Brigade" mit 6.042 BRT sank. Die "Ashantian", ebenfalls ein Engländer, blieb schwer getroffen liegen. Sie konnte später eingeschleppt werden.
U 137 drehte vor den heranbrausenden und blind Leuchtgranatenschießenden Bewachern ab, und Wohlfarth befahl das Nachladen der beiden leergeschossenen Rohre.
Eine Stunde später hatte das Boot wieder herangeschlossen. "Jetzt auf den Tanker, Eins-WO!" sagte Wohlfarth. Der Torpedoschuß fiel um 1.53 Uhr. Er traf den britischen Tanker "Stratford" mit 4.753 BRT, der nach zehn Minuten brennend sank.
Abermals wurde das Boot abgedrängt. Aber es kam wieder heran, und um 4.10 Uhr verließ jener Torpedo das Rohr, der den Norweger "Asgerd" tödlich traf.
U 137 mußte nun verschossen den Rückmarsch antreten. Es hatte vier Schiffe torpediert, von denen drei gesunken waren. Mit der "Manchester Brigade" war zum ersten Male ein "dicker Eimer" von dem Einbaum versenkt worden.
Auf der nächsten Feindfahrt gelang es dem Torpedomaaten, zwei unklare Aale einsatzklar zu machen. Vor der Nordwestküste von Irland

wurde dann am 14. Oktober um 21.28 Uhr der britische Hilfskreuzer "Cheshire" gestellt und mit diesem Torpedo so schwer getroffen, daß er nur mit Mühe in kleinster Fahrt nach Liverpool einlaufen konnte. Dort lag er sechs Monate zur Reparatur.

Im November 1940 stand U 137 bereits wieder in See. Als am frühen Morgen des 13. November die Brückenwache einen Dampfer meldete, eilte Wohlfarth auf die Brücke, und wenig später sah er, daß dieser Dampfer von einem Schlepper eingebracht werden sollte. Offenbar war er auf dem Wege nach Westen mit Motorschaden liegengeblieben.

"Zerstörer, Herr Kaleunt!" meldete der steuerbordachtere Ausguck, als sich hinter dem Dampfer ein niedriger Schatten herausschob.

"Hat uns noch nicht gesehen!" meinte der Kommandant und ließ das Boot mit einer kleinen Ruderkorrektur ausweichen.

"Wir greifen nach Einfall der Abenddämmerung an!"

Alle Mann auf Gefechtsstationen glitt U 137 in der Dunkelheit näher an den Dampfer heran, der schnurgerade seinen Kurs zog. Um 21.08 Uhr fiel der Zweierfächer auf den Dampfer, der auf 8.000 BRT geschätzt wurde.

Die "Cape St. Andrew" erhielt zwei Treffer und blieb sofort liegen. Von der Brücke aus konnte Wohlfarth sehen, wie der Schlepper die Trosse loswarf, und daß zwei Rettungsboote gefiert wurden. Dann drehte der geleitende Zerstörer auf das Boot ein, und mit AK lief U 137 in die Nacht hinein, verfolgt von den Leuchtgranatenschüssen seines Verfolgers. Die "Cape St. Andrew" hatte 5.094 BRT. Sie sank auf 55.14 N/10.29 W.

Am Abend des 16. November kam das Boot um 20.15 Uhr auf den britischen Dampfer "Planter" zum Schuß. Auch dieser Engländer mit seinen 5.887 BRT ging in die Tiefe.

Beinahe auf die Minute genau 24 Stunden später griff das Boot einen kleinen Geleitzug an. Der schwedische Dampfer "Veronica" und das britische Motorschiff "Saint Germain" fielen den Torpedos des Bootes zum Opfer, das nunmehr verschossen den Rückmarsch antreten mußte.

U 137 hatte auf dieser Feindfahrt vier Schiffe versenkt. Damit hatte auch dieser Einbaum unter Wohlfarth seine Schußsicherheit unter Beweis gestellt.

Als sich "Päckchen" Wohlfarth, wie er von seinen Kameraden genannt wurde, am Tage nach seiner Rückkehr in den Stützpunkt zur Berichterstattung nach dem KTB bei dem BdU meldete, sagte ihm dieser hinterher:

"Wohlfarth, Sie haben ein größeres Boot verdient, und Sie sollen es auch haben."

So ganz wollte es der junge Kommandant noch nicht glauben. Aber er erhielt U 556, das er am 6. Februar 1941 in Dienst stellte, wirklich ein Boot, mit dem "ich etwas anfangen kann", wie er sich ausdrückte.
Es war dies ein Boot des Typs VII C, des am meisten gebauten deutschen U-Bootes, auf dem bereits viele Kommandanten ihre großen Erfolge errungen hatten.

Operationsgebiet südlich Grönland

Auf dem Marsch in das Operationsgebiet des Nordatlantik, sichtete U 556 am 6. Mai 1941 südlich von Island den von den Färöern stammenden Fischdampfer "Emanuel" mit 166 BRT, der versenkt wurde, nachdem die Besatzung in das Rettungsboot gestiegen war. Wohlfarth ließ diesen kleinen Dampfer mit der Artillerie vernichten.
Danach setzte das Boot seinen Marsch nach Westen fort. Es war jener Suchharke zugeteilt, die der BdU vor Cap Farewell aufstellte. Sie bestand aus sieben Booten.
Als U 94 unter Kuppisch den Geleitzug OB 318 sichtete, der aus dem Nordkanal ausgelaufen war und in Richtung Nordamerika lief, machte das Boot Peilzeichen und griff sofort an. Wenig später lief auch U 556 zum Angriff an und machte zwei Einzelschüsse auf zwei Dampfer los, von denen einer den britischen Dampfer "Aelybryn" mit 4.986 BRT schwer traf. Der zweite Torpedo verfehlte die "Chaucer" nur sehr knapp. Das getroffene Schiff konnte bis zum 17. Mai schwer beschädigt nach Reykjavik eingeschleppt werden.
Nachdem die leergeschossenen Rohre nachgeladen waren, griff Wohlfarth diesen besonders stark gesicherten Geleitzug abermals an. Der Einzelschuß aus Rohr IV traf die "Empire Caribou", ein Schiff von 4.861 BRT und versenkte sie.

Abermals wurde das Boot abgedrängt. Von Zerstörern und Sloops gejagt, konnte es sich absetzen, und am Abend dieses 10. Mai 1941 zögerte der Kommandant keinen Augenblick, um wieder heranzuschließen. Der belgische Dampfer "Gand" mit 5.086 BRT war das Opfer. Er sank nach dem schweren Treffer binnen weniger Minuten.
Die nächsten Tage verliefen in der Eintönigkeit einer leeren See. Dann aber sichtete U 94 unter Herbert Kuppisch den Konvoi HX 126 und meldete. Alle sieben Boote schnürten an diesen Geleitzug heran, der aus Halifax kam und in den Nordkanal einlaufen wollte. Als erstes Boot kam U 94 zum Schuß und versenkte zwei Dampfer aus der zweiten Reihe des Konvois, nachdem die Torpedos die Dampfer der ersten Reihe, die anvisiert waren, verfehlt hatten.
Am Mittag des 20. Mai hatte sich dann U 556 nach Herausholen des zum Unterwasserangriffs notwendigen Vorlaufs herangearbeitet. Alle standen auf Gefechtsstationen und im Sattelsitz des Angriffssehrohrs saß der Kommandant und beobachtete den Gegner.
"Boot schießt auf einen Tanker von geschätzten 14.000 Tonnen und auf einen zweiten Tanker von 8.000 Tonnen, jeweils Zweierfächer!" berichtete der Kommandant den wartenden Männern. Der Torpedorechner, der mit dem Angriffssehrohr verbunden war, arbeitete. Die Werte wurden eingestellt, und um 14.48 Uhr und 14.50 Uhr fielen die beiden Fächerschüsse. Der britische Motortanker "British Security" ging nach den beiden Treffern und nach einer Reihe von Explosionen auf Grund. Der Motortanker "San Felix" aber, der mit seinen 13.037 BRT ein ganz großer Fisch war, konnte brennend abgeschleppt und nachdem das Feuer gelöscht war, eingebracht werden.
Um 15.16 Uhr stieß U 556 erneut zum Angriff vor. Das Boot schoß auf das britische Motorschiff "Darlington Court" und versenkte es.
Damit hatte U 556 einen überaus erfolgreichen Einstand erlebt. Das Boot meldete, daß es verschossen habe und nannte die Zahl seiner Versenkungen.
Das Boot erhielt den Rückmarschbefehl, doch am 24. Mai erhielten alle Boote dieser Gruppe, die nur einige hundert Meilen von einem Gefechtsfeld entfernt standen, auf dem sich das Schicksal des deutschen Schlachtschiffes "Bismarck" entscheiden sollte, den Befehl, mit Höchstfahrt ein Planquadrat südlich von Grönland anzusteuern.
Admiral Lütjens, der Führer der "Gruppe »Bismarck«", hatte diese Zusammenziehung erbeten, weil er die an der "Bismarck" Fühlung haltenden Feindschiffe in dieses Quadrat hineinziehen wollte. Dies würde dann die dort lauernden U-Boote in die Lage versetzen, die Kriegsschiffe mit ihren Torpedos zu vernichten.
Aus diesem Vorhaben wurde nichts, als "Bismarck" und ihre Verfolger auf Südkurs in Richtung Biskaya drehten.

U 556 und U 98, beide ohne Torpedos auf dem Rückmarsch befindlich, standen wenig später im Mittelpunkt des Interesses.
Vor den Rohren von U 556 tauchte plötzlich die englische Kampfgruppe auf, und Wohlfarth schrieb in sein KTB:
"26. Mai 1941, Standort: 640 sm westlich Landsend.
15.31 Uhr: Vor Flugzeugen getaucht. Unter Wasser werden einige Detonationen, wie von Artilleriefeuer, gehört.
19.48 Uhr: Alarm! Aus dem Dunst kommen von achtern mit hoher Fahrt ein Schlachtschiff der 'King George'-Klasse und ein Flugzeugträger, wahrscheinlich 'Arc Royal', in Sicht. Bug rechts, Lage 10. Wenn ich doch Torpedos hätte. Ich brauchte nicht einmal mehr anzulaufen, sondern ich stehe für einen Angriff genau richtig. Feind läuft ohne Zerstörerdeckung und ohne Zickzack-Kurse. Ich könnte mich dazwischen legen und beide gleichzeitig erledigen. Der Träger hat Flugbetrieb von Torpedoflugzeugen. Vielleicht hätte ich 'Bismarck' helfen können.
20.39 Uhr: Aufgetaucht! Signal abgegeben: 'Feind in Sicht! Ein Schlachtschiff, ein Flugzeugträger, Kurs 115 Grad, hohe Fahrt, Quadrat BE 53.30.' - - -
Ich versuche mit dem letzten mir zur Verfügung stehenden Brennstoff hinterherzustoßen. Tauche zum Horchen, melde Horchpeilung und sende Peilzeichen."
Der BdU ließ wenige Minuten nach Eingang eines FT-Spruches von U 556 alle Boote mit Torpedos in das angegebene Quadrat zur Unterstützung der "Bismarck" gehen. Doch die Boote konnten den von Wohlfarth angegebenen Standort nicht mehr rechtzeitig erreichen. Lediglich "Päckchen" Wohlfarth stand noch in der Nacht zum 27. Mai in der Nähe der englischen Schiffe und meldete einen vorbeilaufenden Zerstörer, der das Boot jedoch nicht bemerkte.
Wohlfarths Kommentar zu dieser bedrückenden Situation: "Ich kann jetzt nur noch aufklären und Torpedoträger heranführen. Ich halte an der Grenze der Sicht Fühlung, melde Standort und sende Peilzeichen, um die anderen Boote heranzuholen."
Um 04.00 Uhr schrieb Wohlfarth in sein KTB: "Die See wird immer höher. 'Bismarck' kämpft immer noch. U 74 gesichtet, optisch an U 74 Aufgabe des Fühlungshaltens abgegeben. Ich kann mich mit E-Maschinen kleine Fahrt noch am besten auf der Stelle halten. Über Wasser brauche ich Brennstoff und muß Rückmarsch laufen."
Am 31. Mai 1941 lief U 556 nach Lorient ein. Am ausgefahrenen Sehrohr flatterten acht Versenkungswimpel, aber von diesen Schiffen waren nur fünf Schiffe gesunken, die übrigen konnten eingeschleppt werden. Auch die 13.037 BRT große "San Felix" entging dem Untergang. Admiral Dönitz ging an Bord und legte Herbert Wohlfarth das ihm bereits am 15. Mai verliehene Ritterkreuz des Eisernen Kreuzes um.

"Ja, ja, die kleinen Boote!" sagte der Befehlshaber und schmunzelte in Erinnerung an Wohlfarths unorthodoxen Funkspruch, der mit den Worten "Löwe von Parzival" begann und seinerzeit großes Rätselraten verursacht hatte.

Die letzte Feindfahrt

Bereits im Juni stand U 556 wieder in See. Noch vor Erreichen seines Operationsgebietes wurde das Boot am 27. Juni von den britischen Korvetten "Nasturtium", "Celandine" und "Gladiolus" des Konvois HX 133 bei dem Versuch, zum Angriff einzudrehen, erkannt und mit einem Teppich von Wasserbomben belegt. Das Boot mußte auftauchen und wurde von den Sicherungsfahrzeugen unter Feuer genommen. Und während die Boote U 79, U 77 und U 203 ihre Erfolge an diesem Geleitzug erzielten, wurde U 556 von den drei genannten Geleitfahrzeugen versenkt. Es hatte fünf Gefallene. Die Besatzung geriet in britische Gefangenschaft.

Versenkungsliste
von U 14, U 137 und U 556
unter Kapitänleutnant Wohlfarth

25.01.40	02.30	nwD	"Biarritz"	1.752	52.39 N/04.15 W
15.02.40	23.55	däD	"Sleipner"	1.066	58.18 N/01.46 W
16.02.40	00.00	däD	"Rhone"	1.064	58.18 N/01.46 W
16.02.40	21.25	swD	"Osmed"	1.526	20 m N Kinnaird Hd.
16.02.40	21.35	swD	"Liana"	1.664	20 m N Kinnaird Hd.
07.03.40	04.30	nlD	"Vecht"	1.965	51.45 N/03.05 E
09.03.40	05.42	brD	"Borthwick"	1.097	51.44 N/03.22 E
09.03.40	23.30	brD	"Abbotsford"	1.585	Nordsee
09.03.40	23.45	brD	"Akeld"	643	51.44 N/03.22 E
26.09.40	00.50	brD	"Manchester Brigade"	6.042	54.53 N/10.22 W
26.09.40	00.51	brD	"Ashantian" =	4.917	55.10 N/11.-- W
26.09.40	01.35	brDT	"Stratford"	4.753	54.50 N/10.40 W
26.09.40	04.10	nwD	"Asgard"	1.308	56.34 N/09.10 W
14.10.40	21.28	brACL	"Cheshire" =	10.552	NW Irland
13.11.40	21.08	brD	"Cape St. Andrew"	5.094	55.14 N/10.29 W
16.11.40	20.15	brD	"Planter"	5.887	55.38 N/08.28 W
17.11.40	20.14	swD	"Veronica"	1.316	55.20 N/08.45 W
17.11.40	20.50	brM	"Saint Germain"	1.044	55.40 N/08.40 W
06.05.41	- - -	faDf	"Emanuel"	166	62.06 N/08.10 W
10.05.41	04.42	brD	"Aelybryn" =	4.986	59.23 N/35.25 W
10.05.41	00.43	brD	"Chaucer"	- - -	Fehlschuß
10.05.41	07.52	brD	"Empire Caribou"	4.861	59.28 N/35.44 W
10.05.41	20.37	beD	"Gand"	5.086	57.54 N/37.34 W
20.05.41	14.50	brMT	"San Felix" =	13.037	57.32 N/40.21 W
20.05.41	14.48	brMT	"British Security"	8.470	57.28 N/41.07 W
20.05.41	15.16	brM	"Darlington Court"	4.974	57.28 N/41.07 W

Gesamtergebnis: 21 Schiffe mit 61.467 BRT versenkt
                    4 Schiffe mit 33.492 BRT torpediert

Fregattenkapitän Klaus Scholtz

Kommandant und Flottillenchef

Der Sonderauftrag "Rajputana"

Kapitänleutnant Klaus Scholtz, hochgewachsen und kräftig, ein typischer Vertreter des Magdeburger Raumes, seit 1927 bei der Reichsmarine und als Offizier auf einem Torpedoboot in den spanischen Gewässern eingesetzt, hatte sich im April 1940 zur U-Boot-Waffe gemeldet.
Nach kurzer Einfahrzeit als Kommandantenschüler, stellte er am 22. Oktober 1940 bei der Deschimag-AG in Bremen mit U 108 ein großes Boot des Typs IX B in Dienst.
Dieses Boot sollte er acht Feindfahrten hindurch und an insgesamt 347 Seetagen führen. Seine erste Feindfahrt im Februar 1941 brachte ihm zwei Versenkungserfolge.
Als er nach Wiederherstellung der Einsatzbereitschaft von U 108 die Nachricht erhielt, er möge sich am anderen Tage in Kernevel beim Befehlshaber der U-Boote melden, wußte er nicht, was der Grund dazu sein könnte. Zwar war sein Boot wieder einsatzbereit, aber die Einsatzbefehle wurden sonst vom Flottillenchef gegeben, der sie von der Operationsabteilung erhielt.
Als er den Besprechungsraum betrat, kam ihm der Große Löwe ein paar Schritte entgegen und begrüßte ihn. Dann mußte Scholtz an die Karte treten und noch einmal die erste Feindfahrt durchsprechen. Er

gab den gewünschten Bericht, erklärte sicher und bestimmt seine Maßnahmen zu den Angriffen, denen der niederländische Dampfer "Texelstroom" und der Brite "Effna" zum Opfer gefallen waren.
"Gut", sagte der BdU, als Scholtz geendet hatte. "Achttausend Tonnen sind für den Anfang eine gute Leistung. Andere mußten mit Null von der ersten Feindfahrt zurückkommen. Diese beiden Erfolge werden Ihnen den richtigen inneren Pull gegeben haben, einen Sonderauftrag durchzuführen, an dessen rascher und exakter Erledigung mir sehr gelegen ist."
"Ich bitte Herrn Admiral, mir diesen Auftrag zu geben", entgegnete der Seeoffizier.
"Noch wissen Sie nicht, was das für eine Sache ist, Scholtz", warnte der BdU. "Vielleicht hängt gar nichts daran, und Sie laufen draußen wie ein wildgewordener Bettsack herum und finden nichts. Aber vielleicht hängt auch s e h r viel daran. Mehr als Sie aus einem dicken Geleitzug herausschießen können... Es handelt sich nämlich um ein Dickschiff. Entweder Schwerer Kreuzer oder ein großes Hilfskriegsschiff."
Klaus Scholtz spürte wie die Erregung prickelnd in ihm emporschoß. Der BdU ging zu der großen Wandkarte hinüber. Sein A 1, Kapitänleutnant Oehrn und der Chef der Operationsabteilung, Fregattenkapitän Godt, folgten ihm. Dönitz gab Oehrn, einen Wink, und dieser, ehemals Kommandant von U 37, nahm den Zeigestock und trat an die Karte heran.
"Beim Durchbruch des Panzerschiffes »Admiral Scheer«", begann er, "das am 30. Oktober durch die Dänemarkstraße lief, stellte das Funkmeßgerät des Schweren Kreuzers fest, daß in der Straße ein feindliches großes Schiff stand, welches den Bewacherdienst versah und jedes deutsche Schiff ortete und meldete.
Da die 'Scheer' unverzüglich zum Angriff auf den gemeldeten Geleitzug HX 84 ansetzen mußte, konnte sie nicht auf diesen erkannten Gegner operieren, sondern mußte mit großer Fahrt ablaufen.
Dieses Kriegs- oder Hilfskriegsschiff ist für uns ein Pfahl im Fleisch. Jede Bewegung unserer schweren Einheiten wird von ihm gemeldet, jede U-Boot-Operation kann durch diesen Beobachter zunichte gemacht werden."
Der A 1 hatte seinen Vortrag beendet. Abschließend grenzte er den Raum ein, in welchem dieses Feindschiff sich befinden konnte. Und zwar von der Eisgrenze um Island herum bis einschließlich der ganzen Dänemarkstraße würde das Operationsgebiet von U 108 sein.
"Also, mein Sohn, wenn Du Lust hast?" verfiel der Befehlshaber der U-Boote wie so oft in den väterlichen Ton, der bei seinen Männern ankam, weil sie spürten, daß dies auch so gemeint war.

"Ich bitte, mir diesen Auftrag zu erteilen, Herr Admiral!"
"Gut, dann soll es so sein. Was ist mit Deinem Boot?"
"Alles klar, wir könnten morgen früh mit der Brennstoffübernahme und der Verproviantierung beginnen. Morgen kommt der letzte Törn aus dem Urlaub zurück."
"Gut, dann übernimmst Du die Sache. Du bleibst natürlich zum Essen. Oehrn, lassen Sie ein Gedeck mehr auflegen."
Der A 5 begann abschließend damit, die Erfolgsstatistik und die Aus- und Einlauflisten vorzulegen. Der Flaggleutnant steckte nach den eingegangenen Meldungen der Kommandanten die einzelnen Fähnchen in der großen Lagekarte um.
Dann war die Vormittags-Besprechung zu Ende.
Am Karfreitag des Jahres 1941 klotzte U 108 durch die grobe See mit zwölf Knoten Fahrt nach Norden. Es galt, eine Stecknadel in dem berühmten Heuhaufen zu finden. Es ging der Eisgrenze entgegen. Die Brückenwache zog im dicksten Seezeug auf. Die See wurde immer bewegter. Dunkle Sturmwolken deuteten an, daß es noch schlimmer kommen würde.
"Holprige Chaussee, Männer! — Anschnallen!" befahl der Kommandant, der auf den Turm gekommen war. Im Verlauf der nächsten Stunde briste der Wind auf Stärke 7 auf. Von Minute zu Minute wurde die Sicht schlechter. Dann fiel Schnee. Er wurde wie eine waagerechte weiße Wand gegen das Boot gewebt. Nichts war mehr voraus zu erkennen, der Himmel war verschwunden. Mit Donnergetöse krachten hohe Roller gegen den Turm, stiegen darüber empor und klatschten auf die Brückenwächter herunter. Dann landeten die ersten großen Eisschollen vorn auf dem Boot und splitterten beim Aufprall auseinander. Mit knirschenden Lauten zersägte der Bootssteven die Eisschollen. Trotz des Gummizeugs waren die Männer sehr bald völlig durchnäßt. Brecher wuschen über das Vorschiff hinweg. Horizontal jagte die noch dichter gewordene Schneewand gegen das Boot. Und dann hatte das Zentrum des Sturmes sie erreicht. Das Boot glitt auf und nieder; in der Runde Krachen und Bersten und das Prasseln der tonnenschweren Wassermassen, die auf das Boot niederpaukten.
Klaus Scholtz sah es den Gesichtern seiner Männer an, daß sie auf einen besonderen Befehl von ihm warteten. Und er gab ihn auch:
"Auf Tauchstationen! — Auf fünfzig Meter gehen!"
Das Boot verschwand von der Wasseroberfläche und wurde in 50 Metern Tiefe auf ebenen Kiel gebracht. Es lief mit beiden E-Maschinen kleine Fahrt.
"Horchraum: Gruppenhorchgerät besetzen und scharf aufgepaßt. Jedes Schraubengeräusch sofort melden!"
Seit Tagesanbruch hatte der Kommandant auf der Brücke gestanden,

weil in diesem Raum bereits mit dem Auftauchen des noch unbekannten großen Schiffes zu rechnen war.
Klaus Scholtz ratschte den grünen Filzvorhang vor seiner Kammer zur Seite und zog die Pelzjacke aus. Dann klappte er die kleine Back herunter, setzte sich auf seine Koje und griff nach dem KTB, um die fälligen Eintragungen zu machen. Wenig später las er nach:
"Kurs 02 Grad, mittlerer Seegang; Schneetreiben, Wind aufbrisend und anschließend Sturm. Boot unterläuft Sturmzentrum getaucht."

Vier Stunden später erschien der Kommandant wieder in der Zentrale, ohne daß ihn jemand hätte wecken müssen.
"Wie sieht es aus, Schmidt?" fragte er den Leitenden Ingenieur des Bootes, einen erfahrenen U-Boot-Mann und Kapitänleutnant (Ing.).
"Alles klar, Herr Kaleunt", meldete dieser.
"Dann wollen wir mal! Brückenwache sich im Turm klarhalten! Anzug 'großer Seehund', denn dort oben ist es immer noch nicht geheuer!"
Als das Boot freikam, schwang sich Klaus Scholtz als erster auf den Turm. Noch immer ging die See hoch, aber das Sturmzentrum lag hinter ihnen. Die Diesel arbeiteten gleichmäßig und sicher. Die Ausgucks suchten mit ihren Doppelgläsern die See voraus und nach den beiden Seiten hin ab. Mit AK glitt das Boot durch die See.
"Schatten! Zehn Grad Steuerbord voraus!" hallte die Meldung des Steuerbord-Ausgucks durch das Tosen der noch immer hochgehenden See. Scholtz suchte den Schatten, fand ihn und wenig später war klar, daß es sich um ein sehr großes Schiff handeln mußte. Ob es d a s Schiff war, wußte Scholtz noch nicht zu sagen. Aber das würde man sehen.
Als das Boot sehr gut herangekommen war, wurde auf Gefechtsstationen befohlen, ein Ruf, der auf allen Booten stets eine gleichbleibende Erregung hervorrief, denn nun ging es zum Angriff heran.
An der Grenze der Sichtweite lief U 108 nunmehr auf Parallelkurs zu dem großen Schiff. Das Boot stand 67 Grad 45 Minuten Nord und damit an der Grenze des Packeises.
"Der zackt weg! Himmelarm und Wolkenbruch!" fluchte der Bootsmannsmaat der Wache, der zuerst bemerkte, daß der große Dampfer zur Seite glitt und schmaler wurde. U 108 führte die gleiche Bewegung aus, aber dann schien der Dampfer plötzlich Flügel zu bekommen, denn er lief dem Boot einfach davon.
Mit äußerster Kraft versuchte das Boot Anschluß zu behalten. Eine halbe Stunde verging, dann waren vierzig Minuten in die Vergangenheit vertickt.
"Da ist er wieder! — Mastspitzen voraus!" meldete der Bootsmannsmaat erleichtert, daß sie den großen Dampfer wiedergefunden hatten.

Sie kamen schneller heran als erwartet, offenbar hatte der Dampfer wieder auf kleinere Fahrt gedrosselt.
"Schiff hat einen Schornstein, Herr Kaleunt. Offensichtlich ein als Hilfskreuzer umgebautes Passagierschiff mit guten Maschinen", meinte der II. WO.
"Schiffsregister auf den Turm!" befahl Scholtz. Aber vergebens versuchte er, dieses Schiff anhand seiner Aufbauten zu erkennen.
"Wenn der Dampfer zwei Schornsteine hätte, würde ich sagen, es ist die »Rajputana«", meinte der II. WO.
"Er zackt auf uns zu!" meldete der Bootsmannsmaat, der den Gegner nicht eine Zehntelsekunde aus den Augen ließ.
"Diesmal packen wir ihn. Alarm! — Schnelltauchen!"
Wieder ging U 108 in den Keller. Auf Sehrohrtiefe wurde das Boot eingependelt, und Scholtz ließ den "Spargel" zum erstenmal ausfahren. Scholtz sah, wie der Dampfer höher und herauskam. Gleich einem wandernden Gebirge lief der Schiffsriese durch die See. Er hatte nach den Schätzungen des Kommandanten mindestens 14.000 BRT.

"An Torpedowaffe: Rohre I bis IV klar zum Unterwasserschuß!"
Die Rohre wurden klargemeldet. Dann aber beschlug plötzlich das Angriffssehrohr. Um nicht die ganze Chargierung zu vergurken ließ Scholtz nun Kommando zurück geben und das Rohr I zum Einzelschuß fertigmachen. Aus einer Distanz von 2.000 Metern zu dem passierenden Dampfer geschossen, flitzte der Torpedo durch die See. Verschwommen erkannte Scholtz ein großkalibriges Geschütz auf der Back des Dampfers und ein zweites ebenso mächtiges Geschütz achtern. Das w a r der Hilfskreuzer!
"Dampfer zackt weg!" mußte Scholz noch vor Ablauf der vorausberechneten Laufzeit melden, und damit war der Aal weg, und der Hilfskreuzer setzte unangefochten seine Marschfahrt fort.
Erst als er vollends außer Sicht gekommen war, ließ Scholtz auftauchen und die Verfolgung aufnehmen.
Eine Stunde später kam der Hilfskreuzer abermals in Sicht, um wenig später erneut nach Norden wegzuzacken. Dann drehte er auf Nordostkurs, und nun näherte er sich wieder dem deutschen U-Boot, was dem Kommandanten zeigte, daß das Schiff sie nicht bemerkt hatte, sondern nur seine komischen Routinezacks lief.
Abermals ging U 108 mit Alarmtauchen in den Keller. Scholtz ließ das Luftzielsehrohr ausfahren, was zwar die Gefahr des Entdecktwerdens vergrößerte, aber doch wenigstens klare Sicht bot. Wieder wurde aus 2.000 Meter Distanz geschossen, diesmal ein Zweierfächer.
Als der Hilfskreuzer nach etwa 40 Sekunden abermals wegzackte, war es Scholtz klar, daß auch dieser Fächerschuß vorbeigehen mußte.

Abermals ging es nun darum, nach dem Verschwinden des Gegners aufzutauchen, hinterherzulaufen und in günstige Schußposition zu kommen. Die treibenden Eisschollen wurden dicker und dichter. Von dem herrschenden leichten Nordostwind wurden sie gegen das Boot getrieben. Schon fiel die Dämmerung ein, und binnen weniger Minuten würde es stockfinster sein. Das Eisgeschiebe wälzte sich genau dem Boot entgegen und wurde immer dichter, je weiter sie dem Hilfskreuzer nach Nordosten folgten.

"Verflixter Mist. Wir brechen die Verfolgung ab!" entschied der Kommandant. Der I. WO, Kapitänleutnant Loeser, übernahm das Boot wieder vom Kommandanten. Er gab eine Warnung vor dem nächsten Kurswechsel durch und weit holte U 108 über, als es drehte und mitten in der Drehung vom Wind gepackt wurde.

Mit dem ersten Tageslicht gelang es dem Steuerbordausguck, einen Schatten zu sichten. Ein Blick auf den Kalender an der Wand zeigte Scholtz, daß es der 13. April war. Er enterte auf den Turm, und keine 20 Minuten später wußten sie, daß es der Hilfskreuzer war, der sich offensichtlich auch nicht viel weiter nach Nordosten vorgewagt hatte und nun wieder zurückkam und mit seinem Kurs, vorausgesetzt er hielt ihn durch, den Standort des Bootes passieren mußte.

U 108 glitt wieder auf Sehrohrtiefe hinunter. Der Donner der beiden "Jumbos" war verstummt und wurde durch das leise Hummeln der E-Maschinen ersetzt. Das Boot wurde auf Sehrohrtiefe eingesteuert. Aber erneut beschlug das Angriffssehrohr.

"Luftzielsehrohr klar?"

Scholtz eilte in die Zentrale hinunter, um vom Luftzielsehrohr aus weiterzuführen. Diesmal konnte ihnen der Hilfskreuzer nicht mehr entkommen, denn er lief einen Kurs, der ihn nahe an das lauernde Boot heranführen mußte.

"Gegner wird in 700 Meter Seitenabstand passieren", berichtete er den Männern. Am Kartenpult lehnte die Seemännische Nummer Eins und wartete auf den Feuerbefehl. Die Rohre I bis III waren schußbereit und als der Hilfskreuzer die günstigste Position erreicht hatte, ließ Scholtz durch einen Druck auf die Abfeuerungsknöpfe die drei Torpedos losflitzen. Der "Mixer" im Bugraum hieb mit den Händen auf die Handabzugstasten, damit alle drei Aale auch wirklich liefen. Die Preßluft der Ausstoßpatronen, die den Torpedos den ersten Schwung gab, wölkte in den Bugraum zurück.

"Torpedos laufen!"

"Zeit ist um!" meldete der III. WO, und noch ehe irgend jemand etwas sagen konnte, hallte eine Detonation durch den Morgen und dann noch eine.

Durch das Fluten der Ausgleichtanks war das Boot tiefer gesackt. Als

das Sehrohr wieder frei kam, sah Scholtz, daß der Gegner gestoppt hatte und auslief. Sekunden später sah er rings um das Luftzielsehrohr herum das Wasser aufstieben. Er schoß mit leichten Maschinenwaffen. An Bord des Hilfskreuzers war Bewegung zu erkennen. Dann blitzte es auch aus seinen beiden Geschützen auf und nach den leichten Einschlägen der Flak schlugen nun auch große Koffer in die See.
"Auf fünfzig Meter gehen!"
Das Boot sackte tiefer, wurde durch eine Ruderkorrektur aus dem Bereich des Hilfskreuzers gebracht, drehte wenig später mit Hartruder Steuerbord und unterlief den Hilfskreuzer, um auf der anderen Seite desselben wieder auf Sehrohrtiefe hochzugehen.
"Rohr IV fertig?"
Das immer gleiche Ritual: Fertigmeldung, Anlauf nach Sehrohrbeobachtung, herangehen auf 500 Meter und dann der Schuß.
Der Torpedo ging an der Vorderkante Brücke des großen Schiffes hoch und erst jetzt wußte man an Bord desselben, daß das U-Boot sie genarrt und unterlaufen hatte und daß sie immer noch auf eine Stelle schossen, wo sich längst kein Boot mehr befand.
Der Riese begann zu sinken. Rettungsboote wurden gefiert. Flöße wurden über Bord geworfen, und Männer verließen das sinkende Schiff. Plötzlich sah Scholtz Zerstörermasten über der Kimm auftauchen! Den Spiegel des Luftzielsehrohrs nach oben klappend, suchte er den Himmel ab. Er sah ein riesiges Sunderland-Flugboot, das sich dem Punkt näherte, wo das große Schiff sich anschickte, in die Tiefe zu gehen.
Scholtz ließ abdrehen und unter Wasser in Richtung Packeis ablaufen, wohin ihm der Zerstörer sicherlich nicht folgen würde. Seine Kalkulation ging auf. Nach einer halben Stunde waren die Schraubengeräusche auch im Horchgerät verstummt.
Als sie auftauchten, konnten sie an der Grenze der Sichtweite zwei auf der See liegende Zerstörer erkennen, die damit befaßt waren, die Besatzung des Schiffes zu bergen. Wenig später wurde der Funkspruch eines der Zerstörer aufgenommen. Der Funkmaat kam auf die Brücke, um dem Kommandanten zu melden:
"Der von uns versenkte Hilfskreuzer heißt 'Rajputana' und hat nach dem Lloyds-Register 16.444 BRT."
Scholtz ließ einen FT-Spruch an den BdU tasten: "Eingetroffen Operationsgebiet Donnerstag 10. April. Samstag 12. April Hilfskreuzer gesichtet. Erster Angriff ein Torpedo, Fehlschuß. Zweiter Angriff Zweierfächer, Gegner weggezackt. Verfolgung bis zur Eisgrenze. Angriff bei Dunkelheit abgebrochen.
13. April: Hilfskreuzer wieder gesichtet. Dreierfächer, zwei Treffer, ein Torpedoversager. Hilfskreuzer gestoppt. Fangschuß, Gegner gesun-

ken. An Untergangsstelle zwei Zerstörer und ein Sunderland-Flugboot. Name des Hilfskreuzers 'Rajputana'."
Zehn Minuten später ging die Antwort aus der Operationsabteilung des BdU ein:
"Gut gemacht! — Antreten Rückmarsch sofort, Dönitz."
Die Fahrt ins Ungewisse, mitten hinein in das Eistreiben des Nordmeeres war zu Ende. U 108 hatte einen Auftrag erfüllt, von dem selbst der Befehlshaber der U-Boote überzeugt war, daß er nur bei sehr viel Glück erfolgreich verlaufen konnte. Das Glück stand dem Boot zur Seite, hinzu kam das Stehvermögen der noch verhältnismäßig jungen Besatzung und die Führung durch einen erfahrenen Kommandanten.

Die lange Jagd am HG 76

Während der nun folgenden Juni-Feindfahrt gelang es U 108, sechs Schiffe mit 22.691 BRT zu versenken. Danach mußte das Boot zu einer längeren Überholung in die Werft, und im Dezember 1941 begann jener U-Boot-Kampf, der als "die lange Jagd" in die Geschichte des U-Boot-Krieges eingehen sollte.
Nach einer Agentenmeldung, die sehr früh in der Operationsabteilung des BdU einging, sollte der gemeldete Geleitzug HG 76 am 13. Dezember aus Gibraltar auslaufen. Dieser Konvoi verließ Gibraltar am frühen Morgen des 14. Dezember. In ihm waren 32 Handelsschiffe vereinigt, die von der 36. Escort Group unter Commander Walker gesichert wurden. Mit seinem Führerschiff, der Sloop "Stork", hatte Walker schon eine Reihe deutscher U-Boote versenkt oder beschädigt. Diesmal hat-

te er noch eine zweite Sloop, die "Deptford" und die Korvetten "Rhododendron", "Marigold", "Convolvulus", "Pentstemon", "Gardenia", "Samphire" und "Vetch" dabei.
Geleitzug-Commodore war Captain Fitzmaurice. Als direkter Nahsicherung standen ihm die Einheiten einer Support Group mit den Geleitzerstörern "Blankney", "Exmoor" und "Stanley" sowie dem Geleitträger "Audacity" unter Commander MacKenrick zur Verfügung.
Das war eine Streitmacht, die eigentlich die Garantie dafür bot, daß kein deutsches U-Boot an den HG 76 herankommen würde. Beinahe gleichzeitig mit dieser großen Streitmacht lief noch die U-Jagd-Gruppe der englischen Force H mit einer Reihe von Zerstörern aus, die den Befehl erhielten, in freier Jagd gegen erkannte deutsche U-Boote zu operieren.
Nachdem die V-Mann-Meldung als richtig erkannt worden war, ließ Dönitz die Boote U 434, U 131, U 67, U 107 und U 108 als Gruppe "Seeräuber" auf diesen Konvoi operieren.
Nachdem U 108 sechs Stunden nach der Meldung des Konvois in die angegebene Generalrichtung operiert hatte, sichtete der III. WO, Leutnant zur See Paul-Ernst Düllker, der die Wache ging, gegen Abend die Rauchsäulen eines Schiffes.
Der Kommandant kam sofort auf den Turm. Er sah den inzwischen schon über der Kimm herausgekommenen Einzelfahrer, der offenbar nicht zu dem Konvoi gehörte, auf den das Boot angesetzt war.
Das Boot gewann im Verlaufe des Abends einen zum Überwasserschuß günstigen vorlichen Standort, drehte ein, und um 21.57 Uhr fiel der Einzelschuß, der die 4.751 BRT große "Cassequel", einen portugiesischen Dampfer, sinken ließ.
Im Sinken explodierten die Munitionsvorräte, die dieses Schiff transportierte. Das Vorderteil der Brücke dieses Dampfers wurde wie eine Streichholzschachtel durch die Luft gewirbelt. Bunte Leuchtgranaten-Explosionen, Reihenexplosionen von Buntsternschüssen und das Geflacker platzender Leuchtraketen erhellte die Finsternis. Stück für Stück brach dieser Dampfer auseinander. Dann wurde er durch eine Kesselexplosion förmlich in Stücke gerissen. Flackernde Flammen loderten empor, bis alles von der gierigen See verschluckt war.
Am frühen Morgen des 15. Dezember meldete U 77 den Geleitzug. Das Boot unter Kapitänleutnant Schonder versenkte einen Frachter und torpedierte einen Tanker. Wenig später wurde ein Funkspruch von U 131 aufgenommen, das den Konvoi erreicht hatte und Peilzeichen gab.

Doch der Konvoi konnte von allen verfolgenden Booten nicht erreicht werden, weil er nach einem geschickten Schachzug von Commodore Fitzmaurice an der marokkanischen Küsten entlanglaufend nach Südwesten ausgeholt und damit die Suchharke passiert hatte.
Auch U 108 war am 16. Dezember nicht herangekommen. Erst nachdem gegen Mittag dieses Tages eine Focke Wulf 200 den HG 76 erneut sichtete und eine genaue Standortangabe durchtastete, schloß U 108 heran, wurde aber in seinem ersten Anlauf abgedrängt.
Am Morgen des 17. Dezember gewann U 108 Fühlung, und Scholtz befahl dem Funkmaaten, einen FT-Spruch abzusetzen. Danach gab das Boot Peilzeichen, um den übrigen Wölfen einen Anhaltspunkt zu geben und eine Richtungspeilung zu ermöglichen.
Es meldete sich wenig später U 107 unter dem Hessler-Nachfolger Oberleutnant zur See Fitz. Dann meldete sich noch einmal U 131. Doch dieses Boot sollte zum letztenmal einen Funkspruch abgesetzt haben, denn kurz darauf wurde es von Swordfishes des Trägers "Audacity" angegriffen. Eines der anfliegenden Trägerflugzeuge wurde brennend abgeschossen. Einigen anderen aber gelang es, das Boot zu treffen und tauchunklar zu machen. Sofort stießen die Fahrzeuge von Commander Walker hinzu, und Korvettenkapitän Baumann mußte den Befehl zur Selbstversenkung geben.
Die Besatzung ging von Bord und die herankommenden Fahrzeuge der 36. Escort Group hörten, daß die Männer, die nun hilflos im Wasser schwammen, das Deutschlandlied sangen.
Durch die Aussagen der von der "Exmoor" und der "Blankney" aufgefischten U-Boot-Männer erfuhr Commander Walker, daß noch mehr deutsche U-Boote in der Nähe sein mußten.
Am Abend dieses Tages wußte er es sicher, als U 108 herankam und auf ein Schiff von geschätzten 5.000 Tonnen schoß. Der Torpedo war Frühdetonierer. Den ganzen 17. und 18. Dezember wurde U 108 von den Geleitzerstörern gejagt, die sich auf die Fährte des Wolfes gesetzt hatten. Zwar war das Boot zweimal in Schußposition gekommen, aber beide Male durch Zerstörer am gezielten Schuß gehindert worden. Erst am frühen Morgen des 19. Dezember sah Scholtz eine große Chance, zum Schuß zu gelangen. Als die Torpedowaffe klargemeldet wurde, bliesen drei Seemeilen voraus zwei Torpedodetonationen in den noch immer dunklen Frühmorgen empor, denen ein berstender Doppelschlag folgte. Einer von den Torpedotreffern herrührend, der andere von explodierenden Wasserbomben.
Jener Zerstörer, der vor einer halben Stunde noch an U 108 vorbeigerauscht war, um zur Spitze des Konvois zu gelangen, flog dort in die Luft. Er war von einem Fächerschuß von U 574 unter Kapitänleutnant Gengelbach versenkt worden. Sein Name war "Stanley".

Bereits 24 Stunden vorher war U 434 unter Kapitänleutnant Heyda von der Geleitsicherung entdeckt worden. Die beiden Zerstörer "Stanley" und "Blankney" hatten das Boot mit einigen gut liegenden Wasserbomben-Serien zum Auftauchen gezwungen und es dann versenkt.
Nun war auch "Stanley" denselben Weg gegangen, und um 06.15 Uhr gab Klaus Scholtz den Befehl für die zwei Einzelschüsse. Einer davon traf die 2.869 BRT große "Ruckinge". Das Schiff sank. Der zweite Torpedo wurde auf einem anderen Schiff hochgehend gesehen, ohne daß dieses Wirkung gezeigt hätte.
Das Boot wurde von einem Zerstörer unter Wasser gedrückt und zwei Stunden lang gejagt. Dann ließ dieser Gegner von U 108 ab, und Scholtz ließ abermals auf den Geleitzug zuhalten und hängte sich am Rande der Sichtweite an.

U 574 aber wurde, unmittelbar nachdem es diesem Boot gelungen war, den Zerstörer "Stanley" zu versenken, von der Sloop "Stork" angegriffen, die einen Wasserbombenteppich warf, der dieses Boot zum Auftauchen zwang. Hier der Report von Commander Walker über diese kritische Phase für die deutschen U-Boote.
"Das U-Boot tauchte 200 Meter vor meinem Bug auf. Ich ließ 'Stork' auf AK gehen und steuerte Kollisionskurs. Als ich zum Rammstoß ansetzte, drehte das Boot nach Backbord. Es drehte unablässig mit Hartruder-Backbord weiter und lief nur zwei oder drei Knoten weniger als ich und hielt sich ständig innerhalb meines Drehkreises.
Später mußte ich überrascht feststellen, daß ich drei volle Kreise gefahren hatte. Ich ließ ununterbrochen Leuchtgranaten schießen und beschoß das U-Boot außerdem mit meinem 10 cm-Geschütz, bis sich dessen Mündung nicht tiefer herunterdrehen ließ.
MG-Feuer setzte ein. Am saubersten schoß mein Erster Offizier, Leutnant zur See Gray. Er verwandelte den Turm des U-Bootes in ein Leichenschauhaus.
Schließlich gelang es 'Stork', ihre Beute vor dem Turm zu rammen. Einen Augenblick hing U 574 am Steven meines Bootes, schrappte dann unter meinem Kiel entlang bis zum Heck, wo ein Hagel von Wasserbomben mit geringer Tiefeneinstellung das Wrack empfing. Es flog in tausend Stücke, und 'Stork' geriet gefährlich ins Schwanken."
Das war das Ende von U 574 und gleichzeitig der Tod für den Kapitänleutnant Gengelbach und dem Großteil seiner Besatzung.
Während des 20. Dezember lief U 108 ständig in Sichtweite des Geleitzuges. Es mußte vor den aufsteigenden "Martlet"-Aufklärern unter Wasser gehen, wurde von Zerstörern bei seinem Wiederauftauchen erwischt und beschossen und damit erneut unter Wasser gedrückt. Zeitweilig waren sie das einzige Boot, das noch Fühlung am HG 76 hielt. Mit entzündeten Augen stand der Kommandant auf der Brücke. Er war nun den fünften Tag am Geleitzug und ohne Schlaf, weil die Situation die Anwesenheit auf dem Turm erforderte. Er spürte die bleierne Müdigkeit, die ihn immer wieder ansprang. Aber er durfte nicht aufgeben. Seine Männer blickten auf ihn. Auch sie waren die gleiche lange Zeit ununterbrochen auf Gefechtsstationen.
Nach Einbruch der Abenddämmerung gelang es U 108, auf einen 7.000-Tonner zum Schuß zu kommen. Der Zweierfächer lief, doch das Schiff bemerkte das U-Boot; es stoppte und setzte erst nach zwei Minuten seine Fahrt fort, während die von ihm gerufenen Zerstörer nach vorn jagten, um mit hohen Schnauzbärten der Bugsee und 25 bis 30 Knoten Fahrt hinter dem U-Boot herzujagen. Der Dampfer selbst begann Leuchtgranaten zu schießen und alle Schiffe dieses Geleitzugs taten es ihm nach. Es war ein wildes Geballere, und Scholtz wußte,

daß dahinter eine besondere Methode steckte, denn die See war taghell ausgeleuchtet, und es war in dieser Phase des Kampfes kein Näherkommen möglich.
Dieses gleichzeitige Schießen in bestimmte Sektoren hinein gehörte zur Taktik des berühmten U-Boot-Killers Commander Walker. Dieser nannte die Leuchtgranaten- und Leuchtfallschirm-Operation "Butterblume". Diese "Butterblume" gab den Booten der Killer Groups die Chance, deutsche Boote einzukreisen und dann mit Serien von Wasserbomben zu vernichten.
Dieser Walkerschen Taktik fielen vom Dezember 1941 bis zum Herbst 1944 durch die 36. Escort Group des Commanders 21 deutsche U-Boote zum Opfer. Walker erhielt für diese Leistung im Duell gegen die deutschen Wölfe das Victoria Cross.
Auch der 21. Dezember verlief wie alle Tage vorher in ständiger Bewegung zwischen Angriff und Flucht, ohne daß das Boot zum Schuß gekommen wäre.

In der Nacht zum 22. Dezember schließlich ging der Konvoi von dem gelaufenen Täuschungskurs wieder auf den Generalkurs zurück. Wenig später gelang es U 567 unter Engelbert Endrass einen Dampfer aus dem Konvoi herauszuschießen. Dem Boot war es gelungen, aufgrund der Peilzeichen von U 108 heranzukommen.
U 567 wurde nun von der Fregatte "Deptford" und von der Korvette "Samphire" entdeckt und gejagt. Damit hatten sich diese beiden Boote von ihrer Aufgabe, die Nahbedeckung für den Träger "Audacity" zu bilden, gelöst. Und während ihre Wasserbomben fielen, die U 567 galten, dröhnten von der "Audacity" her zwei schwere Torpedodetonationen durch die Nacht. Es war U 751 unter Kapitänleutnant Bigalk gelungen, die nun ungeschützte "Audacity" zu erreichen und ihr aus sechshundert Metern Distanz den tödlichen Zweierfächer anzutragen. Wenig später wurde U 567 durch die "Deptford", der sich noch die "Stork" unter Walker hinzugesellt hatte, versenkt. (Siehe dazu auch Kapitel Kapitänleutnant Engelbert Endrass).
Als der Konvoi in den Morgenstunden des 23. Dezember die Sicherheitszone der Western Approaches passierte, war die lange Jagd zu Ende. U 108 war als einziges Boot von Anfang bis Ende dabeigewesen, und Korvettenkapitän Scholtz und seine Besatzung hatten 144 bittere Stunden hinter sich gebracht, die sie mehrfach an die äußerste Grenze menschlicher Leistungs- und Überlebensfähigkeit gebracht hatten.
Hier war Durchkommen schon viel gewesen, und die meisten Boote, die angegriffen hatten, waren n i c h t durchgekommen. Fünf deutsche U-Boote gingen an diesem Geleitzug verloren, der nur einige we-

nige Handelsschiffe, aber auch einen Zerstörer und einen Flugzeugträger verlor.
Es sollte hier nicht verschwiegen werden, daß es sich bei der "Audacity" um den deutschen Hapag-Frachter "Hannover" handelte, der von den Engländern aufgebracht und zum Hilfs-Flugzeugträger umgebaut worden war.
Am Zweiten Weihnachtstag 1941, noch in See stehend, wurde ein Funkspruch des BdU an U 108 aufgenommen. Sein Wortlaut war:
"Von BdU an U 108: Der Führer hat Ihnen das Ritterkreuz verliehen. Boot und Besatzung Heil und Sieg! Dönitz."
Am 5. Januar 1942 lief das Boot von zwei Minensuchbooten geleitet zwischen der Belle Ile und der Ile de Croix nach Lorient ein. Klaus Scholtz meldete nach dem Festmachen dem Großen Löwen U 108 von der Feindfahrt zurück. Er erhielt aus der Hand seines Befehlshabers das Ritterkreuz.
Sie waren noch einmal zurückgekommen. Nach einem Einsatz, dessen Härte von ihren Gesichtern abzulesen war. Nun aber wollten sie einen verspäteten Weihnachtsurlaub antreten, ehe es wieder hinausging.

U 108 vor Amerikas Ostküste

Als eines der ersten Boote der zweiten Gruppe lief U 108 Ende Januar 1942 zur Feindfahrt vor die US-Ostküste aus. Als erstes Schiff auf dieser Feindfahrt wurde der norwegische Dampfer "Tolosa" am 9. Februar 1942 versenkt. Drei weitere Schiffe traten in den nächsten Wochen den gleichen Weg an. Als das Boot nach kurzer Feindfahrt wieder in den Stützpunkt einlief, wurde ein Großteil der Besatzung ausgewechselt. Nur eine kleine Gruppe der Alten war geblieben. Unter ihnen Oberleutnant zur See Loeser, Oberleutnant z. S. Fehm und der LI, Kapitänleutnant Schmidt, der bereits lange ein eigenes Boot hätte haben können, aber aus Freundschaft zu Klaus Scholtz an Bord geblieben war und auch dringend benötigt wurde.

Anfang April legte das Boot im Stützpunkt ab und marschierte nach Westen. Das Boot hatte diesmal Weisung, im Seeraum vor der Floridastraße von einem der Treibölversorger Treiböl zu übernehmen. Dann würde es die doppelte Seeausdauer haben. Als U 108 am Nachmittag des 14. April um 15.00 Uhr den vereinbarten Treffpunkt erreichte, war von dem Versorgungsboot noch nichts zu sehen. Aber nur zwei Minuten darauf kam U 459 in Sicht. Beide Boote wechselten einen Winkspruch, und U 108 legte sich dann längsseits des Kameradenboote und sofort begann die dafür vorgesehene Gruppe mit der Herstellung der Schlauchverbindung.

Klaus Scholtz stieg auf U 459 über und begrüßte den alten U-Boot-Kämpfer zweier Weltkriege, Korvettenkapitän zur Verwendung von Wilamowitz-Möllendorf.

Während das Boot betankt wurde, fand an Bord des Versorgers ein Festessen statt. Am anderen Morgen legte U 108 nach Übergabe der für die Heimat bestimmten Feldpost ab, um in das vorgesehene Einsatzgebiet zwischen Cap Hatteras und der Floridastraße vorzustoßen. Vierzehn Tage darauf hatten sich ebensoviele deutsche U-Boote an dieser "Milchkuh" vollgesogen, und U 459 kehrte in den Stützpunkt zurück.

In den nächsten Tagen stand U 108 zwischen Cap Canaveral und West Palm Beach auf und ab. Tag für Tag nahm das Boot den gleichen Weg, aber nichts war zu sehen, nicht einmal eine Rauchwolke. Grund dafür war die am 21. April einsetzende Vollmondperiode. Scholtz forderte ein neues Einsatzgebiet an, denn auch die Meldungen der im selben Seeraum stehenden übrigen Boote von Cap Lookout und Cap Fear konnten nichts anderes sagen, als völlige, gähnende Leere.

Am frühen Morgen des 25. April kam endlich das erste Schiff in Sicht. Es war der britische Dampfer "Modesta", der 3.849 BRT groß war. Mit einem Einzelschuß aus Rohr I wurde der Dampfer versenkt. Damit war der Anfang gemacht.

Das Boot erhielt ein neues Operationsgebiet zugewiesen und lief nach Süden, an der Großen Bahama-Bank vorbei in den Bahama-Kanal. Durch das Inselgewirr der Bahama-Inseln und der Großen Antillen würde das Boot hindurchlaufen und zum Schuß zu kommen versuchen.

In den nächsten Tagen und Nächten stand ein strahlendblauer Himmel über dem Boot. In den Nächten schimmerte das Kreuz des Südens in silbrigem Glanz. Die See schien zu glühen. Bis zur Kimm hin leuchtete sie wie eine silberne polierte Schale, in der "die Sterne baden" gingen, wie der Bootsmannsmaat der Wache bemerkte und dazu ein anerkennendes Nicken des Kommandanten erfuhr.

Kurz nach 06.00 Uhr des 29. April kam ein großer Dampfer in Sicht, der sich sehr rasch als Tanker entpuppte. Der Kommandant, der gerade in die Zentrale abgeentert war, um die Seekarte zu studieren, enterte blitzschnell auf den Turm zurück und griff nach dem Fernglas, das der II. WO ihm reichte.

"Ist ein Tanker. Und es scheint ein ganz tüchtiger Brocken zu sein. Er läuft günstig."

Das Boot drehte in den Kurs hinein, der zur Kollision mit dem schnell laufenden Tanker führen mußte. Als es den notwendigen Vorlauf herausgeholt hatte, ließ der Kommandant tauchen und in dem Moment, da dieser große Tanker riesig ins Visier des Sehrohrs hineinlief, befahl Scholtz den Schuß.

Der Torpedo war aus 650 Metern geschossen. Er traf den Tanker mittschiffs. Dieser blieb liegen, und Sekunden später meldete der Horchraum:

"Tanker macht Notruf! — Name ist 'Mobiloil'. Er hat nach dem Schiffsregister 9.925 BRT."

"Das ist ein toller Bissen. Aber er buddelt nicht ab, wir müssen ihm einen Fangschuß geben", meinte der Kommandant. Er steuerte das Boot hinter dem Heck des Tankers her auf die Leeseite und schoß aus 400 Metern. Dieser Torpedo traf den Tanker in den Wellenkanal. Die "Mobiloil" legte sich auf die Seite, ein fürchterliches Reißen und Knirschen war im Boot zu hören, als der Tanker in der Mitte durchbrach. Flammen stoben empor und, brennend gingen die zwei Hälften des Tankers unter.

Abermals vergingen Tage von strahlender Schönheit und Nächte, in denen ihnen das Kreuz des Südens den Weg wies. Es sah so aus, als sollte dies j e n e Badereise werden, die sich jeder U-Boot-Fahrer wünschte.

Am Abend des 5. Mai kam endlich ein Einzelfahrer in Sicht. Es war der amerikanische Dampfer "Afoundria", der nach dem um 23.27 Uhr geschossenen Einzelschuß achtern wegsackte. Zäh und verbissen tastete der Funker dieses Schiffes den Notruf. Als der Dampfer nicht sank, lief U 108 herum, und um 23.55 Uhr fiel der Fangschuß. Die "Afoundria" sank.

23 Stunden später kam der lettische Dampfer "Abgara" in Sicht. Nach dem Treffer kämpfte die Besatzung vier Stunden lang um ihr Schiff.

Über alles brennend mußte es schließlich von der Besatzung verlassen werden. Dann ging es kopfüber auf Tiefe.
Und immer wieder kam das Boot zum Schuß. Am 20. Mai wurde der 8.134 BRT große norwegische Motortanker "Norland" gestellt und torpediert. Er stand mehrere Stunden als brennende Fackel auf der See, ehe er sank.
Der britische Motortanker "Tricula" sank ebenfalls nach zwei Torpedos; ihm folgte das norwegische Motorschiff "Brenas" am 7. August, und danach war das Boot wieder für zehn Tage ein Ziel, auf das alle Flugzeuge in der Karibischen See und alle Bewacher operierten.
Klaus Scholtz erwies sich hier als der gewiefte und mit allen Tricks vertraute Taktiker. Das Boot entkam seinen Verfolgern und wurde am 17. August noch einmal zum Jäger, der seine letzten Torpedos noch anbringen mußte.
Der amerikanische Motortanker "Louisiania" wurde am Nachmittag des 17. August gesichtet. Nach zweistündiger Vorsetzarbeit stand das Boot günstig zum Unterwasserschuß. Die letzten beiden Torpedos verließen die Rohre. Sie trafen den 8.587 BRT großen Tanker tödlich.
Damit hatte das Boot auf dieser letzten langen Feindfahrt acht Schiffe versenkt, darunter vier große Tanker, und ein weiteres Schiff torpediert, dessen Sinken angenommen worden war.
Als das Boot am 10. September 1942 in Lorient einlief, erhielt Klaus Scholtz aus der Hand des Großen Löwen das Eichenlaub zum Ritterkreuz des Eisernen Kreuzes, das ihm als 123. deutschen Soldaten an diesem Tage verliehen worden war.
Auf acht Feindfahrten hatten Kommandant, Boot und Besatzung 25 Schiffe versenkt. Die errechnete Tonnage betrug 123.990 BRT. Es sind dies die vom Gegner anerkannten und bestätigten Versenkungen.
Scholtz fuhr zur Kommandantenbesprechung und erfuhr hier, daß er die bis zum 1. Oktober neu aufzustellende 12. U-Flottille in Bordeaux übernehmen sollte.
Die 12. U-Flottille, die Klaus Scholtz am 1. Oktober 1942 übernahm, hatte als Kommandanten jene U-Boot-Asse, die in den vergangenen Jahren bereits große Erfolge erzielt hatten und nun wieder mit großen Booten ausliefen. Da waren sie alle versammelt: die Gysae, Ibbeken und Sobe, die Clausen, Kentrat und Schonder, Kuppisch, Weingärtner und Vowe, Oesten, Timm und Metz, Wolfbauer, Schnoor und Lüth und all die anderen.
31 Boote gingen in den nächsten zwei Jahren verloren, zum größten Teil mit der gesamten Besatzung.
Das letzte Boot, das nach der Invasion am 6. Juni 1944, die zur allmählichen Abschnürung auch von Bordeaux führte, diesen Stützpunkt verließ, war U 534, das erst wenige Tage vorher, am 12. August, schwer

beschädigt eingelaufen war. Das Boot schnorchelte sich durch und stand vier Wochen als Wetterboot im Atlantik, ehe es sich nach Flensburg durchmogelte.

Bordeaux war Festung geworden, aber nach den alliierten Landungen auch in Südfrankreich, erhielt die Stützpunktbesatzung Befehl, sich dem Rückmarsch des Heeres anzuschließen.

Mit seinen Männern trat Klaus Scholtz, inzwischen zum Fregattenkapitän befördert, am 26. August den Rückmarsch an. Am 11. September 1944 übergab der Führer dieser Marschgruppe Süd, General Elster, die gesamte ihm unterstellte Gruppe, die überflügelt und abgeschnitten worden war, an die 3. US-Armee.

Die 12. U-Flottille war nicht mehr. Sie war mit 220 Mann in US-Gefangenschaft geraten.

Versenkungsliste von U 108 Fregattenkapitän Klaus Scholtz

Datum	Zeit	Typ	Schiff	BRT	Position
22.02.41	22.24	nlD	"Texelstroom"	1.617	63.15 N/20.30 W
28.02.41	23.32	brD	"Effna"	6.461	61.30 N/15.45 W
13.04.41	07.43	brACL	"Rajputana"	16.444	64.50 N/27.25 W
02.06.41	20.43	brD	"Michael E."	7.626	48.50 N/29.-- W
08.06.41	00.06	brD	"Baron Nairn"	3.164	47.35 N/39.02 W
08.06.41	06.04	grD	"Dirphys"	4.240	47.44 N/39.02 W
10.06.41	07.23	nwD	"Christian Krogh"	1.992	45.-- N/36.30 W
25.06.41	06.20	grD	"Ellenico'	3.059	55.-- N/38.-- W
25.06.41	16.14	grD	"Nicolas Pateras"	4.362	55.-- N/38.00 W
01.07.41	18.25	brD	"Toronto City"	2.486	47.03 N/30.-- W
14.12.41	21.57	ptD	"Cassequel"	4.751	35.08 N/11.14 W
17.12.41	21.21	- - -	Dampfer	- - -	Treffer
19.12.41	06.15	brD	"Ruckinge"	2.869	38.20 N/17.15 W
08.02.42	10.35	brD	"Ocean Venture"	7.174	37.05 N/74.46 W
09.02.42	21.18	nwD	"Tolosa"	1.974	US-Ostküste
12.02.42	02.41	nwD	"Blink"	2.701	35.00 N/72.27 W
16.02.42	15.56	paD	"Ramapo"	2.968	w. Bermudas
18.02.42	23.27	brD	"Somme"	5.265	40.-- N/55.-- W
25.04.42	08.31	brD	"Modesta"	3.849	33.40 N/63.10 W
29.04.42	08.57	amDT	"Mobiloil"	9.925	25.35 N/66.18 W
05.05.42	23.27	amD	"Afoundria"	5.010	20.00 N/73.30 W
06.05.42	22.11	leD	"Abgara"	4.422	20.45 N/72.55 W
20.05.42	18.39	nwMT	"Norland"	8.134	31.22 N/55.47 W
03.07.42	22.20	brMT	"Tricula"	6.221	11.35 N/56.51 W
07.08.42	01.33	nwM	"Brenas"	2.687	10.20 N/56.10 W
17.08.42	16.57	amMT	"Louisiana"	8.587	07.24 N/52.33 W

Gesamterfolge: 25 Schiffe mit 123.990 BRT versenkt
3 Schiffe torpediert
3 Treffer ungeklärt

Korvettenkapitän Georg Wilhelm Schulz

Ausbilder der großen Asse

Als der ehemalige Kapitän auf Großer Fahrt Georg Wilhelm Schulz am 16. Dezember 1939 bei der Deschimag in Bremen U 64 in Dienst stellte, da ahnte er noch nicht, daß er dieses Boot nicht lange als Kommandant führen würde. Der Kapitänleutnant, der ab September 1935 zur U-Boot-Waffe kommandiert war, erhielt Anfang April 1940 beim Einfahren in der Ostsee vom BdU den Befehl, das Programm abzubrechen und sofortige Einsatzbereitschaft herzustellen.
Gleichzeitig mit U 64 erhielt auch das Schwesternboot, U 65, diesen Befehl. Am 6. April 1940 liefen diese beiden Boote aus. U 64 erhielt Befehl, den Hilfskreuzer "Orion" beim Durchbruch in den Atlantik zu unterstützen.
Auf der Höhe von Edinburgh wurde das Boot jedoch von der "Orion" entlassen, weil es Befehl erhielt, sofort zum Westfjord Norwegens zu laufen. Der Norwegenfeldzug hatte begonnen, und die zehn Zerstörer der Gruppe Narvik unter Kommodore Bonte waren bereits in den Westfjord eingelaufen.
Am 11. April erreichte U 64 die Fjordeinfahrt. Beim Versuch in den Ofotfjord einzulaufen, wurde das Boot von britischen Sicherungsstreitkräften, die diesen Fjord abschirmten, unter Wasser gedrückt und mit Wasserbomben belegt.
Es gelang Kapitänleutnant Schulz, das Boot am Nachmittag des 12. April nach Narvik durchzubringen. Nachdem der Kommandant seine Meldung beim Fregattenkapitän Bey auf dem Zerstörer "Wolfgang Zenker" gemacht hatte, legte es nach einem Fliegerangriff von Ma-

schinen des englischen Flugzeugträgers "Furious" ab und lief nach Nordnordosten, in den Herjangsfjord hinein. Hier sollten die nach der Waboverfolgung notwendigen Reparaturen ausgeführt werden. Am Vormittag des 13. April erreichte das Boot den nördlichen Zipfel des Fjordes bei Mölnedalen-Bjerkvik. Hier ging es vor Anker, um die Schäden auszubessern.
Als Bootsmaat Raudzis meldete, daß das Boot in einer Viertelstunde wieder klar sei, ließ Schulz klarmachen zum Anker lichten. In dem Moment wurden Flieger gemeldet. Es war ein Flugzeug des britischen Schlachtschiffes "Warspite", das im Niedrigflug über die Felsen des Fjordes hinweg das Boot genau anflog.
"Zwo Zentimeter und MG Feuer frei!" befahl Schulz.
Die Bedienungen dieser Waffen hatten das Ziel gerade aufgefaßt, als es auch schon über dem Boot war und zwei Bomben warf. Das Geheul der niedergehenden Bomben übertönte das Gehämmer der Waffen.
Die erste Bombe schlug vier Meter an Steuerbord in die See ein, während die zweite Bombe Backbord vorn ins Vorschiff einschlug.
Die Detonationswelle brandete über das Boot hinweg. Feuer und Stahl sprizten in die Höhe. Die Maschine drehte ab und verschwand in einer großen Kehre nach Westen.
"Starker Wassereinbruch im Vorschiff!" kam eine Meldung.
Ein paar Sekunden überlegte Kapitänleutnant Schulz. Er spürte, daß U 64 bereits tiefer sackte. Vorn im Bug aber befand sich noch ein Teil der Besatzung. Er mußte den e i n e n Befehl geben, der alle übrigen retten konnte. Und er gab diesen Befehl:
"Vorderes Kugelschott dicht! — Alle Mann aus dem Boot!"
Während die Männer aus der Zentrale aufenterten und sich über Bord schleuderten, sackte U 64 tiefer und tiefer. Als dann die Gefahr eines Wassereinbruchs über das Turmluk gegeben war, tauchte gerade der Obermaat Piepenhagen im Luk auf.
"Unten bleiben, Piepenhagen! 35 Meter Wasser unter dem Kiel. Nach Aufgrundlegen des Bootes mit Tauchrettern aussteigen!"
Piepenhagen blieb unten. Er rettete damit die vielen Kameraden, die noch im Boot waren und die nicht mehr 'rausgekommen wären, wenn er noch ausgestiegen wäre und das Wasser ins Boot eindringen würde.
Schulz schlug das Luk dicht und hörte, wie Piepenhagen jenseits der Stahlwand dicht drehte.
In diesem Moment sackte das Boot rasch unter dem Kommandanten weg. Schulz schwamm auf. Er rief die Männer und deutete an Land hinüber. Das eisige Wasser griff mit Totenhänden nach den Männern. Sie schwammen verbissen.
An Land wurden die ersten Boote klargemacht und hinausgerudert.

Die Gebirgsjäger des Generals Dietl, die bis hierher vorgedrungen waren, hatten diesen Angriff auf U 64 miterlebt. Einer nach dem anderen wurden die im Wasser schwimmenden U-Boot-Männer aufgefischt und an Land gebracht.
Als man den Kapitänleutnant Schulz in die wärmende Unterkunft bringen wollte, wehrte dieser ab. Er blieb am Ufer und gab seine Weisungen an die Boote, die zur Bergung der aus dem Boot mit Tauchrettern aussteigenden Kameraden ablegten.
20 Minuten nach dem Wegsinken des Bootes wurde der erste Mann aus U 64 aussteigend gesichtet und sofort geborgen. Dann kamen in kurzen Abständen die übrigen Soldaten und als letzter stieg Obermaat Piepenhagen aus, der im Boot diese Aktion geleitet hatte.
Insgesamt konnten 40 Soldaten aus dem gesunkenen Boot gerettet werden. Sieben Mann waren durch den Befehl des Kommandanten "vorderes Schott dicht!" im Bugraum eingeschlossen worden. Sie waren aller Wahrscheinlichkeit nach bereits durch die ins Vorschiff einhauende Bombe getötet worden. Ein achtes Besatzungsmitglied war durch einen Herzschlag im Wasser getötet worden. Er konnte erst am folgenden Tage geborgen werden und wurde auf dem Friedhof in Mölnedalen bestattet.
Am 17. April meldete Kapitänleutnant Schulz in Narvik seine gerettete Besatzung Generalmajor Dietl. Er bedankte sich bei diesem hervorragenden Truppenführer für die Hilfe, die ihnen die Gebirgsjäger geleistet hatten. Von diesem Tage an stand für Schulz fest, daß sein Bootswappen, wenn er jemals ein neues Boot erhalten würde, ein Edelweiß sein mußte.
Er machte keinen Hehl daraus, daß es der Obermaat Piepenhagen gewesen war, der die Besatzung gerettet hatte.

Mit U 124 in schwerem Einsatz

Kapitänleutnant Schulz stellte bereits am 11. Juni 1940 sein neues Boot, U 124, in Dienst und lief am 20. August aus Kiel zu seiner ersten Feindfahrt mit dem Boot aus.
An Bord befanden sich einige Offiziere, die bei dem "gelernten" Kapitän und Kommandanten in die Lehre gehen sollten. Da war vor allem der I. Wachoffizier, Oberleutnant zur See Reinhard Hardegen. Als überzähliger Offizier war Kapitänleutnant Kleinschmidt zur Schulung an Bord kommandiert worden.
Noch auf dem Ausmarsch stieß U 124 am 25. August westlich der Hebriden auf den Konvoi HX 65A. Kapitänleutnant Schulz befahl: "Auf Gefechtsstationen!"
Alle Torpedos lagen schußbereit in den Rohren, als das Boot in die günstigste Schußposition lief. Um 23.50 Uhr wurde der erste Einzelschuß geschossen. Drei weitere Schüsse folgten in den nächsten sechs Minuten.
Zwei Schiffe dieses Konvois sanken sofort. Ein drittes lag sehr tief im Wasser, und das vierte hatte die Fahrt verringert. Zwei Geleitzugfahrzeuge stießen direkt auf U 124 zu. Leuchtgranaten zischten über den Turm des Bootes hinweg, und Schulz mußte Alarmtauchen geben, um nicht von diesen beiden Gegnern überkarrt zu werden.
Zweimal noch versuchte der Kommandant, Anschluß zu gewinnen, doch am Morgen des 26. August beherrschten Flugzeuge den Luftraum über dem Konvoi, und das Boot wurde unter Wasser gedrückt. Es setzte seinen Ausmarsch fort. Dennoch war dieser Erfolg mit zwei sicheren Versenkungen und einer Torpedierung dazu angetan, Kommandant und Besatzung mit Zuversicht zu erfüllen.
Knapp 14 Stunden vorher hatte U 48 unter Kapitänleutnant Rösing aus diesem Konvoi zwei Schiffe herausgeschossen, darunter den Motortanker "Athelcrest".
U 124 wurde durch einen FT-Spruch der Operationsabteilung auf eine Position südlich Island beordert, wo das Boot als Wetterbeobachter stehenbleiben sollte. Viermal am Tage tastete der Funkmaat seine Wettersprüche, die vor allem für die Luftwaffenverbände von großer Wichtigkeit waren, die ihre Einsätze in der Luftschlacht über England flogen.
Am 20. September trat das Boot den Rückmarsch an und lief am 24. in

den Stützpunkt Lorient ein. Georg Wilhelm Schulz erhielt aus der Hand des BdU das Eiserne Kreuz I.
Bereits am 5. Oktober lief U 124 nach kurzer Überholung und Neuausrüstung zur zweiten Feindfahrt aus. Abermals war es als Wetterboot bestimmt worden.
Am 16. Oktober konnte auf der Position 57.28 N/20.30 W der Einzelfahrer "Trevisa" — ein Nachzügler des SC 7 — gestellt werden. Der kleine Kolcher wurde mit einem gut gezielten Torpedoschuß versenkt.
Als das Boot vier Tage darauf den auslaufenden Geleitzug OB 229 sichtete, griff Schulz sofort an. Diesmal war es der britische Dampfer "Sulaco", der nach dem Treffer rasch auf Tiefe ging. Der norwegische Dampfer "Cubano" war eineinhalb Stunden vorher mit einem Einzelschuß versenkt worden.
Die Geleitzugsicherung war sehr bald zur Stelle und drängte das Boot ab, das inzwischen Peilzeichen gegeben hatte, ohne daß es einem weiteren Boot gelungen wäre, heranzukommen, weil keines in diesem nördlichen Seeraum stand.
Zehn Tage lang war dann die See um das Boot wie leergefegt. Am Nachmittag des 31. Oktober aber sichtete der Bootsmannsmaat der Wache den britischen Dampfer "Rutland", der mit einem Einzelschuß versenkt wurde. Er war zwei Minuten nach dem Treffer bereits von der Wasseroberfläche verschwunden.
Einen Tag später folgte ihm die "Empire Bison" nach.
Mit fünf Versenkungswimpeln am ausgefahrenen Sehrohr traf U 124 am 14. November 1940 wieder in Lorient ein.
Das Boot hatte insgesamt 20.062 BRT feindlichen Handelsschiffsraumes versenkt und vier Wochen lang den Wetterfunk in schwerer See, mit Stürmen bis zu Stärken von 8 bis 9, durchgeführt.

In tosender See

Am 16. Dezember lief U 124 zu seiner dritten Feindfahrt aus. Oberleutnant zur See Hardegen hatte ein eigenes Boot übernommen. An seine Stelle getreten war Oberleutnant zur See Johann Mohr.
Diese Feindfahrt, die fast ohne zählbares Ergebnis geblieben wäre, stellte dennoch die schwerste Fahrt dar, die einer der U-Boot-Männer dieses Bootes jemals gemacht hatte. Der Kommandant schrieb in sein persönliches Tagebuch:
"Diese Fahrt stellte an jeden einzelnen Mann der Besatzung die höchsten Anforderungen. In beispielloser Zähigkeit stand jedes einzelne Besatzungsmitglied auf seiner Station; ich war stolz darauf, diesen Männern Kommandant und Freund sein zu können."
Am 6. Januar wurde im westlichen Nordkanal der britische Dampfer "Empire Thunder" gestellt und versenkt. Danach lief das Boot in verschiedenen Suchharken durch die grobe See. Das Weihnachtsfest mußte mit getauchtem Boot gefeiert werden, weil die See von einem Orkan aufgewühlt wurde.
Als der Treibstoff knapp wurde, mußte der Rückmarsch angetreten werden. U 124 traf am 22. Januar 1941 in Lorient ein.

Der große Schlag

Am 23. Februar 1941 zu seiner vierten Feindfahrt auslaufend, sollte U 124 mit zwei anderen Booten im Seegebiet vor Freetown zum Einsatz gelangen. Mit mittlerer Marschfahrt trat das Boot den Südmarsch an. Auch diesmal hatte der erfahrene Kommandant wieder zwei Männer als Wachoffiziere dabei, die später zu den ganz Großen zählen sollten. Da war der bereits genannte Oberleutnant zur See Mohr als I. WO; und der Oberleutnant zur See Werner Henke als II. WO; Dr. med. Hubertus Goder war als "Himmelsabwehrkanone" an Bord gekommen. Eingestiegen war auch der Frontberichter der Kriegsmarine Hans Dietrich.

Das Boot lief zunächst den Hafen Las Palmas auf Gran Canaria an, um eine Ölversorgung am deutschen Tanker "Germania" durchzuführen, der dort lag.

In Unterwasserfahrt lief das Boot in den Hafen hinein. Der große deutsche Tanker, der hier seit Kriegsbeginn lag, wurde ungesehen erreicht. Das Boot legte sich im Schatten des Tankers längsseits. Die Arbeit der Proviant- und Treibstoffübernahme begann. Während die Hälfte der Besatzung arbeitete, konnte die andere Hälfte baden und sich einmal an die festlich gedeckte Tafel des Tankers setzen. Die zweite Hälfte der Besatzung folgte nach.

Gegen 4.00 Uhr des 4. März verabschiedete sich Georg Wilhelm Schulz von dem Tankerkapitän und lief ebenso ungesehen aus, wie er gekommen war. Es ging nach Süden, Ziel war die westafrikanische Küste vor Freetown. Hier befand sich im Frühjahr der Sammelpunkt aller von Südamerika um das Kap der guten Hoffnung laufenden und für England bestimmten Schiffe.

Gleichzeitig mit den hier stehenden Booten waren auch die beiden Schlachtkreuzer "Scharnhorst" und "Gneisenau" auf ihrer Atlantik-Unternehmung in dieses Seegebiet vorgestoßen.

U 124 lief mit mittlerer Fahrt durch die See, als dem I. WO, Johann Mohr, vom steuerbordachteren Ausguck ein Schatten gemeldet wurde. Mohr blickte durch sein Fernglas, erkannte eine typische Kriegsschiffs-Silhouette und rief den Kommandanten auf den Turm. Als Schulz eine Minute später in die angegebene Richtung blickte, erkannte er zwei Kriegsschiffe. Sie standen in guter Schußposition in etwa 7.000 Metern Distanz und liefen stur geradeaus.

"Zwei Zweierfächer, Herr Kaleunt?" fragte Mohr, dem als I. WO auch das Amt des Torpedowaffen-Offiziers zustand, der im Überwasserangriff die Torpedos zu schießen hatte.

Mit beiden Dieselmotoren auf AK heraufgehend, versuchte Schulz, in eine noch bessere Schußposition zu gelangen, und das war gut so und sollte ein Desaster verhindern, denn als das Boot bis auf 4.000 Meter herangekommen war, räusperte sich Johann Mohr.

"Das könnten die 'Scharnhorst' und die 'Gneisenau' sein, Herr Kaleunt", bemerkte er knapp. Schulz, der gehofft hatte, auf das in diesen

Gewässern gemeldete britische Schlachtschiff "Malaya" gestoßen zu sein, blickte noch einmal angestrengt zu den beiden Schiffen hinüber. "Kurzspruch an BdU!" befahl er dann. "Zwei schwere Einheiten im Quadrat XZ 12, Kurs Süd, Frage: Stehen eigene Seestreitkräfte im Operationsgebiet?"
Immer spitz bleibend und dem Gegner nur die Schmalseite zeigend, lief U 124 in 4.000 Metern Distanz mit. Die beiden Schlachtschiffe machten nur etwa sieben Knoten Fahrt.
In dem Augenblick, als der Antwort-FT des BdU eintraf, daß der letzte Standort der beiden genannten Schlachtkreuzer ganz in der Nähe des Bootes gemeldet worden war, stieß das vorn laufende Schlachtschiff plötzlich eine dicke Rauchwolke aus und lief mit rasch gesteigerter Fahrt, die sehr schnell 28 Knoten erreichte, weiter. Sie sahen, wie das zweite Schiff ins Kielwasser des ersten einschor und ebenfalls volle Fahrt aufnahm.
Sehr schnell kamen "Scharnhorst" und "Gneisenau", um keine anderen hatte es sich gehandelt, außer Sicht.

Am frühen Morgen des 7. März ging ein FT-Spruch des BdU auf U 124 ein, der vom Funkmaaten auf den Turm gebracht wurde, wo eben der Kommandant mit Oberleutnant zur See Henke sprach.
Schulz nahm den Spruch entgegen und überflog ihn. Dann wandte er sich dem II. WO zu. "Hören Sie, Henke! Unsere Schlachtkreuzer haben den englischen Geleitzug SL 67 aufgefaßt. Das Schlachtschiff 'Malaya' ist dabei. Wir haben Befehl, gemeinsam mit U 105 anzugreifen."
U 124 ging auf den neuen Generalkurs und lief mit großer Fahrt dem Geleitzug entgegen. Das dicke Sierra Leone-Geleit konnte noch Stunden auf sich warten lassen. Und so war es auch. U 124 lief weiter, und als der Kommandant auf den Turm gerufen wurde, war es bereits Nachmittag geworden.
"Kriegsschiffsmasten, Herr Kaleunt", wurde Schulz auf dem Turm empfangen. "Kommen rasch auf!"
"Alarmtauchen!"
Das Boot verschwand von der Wasseroberfläche und wurde in Sehrohrtiefe eingependelt. Durch das Angriffssehrohr erblickte Schulz den ersten dicken Brocken. Er war noch zu weit entfernt, um einen guten Schuß abgeben zu können. Diesmal mußte es die "Malaya" sein. Mit AK der E-Maschinen versuchte der Kommandant eine bessere Position zu erlaufen. Wenig später wurde durch das Luftzielsehrohr ein Flugzeug gesichtet, das in Richtung auf das Kriegsschiff flog. Bereits am Vortage hatten sie diese Maschine gesehen.
Drei Stunden lang manövrierte U 124 hin und her, dann war es dank einer Kursänderung der Kriegsschiffe bis auf 3.000 Meter herangekom-

men. Das Schiff stand im Fadenkreuz und füllte es völlig aus. Ein Viererfächer würde es in die Luft blasen. Aber Schulz hatte bereits die "Gneisenau" erkannt und nur einen Scheinangriff gefahren, ohne vom Gegner geortet oder gesichtet worden zu sein.

"LI, alles klar? Wir werden breitseits zur 'Gneisenau' auftauchen, damit man dort sofort erkennt, daß wir keine Angriffsabsichten haben. Signalpistole für das Erkennungssignal klarhalten."

Auf gleichem Kurs zum deutschen Schlachtkreuzer durchbrach U 124 die Wasseroberfläche. Sekunden später stand der Kommandant auf dem Turm und schoß "ES".

Die "Gneisenau" wurde sofort mit Hartruderlegen spitz, und von seiner Brücke wurde ebenfalls Erkennungssignal geschossen. U 124 ging nun mit kleiner Fahrt bei dem Schlachtkreuzer längsseits. Wenig später erschien Admiral Lütjens auf der Brücke, und Wilhelm Schulz meldete ihm.

"Sie haben seit gestern unser Bordflugzeug gesehen?" fragte der Admiral verblüfft, als Schulz seine Meldung beendet hatte.

"Jawohl, Herr Admiral! Die Maschinen haben uns herangeführt. Wir sind nun bereits zweimal in guter Schußposition gewesen."

Admiral Lütjens war von der Eröffnung des U-Boot-Kommandanten, daß vier Torpedos in den Rohren schußbereit gelegen hatten, die für sein Schiff bestimmt waren, doch erschrocken. Er meinte, daß Schulz und auch Mohr ihnen allen das Leben gerettet hätten. Nachdem noch Post übergeben worden war, setzte U 124 den Marsch in Richtung auf das gemeldete Geleit hin fort. U 105 wurde passiert, und Schulz ließ einen Winkspruch zum Kommandanten dieses Bootes hinübermachen, den Kapitänleutnant Schewe beantwortete.

Mitten in der Nacht zum 8. März wurde das Boot zum Angriff auf den in Sicht gekommenen Konvoi angesetzt. Ohne sich sehr um die Geleitzerstörer zu kümmern, ließ sich Schulz ins Gewimmel der Schiffskolonnen einsickern. Einer der Zerstörer lief in knapp 700 Metern am Boot vorüber. Dann tauchte ein riesiger Schatten auf. Diesmal war es die "Malaya". Doch als das Schlachtschiff eine halbe Stunde später einen scharfen Kurswechsel vornahm und mit AK davondampfte, war die Chance zum Schuß zu kommen vorbei.

"Alle Rohre klar zum Überwasserschuß!" befahl Schulz, als sie zweimal vor Zerstörern hatten ausweichen müssen und dann in die richtige Schußposition gekommen waren.

Um 5.47 Uhr fiel der erste Einzelschuß, und binnen 21 Minuten war die gesamte Chargierung des Bootes geschossen. Die Nacht wurde tobsüchtig, als vier der fünf anvisierten Schiffe schwer getroffen liegenblieben und Seenotraketen schossen.

Unmittelbar vorher hatte auch U 105 geschossen und den Dampfer "Harmodius" versenkt.
Alle Geleitfahrzeuge schossen Leuchtgranaten nach allen Himmelsrichtungen. U 124 wurde unter Wasser gedrückt. Erst später erfuhr die Besatzung, daß sie die britischen Dampfer "Nardana", "Hindpool", "Tielbank" und "Lahore" versenkt hatten.
Ein Wasserbomben werfender Zerstörer folgte dem Boot zwei Stunden lang. Dann gelang es Schulz, ihn abzuschütteln. An den Geleitzug kam das Boot jedoch nicht wieder heran.
Das Boot trat den Weitermarsch in den Raum Freetown an. Da es in dem befohlenen Seeraum keine Schiffe traf und außerdem noch aus dem nach Süden marschierenden Hilfskreuzer "Kormoran" Treibstoff übernehmen sollte, ließ Schulz auf Westkurs gehen und in die Weite des Atlantiks hineinlaufen. Am 18. März übernahm das Boot auf dem Treffpunkt Treibstoff und Vorräte.
Während dieser Zeit gelang es den beiden Booten U 105 und U 106 vor Freetown den Geleitzug SL 68 zu stellen und eine Reihe Schiffe daraus zu versenken. U 106 unter Kapitänleutnant Oesten gelang es, die "Malaya" zu torpedieren. Doch das britische Schlachtschiff ging nicht unter.
Im Raum Freetown, in welchen U 124 nach der Beölung zurückgelaufen war, traf sich das Boot mit der "Admiral Scheer", die dringend Weißmetall und einige Ersatzteile für ihr Funkgerät benötigte, die U 124 an Bord hatte.
Genau 90 Seemeilen südwestlich von Freetown kam das Boot dann am 30. März auf den britischen Dampfer "Umona" zum Schuß und versenkte ihn. Am 4. April folgte die "Marlene", die mit ihren 6.507 BRT schon ein gutes Schiff war, nach. Drei Tage darauf war es der kleine Kolcher "Portadoc", und am 8. April wurde die "Tweed" gesichtet.
U 124 lief zum Unterwasserangriff heran. Der Torpedo traf den 2.697 BRT großen Dampfer mittschiffs und ließ ihn sofort tiefer sacken. Durch das Sehrohr sah der Kommandant, daß die Besatzung Hals über Kopf in die Boote ging. Er ließ auftauchen und an ein dicht bei dicht besetztes Rettungsboot herangehen. Ein Blick zeigte ihm, daß dieses Boot keine 24 Stunden aushalten würde. Das zweite, größere Boot aber trieb kieloben auf der See. Es war beim Zuwasserlassen umgekippt. Auf dem oben befindlichen Kiel hockten etwa zehn Seeleute.
"Langsam herangehen!" befahl der Kommandant. Als das Boot bis an das kieloben treibende Rettungsboot herangekommen war, ließ Schulz die zehn Seeleute an Bord kommen. Dann richteten die U-Boot-Fahrer das Rettungsboot wieder auf und dirigierten es zu dem überladenen ersten Boot hinüber. Die zehn Männer wurden zum Ausschöpfen hineingesetzt und aus dem überladenen Boot eine Reihe Seeleute

in dieses große Boot umgesetzt. Beide Boote wurden mit Trinkwasser und Lebensmittel versorgt und mit der Weisung für den zu haltenden Kurs zur Küste ausgestattet.
Als das U-Boot Fahrt aufnahm, richtete sich der junge Schiffsoffizier der "Tweed" auf und rief etwas zum U-Boot hinüber: "Ich werde meiner Reederei hiervon Meldung machen, Captain! Ich werde melden, daß Sie uns gerettet haben."
Es war Howard "Dick" Baker, der diese Worte rief. Er war es auch, der nach dem Ende des Zweiten Weltkrieges nach Schulz suchen ließ, um ihn nach England einzuladen. In Poole in Südengland schüttelten sich diese beiden Männer, die den großen Orlog überlebt hatten, nach dem Kriege die Hände.

Am 11. April sank der griechische Dampfer "Aegeon", der mit seinen 5.285 BRT zur Versenkungszahl hinzukam. Am nächsten und übernächsten Tage waren es die britischen Dampfer "St. Helena" und "Corinthic", die den Torpedos des Bootes zum Opfer fielen.
Mit zwölf Versenkungswimpeln am ausgefahrenen Luftzielsehrohr lief U 124 am 1. Mai 1941 nach 69 Seetagen in den Hafen von Lorient ein. Hier überreichte der BdU dem Kommandanten das ihm bereits am 4. April verliehene Ritterkreuz zum Eisernen Kreuz.
Zu seiner fünften Feindfahrt auf U 124 lief das Boot am 15. Juli 1941 in Lorient aus. Einsatzziel war abermals der Südraum. Gemeinsam mit den auf dem Rückmarsch befindlichen Booten U 109, U 123 und U 94 marschierte U 124 in den Seeraum westlich Gibraltar, wo großer Verkehr laufen sollte.
Alle Boote suchten wochenlang vergebens nach einem Ziel. Dann wurden sie auf den von Gibraltar auslaufenden Konvoi HG 69 angesetzt. Nachdem einige Boote bereits durch die starken Sicherungsstreitkräfte abgedrängt worden waren, lief U 124 am 13. August zum Angriff an. In der kommenden Nacht wurde das Boot von einer Escort Group abgedrängt und unter Wasser gezwungen. Eine Reihe Wasserbomben verursachten einige Schäden. Das Boot kam nicht mehr heran und kehrte am 25. August nach Aufbrauch des Treiböls erfolglos nach Lorient zurück.
Anfang September übergab hier Georg Wilhelm Schulz sein Boot an Johann Mohr, der alle Fahrten auf U 124 als II. und dann als I. WO mitgemacht hatte und nun nach den Worten des Großen Löwen "seine Chance erhalten" sollte.
Nach Absolvierung einer Vortragsreihe übernahm Georg Wilhelm Schulz in St. Nazaire die 6. U-Flottille. Zwei Jahre und elf Tage war er dort Flottillenchef. Am 1. April 1943 erfolgte seine Beförderung zum Korvettenkapitän.

Am 4. Oktober 1943 wurde er als Leiter der Erprobungsgruppe U-Boote und zugleich A 1 zum Stab des Führers der U-Boote Ausbildung kommandiert.
Noch am 22. April 1945 übernahm Korvettenkapitän Schulz die 25. U-Flottille in Travemünde. Er geriet bei Kriegsschluß in englische Gefangenschaft, aus der er am 15. Juli 1945 entlassen wurde.
Der German Controller im Naval Document Center, Allehimmel, schrieb im Schlußabsatz des abzuschreibenden Gesamtdienstleistungs-Zeugnisses von Georg Wilhelm Schulz:
"Von seinen Vorgesetzten wurde Korvettenkapitän Schulz als ein gut begabter, mit über dem Durchschnitt stehendem Können ausgestatteter Offizier beurteilt. Er besitzt eine gute geistige und körperliche Leistungsfähigkeit, ausgeprägtes Pflichtbewußtsein mit vielseitigem Interesse und Wissen.
Seemännisch und navigatorisch befähigt, fuhr er sein Boot zuverlässig und ließ sich auch durch Schwierigkeiten und unübersichtliche Lagen nicht beeinflussen.
Schulz ist ein gewissenhafter Arbeiter, zuverlässig und mit gutem Organisationstalent. Er ist ein offener, ehrlicher Charakter und ein besonders hilfsbereiter Kamerad, der für seine Untergebenen ein warmes fürsorgliches Herz hat."
Daß Wilhelm Schulz nicht nur für seine Untergebenen sorgte, das bewies er nach der Versenkung der "Tweed". Die Suchmeldung des englischen Seeoffiziers Howard "Dick" Baker ging durch alle Zeitungen in Deutschland, ehe sie seinen ehemaligen Gegner erreichte.
Schulz fuhr für einige Wochen nach England, wo er hoch geehrt wurde. Als man ihn befragte, warum er diese Rettungsleistung getätigt habe, erklärte er:
"Das war der Befehl, den uns der Große Löwe immer mit auf den Weg gab, bei aller Härte des Kampfes nicht die Ritterlichkeit zu vergessen und den geschlagenen Feind, der als Schiffbrüchiger in See schwamm, als Bruder zu betrachten, dem es beizustehen galt."

Die Versenkungsliste von U 124

1. Feindfahrt

25.08.40	23.50	brD	"Stakesby" =	3.900	23 m Butt of Lewis
25.08.40	23.51	brD	"Harpalyce"	5.169	58.52 N/06.34 W
25.08.40	23.53	- - -	- - -	- - -	- - -
25.08.40	23.56	brD	"Firecrest"	5.394	58.52 N/06.34 W

versenkt: 2 Schiffe mit 10.563 BRT
torpediert: 1 Schiff mit 3.900 BRT

2. Feindfahrt

16.10.40	03.50	caD	"Trevisa"	1.813	57.28 N/20.30 W
20.10.40	01.43	nwD	"Cubano"	5.810	57.55 N/25.-- W
20.10.40	02.29	brD	"Sullaco"	5.389	57.25 N/25.-- W
31.10.40	21.58	brD	"Rutland"	1.437	57.14 N/16.-- W
01.11.40	07.06	brD	"Empire Bison"	5.612	59.30 N/17.40 W

versenkt: 5 Schiffe mit 20.061 BRT

3. Feindfahrt

06.01.41	11.37	brD	"Empire Thunder"	5.965	59.14 N/12.43 W

versenkt: 1 Schiff mit 5.965 BRT

4. Feindfahrt

08.03.41	05.47	brD	"Nardana"	7.974	20.51 N/20.32 W
08.03.41	05.50	- - -	- - -	- - -	- - - - - -
08.03.41	05.56	brD	"Hindpool"	4.897	20.51 N/20.32 W
08.03.41	06.00	brD	"Tielbank"	5.084	20.51 N/20.32 W
08.03.41	06.02	brD	"Lahore"	5.304	21.03 N/20.38 W
08.03.41	06.08	- - -	- - -	- - -	- - -
30.03.41	23.01	brD	"Umona"	3.767	90 m SW Freetown
04.04.41	23.02	brD	"Marlene"	6.507	08.15 N/14.19 W
07.04.41	17.30	brD	"Portadoc"	1.746	07.17 N/16.53 W
08.04.41	12.25	brD	"Tweed"	2.697	07.43 N/15.11 W
11.04.41	20.59	grD	"Aegeon"	5.285	06.55 N/15.38 W
12.04.41	05.09	brD	"St. Helena"	4.313	07.50 N/14.-- W
13.04.41	22.29	brD	"Corinthic"	4.823	08.10 N/14.40 W

versenkt: 11 Schiffe mit 52.397 BRT
torpediert: 2 Schiffe mit - - -

5. Feindfahrt:

Auslaufen am 15. Juli 1941 in den Südraum. Umdirigiert in den Seeraum westlich Gibraltar. Keine Sichtmeldungen.
13. August: Angriff auf den Konvoi HG 69. Das Boot wurde unter Wasser gedrückt und kehrte am 25. August 1941 ohne Versenkungserfolge nach Lorient zurück.

Gesamterfolge: 19 Schiffe mit 88.986 BRT
torpediert: 4 Schiffe, davon eines mit 3.900 BRT

Kapitänleutnant Engelbert Endrass

Mit zwei Booten am Gegner

"Ran an den Hilfskreuzer!"

Hart westlich von Irland schob sich U 46, das Boot von Kapitänleutnant Engelbert Endrass, durch die mit Stärke drei gehende See. Als der wachhabende Offizier "Rauchsäulen!" meldete, enterte Endrass auf den Turm seines Bootes. Der II. WO zeigte dem Kommandanten die Richtung an, und Endrass, sein Fernglas hochnehmend, erblickte zwei dicke Rauchsäulen, die über der Kimm emporstiegen.
"Ich übernehme das Boot! — An Rudergänger: Neuer Kurs 230 Grad!" Und als das Boot in einem weiten Halbkreis herumgeschwungen war, ließ Endrass beide Dieselmotoren auf AK heraufschalten. Dumpfer und brüllender wurde der Sang der "Jumbos", und mit schnell zunehmender Fahrt glitt U 46 durch die See. Die Rauchsäule verstärkte sich und dann traten die Aufbauten in das helle Mittagslicht des 6. Juni 1940.
"Auf Gefechtsstationen!" Oft schon hatte Endrass diesen Befehl als Wachoffizier auf U 47 durch Günther Prien gehört. Zum ersten Mal gab er ihn nun selber.
"Flugzeug — Steuerbord querab!" meldete der Ausguck, der diesen Sektor zu überwachen hatte.
Der nur mittelgroße quirlige Kommandant wirbelte herum und sah den blitzenden silbernen Punkt und sogleich einen zweiten, die aus der Sonne heraus das Boot anflogen.

"Alarm! — Schnelltauchen!"
Die Männer schwangen sich durch das Schott ins Boot und fielen in die Zentrale hinunter. Als Endrass das Turmluk zugeschlagen hatte, erschien das Wort "Tauchklar!" auf der Anzeigentafel, und der Leitende Ingenieur flutete das Boot mit dem Befehl: "Eins geöffnet! Entlüftungen schließen! Eins, drei beide, zwo, vier, fünf!"
Das Boot stieß vorlastig in die Tiefe der See hinunter und war nach einer halben Minute von der Wasseroberfläche verschwunden. Es wurde bei 50 Metern Wassertiefe eingependelt, indem der LI auch den vorderen Tauchtank eins fluten ließ.
Nichts geschah, alles blieb still. Keine Bomben, nichts! Aber nach einer Minute meldete sich der Mann, der das Gruppenhorchgerät besetzt hielt:
"Schraubengeräusche näherkommend!"
"Das ist unser Dampfer, Herr Kaleunt!" meinte der Zentralemaat, der neben dem Kommandanten am Kartenpult stand.
"Wir laufen ihm ein paar Meilen entgegen", entschied Endrass. Nachdem das Boot drei Meilen zurückgelegt hatte, ließ es der Kommandant auf Sehrohrtiefe auftauchen, um einen Rundblick zu nehmen. Endrass kreiste um den Sehrohrblock. Dann hatte er den Dampfer im Ausblick. Er erkannte Geschütze vorn und achtern.
"Sieht wie ein Hilfskreuzer aus. Hat Kanonen auf der Back und achtern. Schätzungsweise 20.000 Tonnen!"
"Torpedowaffe, Achtung! — Rohre I bis IV klar zum Unterwasserschuß!"
"Rohre klar und bewässert, Mündungsklappen auf!" meldete der Torpedomaat aus dem Bugraum.
Die Schußwerte wurden durchgegeben und die Daten des Torpedorechners für den Aal errechnet. Eine kleine Ruderkorrektur ließ das Boot um zehn Grad herumgehen. Gleich mußte der Hilfskreuzer breitseits vorbeiparadieren und dann . . .
"Zackt weg!" entfuhr es dem Kommandanten, als der Hilfskreuzer um 30 Grad wegzackte und nach Südosten lief und das Boot auf diesem Kurs dicht unter Land führen würde. Dennoch ging der Kommandant dieses Risiko ein, weil die zu erwartende Beute danach war. Eine Situation also, wie damals mit Prien, als er nach Scapa Flow hineinmarschierte.

Der Hilfskreuzer wurde aber immer schneller und war 30 Minuten später außer Sicht geraten.
Endrass ließ auftauchen und mit AK beider Diesel hinterhersetzen.
"Der lauert auf U-Boote!" meinte der II. WO, "hat offenbar den Küstenschutz für die aus- und einlaufenden Geleitzüge übernommen."

"Dann müßte er gleich wieder drehen, und zwar auf Nordwestkurs", entgegnete Endrass.
Genauso geschah es auch, der Schiffsriese drehte tatsächlich in die vermutete Richtung, und U 46 konnte sich vorlegen. Zwei Minuten später erfolgte wieder eine Fliegermeldung. Diesmal ließ Endrass nur vorfluten und abwarten. Er hatte Glück, die Maschinen sahen das Boot nicht. Wenig später aber mußten sie vor zwei Sunderland-Flugbooten doch noch in den Keller gehen.
Es war genau 13.00 Uhr, als Endrass das Boot wieder auf Sehrohrtiefe hinaufbringen ließ. Sein Befehl ließ das Angriffssehrohr ausfahren, und schon hatte er den Hilfskreuzer im Visier.
"Dreierfächer aus den Rohren I, II und IV!"
Wenig später gab der Zielgeber "Hartlage", der Befehl kam zum Schuß, und das Boot ruckte vorn hoch, als wollte es die Wasseroberfläche durchbrechen. Zischend stob die See in die vorderen Trimmtanks und brachte es wieder auf ebenen Kiel.
"Torpedos laufen!"

Vier Sekunden nach Ablauf der vorgegebenen Laufzeit sah Endrass an dem Hilfskreuzer mittschiffs, achtern 30 und am Heck die Detonationsschläge der einhauenden Torpedos.
Dreimal 350 Kilogramm Trinitrotuluol rissen große Löcher in die Bordwand des Schiffes. Das Schiff blieb auslaufend gestoppt auf der See liegen und bekam sofort starke Schlagseite. Achtern, direkt hinter der Brücke, wurde mit ungeheurer Feuerentfaltung die Munitionskammer von einer gewaltigen Explosion auseinandergerissen. Männer tauchten schemenhaft auf und sprangen ins Wasser.
Das Boot drehte weg, als Endrass die Bugwellen zweier herankommenden Zerstörer sichtet. Er ließ auf 120 Meter hinuntergehen und auf Nordostkurs ablaufen. Das Getöse der Wasserbombenwürfe verhallte achteraus. Dann wurden Sinkgeräusche gehorcht.
Es war der Hilfskreuzer "Carinthia" mit 20.277 BRT, der an dieser Stelle der See auf Tiefe ging.
U 46 setzte seinen Marsch in den Atlantik fort. Der Befehl des BdU hatte gelautet: "Möglichst starker U-Boot-Einsatz im Atlantik!"
Es ging darum, die Torpedomisere vor Norwegen im Frühjahr wieder auszumerzen und Erfolge zu erringen. In den nächsten Tagen lief U 46 auf einem Suchstreifen entlang des 15. Längengrades nach Süden. Am Abend des 8. Juni wurde das Boot gebombt, konnte aber unbeschädigt entkommen, und am Morgen des 9. Juni ging ein FT-Spruch der Operationsabteilung ein:
"An U 29, U 43, U 46, U 48 und U 101: Auf von Booten dieser Gruppe gemeldete Ziele operieren. Kom. tak. Führung durch Kommandant

U 48. Wenn dieser nicht eingreift und Ansatz erforderlich: durch Fühlunghalter."
U 101 meldete später einen Geleitzug, auf den U 46 zulief. Gegen 12.00 Uhr sichtete die Brückenwache ein Schiff und um 13.05 Uhr lief ein Torpedo auf den finnischen Dampfer "Margareta" zu. Der Dampfer sackte unmittelbar nach dem Treffer tiefer und war fünf Minuten darauf von der Wasseroberfläche verschwunden. Er hatte 2.155 BRT.
"Das war ein zurückhängender Dampfer. Wir müssen gleich auf den Konvoi stoßen", meinte der II. WO. Doch das schien ein Wunschtraum zu sein, denn in den beiden folgenden Tagen wollte zunächst nichts passieren. Das Boot lief am Morgen des 11. Juni auf Südkurs auf der England-Gibraltar-Route. Gegen Mittag dieses Tages wurde ein Kurzspruch von U 101 aufgefangen. Frauenheim hatte einen kleinen England gehenden Geleitzug aus Malta gesichtet.
Um 13.35 Uhr wurde das Boot von einer Sunderland überflogen. U 46 kam rechtzeitig unter Wasser und entging den geworfenen Bomben. Das Flugzeug wurde durch das Luftzielsehrohr beobachtet, wie es achtern vom Boot Schleifen flog und auf das Wiederauftauchen wartete.
Sie liefen im Unterwassermarsch auf dem Generalkurs weiter. Um 18.00 Uhr tauchte das Boot auf und lief mit Beide Halbe Fahrt durch die See. Es war 19.17 Uhr, als die erste Sichtmeldung durchgegeben wurde, die den Kommandanten sofort auf den Turm entern ließ.
Endrass sah eine Reihe Rauchsäulen und weit vorn zwei große Schatten. Er ließ einen Kurzspruch an den BdU tasten und Standort, Richtung und Fahrtstufe des Geleitzuges durchgeben. Insgesamt wurden 18 Schiffe gezählt.
Als ein Geleitfahrzeug auf das Boot eindrehte, mußte wieder mit Schnelltauchen hinuntergegangen werden. Das Boot war gesichtet worden und wurde mit Wasserbomben belegt, die aber an Backbord querab in sicherer Entfernung detonierten. Beim zweiten Anlauf jedoch gab es Schäden, die mit Bordmitteln behoben werden konnten. Dann war auch dieser Gegner abgeschüttelt.
U 46 lief nun in die günstigste Schußposition für den Angriff. Endrass ließ einen etwa 10.000 Tonnen großen Tanker anvisieren. Der Zweierfächer wurde um 23.04 Uhr geschossen. Die Torpedos trafen den Tanker, der sofort seinen Notruf absetzte. Es war der britische Motortanker "Athelprince" mit 8.782 BRT.
Der Tanker stand sehr bald in Flammen und als das Boot erneut abgedrängt wurde, war Endrass sicher, daß er sinken werde. Dies war jedoch nicht der Fall. Er konnte eingeschleppt werden, nachdem die ausgebrochenen Brände gelöscht waren.
Am nächsten Nachmittag glitt das Boot abermals an den Geleitzug

heran und kam zum Schuß mit drei Einzelschüssen. Die Dampfer "Barbara Marie" und "Willowbank" sanken. Der dritte Torpedo war vorbeigegangen.

Da der Anschluß endgültig verlorenging, mußte nun für die beiden restlichen einsatzbereiten Torpedos ein lohnendes Ziel gesucht werden.

Am frühen Morgen des 17. Juni 1940 war es dann so weit. Ein Einzelfahrer wurde gesichtet. Es war der griechische Dampfer "Elpis" mit 3.651 BRT. Der erste Schuß ging vorbei, weil der Dampfer einen überraschenden Zack eingelegt hatte. Der zweite Aal, aus nur 800 Metern geschossen, traf den Dampfer tödlich. Er sackte schnell mit dem Achterschiff weg und verschwand dann von der Wasseroberfläche. Es war der Besatzung noch gelungen, in die Boote zu kommen.

Nun waren alle einsatzklaren Torpedos verschossen, und nur noch zwei defekte Aale waren an Bord, als das Boot den Rückmarsch antrat.

Am Abend des 21. Juni kam Sturm auf, der sich rasch zu einer Stärke von 11 steigerte. Kurz nach Mitternacht des 22. Juni wurde ein großer Schatten gesichtet, der als Flugzeugträger "Illustrious" angesprochen wurde. Zwei Zerstörer geleiteten den Träger. Fieberhaft waren die Torpedomixer dabei, die beiden unklaren Torpedos doch noch hinzubekommen. Und sie schafften es auch. Das Boot hatte eine winzige Chance, nutzte sie und schoß.

Während U 46 vor den eindrehenden Zerstörern davonlaufen mußte, hörte man das Geräusch der Wasserbomben, und dann nach langen Minuten vernahmen sie eine dumpfe Torpedodetonation. Hatten sie den Flugzeugträger getroffen?

Später erfuhren sie, daß es der Träger "Arc Royal" gewesen war und daß ihre Torpedos ihn nicht getroffen hatten, sondern wahrscheinlich als Endstreckendetonierer hochgegangen waren. (Die "Arc Royal" wurde im Mittelmeer am 13. November 1941 durch U 81 unter Kapitänleutnant Guggenberger versenkt.)

Mit sechs Versenkungswimpeln am ausgefahrenen Luftzielsehrohr lief U 46 nach seiner ersten Feindfahrt unter Engelbert Endrass in St. Nazaire ein.

Der zweite Hilfskreuzer

Am 8. August 1940 lief U 46 zu seiner zweiten Feindfahrt unter dem neuen Kommandanten aus. Einsatzgebiet des Bootes waren die Nordatlantik-Konvoirouten. Das Operationsgebiet im Raume südlich von Island war am 14. August erreicht. Das Boot lag hier auf der Route der von England in Richtung USA laufenden Geleitzüge.
Am 15. August wurde ein FT-Spruch von U 30 unter Fritz Julius Lemp aufgefangen, danach meldete sich U 48 unter KKpt. Rösing. Beide Boote hatten einen Konvoi gesichtet, und der FT-Spruch des BdU machte dann alles klar:
"An U 30, U 38, U 46 und U 48: Boote auf einen vom B-Dienst aufgefaßten Konvoi operieren, der England verlassen hat und mit Westnordwestkurs läuft. Voraussichtlicher Treffpunkt Quadrat AL 30 bis 3880."
Das Boot glitt mit Backbordruder 10 herum und lief dann mit großer Fahrt auf den Schnittpunkt mit dem Geleitzug zu.
Um 9.15 Uhr des 16. August meldete sich U 48 mit der Sichtmeldung dieses Konvois, der aus 50 bis 60 Schiffen bestand.
Genau um Mittag waren aus Richtung des Konvois zunächst Torpedodetonationen zu hören, dann kam auch der Konvoi in Sicht. U 46 schob sich mit beide AK am Rande der Sichtweite vorwärts. Dann hatten sie eine gute vorliche Position erreicht und tauchten auf Sehrohrtiefe ab, um im Tages-Unterwasserangriff zu schießen.
Um 13.02 Uhr fiel der Fächerschuß, der auf ein großes Motorschiff geschossen wurde. Das Motorschiff "Alcinous" blieb getroffen liegen.
Vor einem heranbrausenden Kanonenboot mußt U 46 tiefer abtauchen und glitt herum. Das Boot wurde bis zum Morgen des 17. August unter Wasser gehalten. Als es auftauchte, war der Geleitzug längst außer Reichweite.
Bis zum 20. August verließ das Boot den alten Seeraum und lief auf Südostkurs mit sparsamer Marschfahrt weiter. Gegen Abend wurde ein Einzelfahrer gesichtet, der mit 10 Knoten Fahrt nach Nordwesten lief und dann einen scharfen Zack einlegte.
Es war der griechische Dampfer "Leonidas M. Valmas", der um 21.50 Uhr mit einem Einzelschuß schwer getroffen wurde. Das Schiff sank nicht und konnte eingebracht werden. Es gilt aber als Totalverlust — eine Reparatur war nicht mehr möglich.
Sieben Tage vergingen in der hoffnungslosen Leere dieses Seerau-

mes, ehe ein großes Schiff in Sicht kam, das hakenschlagend durch die See lief und als Hilfskreuzer erkannt wurde.
Drei Stunden lang versuchte das Boot, in Schußposition zu kommen. Um 21.47 Uhr wurde der Befehl zum Dreierfächerschuß gegeben. Alle drei Torpedos trafen die 15.005 BRT große "Dunvegan Castle". Der Hilfskreuzer hatte keine Überlebenschance und rief über Funk Hilfe herbei, ehe er sank.
In dieser Phase des Kampfes im Atlantik waren es die Kommandanten Rösing, Schepke, Schulz, Jenisch, Schnee und Frauenheim, die neben Engelbert Endrass am Feind standen und Schiff um Schiff versenkten.
Am 31. August vernichtete U 46 die 7.461 BRT große "Ville de Hasselt", einen belgischen Dampfer. Zwei Tage darauf fielen seinen Torpedos zwei Schiffe des Konvois OB 205d zum Opfer. Es waren die "Thornlea" und die "Bibury".
Mit dem Erfolg von fünf versenkten und einem torpedierten Schiff kehrte U 46 abermals völlig verschossen nach St. Nazaire zurück. Der Kommandant wurde zum nächsten Morgen zur Besprechung beim BdU nach Paris gebeten.
Als Engelbert Endrass am 5. September vor dem Großen Löwen stand, der für ihn ebenso wie für alle übrigen U-Boot-Fahrer beinahe ein Vater war, den sie verehrten und achteten, erhielt er aus dessen Hand das Ritterkreuz des Eisernen Kreuzes und war damit der 12. U-Boot-Kommandant, dem diese hohe Auszeichnung verliehen wurde.

Die dritte und vierte Feindfahrt

Bereits am 20. September lief U 46 nach kurzer Überholung und Neuausrüstung wieder aus. In der zweiten Morgenstunde des 26. September kam U 46 südwestlich von Irland auf den britischen Dampfer "Coast Winas" zum Schuß. Das 862 BRT große Schiff sank.
Knapp 20 Stunden später griff das Boot einen Dampfer an, der als 5.000-Tonner angesprochen wurde. Die "Siljan" erhielt einen schweren Treffer und sank. Von einem Rudel Geleitfahrzeuge gejagt, erhielt U 46 einige schwere Beschädigungen. Es wurde von Überwasserstreitkräften und Fliegern verfolgt und mußte, da diese Schäden mit Bordmitteln nicht zu beseitigen waren, nach St. Nazaire zurückkehren. Mit letzter Kraft konnte das Boot den Stützpunkt erreichen. Der Kommentar des BdU dazu:
"Die einzig richtige Entscheidung des Kommandanten, der der BdU vollinhaltlich zustimmt."

Mitte Oktober stand das Boot bereits wieder in See. Es hatte dasselbe Operationsgebiet erhalten und marschierte im Raum südwestlich und westlich Irland auf und ab.
Als der neue Kommandant von U 48, Kapitänleutnant Bleichrodt, nordwestlich der Rockall Bank einen Geleitzug sichtete, ihn meldete und Fühlunghaltermeldung gab, wurden vom BdU darauf fünf Boote angesetzt. Es waren neben U 48 und U 46 noch U 99 unter Kapitänleutnant Kretschmer, U 100 unter Schepke, U 101 unter Frauenheim und U 123 unter Moehle.
Damit standen die besten Kommandanten am Feind. Es war der SC 7, der nunmehr Ziel dieser Boote war, ein von Sydney nach England laufender Geleitzug mit wichtigen Waren für die Britischen Inseln.
Am 17. Oktober schoß Bleichrodt die ersten beiden Schiffe aus diesem Konvoi heraus. Liebe und wieder Bleichrodt waren die nächsten Schützen, und am 18. Oktober um 21.00 Uhr kam auch U 46 zum Schuß. Drei Schiffe wurden anvisiert. Die "Convalleria" sank wenige Minuten nach dem Treffer. Von den beiden anderen Dampfer wurde noch die "Beatus" mit 4885 BRT versenkt.
Um 22.25 Uhr schloß U 46 noch dichter an den Konvoi heran und beschoß den britischen Dampfer "Creekirk", der daraufhin sank. Der Schwede "Gunborg" folgte nach. Danach wurde das Boot abgedrängt, während auf der anderen Seite des Konvois die Kameradenboote angriffen.

Am späten Abend des 19. Oktober war das Boot wieder am Feind. Um 23.46 und 23.47 Uhr fielen Einzelschüsse. Die Dampfer "Wandby" und die "Ruperra" wurden getroffen, letzterer schnitt sehr rasch unter. Übrigens war die "Wandby" auch noch von U 47 unter Prien, der ebenfalls noch herangekommen war, getroffen worden und sank am 21. Oktober.

Diese beiden letzten Schiffe gehörten jedoch bereits zum Konvoi HX 79, der am Abend des 19. Oktober in den Schußbereich der U-Boote hineinlief und die ersten Opfer durch U 39 unter Liebe erleiden mußte.

In den Morgenstunden des 20. Oktober gelang es U 46, noch auf einen großen Tanker zum Schuß zu kommen, Mit einem Dreierfächer wurde die 9.965 BRT große "Janus", ein schwedischer Motortanker, getroffen. Mit U 47 mußte auch U 46 völlig verschossen den Rückmarsch antreten.

Die Nacht der langen Messer war zu Ende. Der HX 79 hatte 14 Schiffe verloren, während aus dem HX 79A sieben Einheiten herausgeschossen wurden. Mit acht bestätigten Versenkungen auf der vierten Feindfahrt war U 46 wieder erfolgreich gewesen.

Die erste Phase der Schlacht im Atlantik ging zu Ende. Von Mai bis Oktober 1940 hatten die wenigen deutschen U-Boote 287 Schiffe mit 1.450.878 BRT versenkt, davon allein im Oktober 63 mit 352.407 BRT. Am 25. Oktober 1940 lief U 46 in den Stützpunkt St. Nazaire ein.

Im Frühjahrssturm im Atlantik

Zu seiner fünften erfolgreichen Feindfahrt lief Endrass mit U 46 nach gründlicher Überholung am 20. März 1941 aus. Am frühen Morgen des 20. März schob sich das Boot aus dem Stützpunkt hinaus und wurde durch die Ausfahrten geleitet.
Auch diese Feindfahrt sollte in das Seegebiet des Nordatlantik in den Seeraum südlich Grönland und südwestlich Island gehen.
Da der Gegner nach den vernichtenden Schlägen an seinen Konvois SC 7 und HX 79 die Luftüberwachung über den westlichen Geleitzugswegen erheblich verstärkt hatte und dieses Gebiet bis zum 15. Längengrad West ausdehnte, mußten die deutschen U-Boote ab November 1940 ihre Operationsgebiete über den 15. Längengrad nach Westen hinaus ausweiten.
Admiral Dönitz hatte seit geraumer Zeit versucht, Unterstützung durch die Luftwaffe zu finden und deren Aufklärungsflüge für die U-Boot-Waffe zu erreichen. Erst am 7. Januar 1941 griff Hitler ein und unterstellte dem BdU die I./Kampfgeschwader 40 in Bordeaux, die mit Maschinen des Typs Focke Wulf 200-Condor ausgerüstet war. Damit hatte die U-Boot-Waffe die dringend benötigten zusätzlichen "Augen" erhalten.
Am 27. März wurde der I. WO, Oblt. z. S. Helmut Pöttgen, über Bord gespült. Die Suche nach ihm blieb erfolglos.
U 46 lief mit Beide Große Fahrt nach Westen auf einem Suchschlag südlich Grönland. Das Boot sollte bis zum 30. Grad westlicher Länge vordringen. Der Kalender in der Kommandantenkammer zeigte den 29. März 1941 an, als Rauchsäulen gemeldet wurden. Das Boot schwenkte auf dieses Ziel ein. Es war der schwedische Dampfer "Liguria", der dem Torpedo des Bootes zum Opfer fiel. Das Schiff gehörte zum Konvoi OB 302. Zwei Tage darauf wurde ein großer Tanker gesichtet, der mindestens 14 Knoten Fahrt machte. U 46 setzte sich vor und schnitt ihm den Weg ab.
Der Dampfer hatte das U-Boot gesichtet und funkte seinen Notruf. Es war die "Castor", und aus dem "schlauen Buch" (dem Lloyds-Register) erfuhr der Kommandant, daß es sich um einen schwedischen modernen Motortanker mit 8.714 BRT handelte.
In Unterwasserfahrt setzte sich das Boot in die günstige Schußposition, in die der Tanker einlaufen mußte. Bis auf 800 Meter kam der Tanker heran und zeigte dem Boot die Breitseite.

Zwei Torpedos verließen um 10.33 Uhr die Rohre und flitzten mit 40 Knoten Fahrt dem Tanker entgegen. Zwei Minuten nach den Treffern stand "Castor" in Flammen und dann dröhnte noch eine Kesselexplosion durch den Tag. Die "Castor" sank auf 57.59 N und 32.08 W.
Genau 48 Stunden darauf hatte U 46 Anschluß an den Geleitzug SC 26 gewonnen, der von U 74 unter Kentrat gesichtet worden war.
U 46 erreichte die günstigste Schußposition, und Endrass ließ einen Fächerschuß auf den Tanker und jeweils einen Einzelschuß auf Frachter von 6.000 und 4.000 Tonnen schießen. Der Tanker "British Reliance" mit 7.000 BRT sank nach den Treffern. In den ersten Minuten des 3. April wurde der "Dampfer" "Alderpool" vernichtend getroffen, und um 1.59 und 2.13 Uhr ließ Endrass noch auf einen Havaristen zwei Fangschüsse schießen, die aus unerklärlichen Gründen vorbeigingen. Ein letzter Torpedo, den das Boot, noch einmal heranschließend, auf einen Frachter schoß, wurde Kreisläufer und hätte um ein Haar das eigene Boot getroffen. Dann mußte Endrass noch den Heckaal als letzten Torpedo auf einen verfolgenden Zerstörer schießen, ehe das Boot mit Alarmtauchen in die Tiefe ging und ablief.
Nachdem U 46 sich verschossen gemeldet hatte, erhielt es den Rückmarschbefehl. Das Boot hatte vier Schiffe, darunter zwei moderne Motortanker versenkt und ein fünftes Schiff torpediert. Die Torpedierung wurde nicht bestätigt.

Vom Tanker gerammt

In der letzten Maidekade 1941 lief U 46 zur nächsten Feindfahrt aus. Die Männer wußten, daß die Amerikaner die erste Anti submarine Group, die St. Johns Escort Forces, bestehend aus acht kanadischen Zerstörern und 20 Korvetten, zusammengestellt hatten. Diese sollten den aus den USA ostgehenden Geleitzügen auf der gesamten Länge der Fahrt Geleitschutz geben.
Diese erste Vollsicherung erhielt der Konvoi HX 129, der unentdeckt über den Atlantik lief und England ungeschoren erreichte.
Am 30. Mai hatte U 46 sein Operationsgebiet erreicht. Bereits am 2. Juni schoß das Boot seinen ersten Torpedo auf einen Einzelfahrer. Der Torpedo detonierte nicht, obgleich der Aufschlag auf die Planken des Fahrzeuges gehört wurde.
Am Morgen des 6. Juni wurde dann ein Tanker gesichtet, der gut 10.000 BRT hatte und in Ballast fuhr. Der erste Fächerschuß ging vorbei, weil der Tanker einen überraschenden Kurswechsel vornahm. Nach einem Riß der Kupplung des Backborddiesels kam der Tanker zunächst außer Sicht. Als die Kupplung wieder klargemeldet wurde, nahm das Boot die Verfolgung auf. Es ging durch eine dichte Regenböe hindurch. Stunden dauerte die Verfolgungsfahrt, und plötzlich wurde querab vom Boot der Tanker als dünner schwarzer Strich durch die Regenwand hindurch gesichtet.
Nur ein Unterwasserangriff konnte jetzt Erfolg bringen. Das Boot tauchte auf Sehrohrtiefe ab, und Endrass konnte den Dampfer sofort sehen. Er war nur noch 450 Meter vom Boot entfernt, als der Schuß fiel. Endrass sah den Torpedoeinschlag. Alle Männer im Boot hörten den harten Schlag der Detonation. Der Aal hatte bis zum Ziel nur 36 Sekunden gebraucht.
Plötzlich unterschnitt das Sehrohr. "Höher ausfahren, LI!" rief Endrass dem Leitenden Ingenieur zu. Der Motor begann zu surren, und in diesem Moment gab es plötzlich einen dumpfen Schlag. Der Motor setzte aus und genau über sich, in dem Spiegel nur schemenhaft wahrnehmbar, sah Endrass die Schiffswand des Tankers.
"Runter!" rief er und noch einmal: "runter!"
Sekunden später wurde das Boot von einem schweren Stoß erschüttert. Ein knirschender Schlag dröhnte den Männern in den Ohren, gefolgt von einem gewaltigen Gepolter, mit dem alles lose Gut bei dem weiten Überkrängen des Bootes durch die Stahlröhre rollte.

Der Tanker hatte das U-Boot einfach überkarrt und seitlich umgeschoben. Nur ein oder zwei Meter höher und U 46 wäre von dem Tankersteven durchgeschnitten worden.
Das Boot sackte wie ein Stein weg in die Tiefe. Als 30 Meter durchgingen, befahl der Kommandant es abzufangen. Bei 62 Metern Wassertiefe gelang es dem LI, dieses Wunder zu vollbringen. Die Fahrt in die Tiefe war gestoppt.
Wassereinbrüche und Schäden wurden gemeldet, aber Bugraum und Zentrale waren ebenso wie das Turmluk dicht.
Der Ausblick des Angriffssehrohrs war schwarz, so daß der Kommandant versuchen mußte, etwas durch das Luftzielsehrohr zu erkennen, für den Fall, daß der Tanker auf das Auftauchen des Bootes lauerte. Doch die See war leer, und U 46 tauchte auf. Als der Kommandant das Turmluk öffnen wollte, war es verklemmt. Es mußte von außen aufgebrochen werden.
Durch das Kombüsenluk kletterte der I. WO Konstantin v. Puttkamer ins Freie. Er enterte über den Aufstieg, den sonst die Geschützbedienung nehmen mußte, auf den Turm. Die Turmwand war schräg eingedrückt, und das Blech des Schanzkleides hatte sich genau über das Turmluk gedrückt und verhinderte das Öffnen desselben. Es gelang dem Wachoffizier das Blech so weit wegzudrücken, daß das Luk von innen geöffnet werden konnte. Engelbert Endrass erschien auf dem Turm.
"Das ist ja eine schöne Schweinerei", sagte er, als er das Chaos sah. "Aber wir haben trotz dieser Verwüstungen noch einmal Schwein gehabt. Das ist Rasmus zu verdanken, der hat seinen dicksten Daumen dazwischen gehalten."
Das Boot wurde notdürftig wieder hergerichtet. Endrass war der Überzeugung, daß dieser Tanker nichts anderes als eine raffiniert getarnte U-Boot-Falle sein konnte. Da er auf Ballast fuhr, war er nicht so leicht zu knacken.
U 46 setzte nach einer Warnmeldung seine Feindfahrt fort. Am 8. Juni kam das Boot auf zwei Dampfer zum Schuß, die um Mittag auftauchten. Einer davon war ein Tanker, der andere ein guter 5.000-Tonner. Beide Schüsse trafen. Der Motortanker "Ensis" mit 6.207 BRT wurde getroffen und später mit einem Fangschuß versenkt. Die "Trewarrack", mit 5.270 BRT auch ein lohnendes Ziel, sank nach dem Treffer binnen weniger Minuten.
Eine Minute nach Mitternacht des 9. Juni erhielt der britische Dampfer "Phidias" einen Treffer und sank, nachdem der nicht detonierende Torpedo es nicht geschafft hatte, nach Einsatz des Buggeschützes bei 48.25 N/26.12 W auf Grund.
Wenig später erhielt das Boot den Rückmarschbefehl. Am nächsten

Morgen fing der Funkmaat des Bootes einen FT-Spruch des BdU auf: "Unser Oberster Befehlshaber hat Ihnen, Kapitänleutnant Endrass, als 14. deutschen Soldaten das Eichenlaub zum Ritterkreuz des Eisernen Kreuzes verliehen. Befehlshaber und Stab des BdU gratulieren herzlich."

Als U 46 über den sogenannten Zwangswechsel in die Loiremündung einlief, kam ihnen ein Schlepper entgegen. An Bord desselben Kameraden aller Dienstgrade, die Engelbert Endrass, ihren "Bertel", kannten und ihm gratulieren wollten. Sie nahmen von U 46 Besitz, bekränzten den zerbeulten Turm mit frischem Eichenlaub, und so geschmückt legte das Boot an der U-Boot-Pier an.

Am anderen Morgen stand Endrass dem Befehlshaber der U-Boote abermals gegenüber und erstattete ihm nach dem KTB seinen Feindfahrt-Bericht. Als er geendet hatte, räusperte sich Dönitz.

"Nun, Endrass, Sie können jetzt wählen. Ein neues Boot oder eine Schul-Flottille. Wir brauchen Lehrer wie Sie!"

"Da gibt es kein Überlegen, Herr Admiral, ich bitte um ein neues Boot."

Das war die Entscheidung. Engelbert Endrass erhielt U 567, stellte das Boot in Dienst und fuhr es ein. Nur einigen wenigen Männern von U 46 war es gelungen, sich zur neuen Crew von U 567 zu gesellen. Am 18. Oktober, als das neue Boot zur ersten Feindfahrt ausrüstete, meldeten sich mit den Obergefreiten Abels und Fischer noch zwei aus dem Lazarett entlassene Männer von U 46 an Bord.

Bis zum bitteren Ende

Am 23. Oktober 1941 lief U 567 zu seiner ersten Feindfahrt aus. Der Operationsraum des Bootes war wieder der Atlantik.

Zunächst sah es so aus, als herrsche in diesem Teil des Atlantiks gähnende Leere. Vier Stunden nach Mitternacht des 31. Oktober wurde ein FT-Spruch von U 552 aufgefangen. Das Boot meldete einen Geleitzug. Endrass forderte von seinem Kameraden Peilzeichen an und knüppelte dann mit AK in Richtung dieses Konvois los, den das Boot in etwa zehn Stunden erreicht haben konnte.
Doch bereits um 8.00 Uhr kamen die ersten Rauchzeichen in Sicht. Dann tauchten die Aufbauten der Dampfer über der Kimm auf, und die Brückenwache sichtete in 2.000 Metern Seitenabstand U 552, das soeben auf den US-Zerstörer "Reuben James" geschossen hatte, der von den auf seinem Heck liegenden Wasserbomben in Stücke gerissen wurde. Von der 300 Mann starken Besatzung konnten nur 45 Seeleute gerettet werden.
Als Endrass wieder auftauchte, sah er abermals das Kameradenboot. Beide Boote liefen aufeinander zu. Winksprüche wurden miteinander gewechselt. Dann griffen beide Kommandanten zum Megaphon.
"Verfolger abgeschüttelt!" rief Topp. "Er hatte uns gesichtet und verfolgt."
"Dann ist einer der vier Zerstörer der Sicherung weg", stellte Endrass fest.
"Wir setzen uns vor, Bertel, und greifen dann gemeinsam an!"
In den nächsten Stunden blieben beide Boote in Kontakt zueinander und verständigten sich durch Winksprüche. Am Nachmittag liefen sie dann zum Angriff an. U 567 wurde unter Wasser gedrückt und erhielt beim Wiederauftauchen von U 552 Peilzeichen, um wieder heranschließen zu können.
Am 1. November um 9.02 Uhr kam U 567 zum Schuß auf einen 5.000-Tonner. Einer der Torpedos des Zweierfächers traf. Aber als Endrass heranlaufen wollte, wurde das Boot von einer Korvette beschossen und mußte mit Alarmtauchen hinunter.
Vier Boote liefen kurze Zeit später gemeinsam nach St. Nazaire ein. Es war kein großer Erfolg für U 567 geworden, aber Endrass sah dies als zusätzliche Übungsfahrt an, zum Einschießen und Trainieren der Besatzung.
Am 18. Dezember 1941 lief U 567 zur letzten Feindfahrt aus. Wenig später ließ der BdU einen FT-Spruch an jene Boote tasten, die in der Gruppe "Seeräuber" an dem Konvoi HG 76 standen:
"Dranbleiben, ich schicke Euch Endrass!"
Damit wollte Karl Dönitz zum Ausdruck bingen, daß er Engelbert Endrass als einen der besten Kommandanten der U-Boot-Waffe einstufte. "Endrass", sagte er viel später einmal zu dem Chronisten, "war einer meiner erfahrensten Kommandanten, der die U-Boot-Fahrt völlig beherrschte."

Mit großer Fahrt lief U 567 dem Schauplatz der Ereignisse entgegen, auf dem Schonder mit U 77, Scholtz mit U 108, Gengelbach mit U 574 und Bigalk mit U 751 angesetzt waren und die ersten Schiffe herausgeschossen hatten.

Am 20. Dezember gewann Endrass Fühlung. Aber am Abend, als er zum Angriff eindrehte, wurde er durch Flugzeuge des Geleitträgers "Audacity" unter Wasser gedrückt. In der Nacht tauchte das Boot wieder auf, erreichte den Konvoi und meldete:

"Habe Anschluß — greife an!"

Dies war die letzte Meldung von Endrass. Im Morgengrauen schloß er heran und schoß einen Fächerschuß. Der norwegische Dampfer "Annavore" wurde getroffen und sank.

Dann drehten Geleitfahrzeuge aus der Sicherung des Konvois auf dieses U-Boot ein. Die Sloop "Deptford" und die Korvette "Samphire" kamen zum Wasserbombenwurf. Diese Wabos lagen deckend im Ziel. U 567 trat die letzte Fahrt in die große Tiefe an, aus der es kein Zurück mehr gab. Das Boot sank mit seiner gesamten Besatzung.

Durch diesen Einsatz gegen U 567 wurde jener Sektor der Geleitsicherung geschwächt, in dem der Flugzeugträger "Audacity" stand. Diese Chance ließ sich Kapitänleutnant Georg Bigalk nicht nehmen. Er lief auf den Flugzeugträger zu und versenkte diesen 11.000 BRT großen Koloß mit einem Zweierfächer.

Das Schicksal eines tapferen Kommandanten, der vor seiner Kommandantenzeit als Wachoffizier in fünf Feindfahrten als I. WO auf dem Turm von U 47 gestanden hatte, hatte sich erfüllt.

Versenkungsliste von U 46 und U 567 unter Engelbert Endrass

1. Feindfahrt:

09.06.40	13.05	fiD	"Margareta"	2.155	
11.06.40	13.13	brACL	"Carinthia"	20.277	53.13 N/10.40 W
11.06.40	23.04	brMT	"Athelprince" =	8.782	43.42 N/13.20 W
12.06.40	19.38	brD	"Barbara Marie"	4.323	44.16 N/13.54 W
12.06.40	19.46	brM	"Willowbank"	5.041	44.16 N/13.54 W
17.06.40	01.15	grD	"Elpis"	3.651	43.46 N/14.06 W
22.06.40	---	brCV	"Ark Royal"	---	Fehlschuß

versenkt: 5 Schiffe mit 35.447 BRT
torpediert: 1 Schiff mit 8.782 BRT

2. Feindfahrt:

16.08.40	13.02	nlM	"Alcinous" =	6.189	57.16 N/17.02 W
20.08.40	21.50	grD	"Leonidas M. Valmas"	2.080	55.13 N/10.38 W
27.08.40	21.47	brACL	"Dunvegan Castle"	15.005	55.-- N/11.-- W
31.08.40	16.00	beD	"Ville de Hasselt"	7.461	57.-- N/09.-- W
02.09.40	22.04	brD	"Thornlea"	4.261	55.14 N/16.40 W
02.09.40	22.04	brD	"Bibury"	4.616	Nordatlantik

versenkt: 5 Schiffe mit 33.623 BRT
torpediert: 1 Schiff mit 6.289 BRT

3. Feindfahrt:

26.09.40	01.53	swD	"Siljan"	3.058	350 m SW Irland
26.09.40	01.35	brD	"Coast Winas"	862	Nordatlantik
18.10.40	21.03	brD	"Beatus"	4.885	57.31 N/13.10 W
18.10.40	22.25	brD	"Gunborg"	1.572	57.14 N/11.00 W
18.10.40	21.04	swD	"Convalleria"	1.996	57.22 N/11.11 W
18.10.40	22.25	brD	"Creekirk"	3.917	57.30 N/11.10 W
19.10.40	23.46	brD	"Wandby" =	4.947	57.45 N/17.07 W
19.10.40	23.47	brD	"Ruperra"	4.548	57.00 N/16.00 W
20.10.40	03.25	sMT	"Janus"	9.965	56.36 N/15.03 W

versenkt: 8 Schiffe mit 30.803 BRT
torpediert: 1 Schiff mit 4.947 BRT

4. Feindfahrt:

29.03.41	17.50	swD	"Liguria"	1.751	60.-- N/29.-- W
31.03.41	10.33	swMT	"Castor"	8.714	57.59 N/32.08 W
02.04.41	23.29	brMT	"British Reliance"	7.000	58.21 N/28.30 W
02.04.41	23.30	- - -	- - -	- - -	- - -
03.04.41	00.42	brD	"Alderpool"	4.313	58.21 N/27.59 W

versenkt: 4 Schiffe mit 21.778 BRT
torpediert: 1 Schiff mit - - -

5. Feindfahrt:

02.06.41	13.32	brD	- - -	- - -	Torpedoaufschlag
06.06.41	10.04	brT	- - -	- - -	Boot gerammt
08.06.41	13.25	brMT	"Ensis"	6.207	48.46 N/29.14 W
08.06.41	13.25	brD	"Trewarrack"	5.270	48.46 N/29.14 W
09.06.41	00.01	brD	"Phidias"	5.623	48.25 N/26.12 W

versenkt: 3 Schiffe mit 17.100 BRT
torpediert: 1 Schiff mit - - -

6. Feindfahrt:

01.11.41	09.02	- - -	- - -	- - -	Detonation geh.
21.12.41	- - -	nwD	"Annavore"	3.324	43.55 N/19.50 W

versenkt: 1 Schiff mit 3.324 BRT

Gesamterfolge:
versenkt: 26 Schiffe mit 142.105 BRT
torpediert: 4 Schiffe mit bekannten 19.918 BRT

Fregattenkapitän Günter Hessler

Die erfolgreichste Feindfahrt des Zweiten Weltkrieges

Als Günter Hessler als Kapitänleutnant am 8. Oktober 1940 bei der Deschimag AG in Bremen U 107 in Dienst stellte, um dieses Boot nach dem Einfahren als Kommandant zu führen und zu Feindfahrten auszulaufen, war der "gelernte" Torpedoboot-Fahrer bereits 14 Jahre Soldat. Er gehörte zur Crew 27 der damaligen Reichsmarine und hatte nach kurzer Dienstzeit auf dem Linienschiff "Schlesien" auf Torpedobooten Dienst getan. Zuletzt war er Kommandant des T-Bootes "Falke" gewesen.
In Kiel wurden die Erprobungsarbeiten an U 107 durchgeführt, während in der Danziger Bucht die Erprobungsfahrten und die Einzelübungen stattfanden. Das Torpedoschießen in Gotenhafen und weitere Torpedoübungen bei der 25. U-Flottille in Memel folgten nach.
Am 24. Januar 1941 lief U 107 zu seiner ersten Feindfahrt aus. Es ging zunächst nach Helgoland, und am 28. Januar machte das Boot das Kurzsignal: "Haben Nordsee in 60 Grad 50 Minuten passiert."
U 107 erreichte am 31. Januar den Operationsraum. Es briste mächtig auf. Bei der sehr hohen Dünung war ein Waffeneinsatz nur begrenzt möglich.
Als zwei Tage darauf ein Zickzackkurs laufender Einzelfahrer gesichtet wurde, ließ Hessler das Boot zum ersten Angriff heranschließen. Dreimal mußte sich das Boot zum Schuß vorsetzen, ehe der erste Torpedo geschossen wurde und — vorbeiging. Der zweite Torpedo aber

traf das Schiff unterhalb der Brücke. Eine riesige Qualmwolke hüllte es kurz darauf ein, und durch diesen Dreck lief U 107 zwei Minuten ohne jede Sicht blind hindurch, ehe die Sicht wieder frei war und der Dampfer zu sehen war. Er funkte und schoß Seenotraketen ab.
Der Fangschuß aus Rohr V traf 20 hinten. Die "Empire Citizen" sank. Ihre Tonnage von 4.683 BRT wurde als erster Versenkungserfolg in das KTB des Bootes eingetragen.
Mit Kurs 170 Grad lief das Boot zur Südseite des ihm zugewiesenen Angriffsgebietes weiter. Am selben Abend des 3. Februar wurde ein Geleitzug gesichtet, bestehend aus zehn Dampfern und einer Sicherungseskorte von zwei oder drei Zerstörern. In einem Kurzspruch wurde gemeldet.
U 107 versuchte zum Angriff heranzukommen, da aber wegen der hochgehenden See g e g e n a n nicht geschossen werden konnte, lief U 107 auf die Luvseite des Konvois hinüber. Es war anschließend nur noch ein Dampfer zu sehen und zwei Zerstörer. Bei dem Dampfer handelte sich es nach späteren britischen Aussagen um ein Ocean Boarding Vessel — eine U-Boot-Falle. Deshalb auch die beiden Zerstörer.
Um 23.33 Uhr fiel der Schuß, die "Crispin" wurde von dem Torpedo im Maschinenraum getroffen und sank. Zwei Stunden lang schossen die Zerstörer ihre Leuchtgranaten. U 107 lief ab und hörte wenig später eine gewaltige Kesselexplosion.
Am 4. Februar wurde die Erfolgsmeldung gefunkt. Danach ließ Hessler die Suche nach dem Geleitzug aufnehmen, den sie verloren hatten. Es ging oftmals durch sehr dichten Nebel, der die Sicht auf 100 bis 200 Meter einengte. Als diese dichte Nebelbank aufriß, wurde an Steuerbord querab ein Zerstörer gesichtet. U 107 lief mit Hartruder Backbord ab.
Am Nachmittag kam abermals ein Zerstörer in Sicht, diesmal ging es mit Alarmtauchen in den Keller.
Gleicherweise ergebnislos vergingen die nächsten zwei Tage. Erst am Mittag des 6. Februar kam ein Nachzügler des SC 20 in Sicht. Das Boot setzte sich zunächst vor, tauchte dann zum Angriff und schoß einen Einzeltorpedo, der nichts erbrachte. Das Boot, das im Abdrehen geschossen hatte, mußte zur Verfolgung auftauchen, um sich erneut vorzusetzen. Vier Stunden später, um 17.32 Uhr, fiel der nächste Torpedoschuß, der die 3.388 BRT große "Maplecourt" tödlich traf.
Am 11. Februar wurde ein Dampfer angehalten. Es war der Finne "Tauri", der von Petsamo nach Frabana unterwegs war. Er konnte passieren. Mehrfach kamen in den nächsten Tagen Fischlogger in Sicht. U 107 wich ihnen aus, um seine Anwesenheit in diesem Seeraum nicht zu verraten.

Am 19. Februar ging ein FT-Spruch des BdU ein: "Geleitzug. — U 73, 107, 48, 96, 69, 103 am 20. Februar, 12.00 Uhr, Vorpostenstreifen von Qu AM 2111 — AM 2377 einnehmen. Tiefe 6 sm, BdU."
Am Nachmittag kam U 73 in Sicht. Hessler tauschte mit Rosenbaum, dem Kommandanten dieses Bootes, Erfahrungen aus, ehe sie sich wieder trennten. Beide Boote kamen nicht mehr an den Geleitzug heran und erhielten am Abend des 21. Februar Weisung, die Suche abzubrechen.
Am nächsten Tag, U 107 hatte den Rückmarsch angetreten, lief von U 73 eine FT-Meldung ein. Das Boot hatte den Konvoi gesichtet. Hessler beschloß, mit kleiner Fahrt nach Norden zu laufen, um diesen Konvoi zu erwarten. Doch die nächsten FT-Sprüche zeigten ihm am anderen Morgen, daß der Konvoi mindestens 50 sm weiter nördlich passieren mußte.
Eine Sichtmeldung von der Brücke um 18.05 Uhr enthob den Kommandanten der Frage, was nun zu tun sei.
"Boot greift den Dampfer an!" befahl er, und damit begann ein Wettrennen zwischen U 107 und U 95, das diesen Dampfer ebenfalls gesichtet hatte und auf ihn operierte. Danach war noch das italienische Boot "Bianchi" unter Giovannini hinzugekommen. Hessler kam um 22.42 Uhr zum Schuß. Der Zweierfächer traf den Dampfer im Maschinenraum und ließ ihn stoppen. Durch den Notruf erfuhren sie, daß es die 5.360 BRT große "Mainstee" war.
Zwei Fangschüsse ergaben nichts. Es konnten nur Torpedoversager gewesen sein, denn ein Vorbeischießen bei gestopptem Schiff war unmöglich.
Um 07.58 Uhr erhielt die "Mainstee" den Fächerschuß aus den Rohren III und IV und sank.
Das Boot lief nach Lorient und machte dort am 1. März 1941 fest. Es hatte vier Schiffe versenkt. Hessler erhielt das EK I.

Zwischen den "Kanaren" und Freetown

Am 29. März 1941 legte U 107 zur zweiten Feindfahrt ab. Von der Pier löste sich auch U 94, das ebenfalls hinausgeleitet wurde. Einsatzraum war der Atlantik zwischen den Kanarischen Inseln und der westafrikanischen Küste.
Bis zum 7. April geschah nichts. Die See war wie leergefegt, und Hessler wurde bereits ungeduldig, wie aus dem KTB zu ersehen ist.
Am frühen Morgen des 8. April kam ein abgeblendet laufender Dampfer in Sicht. Der Einzelschuß untersteuerte dieses Schiff. Das Boot nahm die Verfolgung des unregelmäßig zackenden Dampfers auf, und der zweite Torpedo traf die "Eskdene", ein Schiff von 3.829 BRT vorn 30. Wild um Hilfe rufend, blieb das Schiff liegen, sackte vorn tiefer und schien nicht sinken zu wollen. 104 Schuß des Buggeschützes ließen die "Eskdene" schließlich sinken.
Am Mittag dieses Tages wurde ein weiterer Dampfer gesichtet. Der Einzelschuß traf ihn unter der Brücke. Die "Helena Margareta" sank innerhalb einer Minute steil über den Vordersteven.
Kurz nach 23.00 Uhr wurde ein dritter Dampfer gesichtet. Um 23.10 Uhr hatte das Boot die zum Angriff günstigste Position erreicht. Der erste Torpedo lief vorbei, aber der zweite Aal ging nach 56 Sekunden Laufzeit an der "Harpathian" hoch. Das Schiff brach in der Mitte auseinander und sank. Da der tödliche Schuß 37 Minuten nach Mitternacht gefallen war, gilt der 9. April als Versenkungstag.
Am Nachmittag dieses Tages wurde dann ein Dampfer gesichtet, der sich sehr rasch als Tanker erwies. Dieser große Tanker "fuhr verrückte, halbkreisähnliche Zacks mit leichten Schlangenlinien, wie wir sie vorher und auch nachher nie wieder gesehen haben", bemerkte der Kommandant nach dem Kriege, als der Chronist ihn befragte.
Um 19.20 Uhr fiel dennoch der Fächerschuß aus den Heckrohren V und VI. Der erste Aal traf den Tanker unter der Vorderkante der Brücke, der zweite 15 Meter hinter der Brücke.
Als Hessler durch das Sehrohr erkannte, daß die Boote gefiert wurden, wartete er mit dem Fangschuß. Er lief zur Backbordseite des Tankers. Doch plötzlich ging dieser mit der Fahrt wieder herauf, und als das Boot auftauchte, um hinterherzuwetzen, meldete der I. WO Oblt. z. S. Witte: "Er schießt mit Artillerie, Herr Kapitän!"
Das Boot lief ab, und um 20.17 Uhr ließ der Kommandant wieder auf

Kollisionskurs eindrehen. Auf der Mondseite laufend, kam das Boot sehr dicht ungesehen an den Tanker heran.
Um 03.08 Uhr fiel der nächste Einzelschuß, der den Tanker mittschiffs traf. Der Tanker, der inzwischen als die "Duffield" erkannt worden war, die mit ihren 8.516 BRT ein fetter Bissen war, stoppte abermals und nahm dann wieder — wie gehabt — Fahrt auf. Der nächste Torpedo traf vorn 30 und ließ den Tanker schlagartig mit dem Bug tief einsacken. Flammen stoben empor. Hessler sah, daß die Besatzung in Asbestanzügen zu löschen begann, obgleich jeder weitere Treffer den ganzen Tanker in die Luft jagen konnte, weil sich dann genügend Gase in seinem Innern gesammelt hatten.
Der Schuß aus Rohr IV ließ sofort eine schroff emporsteilende Flammensäule aufsteigen. Als sich der Qualm verzog, lag die "Duffield" noch immer auf der See. Aber nur Sekunden darauf brach der Tanker in zwei Teile auseinander, die rasch sanken.
Am 13. April wurde ein Dampfer von geschätzten 5.000 Tonnen angegriffen. Vier Torpedos gingen in drei Anläufen vorbei. Dies war der erste Dampfer, der dem Boot entkommen konnte — wegen der Torpedoversager.

Am 16. April wurde im Windschatten der kapverdischen Insel San Antao geankert. Die Oberdecks-Torpedos wurden umgeladen. Damit waren wieder vier zusätzliche Torpedos einsatzbereit.
Ein riesiger Dampfer kam am 21. April in Sicht. Bei spiegelglatter See begannen die Vorsetzmanöver. Selbst der kleinste Wasserstrudel des ausgefahrenen Sehrohrs mußte vom Gegner gesehen werden. Es war heller Nachmittag, als das Boot dann unter Wasser anlief. Um 14.20 Uhr fiel der erste Schuß. Nach nur 35 Sekunden Laufzeit traf der Torpedo unter dem Schornstein. Eine Kesselexplosion folgte. Hinter dem Heck des Tankers durchlaufend beobachtete Hessler, wie drei Boote gefiert wurden.
Der zweite Torpedo traf nach 38 Sekunden Laufzeit. Bis zum Bauch im Wasser stehend, kämpfte die Besatzung, die an Bord zurückgeblieben war. Doch die "Calchas" — den Namen konnte der Kommandant von U 107, nahe herangehend, an der Bordwand lesen, sank. Mit ihren 10.305 BRT schlug sie in der Erfolgsliste stark zu Buche.
Als U 107 wenig später auftauchte, zählte die Brückenwache vier Rettungsboote mit etwa 100 Mann Besatzung.
Der US-Dampfer "Wilwood", der am 28. April in Sicht kam, wurde nicht angehalten. Am nächsten Tag ging ein Funkbefehl des BdU ein, laut dem sich U 107 am 3. Mai mit der "Nordmark" treffen und von diesem Versorger Treibstoff und Proviant übernehmen sollte.
Auf diesem Wege zum Treffpunkt wurde am 30. April der britische

Dampfer "Lassell" durch einen gezielten Einzelschuß getroffen und versenkt.
Um 08.00 Uhr des 3. Mai kam die "Nordmark" in Sicht. Nach dem ES-Austausch ging U 107 heran. Um 14.30 Uhr begann die Ölübernahme, die vier Stunden dauerte. Gegen 22.30 Uhr erschien auch U 105 auf dem Treffpunkt. Kptlt. Schewe, der Kommandant, freute sich, seinen alten Kameraden Hessler hier zu treffen.
Nach Einfall der Dunkelheit des 4. Mai lief U 107 in sein Operationsgebiet zurück. Am 9. Mai erfolgte die Torpedoübernahme bei der "Egerland". Bis zum Morgen des 10. Mai dauerte diese Übernahme, dann hatte U 107 wieder 14 Torpedos an Bord. Daneben wurden noch 25 Zentner Kartoffeln, Obstkonserven, Brot, Motor- und Treiböl sowie Wasser übernommen.
Fünf Tage darauf stand U 107 wieder in seinem Operationsgebiet vor Freetown, und am selben Tage, der Kalender zeigte den 16. Mai an, kam ein Tanker in Sicht. Nach langer Verfolgung fiel um 00.36 Uhr des 17. Mai der Einzelschuß aus Rohr II. Der Tanker wurde in den Maschinenraum getroffen und stoppte. Boote wurden gefiert. Der Fangschuß von der Steuerbordseite traf den Tanker "Marisa", einen Niederländer von 8.029 BRT, 20 achtern. Er sackte sofort tiefer und knickte in Höhe des achteren Mastes ein.
Hessler ließ auftauchen und den Tanker mit der 10,5 cm-Bugkanone beschießen. Dessen Brücke begann zu brennen. Rohrkrepierer ließen Hessler die Beschießung einstellen. Der Tanker sank über den Achtersteven.
Am nächsten Tag wurde der britische Dampfer "Piako" nur 120 Seemeilen vor Freetown torpediert. Der 8.286 BRT große Frachter funkte: "»Piako« torpedoed, we passed two trawlers."
Nach dem zweiten Schuß sackte das Heck des Frachters ab, und die "Piako" sank über den Achtersteven.
Um weiter zum Schuß zu kommen, ging U 107 in den folgenden Tagen sehr dicht an die Zwangswechsel der Dampfer heran. Ein Portugiese, der am 25. Mai in Sicht kam, wurde nicht angegriffen. Das Boot steuerte wieder Freetown an und sichtete am Abend des 26. Mai eine Rauchsäule. Der Kommandant wurde auf die Brücke gerufen, und wenig später sichtete er durch sein Fernglas einen Dampfer mit zwei Masten und einem dicken Schornstein.
"Den nehmen wir, Witte", sagte Hessler zu seinem I. WO gewandt, der die Wache ging.
"Ein schönes Schiff. Aber die U-Boot-Zieloptik ist ausgefallen, Herr Kaleunt", bemerkte Witte.
"Dann schießen wir feste Seite 20 Grad statt feste Seite Null."
Der Torpedo, der am frühen Morgen des 27. Mai um 01.01 Uhr das

Rohr verließ und während seines Laufes zweimal die Wasseroberfläche durchbrach und dabei laut brummte, wurde auf dem anvisierten Dampfer gehorcht, der daraufhin U-Boot-Alarm gab.
"Wir passieren zu nahe", meinte der II. WO, der neben dem Kommandanten auf dem Turm stand und deutete zur Bordwand dieses Dampfers hinüber, die nur noch etwa 80 Meter von U 107 entfernt lag.
Der Dampfer stoppte, und Hessler erkannte auf seiner Brücke ein MG, das soeben das Feuer eröffnete. Auf der Back erkannte er eine 7,6 cm-Flak.
"Zwozentimeter Feuer frei! — Auf das MG und die Brücke halten!"
Der Richtschütze der Zwozentimeter, der bereits im Richtsitz seiner Maschinenwaffe hockte, eröffnete das Feuer. Das erste Magazin wurde durchgejagt. Die ersten Zweizentimetergranaten rissen die Verkleidung der Brücke auseinander. Dann rammte die Ladenummer das zweite Magazin auf, und der Richtschütze schoß abermals einen langen Feuerstoß. Flammen züngelten aus der Brücke heraus. Das Maschinengewehr hatte sein Feuer eingestellt.
"Brücke brennt!" meldete der II. WO, Oblt. z. S. Krause.
"Munitionsmangel", meldete die Nummer Eins der Zwozentimeter.
"Ein paar Mann in den Turm, Munition mannen!" rief Hessler.
Dieser Ruf des Kommandanten wurde von dem an Bord befindlichen Kriegsberichter, der sich im Zentraleraum mit seiner Kamera bereithielt, falsch verstanden. Er hörte nun "PK-Mann auf den Turm!"
Er griff nach seiner Tonfilm-Kamera, packte das Kabel und versuchte den Niedergang zur Brücke emporzukommen, bei dem er auch ohne Kamera und Kabelgewirr genügend Schwierigkeiten hatte.
Nun aber, und zudem noch in der Hitze des Gefechtes, verheddete er sich rettungslos im Turm, und die Munitionmanner, die nach oben befohlen waren, kamen nicht durch.
So sehr der PK-Mann auch zerrte, er kam nicht mehr los, sondern verheddete sich mehr und mehr. Von unten toste das Rufen der Männer, die nach oben strebten. Hessler sah, durch das Turmluk hinunterspähend, ein wüstes Durcheinander. Er war in einer sehr prekären Situation, denn Munition mußte so rasch wie möglich nach oben, damit der Gegner sein Buggeschütz nicht besetzte.
"Rudergänger", rief er dem im Turm hinter der Ruderanlage sitzenden Obergefreiten zu, "trete ihm auf den Kopf, hau ihn in die Zentrale 'runter, daß wir den Niedergang freikriegen." Und dann folgte noch eine Reihe kräftiger Flüche, die an dieser Stelle verschwiegen werden sollen.
Der Rudergänger trat wie ihm befohlen ward, und der brave PK-Mann sah sich auf den Flurplatten der Zentrale wieder, in die er so unsanft bugsiert worden war. Auf dem ersten Treffen der U-Boot-Fahrer im

Jahre 1953 im Hamburg erinnerte der PK-Mann Günter Hessler an diese komische Episode im Kampf gegen die "Colonial", so hieß der Dampfer, den sie damals bekämpft hatten.
Zum Glück für U 107 schoß der Dampfer nun nicht mehr, sondern versuchte mit großer Fahrt abzulaufen, nachdem er weggezackt war.
"Heckrohre klar zum Mehrfachschuß!"
Hessler hatte erkannt, daß der Heckanlauf die größten Chancen bot. Der Befehl für den Zweierfächer aus den Rohren V und VI folgte unmittelbar nach der Klarmeldung. Beide Torpedos liefen, einer von ihnen traf die 5.118 BRT große "Colonial". Der Dampfer setzte kurz darauf Boote aus und gab über Funk seine SSS-Meldung, die anzeigte, daß er von einem U-Boot angegriffen worden war.
Die Entfernung nach Freetown betrug etwa 100 Seemeilen, und seit der ersten U-Boot-Meldung hatte sicher schon von dort ein Killer-Kommando Dampf aufgemacht und war hierher unterwegs. U 107 setzte sich in Richtung Westen weiter von der Küste ab. Eine schwierige Situation, die leicht schlimmer hätte ausgehen können, war noch einmal gemeistert worden.

Am 28. Mai kam der griechische Dampfer "Papalemos" mit 3.748 BRT in Sicht. U 107 setzte sich vor, und um 14.30 Uhr lief der erste Torpedo zu diesem Schiff hinüber. Es wurde 20 vorn getroffen und blieb gestoppt liegen.
"Der benötigt einen Fangschuß", meinte der II. WO. Hessler nickte.
"Warten wir, bis die Besatzung von Bord ist", erwiderte er und richtete das Sehrohr auf die Stelle, wo eben zwei Boote gefiert wurden. "Sie scheinen Verletzte zu haben", bemerkte er, als er sah wie drei Leute nacheinander ins Boot bugsiert wurden. Beide Boote legten kurz nacheinander ab. Auftauchend umlief U 107 den bereits bis an den Freibordrand weggesackten Dampfer. Der Fangschuß aus nur 450 Metern geschossen, ließ die "Papalemos" in der Mitte durchbrechen. Beide Teile dieses Schiffes gingen unter.
"Wir sehen uns die Verletzten an", befahl Hessler und dirigierte das Boot neben das vordere Rettungsboot, in dem die Verwundeten untergebracht waren. Als Hessler sah, daß die Verletzungen nur unzulänglich versorgt waren, ließ er Verbandsmaterial vom Funkenpuster zusammenstellen und übergeben. Die Besatzung des Schiffes, Griechen, Portugiesen und Neger erhielten noch Zigaretten, Schokolade und etwas Proviant. Dann setzten die beiden Rettungsboote ihren Weg zur nahen Küste fort.
Am frühen Morgen des 31. Mai, Hessler stand mit seinem Freund Witte auf dem Turm, wurden im ersten Frühlicht Mastspitzen gesichtet.
"Dampfer, Herr Kaleunt", meldete der Bootsmannsmaat der Wache.

"Mindestens 5.000 Tonnen", fuhr er fort, als der Dampfer höher herauskam.
"Der läuft uns direkt vor die Rohre. Wenn wir nur zehn Grad Backbordruder gehen, schnappen wir ihn ohne groß Treiböl vergurken zu müssen", meinte Witte.
Hessler nickte. Er gab die Weisungen, und als er den Dampfer genau erkennen konnte und die britische Flagge erkannte, wurde "Auf Gefechtsstationen!" befohlen. Um 07.39 Uhr fiel der Einzelschuß aus Rohr IV. Auf dem Dampfer hatte man sie noch nicht bemerkt. Der Torpedo traf dieses moderne Schiff genau unterhalb der Brücke. Eine haushohe Wassersäule, von emporzuckenden Detonationsflammen begleitet, stob wie ein riesiger Walspout in den Morgenhimmel empor.
"Der braucht auch noch einen Torpedo", stellte diesmal der II. WO fest. Der zweite Torpedo wurde um 07.42 Uhr geschossen. Die 5.664 BRT große "Sire", ein britischer Dampfer, ging auf Tiefe.
Der 1. Juni 1941 war angebrochen. In der Morgenfrühe dieses 1. Pfingsttages durften nacheinander die "Unterirdischen" nach oben auf den Turm kommen, um auf die Schnelle zehn Minuten frische Luft zu schöpfen oder eine Zigarette zu rauchen, was im Boot streng verboten war. Diese kurzen Erholungszeiten waren für die Raucher beinahe lebensnotwendig, da sie ohnehin schon unter Entzugserscheinungen litten.
Es war etwa 11.00 Uhr, als der II. WO einen Dampfer sichtete. Der Kommandant, der in seine Kammer gegangen war, um eine Eintragung in das KTB zu machen, wurde auf den Turm gerufen. Günter Hessler enterte auf, und der erste Blick zeigte ihm, daß dies ein sehr komischer Vogel sein mußte, der da sehr schnell aus dem Dunst herauskam.
"Der zackt so merkwürdig und völlig ohne System", ließ sich Hessler vernehmen, als er den Dampfer etwa zehn Minuten beobachtet hatte, "wir gehen in den Keller, um unter Wasser an ihn heranzukommen, ehe er uns bemerkt."
Der Tauchvorgang verlief reibungslos und ohne Kritik des Kommandanten. Der Leitende Ingenieur brachte das Boot in Sehrohrtiefe in die Waagerechte, ehe er Meldung machte: "Boot hängt im Sehrohr!"
"Aus!" befahl Hessler. Der Sehrohrmotor trieb den Spargel in die Höhe, und Hessler nahm einen Rundblick, ehe er zum Dampfer zurückschwenkte.
Einige Ruderkorrekturen ließ U 107 in gute Schußposition gelangen. Ein Zweierfächer lag schußbereit in den bereits gewässerten Rohren. Die Mündungsklappen waren geöffnet. Der Dampfer wanderte in die Zieloptik ein. Um 14.09 Uhr gab Hessler den Befehl zum Fächerschuß. Beide Torpedos liefen, und nun starrte der Kommandant durch die Op-

tik des Sehrohrs auf die Breitseite des Dampfers. Als die vorausberechnete Laufzeit um war, sah Hessler achtern 20 eine ungeheure Qualm- und Wasserdampfwolke aufstäuben. Da hindurch blitzten die Torpedodetonationen. Das Achterschiff des Dampfers wurde von dieser riesigen Wolke völlig verdeckt.

"Wir laufen hinter dem Heck des Dampfers durch, der bereits gestoppt hat und mit starker Schlagseite nach Steuerbord liegt", berichtete Hessler den Männern im Boot.

Im Turm, hinter dem Sehrohr sitzend, gab Hessler die Ruderbefehle und berichtete gleichzeitig der Besatzung, was er auf dem Schiff entdeckte. Als er sagte, daß es mindestens 5.000 BRT groß sei, hatte der Leitende Ingenieur bereits ausgerechnet, daß dies gleichbedeutend mit der Verleihung des Ritterkreuzes war.

Als einige Trümmer der Oberdeckladung des Dampfers gegen das ausgefahrene Sehrohr stießen, ließ Hessler den Spargel einfahren. Er wartete einige Minuten, ehe er erneut "aus!" befahl. Surrend fuhr das Sehrohr aus. U 107 war nun auf die Backbordseite des Schiffes gelangt. Hessler sah zwei Boote, die soeben zu Wasser kamen.

"Zwei Boote sind zu Wasser gelassen worden", berichtete er ins Boot. "Es sind merkwürdig feine Leute mit schnieflich feinen weißen Päckchen. Das sind keine Seelords, da stinkt etwas ganz gewaltig!"

Günter Hessler beobachtete weiter. Nunmehr durch das Luftzielsehrohr, das mehr hergab. "Vati sieht Kerle aus dem Aufbau des Signaldecks herauspeilen", bemerkte er im Plauderton. "An Oberdeck sind auch Leute versteckt. Zwei Geschütze sind zu sehen, sie sind unbesetzt."

"Das ist eine U-Boot-Falle, Herr Kaleunt!" gab der I. WO zu bedenken, der sich neben den Kommandanten postiert hatte.

"Sieht so aus, Witte! Bereits vorhin habe ich die Befürchtung gehabt, als ich die verflixt großen Verschläge vorn und achtern das erstemal sah. Jetzt sehe ich sie deutlich. Da sind bestimmt Geschütze darunter verborgen. Das ist entweder eine U-Boot-Falle oder ein Hilfskreuzer, der seine PANIC-PARTY von Bord geschickt hat, um uns zum Auftauchen zu verleiten und uns dann mit seinen Kanonen umzulegen."

Eine Stunde lang beobachtete Günter Hessler diesen Gegner, dessen Tarnung fast vollkommen war, bis auf die schönen weißen Seesoldaten-Uniformen, die es auf keinem normalen Dampfer gab. Dann gab er den Befehl:

"Rohr I — klar zum Fangschuß! — Rohr I — los!"

Nach nur 23 Sekunden Laufzeit traf der Torpedo und riß die ganze Bordwand dieses Schiffes auf. Einer der verdächtigen Kästen, jener, der vorn auf der Back stand, flog durch die Luft und darunter kam eine — 15 cm-Kanone zum Vorschein.

Auf einmal wimmelte es auf diesem Dampfer wieder von Leuten. Doch jetzt hatten sie keine Chance mehr, geordnet in die Boote zu gehen, der Dampfer sank, nach Backbord kenternd, über den Achtersteven.

Am 5. und 6. Juni mußten zwei amerikanische Dampfer laufengelassen werden, und am Abend des 6. Juni drehte U 107 auf 270 Grad, um zum Treffpunkt mit der "Egerland" zu laufen. Am frühen Morgen des 7. Juni wurde dann ein FT-Spruch des Bootes U 38 aufgefangen: "»Egerland« über Punkt Rot gesunken. Überlebende anscheinend aufgenommen. Leere Flöße und Boote. Suche bei Dunkelheit abgebrochen. Rückmarsch. Brennstoff reicht, 'Esso' nicht gesichtet. — U 38."
U 107 lief in sein altes Operationsgebiet zurück. Es hatte noch für vier Wochen Proviant an Bord und noch einige Torpedos. In der Nacht zum 8. Juni wurde ein großer Dampfer gesichtet, und um 04.42 Uhr traf der Torpedo dieses Schiff, das nun Notruf machte. Es war die 7.816 BRT große "Adda", die schließlich über den Achtersteven sank.
Fünf Tage später, am 13. Juni, wurde dann das 14. Schiff dieser Feindfahrt, die 4.981 BRT große "Pandias", die sich auf ihrer Reise vom Bristolkanal nach Alexandria befand, gestellt. Das Schiff wurde versenkt; es hatte 8.000 Tonnen Kohle und elf Spitfire-Jäger an Bord.
Am 19. Juni mußte U 107 den Rückmarsch antreten. Das Boot hatte vergebens versucht, den Versorgungsdampfer "Lothringen" zu treffen. Hessler ließ an den BdU funken:
"Verschossen, insgesamt 90.272 BRT; EH 34. U 107."
Am 25. Juni wurde Günter Hessler über Funk verständigt, daß er mit dem Ritterkreuz des Eisernen Kreuzes ausgezeichnet worden sei. Er hatte auf dieser Feindfahrt effektiv 14 Schiffe mit 86.699 BRT versenkt.
Die Stellungnahme des BdU zu dieser Feindfahrt:
"Gut durchgeführte, erfolgreiche Unternehmung. Es spricht für das Können des Kommandanten, daß er nahezu alle gesichteten Dampfer auch gekriegt hat."
Wie wir heute wissen, war dies die erfolgreichste Feindfahrt des Zweiten Weltkrieges.

Schneller Erfolg nach langen Wochen

Am 8. September 1941 lief U 107 unter Korvettenkapitän Hessler zur dritten Feindfahrt aus. Am 13. September wurde ein Dampfer gesichtet, der als Amerikaner freie Fahrt hatte. Das Boot lief im Operationsraum mit sparsamer Marschfahrt und sichtete am Abend des 20. September einen Konvoi, der aus acht Schiffen mit einer Bedeckung von einigen Zerstörern bestand. Das Boot wurde abgedrängt und machte am Morgen des 21. September eine Sichtmeldung. Es erhielt Weisung, weiter Führung zu halten, während der BdU U 67 unter Müller-Stöckheim und U 103 unter Winter sowie noch U 68 unter Merten auf diesen Konvoi ansetzte.
Eine lange, unbarmherzige Jagd über 1.200 Seemeilen begann, der sich noch andere Boote anschlossen.
Am frühen Morgen des 22. September war U 107 in Schußposition gekommen. Die beiden ersten Torpedos waren Fehlschüsse. Die beiden drei Stunden später abgeschossenen Torpedos zeigten ebenfalls keine Wirkung am Gegner. Ein Zerstörer jagte das Boot. Aber zu dieser Zeit waren die anderen Boote bereits herangekommen und hatten eine Reihe von Dampfern torpediert, während sich U 107 zu einer Kühlwasser-Reparatur absetzen mußte.
Den ganzen 23. September hindurch lief U 107 hinter dem Geleitzug her. In den ersten Morgenstunden des folgenden Tages hatte das Boot Anschluß gewonnen und machte vier Bugtorpedos los. Alle wurden Fehlschüsse.
Das Nachladen dauerte eine Stunde, dann schloß das Boot wieder zum Angriff heran, drehte ein und schoß um 06.31 Uhr die ersten Torpedos. Zwei Minuten später wurde der Rest der gesamten Chargierung geschossen, und diesmal hatten sie mit den Aalen Glück. Drei Schiffe, die "John Holt", die "Lafian" und die "Dixcove" blieben liegen und sanken. Von dem gesamten Geleitzug war nur noch ein einziger Dampfer übriggeblieben, der von vier Zerstörern und drei Bewachern sicher geleitet wurde.
Danach vergingen Wochen, ohne daß das Boot noch einmal zum Schuß gekommen wäre. Der Gegner hatte hier dicht gemacht. Das Boot wurde von Zerstörern und Flugzeugen gejagt. Der Hauptsender fiel aus. US-Dampfer durften nicht angegriffen werden.
Am 11. November, nach langen, harten Wochen in See, lief U 107 wieder nach Lorient ein. Am 1. Dezember mußte der Kommandant U 107

an seinen Nachfolger Oblt. z. S. Gelhaus übergeben, weil er als A 1 zum Stab des BdU treten sollte.
In dieser Eigenschaft führte Günter Hessler insgesamt etwa 4.500 Besprechungen, unter anderem auch mit den von Feindfahrt zurückgekehrten Kommandanten. Am 11. November 1944 erhielt er das Deutsche Kreuz in Gold und am 1. Dezember seine Beförderung zum Fregattenkapitän.
Hessler erlebte das Kriegsende in Flensburg. Er ging als freiwilliger Zeuge nach Nürnberg, um dort für die U-Boot-Waffe und für den Befehlshaber der U-Boote auszusagen. Er wurde in Nürnberg sechs Monate lang eingesperrt und in einer Einzelzelle mit nächtlicher Scheinwerferbeleuchtung gehalten. Anschließend brachte man ihn in das Konzentrationslager Hersbruck. Hier wurde er von den Engländern befreit.
Fregattenkapitän a. D. Hessler erhielt von ihnen zusammen mit Korvettenkapitän a. D. Alfred Hoschatt "bei freier Unterkunft und Verpflegung" die Aufgabe, nach den damals noch in England lagernden Kriegstagebüchern der U-Boote eine Abhandlung über den U-Boot-Krieg zu schreiben.
Dieser Aufgabe unterzogen sich die beiden Seeoffiziere erfolgreich.

Versenkungserfolge von U 107 unter Fregattenkapitän Hessler

03.02.41	01.45	brD	"Empire Citicen"	4.683	58.12 N/23.22 W
03.02.41	23.33	brD	"Crispin"	5.051	57.00 N/19.30 W
06.02.41	17.32	caD	"Maplecourt"	3.388	55.39 N/15.56 W
23.02.41	22.42	brD	"Manistee"	5.360	59.30 N/21.00 W
08.04.41	07.42	brD	"Eskdene"	3.829	34.43 N/24.21 W
08.04.41	19.40	brD	"Helena Margareta"	3.316	33.-- N/23.52 W
09.04.41	00.37	brD	"Harpathian"	4.671	32.22 N/22.53 W
09.04.41	19.20	brMT	"Duffield"	8.516	31.13 N/23.24 W
21.04.41	14.20	brD	"Calchas"	10.305	23.50 N/27.-- W
30.04.41	21.55	brM	"Lassell"	7.417	12.55 N/28.56 W
17.05.41	00.36	nlMT	"Marisa"	8.029	06.10 N/18.09 W
18.05.41	22.27	brD	"Piako"	8.286	07.52 N/14.57 W
27.05.41	01.01	brD	"Colonial"	5.108	09.13 N/15.09 W
28.05.41	14.52	grD	"Papalemos"	3.748	08.06 N/16.18 W
31.05.41	07.39	brD	"Sire"	5.664	08.50 N/15.30 W
01.06.41	14.09	brM	"Alfred Jones"	5.013	08.-- N/15.-- W
08.06.41	04.42	brD	"Adda"	7.816	08.30 N/14.39 W
13.06.41	11.57	grD	"Pandias"	4.981	07.49 N/23.28 W
24.09.41	06.31	brD	"John Holt"	4.975	31.12 N/23.32 W
24.09.41	06.33	brD	"Lafian"	4.876	31.12 N/23.32 W
24.09.41	06.33	brM	"Dixcove"	3.790	31.12 N/23.41 W

Gesamterfolge: 21 Schiffe mit 118.822 BRT versenkt

Fregattenkapitän Heinrich Lehmann-Willenbrock

Acht Feindfahrten mit U 96

Eine erfolgreiche erste Feindfahrt

Am Morgen des 14. September 1940 lag U 96 an der Blücherbrücke in Kiel. Auf dem Turm stand eine hochgewachsene Gestalt. Es war Kapitänleutnant Heinrich Lehmann-Willenbrock. Unter ihm, an Deck dieses U-Bootes, stand die angetretene Besatzung. Am rechten Flügel derselben die drei Offiziere des neuen Bootes:
Der I. Wachoffizier, Oblt. z. S. Horst Hamm, der Leitende Ingenieur, Oblt. (Ing.) Fritz Grade und der II. Wachoffizier, Leutnant zur See Hardo Rodler von Roithberg.
Heinrich Lehmann-Willenbrock begann:
"Kameraden!
'U 96' tritt heute mit der Indienststellung zur 7. U-Flottille und damit in die Reihen des Verbandes der Unterseeboote. Unser schönes Boot ist ein vollkommenes Werk technischer Kunst. Ingenieure, Meister und Handwerker haben ihr bestes Können hineingelegt. Die Erfahrungen des langjährigen U-Boot-Baues, die Lehren des Krieges, oft mit dem letzten Einsatz erfahren, sind darin eingebaut. Wir, die Besatzung, müssen nunmehr das Leben, ein organisches Zusammenwirken in

dieses Boot und seine Anlagen bringen. Das Boot und seine Besatzung müssen eine unverbrüchliche Kameradschaft von Blut und Eisen sein.
Wir übernehmen die Verpflichtung, die aus den Taten der U-Boote auf uns fällt, insbesondere jene unserer Traditionsboote 'U 96', 'UB 96' und 'UC 96', die 1917 und 1918 zur Front traten und von denen Kommandanten heute unter uns weilen.
Besatzung — stillgestanden!
Auf Befehl des Oberbefehlshabers der Kriegsmarine, Großadmiral Raeder, stelle ich 'U 96' in Dienst!
Augen rechts! — Heißt Flagge und Wimpel!"
Die Reichskriegsflagge und der Bootswimpel gingen in die Höhe. U 96 war in Dienst gestellt und sollte bald zu seiner ersten Feindfahrt auslaufen.
Am 5. Dezember war U 96 aus Kiel ausgelaufen. Bis zum 9. Dezember war die Linie Shetland-Färöer erreicht, und am Morgen des 10. Dezember stand das Boot bei Kap Wrath auf der Breite der Stack Skerries im neuen Operationsgebiet.
Mit kleiner Fahrt lief U 96 gegen die grobe See an, die aus Westnordwest gegen das Boot rollte.
"Rauchsäule, zehn Grad Steuerbord voraus!"
Diese Sichtmeldung brachte sofort den Kommandanten auf die Brücke. Er wurde von Oblt. z. S. Hamm mit den Worten, "Kleiner Geleitzug, Herr Kaleunt!" empfangen.
"Boot setzt sich zum Unterwasserangriff vor", entschied der Kommandant nach einem Rundblick. Beide AK. Ruder 20 Grad Steuerbord!"
Das Boot drehte und lief mit hämmernden Kolben der beiden "Jumbos" nach Südwesten, um den zum Unterwasserangriff notwendigen Vorlauf herauszuholen.
"Auf Tauchstation!" befahl Lehmann-Willenbrock, als dies so weit war. Oblt. (Ing.) Grade brachte das Boot in Rekordzeit in Sehrohrtiefe und meldete dies.
"Alle Mann auf Gefechtsstationen! — Alle Rohre klar zum Unterwasserschuß!"
"Sehrohr aus! - - - Einen Meter weiter 'raus!" befahl der Kommandant. Er spähte durch das Sehrohr, sichtete einen Dampfer, dann einen zweiten und dritten. Die Daten wurden durchgegeben. Der Torpedorechner spie die Schußunterlagen aus, mit denen die Torpedos gefüttert wurden. Wieder befahl der Kommandant das Ausfahren des Sehrohrs. Eine letzte Korrektur. Um 15.12 Uhr wurde der Befehl zum Einzelschuß aus Rohr I gegeben.
Genau nach Ablauf der vorausberechneten Laufzeit traf der Torpedo den britischen Dampfer "Rotorua", ein Erzdampfer von 10.890 BRT.

Der Getroffene machte Notruf.
Der Kommandant machte den zweiten Aal los, doch der anvisierte Dampfer mußte die Torpedolaufbahn gesichtet haben, er zackte hart weg und nebelte sich ein. Der Torpedo raste vorbei.
Zwei Zerstörer schossen Leuchtgranaten, die allerdings am Nachmittag nichts bewirkten, zumal das Boot unter Wasser stand.
U 96 löste sich aus der Nähe des Konvois und lief bis zum Rand der Sichtweite ab, ehe es auftauchte. Es drehte nun in Richtung auf den Nordkanal, weil Lehmann-Willenbrock sicher war, daß der Konvoi diesen Weg nehmen würde. Eine halbe Stunde später kam ein Dampfer in Sicht. Möglicherweise war es ein Nachzügler des Konvois. Bis auf 600 Meter ging U 96 heran, ehe der Einzelschuß aus Rohr III fiel. Es war genau 20.52 Uhr. Wenige Minuten nach dem Treffer mittschiffs sank der niederländische Dampfer "Towa" mit 5.419 BRT.
Den nächsten Dampfer stellte das Boot kurz nach Mitternacht des 12. Dezember. Um 01.56 Uhr fiel der Schuß. Der Kommandant des U-Bootes sah, wie wenige Minuten später die Boote gefiert und zu Wasser gelassen wurden. Die Dampfsirene des Schiffes begann zu heulen, Flammen schlugen über der Brücke zusammen — dann sackte das schwedische Motorschiff "Stureholm" weg. Doch damit war die Beute dieses Tages noch nicht vollständig. Nur zwei Stunden nach Sinken der "Stureholm" wurde der nächste Dampfer gesichtet. Bei grober See kam U 96 rasch auf. Der Zweierfächer fiel um 04.31 Uhr. Beide Torpedos trafen dieses Schiff, das sich als ein belgischer Dampfer erwies, dessen Name mit "Macedonier" angegeben war. Das Schiff rollte herum. Eine Minute war sein roter Bauch zu sehen, es brach in der Mitte durch und sackte rasch weg.
"Niedriger Schatten an Backbord querab!"
Ein Blick auf diesen gesichteten Schatten zeigte dem Kommandanten, daß es ein Zerstörer war. Mit Alarmtauchen verschwand U 96 von der Wasseroberfläche und wurde in 50 Meter Wassertiefe abgefangen. Mit AK der E-Maschinen entfernte sich das Boot von der Untergangsstelle, und der Mann im Horchschapp meldete, daß der Zerstörer ihnen nicht folgte.
Nachdem das Boot eine Stunde abgelaufen war, ließ Lehmann-Willenbrock es nach einem sichernden Rundblick aus Sehrohrtiefe an die Wasseroberfläche zurückkehren.
"Alles gut durchlüften! Backbord-Diesel auf Aufladung schalten!" befahl der Kommandant.
Am 12. und 13 Dezember wurde nichts mehr entdeckt, woraufhin ein Torpedo hätte angelegt werden können. Erst am Morgen des 14. Dezember wurde der Kommandant auf die Brücke gerufen. Der I. WO, Oblt. z. S. Hamm, hatte zwei schnelle Einzelfahrer gesichtet, die stark zack-

ten. Der Kommandant sah, daß es zwei anständige Brocken waren. Wieder herrschte Hochspannung im Boot, als "auf Gefechtsstationen!" befohlen worden war.

U 96 schnürte an den zunächst laufenden Dampfer heran. Der geschossene Zweierfächer ging vorbei, weil der Dampfer unmittelbar nach dem Schuß erneut einen Zack eingelegt hatte.

"Wir greifen den zweiten unter Wasser an!"

Das Boot drehte auf diesen Gegner ein, erlief den notwendigen Vorlauf, tauchte und drehte ein. Der Schuß fiel, aber auch dieser dritte Torpedo ging vorbei und lief ins Leere. Erst als der Dampfer wieder zudrehte, hatten sie eine neue Chance, weil sie geradeaus gelaufen waren und ihm ein gutes Stück vorausgekommen waren.

Auf 700 Meter kam das Boot heran. Der Einzelschuß aus Rohr IV lief, und dieser Torpedo traf den Dampfer ins Vorschiff. Hoch stieg die Detonationssäule empor.

"Dampfer macht Notruf. Sein Name ist 'Western Prince'. Er hat nach dem schlauen Buch 10.926 BRT."

"Der braucht einen Fangschuß, Herr Kaleunt", meinte Hamm, als er einen Blick auf den Riesen nehmen durfte.

Das Boot lief um den gestoppt auf der See liegenden Dampfer herum, und Lehmann-Willenbrock schoß aus 500 Metern den Fangschuß, der unter der Achterkante der Brücke traf.

Das Schiff barst jetzt in einer Reihe von Explosionen, die auf Munitionsladung hindeuteten, auseinander.

Vor Flugzeugen des Coastal Command mußte U 96, das inzwischen aufgetaucht war, wieder tauchen und lief ab.

In der kommenden Nacht wurde ein weiterer Dampfer gesichtet. Da das Boot keinen Aal mehr einsatzbereit hatte, kam wieder ein typischer Befehl des Kommandanten: "Den versenken wir mit unserer Artillerie."

Das Boot lief an und eröffnete das Feuer aus dem Buggeschütz und den FlaMW auf dem Turm. Doch das Schiff, das sich als "Empire Razorbill" meldete, erwiderte das Feuer aus einem Fünfzöller auf der Back. U 96 mußte das Weite suchen, denn ein einziger Treffer konnte den Druckkörper verletzen, und das wäre das Aus.

Abermals 24 Stunden später, das Boot hatte bereits auf Heimatkurs gedreht, kam ein englisches Schlachtschiff der "Rodney-Klasse" in Sicht. Inzwischen waren die beiden in den Oberdeckstuben untergebrachten Aale ins Boot geholt und eingesetzt worden. Immer wieder von Zerstörern abgedrängt, die das Schlachtschiff umschwirrten, gelang es dem Boot mit einem Einzelschuß auf diesen Schiffsriesen zum Schuß zu kommen. Doch die Distanz war zu groß.

Stattdessen wurde das Boot am Ausstoß des Torpedos erkannt und

von Zerstörern gejagt. Auf 100 Meter Tiefe heruntergefahren, versuchte U 96 zu entkommen. Dies gelang nach einstündiger Jagd nur, weil die Zerstörer aufgaben und zu ihrem Sicherungsobjekt zurückliefen.
Am 18. Dezember aber, um 16.15 Uhr, kam U 96 mit dem letzten Torpedo auf den niederländischen Tanker "Pendrecht" zum Schuß, der stolze 10.746 BRT groß war. Der Tanker wurde durch den Treffer gestoppt. Lehmann-Willenbrock ließ auftauchen und zum Artilleriegefecht herangehen. Bereits die ersten Schüsse waren Treffer.
Der Tanker rief pausenlos um Hilfe, und sehr bald tauchten zwei andere Tanker auf der Bildfläche auf, die sofort auf U 96 eindrehten, weil sie sicher waren, daß das Boot keine Torpedos mehr hatte.
"Artilleriegefecht abbrechen, einsteigen!"
Heinrich Lehmann-Willenbrock fällte die einzig richtige Entscheidung. Jede andere hätte sein Boot und die Besatzung gefährdet. So kam die "Pendrecht" nicht auf die Versenkungsliste des Bootes. Ein paar Tage später lief es mit fünf Versenkungswimpeln am Sehrohr in Lorient ein.

Die zweite und dritte Feindfahrt

Am 9. Januar des Jahres 1941 lief U 96 zu seiner zweiten Feindfahrt aus. Operationsgebiet war der Seeraum der Rockall Bank — Western Approaches. Hier wurde am 16. Januar ein schneller und sehr großer Einzelfahrer gesichtet. Im Unterwasser-Nachtangriff wurde der "Oropesa" (14.118 BRT) ein Zweierfächer angetragen. Die beiden Treffer stoppten den modernen Passagierdampfer, der allerdings leer lief. Er

benötigte zwei weitere Treffer, dann kenterte er nach Steuerbord und sank über den Achtersteven.
In der folgenden Nacht wurde ein weiterer schneller Einzelfahrer gesichtet. Es gelang dem Boot, sich mit "dreimal Wahnsinnige", wie der Dieselmaat dies bezeichnete, zum Angriff vorzusetzen. Die ersten beiden Torpedos, die um 07.45 Uhr die Rohre verließen, stoppten die 14.935 BRT große "Almeda Star". Auch dieser Dampfer brauchte zwei weitere Schüsse, ehe er sank.
Eine dritte Sichtmeldung ließ das Boot auf einen äußerst schnellen und mit schweren Waffen bestückten Dampfer eindrehen. Mit raffinierten unregelmäßigen Zacks trickste dieser Dampfer, der das U-Boot gesehen hatte, seinen Gegner aus. Der erste Torpedo lief vorbei und der zweite ebenfalls. Das Boot hatte nur noch die beiden Aale in den Oberdeckstuben.
Durch FT-Spruch wurde das Boot zur Torpedoergänzung nach Lorient zurückgerufen, wo es am 22. Januar einlief. Es hatte zwei große Dampfer mit insgesamt 29.053 BRT versenkt.

Bereits wieder am 30. Januar verließ U 96 den Stützpunkt Lorient zur dritten Feindfahrt. 14 Torpedos waren übernommen worden, Verpflegung und Treiböl ergänzt. Diesmal würde es sicher eine noch erfolgreichere Feindfahrt werden, darüber waren sich alle einig.
Am 12. Februar war das Operationsgebiet südlich Island erreicht. Ein Bewacher kam in Sicht und deutete an, daß möglicherweise auch Dampfer nachfolgen würden. U 96 hängte sich an diesen Bewacher an, und als ein Geleit von vier schnellen Schiffen in Sicht kam, schien sich die Theorie des Kommandanten zu bestätigen.
"Boot greift den kleinen Geleitzug an! — Auf Gefechtsstationen!" Wie beim allerersten dieser Befehle, so alarmierte auch dieser erste Angriffsbefehl auf der dritten Feindfahrt die Besatzung. Binnen Sekunden hatte jeder seinen Sektor besetzt. U 96 versuchte den zum Schuß notwendigen Vorlauf herauszuholen. Ein Zerstörer drängte das Boot ab. Dann schloß es wieder heran und schoß zunächst auf den abermals heranschnürenden Zerstörer, der genau in die Zieloptik hineinlief. Doch der Torpedo untersteuerte des Zerstörer. Der Zerstörer verschwand, aber auch der Geleitzug war außer Sicht gekommen.
U 96 tauchte, und bereits zwei Minuten später meldete der Maat im Horchschapp Schraubengeräusche eines Einzelfahrers.
U 96 kehrte an die Wasseroberfläche zurück und lief auf den Einzelfahrer zu. Wenig später lief bereits der erste Torpedo. Da der Dampfer unmittelbar nach dem Schuß wegdrehte, ging dieser Torpedo vorbei. Der zweite Aal wurde von dem Dampfer entweder gesehen oder gehorcht, denn zehn Sekunden nach dem Schuß stoppte der Dampfer

plötzlich und wurde spitz, so daß der Aal vorn vorbeilief. Näher herangehend, erkannte Lehmann-Willenbrock durch das Sehrohr, daß plötzlich Gestalten über das Deck des Dampfers liefen. Persennige wurden weggerissen, und darunter kamen Geschütze zum Vorschein.
Dann peitschten die ersten Abschußflammen aus den Rohren dieser Geschütze.
"Schraubengeräusche — Steuerbord querab!" meldete der Horchraum. Ein Pedaldruck ließ den Sattelsitz um das Sehrohr kreisen. Der Kommandant sah einen Zerstörer und — weiter nach Norden herausgesetzt — einen Dampfer. Der Zerstörer blinkte den ersten von U 96 beschossenen Dampfer an und lief mit großer Fahrt auf ihn zu, den von ihm geleiteten Dampfer allein zurücklassend.
"Wir greifen einen zweiten Dampfer an", nutzte Lehmann-Willenbrock diese Chance. " — Es ist ein Tanker", berichtete er beim nächsten Ausfahren des Sehrohrs.
Der Einzelschuß, der um 15.08 Uhr Rohr I verließ, traf den britischen Motortanker "Clea" mit 8.074 BRT. Näher herangehend, schoß der Kommandant einen zweiten Torpedo auf den Tanker. Dieser traf achtern unter dem Mast. Noch immer sah es nicht nach dem Sinken des Tankers aus, so daß noch ein dritter Aal angelegt werden mußte. Auch nach dem dritten Treffer lag die "Clea" wie ein Brett auf der See.
"Auftauchen. — Geschützbedienung sich klarhalten. 25 Granaten auf den Turm mannen!"
Das Boot lief dicht an die "Clea" heran. Granaten hämmerten in den Tanker hinein, aber auch so konnte er nicht zum Sinken gebracht werden. Erst als er den vierten Torpedo vorn erhielt, sank er rasch.
U 96 lief ab und stieß vier Stunden später auf den britischen Tanker "Arthur F. Corwin". Der Zweierfächer traf den 10.516 BRT großen Tanker tödlich.
In den ersten Morgenstunden des 18. Februar wurde der britische Dampfer "Black Osprey" angegriffen. Der Torpedo, der um 02.27 Uhr geschossen wurde, ließ das mittschiffs getroffene Schiff rasch sinken. Es hatte 5.589 BRT.

Am 22. Februar nachmittags kam ein Schiff in Sicht, das mit kleiner Fahrt dahinkroch. Es war der britische Tanker "Scottish Standard" mit 6.999 BRT. Dieser Tanker war am Vortage von einem FW 200-Bomber der I. Gruppe des Kampfgeschwaders 40 getroffen worden und versuchte nun, mit letzter Kraft einen Hafen zu erreichen.
Der um 15.49 Uhr von U 96 geschossene Torpedo ließ ihn rasch sinken. Vor einem Zerstörer, der scheinbar aus dem Nichts kommend, plötzlich hinter dem sinkenden Tanker aufgetaucht war, mußte das U-Boot mit Alarmtauchen hinuntergehen und lief ab. Einige Wasser-

bomben fielen, sie lagen aber zu weit ab, um das Boot zu beschädigen.
Am 23. Februar sichtete der II. WO, der die Wache ging, einen Geleitzug. Lehmann-Willenbrock ließ eine Sichtmeldung an den BdU tasten und gab wenig später Peilzeichen. Ein FT-Spruch des BdU gab den Angriff auf diesen Konvoi für 21.00 Uhr frei.
U 96 war bereits nahe herangeschlossen. Das Boot drehte nun zum Angriff ein. Die UZO wurde auf den Turm gereicht. Der I. WO bezog seine Position dahinter. Ein großer Dampfer lief ins Visier. Der Zweierfächer traf die "Huntingdon", einen britischen Dampfer mit 10.946 BRT. Leuchtgranaten und Seenotraketen stiegen in den Nachthimmel empor. Eine Korvette schoß auf das U-Boot und ließ es drehen. Doch 30 Minuten darauf war es zum nächsten Schuß bereit, und um 01.16 Uhr jagte der Einzelschuß aus Rohr IV, der den Dampfer "Svein Jarl" nach 45 Sekunden Laufzeit traf. Der Munitionsdampfer barst in einem Dutzend mächtiger Explosionen auseinander.
Die Jagd aber war noch nicht zu Ende. Noch einimal ging U 96 zur Sache. Zwei Torpedos liefen und trafen um 2.20 Uhr den Dampfer "Sirikishna", der 5..458 BRT hatte und ließen ihn unterschneiden.

Mit Schnelltauchen mußte U 96 nun von der Wasseroberfläche verschwinden. Das Wabobombardement begann, als das Boot gerade 50 Meter Wassertiefe erreicht hatte. Es gab eine Reihe Schäden. Zwölf Stunden dauerte diese Verfolgungsjagd. Die wachfreien Männer waren auf Ruhestationen entlassen worden. Dann war plötzlich Stille. U 96 war wieder einmal davongekommen. Es tauchte auf, und in belebendem Strom wurde die Frischluft durch alle Räume des Bootes gewirbelt, als die Umwälzer zu arbeiten begannen.
Das Boot hatte sich verschossen und trat den Rückmarsch an. Vorher meldete Lehmann-Willenbrock dem BdU: "Verschossen. Insgesamt versenkt: drei Tanker und vier Dampfer mit geschätzten 55.600 BRT." Zehn Minuten darauf wurde der Rückmarschbefehl des BdU erteilt, und U 96 lief in den Stützpunkt St. Nazaire zurück.

Am 25. Februar meldete der Wehrmachtsbericht: "Wie bereits bekanntgegeben, griffen Unterseeboote einen stark gesicherten Geleitzug an und versenkten in zahlreichen hartnäckigen Angriffen 125.000 BRT, darunter einen zur Sicherung eingesetzten Hilfskreuzer.
An den großen Erfolgen der Unterseeboote ist das Boot des Kapitänleutnants Lehmann-Willenbrock mit 55.600 BRT hervorragend beteiligt. Kapitänleutnant Lehmann-Willenbrock hat damit in kurzer Zeit 125.580 BRT feindlichen Handelsschiffsraumes versenkt."
Am nächsten Morgen, es war der 26. Februar 1941, ging ein FT-Spruch

ein, der Lehmann-Willenbrock davon in Kenntnis setzte, daß ihm das Ritterkreuz verliehen worden sei.
Am 28. Februar lief U 96 in St. Nazaire ein, und am anderen Morgen erstattete Lehmann-Willenbrock dem Großen Löwen Bericht.
In das KTB des Bootes aber schrieb Dönitz: "Ausgezeichnete Unternehmung."

Die nächsten drei Feindfahrten

Am 12. April 1941 war U 96 wieder auslaufbereit. Das neue Operationsgebiet hieß Island und Nordkanal, einer der erfolgreichsten, aber auch gefährlichsten Jagdgründe der U-Boote.
Hier, direkt vor der Haustür des Gegners, waren alle Geleitzüge und selbst die großen Einzelfahrer stark gesichert. Hinzu kam die beinahe lückenlose Luftüberwachung durch das Coastal Command.
Am Morgen des 28. April wurde der erste Geleitzug gesichtet. Er war stark von Bewachern flankiert und lief seewärts. Im Tages-Unterwasserangriff schnürte U 96 heran, wurde von Zerstörern abgedrängt, um abermals anzudrehen und Anschluß zu gewinnen. Am späten Nachmittag hatte das Boot endlich den zum Schuß günstigen Vorlauf herausgeholt. Es ging in Sehrohrtiefe hinunter und drehte dann vom

Rande des Sichtkreises auf einen großen Tanker des Konvois ein, den Lehmann-Willenbrock auf 10.000 BRT schätzte.
Der Zweierfächer traf den norwegischen Motortanker "Caledonia", der mit seinen 9.892 BRT und wegen seiner Modernität ein begehrtes Opfer war.
Nur wenige Sekunden später wurde auf einen zweiten Tanker ebenfalls ein Zweierfächer geschossen. Der sehr moderne britische Motortanker "Oilfield" erhielt die Treffer. Er sank, als dritter auch — nach neuesten Erkenntnissen — die "Port Hardy" mit 8.897 BRT. Dies geschah folgendermaßen:
Zwei Stunden später schoß das Boot, dessen Rohre nachgeladen waren, auf einen Dampfer von geschätzten 6.000 BRT. Der Dampfer ging sofort mit der Fahrt herunter. Aber Lehmann-Willenbrock war nicht sicher, ihn getroffen zu haben. Um das nachzuprüfen fehlte ihm die Zeit; denn abermals begann die Jagd der Geleitfahrzeuge auf dieses deutsche U-Boot, das sich zwei große Tanker aus dem Konvoi herausgeholt hatte.
Diese Verfolgungsjagd dauerte neun Stunden. Zuletzt in 190 Meter Wassertiefe laufend, gelang es dem Boot, mit Schleichfahrt zu entkommen und abzulaufen.
In der Nacht wurden die erlittenen Schäden repariert. Der Konvoi war entkommen, und in den nächsten Wochen lief das Boot vergebens durch die See. Im Raume der Hebriden und dicht unter der Südküste von Island gab es keine Schiffe, dafür aber Flugzeuge und U-Jäger, die das Boot angriffen und unter Wasser drückten.
In der Nacht zum 19. Mai aber wurde wieder ein Schiff gesichtet. Im Überwasser-Nachtangriff schoß der I. WO den Zweierfächer, der die "Empire Ridge" tödlich traf.
U 96 trat den Rückmarsch an und lief mit vier Versenkungswimpeln am Sehrohr nach 41 Seetagen wieder in St. Nazaire ein.
Abermals wurden Boot und Kommandant im Wehrmachtsbericht genannt und wieder lautete die Stellungnahme des BdU: "Ausgezeichnete Unternehmung. — Sehr guter Erfolg!"
Zu seiner fünften Feindfahrt lief U 96 am 16. Juni aus St. Nazaire aus. Das Operationsgebiet sollte diesmal der Mittelatlantik sein. Es galt, den Nachschub für Afrika zu unterbinden.
Am 5. Juli kam ein schneller Konvoi in Sicht. Trotz der gesichteten starken Bewacherkette griff U 96 an. Der erste Angriff wurde von den Zerstörern der Backbordsicherung abgewiesen. Im zweiten Anlauf kam das Boot in Schußposition.
Zwei gezielte Einzelschüsse und ein Zweierfächer auf einen großen Transporter wurden um 08.29 Uhr geschossen. Zwei Torpedos trafen den 5.954 BRT großen britischen Dampfer "Anselm". Der Hilfskreuzer

"Cathay", um den handelte es sich bei dem großen Transporter, wurde jedoch nicht getroffen.
Die "Anselm", die mit Munition vollgeladen war, brach in mehrere Stücke auseinander.
Vor anrennenden Zerstörern und Korvetten mußte das Boot mit Alarmtauchen in die Tiefe gehen. Die ersten Wabos fielen und verursachten schwere Schäden. Beide Dieselmotoren fielen aus. Als das Boot endlich seine Verfolger abgeschüttelt hatte, lief es weit auf die See hinaus. Diesel-Obermaschinist Johannsen ging mit seinen Männern an die Arbeit. Das ausgefallene Funkgerät konnte bald wieder klargemeldet werden. Aber die Schäden an den Dieselmaschinen konnten mit Bordmitteln nicht behoben werden. Über Funk wurden die Schäden gemeldet, und das Boot erhielt den Rückmarschbefehl. Am 9. Juli lief es in St. Nazaire ein. U 96 hatte nur einen Versenkungserfolg erzielt.

Am 2. August 1941 begann die sechste Feindfahrt. Immer wieder wurde U 96 mit anderen Booten zu einem Rudel zusammengefaßt und auf irgendeinen Konvoi angesetzt. Das Boot sichtete keinen einzigen Dampfer. Nach 6.214 Seemeilen kehrte das Boot ohne jeden Erfolg am 12. September in den Stützpunkt zurück. Dazu die Bemerkung des BdU im KTB des Bootes:
"Die Erfolglosigkeit des Bootes fällt nicht dem bewährten Kommandanten zur Last. Die Geleitzugunternehmungen haben sämtlich unter ungünstigen Wetterbedingungen gestanden."
Auf der siebten Feindfahrt, die in den Seeraum südlich Grönland führte, sichtete das Boot am 31. Oktober den Geleitzug OS 10.
"UZO auf die Brücke!" befahl der Kommandant. Die Dunkelheit war eingefallen, und mit einem Überwasser-Nachtangriff hoffte Lehmann-Willenbrock Erfolge zu erzielen.
Das Boot nahm einen 8.000-Tonner und einen Dampfer von geschätzten 5.000 BRT ins Visier. Um 22.47 Uhr fiel der erste Schuß. Der Torpedo lief und traf den niederländischen Dampfer "Bennekom" mittschiffs. Das Schiff hatte 5.998 BRT. Es sank schnell. Eine Minute nach dem ersten Schiff hatte Lehmann-Willenbrock auf den zweiten Dampfer schießen lassen. Auch er erhielt einen Treffer und geriet in Brand. Das Boot wurde unter Wasser gedrückt. Beim Wiederauftauchen lag der zweite Dampfer immer noch brennend auf der See.
U 96 nahm die Verfolgung des Konvois auf, und am Morgen des 1. November hatte das Boot wieder Fühlung erhalten. Über Funk wurde der BdU verständigt. Die ersten Boote kamen heran, wurden aber ebenso abgedrängt wie U 96. Stattdessen kamen sie am 3. November auf den SC 52 zum Schuß, aus dem Hinsch, Lindner und Mützelburg eine Reihe Schiffe herausschossen.

U 96 wurde bei drei Anläufen abgedrängt, und am 4. November hatte das Boot die Fühlung endgültig verloren. Zwei Tage darauf wurde das Boot auf einen aus Gibraltar ausgelaufenen Konvoi angesetzt. Wieder zwei Tage später wurden alle Boote dieser Gruppe auf einen Sierra Leone-Geleitzug angesetzt. Aber dieser Konvoi wurde ebenfalls nicht erfaßt. Dann wurde U 96 vor der nordwestafrikanischen Küste von einem Flugzeug gebombt. Alle Kreiseltöchter fielen aus, und auch die E-Maschine streikte. Ein Riß im Druckkörper wurde gemeldet. Das Boot war so eben noch schwimmfähig. Die E-Maschinen wurden klargemeldet, und U 96 verholte unter Wasser. Das Boot lief vor näherkommenden Schraubengeräuschen ab und wurde zwei Stunden später an die Wasseroberfläche zurückgebracht. Es bedurfte einiger Anstrengungen dazu. Es war 23.48 Uhr, als das Boot die Wasseroberfläche durchbrach. Der Kalender zeigte den 1. Dezember an. Das Boot war viel zu schwer geworden, weil die Lenzpumpen es nicht schafften, das durch irgendein Leck im Druckkörper eindringende Wasser außenbords zu pumpen.

Von Bewachern umstellt, gelang es U 96 in der Frühe des anderen Tages, zwischen zwei Zerstörern hindurch die freie See zu gewinnen. In sparsamer Unterwasserfahrt lief das Boot auf Heimatkurs. Es war nicht mehr einsatzfähig und nachdem der BdU die Schadensmeldung empfangen hatte, befahl er den Rückmarsch. U 96 lief am 6. Dezember in St. Nazaire ein.

In der Werft wurden 110 schadhafte Stellen im Boot gefunden. U 96 war noch einmal davongekommen.

Die Fahrt durch den Blizzard —
Eichenlaub für Lehmann-Willenbrock

Am 31. Januar 1942 legte U 96 zu seiner achten Feindfahrt ab. Das Operationsgebiet, das der Kommandant der Besatzung nach Durchlaufen der Biskaya bekanntgab, war die Nordostküste von Nordamerika vor Nova Scotia. Es gehörte damit zur 3. Welle, die vor der US-Ostküste operierte.
Am 19. Februar, das Boot war tagelang durch dichten Nebel gelaufen, wurde eine Rauchsäule gesichtet.
"Auf Gefechtsstationen! — Das Boot greift wieder an!"
Um 23.30 Uhr war alles zum Schuß auf einen großen Dampfer bereit. Neun Minuten darauf fiel der Zweierfächer. Die "Empire Seal" mit 7.965 BRT blieb gestoppt liegen und sank nach zwölf Minuten auf ebenem Kiel reitend weg.
Einen Tag später sank in der fünften Morgenstunde das amerikanische Motorschiff "Lake Osweya" mit 2.398 BRT nach einem Einzelschuß, und am 22. Februar fiel der Norweger "Torungen", ein kleines Schiff mit 1.948 BRT, einem weiteren Aal des Bootes zum Opfer.
Am späten Abend dieses Tages kam der britische Motortanker "Kars" in Sicht. Er wurde auf 44.15 Grad Nord und 63.25 Grad West in Brand geschossen.
Diesmal durften die "Unterirdischen" — die Heizer-Freiwache und die wachfreien E-Maschinen-Gasten — auf den Turm und sich das grausige Bild der Vernichtung ansehen. Riesige Flammendome schlugen mittschiffs über dem Tanker zusammen. Das ausgelaufene Öl stand als brennender Teppich um das Schiff herum. Es knisterte und dröhnte. Die "Kars" wurde förmlich auseinandergerissen.
Im dichten Nebel setzte sich U 96 weiter nach Süden ab, in Richtung Cap Cod und zum Golf von Maine. Hier sollte der von und nach Boston laufende Verkehr erfaßt werden.
Es wurde kalt. Bald herrschten im Boot 5 Grad minus und auf der Brücke etwa 15 Grad. Der Eisansatz wurde so groß, daß das Boot zum Abtauen hinuntergehen mußte. Ein Blizzard mußte durchlaufen werden. Starker Hagelschlag ging auf das Boot nieder, der Sturm heulte und riß die Antenne und den Netzabweiser herunter.
Das Boot ging auf 60 Meter Wassertiefe und lief weiter. Kurz nach dem Wiederauftauchen wurde U 96 von einem US-Flugboot gebombt.

Zwei Stunden lief es im Unterwassermarsch weiter. Dann tauchte es wieder auf.

Tage und Wochen vergingen. Am 9. März aber kam U 96 noch einmal zum Schuß. Der Norweger "Tyr", ein Schiff von 4.265 BRT, wurde mit einem Zweierfächer versenkt. Am Tage darauf meldete Oblt. (Ing.) Dengel dem Kommandanten, daß das Boot nur noch Öl zum sparsamen Rückmarsch habe. Es erhielt den Rückmarschbefehl und erreichte am 23. März den Einlaufweg nach St. Nazaire. Hier nahm der Funkmaat einen FT-Spruch des BdU auf, daß dem Kommandanten des Bootes als 51. deutschen Soldaten das Eichenlaub zum Ritterkreuz des Eisernen Kreuzes verliehen worden sei.

Nach einer für ein Boot des Typs VII C einmaligen Fahrleistung von 8.018 Seemeilen, das äußerste, was ein vollgetanktes Boot zurücklegen konnte, kehrte U 96 mit fünf Versenkungswimpeln am Sehrohr in den Stützpunkt zurück.

Bei der KTB-Berichterstattung erfuhr Heinrich Lehmann-Willenbrock am anderen Morgen, daß er nach einem Urlaub das Kommando über die 9. U-Flottille in Brest übernehmen müsse. Am 1. Februar 1943 wurde er zum Korvettenkapitän befördert. Er beendete den Zweiten Weltkrieg als Fregattenkapitän und Chef der 11. U-Flottille in Bergen.

Versenkungsliste von U 96 unter Kapitänleutnant Heinrich Lehmann-Willenbrock

Datum	Zeit	Typ	Schiff	BRT	Position
11.12.40	15.12	brD	"Rotorua"	10.890	58.56 N/11.20 W
11.12.40	20.52	nlD	"Towa"	5.419	55.50 N/10.10 W
12.12.40	01.56	swM	"Stureholm"	4.575	Nordatlantik
12.12.40	04.31	beD	"Macedonier"	5.227	57.52 N/08.42 W
14.12.40	08.55	brM	"Western Prince"	10.926	59.32 N/17.47 W
18.12.40	16.15	nlMT	"Pendrecht" =	10.746	59.05 N/17.47 W
16.01.41	03.56	brD	"Oropesa"	14.118	56.28 N/12.-- W
17.01.41	07.45	brD	"Almeda Star"	14.935	58.16 N/13.40 W
13.02.41	15.08	brMT	"Clea"	8.074	NW-Approaches
13.02.41	19.50	brMT	Arthur F. Corwin"	10.516	60.25 N/17.11 W
18.02.41	02.27	brD	"Black Osprey"	5.589	61.30 N/18.10 W
22.02.41	15.49	brDT	"Scottish Standard"	6.999	59.20 N/16.12 W
23.02.41	23.27	brD	"Huntingdon"	10.946	58.25 N/20.33 W
24.02.41	01.16	nwD	"Svein Jarl"	1.908	59.30 N/21.-- W
24.02.41	02.20	brD	"Sirikishna"	5.458	58.-- N/21.-- W
28.04.41	19.24	nwMT	"Caledonia"	9.892	60.03 N/16.10 W
28.04.41	19.25	brMT	"Oilfield"	8.516	60.05 N/17.-- W
28.04.41	- - -	brD	"Port Hardy"	8.897	60.14 N/15.20 W
19.05.41	03.25	brD	"Empire Ridge"	2.922	90 m W Bloody Foreland
05.07.41	08.29	brD	"Anselm"	5.954	44.25 N/28.35 W
31.10.41	22.47	nlD	"Bennekom"	5.998	51.20 N/51.50 W
19.02.42	23.29	brM	"Empire Seal"	7.965	43.14 N/64.45 W
20.02.42	04.35	amM	"Lake Osweya"	2.398	43.14 N/64.45 W
22.02.42	02.44	nwD	"Torungen"	1.948	44.00 N/63.30 W
22.02.42	22.57	brMT	"Kars"	8.888	44.15 N/63.25 W
09.03.42	21.09	nwM	"Tyr"	4.265	43.40 N/61.10 W

Gesamterfolge: 25 Schiffe mit 183.253 BRT versenkt
1 Schiff mit 10.746 BRT torpediert

Die nicht Zurückgekehrten

Auf Amerikafahrt vernichtet: U 701

Am 16. Juli 1941 hatte Kapitänleutnant Horst Degen, ein U-Boot-Offizier der Crew 33, mit U 701 sein Boot in Dienst gestellt. Auf der ersten Feindfahrt im Januar 1942 gelang es ihm, einen Versenkungserfolg zu erringen. Auf der zweiten Feindfahrt stieß er am späten Abend des 6. März 1942 vor der Südküste von Island auf einen Fischdampfer und versenkte ihn. Am nächsten Tag folgte ein Hilfs-U-Boot-Jäger nach, und abermals 43 Minuten später kam das Boot auf den panamesischen Tanker "Esso Bolivar" mit 10.389 BRT zum Schuß. Der Tanker wurde getroffen, sank aber nicht.
Dann kam jene Feindfahrt, die Horst Degen und sein Boot vor die US-Ostküste führte. Am 12. Juni legte das Boot Minen auf 36.52 Grad Nord und 75.51 Grad West in der Chesapeake Bay nördlich von Cape Hatteras.
Auf diesen Minen wurden die beiden großen Tanker "Robert C. Tuttle" und "Esso Augusta" schwer getroffen. Der erstere sank auf Grund, konnte aber wieder gehoben werden.
Der Hilfs-U-Jäger "Kingston Ceylonite" sank nach einer Minendetonation, und der Geleitzerstörer "Bainbridge" konnte sich mit letzter Kraft in den Hafen retten. Der US-Dampfer "Santore" mit 7.117 BRT sank. Das war für den Auftakt ein großer Erfolg. Am 19. Juni versenkte U 701 vor Diamond Head den amerikanischen Hafendampfer YP 389. Am 26. Juni wurde das norwegische Motorschiff "Tamesis" torpediert, ein Tag später die "British Freedom", ein Tanker, ebenfalls torpediert.
Den großen Schlag landete Degen aber am Mittag des 28. Juni, als das Boot den 14.054 BRT großen amerikanischen Tanker "William Rockefeller" stellte und mit einem Fächerschuß versenkte.

Danach war vor der US-Ostküste wieder die Hölle los. Alles machte Jagd auf diesen grauen Wolf, der sich in die Höhle des Löwen gewagt hatte.
Es war der 7. Juli 1942, als das Boot, das gerade aufgetaucht war, um Frischluft ins Boot zu bringen und die Batterien wieder aufzuladen, von einer viermotorigen Liberator aus einer Wolke heraus direkt angegriffen wurde.
"Schnelltauchen!" befahl der Kommandant. Aber U 701 hatte erst 25 Meter Wassertiefe erreicht, als die Wasserbomben das Boot trafen. In 50 Metern Wassertiefe setzte das Boot mit einem ohrenbetäubenden Krachen auf dem Meeresboden auf.
Geben wir dem Kommandanten das Wort zu dieser Situation:
"Raus hier! — Alles mir nach! brüllte ich. Hoch zum Turm, die Verschlußklappe losgeschraubt — und wie ein Pfeil schieße ich in einem Strom von angestauter Luft zur Wasseroberfläche. Und dann taucht plötzlich Kopf auf Kopf neben mir auf. Innerhalb von zwei Minuten sind wir 18 Männer.
Wo sind die anderen, ertrunken? Wir wissen es nicht. Erst später erfahren wir, daß es 20 weiteren Soldaten meines Bootes gelang, eine halbe Stunde nach uns, die vordere Torpedoluke aufzubrechen und ebenfalls lebend aus dem Boot herauszukommen.
In meiner Gruppe haben wir nur fünf Schwimmwesten. Wir gürten sie zu einer Art Floß zusammen.
'Mut, Kameraden!' sage ich beschwörend.
Aber schon in den nächsten 30 Minuten sterben zwei meiner Männer, beide Nichtschwimmer. Vergeblich haben wir versucht, ihre Köpfe über Wasser zu halten.
Da! — Motorengeräusche!
Die Liberator kommt zurück. Sie kreist über uns. Aber sie schießt nicht, nein! — Die Piloten winken uns zu. Und sie werfen etwas ab. Zwei Schwimmwesten sind es. Eine treibt leider ab, die andere können wir festhalten. Danke, ihr Kameraden vom Feind!"
Diese Rückkehr der Liberator machte die noch Überlebenden zuversichtlich. Sie waren nun nach dieser kameradschaftlichen Geste überzeugt, daß die Maschine, in ihren Stützpunkt nach Norfolk zurückgekehrt, ihre Rettung organisieren würde.
Aber die Besatzung hatte nicht mit dem hier, sehr schnell gehenden Golfstrom gerechnet, der sie rasch weiter und weiter von der Untergangsstelle wegtrieb. Der Kommandant befahl den Überlebenden, nicht mehr zu sprechen, alle Kraft für das Überwasserhalten aufzusparen. In jeder Stunde wurden sie zwei Meilen weiter von der Untergangsstelle abgetrieben. Der Nachmittag des 7. Juli ging zur Neige, und als es Nacht wurde, waren von den 18 Männern um Kapitänleut-

nant Degen nur noch zwölf übriggeblieben. Es waren zwei Verwundete, die nicht mehr durchhalten konnten und zwei Unteroffiziere, die entgegen der starken Strömung schwimmend die Küste erreichen wollten und sich durch die Beschwörungen des Kommandanten nicht davon abhalten ließen. Sie schwammen in ihr Verderben.
Im ersten Frühlicht des 8. Juli hielt ein Küstenwachschiff direkt auf die Schiffbrüchigen zu. Die Männer winkten und schrien, doch bevor das Schiff sie erreichte, drehte es ab und verschwand wieder. Es hatte in der groben See die auf dem Wasser schwimmenden Köpfe der Männer und auch ihre Armbewegungen nicht sehen können.
Die Verzweiflung raubte ihnen die Kräfte. Einige der Männer versuchten, sich selber zu ertränken, sie ließen sich einfach untergehen. Einer kam wieder hoch und schrie wie von Sinnen:
"Ich habe Grund berührt, wir sind gerettet!"
Dies war jedoch eine Sinnestäuschung. Unter den Männern waren einige Tausend Meter Wasser, und nichts konnte sie retten, als ein anderes Schiff, wenn es sie fand.
Den ganzen Tag über trieben die Männer im Wasser. Als eine Zitrone angetrieben wurde, versuchten sie davon. Der Saft brannte wie Feuer in ihren Kehlen. Einige Stunden später war es eine Kokosnuß. Sie wurde mit dem Handrad eines Tauchretters offengeschlagen. Aber an den harten Stücken Kokosfleisch erstickten die Männer fast.
Als der Abend des 8. Juli 1942 einfiel, schwammen noch fünf Männer in dem kleinen dicht aufgeschlossenen Pulk. Alle anderen hatten aufgegeben und waren ertrunken.
Nach diesen schrecklichen Stunden und in Hinblick auf jene noch folgenden, schien allen der Tod leichter zu ertragen als diese Pein. Aber wie der Kommandant über vier Jahrzehnte später sagte: "Die Gier nach dem Leben war in einigen von uns noch immer stärker als das Sichfallenlassen ins Nichts; und die Sehnsucht nach dem Tode wurde zurückgedrängt durch den Willen zum Leben, zum Ü b e r l e b e n."
Am Morgen des 9. Juli, nach einer grauenhaften Nacht, waren noch vier Besatzungsmitglieder übriggeblieben. Der Kommandant, der Navigator und zwei Unteroffiziere. Sie erwarteten abermals die gnadenlos vom Himmel herunterpaukende Sonne des neuen Tages. Und trotz der Hitze tat das sehr warme Golfstromwasser dennoch seine Wirkung. Die Unterkühlung des Körpers setzte ein. Dies lag auch daran, daß sie 170 Kilometer abgetrieben waren und den warmen Golfstrom bereits verließen.
Gegenseitig rieben sie sich Beine und Arme, um warm zu bleiben. Einer sprach vom Tod. Er wurde übertönt, und so fügte er sich wieder in die Überlebensgemeinschaft ein.
Es war Mittag, und der Kommandant begann langsam von den Kame-

raden abzutreiben. Dann war plötzlich über ihnen ein Zeppelin. Das konnte doch nur eine Sinnestäuschung sein! Aber es war keine. Dieser lange, zigarrenförige Schatten kam tiefer und tiefer herunter und blieb dann regungslos über den Männern stehen. Ein Rettungsfloß mit Trinkwasser und Proviant wurde abgeworfen.
Die Männer krochen unter Anspannung ihrer letzten Kräfte hinauf und blieben wie erstarrt liegen. Zum ersten Male seit beinahe 48 Stunden kein Zwang schwimmen zu müssen, um nicht zu versinken.
Wenig später tauchte ein Wasserflugzeug auf, das von dem Funker des Zeppelins herbeigerufen worden war. Es ging auf der glatter gewordenen See nieder und winkte ihnen, näherzukommen. Sie begannen mechanisch zu paddeln. Ein Mann der Besatzung, der auf einem der Schwimmer stand, reckte ihnen die Hand entgegen und zog sie heran. Er half ihnen beim Einsteigen, und an Bord erblickte der Kommandant drei weitere seiner Männer. Sie lagen sich in den Armen: die letzten sieben von U 701. Sie waren davongekommen nach 48 verzweiflungsvollen Stunden.
Vierzig Jahre darauf sahen sie einander wieder: der Pilot der Lockheed Hudson (um eine solche Maschine hatte es sich damals in Wahrheit gehandelt) Harry Kane aus Kinston in North Carolina hatte seinen Gegner auch im Hospital von Norfolk besucht. Nun war er nach Lüneburg gekommen, um den Mann zu begrüßen, dessen U-Boot er seinerzeit versenkt hatte. Er brachte auch die Grüße der Besatzung des Kleinluftschiffes "Blimp" der US-Küstenwache mit, welche die letzten Überlebenden gesichtet hatte.

Kapitänleutnant Rolf Mützelburg

Von den Minensuchern zur U-Boot-Waffe

Am 5. Juni 1941 war ein neues Boot unter einem ebenfalls neuen Kommandanten aus Kiel zur Feindfahrt ausgelaufen. Es war U 203. Der Kommandant, Kapitänleutnant Rolf Mützelburg, hatte dieses Boot am 18. Februar 1941 auf der Germaniawerft in seiner Heimatstadt Kiel in Dienst gestellt und anschließend eingefahren. Nun sollte er sich im ersten Einsatz bewähren.
Am 18. Juni lief U 203 auf dem Weg ins Operationsgebiet mit Kurs auf 265 Grad durch die See, als am Nachmittag ein Schatten gesichtet wurde, der sich bald als Kriegsschiff herausstellte, das mit großer Fahrt Zickzackkurs lief.
"Er läuft direkt auf uns zu, Herr Kaleunt", sagte der I. WO nach einem weiteren Beobachtungsblick.
"Auf Gefechtsstationen!"
Das Boot lief mit mittlerer Fahrt in die Richtung, mit der es den Kurs des Dickschiffes schnitt. Doch dann zackte das Kriegsschiff plötzlich nach Nordosten weg. Eine Ruderkorrektur ließ das Boot mitgehen. Doch nun dampfte der Gegner auf und lief ihnen mit geschätzten 25 Knoten Fahrt davon.
"Der ist weg, den sehen wir nie wieder!" bemerkte Oblt. z. S. Heyda, der I. WO.
Am Morgen des 19. Juni, um 10.15 Uhr, wurde abermals ein großes Schiff gesichtet. Zuerst nur Rauchwolken, danach kamen die Aufbauten des Kriegsschiffes über der Kimm heraus. Mit Alarmtauchen ging U 203 hinunter.
"Auf Gefechtsstationen! — An Torpedowaffe: Rohre I bis IV klar zum Unterwasserschuß!"
Die Mündungsklappen wurden aufgedreht, die Rohre bewässert. Der Gegner kam näher. "Ist ein Schlachtschiff des Typs »Texas«", ließ

Mützelburg seine Besatzung wissen. "Wenn es stimmt, dann dürfen wir ihn nicht beschießen."
Das Schlachtschiff enthob sie weiterer Gewissensbefragungen, denn es zackte weg und verschwand sehr rasch unter der Kimm.
U 203 glitt weiter auf Suchschlag durch die See. Am späten Abend des 22. Juni meldete der B-Dienst einen aus Halifax kommenden für England bestimmten Geleitzug. Rolf Mützelburg ließ mit mittlerer Fahrtstufe auf die Koppelstelle zulaufen. Um 05.20 Uhr wurde zum Horchen getaucht. Viele Schraubengeräusche wurden gehorcht. Das Boot hielt darauf zu.
Am 23. Juni wurde der Gleitzug gesichtet und durch einen FT-Spruch an die Operationsabteilung mit Kurs, Geschwindigkeit und Stärke des Geleites sowie der Sicherungsfahrzeuge, soweit sie erkannt und gesichtet werden konnten, gemeldet.
Vier weitere Boote wurden vom BdU auf den Konvoi HX 133 angesetzt. Es waren U 108 unter Scholtz, U 77 mit Schonder als Kommandant, U 79 geführt von Kaufmann und Kapitänleutnant Wohlfarth auf U 556. Am späten Nachmittag tastete U 203 noch einmal seine Standortangabe und machte einen langen Einpfeif-Dauerton zum Peilen. Nun waren auch U 371 unter Driver und U 564 unter Suhren zu den Verfolgern des Konvois hinzugestoßen.
Nach Einfall der Dunkelheit sah die Brückenwache auf U 203 ein Geleitfahrzeug, das mit großer Fahrt ungefähr eine Seemeile entfernt am Boot vorbeipreschte. Das schien der Feger zu sein. Kurze Zeit später kamen die ersten Schiffsumrisse in Sicht.
"Auf Gefechtsstationen! — UZO auf den Turm!"
Oblt. z. S. Heyda nahm seine Position hinter dem U-Boot-Zielgerät ein, das nach dem Aufsetzen auf der Zielsäule mit der Rechenanlage des Bootes verbunden war. Ein Schiff lief sehr nahe am Boot vorbei, so daß sie in seinem Schatten unentdeckt blieben.
"Wir nehmen einen großen Tanker von geschätzten 15.000 BRT. Dann noch die dahinter laufenden beiden Schiffe. Auf den Tanker Zweierfächer", befahl der Kommandant und Heyda bestätigte, daß er die Ziele aufgefaßt habe.
Um 03.31 Uhr fiel der Zweierfächer. Eine Minute später wurden die beiden Einzelschüsse geschossen.
"Zeit ist um!" meldete der Bootsmann, der die Stoppuhr bediente. Sekunden später hörten sie eine dumpfe Explosion, mit der einer der beiden Aale des Fächerschusses auf die Flanke des Tankers schlug, ohne zu detonieren. Dann sahen sie einen Torpedotreffer an einem der anvisierten Dampfer aufsteigen.
"Zerstörer von achtern! — Kommt in Lage Null!"
"Alarm — Schnelltauchen!"

Das Boot verschwand in Rekordzeit von der Wasseroberfläche, so daß die Detonation des dritten Aals nicht gehorcht werden konnte, weil die fallenden Wasserbomben jedes andere Geräusch mit ihren Detonationen überdröhnten.

Das Boot lief nach einigen Manövern direkt unter den Konvoi und war damit vorerst in Sicherheit.

Den Angriffen des Bootes war nur das norwegische Motorschiff "Solöy" zum Opfer gefallen, das 4.402 BRT groß war.

Eine Stunde später lief U 203 wieder an der zurückhängenden Kolonne auf der Backbordseite des Konvois. Es wurde abermals von einem Zerstörer unter Wasser gedrückt, lief aber in Generalrichtung zum Geleitzug mit und schloß um 10.50 Uhr zum Angriff heran. Im Unterwasserschuß verließen zwei gezielte Einzelschüsse die Rohre I und II. Beide Torpedos erreichten ihre Ziele. Die Dampfer "Kinross" und "Schie" sanken. Sie gehörten nicht mehr zum HX 133, sondern zu dem nunmehr in die U-Boot-Gruppe hineinlaufenden Geleitzug OB 336.

Zu Ende des Monats erhielt auch U 203 den Rückmarschbefehl. Das Boot hatte auf seiner ersten Feindfahrt drei Schiffe versenkt. Es lief am 30. Juni ein.

Operationsziel Nordatlantik

Am 9. Juli lief U 203 zu seiner zweiten Feindfahrt aus. Wieder ging es in den Nordatlantik hinein. Das Boot war frisch versorgt. 14 Torpedos lagen in den Rohren oder waren im Bugraum gestapelt. 115 Tonnen Treiböl befanden sich in den Bunkern. Alles war vollgestopft mit Proviant.
Am Nachmittag des nächsten Tages ging es zum ersten Male vor einem Sunderland-Flugboot in den Keller, und bis zum 19. Juli erreichte U 203 sein Operationsgebiet. In den frühen Morgenstunden des 20. Juli wurde ein Schatten gesichtet. Es war ein großes britisches Motorschiff. Das Schiff schien bereits beschossen und getroffen zu sein, denn es lag auf der Stelle.
"Buggeschütz besetzen! Wir versenken das Schiff durch unsere Artillerie!"
Die Granaten schlugen in das Motorschiff hinein. Der Funkraum meldete: "Dampfer macht Notruf, ist die 'Canadian Star' und hat nach dem Lloyds-Register 8.293 BRT."
Die "Canadian Star", die ein 12,7 cm-Geschütz auf der Back hatte, erwiderte das Feuer. Auch von der Brücke dieses Schiffes peitschte MG-Feuer.
Nach einer Kesselexplosion und nachdem das Geschütz zum Schweigen gebracht war, lief U 203 auf die andere Seite dieses großen Schiffes. Während dieser Zeit beobachtete die Brückenwache, daß Boote gefiert wurden und hastig von dem todgeweihten Schiff wegpullten. Von der anderen Seite wurde das noch auf seiner im Innern befindlichen Luft schwimmende Schiff von Granaten durchbohrt. Aber es sank nicht, sondern wurde erst am 18. März 1943 von U 221 unter Trojer versenkt.
Am 24. Juli meldete der B-Dienst den Geleitzug OG 69, auf den die in seinem Einzugsbereich stehenden Boote operierten. U 203 gehörte zu ihnen und knüppelte mit AK auf den Kollisionskurs zu. Am 25. Juli wurden zwei Sichtmeldungen einer Focke Wulf 200 "Condor" aufgefangen, und wenig später meldete sich U 68, das den Geleitzug erreicht hatte, mit Peilzeichen.
Kurz nach Mitternacht des 27. Juli hörten die Brückenwächter auf dem Turm von U 203 in Geleitzugrichtung eine Reihe von Torpedodetonationen und einige Wasserbomben.

"Wir sind gleich dran, Herr Kaleunt", meinte Heyda.
"Auf Gefechtsstationen! — An Torpedowaffe: alle Rohre klar zum Überwasserschuß!"
Das Boot glitt an die inzwischen deutlich zu sehenden Schiffe heran. Um 02.54 Uhr fielen die beiden Fächerschüsse auf einen 8.000-Tonner und ein Schiff von geschätzten 6.000 Tonnen.
Unmittelbar nach dem Schuß drehte das Boot aus dem Angriffskurs heraus, und die Brückenwächter sahen, wie der erste Fächer am anvisierten Schiff hochging und es in der Mitte durchbrechen ließ. Es sank sofort. Das zweite Schiff wurde 15 Sekunden später getroffen. Mit kleiner Fahrt weiterlaufend sahen die Männer, wie es von der Besatzung verlassen wurde und nach zehn Minuten sank. Aber lediglich die nur 1.459 BRT große "Kellwyn" wurde vom Gegner als versenkt bestätigt.
Abermals wurde U 203 von Zerstörern abgedrängt und lief den ganzen Tag über am Rand der Sichtweite mit dem Konvoi mit. Erst nach Einfall der Dunkelheit konnte das Boot abermals heranschließen. Im Überwasserangriff rakte es wieder heran. Aber es kam nicht zum Schuß, sondern wurde erneut abgedrängt.
Erst am Abend des 28. Juli gewann es den zum Torpedoschuß richtigen Abstand zu einer der Kolonnen des Geleitzuges.
Das Boot schoß vier verbundene Einzelschüsse, davon einen auf einen Zerstörer, der dem Boot die Breitseite zeigte.
Auch diesmal mußte das Boot vor den Geleitfahrzeugen wegtauchen und wurde mit Wasserbomben belegt. Dazwischen aber hörten die Männer immer wieder Torpedodetonationen. Drei Dampfer mußten getroffen worden sein. Der Zerstörer war fraglich.
Es waren die beiden kleinen Schiffe "Norita", ein Schwede, und der britische Dampfer "Lapland", die nach den Treffern von U 203 sanken.
Am 1. August erhielt das Boot den Rückmarschbefehl. Als U 203 nach einem abenteuerlichen Marsch, bei dem es mehrfach unter Wasser gedrückt worden war, Pointe de St. Mathieu passierte und nach Brest einlief, waren wieder drei Schiffe sicher versenkt.

Seit dem 20. September stand das Boot auf seiner dritten Feindfahrt im Mittelatlantik im Einsatz. Das dritte Kriegsjahr hatte begonnen, und die U-Boot-Waffe war sehr erfolgreich gewesen, hatte aber auch herbe Verluste hinnehmen müssen. Prien und Schepke waren gefallen, Kretschmer mit dem Großteil seiner Besatzung in Gefangenschaft geraten, dennoch hatte das zu Ende gegangene zweite Kriegsjahr mit "nur" 20 Bootsverlusten besser abgeschnitten als das erste, in dem 29 U-Boote verlorengegangen waren.
U 203 ritt einige schwere Herbststürme ab, und die Hoffnung, recht bald zum Schuß zu kommen, wurde immer geringer. Am 25. Septem-

ber, drei Stunden nach Mitternacht, nahm der Funkmaat einen FT-Spruch des italienischen Bootes "Luigi Torelli" unter KKpt. di Giacomo auf, das einen aus Gibraltar nach England laufenden Konvoi gesichtet hatte.
U 203 erhielt von der Operationsabteilung Weisung, auf diesen Geleitzug zu operieren.
In der Nacht zum 26. September kam das Boot heran. 31 Minuten nach Mitternacht fielen die vier gezielten Einzelschüsse, deren einer einem erkannten Tanker galt. Es war der HG 73, der hier seine ersten Verluste erlitt.
Der norwegische Dampfer "Varangberg" und der britische Dampfer "Avoceta" sanken. Die "Cortes" sank ebenfalls.
Das Boot mußte mit Schnelltauchen von der Wasseroberfläche verschwinden und horchte nach dem Alarmtauchen noch drei Detonationen. Die erste und den Treffer hatten Mützelburg noch sehen können.
Als das Boot sich aus der Verfolgergruppe lösen konnte, lief es noch einmal in Richtung Untergangsstelle. Hier wurden Rettungsboote gesichtet.
Auf dem Rückmarsch zum Stützpunkt wurde ein Einzelfahrer gesichtet. Der letzte Torpedo wurde auf dieses schnelle Schiff geschossen. Er lief vorbei.
Als das Boot Brest erreichte, hatte es seine dritte Feindfahrt hinter sich gebracht.
Bereits am 18. Oktober lief U 203 nach kurzer Überholung und Neuausrüstung zur vierten Feindfahrt aus. Ziel war die Neufundlandroute der Geleitzüge. Im tosenden Sturm wurde am Mittag des 3. November ein Geleitzug gesichtet. Sie schlossen heran. Es war der SC 52, der von Sydney/Neuschottland allwöchentlich nach England lief. Das Boot kam mühelos heran, und um 18.28 Uhr fielen die beiden Fächerschüsse, die die "Empire Gamsbuck" und die "Everoja" tödlich trafen. Während der Verfolgungsjagd gelang es dem Boot, gegenüber den über Wasser anlaufenden und mit der hochgehenden See kämpfenden Geleitfahrzeugen rasch einen Vorsprung zu gewinnen. Als sie wieder auftauchten, fiel nach einer halben Stunde der Steuerbord-Diesel aus. Danach wurde die Ruderanlage "schwergängig" gemeldet. Das Boot mußte die Verfolgung des Geleitzuges aufgeben und tauchen.
Neuneinhalb Stunden dauerte die Reparatur, dann wurde der Steuerbord-Diesel wieder klargemeldet. Das Boot tauchte nach einem sichernden Rundumblick durch das Sehrohr auf und kämpfte sich weiter durch die See.
Am 5. November sichtete die Brückenwache einen Dampfer. Es war ein schneller Einzelfahrer, der — nachdem er das Boot gesichtet hatte — mit "alle, alleee!" lossockte und nicht mehr zu erreichen war.

Am nächsten Tag wurde das Boot von einem viermotorigen US-Bomber angegriffen und mit zwei Bomben belegt, die sehr dicht am Boot einhieben. Die Sicherungsgruppe untersuchte alles, und eine Stunde später meldete Dieselobermaschinist Stievens, daß das Fundament des Steuerbord-Diesels gerissen sei. Damit war diese Feindfahrt gleich nach ihrem ersten Schießen wieder beendet. Das Boot erhielt den Rückmarschbefehl nach Brest, wo es am 12. November mit zwei geheißten Versenkungswimpeln einlief.

Am anderen Morgen erhielt Rolf Mützelburg aus der Hand des Großen Löwen das ihm verliehene Ritterkreuz des Eisernen Kreuzes. Als Mützelburg seinen Vortrag anhand des KTB beendete, meinte der BdU: "Eine gute Fahrt, Mützelburg. Infolge des Wetters bestanden für Sie keine weiteren Angriffsmöglichkeiten. — Du bleibst zum Essen!"

Zur USA-Küste

Zu Beginn des Jahres 1942 standen dem BdU insgesamt 91 U-Boote zur Verfügung. Davon lagen allerdings nicht weniger als 26 im Mittelmeer fest, nachdem sie seit September 1941 in diese "Mausefalle" geschickt worden waren, um den Geleitzugverkehr der Achse von Italien nach Afrika sicherer zu machen.

Als dann im Pazifik der Krieg Japans gegen die USA begann, eröffneten sich auch nach der deutschen Kriegserklärung an die USA neue Kampfgebiete, vor allem vor der gesamten Ostküste Amerikas.
Admiral Dönitz hatte versucht, die sechs im Gibraltar-Suchstreifen stehenden Boote für diesen "Paukenschlag" freizubekommen. Dieses Ersuchen wurde abgelehnt. Damit standen der U-Boot-Führung für den "Paukenschlag" nur fünf Boote zur Verfügung. Diese Boote waren Ende Dezember bereits aus ihren Stützpunkten ausgelaufen.
Kapitänleutnant Mützelburg hatte gemeldet, daß sein Boot sehr rasch wieder einsatzbereit sein würde, doch die Werft machte ihm einen Strich durch die Rechnung. U 203 war nicht rechtzeitig fertig. Aber das Boot erhielt Weisung, ebenfalls in das so weit westlich gelegene Operationsgebiet zu laufen.
Am 12. Januar 1942 war dieses Operationsgebiet erreicht.
Am frühen Morgen des 15. Januar durchlief das Boot eine Schlechtwetterfront. U 203 lief durch eine Gewitterfront. Regen prasselte auf die Köpfe der Brückenwächter herunter. Endlich waren die schnellen Böen vorbeigezogen. Um 07.00 Uhr sichtete die Brückenwache einen Einzelfahrer, der mit schneller Fahrt auf Gegenkurs lief und rasch näherkam. Nach einigem Manövrieren und dem Vorsetzen fiel um 11.34 Uhr der Schuß. Der kleine Munitionsdampfer "Catalina" wurde durch die Detonation und die anschließenden Explosionen in Stücke gerissen.
Zwei Tage später stieß das Boot auf einen weiteren Einzelfahrer, der sich als das norwegische Schiff "Octavian" erwies, das um 11.21 Uhr den tödlichen Torpedo erhielt. Die Besatzung ging in die Boote, und elf Tage darauf landeten diese Männer bei Kap Breton.
Am 21. Januar wurde ein amerikanischer Einzelfahrer gesichtet. Es war der Army-Transporter "North Gaspe". Der Torpedo lief vorbei, und das Schiff verschwand.
Während der Suchaktion nach diesem Schiff erreichte das Boot die Nähe von Cap Race, dem östlichsten Punkt von Neufundland. Hier wurde kurz nach Mitternacht des 22. Januar ein US-U-Jäger gesichtet. Der ihm angetragene Torpedo detonierte am Heck. Danach dröhnten Wasserbomben-Detonationen, die diesem kleinen Schiff das Heck wegrissen. Die "Rosemonde" sank dicht unterhalb von Cap Race.
Mit den heranlaufenden und nach Überlebenden der "Rosemonde", die noch eine Notmeldung hatte absetzen können, suchenden Schiffen, kamen zwei US-Zerstörer in Sicht, denen das Boot auswich. Zehn Stunden umrundeten sich Zerstörer und U-Boot, ehe es U 203 gelang, aus dem Nahbereich dieses gefährlichen Gegners hinauszugelangen. Von einem Bomber zunächst mit einer Leuchtbombe bedacht, und dann mit zwei schweren Bomben belegt, ging U 203 mit Alarmtauchen

in den Keller. Das Boot hatte schwere Schäden erlitten und mußte nunmehr, nachdem insgesamt 65 Schäden auf dieser Feindfahrt gemeldet worden waren, den Rückmarsch antreten. Es hatte diesmal vier Schiffe versenkt und überwiegend "Winzlinge", wie der Torpedomixer herablassend bemerkte.

Es sollte eine lange Liegezeit werden, wurde Rolf Mützelburg verheißen. Als sich Rolf Mützelburg beim BdU meldete, sagte ihm Dönitz nach dem Vortrag dieses Kommandanten, daß er eine Flottille bekommen oder als Lehrer nach Gotenhafen gehen könne. Mützelburg aber bat darum, eine Feindfahrt vor die US-Küste machen zu dürfen.

Tankerjagd vor der US-Ostküste

Am 12. März 1942 war U 203 wieder einsatzbereit. Das taktische Konzept der deutschen U-Boot-Führung hatte sich als richtig erwiesen, und Winston Churchill, der britische Kriegspremier, notierte in seinem Tagebuch über die U-Boote Deutschlands:

"Wir können uns nicht verhehlen, daß uns die Niederlage ins Gesicht blickt. Eine Niederlage, die uns von den deutschen U-Booten beigebracht wird." (Siehe Churchill, Sir Winston: Memoiren)

Im März steigerten sich die Versenkungszahlen auf 79 Schiffe mit 429.276 BRT. Das veranlaßte Captain Roskill, den offiziellen Chronisten der Royal Navy, zu folgender Bemerkung:
"In der britischen Admiralität erregte das von den deutschen U-Booten angerichtete Gemetzel die schwersten Besorgnisse. Die meisten versenkten Schiffe waren britischer Nationalität, sie gingen aber in Gewässern verloren, in denen die Admiralität nicht zu bestimmen hatte..."
Wir setzten unsere Verbündeten auf verschiedene Art und Weise unter Druck, doch es dauerte noch bis Mai, ehe das Geleitzugsystem längs der amerikanischen Küste eingeführt wurde.
Als die Angriffe gegen die Schiffahrt in der westlichen Hemisphäre ihren Höhepunkt erreichte, liehen wir den Amerikanern zwei Dutzend U-Jäger, verlegten zwei unserer mittelatlantischen Sicherungsgruppen zur Verstärkung an die amerikanische Ostküste, boten der US-Navy eine Anzahl unserer Korvetten an und verlegten ein kampferfahrenes Flugzeug-Geschwader des Coastal Command auf die Westseite des Atlantik.
Es fiel uns schwer, mehr zu tun, denn Dönitz war ein viel zu gewitzter Taktiker, als daß er die Transatlantik-Geleitzüge sich selber überlassen und uns so eine umfassende Neuverteilung unserer Geleitschutz-Flottillen gestattet hätte.
Dönitz erneuerte vielmehr die Wolfsrudel-Angriffe und befahl eine U-Boot-Gruppe in den Nordatlantik und eine weitere in das Seegebiet vor Gibraltar; beide Gruppen erzielten bei Geleitzugschlachten Erfolge." (Siehe Captain Roskill: War at Sea)
In dieser Phase, als man vor der US-Ostküste noch nicht von einem gesicherten Schiffsverkehr sprechen konnte, erreichte auch U 203 dieses Operationsgebiet. Erst nach Passieren der Biskaya gab Rolf Mützelburg das neue Operationsgebiet bekannt:
"Es geht zur Ostküste Amerikas!"
Einige Zeit später hörten sie einen Funkspruch von U 124:
"Bei Hatteras starker Verkehr. Viele Tanker stoßen morgens und abends durch küstennahes Gewässer. Die Nachtstrecke verläuft von Kap Hatteras bis Kap Fear. Von Kap Fear bis Charleston k e i n Nachtverkehr. Schiffe steuern geraden Kurs von Tonne zu Tonne. Keine Minen vor Hatteras."
"Wir operieren auf dieses Seegebiet. Hoffen wir nur, daß unsere Kameraden uns nicht alle Tanker vor der Nase weggeschossen haben", verkündete Mützelburg in der Zentrale, als er am Morgen des 7. April seine Offiziere um sich versammelt hatte.
Das Boot lief in das Seegebiet vor der Küste von Kap Hatteras hinein. Der "Coldwall" — der eisige Labradorstrom — war passiert, und am Abend des 9. April stand das Boot vor der Lookout-Feuertonne, und

die Männer auf dem Turm konnten in der Ferne die Lichter der amerikanischen Küste erkennen.

Nach einer Stunde Fahrt wurde ein sehr niedriger Schatten gesichtet. Es war ein U-Jäger des US-Typs PC 451, der mit großer Fahrt entlang der 25-Meter-Markierung nach Süden marschierte. Langsam folgte das Boot nach.

"Steuerbord querab Schatten!" meldete einer der Ausgucks. Rolf Mützelburg, der auf dem Turm stand, hob sein Fernglas und blickte in die angegebene Richtung. Er erkannte einen Tanker, der sehr tief im Wasser lag, also hochbeladen sein mußte.

"Fächerschuß aus Rohr I und II!"

Die UZO war längst auf die Zielsäule aufgesetzt worden. Der I. WO stand breitbeinig dahinter und visierte den Tanker an, der sehr bald die halbe Zieloptik ausfüllte.

"Hartlage!" meldete der Zielgeber.

"Fächer - - - los!"

Die elektrische Abfeuerung wurde gedrückt, und zusätzlich schlug der Torpedomaat im Bugraum auf die Handabzugstasten, für den Fall, daß die elektrische Anlage versagen sollte.

Nach Ablauf der Laufzeit stiegen im Abstand von fünf Sekunden zueinander die beiden Flammenfanale der Torpedodetonation am Tanker empor. Seenotraketen folgten, dann machte der Tanker einen Notruf, der aufgefangen wurde. Es war die 8.072 BRT große "San Delfino", die wenig später brannte. Aus den aufplatzenden Stahlplanken des Tankers stießen Ölgeysire empor, die sich noch in der Luft entzündeten und als Flammenfahnen auf die See herunterpeitschten.

Das Schiff sank, und vor einem heranpirschenden Zerstörer setzte sich U 203 ab und lief bis zur 100-Meter-Marke, wo sich das Boot auf Grund legte.

Am Morgen des 11. April ging U 203 auf Sehrohrtiefe empor. Rolf Mützelburg ließ das Boot entlang der 25-Meter-Marke südwärts laufen. Mehrere Schiffe wurden gesichtet, doch da sie sich innerhalb der 25-Meter-Marke hielten, war es sinnlos, sie zu torpedieren, denn auf so flachem Wasser machte es den US-Ingenieuren keine Mühe, sie wieder zu heben.

Gegen Mittag sichtete der Kommandant durch das Angriffssehrohr — nachdem Horchaktionen Schraubengeräusche gemeldet hatten — ein Schiff, das aus Südosten kam und in den Pamlico Sound eindrehte, der sich hinter der vorspringenden Landzunge von Kap Hatteras erstreckte.

"Das ist ein Tanker, Boot greift wieder an!"

Abermals verwandelte sich U 203 in einen bißbereiten Hai. Der Zweier-

fächer fiel um 13.20 Uhr. Beide Aale trafen den US-Tanker "Harry F. Sinclair jr.", der eine Tonnage von 6.151 BRT hatte.
Der Tanker sank auf Grund, wurde später aber wieder gehoben und instandgesetzt. Er gilt im Rekord für U 203 als versenkt.
Am frühen Morgen des 12. April lief U 203, das sich nach seinem Erfolg wieder auf tieferes Wasser begeben hatte, erneut näher an die Küste heran. Als der Horchraum Schraubengeräusche meldete, ließ Mützelburg auf Sehrohrtiefe heraufgehen. Der erste Rundblick zeigte ihm einen U-Jäger und einen Zerstörer. Dahinter aber liefen zwei Schiffe, ein großer Tanker und ein 5.000-Tonnen-Frachter.
Unter Wasser kam U 203 gut heran. Um 06.26 Uhr fiel der erste Schuß. Er verfehlte den anvisierten Dampfer, weil er zu tief gesteuert war und auf Grund unter dem Tanker "Stanvac Melbourne" detonierte und dessen Heck beschädigte.
Um 07.06 Uhr schoß Mützelburg einen Zweierfächer auf den Tanker, der schwer beschädigt liegenblieb.
Von den beiden Geleitfahrzeugen unter Wasser gedrückt und gejagt, mußte U 203 mit AK ablaufen. Wasserbomben wurden geworfen und detonierten einige Male nahebei und verursachten Schäden. Aber das Boot entkam.
Die schwer getroffene "Stanvac Melbourne" konnte in den nächsten Hafen eingeschleppt werden.
In den nächsten 48 Stunden wurde das Boot immer wieder von Fahrzeugen oder Flugzeugen gesichtet oder geortet und angegriffen. Es gelang Mützelburg den geworfenen Bomben und Wasserbomben zu entkommen.
Gegen Mittag des 14. April aber wurde ein Dampfer mit einem Bewacher gehorcht. Auf Sehrohrtiefe auftauchend, konnte Mützelburg einen Dampfer erkennen, der nach seiner Schätzung 5.000 BRT groß war. Es gelang dem Boot, sich vorzusetzen und zum Schuß zu kommen. Der erste Fächerschuß ging vorbei. Um 15.15 Uhr hatte das Boot wieder herangeschlossen. Der zweite Fächerschuß traf den modernen US-Dampfer "Empire Thrush" mit 6.160 BRT und ließ ihn sinken.
Verschossen trat U 203 den Rückmarsch nach Brest an. Vier Versenkungswimpel flatterten am Sehrohr, als das Boot in den Stützpunkt einlief. Eines der vier Schiffe, die "Stanvac Melbourne" war jedoch nicht gesunken. Die "Harry F. Sinclair" konnte später gehoben werden.

Die Feindfahrt zum Eichenlaub

Zu seiner siebten Feindfahrt lief U 203 am 3. Juni 1942 in die Karibische See. Das Boot erreichte am 23. Juni den Operationsraum. Drei Tage später wurde nordostwärts von Puerto Rico das erste Schiff dieser Feindfahrt gesichtet. Es war der britische Dampfer "Putney Hill" mit 5.216 BRT. Der erste Torpedoschuß ließ diesen Dampfer, der noch einen Notruf tasten und seine Boote zu Wasser lassen konnte, sinken. Gegen Abend dieses Tages wurde wieder ein Dampfer gesichtet. Es war der brasilianische Dampfer "Pedrinhas" mit 3.666 BRT. Der erste Torpedo ging vorbei. Plötzlich blitzte es auf der Back des Dampfers auf.
"Der schießt!" rief einer der Brückenwächter überrascht.
"Zwozentimeter auf die Geschützbedienung!"
Die FlaMW des Bootes eröffnete das Feuer. Beim zweiten Feuerstoß schwieg drüben das Geschütz. Danach wurde das Schiff mit einem zweiten Torpedo versenkt.
Am nächsten Tag lief das Boot zwischen den Inseln Trinidad und Aruba her und hoffte auf einen Tanker, denn dies waren die "Tankerweiden", auf denen bereits deutsche U-Boote erfolgreich gerakt hatten. Doch in dieser Nacht fanden sie kein Schiff. Stattdessen landeten Fliegende Fische auf dem Deck des Bootes, und ein grandioses Meerleuchten erhellte alles so sehr, daß selbst das strahlende Kreuz des Südens am Himmel verblaßte.
Am Morgen des 28. April wurde das Boot aus dieser Idylle durch anfliegende Bomber aufgeschreckt und unter Wasser gedrückt. Um 14.00 Uhr wurden Schraubengeräusche gehorcht. Das Boot glitt in Sehrohrtiefe hinauf, und Mützelburg hielt Ausschau.
"Moderner Dampfer in Sicht. Hat etwa 7.000 BRT. Boot greift an!"
Der Torpedo aus Rohr IV lief um 15.38 Uhr und detonierte an dem US-Dampfer "Sam Houston". Der Dampfer blieb, 40 achtern getroffen, gestoppt liegen, und Mützelburg ließ auftauchen und ihn mit dem Buggeschütz beschießen. Die Beschießung wurde nur unterbrochen, als der Kommandant sah, daß Boote gefiert wurden. Als die Besatzung von Bord war, wurde sie fortgesetzt und das Schiff mit der Artillerie versenkt, womit ein weiterer Torpedo für ein neues Schiff zur Verfügung stand. Das Schiff hatte 7.176 BRT.
Vor einer Maschine der Küstenwache ging das Boot in den Keller und setzte sich ab.

Das Boot lief nunmehr auf den Treffpunkt mit dem Treibölversorger U 116 zu. Es wurde dort mit Treiböl versorgt, das KKpt. von Schmidt ihm herüberpumpen ließ: insgesamt 45 Tonnen. Damit konnte das Boot noch einmal drei Wochen im Operationsgebiet bleiben.
Nach der Versorgung und der Übergabe der Post für die Heimat legte U 203 wieder ab und marschierte, zwischen Trinidad und Tobago steuernd, durch die Karibik, auf der Suche nach weiteren Schiffen.
Am 9. Juli wurde das britische Motorschiff "Cape Verde" gesichtet, das mit 6.914 BRT eine gute Beute sein würde, wenn es gelänge, es zu vernichten.
Der Zweierfächer traf dieses Schiff tödlich. Es sank auf 11.32 N/ 60.17 W.
Kurz darauf wurde U 203 unter Wasser gedrückt und konnte erst in der kommenden Nacht zum Aufladen an die Wasseroberfläche zurückkehren.
Ein Stunde nach Mitternacht des 11. Juli wurde ein großer Dampfer gesichtet. Es war der Tanker "Stanvac Palembang" mit 10.013 BRT. Dieser panamesische Dampfer wurde von zwei Torpedos getroffen. Als er nicht sank, ließ Mützelburg das Schießen einstellen, als die Mannschaft in die Boote ging. Dann aber wurde das Schiff von beiden Seiten "angelüftet" und sank auf 11.28 N/60.23 W.
In der kommenden Nacht wurde der FT-Spruch an den BdU abgesetzt: "U 203. Versenkt fünf Einzelfahrer mit 32.985 BRT. Ein Hecktorpedo, Öl für Rückmarsch!"
Der Antwortspruch lautete: "Gut gepaukt! — Rückmarsch antreten." Noch während sich das Boot auf dem Rückmarsch befand wurde ein FT-Spruch des BdU aufgenommen:
"Der Führer hat Ihnen in Anerkennung Ihrer Leistungen am 15. Juli als 104. deutschen Soldaten das Eichenlaub zum Ritterkreuz verliehen. Ich gratuliere — Dönitz."

Der Tod schlägt zu

"Das war Deine letzte Feindfahrt, Mützelburg", sagte Admiral Dönitz, als der Kommandant von U 203 seinen Bericht beendet hatte. "Korvettenkapitän Hessler hat die Aufgabe als Erster Admiralstabsoffizier satt und möchte wieder auslaufen. Du wirst dafür seine Funktion übernehmen."
"Gern, Herr Admiral, aber einmal möchte ich noch auslaufen. Gewissermaßen zum Abschied für meine Besatzung."
"Also gut, noch einmal. Dann aber wird gehorcht!"
U 203 lief am 27. August zu seiner achten Feindfahrt aus. Anfang September hatte das Boot die Biskaya passiert und am 11. September die freie See erreicht. Es herrschte ein prächtiges Herbstwetter mit viel Sonne. So weit das Auge reichte: strahlender wolkenloser Himmel. Eine kurze Horchzeit unter Wasser hatte gezeigt, daß die See wie leergefegt war und keine Gefahr bestand, überrascht zu werden.
"Kurze Badepause, Männer", sagte der Kommandant. Er ließ das Boot vorfluten, damit es tief genug absank, und die ersten Männer entledigten sich ihrer Kleidung und sprangen ins Wasser.
Mützelburg stand auf dem Turm. Er schwang sich auf den Rand und schnellte sich mit einem weiten Kopfsprung ab. Alle Männer hörten, wie der Körper des Kommandanten dumpf auf das geflutete Deck aufschlug. Zwei Männer schwammen dorthin, wo Rolf Mützelburg aufschwamm. Sie packten ihn und zogen ihn auf das vom LI herausgebrachte Bootsdeck. Als sie ihn ansahen, wußten sie, daß er tot war. Rolf Mützelburg war mit dem Kopf auf den Decksrand geschlagen und hatte einen Genickbruch erlitten.
Nach einer kurzen Funkmeldung trat U 203 die Rückfahrt an. Der I. WO brachte U 203 in den Stützpunkt zurück, wo Rolf Mützelburg mit allen militärischen Ehren beigesetzt wurde.
Als man seine persönlichen Dinge sammelte, fand man in seinem Kommandantenspind einen Bogen Papier. Er war beschrieben:

"Sofern wir von Feindfahrt einmal nicht zurückkehren sollten, so wißt, daß wir unsere Pflicht taten, daß wir gern bereit waren, für Deutschland, für die, die nach uns kommen und für euch, die ihr seid, unser Leben zu geben. Kriege werden geführt, solange Völker leben.
Mein Vater starb den Heldentod im Kampf zur See. Ich tue meine

Pflicht als Offizier wie er, seines Opfers eingedenk; jederzeit zu dem gleichen Opfer bereit."

Nach dem Tode dieses Offiziers und Seemannes hing sein Vermächtnis in Abschriften in den U-Boot-Messen und Unterkünften. Und alle U-Boot-Fahrer glaubten daran, daß sie der Sache der Gerechtigkeit dienten. Wie hätten sie auch sonst weiter auslaufen können? — Immer den Tod vor Augen ...

Versenkungsliste von U 203 unter Kapitänleutnant Mützelburg

24.06.41	03.31	nwM	"Solöy"	4.402	54.39 N/39.43 W
24.06.41	11.08	brM	"Kinross"	4.956	55.23 N/38.49 W
24.06.41	11.10	nID	"Schie"	1.967	55.23 N/38.49 W
20.07.41	- - -	brM	"Canadian Star" =	8.293	49.15 N/21.-- W
27.07.41	02.54	brD	"Kellwyn"	1.459	43.-- N/17.-- W
28.07.41	21.27	swD	"Norita"	1.516	40.10 N/15.30 W
28.07.41	21.17	brD	"Lapland"	1.330	40.36 N/15.30 W
26.09.41	00.31	nwD	"Varangberg"	2.842	47.50 N/24.50 W
26.09.41	00.31	brD	"Avoceta"	3.442	47.57 N/24.05 W
26.09.41	00.31	brD	"Cortes"	1.374	47.48 N/23.45 W
03.11.41	18.28	brD	"Empire Gemsbuck"	5.626	52.18 N/53.05 W
03.11.41	18.28	brD	"Everoja"	4.830	80 m 77° Belle I.
15.01.42	11.34	ptMf	"Catalina"	632	47.-- N/52.-- W
17.01.42	11.21	nwD	"Octavian"	1.345	45.-- N/60.-- W
21.01.42	18.43	caM	"North Gaspe" =	888	46.33 N/53.04 W
22.01.42	01.16	brAPC	"Rosemonde"	346	Cape Race
10.04.42	03.47	brMT	"San Delfino"	8.072	35.35 N/75.06 W
11.04.42	13.20	amDT	"Harry F. Sinclair jr." =	6.151	34.25 N/76.30 W
12.04.42	07.06	paMT	"Stanvac Melbourne" =	10.013	33.53 N/77.29 W
14.04.42	15.15	brD	"Empire Thrush"	6.160	35.08 N/75.18 W
26.06.42	05.44	brM	"Putney Hill"	5.216	24.20 N/63.16 W
26.06.42	23.17	bzD	"Pedrinhas"	3.666	23.07 N/62.06 W
28.06.42	15.38	amD	"Sam Houston"	7.176	19.21 N/62.22 W
09.07.42	23.05	brM	"Cape Verde"	6.914	11.32 N/60.17 W
11.07.42	03.53	paDT	"Stanvac Palembang"	10.013	11.28 N/60.32 W

Gesamterfolge: 21 Schiffe mit 83.284 BRT versenkt
4 Schiffe mit 25.345 BRT torpediert

Korvettenkapitän Peter Erich Cremer

Dreimal gerammt und immer entkommen

"Wir haben die 'Spreewald' versenkt!"

Am 25. August 1941 hatte Kapitänleutnant Peter Erich Cremer mit U 333 sein erstes eigenes Boot in Dienst gestellt. Davor war der junge Seeoffizier der Crew 33 auf dem Zerstörer Z 6 "Theodor Riedel" gefahren und hatte den Norwegeneinsatz mitgemacht. Bei einem Torpedoflieger-Angriff war es ihm gelungen, eine der "Blackburn Scua"-Trägermaschinen abzuschießen.
Danach hatte er sich zur U-Boot-Waffe gemeldet und war als Kommandantenschüler in Pillau auf einem der dort in der U-Boot-Schule eingesetzten Einbäume gefahren.
Die erste Feindfahrt führte U 333 durch die tosende Januarsee des Jahres 1942 in den Mittelatlantik. Am 18. Januar kam Cremer auf den britischen Dampfer "Caledonian Monarch" zum Schuß, einen Briten, der im Konvoi SC 63 gelaufen war. Sie hatte 5.851 BRT. Vier Tage später griff das Boot ein Schiff des Geleitzuges ON 53s an. Es war die "Vassilios A. Polemis" mit 3.429 BRT, die auf 42.32 Grad Nord und 52.38 Grad West sank.
Das norwegische Motorschiff "Ringstad", mit 4.765 BRT ebenfalls ein gutes Schiff, folgte abermals 48 Stunden später nach.
Damit hatte das Boot auf seiner ersten Feindfahrt bereits einen be-

achtlichen Erfolg erzielt. Am Nachmittag des 31. Januar 1942, das Boot befand sich bereits auf dem Rückmarsch, sichtete die Brückenwache einen Dampfer. Cremer, der auf den Turm kam, ließ das Boot sofort mit Alarmtauchen hinuntergehen und auf Sehrohrtiefe einpendeln. Er schwang sich auf den Sattelsitz und versuchte, den Dampfer zu erkennen.
Er sah einen dunkelgrauen Dampfer mit weißen Aufbauten, einem Schornstein und zwei schlanken Masten ohne Saling. Fünf große Luken waren zu erkennen. Vor der Brücke standen noch zwei Pfahlmasten. Das Schiff hatte ein Rundheck und führte keine Flagge. Cremer war sicher: Das ist ein feindliches Handelsschiff. Auf dem Heck konnte Cremer eine Kanone erkennen.
"Das Schiff läuft Zickzackkurs um 60 Grad-Generalkurs herum. Wir werden es aufs Korn nehmen."

Um 16.50 Uhr gab er den Befehl zum Schuß eines Torpedos. Nach Ablauf der Laufzeit, Cremer hatte den eingefahrenen Spargel wieder ausfahren lassen, sah er die Trefferfontäne an dem Dampfer aufbrennen. "Schiff läuft aus, stoppt!" berichtete er der Besatzung, die auf Gefechtsstationen stand. Wenig später mußte er erkennen, daß auf dem Schiff Lecksicherungsmaßnahmen erfolgten. Das mußten ganz zähe Seeleute sein, daß sie nicht in die Boote gingen. Cremer beschloß, dem Schiff den Fangschuß zu geben. Um 18.00 Uhr schoß er den letzten Torpedo, den das Boot noch hatte: einen Elektrotorpedo. Dieser traf sein Ziel, und nach dem zweiten Treffer erscholl eine wüste Detonation aus dem Schiff. Cremer sah, daß nun die Boote gefiert wurden. Dieser Torpedo, aus nur 350 Metern Distanz geschossen, ließ das Schiff rasch tiefer sacken. Das Boot lief nun ab, ohne das Sinken des Schiffes abzuwarten, denn dieses war mit Sicherheit nicht mehr zu retten.
Als das Boot nach dem Auftauchen die Erfolgsmeldung durchgab, war bereits ein lebhafter Funkverkehr durchgeführt worden. Und zwar hatte das Schiff auf einer bestimmten Welle, die nur den deutschen Blockadebrechern vorbehalten war, einen FT-Spruch getastet, der vom BdU aufgenommen worden war. Dieser Spruch lautete: "SOS von 'Spreewald': Wurde um 17.00 Uhr torpediert, brenne und sinke auf 45.15 Nord und 24.45 West."

Dieser Funkspruch ließ den BdU sofort handeln. Sein Funkspruch rief alle in der Nähe stehenden Boote zur voraussichtlichen Untergangsstelle des deutschen Blockadebrechers "Spreewald", denn um dieses Schiff handelte es sich, das U 333 mit zwei Torpedos versenkt hatte. In einem zweiten Funkspruch wurden U 105 unter Kapitänleutnant

Schuch und andere Boote aufgefordert, sofort zur Untergangsstelle zu marschieren und nach Überlebenden zu suchen.

Kapitänleutnant Schuch hatte gerade einen Geleitzug gesichtet und wollte diesen angreifen. Nun mußte er den Konvoi sausenlassen und auf die Suche gehen.

Alles dies hatte Cremer nicht mitgekriegt, weil er unter Wasser abgelaufen war und dementsprechend auch keine Funksprüche empfangen konnte.

Als er dann seine Erfolgsmeldung abgesetzt hatte, erhielt er nur zwei Minuten später einen FT-Spruch des BdU: "Cremer, Sie haben den deutschen Dampfer 'Spreewald' versenkt."

Weiter ließ der BdU nichts tasten, aber alle U-Boote, die diesen FT-Spruch mitgehört hatten, ahnten, was nach Cremers Rückkehr auf ihn wartete.

U 105 erreichte als erstes Boot die Untergangsstelle, und Schuch konnte melden, daß er drei Boote und drei Flöße mit insgesamt 24 Deutschen und 58 Gefangenen gefunden habe. Es fehle, so teilte er mit, noch ein Boot, in dem sich auch noch zwei Kapitäne befunden hatten.

Neun Boote suchten die See in einem breiten Suchstreifen ab. Ein starker Funkverkehr sollte alle Boote in direktem Kontakt halten, um bei einer Sichtmeldung sofort reagieren und retten zu können.

Über Taste, das heißt direkt von der Befehlsstelle zu U 105, führte Admiral Dönitz ein Funkschlüsselgespräch mit Kapitänleutnant Schuch. Dieser direkte Funkverkehr klappte ausgezeichnet, denn Funkmaat Busse auf diesem Boot war eine anerkannte Kapazität auf diesem Gebiet. Dieses Funkschlüsselgespräch wurde auch von einigen anderen Booten empfangen und mitgeschrieben. Sein Tenor war:

"Keiner der Geretteten darf erfahren, daß es ein deutsches U-Boot war, das die 5.083 BRT große 'Spreewald' versenkt hatte."

Die Suche nach dem letzten Boot verlief erfolglos. In einem FT-Spruch des BdU hieß es dazu: "BdU nimmt an, daß das Boot mit bester navigatorischer Besatzung die spanische Küste ansteuert."

Allerdings war es auch möglich, daß einer der durch den starken Funkverkehr herbeigelockten feindlichen Zerstörer dieses Boot fand und die Besatzung aufnahm.

An Bord der "Spreewald" befanden sich die Gefangenen, die das Versorgungsschiff "Kulmerland" unter Kapitän Pschünder am 17. November 1941 an den Blockadebrecher "Spreewald" abgegeben hatte. Dazu auch eine Reihe von Postsäcken mit der Post einiger in See stehender Handelsstörkreuzer und das Kriegstagebuch von Schiff 41, "Kormoran".

Der Blockadebrecher kam von Dairen und war für Bordeaux bestimmt.

Unter den Opfern, die die See behielt, befanden sich auch die von Kapitän Detmers von Schiff 41 in die Heimat geschickten Besatzungsangehörigen des Hilfskreuzers. Unter ihnen auch der Nachrichten-Offizier Kapitänleutnant Gustav Oetzel.
Das war ein großes Fiasko für U 333 und besonders für Kapitänleutnant Cremer. Vor dem BdU konnte Peter Erich Cremer nach Bericht des Ablaufes der Aktion belegen, daß auch nach dem ersten Treffer die Identität des Schiffes nicht bekannt gemacht worden war, obgleich doch von der Schiffsführung angenommen werden mußte, daß die "Spreewald" von einem deutschen U-Boot torpediert worden war. Peter Erich Cremer erhielt eine Verwarnung, und der Große Löwe sprach ihm trotz dieses Vorkommnisses letztlich wieder sein Vertrauen aus. Diese Versenkung gehörte zu jenen Unfällen des Kriegsgeschehens, die nun einmal passierten.

Im amerikanischen Küstenvorfeld — Vom Tanker gerammt

Anfang April 1942 lief U 333 zu seiner zweiten Feindfahrt aus. Operationsgebiet des Bootes war das amerikanische Küstenvorfeld, wo in den Monaten vorher eine Reihe deutscher Boote große Erfolge errungen hatten.

Aus Rochelle in See gehend durchlief U 333 ohne Zwischenfälle die gefährliche Biskaya. Von Höhe der Azoren an marschierte U 333, das bis dahin meistenteils unter Wasser gelaufen war, im Überwassermarsch weiter. Die Sicht wurde durch tiefliegende Wolken verdeckt. Dennoch stieß eine viermotorige Liberator plötzlich aus den dichten Wolken genau auf U 333 herunter und griff es mit Bordwaffen an. Dann warfen sie zwei schwere Bomben, die dicht beim Boot in die See hieben. Starkes Abwehrfeuer zwang den Bomber zum Abdrehen. Das Boot hatte durch den Beschuß ebenso wie durch die Druckwellen der Bomben schwere Schäden erlitten. Mit dem Leitenden Ingenieur, Oblt. (Ing.) Hoffmann, prüfte der Kommandant die Schäden.
"Schaffen wir die Beseitigung mit Bordmitteln, Hoffmann?" fragte der Kommandant. Oberleutnant Hoffmann sagte dies zu.
Bei grober See, immer in Erwartung eines neuen feindlichen Angriffs, begannen die Reparaturarbeiten, die nach achtstündiger ununterbrochener Schufterei beendet waren. Nach einem Tauchversuch entschied Cremer: "Das Boot setzt die Feindfahrt fort!"
Am 22. April war nach dreiwöchiger Fahrt das amerikanische Küstenvorfeld erreicht. Der ganze Seeraum schien wie leergefegt, obgleich der B-Dienst an dieser Stelle immer noch starken Schiffsverkehr signalisiert hatte. U 333 lief bis dicht unter die Küste von Florida. Auf niedrigstem Wasser stehend, versuchte Cremer zum Schuß zu kommen. Bei Tage auf Grund liegend, tauchte das Boot in den Nächten auf, um die Batterien aufzuladen und das Boot mit Frischluft wieder klar zu bekommen. Ab und zu wurde ein Bewacher gehorcht, dann wurden durch das Luftzielsehrohr Flugzeuge gesichtet, die die Küstensicherung wahrnahmen.
Am 29. April morgens meldete der Horchraum plötzlich Schraubengeräusche. Cremer enterte in den Turm und befahl, das Sehrohr auszufahren. Im Sehrohrausblick zeigte sich dem Kommandanten ein großer Tanker, der mit 12 Knoten Fahrt auf Ostkurs lief.
"Den schnappen wir uns als ersten. Ein Riesentanker — mindestens 12.000 Tonnen!"
Das Boot tauchte auf und hängte sich am Rand des Sichtkreises an. Als es dann dunkel wurde, gewann es den zum Angriff notwendigen Vorlauf und ging wieder auf Sehrohrtiefe hinunter, um den Tanker im Unterwasserangriff aus nächster Nähe zu torpedieren.
Das Boot lief unter Wasser in die Schußposition hinein. Mehrmals ließ der Kommandant das Sehrohr zu kurzen Ausblicken hochfahren. Als er dies wieder einmal tun wollte, surrte zwar der Motor, aber das Sehrohr rührte sich nicht von der Stelle.
"Wir können doch nicht blind schießen! — Machen Sie das Sehrohr klar, Bootsmaat!"

Der Mann, dem die Wartung des Sehrohrs oblag, begann zu arbeiten. Währenddessen meldete der Mann im Horchraum, daß die Schraubengeräusche des Tankers sich näherten. Endlich glitt das Sehrohr wieder in die Höhe. Unwillkürlich zuckte Peter Erich Cremer zurück, denn der Tanker stand gigantisch groß unmittelbar vor dem Boot und füllte mit seinem Mittelschiff die gesamte Optik aus.

Noch ehe er einen Befehl geben konnte, hatte der Tanker, der das Boot erkannt und gedreht hatte, U 333 erreicht. Ein harter Rammstoß ließ die Männer im Boot durcheinanderwirbeln. Unmittelbar über seinem Kopf hörte Cremer das Reißen und Würgen des Tankerstevens am Turm. Das Licht im Boot erlosch.

"Wassereinbruch!" meldete der Gefechtsrudergänger. Rauschend stob die See von oben ins Boot, mit berstendem Knall wurde etwas aus der Turmverkleidung herausgerissen.

"Backbord-E-Maschine ausgefallen!"

Die Notbeleuchtung wurde vom LI eingeschaltet und plötzlich spürten alle, daß das Boot ihnen förmlich unter den Füßen wegsackte. Und noch immer strömte Wasser durch das Leck über ihren Köpfen ins Boot und klatschte auf die Flurplatten der Zentrale herunter.

"Auf 60 Metern abfangen! — Alle Mann aus dem Turm!" befahl der Kommandant und enterte als letzter in die Zentrale ab. Das untere Schott wurde dichtgeschlagen und zugedreht. Der Wassereinbruch stand, und dem Leitenden Ingenieur gelang es, das Boot abzufangen.

Der Tanker, der U 333 gerammt hatte, war die "British Prestige" mit 11.000 BRT, der unter Captain Hill auf dem Weg in den nächsten Hafen war. Peter Erich Cremer sollte den Kapitän nach dem Kriege in London persönlich kennenlernen.

"Wenn der Tanker einen Zerstörer 'rangeholt hat, dann werden wir beim Auftauchen unser blaues Wunder erleben, Herr Kaleunt", meinte der Zentralemaat, der neben dem Kommandanten stand.

"Möglich, aber wir m ü s s e n wieder 'rauf, bevor der Tag anbricht. — Was machen die Sehrohre?"

"Sie klemmen beide, wahrscheinlich sind sie abgebrochen."

"Horchraum: Frage Schraubengeräusche?"

"Keine Schraubengeräusche, Herr Kaleunt!" kam die postwendende Antwort.

"Auftauchen!"

Als das Boot die Wasseroberfläche durchbrach, versuchte Cremer das Turmluk zu öffnen, vergebens. Nun lag das Boot also wehrlos und blind auf See. Es hieß sofort handeln.

Durch das Kombüsenluk im Bug des Bootes kletterte der Kommandant auf das Deck. Hier sah er nach einem sichernden Rundblick, daß die See in der Runde tatsächlich leer war. Dann wanderte sein Blick über den Turm hinweg. Der riesige Tanker hatte zuerst den Bug von U 333 gestreift und die Außenhaut des Bootes aufgerissen. Zwei der vier Torpedorohre am Bug waren durch den Rammstoß ausgefallen. Der Turm aber sah so aus, als sei er nur noch ein Schrotthaufen. Er war völlig eingedrückt. Blech hing nach allen Seiten lose herunter. Vom Sehrohr stand nur noch ein eingedüllter Rest.

Es gelang dem Kommandanten, das Turmluk von den darüber hängenden Stahlteilen freizumachen, so daß die Besatzung der Brückenwache aufziehen konnte. Der LI kam ebenfalls nach oben.

"Herr Kaleunt, da hilft jetzt nur noch die Werft. Unser Boot ist nur noch ein fahrender Schrotthaufen."

"Unsinn Hoffmann!" widersprach Cremer. "Zwei unserer Bugrohre sind noch klar, und wir haben noch alle Torpedos! So fahren wir nicht zurück. Sie müssen das Boot wieder hinkriegen. Das ist doch klar!"

Mit AK lief U 333 aus der gefährlichen Nähe der Küste ab und verholte sich weit draußen in die offene See. Hier wurde der Rest des losgerissenen Schanzkleides mit dem Schneidbrenner weggeschnitten, die Lecks notdürftig verschweißt und das zweite Sehrohr zurechtgebogen und beweglich gemacht.

48 Stunden später meldete der Leitende Ingenieur: "Boot ist wieder bedingt gefechtsklar!"

U 333 kehrte zur Küste zurück. Da aus den Rissen der Tauchzellen Luft ausblies, mußte alle fünf Minuten nachgeblasen werden. Mit den vorderen Tiefenrudern hart oben und den achteren hart unten — was dem Boot durch den Fahrstrom den notwendigen zusätzlichen Auftrieb gab — schafften sie es.

In der kommenden Nacht wurde ein Zerstörer gesichtet. Peter Erich Cremer dirigierte sein Boot an diesem vorbei. Am Morgen des 6. Mai sichtete das Boot einen großen Tanker, der einen günstigen Kurs lief.

"Auf Gefechtsstationen! — Boot greift einen Tanker von geschätzten 12.000 Tonnen an!"

Um 05.34 Uhr war das Boot bereit. "Keine lange Verfolgungsjagd, die können wir uns nicht erlauben", meinte der Kommandant.

"Einfach 'ran und raus mit dem Zweierfächer!"

Das Boot lief im Überwasserangriff dicht an den Tanker heran. Beide Torpedos verließen die Rohre und trafen den Tanker im Abstand von vier Sekunden zueinander tödlich. Flammen stoben aus den aufgerissenen riesigen Lecks heraus. Eine Explosion erscholl und dann knickte der amerikanische Tanker "Java Arrow", der gute 8.327 BRT hatte, in der Mitte ein und sank. (Das Schiff gilt im Rekord von U 333 als versenkt, auch wenn der Tanker später gehoben werden konnte.)

Knapp vier Stunden später kam das Boot abermals zum Schuß. Dieser Zweierfächer riß die nur 1.294 BRT große "Amazone", ein niederländi-

scher Dampfer, auseinander. Der Dampfer sank sofort.
Am frühen Morgen war bereits einmal an der Kimm ein Tanker aufgetaucht. Als das Boot sich nun auf tieferes Wasser verholte, wurde ein großer Tanker gesichtet.
"Den greifen wir uns!" ließ sich der auf den Turm gerufene Kommandant vernehmen, als sicher war, daß es sich um einen Tanker handelte. Um nicht vorzeitig gesehen zu werden, mußte U 333 tauchen. In Sehrohrtiefe hinuntergehend, ließ Cremer das Boot auf diesen günstig stehenden Tanker anlaufen. Der Zweierfächer aus den inzwischen nachgeladenen Rohren I und II wurde um 11.25 Uhr geschossen. Der anvisierte Tanker sackte gleich weg und als bereits klar war, daß er sinken würde, als sein Notruf durch den Tag gellte und ihnen zeigte, daß es der 7.088 BRT große US-Tanker "Halsey" war, der hier sank, stieß hinter dem sich hoch aufrichtenden Heck her ein Zerstörer in Lage Null auf das Boot zu.
"Alarm! — Schnelltauchen!"
Das Boot stieß steil vorlastig in die bergende See hinunter. Die beiden Diesel liefen so lange mit, bis die Abluftschächte in Wasserhöhe waren. Dann schalteten sie aus, und mit hummelnden E-Maschinen versuchte U 333 zu entkommen.
Eine Zehnerserie Wasserbomben krachte dicht beim Boot auseinander. Ein gewaltiger Ruck ließ einige Männer zu Boden stürzen. Flurplatten sprangen knackend aus ihren Führungen, jäh sackte das Boot durch.
'Das ist das Ende!' ging es dem Kommandanten durch den Sinn, und dann setzte U 333 krachend auf dem Meeresboden auf, der dem Sturz ins Nichts ein hartes Ende bereitet hatte.
Abermals fielen Wasserbomben. Doch sie lagen weit ab. Der Zerstörer entfernte sich, ohne weiter nach dem Boot zu suchen. Offenbar hatten die Amerikaner nur sehr wenige ihrer Zerstörer mit einem Asdic-Gerät ausgestattet, denn hätte dieser eines an Bord gehabt, dann wäre es mit Sicherheit mit U 333 zu Ende gegangen.
Als die Schraubengeräusche des Zerstörers verstummt waren, ließ Cremer die Lenzpumpen einschalten und das ins Boot eindringende Wasser außenbords pumpen. Alle erkannten Lecks wurden abgedichtet, und noch einmal schaffte es U 333 dem Tod von der Schippe zu springen. Es kam nach einigen vergeblichen Versuchen vom Grund frei, durchstieß die Wasseroberfläche und lief ab. U 333 war jetzt tauchunklar für größere Wassertiefen. Mit nur noch einem Torpedo im Rohr II mußte der Kommandant den Rückmarsch befehlen. Nun hieß es, über 3.000 Seemeilen mit einem Wrack zurückzulegen. Unwahrscheinliches hatte die Besatzung bereits geleistet, und nun sollte auch noch Unmögliches von ihr verlangt werden.

Als dem Boot am Morgen des 11. Mai 1942 der als Truppentransporter eingesetzte britische Dampfer "Clan Skene" vor die Rohre lief, gelang es dem Boot, mit Beide "dreimal Wahnsinnige!" (wie dreimal AK genannt wurde) so dicht heranzukommen, daß der Torpedo aus nur 550 Metern Distanz geschossen werden konnte. Der Aal traf das Schiff in der Mitte und ließ es sofort stoppen. Dann krachte im Bauch des Frachtraumes Munition auseinander und als mit Donnergetöse die Kesselexplosion folgte, war es mit diesem 5.214 BRT großen Schiff zu Ende. Das Heck wuchs noch einmal aus dem Wasser empor, dann stieß das Schiff stark vorlastig für immer in die Tiefe hinunter.

Am 27. Mai 1942 lief U 333 mit vier Versenkungswimpeln am ausgefahrenen Sehrohr in La Pallice ein. Ein unwahrscheinlich harter Einsatz war zu Ende gegangen. Die zur Begrüßung auf die Pier gekommenen Kameraden sahen ein Boot, von dem sie nicht wußten, ob sie es noch als solches bezeichnen sollten. In das KTB schrieb Admiral Dönitz: "Unwahrscheinlich zäher Einsatz sicherte in schwierigster Lage einen großen Erfolg."

Nach dieser Feindfahrt erhielt Peter Erich Cremer den Beinamen "Ali Wrack", und offenbar wollte sich der Kommandant dieses Beinamens auch würdig erweisen, wie die nächste Feindfahrt zeigen sollte.

Tödliches Duell
mit der Korvette "Crocus"

Nach gründlicher Überholung und Reparatur lief U 333 — das Boot der kleinen Fische, wie es nach dem Bootswappen genannt wurde — im September 1942 zu seiner dritten Feindfahrt aus. Operationsgebiet sollte diesmal die afrikanische Westküste sein, wo vor Freetown bereits einige Gruppen deutscher U-Boote erfolgreich gewesen waren. I. WO des Bootes war diesmal Oberleutnant z. S. Hermann, II. WO Oberleutnant z. S. Pohl. Das Boot legte den Marsch zum Einsatzgebiet ohne besondere Vorkommnisse zurück, und am 1. Oktober ließ Cremer einen Kurzspruch tasten, daß er das Einsatzgebiet erreicht habe. Das Boot wurde mit einigen anderen zur U-Boot-Gruppe "Iltis" zusammengefaßt und erhielt seinen bestimmten Suchsektor zugeteilt. Scheitelpunkt der Suchharke war Freetown, und hier stand U 333 unmittelbar vor dem Hafen auf und ab. Peter Erich Cremer trug sich mit der Idee, in den Hafen hineinzulaufen und einen dort vom B-Dienst erkannten großen Truppentransporter zu vernichten.
Am frühen Morgen des 6. Oktober 1942 lief U 333 auf den Hafen von Freetown zu. Der Kommandant stand auf der Brücke des Bootes. Stunde um Stunde verrann. Dann räusperte sich Cremer und verkündete dem wachegehenden Wachoffizier: "Ich gehe hinunter, um mich von der Navigation und der Lotung zu überzeugen."
Der Kommandant verließ die Brücke und enterte in die Zentrale ab. Er ging auf die am Kartenpult stehende Nummer Eins zu.
"Oben sieht es sehr mies aus, Becker", begann Cremer die Unterhaltung. "Dunkle Nacht und dazu noch Regen. Wo stehen wir eigentlich genau?"
"Wir haben um 05.25 Uhr die 200-Meter-Linie passiert, Herr Kaleunt und stehen jetzt 20 Seemeilen vor Freetown."
Cremer beugte sich über die Karte und blickte auf jene Stelle, die von der Nummer Eins mit dem Bleistift markiert wurde.
"Danke, Becker, dann wollen wir mal . . ."
"Kommandant auf die Brücke!" wurde Cremer durch einen lauten Ruf unterbrochen. Cremer eilte zum Niedergang, rief sein "Aufwärts!" und enterte auf den Turm.
"Kriegsschiff, Herr Kaleunt! — 600 Meter an Steuerbord voraus!"
Auf den ersten Blick erkannte Cremer eine Korvette, die mit Höchst-

fahrt aus der noch immer herrschenden zwielichtigen Dunkelheit herausschoß und in diesem Moment das Feuer auf das U-Boot eröffnete, wie man durch die aufzuckenden Mündungsblitze erkennen konnte. Heulend jagten die Geschosse heran und hieben rings um das Boot in die See und dann auch in den Turm von U 333 hinein.
Kapitänleutnant Cremer spürte plötzlich einen harten Schlag am rechten Oberarm. Gleich darauf war ihm, als würde sein linker Unterarm auseinandergerissen. Dann erhielt er einen Bruststeckschuß, der ihn von den Beinen riß. Auch die übrigen Männer der Brückenwache wurden getroffen, sie schrien auf und stürzten zu Boden. Als der Kommandant wieder emportaumelte, sah er, daß sein I. WO am Hals blutete.
Die Korvette war bereits sehr nahe herangekommen und setzte nun zum Rammstoß an.
"Hart Steuerbord! — Dreimal AK!" brüllte Cremer.
Das Boot folgte dem gelegten Ruder und drehte; über die Schulter zurückblickend sah der Kommandant den Bug der Korvette, scheinbar haushoch über dem Turm emporragend, und immer noch näherkommend.
U 333 beschleunigte seine Fahrt und drehte; doch in diesem Augenblick schob sich der Bug der Korvette auf das Heck von U 333 und drückte das U-Boot achtern tief in die See. Das Boot drohte zu kentern; doch dann nach langen Sekunden der Furcht, daß es aus sein könnte, kam es von dem Schiffsbug, der es niedergedrückt hatte, frei. Die Drehung hatte bewirkt, daß die Korvette sie nicht so hart getroffen hatte, wie es ihr Kommandant beabsichtigt hatte.
Als sich der Bug des Gegnerfahrzeuges mit häßlichem Knirschen löste und das Boot abermals in heftige Schaukelbewegungen versetzt wurde, stürzten Kommandant und I. WO abermals zu Boden. Erneut raffte sich Peter Erich Cremer unter Aufbietung aller Willenskraft hoch und versuchte, die Situation unter Kontrolle zu bekommen.
"Schnell ins Boot! — Klar bei Tauchretter!" rief er den Männern zu. Einer nach dem anderen enterten sie ab. Die auf der Brücke liegenden schwer verwundeten Männer wurden von dem selbst dreifach verwundeten Kommandanten hinuntergereicht. U 333 lief zur Seite ab, und das Feuer der Korvette verfolgte sie belfernd und krachend. Es gab einen Höllenlärm, denn die Distanz zwischen dem U-Boot und der Korvette war noch immer nicht besonders groß.
Der Obersteuermann und einer der Zentralegasten nahmen die Verwundeten in Empfang, und Kapitänleutnant Cremer ließ das Boot zacken, um dem Feindfeuer zu entgehen, das sie umtoste. Granaten schlugen an Backbord in die See und als die Einschläge einschwenkten, ließ Cremer wieder eine Kursänderung vollziehen und entging so

einem tödlichen Treffer. Er wollte versuchen, den Gegner vor die Bugrohre zu bekommen, denn am Heck war alles zerquetscht und ein Schuß aus dem Heckrohr kaum ratsam. Das Hecktorpedorohr, so meldete in diesem Moment auch der im Hecktorpedoraum stehende Maat, war völlig zerbeult und fiel für einen Schuß aus.
Mit der Führung des Bootes so intensiv befaßt, daß er seine Verwundungen nicht wahrnahm, spürte Cremer plötzlich einen weiteren harten Schlag gegen den Schädel. Blut lief ihm in einem dichten Fluß über das Gesicht.
Dennoch hielt er sich aufrecht. Er m u ß t e klar bleiben und das Boot aus dieser Gefahr herausbringen, das war das einzige, an das er denken wollte. Er legte den Kurs des Bootes auf Parallelkurs zur Korvette, die abermals von achtern aufdampfte und zum neuerlichen und diesmal vernichtenden Rammstoß ansetzte. Es gelang ihr noch einmal, das Heck von U 333 leicht zu berühren. Doch durch rechtzeitiges Hartruderlegen schwächte Cremer den auftreffenden Rammstoß ab, und die Korvette stieß ins Leere.
"Alarmtauchen!"
Der Kommandant warf sich halb besinnungslos durch das Luk. Ein Mann der Besatzung fing ihn auf und reichte ihn weiter. Dann drehte er das Luk dicht und als "Tauchklar" auf dem Leuchtbild erschien, ließ der LI die Tauchzellen fluten. Das Boot stieß steil vorlastig in die bergende See hinunter. Daß es bei 100 Meter Wassertiefe hart auf Grund stieß, bemerkte Cremer nicht mehr. Auch er war — nachdem er bis zuletzt seine Aufgabe erfüllt hatte — bewußtlos geworden.
Der II. WO wurde bereits von dem als Sanitäter ausgebildeten Funkmaat versorgt. Dieser zählte im Körper des Offiziers nicht weniger als 48 Splitter.
Der I. Wachoffizier aber, der noch mitgeholfen hatte, die ersten Verwundeten ins Boot zu hieven, war tot. Auch er von mehreren Kugeln und Splittern getroffen. Sechs weitere Männer der Besatzung waren gefallen. Ein Leutnant, der als Kommandantenschüler und III. WO mitgefahren war, hatte nunmehr die Verantwortung für das Boot.
Die Wasserbombendetonationen ließen den Kommandanten wieder zu sich kommen. Er war sofort klar und der Leitende Ingenieur meldete ihm, daß sie auf Grund lägen und daß bereits mit der Ausbesserung der eingetretenen Schäden begonnen worden sei.
Nachdem die Korvette, die offenbar ebenfalls Schäden davongetragen hatte, abgelaufen war, brachte der LI das Boot an die Wasseroberfläche zurück. Es drehte aus der gefährlichen Nähe der Küste weg und lief in den weiten Seeraum hinein. Der Leutnant stand als Wachoffizier mit der Nummer Eins auf der Brücke. Als sie in der Nacht die suchenden Scheinwerfer der Korvette sahen, ließ der Leutnant die Diesel-

maschinen ausschalten und fuhr mit den bedeutend leiseren E-Maschinen weiter. So gelang es ihnen, unbemerkt an diesem Gegner vorbeizukommen und die offene See zu erreichen.
Kapitänleutnant Cremer hatte bei diesem Gefecht unter anderem einen Schuß durch den Kaumuskel erhalten. Die Kiefer waren blockiert, und er konnte weder sprechen noch essen. Ein Rückenwirbel-Streifschuß hatte einen Bluterguß bewirkt, der auf einen wichtigen Nervenstrang drückte und den Kommandanten linksseitig lähmte. Ein Steckschuß im rechten Oberarm und über 20 Granatsplitter im linken Unterarm, im linken Knie und im Rücken kamen hinzu. Er litt fürchterliche Schmerzen. Er mußte vom LI immer wieder mit Morphium versorgt werden, um überhaupt durchhalten zu können. W i e er so lange hatte auf der Brücke aushalten können, war allen ein Rätsel. Nicht einmal Cremer selber wußte später, wie er dies geschafft hatte.
Sieben gefallene Kameraden mußten am Abend des 6. Oktober 1942 der See übergeben werden. Es war eine für alle Männer des Bootes niederschmetternde Feier und keiner schämte sich, daß er weinte.
Das Heckrohr mußte dicht gemacht werden. Dann wurde das Heck notdürftig repariert und während diese Arbeiten begonnen hatten, war der Funkmaat tätig geworden und hatte durch FT-Spruch den BdU verständigt. Admiral Dönitz beorderte sofort das als Treibölversorger in der Nähe stehende U 459 unter Korvettenkapitän von Wilamowitz-Möllendorf zu einem Treffpunkt mit U 333.
Vier Tage später trafen sich diese beiden Boote, und der Arzt von U 459 stieg zu U 333 über, um sich um den Kommandanten und die anderen Verwundeten dieses Bootes zu kümmern.
Dann ging U 333 auf Heimatkurs. Noch einmal entging das Boot nur knapp der Vernichtung durch ein britisches U-Boot, das einen Viererfächer auf U 333 schoß. Mit Hartruderlegen und dreimal AK entging das Boot der endgültigen Vernichtung.
Trotz aller Fährnisse wurde der Stützpunkt erreicht.
Später erfuhr Peter Erich Cremer, daß es die britische Korvette "Crocus" gewesen war, die U 333 an den Rand der Vernichtung gebracht hatte. Auch dem Kommandanten der "Crocus" begegnete Cremer nach dem Kriege. Es war Commander John F. Holm, ein gebürtiger Neuseeländer. Als sich beide Kommandanten im Mai 1955 in Reinbek bei Hamburg die Hände reichten, meinte Commander Holm: "Was wäre das für ein Jammer, alter Junge, wenn ich dich damals umgebracht hätte! — Ein schmutziges Geschäft ist der Krieg, aber wir haben ihn geführt, wie das Gesetz es befahl."
Ende 1942 wurde der "Tümmler" — so lautete die Codebezeichnung für U 333 — wieder einsatzbereit gemeldet. Der Kommandant lag noch immer in Partenkirchen im Lazarett. Kapitänleutnant Schwaff

führte das Boot auf seiner nächsten Feindfahrt und versenkte damit in sechs Wochen vier Dampfer mit 18.650 BRT. Es hatte sich gezeigt, daß das Boot der "kleinen Fische" wieder völlig in Takt war. Als es nach La Pallice heimkehrte, stand Kapitänleutnant Cremer auf der Pier und winkte seinen alten Kameraden einen Willkommensgruß zu. Er würde das Boot wieder übernehmen und er wollte, daß seine gesamte alte Besatzung wieder zusammenkam.

Auf der nächsten Feindfahrt war U 333 immer wieder in großer Bedrängnis, aber solche Vorkommnisse wie mit dem Tanker und der Korvette passierten nicht noch einmal, und es wäre auch fraglich gewesen, ob das Boot ein solches drittes Ramming überstehen würde. Nach dreizehn Wochen eines unerhört harten Einsatzes kehrte U 333 erfolglos in den Stützpunkt zurück. Damit war dieser Einsatz zwar nicht vergeblich gewesen, weil er nach wie vor feindliche Seestreitkräfte im Atlantik band, aber er brachte keinen Erfolg in dem Bemühen, mehr feindliche Handelsschiffs-Tonnage zu vernichten, als der Gegner neu bauen konnte. Cremer mußte dem BdU melden, daß das Boot tagsüber nicht mehr zum Auftauchen gekommen war, ohne sofort angegriffen zu werden.

Ende Oktober 1943 stand U 333 wieder unter Kapitänleutnant Cremer in See. Es wurde am 30. dieses Monats von einer aus den Wolken heraus zielsicher anfliegenden Bristol Blenheim angegriffen. Zum Tauchen war es zu spät, aber die leichten Fla-Waffen eröffneten das Feuer. Als brennende Fackel stürzte dieses Flugzeug in die See. Sie waren noch einmal davongekommen.

Am nächsten Tag wurde das Boot gegen 09.00 Uhr von einem Feindzerstörer gesichtet und unter Wasser gedrückt. Es gelang dem Kommandanten, noch im Tauchvorgang einen Torpedo auf diesen Angreifer loszumachen. Nach vier Minuten und 20 Sekunden wurde eine Torpedodetonation gehorcht. Aber es war kein Treffer, wie Cremer vermutet hatte, sondern ein Nahdetonierer, der nur geringe Schäden auf dem Feindzerstörer verursachte.

Auf dem Rückmarsch wurde ein Einzelfahrer angegriffen und torpediert. Aber auch dieses Schiff sank nicht, weil U 333 ihm keinen Fangschuß mehr geben konnte, sondern mit Alarmtauchen vor feindlichen Flugzeugen in den Keller mußte.

Und dann kam jene Feindfahrt, auf der d a s passierte, was Peter Erich Cremer nie mehr in seinem Leben erleiden wollte. U 333 hatte Anfang April 1944 sein Operationsgebiet 100 Seemeilen westlich der Iberischen Halbinsel erreicht und wurde dort gemeinsam mit einigen weiteren Booten zu einer Gruppe zusammengefaßt und auf einen stark gesicherten Geleitzug angesetzt.

U 333 hatte zum erstenmal auch die neuen Zaunkönige an Bord, jene

Torpedos, die als T 5-Zerstörerknacker bekannt wurden und denen man eine fulminante Wirkung nachsagte. Mit diesen Torpedos, die sich selbständig auf die hochtourigen Schraubengeräusche der Zerstörer einstellten und zielsicher darauf zuliefen, mußte es gelingen, jeden Zerstörer unter Wasser zu kriegen.

Als ein feindlicher U-Jäger von der Flanke des Konvois auf U 333 zulief, ließ Cremer den ersten Zaunkönig schießen.

Eine gewaltige Detonation zeigte den Treffer an, dessen Wirkung Cremer nicht beobachten konnte, weil er mit dem Boot sofort nach dem Schuß auf größere Tiefe hinuntergegangen war.

Als der Kommandant später gerade beim Mittagessen saß, meldete der Horchraum neue Schraubengeräusche. Die bald darauf einsetzende Asdic-Ortung zeigte ihm, daß dies Suchfahrzeuge waren, die sein getaucht weiterlaufendes Boot suchten. Die Peilungen kamen aus zwei verschiedenen Richtungen. Auf Sehrohrtiefe auftauchend, sah Cremer durch das Sehrohr 500 Meter voraus, Backbord 10 und an Steuerbord, in etwa 1.000 Metern Distanz jeweils einen Zerstörer. Dazwischen liefen die Schiffe der Spitzenkolonne eines Geleitzuges, der direkt auf U 333 zukam.

"Wir sickern in den Konvoi ein", berichtete Cremer seinen Männern, die auf ihren Gefechtsstationen standen und für jede Nachricht dieser Art dankbar waren, weil sie dann wußten, woran sie waren.

Beim nächsten Ausfahren des Sehrohrs sah Cremer, daß es an der Backbordflanke laufende Zerstörer auf Parallelkurs zum Boot drehte und es in 400 Metern Seitenabstand passierte. Sekunden später warf er mit seinem neuen "Hedgehog"-Serien-Wasserbombenwerfer eine Salve, die durch die Luft flitzte und — zur Seite geworfen — dicht bei U 333 in die See einhieb. Hier der Bericht des Kommandanten zu diesem Ereignis:

"Es gab einen fürchterlichen Schlag, und seltsamerweise befand ich mich danach immer noch am Sehrohr und konnte auch hindurchblicken. Was ich sah, war allerdings alles andere als ermutigend. Der zweite Zerstörer jagte mit AK auf uns zu. Unser Boot war durch die wuchtigen Detonationsschläge emporgewirbelt worden und ragte hoch aus der See heraus. Es war klar, dieser Gegner setzte zum Rammstoß an! In weniger als einer Minute mußte sich unser Schicksal entscheiden.

Aber ich fuhr ein altes, kampferprobtes Boot. Mit einer Besatzung, die schon unzählige Wasserbombenverfolgungen erlebt und überstanden hatte. Alle wußten, daß ihr Leben keinen Pfifferling mehr wert war, wenn sie es nicht mit aller Entschlossenheit verteidigten; so lange hatten sie alle denkbaren Gefechtsbilder exerziert, bis jeder einzelne instinktiv den richtigen Handgriff in der richtigen Situation tat.

Diese Einstellung, diese Tüchtigkeit der Besatzung, zusammen mit der Ruhe des Kommandanten, der die Nerven behalten und klare Befehle erteilen mußte, rettete uns auch in dieser bedrohlichen Situation.
Im Boot war durch diesen Zehnerfächer ungefähr alles ausgefallen, was uns auf normale Weise wieder von der Wasseroberfläche weg und hinab in die bergende Sicherheit der See bringen konnte. Die gesamte Elektrik und Hydraulik versagte. Nun gab es nur eines:
'Beide Tiefenruder hart unten! — Äußerste Kraft voraus!'
Alles spielte sich binnen weniger Sekunden ab. Der Zerstörer war jetzt sehr nahe herangekommen — höchstens noch einen Steinwurf weit entfernt. Als unser Boot sank, schnitt sein Kiel knirschend und reißend über uns hinweg. Mit seiner Schraube blieb er an einer seitlichen Panzerplatte unseres Turmes hängen und gab dem Boot dann einen harten Stoß zur Seite. Gleich darauf brach ein Teil des Schraubenflügels ab und polterte uns auf den Turm. Dann kamen wieder Wasserbomben.
Diesmal flogen uns die Fetzen um die Ohren. Nichts blieb heil. In völliger Finsternis kamen die Meldungen über Ausfälle und Wassereinbrüche. Und doch: Wir schwammen noch! Wir waren noch d a !"
Und ein drittesmal entging U 333 dem Untergang durch Rammstoß eines Feindfahrzeuges. Auch die folgende kritische Stituation wurde gemeistert, als sich der Schraubenflügel des Zerstörers zwischen Lukenrand und Deckel des Turmluks verklemmte und das Luk nicht geschlossen werden konnte. Der LI und der Wachoffizier schafften auch diese schwierige Aufgabe. Mit nur einem Diesel und defekten Kompressoren hinkte U 333 hakenschlagend davon, nachdem der LI das sinkende Boot wieder mit allen möglichen Tricks an die Wasseroberfläche zurückgebracht hatte. Der Tod hatte ein drittesmal nur um Haaresbreite vorbeigezielt.
U 333 trat den Rückmarsch an und wurde kurz vor Erreichen von La Rochelle, wo es einlaufen sollte, von einem "Feind-U-Boot" gestellt. 24 Stunden belauerten diese beiden Gegner einander. Als sie beide fast gleichzeitig vor La Rochelle auftauchten, stellte Cremer fest, daß es sich um ein japanisches U-Boot handelte, das hier versorgen und Treiböl übernehmen sollte.

Noch einmal, mit einem neuen Boot

Ebenso wie Korvettenkapitän Schnee und Fregattenkapitän Topp wurde auch Peter Erich Cremer dazu bestimmt, eines der neuen Elektroboote des Typs XXI zu übernehmen. Er übernahm U 2519. Doch es kam zu keiner Feindfahrt mehr. Diese Boote, die noch einmal eine Wende im U-Boot-Krieg hätten herbeiführen können und sollen, waren zu spät zur Front gelangt. Nicht weil es nicht eher hätte sein können, sondern durch Fakten, die sich den U-Boot-Fahrern verschlossen, für die sie kein Verständnis hatten, weil sie so absurd waren.

Am 3. Mai 1945 lief U 2519, nachdem Waffen, Munition und Vorräte von Bord gegeben worden waren, in die Kieler Bucht hinaus. Dort blieb das Boot liegen. Die Männer des Sprengkommandos legten die Sprengmittel an und zündeten. U 2519 ging für immer in die Tiefe.

Versenkungserfolge von U 333 unter Kapitänleutnant Cremer

18.01.42	13.15	brD	"Caledonian Monarch"	5.851	57.-- N/26.-- W
22.01.42	20.45	grD	"Vassilios A. Polemis"	3.429	42.32 N/52.38 W
24.01.42	15.25	nwM	"Ringstad"	4.765	45.50 N/51.04 W
31.01.42	16.50	dtM	"Spreewald" = =	5.083	45.-- N/25.-- W
06.05.42	05.43	amDT	"Java Arrow"	8.327	27.35 N/80.08 W
06.05.42	09.35	nlD	"Amazone"	1.294	27.21 N/80.04 W
06.05.42	11.25	amDT	"Halsey"	7.088	27.20 N/80.03 W
11.05.42	09.05	brD	"Clan Skene"	5.214	31.43 N/70.43 W
06.10.42	---	brPE	"Crocus"	---	Art.Gefecht

Gesamterfolge: 7 Schiffe mit 35.968 BRT versenkt
1 deutsches Schiff mit 5.083 BRT versenkt
= = — nicht gezählt

Kapitän zur See
Karl-Friedrich Merten

Fünf erfolgreiche Feindfahrten mit U 68

Karl-Friedrich Merten ist ebenso wie Ernst Kals ein alter Seemann, denn er gehörte zur Crew 26 der damaligen Reichsmarine. Als Leutnant zur See war er Waffenleitoffizier auf dem Kreuzer "Königsberg" und behielt neun Jahre lang weitere Bordkommandos, ehe er als Wachoffizier auf T 157 fuhr.
Als Kapitänleutnant war er Kommandant des Geleitbootes F 7 und führte dieses Boot bis zum 1. April 1939. Danach diente er als Kadetten-Ausbildungsoffizier auf dem Schulkreuzer "Schleswig-Holstein".
Anfang 1940 meldete sich Merten zur U-Boot-Waffe. Er fuhr als Kommandantenschüler auf U 38, wo er in Heinrich Liebe einen erfahrenen Ausbilder fand. Er machte eine der härtesten Feindfahrten dieses Bootes mit.
Am 11. Februar 1941 stellte der soeben zum Korvettenkapitän beförderte Seeoffizier bei der Deschimag in Bremen mit U 68 ein Boot des Typs IX C für weite ozeanische Verwendung in Dienst.
Die erste Feindfahrt, die zugleich als Überführungsfahrt nach Lorient galt, blieb ohne Erfolg, wenn man davon absehen will, daß Merten auf eine Korvette zum Schuß kam, die am OG 69 Sicherung lief. Zwar konnte nach dem Torpedotreffer eine rote Stichflamme und eine Sprengwolke gesehen werden, doch mit Sinkgeräuschen war es nichts.
Am 1. September 1941 lief U 68 zu seiner ersten "richtigen" Feindfahrt aus Lorient aus und wurde mit einigen anderen Booten in den Südat-

lantik dirigiert. Dort hatten im Sommer die ersten sechs Boote große Erfolge erzielt, und nun sollten weitere Boote diese Erfolgsserie fortsetzen. Nach langem Anmarschweg erreichte U 68 das Operationsgebiet. Hier sichtete U 107 unter Hessler am 21. September einen von vier Zerstörern gesicherten Konvoi. Es war der SL 87. Neben U 107 erhielten noch U 68, U 103 unter Winter und U 67 unter Müller-Stöckheim Befehl, darauf zu operieren.

Gegen Mitternacht zum 22. September war U 68 herangeschlossen. Alles stand auf Gefechtsstationen, und hinter der UZO war der Torpedowaffen-Offizier bereit. Er hatte bereits drei Ziele zugewiesen erhalten: zwei 6.000-Tonner und einen Tanker von geschätzten 7.000 BRT. "Schießen Sie, TWO!" befahl Merten, als der Zielgeber "Hartlage!" meldete. Nacheinander verließen um 02.22 Uhr, 02.23 Uhr und 02.24 Uhr ein Zweierfächer und zwei gezielte Einzelschüsse die Rohre. Das britische Motorschiff "Silverbelle" mit 5.302 BRT erhielt zwei Treffer. Eine Kesselexplosion ließ den Dampfer rasch sinken. Der zweite Dampfer erhielt ebenfalls einen Treffer, wie die Stichflamme des auftreffenden Torpedos zeigte. Der Tanker wiederum erhielt einen schweren Treffer, und Merten sah ihn am anderen Morgen mit Schlagseite, gesichert von zwei Zerstörern und in kleiner Fahrt in Richtung Tanger laufen. Mit Sicherheit ist also nur eines der drei angegriffenen Schiffe gesunken. Der Tanker gilt als torpediert.

Der SL 87 verlor noch sechs weitere Schiffe, während einige torpediert wurden. Aber U 68 war nicht mehr daran beteiligt.

Der Marsch nach Süden wurde fortgesetzt. Als U 111 unter Kapitänleutnant Kleinschmidt meldete, daß er schwere Schäden habe und den Rückmarsch antreten müsse, erhielt er vom BdU Befehl, sich mit U 68 auf einem besonders angegebenen Punkt zu treffen. U 111 sollte dort seine Torpedos an U 68 abgeben, damit dieses Boot seine Fahrt mit noch größerer Aussicht auf Erfolg fortsetzen konnte. Treffpunkt war St. Atao, eine der kapverdischen Inseln. In der angeblich unbewohnten Bucht von Tarafal sollte die Torpedoübergabe vor sich gehen. Korvettenkapitän Merten allerdings hatte dafür das Inselgewirr der westafrikanischen Küste vor Conakry vorgeschlagen.

Neben diesen beiden Booten beorderte der BdU einen Tag darauf auch U 67 unter Kapitänleutnant Müller-Stöckheim dorthin. Es sollte einen Schwerkranken zum Rücktransport in die Heimat an U 111 übergeben.

Das Treffen mit U 111 fand planmäßig zehn Seemeilen westlich der Tarafal-Bucht statt. Gemeinsam lief U 111 mit U 68 in der Abenddämmerung in die Bucht ein. Vom Turm aus erkannte Merten, daß an Land eine größere Einheit portugiesischer Truppen unter Gewehr angetre-

ten war. Ohne diese militärische Demonstration zu beachten, ankerte U 68 in der Bucht, und U 111 legte sich längsseits.
Kapitänleutnant Kleinschmidt stieg auf U 68 über. Beide Kommandanten begrüßten einander und tauschten ihre neuesten Erfahrungen aus. Währenddessen begann auch die Torpedoübergabe an U 68, die um Mitternacht beendet war. U 111 legte sofort ab und verließ die Bucht, während U 68 noch mit dem Einholen des Ankers beschäftigt war. Dabei legte sich die neue Stahltrosse des Ankers um die Ankerpflugen.
Oberbootsmannsmaat Kurkowski, die Seemännische Nr. Eins auf U 68, machte sich an die Arbeit und meldete kurz darauf Anker und Spill klar. Der Anker wurde eingeholt.
Als das Boot eben Fahrt aufgenommen hatte, krachten achteraus, wo ein Uferfelsen steil emporragte, zwei Torpedo-Detonationen; zwei Feuersäulen stiegen in den klaren Nachthimmel empor. Mit Beide AK lief U 68 ab. Die Torpedos mußten von einem feindlichen U-Boot stammen.
U 67, das eigentlich erst in der nächsten Nacht bei Tarafal eintreffen sollte, hatte sehr gute Fahrt gemacht, und Merten hoffte, das Boot noch vor der Morgendämmerung zu treffen. Doch U 67 rammte vor der Tarafalbucht jenes feindliche U-Boot, das die zwei Torpedos auf U 68 geschossen hatte. Das Feind-U-Boot sank. U 67 erlitt so schwere Schäden, außerdem waren alle vier Bugrohre nicht mehr zu benutzen, daß es vom BdU nach seiner Meldung des Rammings den Rückmarschbefehl erhielt.
U 68 erwirkte vom BdU die Erlaubnis, alles das, was U 67 entbehren konnte, übernehmen zu dürfen. Dies wurde bestätigt.
Am 2. Oktober 1941 gegen 21.15 Uhr ging U 68 südlich von Port d'Arguine bei dem zerbeulten U 67 längsseits. In sechs Stunden harter Arbeit wurden auch die Torpedos dieses Bootes übernommen, ferner Schmieröl, Destillat und Waschwasser.
Beide Boote trennten sich, und U 67 folgte U 111 in die Heimat nach, während U 68 voll aufgefüllt den Marsch ins vorgesehene Operationsgebiet fortsetzte.
Das Boot erhielt den FT-Befehl, in den Seeraum zwischen St. Helena und Ascension zu marschieren. Dort sollte nach den Erkenntnissen des Operationsstabes des BdU ein britischer Kriegsschiffsverband mit einem Flugzeugträger stehen.
In der Nacht zum 8. Oktober wurde Ascension erreicht. Das Boot lief bis weit auf die Reede hinein, fand aber keinen einzigen kleinen Kolcher, von einem großen Kriegsschiff nicht erst zu reden.
Der I. WO, Oblt. z. S. Maus, sichtete die Baracken der Inselbesatzung, alle Männer auf dem Turm hörten, daß dort tüchtig gefeiert wurde.

Aber für U 68 war des Bleibens nicht länger. Es setzte seinen Marsch fort und erreichte St. Helena. Hier wurde am Morgen des 22. Oktober ein großer Tanker gesichtet.
"Boot greift den Tanker später an!" entschied Merten. "Das ist ein Admiralitätstanker, der laut der B-Dienst-Meldung die feindlichen Kriegsschiffe hier versorgen soll. Wir warten also, bis wir die ganze Mahalla hier haben. Dann geht es zuerst an den Kreuzer. Die übrigen laufen uns nicht fort."
Doch die gemeldeten Kriegsschiffe kamen nicht, und kurz nach Mitternacht des 22. Oktober lief U 68 zum Angriff an. Der Dreierfächer traf den Tanker "Darkdale" von 8.145 BRT. Flammen brachen aus den Trefferstellen heraus, armdicke Ölstrahlen liefen in die See und von den sich im Bauch des Tankers sammelnden Ölgasen wurden die Planken losgesprengt und durch die Luft gewirbelt. Der Tanker ging auf Tiefe, und U 68 setzte seinen Marsch nach Südosten in Richtung Walfischbay fort. Unterwegs wurde am 28. Oktober um 3.43 Uhr der britische Dampfer "Hazelside" mit 5.297 BRT gestellt und versenkt.
Am frühen Morgen des 1. November enterte der Kommandant von der Brücke ab, nicht ohne vorher seinem I. WO, Oblt. z. S. Maus, eingeschärft zu haben, daß seine Frau an diesem Tage Geburtstag habe und daß er, Maus, ihm einen Dampfer dafür zu präsentieren habe.
Als wenige Stunden später Oblt. z. S. Maus den Kommandanten wachrüttelte und ihm den bestellten Geburtstagsdampfer meldete, war Merten zunächst skeptisch. Dennoch enterte er auf den Turm. Er sah den bereits gut herausgekommenen Dampfer und befahl zum Unterwasserangriff heranzugehen. Alles ging binnen weniger Minuten vonstatten. Als das Boot auf Sehrohrtiefe eingependelt war, gab der Kommandant die Schußwerte ein. Um 6.54 Uhr fiel der Einzelschuß, der die 4.953 BRT große "Bradford City" tödlich traf. Aber noch etwas geschah. Das Schiff war unmittelbar nach dem Treffer zum Stillstand gekommen, und U 68 brummte auf die Breitseite desselben auf.
Mit AK über den Achtersteven zurücksetzend, brachte Merten das Boot aus der Gefahrenzone, denn der Dampfer sank dicht neben dem Boot rasch auf Tiefe.
Danach lief U 68 in Richtung des Schiffes 16, wie der Handelsstörkreuzer "Atlantis" genannt wurde. Es sollte dort noch einmal versorgen und dann anschließend in Richtung zur Kongomündung vorstoßen.

Am 15. November lief das Boot frisch versorgt weiter. Wenig später erfuhr Merten durch einen FT-Spruch des BdU, daß die "Atlantis" von dem britischen Kreuzer "Devonshire" versenkt worden war. U 126, das zu dieser Zeit zur Versorgung bei der "Atlantis" lag, hatte 450 Men-

schen von der "Atlantis" teilweise an Bord genommen und zum größten Teil in Rettungsbooten im Schlepp.
Alle in der Nähe stehenden U-Boote und das in diesem Seeraum befindliche Versorgungsschiff "Python" erhielten Befehl, zu U 126 und den Geretteten der "Atlantis" zu laufen und sich an der Rettungsaktion zu beteiligen.
Es war die "Python", die U 126 zuerst sichtete. Die Schiffbrüchigen stiegen auf das Versorgungsschiff über. Am Abend des 30. November traf U 68 auf 30.10 Grad Süd und 00.10 Grad West bei der "Python" ein. Noch in der Nacht wurde Treibstoff übernommen, und bei Tagesanbruch des 1. Dezember begann die Torpedoübernahme.
Mit seinem LI, Kptlt. (Ing.) Bernhard Klaunig, stand Merten am Mittag des 1. Dezember auf dem Turm seines Bootes, als plötzlich, es war 15.00 Uhr geworden, "Feindlicher Kreuzer in Sicht!" gemeldet wurde.
Die "Python" lief sofort vom U-Boot fort, während Merten noch das Arbeitskommando des Schiffes einsammeln mußte. Ein noch im Torpedoluk hängender Aal mußte ins Boot genommen werden. Als endlich auch der Torpedokran eingezogen war und alle Männer an Bord waren, nahm U 68 mit U A Kurs auf den näherkommenden Gegner. Es galt, den Kreuzer zu versenken, ehe dieser der "Python" den Garaus machte.
Das Boot ging auf Sehrohrtiefe, das heißt: der Befehl dazu wurde gegeben, als der Kreuzer in Sicht kam. Doch die veränderten Trimmverhältnisse, die noch nicht hatten korrigiert werden können, ließen das Boot steil vorlastig und sehr schnell tiefer gehen. Nachdem die Tauchzelle acht angeblasen war, stieg das Boot wiederum steil nach oben und durchstieß die Wasseroberfläche. Dann ging es wieder in den Keller hinunter, als "Alle Mann nach vorn!" befohlen wurde.
Dadurch entging die "Devonshire" den Torpedos des Bootes. Die einzige Hoffnung, den hinter der "Python" herlaufenden Kreuzer doch noch zu erwischen, lag jetzt auf Kptlt. Eckermann, dem Kommandanten von U A, der einen Tag zu spät am Treffpunkt mit der "Python" erschienen war und der günstig stand.
Eckermann kam dann auch zum Schuß auf die "Devonshire". Der von U A geschossene Dreierfächer lief knapp hinter dem englischen Kreuzer ins Leere.
Damit war das Schicksal der "Python" besiegelt. Die "Devonshire" schoß den deutschen Versorger zusammen.
Um wenigstens die Besatzung zu retten, tauchte U 68 auf, um dem Gegner zu zeigen, daß noch ein U-Boot in der Nähe stand. Diese Geste hatte Erfolg. Die "Devonshire" drehte ab und verschwand.
Nun begann eine Rettungsaktion, wie sie in der Geschichte des Seekrieges ihresgleichen sucht. U A und U 68 übernahmen die Schiffbrü-

chigen. Kpt. z. S. Rogge, der Kommandant der "Atlantis", stieg auf U 68 ein. Die Boote marschierten heimwärts. Am 6. Dezember tauchte U 107 unter Clausen auf, und später kam auch U 124 hinzu. (Siehe auch Kapitel Johann Mohr).

Am 24. Dezember, dem Heiligen Abend 1941, machte U 68 nach einem letzten "Wettrennen mit U A" als erstes Boot der Rettungsgruppe an der Pier von St. Nazaire fest. Es hatte über 5.000 Seemeilen hinweg die an Bord befindlichen Schiffbrüchigen heimgebracht und ihnen nach den Worten von Kpt. z. S. Rogge das beste Weihnachtsgeschenk ihres Lebens gemacht.

Am ausgefahrenen Luftzielsehrohr flatterten noch darüber hinaus fünf Versenkungswimpel. Vier der Schiffe waren gesunken. Das fünfte konnte eingeschleppt werden.

März vor der westafrikanischen Küste

Bereits am 11. Februar lief U 68 zu einer weiteren Feindfahrt aus. Operationsgebiet war der Seeraum vor der westafrikanischen Küste zwischen Freetown und Liberia.

Am 2. März wurde spätabends vor der westafrikanischen Küste ein Dampfer gesichtet. Doch die beiden Geleitfahrzeuge drängten U 68 ab.

Erst am Nachmittag des 3. März kam das Boot auf 06.01 Grad Nord und 12.02 Grad West auf den britischen Dampfer "Helenus" zum Schuß. Der 7.366 BRT große Dampfer ging nach zwei Treffern in die Tiefe.
In den nächsten Tagen war die See wie leergefegt, der Himmel stattdessen immer wieder mit Flugzeugen "übersät". Dennoch stieß U 68 vor Kap Palmas am Mittag des 8. März auf einen schnellen Einzelfahrer. Der britische Dampfer "Beluchistan" wurde mit einem Torpedo gestoppt und anschließend mit dem Buggeschütz endgültig unter Wasser gebracht. Er hatte 6.992 BRT.
Tagelang stand U 68 sodann vor Kap Palmas auf und ab und versuchte, in langen Suchschlägen erneut ein Schiff zu finden. Am Abend des 16. März um 23.17 Uhr fiel der Torpedoschuß, der die 3.386 BRT große "Baron Newlands", ein britisches Schiff, traf und es sinken ließ.
Am nächsten Tag fielen dann drei weitere Schiffe den Torpedos und der Artillerie des Bootes zum Opfer. Es waren alle Einzelfahrer, die auf verschiedenen Kursen laufend, gestellt und dann mit Torpedofangschuß oder Artilleriebeschuß vernichtet wurden, sobald die Besatzungen von Bord waren.
Es waren die britischen Dampfer "Ile de Batz", "Scottish Prince" und "Allende", die alle mit runden 5.000 BRT zu Buche schlugen.
Damit hatte das Boot schon eine respektable Versenkungsreihe geschafft. Aber das sollte noch nicht das Ende bedeuten. Am 30. März gelang es U 68, den britischen Hilfskreuzer "Muncaster Castle" mit 5.853 BRT zu versenken. Das Schiff war schwer bewaffnet, es kam aber nicht mehr zum Schuß auf das deutsche U-Boot.
Verschossen und brennstoffschwach trat U 68 den Rückmarsch nach St. Nazaire an und lief am 13. April in den Stützpunkt ein. Sieben Versenkungswimpel zeigten eine Tonnage von 39.350 BRT an.

In der Karibischen See

Knapp einen Monat später lief U 68 zu seiner nächsten Feindfahrt aus. Operationsgebiet war die Karibik, und es schien eine "Badereise" zu werden, wie immer gespöttelt wurde, wenn ein Boot dieses Operationsgebiet zugewiesen erhielt. Daß es für U 68 nicht ganz so werden sollte, wird am folgenden Einsatz-Report klar, der dem Chronisten vor Jahren vom Kommandanten des Bootes gegeben wurde.

Südlich der Mona-Passage sichtete der Bootsmannsmaat der Wache am Nachmittag des 5. Juni ein Schiff, das sich sehr bald als ein Tanker entpuppte. Es war der Amerikaner "L. J. Drake" mit 6.693 BRT. Wenig später wurde ein großer Frachter gesichtet. KKpt. Merten entschloß sich dazu, zuerst den Tanker anzugreifen. Im Unterwasserangriff ging das Boot an den Tanker heran. Der geschossene Zweierfächer ließ die "L. J. Drake" nach einigen Benzinexplosionen auseinanderbrechen und sinken.

"Nun geht es hinter dem großen Frachter her!" befahl Merten. Das Boot nahm die Verfolgung auf und stellte ihn am nächsten Morgen um 3.07 Uhr. Der Zweierfächer ließ die 13.006 BRT große "C. O. Stillman", die sich als panamesischer Tanker herausstellte, sinken.

Von nun an ging es Schlag auf Schlag. Am frühen Morgen des 10. Juni wurden zwei Dampfer gesichtet, die in Kiellinie hintereinander liefen. U 68 schloß heran, und von dem Zweierfächer getroffen, sank zunächst die 8.581 BRT große "Surrey". Die "Ardenvohr" mit 5.025 BRT traf es elf Minuten später. Auch sie ging auf Tiefe.

Damit nicht genug, wurde am Vormittag ein schneller Einzelfahrer gesichtet, der sich als britisches Motorschiff "Port Montreal" herausstellte. Sie erhielt nach mehrstündiger Verfolgungsjagd einen Zweierfächer aus Lage 160 Grad, der das 5.882 BRT große Schiff tödlich traf. Nach der Meldung dieser Erfolge erhielt U 68 am 13. Juni einen Funkspruch des BdU: "Vom BdU an U 68, Kommandant: Der Führer hat Ihnen das Ritterkreuz verliehen. Gratuliere, Dönitz."

In der Karibischen See laufend und immer wieder auf weitere Schiffe stoßend, kam das Boot am Abend des 15. Juni auf das vichy-französische Schiff "Frimaire" zum Schuß, ein Tanker von 9.242 BRT. Dieser Tanker fuhr in portugiesischer Charter und war damit freigegeben. Die "Frimaire" sank.

Diese Versenkung sollte aber nach dem Kriege noch böse Folgen für Kapitän zur See a. D. Merten haben, obgleich seine Versenkung vollkommen korrekt erfolgt war.
Acht weitere Tage kurvte das Boot durch das karibische Inselgewirr, ehe es — dieses Seegebiet verlassend — auf den kleinen panamesischen Motortanker "Arriaga" stieß und ihn mit der Artillerie anhielt und dann mit einem Fangschuß versenkte. Das Schiff hatte 2.469 BRT.
Verschossen mußte U 68 nunmehr den Rückmarsch antreten. Das Boot hatte sieben Schiffe mit über 50.000 BRT versenkt, darunter allein vier Tanker. Es lief am 10. Juli wieder in St. Nazaire ein.

Die Hölle vor Kapstadt

Es war der 20. August 1942, als U 68 als letztes Boot der für den Einsatz vor Kapstadt bestimmten Gruppe "Eisbär" aus dem Stützpunkt auslief. Unmittelbar vorher waren U 156 unter Hartenstein, U 172 unter Emmermann, U 504 unter Poske und der U-Tanker U 459 unter Wilamowitz-Möllendorf ausgelaufen.
Am späten Abend des 11. September sichtete U 68 den britischen Dampfer "Trevilly". Das Boot stand zu diesem Zeitpunkt etwa 200 Seemeilen nördlich von St. Helena. Das Boot schloß heran und kam um 3.32 Uhr des 12. September zum Schuß. Die "Trevilly" blieb bewegungslos liegen und wurde bei Tagesanbruch mit der Artillerie versenkt.

Am selben Tage spätabends versenkte U 156 unter KptIt. Hartenstein den Passagierdampfer "Laconia", der als Truppentransporter fuhr. An Bord befanden sich neben englischen Soldaten und Zivilisten auch 1.800 italienische Kriegsgefangene. Dieses Schiff war mit 14 Geschützen armiert und verfügte über Wasserbomben zur U-Boot-Bekämpfung und war nicht irgendein Passagierdampfer, wie die Fama zu berichten weiß.

Der Kommandant Hartenstein hörte italienische Hilferufe und lief hinzu. Am 13. September machte er eine FT-Meldung an den BdU. Admiral Dönitz leitete sofort die notwendigen Rettungsmaßnahmen ein — dies entgegen den Grundsätzen des Seekrieges bei allen Nationen, wonach die Kriegführung den Vorrang vor Rettungsarbeiten hatte. Von den 811 an Bord befindlichen Engländern konnten 800 gerettet werden. 450 italienische Kriegsgefangene, denen es gelungen war, aus ihren Verschlägen nach oben zu kommen und von Bord zu springen, wurden ebenfalls geborgen. Das Gros der Italiener ging mit dem Schiff unter.

U 68 und U 172, dann auch noch U 459 drehten und liefen der Stelle des Schiffsunterganges entgegen. Als das Führerhauptquartier befahl, daß das Unternehmen "Eisbär" nicht aufgegeben werden dürfe, erhielten alle Boote, die noch keine Geretteten an Bord hatten, die Weisung, den Südmarsch fortzusetzen. Es wäre auch ungewiß gewesen, ob sie rechtzeitig die Untergangsstelle erreichen konnten.

U 156 setzte offene Funksprüche an die Britische Admiralität ab, sich an der Rettungsaktion zu beteiligen. Stattdessen wurde das Boot mitsamt den angehängten Rettungsflößen und -booten von Flugzeugen der Alliierten angegriffen und bebombt, so daß es die Schiffbrüchigen von Bord geben und tauchen mußte.

U 68 setzte den Weitermarsch also fort und kam am 15. September um 0.58 Uhr auf den seit zwei Stunden verfolgten niederländischen Dampfer "Breedijk" mit 6.861 BRT zum Schuß.

Der Dampfer sank. Das Boot setzte seine Fahrt in den Indischen Ozean hinein fort und am 8. Oktober begann eine Serie, wie sie nur sehr wenigen U-Boot-Kommandanten vergönnt war. Es begann um 2.31 Uhr dieses Tages mit dem griechischen Dampfer "Koumoundouros", der nach dem Einzelschuß in die Tiefe ging. Um 3.46 Uhr fiel der niederländische Dampfer "Gaasterkerk" einem Zweierfächer des Bootes zum Opfer. Das Schiff hatte stolze 8.679 BRT.

Am Abend dieses Tages um 20.51 Uhr wurde die 8.207 BRT große "Swiftsure", ein amerikanischer Tanker, versenkt, und um 22.02 Uhr traf dieses Schicksal die 5.271 BRT große "Sarthe". Drei Stunden nach Mitternacht des 9. Oktober kam das Boot auf den US-Dampfer "Examelia" zum Schuß. Auch dieses Schiff sank, und um 4.45 Uhr fiel der

5.403 BRT große "Belgian Fighter" den Torpedos des Bootes zum Opfer. Damit waren binnen guter 24 Stunden sechs große Schiffe direkt vor Kapstadt auf den Grund des Meeres geschickt worden.

Vor Kapstadt war die Hölle los. Hilferufe getroffener Schiffe und Suchmeldungen gingen durch den Äther. Flugzeuge erschienen in ganzen Schwärmen, doch U 68 verholte sich tiefer unter Wasser und setzte den Marsch um das Kap herum fort.

Was folgte war einmal ein wochenlanges vergebliches Suchen, aber auch eine ruhige Zeit in Gewässern, die nicht von feindlichen Zerstörern wimmelten. Es dauerte bis zum 6. November, bevor das Boot einen schwer bewaffneten Dampfer sichtete und diesen im Unterwasserangriff stellte. Der erste Torpedo traf und ließ die "City of Cairo" stoppen. Es war ein Schiff von 8.034 BRT. Als das Schiff durchgab, daß es Passagiere an Bord habe, ließ Merten keinen zweiten Torpedo mehr schießen. Aber die "City of Cairo" sank dennoch. Allerdings konnten die Rettungsboote in Ruhe zu Wasser gelassen werden. Sie erreichten alle die Küste.

U 68 mußte abermals verschossen den Rückmarsch antreten.

Am 16. November 1942 ging ein FT-Spruch des BdU ein, daß dem Kommandanten des Bootes als 147. deutschen Soldaten das Eichenlaub zum Ritterkreuz verliehen worden sei, das er als 20. Offizier der Kriegsmarine erhielt.

Als das Boot am 6. Dezember in St. Nazaire einlief, flatterten neun Versenkungswimpel am ausgefahrenen Luftzielsehrohr. Es hatte in 109 Seetagen 61.649 BRT feindlicher Handelsschiffstonnage versenkt.

Ende Februar gab Karl-Friedrich Merten, inzwischen zum Fregattenkapitän befördert, sein Boot an seinen Nachfolger Oblt. z. S. Albert Lauzemis ab.

Merten übernahm die 26. U-Flottille als Flottillenchef. Unter seiner Leitung durchliefen in dieser in Pillau stationierten Flottille viele Besatzungen und Kommandanten eine harte und frontgerechte Ausbildung. Später übernahm er die 24. U-Flottille und verlegte mit ihr im Oktober 1944 von Memel nach Gotenhafen. Im März 1945 stellte er sie in Hamburg außer Dienst und wurde im April, zum Kapitän zur See befördert, in das Marineoberkommando West übernommen.

Die Rettung der 56.000 aus Memel

Als Chef der 24. U-Boot-Flottille, hatte Fregattenkapitän Karl-Friedrich Merten den Stützpunkt Memel zugewiesen erhalten. In der Stadt selbst befanden sich noch einige weitere Marine-Dienststellen.
Da durch den Gauleiter von Ostpreußen, Erich Koch, im Frühjahr 1945 eine strikte Pressezensur ausgeübt wurde und von der Front nach Beginn der russischen Winteroffensive keine Nachrichten mehr durchkamen, stellte Merten aus bewährten Offizieren seiner Flottille einen Funktrupp zusammen und befahl diesem, zur Front zu fahren und einen genauen Lagebericht durchzutasten. Er wollte damit sicherstellen, daß seine Flottille ebenso wie die Bevölkerung der Stadt nicht von den Russen überrannt werden konnte.
Die Funkmeldungen des Funktrupps, die zum Standort durchkamen, waren niederschmetternd. Dicht hinter der Hauptkampflinie, die auch nur provisorisch besetzt war, hatte der Funktrupp 6.000 Hitlerjungen entdeckt, die auf Geheiß des Gauleiters den "Erich-Koch-Wall" bauen sollten. Sie wußten nicht, daß sie jeden Augenblick von den Russen überrannt werden konnten.
Sofort ließ Karl-Friedrich Merten einen Funkspruch an den Oberbefehlshaber der Kriegsmarine, Großadmiral Dönitz, durchtasten, der die Lage ungeschönt in ihrer ganzen Gefährlichkeit darstellte.
Keines der schanzenden Kinder war über 15 Jahre alt. Fregattenkapitän Merten erhielt die Weisung des Oberbefehlshabers, die Jungen sofort zurückzuholen.
Fregattenkapitän Merten ließ die Jungen nach Memel zurückbringen und stellte in der Zwischenzeit die Dampfer "Messina" und "Welheim" zum Abtransport bereit.
Die Dienststelle des Gauleiters stellte dem Fregattenkapitän ein Kriegsgerichtsverfahren in Aussicht, doch Merten störte dies nicht. Er handelte, wie sein eigenes Gewissen dies befahl. Und als dann die Bestätigung von Dönitz durchkam, waren alle Schritte bereits in die Wege geleitet.
Gleichzeitig mit dieser Evakuierungsmaßnahme hatte Merten die Weisung seines Oberbefehlshabers erhalten, auch die Evakuierung der Zivilbevölkerung in die Wege zu leiten.
Am 27. Januar 1945 verließ auch der Chronist dieses beherzten Verhaltens seines Flottillenchefs, A. Böttcher, mit seinem Kommando und

unter Mitnahme der Verwundeten und des Sprengkommandos die Stadt.
Die Einschiffung der Bevölkerung erfolgte unmittelbar danach. Den Schiffsraum stellte die 9. Sicherungs-Division zur Verfügung.
Auf den Schiffen "Goya", "Heinz Horn", "Lech", "Messina", "Nordland", "Wega", "Welheim", "Wolta" und "Angerburg" wurden nach den 6.000 Hitlerjungen noch 50.000 Bürger von Memel in die Freiheit evakuiert.
Karl-Friedrich Merten, der diese Geschichte niemals und niemandem erzählt hatte, wurde von der Veröffentlichung von A. Böttcher überrascht, die dieser zum 80. Geburtstag dieses tapferen Mannes am 15. August 1985 herausgab.
Als sichtbares Mahnmal dieser großartigen und für die Männer um Merten selbstverständlichen Rettungsoperation über See kündet in Damp 2000 auch die kleine "Albatros", mit der 500 deutsche Marinehelferinnen aus dem brennenden Königsberg gerettet werden konnten.
Daß dieses Rettungswerk und vieles andere mehr durchgeführt werden konnten, das verdanken die dort lebenden Menschen dem Großadmiral Karl Dönitz und seinen tapferen Offizieren, deren einer Karl-Friedrich Merten war.
Nachdem Karl-Friedrich Merten sehr früh aus englischer Kriegsgefangenschaft entlassen worden war, wurde er im Oktober 1948 in einer Nacht- und Nebelaktion gefangengenommen und nach Frankreich geschafft. Hier versuchte man, ihm wegen der Versenkung der "Frimaire" den Prozeß zu machen. Aber diese Anklage fiel — trotz aller Böswilligkeit der Kläger — haltlos in sich zusammen. Im März 1949 mußte er aus der berüchtigten "Cherche Midi" entlassen werden.

Versenkungserfolge von U 68 unter Kapitän zur See Merten

22.09.41	02.22	brM	"Silverbelle"	5.302	25.45 N/24.-- W
22.09.41	02.23	- - -	Tanker	- - -	torpediert
22.10.41	01.42	brDT	"Darkdale"	8.145	St. Helena
28.10.41	03.43	brD	"Hazelside"	5.297	23.10 S/01.36 E
01.11.41	06.54	brM	"Bradford City"	4.953	22.59 S/09.49 E
03.03.42	17.21	brD	"Helenus"	7.366	06.01 N/12.02 W
08.03.42	12.41	brD	"Beluchistan"	6.992	04.13 N/10.15 W
16.03.42	23.17	brD	"Baron Newlands"	3.386	04.35 N/08.32 W
17.03.42	06.35	brD	"Ile de Batz"	5.755	04.04 N/08.04 W
17.03.42	13.26	brM	"Scottish Prince"	4.917	04.10 N/08.-- W
17.03.42	21.53	brD	"Allende"	5.081	04.-- N/07.44 W
30.03.42	22.43	brM	"Muncaster Castle"	5.853	02.02 N/12.02 W
05.06.42	20.49	amDT	"L. J. Drake"	6.693	Aruba-San Juan
06.06.42	03.07	paMT	"C. O. Stillman"	13.006	17.33 N/67.55 W
10.06.42	06.17	brD	"Surrey"	8.581	12.45 N/80.20 W
10.06.42	06.28	brM	"Ardenvohr"	5.025	12.48 N/80.20 W
10.06.42	11.58	brM	"Port Montreal"	5.882	12.17 N/80.20 W
15.06.42	20.34	ptDT	"Frimaire"	9.242	Karibik
23.06.42	19.33	paMT	"Arriga"	2.469	13.08 N/72.16 W
12.09.42	03.32	brM	"Trevilly"	5.296	04.30 S/07.50 W
15.09.42	00.58	nlD	"Breedijk"	6.861	05.05 S/08.54 W
08.10.42	02.31	grD	"Koumoundouros"	3.598	34.10 S/17.07 E
08.10.42	03.46	nlD	"Gaasterkerk"	8.679	34.20 S/18.10 E
08.10.42	20.51	amDT	"Swiftsure"	8.207	34.40 S/18.25 E
08.10.42	22.02	brD	"Sarthe"	5.271	34.50 S/18.40 E
09.10.42	03.44	amD	"Examelia"	4.981	34.52 S/18.30 E
09.10.42	04.54	beD	"Belgian Fighter"	5.403	35.00 S/18.30 E
06.11.42	21.36	brD	"City of Cairo"	8.034	23.30 S/05.30 W

Gesamterfolge: 27 Schiffe mit 170.275 BRT versenkt
 1 Tanker mit   7.000 BRT torpediert
 1 Korvette torpediert

Die Wahrheit über die "Laconia"

Vor dem Internationalen Militärtribunal in Nürnberg wurde Großadmiral Karl Dönitz angeklagt, den Tod vieler Schiffbrüchiger verursacht und Befehl gegeben zu haben, in keinem Falle Schiffbrüchige mehr zu retten.
Dieser Vorwurf, der sich auf der "Laconia"-Affäre stützte, konnte jedoch nicht aufrechterhalten werden. Es zeigte sich bei der Untersuchung des Falles, daß der Gegner selbst die Rettung aller Schiffbrüchigen verhindert hatte und daß e r   s e l b e r auf die Schiffbrüchigen das Feuer eröffnet hatte.
Lange Jahrzehnte wurde darüber gerätselt, wie diese Situation hatte entstehen können und w e r dafür verantwortlich war.
Im Sunday Express vom 4. August 1963 wurde dann das Rätsel der Bombardierung von U 156, dem Boot Hartensteins, das die "Laconia" versenkt hatte, gelöst. Es war ein amerikanischer General der Air Force, der bekannte, daß e r den Befehl gegeben habe, die Schiffbrüchigen zu bombardieren.
Zum Verlauf der Versenkung und der Rettungsaktion ein Report, der dem genauen Ablauf der Geschehnisse entspricht:
Am Abend des 12. September 1942 wurde von dem großen Dampfer "Laconia" um 22.22 Uhr auf der 600-Meter-Welle ein Funkspruch abgesetzt, der mit den drei Einzelbuchstaben "SSS" gekennzeichnet war. Dieses dreifache "S" stand für "Submarine", und jeder, der diesen Funkspruch auffing, war darüber im Bilde, daß das sendende Schiff von einem U-Boot torpediert worden sein mußte.
Vier Minuten darauf wurde eine verschlüsselte Meldung des Schiffes auf der 25-Meter-Welle aufgefangen. Beide Meldungen gaben den genauen Standort der Schiffstorpedierung an.

Am Morgen des 13. September, als dem Kommandanten von U 156 klar geworden war, daß sich auf diesem Schiff Hunderte von Zivilisten und italienischen Kriegsgefangenen befanden, ließ Hartenstein um 6.00 Uhr einen offenen Funkspruch auf der 25-Meter-Welle absetzen, der folgenden Wortlaut hatte:
"If any ship will assist the ship-wrecked 'Laconia'-Crew, I will not attack her providing I am being attacked by ship or airforces. I picked up 193 men, 4 Grad 53 Minuten South, 11 Grad 26 Minuten West. — German submarine."
Dies bedeutete: "Wenn irgend ein Schiff der schiffbrüchigen Besatzung der "Laconia" helfen will, werde ich nicht angreifen, vorausgesetzt, daß ich nicht von Schiffen oder Flugzeugen angegriffen werde; ich rettete 193 Menschen - - - Deutsches U-Boot."
Um 11.25 Uhr wurde dann U 156 von einem viermotorigen Flugzeug mit einem amerikanischen Abzeichen überflogen. Um seine friedliche Absicht zu bekunden, ließ Hartenstein eine zwei mal zwei Meter große Rot-Kreuz-Flagge auf dem Turm quer zur Anflugrichtung des Flugzeuges auslegen.
Das Flugzeug überflog U 156 einmal und kreiste dann längere Zeit in der Nähe des Bootes. Der Versuch, mit ihm Morseverkehr aufzunehmen, scheiterte. Dann flog die Maschine nach Südwesten ab und kam nach einer halben Stunde wieder für kurze Zeit in Sicht.
Um 12.32 Uhr erfolgte der Anflug einer zweiten Maschine des gleichen Typs. Sie passierte das Boot etwa in 80 Meter Höhe kurz vor dem Bug und warf zwei Bomben im Abstand von drei Sekunden zueinander.
Nun mußte Hartenstein das Loswerfen der achteren Schleppleine befehlen, an der er vier Boote voller Schiffbrüchiger schleppte. Sekunden darauf warf das Flugzeug eine Bombe mitten unter die Boote mit den Schiffbrüchigen. Eines der Boote kenterte.
Das Flugzeug kreiste in der Nähe des U-Bootes und warf einige Zeit später seine vierte und letzte Bombe in einer Entfernung von 2.000 bis 3.000 Metern. Hartenstein erkannte, daß der Bombenschacht nunmehr leer war. Doch das sollte sich als Täuschung erweisen, denn in einem erneuten Anflug warf das Flugzeug noch zwei "Bomben". Eine davon detonierte mit Sekunden Verzögerung direkt unter der Zentrale. Der Turm verschwand in einer schwarzen Wasserglocke.
Aus der Zentrale und aus dem Bugraum wurde "Wassereinbruch!" gemeldet. Der Kommandant mußte den Befehl "Klar bei Schwimmwesten!" geben, und dann gab er den schwersten Befehl: "Alle Briten von Bord!" Danach, als die Batteriebilge zu gasen begann, mußten auch die geretteten Italiener das Boot verlassen. Hartenstein hatte für sie keine Tauchretter und wenn das Boot tauchen mußte, dann konnte bei gasenden Batterien nur noch über Tauchretter geatmet werden.

Das waren die Fakten, und diese erfuhren durch General Robert C. Richardson, der im NATO-Hauptquartier in Paris saß, nach 21 Jahre lang andauerndem Schweigen folgende Bestätigung:
"Ich gab den Befehl, die Überlebenden der 'Laconia' zu bombardieren. Wir wußten nicht, daß sich Briten unter ihnen befanden" (was natürlich vom Rechtsstandpunkt k e i n e n Unterschied machte, weil Schiffbrüchige unter keinen Umständen beschossen werden durften, ob dies nun Freund oder Feind war). "Aber selbst, wenn wir das gewußt hätten, würde es keinen Unterschied gemacht haben. Ich würde diesen Befehl auf jeden Fall gegeben haben. — Es war Krieg, und das U-Boot m u ß t e vernichtet werden."
Nach diesem Vorfall durfte es doch nicht wundernehmen, daß deutsche U-Boote sich nicht mehr in solche Wagnisse einlassen d u r f t e n . Dennoch haben sie immer wieder Rettungsaktionen gestartet. 21 Jahre lang hatte General Richardson mit diesem Geheimnis gelebt und es hingenommen, daß der Befehlshaber der U-Boote, Großadmiral Dönitz, wegen dieser Vorkommnisse angeklagt wurde. Und noch nach 21 Jahren erklärte er: "Es war die richtige Entscheidung und die einzige, die zu fällen war."

Diese Aussage hätte auf dem Nürnberger Tribunal der Sieger entscheidende Bedeutung gehabt, aber damals wurde sie nicht gemacht. Nicht einmal seiner militärischen Vorgesetztenstelle hat Richardson diesen Bombenwurf gemeldet. Er hatte die B 24-Liberator auf das U-Boot angesetzt. Der Pilot des Bombers, der nach den vier Bomben noch zwei Wasserbomben warf, von denen Hartenstein überrascht worden war, konnte nicht mehr eruiert werden. Aber Lucien Blondel, der in der Freien Französischen Armee diente, hatte ihn einige Tage ach diesem Ereignis gesprochen. Blondel befand sich auf dem Wege von Monrovia nach Accra, als er mit dem Piloten dieser Maschine in Kontakt kam. Er berichtete diesem von den Schiffbrüchigen, die bombardiert worden seien, und der Pilot erwiderte:
"Ich weiß. Ich war der Mann, der das U-Boot bombardiert hat. Ich sah die Schiffbrüchigen in den Booten, ich erblickte auch die Rot-Kreuz-Flagge auf dem Turm und meldete dies. Dann erhielt ich die Antwort, daß es sich nicht um ein alliiertes U-Boot handelte und daß ich das deutsche Boot angreifen sollte."
Jetzt flog dieser Mann ein Frachtflugzeug, weil er diese Szenen, von denen er nur Streiflichter gesehen hatte, nicht mehr vergessen konnte. Dieser Mann, dessen Name geheimgehalten wurde, fand während eines späteren Einsatzes im Golf von Khartoum den Tod, als er mit seiner Liberator abstürzte und bei der Explosion der Maschine verbrannte.

Auf der "Laconia" befanden sich nach offiziellen britischen Angaben 136 Mann britischer Besatzung, 268 britische Urlauber, 80 britische Frauen, 80 Kinder.

Hinzu kamen 1.800 Mann italienische Kriegsgefangene und 160 polnische Kriegsgefangene, die aus Rußland geholt worden waren und die Aufgabe hatten, die italienischen Kriegsgefangenen zu bewachen.

Die Ankläger von Nürnberg zogen diesen Fall heran, um die "verbrecherische Unmenschlichkeit der deutschen U-Boot-Kriegführung" unter Beweis zu stellen. Aber im Zeugenstuhl saßen auch britische Seeoffiziere und amerikanische Admirale, und diese bezeugten, daß die deutsche U-Boot-Kriegführung weder verbrecherisch noch unmenschlich war.

Die Ehre der deutschen U-Boot-Waffe wurde durch den "Laconia-Fall" nicht angetastet, im Gegenteil: Hier zeigte es sich wieder einmal mehr, daß deutsche U-Boote gegenüber ihren Gegnern menschlich handelten, während der Gegner seine eigenen Schiffbrüchigen aufs Spiel setzte, nur um eines der U-Boote zu versenken. So kommt der Großteil der untergegangenen Menschen dieses Schiffes auf das Konto jener Bomber, die die deutschen U-Boote am Retten hinderten.

Günther Prien

Herbert Schultze

Karl Dönitz

Werner Hartmann

Otto Schuhart

Wilhelm Rollmann

Otto Kretschmer

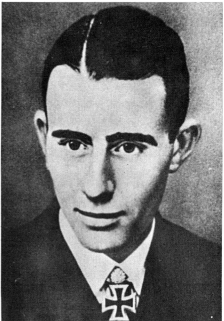
Heinrich Liebe

Fritz-Julius Lemp

Hans Rösing

Fritz Frauenheim

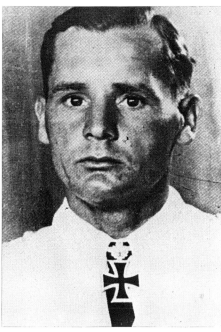
Engelbert Endrass

Günter Kuhnke   Joachim Schepke   Hans Jenisch

Viktor Oehrn   Gerd Suhren   Heinrich Bleichrodt

Wolfgang Lüth   Reinhard Suhren   Heinrich Petersen

Viktor Schütze

Hans-Gerrit von Stockhausen

Karl-Heinz Moehle

Heinrich Lehmann-Willenbrock

Jürgen Oesten

Wilhelm-Georg Schulz

Erich Zürn

Herbert Kuppisch

Herbert Wohlfarth Georg Schewe

Klaus Korth Erich Topp

 Günther Hessler

 Jost Metzler

 Adalbert Schnee

 Rolf Mützelburg

Ernst Mengersen

Friedrich Guggenberger

Klaus Scholtz

Gerhard Bigalk

 Eitel Friedrich Kentrat
 Robert Gysae
 Reinhard Hardegen
 Hans Diedrich von Tiesenhausen
 Nicolai Clausen
 Ernst Bauer
 Johann Mohr
 Otto Ites
 Robert Zapp

Werner Winter

Peter Erich Cremer

Karl-Friedrich Merten

Hans-Werner Kraus

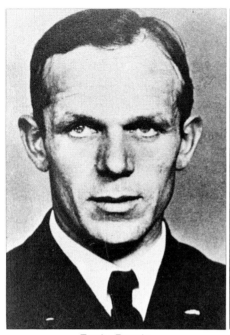
Erwin Rostin

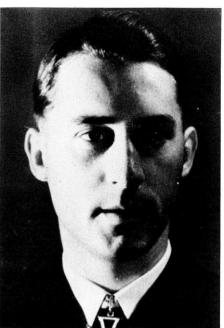
Heinz-Otto Schultze

Georg Lassen

Hellmut Rosenbaum

Adolf Piening

Heinrich Schonder

Karl Thurmann

Ernst Kals

Werner Hartenstein　　　　　Günther Krech

Otto von Bülow　　　　　Helmut Witte

Siegfried Strelow

Fritz Poske

Günther Müller-Stöckheim

Carl Emmermann

 Wilhelm Dommes
 Hans Witt
 Werner Henke
 Hermann Rasch
 Harro Schacht
 Albrecht Achilles
 Herbert Schneider
 Ulrich Heyse
 Albrecht Brandi

Siegfried Frhr. von Forstner

Gerhard Bielig

Erich Würdemann

Reinhard Reche

Hans Trojer

Harald Gelhaus

Karl Neitzel

Günther Seibicke

Ulrich Folkers

Hans. Heidtmann

Helmut Mühlmann

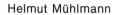
Gunter Jahn

Wilhelm Franken Klaus Bargsten

Günther Heydemann Friedrich Markworth

Georg Staats

Georg Kelbling

Herbert Panknin

Dipl.Ing. Willi Lechtenbörger

Heinz Krey

August Maus

Dietrich Schöneboom

Carl-August Landfermann

Hellmut Rohweder   Egon Frhr. von Schlippenbach   Horst-Arno Fenski

Heinz Franke   Max-Martin Teichert   Siegfried Koitschka

Hans-Jürgen Hellriegel   Siegfried Lüdden   Gerhard Schaar

Gustav Poel

Waldemar Mehl

Alfred Eick

Georg Olschewski

Walter Käding

Horst Hofmann

Karl-Heinz Wiebe

Horst von Schroeter

 Reinhard König

 Heinz Sieder

 Karl Fleige

 Karl-Heinz Marbach

Hermann Stuckmann

Heinrich Dammeier

Hans Günter Lange

Heinrich Timm

 Hans-Joachim Förster

 Paul Brasack

 Rudolph Mühlbauer

Günther Pulst

Ralf Thomsen   Ernst Hechler

Kurt Dobratz   Johann Limbach

Hans Georg Heß

Otto Westphalen

Philipp Lichtenberg

Hans Johannsen

Heinz Praßdorf

Heinrich Schröteler

Karl Jäckel

Hans Lehmann

Korvettenkapitän Heinrich Bleichrodt

Mit U 48 und U 109 im Einsatz

Herbstkämpfe im Atlantik

Am 8. September 1940 lief U 48 zu seiner achten Feindfahrt aus Lorient aus. Als dritter Kommandant nach zwei erfogreichen Männern war es für den von der Überwasserfakultät kommenden neuen Kommandanten Kptlt. Bleichrodt nicht eben leicht, sich zu behaupten. Aber in den beiden Wachoffizieren Suhren und Ites standen ihm zwei U-Boot-Männer zur Verfügung, die bereits erfolgreiche Feindfahrten mit diesem Boot gefahren hatten und ihr Geschäft verstanden.
Am Mittag des 14. September kam für kurze Zeit ein Zerstörer in Sicht, der aber wieder hinter der Kimm verschwand und das Boot offensichtlich nicht gesichtet hatte.
In der kommenden Nacht um 00.00 Uhr, beim Wachwechsel, auf dem Oblt. z. S. Ites den I. WO Suhren"ablösen sollte, lief das Boot plötzlich in einen Geleitzug hinein.
"Kommandant auf die Brücke!" lautete der Ruf von Suhren.
Als Bleichrodt aufenterte und sich umblickte, sah er schon zum Greifen nahe eine Schiffswand vor dem Boot aufragen.
"Alarm! — Schnelltauchen!" befahl er.
Daß dieser Befehl nicht unbedingt in den Kram des II. WO paßte, ließ Ites lauthals vernehmen. Er wurde noch eben rechtzeitig von seinem

Kameraden Suhren gestoppt. Immerhin lag die Sache so, daß sich sowohl Suhren als auch Ites eines Wachvergehens schuldig gemacht hatten.
Daß Bleichrodt noch eine Chance hatte, über Wasser zu bleiben und durch eine sich vor dem Boot öffnende Lücke hätte entkommen können, war von dem jählings aus dem Schlaf geweckten Kommandanten nicht bemerkt worden.
Immerhin war eine "haushoch vor dem U-Boot auftauchende Schiffswand" nicht zu übersehen, und die beiden Wachoffiziere auf dem Turm hätten das Schiff schon längst melden müssen.
Nach dem Wiederauftauchen schloß U 48 an den Konvoi SC 3 heran, und der Funkmaat machte für die anderen in der Nähe stehenden Boote Peilzeichen. Am Abend des 14. September war das Boot bis zur Geleitzugspitze vorgelaufen.
"Auf Gefechtsstationen!" befahl Bleichrodt. Die U-Boot-Zieloptik wurde auf den Turm heraufgereicht und auf die Zielsäule aufgesetzt.
Mit dem Fallen des ersten Einzelschusses um 00.24 Uhr des 15. September tauchte der niedrige Schatten einer Korvette auf, die in Lage Null auf das Boot zulief. Für ein Tauchmanöver war es zu spät.
"Drehen und auf die Korvette schießen!" befahl der Kommandant. Der Gegner wanderte ein, und eine Minute nach dem ersten Schuß verließ der zweite Aal das Rohr II und jagte auf die knapp 800 Meter entfernt stehende Korvette zu. Die Korvette "Dundee" wurde getroffen. Der Treffer ließ die auf ihrem Heck liegenden Wasserbomben hochgehen. Binnen einer Minute ging die Korvette mit ihrer gesamten Besatzung unter.
U 48 lief mit großer Fahrt ab und drehte dann erneut auf den SC 3 ein. Eine weitere Korvette sichtete das Boot nicht, und Bleichrodt ließ nach dem Nachladen abermals angreifen. Um 1.23 Uhr wurde der britische Dampfer "Empire Volunteer" mit einem Einzelschuß gestoppt und versenkt. Genau 97 Minuten später traf es die "Kenordoc".

Nun machten zwei Geleitfahrzeuge Jagd auf dieses Boot. U 48 wurde unter Wasser gedrückt und lief mit kleinster Schleichfahrt zur Seite. Auf diese Weise entging es den Wasserbomben, die geworfen wurden.
Das Boot lief in den vorgeschriebenen Sektoren weiter. Am Nachmittag des 17. September wurde ein Kurzspruch von U 65 aufgenommen. Das Boot meldete einige Dampfer. Als der Kommandant am Abend dieses Tages auf die Brücke kam, schärfte er allen besondere Wachsamkeit im Ausguck ein. Irgendwo mußten Schiffe in der Nähe sein. Eine Stunde darauf wurden Mastspitzen und dann Schatten gemeldet. Es war ein großer schneller Dampfer, der mit einem Zerstörer allein

weiterlief, weil er für diesen Konvoi, dem er sich angeschlossen hatte, zu schnell war.

Um 23.00 Uhr konnte der Einzelfahrer genau erkannt werden. Er wurde als 11.000-Tonner angesprochen. Um 0.01 Uhr des 18. September fiel der Fächerschuß aus den Rohren I und II. Wenig später ließ Bleichrodt noch auf einen 5.000-Tonner schießen.

Der Zweierfächer traf den 11.081 BRT großen britischen Dampfer "City of Benares". Der Einzelschuß ließ die 5.088 BRT große "Marina", ebenfalls ein britisches Schiff, sinken.

Ein Bewacher tauchte auf, gleich darauf ein zweiter. Das Boot tauchte und wurde auf 70 Metern Wassertiefe eingependelt. Es lief mit Schleichfahrt zur Seite. Wasserbomben krachten. Abgasklappen machten Wasser, Glühbirnen waren zersprungen. Doch sehr bald wurden alle Verschlüsse als dicht gemeldet.

Drei Zerstörer wurden über dem Boot erkannt. Es gelang Bleichrodt, U 48 aus dieser tödlichen Umklammerung zu befreien. Es lief mit Schleichfahrt ab und wurde eine Stunde später auf Sehrohrtiefe hinaufgebracht. Der Gegner war verschwunden. Die Brückenwache, die sich hinter dem Kommandanten im Turm bereitgestellt hatte, zog wieder auf. Das Boot wurde durchgelüftet und Bleichrodt befahl, noch einmal hinterherzugehen.

Mit Beide Diesel Große Fahrt lief das Boot nach Osten, den selben Weg, den auch der nach England laufende Geleitzug nehmen mußte. Am Abend um 18.49 Uhr hatte U 48 in Unterwasserfahrt einen neuen Gegner im Visier des Angriffssehrohrs. Bleichrodt führte den Angriff. Der Einzelschuß ließ die "Magdalena" liegenbleiben und während die Flammen achtern aus dem Schiff emporloderten, ging die Besatzung in die Boote.

U 48 tauchte auf, wurde aber kurz darauf von in Sicht kommenden Geleitfahrzeugen zum schnellen Abdrehen gezwungen. In der Frühe des kommenden Morgens wurden die Oberdeckstorpedos ins Boot geschafft und nachgeprüft, ob sie in Ordnung waren.

Bis zum 20. September geschah nichts. Dann konnte ein FT-Spruch von U 47 aufgefangen werden. Priens Boot hatte einen Konvoi entdeckt. Es war der HX 72, auf den nun alle in der Nähe stehenden Boote operierten.

U 48 lief ebenfalls in die Generalrichtung zur gegebenen Peilung und versuchte am Abend des 20. September heranzukommen. Kurz nach Mitternacht des 21. September wurde vom BdU der Suchstreifen aufgelöst und befohlen, daß jedes Boot nach eigenem Ermessen angreifen könne.

Es war U 99 unter Kapitänleutnant Kretschmer, das den HX 72 als erstes Boot angriff und drei Schiffe herausschoß, darunter den 9.154

BRT großen britischen Motortanker "Invershannon". Danach meldete U 99 noch eine Torpedierung und die Beschießung der "Elmbank" mit Artillerie.
Um 6.14 Uhr kam dann auch U 48 zum Schuß. Die 4.409 BRT große "Blairangus" blieb direkt nach dem Treffer gestoppt liegen. Einer der auf der Steuerbordseite laufenden Zerstörer lief direkt auf das Boot zu, das sich mit Schnelltauchen unter Wasser verholte. Drei Stunden lang wurde das Boot gejagt und ein paarmal detonierten Wasserbomben nahebei.
Am 21. September um 23.38 Uhr wurde der Dampfer "Broompark" torpediert. Er konnte eingeschleppt werden.
Als U 48 nach Ende dieser Operation in den Stützpunkt einlief, flatterten acht Versenkungswimpel am ausgefahrenen Luftzielsehrohr. Die vernichtete Gesamttonnage betrug 41.334 BRT. Hinzu kam die Torpedierung der 5.136 BRT großen "Broompark".

U 48 in der Nacht der langen Messer

Zum Ende der ersten Oktoberwoche lief U 48 nach kurzer Ausrüstung und Überholung zur zweiten Feindfahrt unter Kptlt. Bleichrodt aus. Es lief in schneller Fahrt durch die gefährliche Biskaya, die zum Großteil getaucht überwunden wurde.
Am 9. Oktober wurde vom Funkraum ein Kurzspruch von U 58 aufgefangen, das einen Dampfer bedeutend weiter südlich als U 48 stehend versenkt hatte.

Am nächsten Tage erreichte das Boot das Operationsgebiet. Einige Funksprüche von U 103 wurden aufgefangen, die anzeigten, daß das unter KKpt. Viktor Schütze fahrende Boot einige Dampfer gestellt und vernichtet hatte.
Acht Stunden später sichtete die Brückenwache von U 48 Rauchwolken. Als der Kommandant auf dem Turm erschien, waren die Aufbauten des Dampfers bereits zu erkennen. Bleichrodt ließ U 48 am Rande der Sichtweite mitlaufen. Als der Abend einfiel, schnürte das Boot heran, und um 21.00 Uhr befahl Bleichrodt: "Auf Gefechtsstationen!"
50 Minuten später fiel im Überwasserangriff der erste Einzelschuß. Das norwegische Motorschiff "Brandanger" mit 4.624 BRT rief "SSS", und keine 20 Minuten darauf schloß sich das britische Motorschiff "Port Gisborne", ein großer moderner Dampfer mit 10.144 BRT, diesem Notruf an. 14 Minuten nach Mitternacht traf es den norwegischen Tanker "Davanger", ein Schiff mit 7.102 BRT, tödlich. Das sich im Innern des Tankers bildende Gas riß die Decksplatten auf und ließ Flammeneruptionen emporschießen.
Ein dichter, etwa eine Seemeile langer Ölteppich hatte sich gebildet, der ebenfalls in Brand geriet. Zwei Geleitfahrzeuge bemühten sich um die von Bord gehende Besatzung. Ein drittes Fahrzeug warf Schreckwasserbomben. Dann drehte dieses Fahrzeug plötzlich auf U 48 ein.
"Alarmtauchen!" befahl Bleichrodt. Steil vorlastig stieß das Boot in die Tiefe hinunter und wurde auf 100 Metern Wassertiefe abgefangen.
"Schraubengeräusche näherkommend!" meldete der Mann im Horchschapp.
"Ein zweiter Zerstörer, von achtern rasch aufkommend!" wurde die nächste Meldung durchgegeben.
"Hart Steuerbord!" befahl der Kommandant, als alle bereits das helle pinkende Geräusch der Asdic-Ortung vernehmen konnten.
Das Boot drehte ab, und die Zerstörerschraubengeräusche wurden zunächst abwandernd gemeldet. Doch rasch drehte dieser Verfolger wieder ein. Wasserbomben fielen. Irgendwo rauschte Wasser ins Boot. Eine undichte Preßluftleitung blies.
"Backbord-E-Maschine ausgefallen!" meldete der E-Maschinen-Maschinist.
Bald danach wurde die Maschine wieder klargemeldet. Mit Beide Große Fahrt versuchte U 48 zu entkommen. Es gelang dem Boot, sich weiter nach Südsüdwesten abzusetzen.

Nach dreistündiger Waboverfolgung tauchte U 48 wieder auf. Der Konvoi HX 77 war weg, aber sie hatten zum Auftakt an ihm einen Anteil herausgeschossen. Bleichrodt ließ einen FT-Spruch an den BdU absetzen: "Aus Geleitzug, ostgehend mit starker Bewachung, zwei

Dampfer und einen Tanker herausgeschossen. Planquadrat AL 0378 und AL 0381. Waboverfolgung — Bleichrodt."
Die nächsten Tage vergingen ereignislos; daß das Boot auf einer "guten Verkehrsader liegt", wie der BdU über Funk mitteilte, konnte nicht eben behauptet werden, denn die See war leer.
Erst am Morgen des 16. Oktober meldete U 124 eine Versenkung in einem Seebereich, der nahebei lag. Am späten Nachmittag sichtete die Brückenwache dann auch Mastspitzen, und als Bleichrodt auf den Turm enterte, konnte er bereits die Schiffe des Geleitzuges, den sie nun erreicht hatten, erkennen. Eine Ruderkorrektur ließ U 48 herumgehen, damit sie vor dem Feger in Sicherheit waren, der dem Geleitzug vorauslief und in weiten Schlenkern nach Backbord und Steuerbord ausholte.
Ein FT-Spruch an die Operationsabteilung des BdU ging hinaus: "Konvoi gesichtet. Dreißig Schiffe westlich von Rockall Bank, im Quadrat AL 3380. Noch keine Sicherung aus Osten."
Unmittelbar darauf ging bereits die Antwort des BdU ein:
"U 48 dranbleiben und Peilzeichen senden. U 46, U 99, U 100, U 101 und U 123 auf den Konvoi von U 48 operieren."
Kurz darauf wurden noch vier Nachzügler gesichtet, und fast gleichzeitig damit traf auch die aus England geschickte Geleitsicherung an diesem Konvoi ein. Es waren die Sloops "Scarborough" und "Fowey" und die Korvette "Bluebell".
Es war der SC 7, ein Sydney/Neuschottland—England-Geleitzug, neben dem U 48 nunmehr am Rande der Sichtweite angehängt lief. Zweimal wurde das Boot abgedrängt, ehe es am Morgen des 17. Oktober die richtige Angriffsposition erreicht hatte.
Bleichrodt ließ vier Einzelschüsse schießen, alle vier Torpedos trafen. Einer davon den 9.512 BRT großen britischen Motortanker "Languedoc", der zweite den Dampfer "Scoresby". Ein dritter ebenfalls getroffener Dampfer, die "Haspenden", stoppte.
Das Boot wurde von der Geleitsicherung abgedrängt. Bleichrodt ließ die Rohre nachladen und als die Verfolger verschwunden waren, tauchte U 48 — nach einem sichernden Rundblick aus Sehrohrtiefe — auf und versuchte, wieder Anschluß zu gewinnen. Ein Seeflugzeug, das plötzlich gesichtet wurde, ließ das Boot abermals tauchen.
Commander Allen, der Konvoichef, ließ nun, nachdem die Anwesenheit deutscher U-Boote an seinem Geleitzug bekannt war, eine Ausweichbewegung nach Nordosten fahren. Aber vier Stunden nach U 48 kam auch U 38 unter Kptlt. Liebe zum Schuß. Er versenkte ein Schiff und torpedierte ein zweites.
Dann schloß U 48 ein zweitesmal heran. Es war 9.30 Uhr, als Bleichrodt tauchen ließ, weil er genügend Vorlauf zum Unterwasserangriff

gewonnen hatte. Der Schuß aus Rohr I traf den britischen Dampfer "Sandsend" tödlich.
Erst am Abend dieses 18. Oktober lief der SC 7 dann in den Vorpostenstreifen der deutschen U-Boote hinein. U 46 unter Engelbert Endrass kam zum Schuß. Frauenheim, Kretschmer und Schepke ebenfalls. Torpedodetonationen dröhnten durch die Nacht. Flammenfackeln der Vernichtung loderten auf. Der SC 7 verlor 20 Schiffe. Sieben weitere wurden torpediert. U 99, U 101 und U 123 mußten verschossen den Rückmarsch antreten. U 99 unter Kretschmer hatte allein sieben Schiffe aus diesem Geleitzug versenkt.
Die Ocean Escort dieses Konvois war durch das vorzeitige Abdrehen der beiden Hilfskreuzer "Montclare" und "Alaunia" geschwächt. Die neue Escort Group kam erst am 19. Oktober heran. Sie bestand aus zwei Zerstörern, einem Minensucher, vier Korvetten und drei Trawlern.
U 47 unter Günther Prien war nicht mehr an den SC 7 herangekommen. Das Boot fand aber am Abend des 19. Oktober einen weiteren Konvoi, den HX 79. Das Boot griff an und kam mehrfach zum Schuß. (Siehe Abschnitt über Günther Prien). U 47 torpedierte auch den Motortanker "Shirak", der weiter und weiter hinter dem Konvoi zurückblieb. Am frühen Morgen wurde dieser Tanker von U 48 gesichtet. U 48 lief an und versenkte ihn mit einem Fangschuß, womit die Tonnage des Tankers von 6.023 BRT auf das Konto dieses Bootes kam. An den Konvoi HX 79 indes kam U 48 nicht mehr heran. Das Boot erhielt den Befehl, den Rückmarsch anzutreten.
Am 23. Oktober traf es im heimatlichen Stützpunkt ein. Am ausgefahrenen Sehrohr flatterten acht Versenkungswimpel. Allerdings waren nur sieben Schiffe wirklich gesunken. Das achte torpedierte Schiff konnte eingebracht werden.
Die Gesamttonnage dieser Versenkung belief sich auf 44.860 BRT. Nach dem letzten Versenkungserfolg hatte der Kommandant von U 48 (wenn man die beiden Dampfer hinzurechnete, die von ihm torpediert worden waren) 100.000 BRT feindlichen Handelsschiffsraumes und die "Dundee" versenkt.
Am 24. Oktober, unmittelbar vor dem Einlaufen des Bootes, hatte Admiral Dönitz Bleichrodt über Funk verständigt, daß ihm das Ritterkreuz verliehen worden sei.
Heinrich Bleichrodt aber sagte Dönitz nach seiner Rückkehr bei der Verleihung dieser Auszeichnung, daß er sie nur tragen würde, wenn auch der I. WO des Bootes, Suhren, der als Torpedoschütze die meisten der vernichteten Dampfer beschossen und versenkt hatte, das Ritterkreuz erhalte.
Drei Kommandanten hatten inzwischen U 48 gefahren, und unter allen dreien war Teddy Suhren der Torpedowaffen-Offizier gewesen. Auf

sein Konto kam die Versenkung von etwa 200.000 BRT. Als erstem Wachoffizier auf einem U-Boot wurde Oblt. z. S. Gerd "Teddy" Suhren am 3. November 1940 das Ritterkreuz verliehen.
Da Herbert Schultze, der erste Kommandant von U 48, wieder von seiner Krankheit genesen war, mußte Bleichrodt das Boot abgeben.
Am 22. Januar 1941 stellte er U 67 in Dienst. Doch nach dem Einfahren mußte er auch dieses Boot wieder abgeben, das für Kptlt. Müller-Stöckheim bestimmt gewesen war.
Mit U 109 sollte Bleichrodt ein Boot übernehmen, das von KKpt. H. G. Fischer am 5. Dezember 1940 in Dienst gestellt worden war. Auf seiner ersten Feindfahrt im Mai 1941 hatte dieses Boot den britischen Dampfer "Marconi" mit 7.402 BRT versenkt. Danach war es von Zerstörern derart mit Wasserbomben belegt worden, daß es schon aufgegeben werden sollte. Aber es hatte den Rückweg noch einmal geschafft und sollte ihn noch oftmals schaffen.
Anstelle von KKpt. Fischer kam am 23. Juni 1941 Kptlt. Heinrich Bleichrodt in Lorient an, um U 109 zu übernehmen. Er brachte auch einige seiner alten Kampfgefährten von U 67 mit.
Am 28. Juni 1941 lief U 109 zu seiner zweiten Feindfahrt aus. Die Schäden waren alle beseitigt worden. Bleichrodt meldete das Boot beim Flottillenchef Heinz Fischer ab und als die Biskaya erreicht war, gab der Kommandant der Besatzung das neue Operationsgebiet bekannt. Es war der Seeraum vor der Küste von Westafrika.
Nach der ersten Woche dieser Feindfahrt war nicht eine einzige Mastspitze gesichtet worden. Erst am 6. Juli wurden Mastspitzen eines Einzelfahrers gesichtet, der mit Südkurs und großer Fahrt durch die See lief. Der Angriff an diesem Tage nach langer Vorsetzjagd mußte abgebrochen werden, weil der Gegner plötzlich wegzackte. Am Morgen des 7. Juli fuhr U 109 den zweiten Angriff. Der aus 2.000 Metern geschossene Torpedo ging vorbei. Der nächste Anlauf ließ das Boot bis auf 1.000 Meter herangehen. Keine Detonation war zu hören.
Der dritte Anlauf und der Schuß aus 800 Metern hatte das gleiche negative Ergebnis. Was war los? Waren die Rechner nicht in Ordnung? Oder waren es die Torpedos? Konnte etwa der Torpedowaffen-Offizier nicht schießen?
Zum Artilleriegefecht aufdampfend, wurde das 8.000 BRT große Schiff beschossen. Die Granaten der 10,5 cm-Bugkanone hämmerten in die Bordwand des Schiffes hinein, das plötzlich "SSS" und dann auch seinen Namen funkte. Es war die "City of Auckland", ein Schiff, das von der Weser-Bauwerft in Bremen gebaut worden war.
Der Dampfer drehte plötzlich, nachdem er sich eingenebelt hatte, auf das U-Boot ein und versuchte, es mit Steven in zwei Teile zu zerlegen. Mit Beide Diesel AK gelang es dem Boot freizukommen. Danach

schoß dieses Schiff, das von Bleichrodt nun als U-Boot-Falle angesprochen wurde, mit seiner Artillerie auf U 109. Das Boot mußte mit Alarmtauchen von der Wasseroberfläche verschwinden.
Dieser Zusammenstoß mit der U-Boot-Falle wurde durch FT-Spruch an den BdU gemeldet, damit dieser die anderen Booten davor warnen konnte.
Tage und Wochen vergingen. U 109 erhielt Weisung, nach Cadiz zu marschieren, um aus dem dort liegenden deutschen Dampfer "Thalia" zu versorgen. Das Boot erhielt drei neue Torpedos, Treibstoff und Verpflegung.
Wieder folgte das harte Brot der U-Boot-Fahrt: das Suchen nach Einzelfahrern und das Hinterherklotzen hinter von anderen Booten gemeldeten Geleitzügen. Einige neutrale Fahrzeuge mußten unangetastet bleiben.
Nach fünf Wochen in See hatte U 109 nicht eine einzige Tonne feindlichen Handelsschiffsraumes versenkt. Ein eingehender Funkspruch versetzte die Torpedomixer in heftige Aktivität. Der Text des Spruches lautete: "Achtung, Sabotageverdacht bei U-Boot-Torpedos!"
Torpedomaat Borchardt und seine Mannen fanden jedoch nichts, was auf U 109 diesen Verdacht bestätigt hätte.
Mehrere Ansätze durch die Operationsabteilung brachten in den nächsten Wochen ebenfalls kein zählbares Ergebnis. Am 11. August traf U 109 mit U 124 und U 331 zusammen. Nach dem ES-Austausch kam es zu einigen Winksprüchen. U 331 wies darauf hin, daß eine "Condor"-Maschine einen Geleitzug gemeldet habe.
U 331 kam schließlich an diesen Konvoi heran und gab Peilzeichen und Standortangabe. Bleichrodt versuchte heranzuschließen und wurde von Zerstörern unter Wasser gedrückt.
Das Boot trat den Rückmarsch an, passierte am 15. August Kap Finisterre und lief am Sonntag, dem 17. August, in Lorient ein. Kein einziger Erfolgswimpel flatterte am Sehrohr.

Die zweite Fahrt in die Kälte

Als U 109 am 5. Oktober 1941 zur zweiten Feindfahrt unter Heinrich Bleichrodt auslief, waren umfangreiche Reparaturarbeiten erledigt worden. Operationsgebiet sollte die Labradorküste sein. Durch schweren Sturm bahnte sich das Boot seinen Weg. Erst am 14. Oktober ließ der Sturm etwas nach. Ein eiskalter Wind brachte eine schwere Dünung, die gegen U 109 anrollte. Der Wind machte auf und wurde zum Orkan. Die Boote der Gruppe "Mordbrenner", der auch U 109 angehörte, standen in einer Suchharke mit zwei weiteren Gruppen am weitesten nach Westen vorgeschoben und in der nördlichsten Position vor der Labradorküste.

In der Nacht des 21. Oktober brach hier der Sturm los, der sich bis zum Nachmittag zu einem soliden Orkan steigerte. Regen, dann Schneeschauer nahmen den Brückenwächtern jede Sicht. Das Boot mußte unter Wasser weitermarschieren. Am 23. Oktober erreichte U 109 die eigentliche Position, 60 Seemeilen vor Labrador. Vor der Belle-Isle-Straße auf- und abstehend, versuchten die Brückenwächter etwas anderes als die hier umherschwirrenden Möwen zu erkennen. Doch es gab nichts!

Es wurde kälter und kälter. Das Boot und die Männer auf dem Turm waren mit Eis überkrustet. Die Entlüftungen vereisten und ließen sich nicht öffnen. U 109 mußte in den Keller, zum Auftauen.

Am 27. Oktober wurde U 573 gesichtet, das sich bereits auf dem Rückmarsch befand. Der 31. Oktober brachte einen neuen Befehl des BdU: "An Bleichrodt: Nicht auf Geleit Kentrat operieren. Aufstellung acht sm vor Südspitze Neufundland."

Der Marsch ging nach Süden, und am 1. November wurden Mastspitzen gesichtet. Ein Flugzeug machte dem Boot einen Strich durch die Rechnung. Bei 50 Metern Wassertiefe stieß der Bug des Bootes auf Grund, während das Heck noch aus dem Wasser herausragte. Zum Glück drehte das Flugzeug vorzeitig ab und warf keine Bomben.

Wieder wurden Mastspitzen gesichtet und kurz darauf ein Zerstörer, der das Boot abermals zum Tauchen zwang.

Am Sonntag, dem 2. November, erhielt U 109 vom BdU den FT-Spruch: "An Bleichrodt: Freies Manöver."

Doch auch jetzt kam kein Schiff in Sicht, und am 4. November erhielt U 109 vom BdU den Auftrag, den norwegischen Frachter "Silvaplana", der bei den Marshallinseln von dem Handelsstörkreuzer "Atlantis"

aufgebracht und mit einer 15-köpfigen Prisenbesatzung nach Europa geschickt wurde, nach Hause zu bringen.
Zur vorgeschriebenen Zeit wurde die "Silvaplana" am 10. November gesichtet, und U 109 übernahm die wertvolle Prise auf dem letzten Teil der Reise. Das Schiff war deshalb so wichtig, weil seine Ladung aus 2.000 Tonnen Rohgummi, 5.000 Tonnen Sago, Kaffee und Tee bestand.
Am 18. November lief U 109 mit der "Silvaplana" nach Lorient ein. Wieder gab es zwar keinen Versenkungswimpel am Sehrohr. Dennoch war der Große Löwe mit U 109 zufrieden, das die wichtige Ladung und das Schiff heimgeleitet hatte.

Vor der amerikanischen Ostküste

Am 27. Dezember 1941 liefen U 109 und U 130 unter KKpt. Ernst Kals zu einer neuen Feindfahrt aus. Operationsgebiet für beide Boote war die Ostküste Amerikas.
Mit von der Partie waren neben den beiden genannten Booten noch U 123 unter Hardegen, U 66 unter Zapp. U 125 unter Kptlt. Folkers sollte noch hinzukommen. Das war alles, was der BdU zum Unternehmen "Paukenschlag" an Booten zur Verfügung hatte.
Zu Silvester 1941 wurde um 20.00 Uhr 20 Grad West passiert. U 109 passierte am 1. Januar, 1942 einen Motorsegler und erhielt am nächsten Tag den Befehl des BdU, die Südküste von Neufundland anzusteuern. Am 8. und 9. Januar 1942 durchlief das Boot eine Schlecht-

wetterfront, und als es am 10. Januar um Mitternacht auftauchte, um die Batterien aufzuladen, wurde ein FT-Spruch aufgefangen: "Bleichrodt: Operationsgebiet Neuschottland. Halifax bis Boston, BdU."
Durch Sturm und Schneegestöber klotzte das Boot durch die See. Am Sonntag, dem 18. Januar wurde der US-Rundfunk abgehört. Dieser gab die Versenkung von zwei eigenen Tankern vor der Küste von New York bekannt.
Am Abend des 18. Januar stand U 109 vor Cap Sable. Als das Boot 90 Minuten nach Mitternacht des 19. Januar auftauchte, wurden voraus Lichter gesehen. Zum ersten Male galt es nun, zum Angriff zu kommen. Es war ein einzelner Dampfer auf den der Torpedo aus Rohr I abgeschossen wurde. Die Laufzeit war längst vorüber, als die Torpedodetonation durch die Nacht grollte. Dennoch wurde später eine SSS-Meldung des britischen Motorschiffs "Empire Kingfisher" aufgefangen.
Drei weitere Torpedos wurden auf dieses Schiff geschossen. Die Torpedos liefen einwandfrei, dennoch detonierten sie nicht an dem anvisierten Dampfer, sondern wanderten kurz vor dem Ziel aus.
Auch ein wenig später geschossener fünfter Torpedo aus dem Heckrohr V, aus nur 500 Metern Distanz, ergab nichts.
Das Boot drehte ab, um auf tieferes Wasser zu gelangen. (Es stellte sich später heraus, daß der hier von U 109 torpedierte Dampfer mit 6.082 BRT doch gesunken war.)
Am Morgen des 21. Januar kam U 109 erneut auf einen Dampfer zum Schuß. Der Torpedo ging achtern vorbei, als der Dampfer plötzlich mit der Fahrt heraufging.
Die Verfolgung wurde aufgenommen, doch dieser Dampfer lief über 18 Knoten Fahrt und konnte nicht eingeholt werden.
Am 23. Januar, das Boot befand sich im Golf von Maine, wurde ein Dampfer gesichtet. Bleichrodt ließ bis auf 400 Meter herangehen, ehe der Einzelschuß aus Rohr V lief. Es war der britische Dampfer "Thirlby" mit 4.886 BRT, der hier rasch über den Achtersteven sank.
Die Pechsträhne schien vorüber. Aber die Meldungen jener Kommandanten, die an den richtigen Stellen gestanden hatten, ließen Bleichrodt und seine Crew doch ein wenig neidisch werden. Zapp, Kals und Hardegen hatten zwischen 30.000 und 50.000 BRT versenkt und liefen verschossen in Richtung Heimat.
Am 25. Januar erhielt U 109 einen FT-Spruch des BdU, in dem dieser mitteilte: "Bleichrodt steht im Zentrum des Verkehrs!"
Am frühen Morgen wurde tatsächlich ein Dampfer gesichtet. Als das Boot zum Angriff eindrehte, stieß hinter dem Heck dieses Dampfers ein Zerstörer hervor und lief mit großer Fahrt in Lage Null auf das Boot zu, so daß nur das Schnelltauchen übrigblieb.

Am 28. Januar gab der BdU sein Einverständnis, daß U 130 den übrigen Treibstoff, den es zur Heimfahrt nicht mehr brauchte, an U 109 abgeben sollte. Das Treffen beider Boote sollte am 29. Januar stattfinden. Als das Boot den Treffpunkt erreichte, herrschte ein Orkan mit Stärken 11 bis 12 und Seegang 10. Beide Boote trafen aufeinander, doch an eine Ölübergabe war bei diesem Wetter nicht zu denken. Am 30. Januar war es ebenso stürmisch. Am 31. Januar standen beide Boote wieder in 40 Metern Abstand zueinander in der See, als eine Rauchsäule gesichtet wurde.
U 109 trennte sich von U 130, und Ernst Kals rief zu Bleichrodt hinüber: "Versenken Sie den mal erst. Ich warte so lange." (Siehe Hirschfeld, Wolfgang: Feindfahrten)
Am 1. Februar wurde um 3.30 Uhr ein Dreierfächer auf den britischen Dampfer "Tacoma Star" geschossen. Zwei Torpedos trafen dieses moderne Kühlschiff, das sehr schnell über den Vordersteven sank. Die Fahrt zurück zum Treffpunkt mit U 130 verlief normal. Ein Kurzspruch verständigte U 130. Aber an eine Ölübernahme war am 2. Februar nicht zu denken. Es herrschte ein solider Südweststurm. Als es dann am 4. Februar ruhiger wurde, war es U 130, das mit einem Winkspruch "Mastspitzen in Sicht!" signalisierte.
Mit großer Fahrt ging U 109 diesem neuen Gegner entgegen. Es war der Tanker "Montrolite", ein Kanadier, der den Zweierfächer aus den Rohren V und VI — den Heckrohren also — erhalten sollte. Nach 90 und 96 Sekunden trafen beide Torpedos. Die "Montrolite" gab sofort "SSS-Meldung". Dieser Tanker hatte 11.309 BRT. Er sank jedoch nicht. Das Boot lief sehr dicht an den Tanker heran und schoß den Fangschuß aus Rohr I.
Unmittelbar nach dem Treffer sank dieser Tanker. Erneut drehte U 109 auf den Teffpunkt mit U 130 ein. Kals ließ Peilzeichen senden. Als das Boot in Sicht des Kameradenbootes stand, war an eine Ölübergabe immer noch nicht zu denken. Am Abend dieses 6. Februar kam U 109 eine Rauchwolke in Sicht. Abermals mußte Bleichrodt sich bei KKpt. Kals entschuldigen, daß er ihn weiter aufhalten müsse.
"Macht nichts", rief Kals durch die Flüstertüte zurück, "ich warte auf Sie!"
U 109 schoß zwei Torpedos auf die 3.531 BRT große "Halcyon", die beide untersteuerten. Aufgrund des Drängens von Oblt. z. S. Wißmann ließ Bleichrodt zum Artilleriegefecht herangehen. Nach einem langen Artillerieschießen sank dieses Schiff.
Am späten Nachmittag des 6. Februar konnte dann endlich die Treibstoffübergabe stattfinden. Eine Stunde nach Mitternacht hatte das Boot von U 130 64 Kubikmeter Treibstoff übernommen.
Da das Boot nicht nur alle Torpedos verschossen hatte, sondern auch

noch die gesamte Zehnfünf-Munition und einen Teil der Dreisieben-Munition, trat es den Rückmarsch an.
Am 23. Februar lief U 109 — diesmal mit fünf Versenkungswimpeln am Sehrohr — in Lorient ein.
Am 10. März sprach Kptlt. Heinrich Bleichrodt im Großdeutschen Rundfunk, um die englische Versenkungsmeldung seines Bootes zu widerlegen.

Erneut vor der USA-Küste

U 109 lief am Abend des 25. März 1942 zur nächsten Feindfahrt aus. Hinter dem Boot hatte auch U 201 unter Adalbert Schnee losgemacht. Im Kielwasser eines Sperrbrechers liefen beide Boote hinaus. Es ging mit großer Fahrt in Richtung Westen.
Fahrtziel waren die Bermudas, und während das Boot keinen einzigen Dampfer gesichtet hatte, wurde ein FT-Spruch von U 123 aufgefangen, nach welchem Hardegen zehn Schiffe, darunter acht Tanker, mit insgesamt 74.837 BRT vor der US-Küste versenkt hatte.

Am 16. April stand das Boot nordostwärts der Bermudas. Gegen Mittag kamen Mastspitzen in Sicht. Es war ein Schweizer Dampfer, der angehalten wurde. Da er keine Bannware transportierte, und die Ladepapiere auf Genua ausgestellt waren, mußte er wieder entlassen werden. Der Name dieses Schiffes war "Calanda".
Am 20. April wurde ein Dampfer gesichtet. Der aus nur 600 Metern geschossene Fächerschuß ging vorbei. Der neue Anlauf und der Fächerschuß aus den beiden Heckrohren jedoch trafen. Beide Torpedos gingen am britischen Dampfer "Harpagon" hoch, und mit einer wüsten Kaskade von Explosionen wurde das 5.719 BRT große, bis unter die Lukendeckel mit Munition vollgeladene Schiff auseinandergerissen.
U 109 lief einige Tage später mit Kurs auf Kap Hatteras. Von dort stieß es auf Kap Lookout vor. Das Wasser war hier sehr warm, und im Boot gab es vorn 45 und achtern 52 Grad Temperaturen. Ein Zerstörer, der am 25. April hinter dem Boot herlief, wurde mit den beiden Heckaalen beschossen. Doch die Torpedos gingen vorbei, und das Boot mußte eine weitere Waboverfolgung über sich ergehen lassen.
Erst am 1. Mai, um 9.30 Uhr, wurde wieder ein Schiff gesichtet. Der Zweierfächer aus den Rohren II und IV traf mit einem Torpedo das britische Motorschiff "La Paz" ins Heck. Das Schiff hatte 6.548 BRT. Es sank nicht. Gleichzeitig damit wurde von dem vorbeilaufenden Torpedo ein Motorleichter mit 433 BRT versenkt, der sich als "Wonder" meldete und dann sank. Es handelte sich jedoch um den Motorleichter "Worden", ein niederländisches Schiff.
Mit dem niederländischen Schiff "Laertes", das 5.825 BRT groß war, wurde am 3. Mai das vierte Schiff versenkt.
U 109 setzte sich nach See hin ab.
Bis zum 11. Mai lief U 109 einige Male auf Schiffe zum Angriff an, darunter war auch ein riesiger Tanker. Das Boot wurde jedoch stets durch Geleitzerstörer abgedrängt und unter Wasser gezwungen.
Ab Mitte Mai mußte U 109 mehrfach Wettermeldung tasten. Die Rückfahrt wurde angetreten. Am 3. Juni lief U 109 frühmorgens an zwei eigenen Torpedobooten vorbei und anschließend im Kielwasser eines alten Minensuchbootes nach Lorient hinein und machte an der Isère fest.

Bleichrodts fünfte Feindfahrt auf U 109

Am 18. Juli 1942 um 18.00 Uhr erklang auf dem Turm von U 109 der Befehl "Leinen los!" Das Boot löste sich von der Pier und lief hinter dem jenseits der Enge von Kernevel wartenden Sperrbrecher her aus. Am 23. Juli hatte das Boot die gefährliche Biskaya passiert. Zwei Tage später stand es nördlich der Azoren. 30 Grad West wurden am 28. Juli passiert.

Am Morgen des 5. August wurde das erste Schiff gesichtet. Es war ein Fahrgastschiff, das bedeutend schneller lief als U 109 und nicht eingeholt werden konnte. Als Wolfgang Hirschfeld, der Oberfunkmaat von U 109, Bedauern darüber äußerte, daß sie dieses Schiff nicht erwischt hatten, meine Bleichrodt nur:

"Ach Hirschfeld, wer weiß, wofür dies gut war. Ein großes Fahrgastschiff, vielleicht mit vielen Frauen und Kindern, und das hier draußen auf 33 Grad West." (Siehe Hirschfeld, Wolfgang: a. a. O)

Am 7. August wurde der norwegische Motortanker "Arthur W. Sewall" gesichtet. Der Anlauf klappte schulmäßig. Die Torpedos aus Rohr II und III liefen zum Tanker hinüber, trafen ihn unter der Vorderkante Brücke und achtern. Der Tanker bekam Schlagseite, konnte aber von seiner Besatzung wieder auf ebenen Kiel gelegt werden. Der Schuß aus Rohr V des drehenden Bootes ging vorbei, weil der Tanker wieder Fahrt aufgenommen hatte. Der nächste Anlauf dauerte 40 Minuten. Der Einzelschuß aus Rohr I traf den Tanker mittschiffs. Aber er schwamm immer noch. Erst nachdem er von 55 Treffern der Zehnfünf-Kanone durchsiebt war, ging dieser 6.030 BRT große norwegische Dampfer unter.

Vier Tage darauf kam südwestlich von Cap Verde ein weiterer Tanker in Sicht, der nach den beiden Torpedos aus den Rohren V und VI gestoppt liegenblieb. Auch er wurde von der Artillerie zerschossen und sank. Es war die 5.728 BRT große "Vimeira".

Der Kapitän des Schiffes, Norman Ross Caird, wurde an Bord genommen. Er sollte die restliche Feindfahrt mitmachen.

Den ganzen August hindurch hatte das Boot keinen Erfolg mehr. Am 1. September, das Boot stand südsüdwestlich der Elfenbeinküste, wurde ein Dampfer gesichtet. Nicht weniger als vier Torpedos wurden auf dieses schnelle Schiff geschossen, das dennoch entkommen konnte. Aber kurz nach Mitternacht des 3. September, nach einer langen Jagd und nach einem weiteren Torpedoversager, traf der sechste Aal die "Ocean Might" mit 7.173 BRT. Der Dampfer benötigte einen

weiteren Torpedo als Fangschuß, ehe er nach insgesamt sieben verschossenen Torpedos auf Tiefe ging.
Am 6. September frühmorgens kam ein großer und schneller Dampfer in Sicht. Zwei Torpedos wurden geschossen. Beide Aale trafen das Schiff, das sofort stoppte. Nach zehn Minuten begann der Funker dieses Schiffes zu tasten:
"SSS from 'Tuscan Star', sinking quickly!"
Die "Tuscan Star", mit 11.449 BRT ein großer Kasten, hatte Passagiere an Bord. Als U 109 auf die zu Wasser gelassenen Boote zudrehte, erkannten die Männer auf dem Turm auch Frauen und Kinder in den Booten. Der Schmutt des Bootes mußte Milch, Brot und Hühnerfleisch in Dosen heraufhieven, dieses wurde an die Boote gegeben, die an dem U-Boot längsseits gegangen waren.
Der Zweite Offizier des Schiffes, der nicht mehr in die Boote gekommen war, war der Zweite Funkoffizier Gordon Hill. Er wurde an Bord genommen. Er sagte, daß die "Tuscan Star" mit 11.000 Tonnen Gefrierfleisch aus Buenos Aires ausgelaufen sei. Das Fleisch sei für England bestimmt gewesen. Sie erfuhren auch, daß die sieben Frauen und zwei Kinder, die zu den 29 Passagieren zählten, alle geborgen werden konnten.
Am Nachmittag des 8. September erhielt U 109 den Befehl, den Rückmarsch anzutreten. Freetown wurde am 14. September passiert, und am 17. September um 11.00 Uhr wurden von der Brückenwache "Mastspitzen!" gemeldet.
Der Dreierfächer wurde aus geschätzten 800 Metern geschossen. Der Dampfer "Peterton", der von Hull nach Buenos Aires unterwegs war und Kohle geladen hatte, sank.
Es war der 23. September, als das Boot den Rückmarschbefehl nach Lorient erhielt. Am Nachmittag diese Tages ging ein weiterer FT-Spruch ein:
"An Bleichrodt: In dankbarer Würdigung Ihres heldenhaften Einsatzes im Kampf für die Zukunft unseres Volkes verleihe ich Ihnen als 125. Soldaten der Deutschen Wehrmacht das Eichenlaub zum Ritterkreuz des Eisernen Kreuzes. — Adolf Hitler."
Der I. WO des Bootes, Oblt. z. S. Schramm, verlas den Funkspruch, dem der BdU noch einen Zusatz angehängt hatte: "Herzlichen Glückwunsch! — Befehlshaber."
Am Nachmittag des 6. Oktober 1942 lief U 109 in Lorient ein. Wieder flatterten fünf Versenkungswimpel am Sehrohr.
Als letztes Geschenk erhielt Heinrich Bleichrodt vom Kapitän der "Vimeira" dessen Feuerzeug und einen kleinen Zettel:
"As taken of respect and admiration for Commandant Bleichrodt, his Officers and Crew of U 109. N. R. Caird — S/S 'Vimeira'."

Versenkungserfolge von Korvettenkapitän Heinrich Bleichrodt U 48 und U 109

1. Feindfahrt

15.09.40	00.24	grD	"Alexandros"	4.343	56.50 N/15.04 W
15.09.40	00.25	brPS	"Dundee"	1.060	56.45 N/14.14 W
15.09.40	01.23	brD	"Empire Volunteer"	5.319	56.53 N/15.17 W
15.09.40	03.00	brD	"Kenordoc"	1.780	57.42 N/15.02 W
18.09.40	00.01	brD	"City of Benares"	11.081	56.43 N/21.15 W
18.09.40	00.07	brD	"Marina"	5.088	56.46 N/21.15 W
18.09.40	18.49	brD	"Magdalena"	3.118	57.20 N/20.16 W
21.09.40	06.14	brD	"Blairangus"	4.409	57.18 N/22.21 W
21.09.40	23.38	brD	"Broompark" =	5.136	55.08 N/18.30 W

versenkt: 8 Schiffe mit 36.178 BRT
torpediert: 1 Schiff mit 5.136 BRT

2. Feindfahrt:

11.10.40	21.50	nwM	"Brandanger"	4.624	57.10 N/17.-- W
11.10.40	22.09	brM	"Port Gisborne"	10.144	56.38 N/16.40 W
12.10.40	00.14	nwDM	"Davanger"	7.102	57.-- N/19.10 W
17.10.40	05.53	brMT	"Languedoc"	9.512	59.14 N/17.51 W
17.10.40	05.53	brD	"Scoresby"	3.843	59.14 N/17.51 W
17.10.40	05.53	brD	"Haspenden"	4.678	59.14 N/17.51 W
18.10.40	10.25	brD	"Sandsend"	3.612	58.12 N/21.29 W
20.10.40	00.24	brMT	"Shirak"	6.023	57.00 N/16.53 W

versenkt: 7 Schiffe mit 44.860 BRT
torpediert: 1 Schiff mit 4.678 BRT

1. und 2. Feindfahrt mit U 109 ohne Versenkungserfolg
3. Feindfahrt:

19.01.42	06.24	brM	"Empire Kingfisher"	6.082	43.26 N/65.40 W
23.01.42	08.12	brD	"Thirlby"	4.887	43.20 N/66.15 W
01.02.42	03.30	brD	"Tacoma Star"	7.924	37.33 N/69.21 W
05.02.42	01.42	caMT	"Montrolite"	11.309	35.14 N/60.05 W
06.02.42	02.41	paD	"Halycon"	3.531	34.20 N/59.16 W

versenkt: 5 Schiffe mit 33.433 BRT

4. Feindfahrt:

20.04.42	05.24	brD	"Harpagon"	5.719	34.35 N/65.50 W
01.05.42	11.36	brM	"La Paz" =	6.548	28.15 N/80.20 W
01.05.42	- - -	niM	"Worden"	555	28.15 N/80.20 W
03.05.42	10.54	nlD	"Laertes"	5.825	28.21 N/80.23 W

versenkt: 3 Schiffe mit 12.099 BRT
torpediert: 1 Schiff mit 6.548 BRT

5. Feindfahrt:

07.08.42	21.47	nwMT	"Arthur W. Sewall"	6.030	08.28 N/34.21 W
11.08.42	19.13	brDT	"Vimeira"	5.728	10.03 N/28.55 W
03.09.42	00.50	brD	"Ocean Might"	7.173	00.57 N/04.11 W
06.09.42	23.50	brM	"Tuscan Star"	11.449	01.34 N/11.39 W
17.09.42	13.14	brD	"Peterton"	5.221	18.45 N/29.15 W

versenkt: 5 Schiffe mit 35.601 BRT

Gesamt-
versenkungen: 28 Schiffe mit 162.171 BRT
torpediert: 3 Schiffe mit 16.362 BRT

Kapitän zu See Ernst Kals

Der Tankerknacker und Stratege

Vom Kreuzer "Leipzig" zur U-Boot-Waffe

Als sich der I. Artillerieoffizier des Kreuzers "Leipzig", Ernst Kals, zur U-Boot-Waffe meldete, hatte er den Rang eines Korvettenkapitäns. Als Seeoffizier der Crew 24 gehörte er zu den eisgrauen "Konfirmanden". Er erhielt diese Kommandantenschüler-Ausbildung auf U 37 unter Kapitänleutnant Clausen. Mit einem demolierten Turm kehrte das Boot am 25. März 1941 nach Wilhelmshaven zurück. Kals hatte auf drastische Weise erfahren müssen, daß die U-Boot-Fahrt auch seine schwierigen Seiten hatte.
Bei der Deschimag AG in Bremen stellte er mit U 130 am 11. Juni 1941 ein Boot des Typs IX C in Dienst. Am Turm seines Bootes prangte ein Ritterhelm mit geschlossenem Visier als Wappen.
Mit dem LI, Oblt. (Ing.) Sauerbier und Obersteuermann Stolpner hatte Kals zwei erfahrene und altbeschossene Hasen mitbekommen.
Anfang Dezember 1941 lief U 130 zu seiner ersten Feindfahrt aus, die gleichzeitig auch als Überführungsfahrt nach Lorient galt. Dort sollte das Boot in die 2. U-Flottille eingegliedert werden.
Zwischen den Shetlandinseln und den Färöern lief das Boot bei orkanartigem Sturm in den Atlantik aus. Es gab eine Reihe von Schäden, und Kals fuhr das Boot schließlich im Überwassermarsch, aber aus dem Turm heraus, mit ausgefahrenem Sehrohr.
Am 10. Dezember wurde der Geleitzug SC 57 gesichtet. U 130 schloß heran und griff an. Im Überwasser-Nachtangriff wurden trotz der starken Sicherung binnen dreier Minuten drei Schiffe aus dem Konvoi herausgeschossen. Der erste Schuß fiel um 23.45 Uhr, während der letzte um 23.57 Uhr das Rohr IV verließ. Zwei britische Dampfer und ein ägyptischer Frachter sanken. Es waren die "Kurdistan", die "Kirnwood" und die "Star of Luxor".
Wohlbehalten traf U 130 mit drei Versenkungswimpeln am ausgefahrenen Sehrohr in Lorient ein.

Tankerschlacht vor Amerikas Ostküste

Als der erste Paukenschlag vor der US-Ostküste geschlagen werden sollte, war U 130 eines der wenigen Boote, die dafür einsatzklar waren. Es lief mit den beiden anderen Booten, die dafür vorgesehen waren, noch im Dezember 1941 aus, um rechtzeitig zur "Freigabe Paukenschlag" im Operationsgebiet zu stehen.
Als am 13. Januar 1942 der Paukenschlag begann, stand U 130 vor der US-Ostküste bereit und kam schon am frühen Morgen des 13. Januar auf den Norweger "Frisco" und acht Stunden später auf den panamesischen Dampfer "Friar Rock" zum Schuß. Beide Dampfer sanken.
Das Boot fand beinahe friedensmäßige Verhältnisse vor. Die Leuchtfeuer, die Bojenbefeuerung und die Leuchttürme brannten. Die Schiffe liefen mit gesetzten Lichtern durch die See und auf den genau vorgeschriebenen Routen, "daß man die Uhr danach stellen konnte", wie der Kommandant nach dem Kriege dem Chronisten mitteilte.
Am 21. Januar 1942 um 22.21 Uhr wurde von U 130 sein erster Tanker vor der US-Küste versenkt. Es war die 8.248 BRT große "Alexandra Höeg", ein Norweger, der hier sank.
Am 22. Januar folgte der panamesische Tanker "Olympic" mit "nur" 5.335 BRT, und am 25. Januar um 10.02 Uhr fiel der Zweierfächer, der dem modernen norwegischen Motortanker "Varanger" galt. Die 9.305 BRT kamen auf das Erfolgskonto des Bootes.
Damit waren bei fünf versenkten Schiffen gleich drei Tanker gefaßt worden, die ja Edelwild bedeuteten. Und damit nicht genug, schienen sich vor den Rohren von U 130 nur Tanker zu tummeln, denn am 27. Januar traf es gleich zwei Tanker. Am Morgen um 9.43 Uhr fiel die "Francis E. Powell", der erste US-Tanker, den Torpedos des Bootes zum Opfer. Am Nachmittag dieses Tages traf es ebenfalls einen Amerikaner. Es war die 6.986 BRT große "Halo", die um 13.58 Uhr schwer getroffen wurde, aber eingeschleppt werden konnte, weil das Boot von zwei Sicherungsfahrzeugen unter Wasser gedrückt und abgedrängt wurde, ohne den Fangschuß schießen zu können.
Als das Boot Ende Januar 1942 den Rückmarsch antrat, hatte es zwei Dampfer und vier große Tanker versenkt und einen weiteren torpediert.

Mitte März 1942 lief U 130 zu seiner nächsten Feindfahrt aus. Operationsgebiet war diesmal die Karibische See. Wochenlang stand das

Boot in See, ehe es am 11. April das norwegische Motorschiff "Grenager" stellte. Nach den beiden Torpedos, die um 18.55 Uhr geschossen wurden, sank das 5.393 BRT große Schiff. Genau 24 Stunden darauf wurde zum Angriff auf die "Esso Boston", einen 7.699 BRT großen modernen US-Tanker, eingedreht. Die Torpedos trafen das Schiff tödlich.
In den frühen Morgenstunden des 19. April lief U 130 dann zur Beschießung der Ölraffinerie und des Öltanklagers von Bullenbay auf Curaao ein. Als die Küste in Sicht kam, ließ Kals das Buggeschütz besezt. Schemenhaft hoben sich die großen Erdölbehälter aus der Nacht heraus. Der II. WO war als Artillerieoffizier auf Deck abgeentert, um die Beschießung zu leiten. Er blickte fragend zum Kommandanten empor.
"Feuererlaubnis, Zwo WO!" rief Kals zu ihm herunter.
Die ersten Granaten zogen nach Land hinüber. Die dritte Granate lag mitten im Ziel. Flammen stoben empor, und dann knallte und krachte es, und in dieses Tohuwabohu hinein peitschten Abschüsse der FlaMW.
"Leuchtspur!" rief der I. WO, der neben dem Kommandanten auf dem Turm stand.
"Wir werden von Land aus beschossen!"
Ein Ruderkommando ließ U 130 spitz werden. Dann begannen an Land zwei Geschütze zu feuern. Die Granaten zischten bedrohlich nahe am Boot vorbei.
Kals ließ die Geschützbedienung einsteigen und lief dann mit kleiner Fahrt weiter. Scheinwerfer blitzten an Land auf, und ihre Strahlenfinger glitten suchend über die See. Sie erfaßten das Boot. U 130 zackte mit Hartruderlegen weg und lief, mit beiden Dieseln auf AK heraufgehend, im Zickzackkurs ab, verfolgt vom Gebelfer der Schüsse, die ihm nachgeschickt wurden.
U 130 tauchte, denn es war wahrscheinlich, daß bald auch Flugzeuge starten würden.
Noch sehr lange waren die brennenden Ölbehälter zu sehen. Das Boot trat den Rückmarsch an, denn der Treibstoff war für weiteren Einsatz nicht mehr ausreichend genug. Es hatte zwei Schiffe versenkt.

Die Goldader vor Freetown

Am 4. Juli 1942 lief U 130 zu seiner vierten Feindfahrt aus. Operationsgebiet war der Mittelatlantik und das Seegebiet vor Freetown. Es dauerte erst auch hier einige Wochen, ehe die Erfolgsserie begann. Dann aber ging es Schlag auf Schlag. Am 25. Juli wurde etwa 500 Seemeilen westlich von Freetown der 10.095 BRT große norwegische Motortanker "Tankexpress" gestellt und versenkt. Zwei Tage später lief die 7.167 BRT große "Elmwood" dem Boot vor die Rohre und erhielt um 17.40 Uhr den Fächerschuß, der sie sinken ließ.
Das britische Motorschiff "Danmark", mit 8.391 BRT ein großes und schnelles Schiff, wurde am 30. Juli gestellt und versenkt. Dann war zunächst die Erfolgsserie beendet. Doch dies focht Kals nicht an. Das Boot lief ununterbrochen von einer Grenze seines Operationsgebietes zur anderen. Zwei US-Dampfer konnten nicht mehr erwischt werden, weil sie zu schnell waren u n d ein Zerstörer das Boot dreimal hintereinander unter Wasser drückte.
Am Nachmittag des 9. August tauchte dann der norwegische Tanker "Malmanger" auf. Er erhielt zwei Treffer und sank. Mit ihm verlor der Gegner 7.078 BRT Handelsschiffsraum, was für die Treiböl- und Benzinversorgung des Gegners ein empfindlicher Schlag war.
Ein solcher schwerer Schlag folgte am Nachmittag des 11. August nach, als abermals ein Norweger-Tanker mit 7.455 BRT gestellt und versenkt wurde. Es war die "Mirlo".
Von den versenkten Schiffen waren einige Kapitäne aufgefischt worden. Ein Chiefingenieur war auch dabei. Sie mußten sich in das U-Boot-Leben einfügen und bedachten ihre eigenen Zerstörer, die das Boot mehrfach jagten, mit bösen Flüchen.
Am 25. August wurde der britische Dampfer "Viking Star" mit 6.445 BRT versenkt, und am folgenden Nachmittag ging auch die 4.897 BRT große "Beechwood" für immer auf Tiefe.
Am 12. September 1942 lief U 130 mit sieben Versenkungswimpeln am ausgefahrenen Sehrohr nach Lorient ein. Auf der Pier wurde Ernst Kals von Admiral Dönitz das ihm bereits am 1. September verliehene Ritterkreuz umgehängt.
Das Boot wurde am 13. September zur Werftüberholung ins Slipdock gebracht, und die Besatzung fuhr in einige Törns aufgeteilt in Urlaub. In der Zeit vom 8. bis 18. Oktober wurde U 130 ausgedockt. Danach erledigte es alle Prüfungen und Erprobungen, und nachdem am 26. Ok-

tober die Schlußtrimmung durchgeführt war, konnte U 130 wieder auslaufen.
Am 29. Oktober 1942 um 17.00 Uhr legte es zu seiner fünften Feindfahrt ab.

Auf der Reede von Fedala

Im Unterwassermarsch durchlief U 130 die gefährliche "Auslaufchaussee" der Biskaya. Es erhielt am 31. Oktober einen FT-Spruch der U-Boot-Führung, den Südmarsch über DT 60 fortzusetzen.
Zwei Tage später erreichte U 130 den Seeraum bei Finisterre. In einem FT an die Operationsabteilung des BdU meldete Kals:
"6.31 Uhr: Marqu. BE 97. Keine Fliegerortung oder Sichtung. West 2, See 2, bedeckt 2, Kals."
Am Abend erhielt das Boot folgenden Einsatzspruch: "21.43 Uhr. Auffermann meldet um 14.30 Uhr Geleitzug von etwa sieben großen Schiffen in CF 43.99, Ostkurs. Stein, Kals, Hirsacker, Janssen auf vermutetem Kurs nach Gibraltar operieren."

Gegen die starke See konnte das Boot nur 9 Knoten laufen. Ab Nachmittag des 3. November konnte auf 13,5 Knoten gesteigert werden. Als Kals anfragte, was zu tun sei, da ein Operieren auf den von Auffermann gemeldeten Geleitzug sinnlos geworden war, erhielt er die Weisung: "Südmarsch fortsetzen!"
Am frühen Morgen des 6. November stand das Boot in Höhe von Lissabon und erreichte in der folgenden Nacht die Höhe von Gibraltar, um von hier aus in den Seeraum nordwestlich und westlich der Kanarischen Inseln zu marschieren. Am 8. November wurde um 8.00 Uhr ein FT-Spruch des BdU aufgenommen:
"Amerikaner in Marokko und Algier in großem Stil gelandet. Kals mit großer Marschfahrt DJ 19 ansteuern."
Das Boot änderte seinen Kurs und lief nun in die angegebene Richtung. Als es am anderen Morgen bereits das Planquadrat DJ 1758 M durchlaufen hatte, traf ein weiterer FT-Spruch des BdU ein:
"Angriffsräume Kals: Gebiet vor DJ 2425 und 2543, 'ran an die Transporter und Kriegsschiffe! Auch wenn sie auf flachem Wasser liegen. Voller Einsatz! Sobald bemerkt, Lage melden."
An der sofort ausgebreiteten Karte sah Kals, daß das Angriffsgebiet für ihn die Reede von Casablanca und der Ölhafen dieser Stadt, Fedala, war.
Das Boot lief nunmehr der marokkanischen Küste entgegen. Am 11. November mußte es vor einem Lysander-Seeflugzeug wegtauchen. Es fielen vier Bomben, die zum Glück weitab im Kielwasser detonierten.

Am Nachmittag des 11. November erreichte das Boot die 200-Meter-Wasserlinie. Horchpeilungen stellten mehrfach Suchgruppen fest, die aus zwei Zerstörern bestanden. Kals ließ tauchen und erklärte den in der Zentrale versammelten Offizieren, was Sache war. Er tat dies auf seine eigene Art, indem er sich an den I. WO, Oblt. z. S. Zedelius wandte:
"Na, Zedelius, dann wollen wir mal gemeinsam überlegen. Was würden wir tun, wenn wir persönlich für die Sicherheit dieser Schiffe verantwortlich wären, die hier auf Fedala-Reede liegen?"

"Ich würde Minen legen, Herr Kapitän!" meinte der II. WO.
"Genau, Kietz!" Kals griff zum Bleistift und fuhr damit über die Karte. "Und zwar hier, im rechten Winkel von der Küste aus in die See hinein. Sie sind der Überzeugung, daß die U-Boote rechtwinklig, also auf dem schnellsten Weg zur Küste und zu den Zielen laufen werden, was wir aber nicht tun werden."
"Und wie werden wir angreifen, Herr Kapitän?" fragte der I. WO, Oblt. z. See Zedelius.

"Von Norden her, möglichst dicht unter der Küste entlanglaufend, werden wir Fedala ansteuern."
"Sehr flaches Wasser, Herr Kapitän!" gab Zedelius zu bedenken. Der Kommandant nickte.
"Das ist gut für uns, weil die feindliche Asdic-Ortung auf so flachem Wasser nicht möglich sein wird."
Ernst Kals ließ nach dieser Besprechung das Boot zur Selbstversenkung vorbereiten. Falls es entdeckt wurde, mußte es zur raschen Sprengung vorbereitet sein. Der Kommandant ließ anschließend die Besatzung im Bugraum antreten und gab ihr den Einsatz bekannt:
"Ich habe die Absicht, morgen die US-Landungsflotte in Fedala anzugreifen. Es wird kein einfaches Unternehmen werden, weil der um die Transporter gelegte Zerstörer-Sicherungsring sehr dicht ist. Ich erwarte hundertprozentigen Einsatz. Es ist Pflicht eines jeden Mannes, beim Angriff Tauchretter zu tragen."
Um 20.24 Uhr tauchte U 130 auf und lief im Überwassermarsch bis zur 30-Meter-Linie vor. Im FuMB wurden Schiffsortungen aufgenommen. Kals ließ auf Grund hinuntergehen und die Besatzung auf Ruhestationen wegtreten. Um 13.20 Uhr des 12. November löste sich U 130 vom Grund, tauchte auf Sehrohrtiefe auf und lief nunmehr entlang der Küste bei Fedala Reede von Norden auf den Liegeplatz der Schiffe zu.
Ein Aufklärer wurde durch das Luftzielsehrohr gesichtet, dann einige Transporter, die Kals aber zu klein waren.
Um 14.40 Uhr hallte plötzlich ein fürchterliches sirrendes Geräusch durch das Boot. War dies eine neue Ortungsmöglichkeit des Gegners?
Nein, der Grund für dieses Schnarren war ein im Heckrohr liegender Torpedo, der von selbst angelaufen war und nun seine Batterien leerratterte.
Wenig später hatte das Boot bei nur 23 Metern Wassertiefe Grundberührung. Oblt. (Ing.) Sauerbier steuerte es einen Meter höher ein.
Der Tag war sonnig und wolkenlos der Himmel. Der Kommandant saß bereits über drei Stunden im Sattelsitz des Angriffssehrohrs. Es war 16.00 Uhr, als die auf Fedala Reede liegenden Schiffe in Sicht kamen. Kals sichtete einen Kreuzer, der allerdings von sechs oder sieben Zerstörern abgeschirmt wurde. Daneben zwei Tanker und dann einige Transportschiffe.
Zweimal noch ratschte der Kiel des Bootes über Grund. Dann hatte Kals drei der großen Transporter ausgesucht.
"Boot greift an! — Mündungsklappen auf, Rohre bewässern!"
Die Schußwerte für die drei aufgefaßten Transporter wurden eingegeben. Um 18.28 Uhr verließen in acht Sekunden Abstand zueinander die ersten beiden Aale die Rohre. Mit gleicher Einstellung folgten sieben

und zwölf Sekunden nach Schuß zwei der dritte und vierte Torpedo auf einen Frachter von geschätzten 9.000 Tonnen.
Sofort nach den vier Schüssen ließ Kals drehen und den Schuß aus Rohr VI schießen.
Noch in der Drehung des Bootes konnten alle Männer der Besatzung zwei sehr starke Detonationen hören. Durch das ausgefahrene Sehrohr sah Kals, daß der große, nahe beim Boot stehende Transporter Mitte und Achterschiff getroffen worden war. Noch während das Boot weiterdrehte, detonierten 117 und 123 Sekunden nach dem Schuß die beiden zuerst geschossenen Aale, was bedeutete, daß das getroffene Schiff 1.780 Meter vom Boot entfernt lag, es mußte größer als geschätzt sein.
Um 18.33.07 Uhr fiel der gezielte Einzelschuß aus dem Heckrohr VI, mit Vorhalterechner und Schußwinkel 180 Grad. Nach genau 129 Sekunden — das Schiff mußte also 2.000 Meter weit entfernt liegen — grollte die Detonation dieses Treffers über die See hinweg.
U 130 hatte auf drei große Transporter geschossen und alle drei tödlich getroffen. Mit AK der E-Maschinen lief das Boot, immer dicht unter der Küste auf flachem Wasser bleibend, nach Norden zurück.
Wie KKpt. Kals es erhofft hatte, so dröhnten nun weit, sehr weit südlich vom Boot nacheinander 35 Wasserbomben-Detonationen durch die See. Der Gegner wähnte sie nach Süden abgelaufen, weil die Schußfolge ihm dies eingab, eingeben sollte.
Plötzlich aber erstarrten alle, jedes Geräusch verstummte, denn in diesem Moment lief ein Zerstörer mit eingeschaltetem Asdic-Gerät genau über das Boot hinweg. Die Distanz, die beide voneinander trennte, betrug ganze 30 Meter. Aber es ging auch dieses Mal noch einmal gut.
Als U 130 gegen 23.57 Uhr auftauchte, sahen die Wachgänger auf dem Turm ein mit greller Flamme brennendes Schiff auf der Reede von Fedala. Es war der letzte von ihnen getroffene Transporter. Um 1.46 Uhr wurde ein Kurz-FT an den BdU abgesetzt:
"Bei Tagesangriff auf Fedala-Reede am 12. November versenkt zwei Transporter. Sinken eines weiteren wahrscheinlich. Zusammen 22.500 BRT. Lage: Vor Fedala etwa 20 Frachter, ein Träger. Starke Seebewachung, besonders bei Nacht mit Ortung. Tagsüber starke Luftüberwachung. Verkehr nur am Tage auf 30 Meter. Angriff auf Reede am besten unter Wasser möglich. Kein Asdic auf flachem Wasser. 17 Aale, 145 qbm. DJ 2291, Kals."

Korvettenkapitän Kals hatte mit U 130 und seiner Besatzung die drei amerikanischen Großtransporter "Edward Rudledge" mit 9.360 BRT, "Tasker H. Bliss" mit 12.568 BRT und "Hugh L. Scott" mit 12.479 BRT versenkt.

Der Kommandant beabsichtigte, nach dem Nachladen aller sechs Rohre in der übernächsten Nacht auf dem gleichen Wege abermals anzugreifen. Aber als er dorthin zurückgelaufen war, hatte dieser Schiffsverband bereits das Weite gesucht.
Am 15. November marschierte das Boot weiter in Richtung "Mediah-Reede", aber auch hier lagen keine größeren Schiffe. Lediglich ein Anderson-Zerstörer stand in Suchschlägen auf und ab.
Als nach vielen Tauchmanövern vor anfliegenden Flugzeugen U 130 am 18. November ein Schiff sichtete, tauchte das Boot, um zum Unterwasserangriff heranzugehen. Doch das Schiff war die "Maria Teresa", ein spanischer Dampfer, den sich Kals verkneifen mußte.
Am 23. November wurde das Boot der neu zusammengestellten Gruppe "Westwall" zugeteilt. Tage und Wochen vergingen. Bis zum 9. Dezember war das Boot kein einzigesmal zum Schuß gekommen. Bei grober See gab es eine Reihe Schäden, so auch am Funkmeßgerät. Das auslaufende U 463 brachte Kals ein Ersatzgerät mit. Wolfbauer, der Kommandant dieses Bootes, erreichte U 130 am 23. Dezember. Er übergab Kals' Boot auch noch 9 qbm Treibstoff, denn das Boot war sehr treibstoffschwach geworden. Es trat den Rückmarsch an und wurde am 30. Dezember beim Punkt "Laterne" durch das deutsche Geleit aufgenommen und in den Hafen geleitet. Das Boot hatte während dieser 63 Seetage 7.884 Seemeilen zurückgelegt und drei Schiffe mit 34.507 BRT versenkt.

Nach dieser Feindfahrt mußte KKpt. Kals sein Boot im Frühjahr 1943 an Oblt. z. S. Siegfried Keller, seinen Nachfolger, übergeben. Kals selber wurde Flottillenchef der 2. U-Flottille in Lorient. Wenig später wurde er zum Fregattenkapitän befördert.
Als die Biskayastützpunkte geräumt werden mußten, blieb Ernst Kals in Lorient zurück und verteidigte diesen Stützpunkt mit seinen Männern, inzwischen noch zum Kapitän zur See befördert, bis Kriegsende. Mit seinen Kameraden ging er in eine entbehrungsreiche französische Gefangenschaft, aus der er als kranker Mann entlassen wurde.

Versenkungserfolge von U 130 unter Kapitän zur See Kals

10.12.41	23.54	brD	"Kurdistan"	5.844	56.51 N/16.36 W
10.12.41	23.57	ägD	"Star of Luxor"	5.298	56.57 N/16.34 W
10.12.41	23.57	brD	"Kirnwood"	3.829	56.57 N/16.35 W
13.01.42	01.18	nwD	"Frisco"	1.582	44.50 N/60.20 W
13.01.42	09.48	paD	"Friar Rock"	5.427	45.30 N/50.40 W
21.01.42	22.21	nwMT	"Alexandra Höeg"	8.248	40.53 N/65.56 W
22.01.42	⋯	paDT	"Olympic"	5.335	36.01 N/75.30 W
25.01.42	10.02	nwMT	"Varanger"	9.305	38.58 N/74.06 W
27.01.42	09.43	amDT	"Francis E. Powell"	7.096	38.05 N/74.53 W
27.01.42	13.58	amDT	"Halo" =	6.986	35.23 N/75.20 W
11.04.42	18.55	nwM	"Grenager"	5.393	22.45 N/57.13 W
12.04.42	19.21	amDT	"Esso Boston"	7.699	21.42 N/60.00 W
25.07.42	16.53	nwMT	"Tankexpress"	10.095	10.05 N/26.31 W
27.07.42	17.40	brD	"Elmwood"	7.167	04.48 N/22.00 W
30.07.42	20.48	brM	"Danmark"	8.391	07.00 N/24.19 W
09.08.42	22.37	nwDT	"Malmanger"	7.078	07.13 N/26.30 W
11.08.42	14.27	nwDT	"Mirlo"	7.455	06.04 N/26.50 W
25.08.42	19.44	brD	"Viking Star"	6.445	06.00 N/14.00 W
26.08.42	11.24	brD	"Beechwood"	4.897	05.30 N/14.04 W
12.11.42	18.28	amAP	"Edward Rutledge"	9.360	33.40 N/07.35 W
12.11.42	18.28	amAP	"Tasker H. Bliss"	12.568	33.40 N/07.35 W
12.11.42	18.33	amAP	"Hugh L. Scott"	12.479	33.40 N/07.35 W

Gesamterfolge: 21 Schiffe mit 149.191 BRT versenkt
                           1 Schiff mit   6.986 BRT torpediert

Korvettenkapitän Reinhard Hardegen

Zweimal vor Amerikas Küste

Vom Seeflieger zum U-Boot-Kommandant

Der junge Seeflieger, der in den ersten Monaten des Zweiten Weltkrieges über der Ostsee Aufklärung flog und nach den wenigen polnischen U-Booten suchte, die hier irgendwo lauern mußten, erhielt im Winter 1939 seine Kommandierung zur U-Boot-Waffe. Er durchlief die üblichen Ausbildungsgänge und fuhr auf dem Schulboot U 5, das unter dem Kommando von Kapitänleutnant Heinrich Lehmann-Willenbrock stand. Auch Lehmann-Willenbrock war von einer anderen Fakultät gekommen. Sein letzter Dienst hatte auf dem Segelschulschiff "Horst Wessel" stattgefunden, auf dem er beinahe zwei Jahre lang Wachoffizier und Adjutant von Kapitän zur See Thiele gewesen war. Auf U 5 lernte der junge Offizier die Anfangsgründe des U-Boot-Fahrens. Nach bestandenem Kommandanten-Lehrgang stieg Hardegen auf U 124 unter Kapitänleutnant Georg-Wilhelm Schulz ein. Soeben zum Oberleutnant zur See befördert, zählte er zu den schönsten Erinnerungen jenen Flug, den er nach Wilhelmshaven zum Liegeplatz von U 124 unternehmen mußte, denn an Bord war auch der Befehlshaber der U-Boote, Konteradmiral Dönitz. Dazu Hardegen in seinem packenden Buch "Auf Gefechtsstationen":
"Der klare Blick der Augen und der feste Händedruck zeigten mir sofort, daß im Befehlshaber der Unterseeboote nicht nur eine Persönlichkeit verkörpert ist, die den Einsatz der U-Boote auf allen Meeren lenkt, sondern auch im Vorgesetzten der Mensch wohnt, der mit jedem seiner U-Boot-Fahrer in einem persönlichen Verhältnis steht."
Als sich Oblt. z. S. Hardegen an Bord von U 124 bei Kptlt. Schulz meldete, ahnte er noch nicht, daß die Fahrt des Bootes gleich losgehen werde. Seine Frage an den I. WO, wohin die "Probefahrt" denn gehe,

wurde mit der Antwort bedacht, daß es auf Feindfahrt gehe und man nur auf ihn, den neuen Wachoffizier, gewartet habe.
Damit macht der Kommandantenschüler Hardegen seine erste Fahrt auf einem Boot, das ebenfalls seine "Jungfernreise" unternahm. Es war ein Boot des Typs IX-B, das von Wilhelm Schulz am 11. Juni in Dienst gestellt worden war. (Siehe Kapitel Wilhelm Schulz)
Nach zwei Feindfahrten unter Georg Wilhelm Schulz erhielt Hardegen die Weisung, in Kiel sein eigenes Boot, U 147, in Dienst zu stellen. Die Indienststellung fand am 11. Dezember 1940 statt, und mit diesem Boot hatte Hardegen einen verbesserten Einbaum (Typ II D) übernommen, wie ihn auch Wolfgang Lüth mit U 138 erhalten hatte.
U 147 trug als Bootswappen den fliegenden Fisch am Turm, und nachdem Hardegen sein Boot einsatzklar gemeldet hatte, lief es Ende Februar 1941 zu seiner ersten Feindfahrt aus. Durch die grobe See stampfend, erreichte U 147 den Seeraum westlich der Shetland-Inseln. Es wich den kleinen Fischkuttern aus, verschwand vor in Sicht kommenden Zerstörern von der Wasseroberfläche und beobachtete bei Nacht den nach Scapa Flow führenden Seeweg. Einmal geriet das Boot mitten unter vier englische Zerstörer, die es zum Glück nicht bemerkten.
Am Nachmittag des 2. März wurde der Kommandant auf den Turm gerufen. Aufenternd sah Hardegen an Backbord voraus Rauchwolken. Wenig später kamen die Aufbauten zweier Schiffe über der Kimm heraus. Einer der Dampfer drehte plötzlich auf U 147 ein und eröffnete das Feuer auf dieses deutsche U-Boot. Mit Alarmtauchen ging es in den Keller. Es war ein Geleitfahrzeug des Konvois HX 109, das U 147 zum Schnelltauchen veranlaßt hatte.
Nach dem Auftauchen wurde dieser Gegner nahe am Boot mit gestoppten Motoren gesichtet. U 147 tauchte abermals weg.
Der Horchraum meldete schließlich das Ablaufen des Gegners.
Es war inzwischen dämmrig geworden, und Hardegen sichtete einen Schatten, der sich im fahlen Mondlicht als Dampfer erwies. Da beide Diesel unklar waren, lief das Boot mit E-Maschinenfahrt an. Aus etwa 400 Metern Distanz fiel der Einzelschuß, der den norwegischen Dampfer "Augvald" mit 4.811 BRT auf der 150 Meter-Linie nordwestlich von Loch Ewe auf Tiefe gehen ließ.
Der Dampfer flog mit einer Welle von Explosionen in die Luft. Er hatte Munition geladen und zerbarst in seine Einzelteile. Das Boot wurde von einigen Granatsplittern und Sprengstücken getroffen, doch nur die Außenhaut wurde beschädigt.
Als das Boot einige Tage darauf abermals zum Schuß kam, ging der ebenfalls aus kurzer Distanz geschosseneTorpedo vorbei. Unmittelbar darauf, als der Kommandant in der Zentrale versuchte, die Ursachen

des Fehlschusses zu klären, rief der Wache gehende I. WO, Oblt. z. S. Wetjen: "Auf Gefechtsstationen!"
Das Boot hatte einen als Truppentransporter eingesetzten Passagierdampfer vor den Rohren, aber in den drei Rohren befand sich nur noch ein Torpedo. Aber dieser aus kurzer Entfernung geschossene Aal lief vorbei.
Das Boot trat nun den Rückmarsch an und lief nach reibungslos verlaufener Fahrt durch den Kaiser-Wilhelm-Kanal in Kiel ein. Hier erfuhr der Kommandant, daß U 147 nunmehr zur U-Boot-Schule komme und daß er bald ein neues größeres Boot erhalten würde. Oblt. z. S. Wetjen sollte U 147 als Kommandant übernehmen.
Kurz darauf wurde Oblt. z. S. Hardegen zum Wohnschiff des BdU an der Blücherbrücke zur Meldung bei Kpt. z. S. von Friedeburg, dem Zweiten Admiral der U-Boote, befohlen. Hier erfuhr er, daß er in Frankreich U 123 übernehmen sollte, das von Kptlt. Möhle an ihn übergeben werden würde.
Karl-Heinz Möhle hatte das Boot auf einigen sehr erfolgreichen Feindfahrten geführt und insgesamt 18 Schiffe versenkt. Dafür erhielt er am 26. Februar 1941 das Ritterkreuz.
Als Hardegen das Boot im Stützpunkt Lorient an der französischen Atlantikküste erreichte, lag es nach der letzten Feindfahrt Möhles noch im Dock. Es führte als Wappen ein Verwundetenabzeichen, weil es sich einmal bei einem Übungsschießen selber den Netzabweiser abgeschossen hatte.
Als das Boot Anfang Juni 1941 zu seiner neuen Feindfahrt, der ersten unter Reinhard Hardegen, von der Isère ablegte, hatte es als Marschziel den Seeraum vor der afrikanischen Westküste erhalten. Bereits vor der Küste Spaniens in der Biskaya wurden Schiffe gesichtet, die sich aber als Spanier herausstellten und nicht angegriffen werden durften.
Am 20. Juni aber war es soweit. Auf 34.10 Grad Nord und 11.40 Grad West wurde der portugiesische Dampfer "Ganda" gestellt und mit einem Torpedo lahmgeschossen. Das Schiff erhielt sehr rasch starke Schlagseite. Hardegen und der II. WO, Lt. z. S. von Schroeter, sahen, wie die Besatzung in die Boote ging. Als das Schiff verlassen war, tauchte U 123 auf und lief zum Artillerieschießen an. Da der Dampfer eine Faßladung mit Benzin und Heizöl an Bord hatte, geriet er schnell in Brand. Um 20.19 Uhr war der Torpedoschuß gefallen. Eine Stunde später stand fest, daß der Dampfer sicher unterschneiden würde.
Der Marsch nach Süden wurde fortgesetzt. Am 22. Juni, einem Sonntag, wurde der Kommandant geweckt, und der Funkmaat reichte ihm einen aufgefangenen FT-Spruch: Der Rußlandfeldzug hatte begonnen. Als das von der Feindfahrt zurückkehrende U 69 unter Metzler den

Konvoi SL 76 meldete, der im Seegebiet der Kapverdischen Inseln stand, und am frühen Morgen des 27. Juni die "River Lugar" versenkte, erhielt auch U 123 den Befehl, auf diesen Konvoi zu operieren. Mit AK steuerte das Boot mit Kollisionskurs auf das Ziel zu. Am Abend kam es in Sichtweite heran, schloß zum Angriff herum und schoß wenige Minuten vor Mitternacht drei gezielte Einzelschüsse auf Dampfer dieses Konvois.
Der erste Torpedo traf den britischen Dampfer "P. L. M. 22" mit 5.646 BRT tödlich. Der eine Minute darauf geschossene Torpedo versenkte die "Oberon" mit 1.996 BRT, und auch der dritte Aal traf, auch wenn er das zuerst anvisierte Ziel verfehlte, einen Dampfer der dahinter laufenden Kolonne. Dessen Sinken konnte allerdings nicht bestätigt werden. Die nächtliche See wurde vom gleißenden Licht der Leuchtfallschirme und den Leuchtgranaten erhellt, die von den Zerstörern geschossen wurden.
Das Boot wurde durch die Geleitsicherung abgedrängt und kam erst am Abend des 29. Juni wieder auf eines der Schiffe des SL 76 zum Schuß. Der Torpedo verließ um 19.36 Uhr das Rohr und hieb mittschiffs in diesen Gegner hinein, dessen Notruf noch aufgefangen werden konnte. Es war der britische Dampfer "Rio Azul" mit 4.088 BRT, der hier auf Tiefe ging.
U 66 unter Kptlt. Zapp schoß ebenfalls noch zwei Schiffe aus diesem Konvoi heraus, der zerrupft den Bestimmungshafen erreichte.
In den nächsten Tagen kamen immer wieder amerikanische Schiffe in Sicht, die das Boot passieren lassen mußte. Erst in der Nacht des 4. Juli wurde ein Dampfer entdeckt, der sofort angegriffen wurde. Hinter der auf den Turm gereichten UZO stand der I. WO des Bootes, Oblt. z. S. Schneider, als Torpedo-Waffenoffizier bereit. Das Boot ging sehr dicht an diesen Einzelfahrer heran. Der Einzelschuß auf die 5.444 BRT große "Auditor", ein englisches Schiff, erfolgte aus 600 Metern und traf das Schiff 20 hinten. Es stoppte und sackte achtern weg. Die Besatzung ging in die Boote. (Sie erreichte in zwei Booten die Kapverdischen Inseln). Sehr rasch und eigentlich in dieser Schnelligkeit unerwartet, sackte das Heck jählings weg, steil richtete sich der Bug auf, als das Schiff sank.
Damit war die Erfolgsserie dieser Feindfahrt zu Ende. Als U 123 in seinen Stützpunkt Lorient zurückkehrte, flatterten sechs Versenkungswimpel am ausgefahrenen Sehrohr. Fünf davon wurden vom Gegner bestätigt.

In der Hölle des Nordatlantik

Als das Boot Anfang Oktober 1941 zu seiner zweiten Feindfahrt unter Kptlt. Hardegen auslief, war der Besatzung klar, daß es in dem diesmaligen Operationsgebiet Nordatlantik nicht besonders ruhig zugehen würde, denn die Herbststürme dort waren berüchtigt.
Am 19. Oktober wurde ein Geleitzug gemeldet, auf den U 123 befehlsgemäß operieren sollte. Als aber feststand, daß das Boot diesen Konvoi nicht mehr erreichen würde, erhielt es über Funk die Weisung, diese Operation abzubrechen und mit kleiner Fahrt auf dem Generalkurs weiterzulaufen.
Drei Stunden nach Mitternacht sichtete die Brückenwache des Bootes an Steuerbord querab einen riesigen Schatten. Hardegen, der sich in der Zentrale mit dem Kartenstudium befaßte, eilte auf die Brücke. Er sichtete wenig später vier große Dampfer, die von mehreren Zerstörern in enger Sicherung geleitet wurden.
Der Befehl "Auf Gefechtsstationen!" hallte durch das Boot. Trotz der starken Sicherung griff Hardegen an. Der TWO stand hinter der UZO. Er erhielt die Feuererlaubnis, als einer der Geleitzerstörer in Lage Null auf U 123 zudrehte. Hardegen ließ mit Hartruderlegen ausweichen, und das Boot glitt haarscharf an dem letzten großen Dampfer vorbei. Der TWO hatte unmittelbar vor dieser Kursänderung den Zweierfächer geschossen, und als das Boot die Drehung vollendet hatte, dröhnten die beiden Schläge der Torpedodetonationen durch die Nacht. Vorn 30 und mittschiffs unter der Brücke waren die Torpedos eingeschlagen. Das große Schiff ging rasch mit der Fahrt herunter, lag dann mit Schlagseite gestoppt auf der See. Der Bug lag bereits sehr tief unter Wasser. Die Besatzung ging von Bord, während U 123 versuchte, auf einen zweiten großen Dampfer zum Schuß zu kommen und im Bugraum die Torpedomixer dabei waren, die leergeschossenen Rohre nachzuladen.
Doch U 123 kam nicht mehr an den zweiten Dampfer heran, die Fahrt dieser Riesenschiffe war zu hoch.
"Während der Fahrt", so der Bericht in Hardegens Buch "Auf Gefechtsstationen", "hatten wir in Richtung unseres getroffenen Schiffes eine heftige Explosion gehört und sahen, wie eine große Stichflamme mit hellem Feuerschein zum Himmel leckte. - - -"
Als das Boot am Morgen zur Untergangsstelle des Schiffes zurücklief, konnte nur ein riesiger Ölfleck gesichtet werden. Außerdem schwam-

men Wrackteile dort im Wasser. Noch war sich Hardegen nicht sicher, ob der Riese auch wirklich gesunken war. Dann bemerkte die Brückenwache ein Boot. Ein Mann hockte darin. Er berichtete Reinhard Hardegen, daß das Schiff, das sein Boot torpediert hatte, der britische Hilfskreuzer "Aurania" gewesen sei. Dieses Schiff war im Lloyds Register mit 13.984 BRT ausgewiesen. Der Schiffbrüchige sagte aus, daß der Hilfskreuzer "nach einer ungeheuren Kessel- und Munitionsexplosion" gesunken sei. Die Zerstörer hätten die Schiffbrüchigen gerettet, ihn aber offenbar nicht gefunden.
Damit schien die Versenkung erwiesen. Richtig ist jedoch, daß die "Aurania" trotz der schweren Kesselexplosion von zwei Zerstörern auf den Haken genommen und eingeschleppt werden konnte.
In den nächsten Wochen wurde U 123 in einigen Suchharken aufgestellt, um noch auf Schiffe oder Geleitzüge zum Schuß zu kommen. Während der Aufstellung in der Gruppe "Schlagtot" hatte Hardegen den Hilfskreuzer torpediert und den Geleitzug SL 89 gemeldet. Danach wurde das Boot zur Aufklärung vor die "Belle-Isle-Straße" geschickt und am 1. November in die Gruppe "Raubritter" eingereiht und auf den von U 374 unter von Fischel gesichteten Konvoi SC 52 angesetzt. Das Boot kam am 3. November an den Konvoi heran, wurde aber durch Geleitfahrzeuge unter Wasser gedrückt und kam nicht mehr zum Schuß, während U 569 unter Hinsch, U 202 unter Lindner und U 203 unter Mützelburg zum Schuß kamen und Versenkungserfolge erzielten.
Am 8. November stand dann U 123 bei eisigem Wetter und grober See im Seeraum südostwärts von Grönland abermals in der Gruppe "Raubritter". Es wurde mit den übrigen Booten am 12. auf den vom B-Dienst erfaßten Konvoi ONS 33 angesetzt. Keines der Boote fand diesen Geleitzug, und wenig später erhielt U 123 den Rückmarschbefehl.

Der erste Paukenschlag vor Amerika!

Als dem BdU am 9. Dezember 1941 die amerikanischen Gewässer für den U-Boot-Krieg freigegeben wurden, befahl der BdU die Kommandanten Hardegen, Zapp und Kals, deren Boote noch zur Verfügung standen, in sein Hauptquartier. Hier erklärte er ihnen, daß sie und möglicherweise noch zwei oder drei Boote in Richtung US-Ostküste auslaufen sollten, um an einem später zu bestimmenden Tag schlagartig die Schießzeit dort zu eröffnen.
Zum Schluß sagte der Befehlshaber der U-Boote: "Wie ein Paukenschlag sollt ihr 'reinhauen! Denkt an die Parole 'Angriff, ran versenken!' Ihr dürft nicht leer nach Hause kommen."
(Siehe Reinhard Hardegen: a. a. O.)
So wurde denn auch für dieses Unternehmen das Stichwort "Paukenschlag!" ausgegeben, und erst nachdem dieses Stichwort gegeben war, sollten alle Boote gleichzeitig angreifen.
Kurz vor Weihnachten 1941 lief auch U 123 zu dieser Feindfahrt aus. Das Boot marschierte über den Atlantik. Erst am 9. Januar 1942 war es der U-Boot-Führung möglich, den Tag des gemeinsamen Losschlagens von vorerst insgesamt drei Booten zu bestimmen. Der FT-Kurzspruch ging an diese Boote hinaus:
"Paukenschlag am 13. Januar 00.00 Uhr!"
Am 12. Januar lief U 123 kurz vor Erreichen des Operationsgebietes durch einen wüsten Sturm. Mehrere SOS-Rufe wurden gehört. Das Boot kämpfte sich den Weg vorwärts, um am nächsten Tag bereit zu sein. Am späten Nachmittag aber wurde ein großer Dampfer gesichtet.
"Auf Gefechtsstationen!" befahl Hardegen, auch wenn es noch einige Stunden bis zur Freigabe des Paukenschlages waren. Einen solchen Brocken konnte man einfach nicht passieren lassen.
Der Torpedo wurde aus sehr kurzer Distanz geschossen. Der Dampfer blieb schwer getroffen liegen und funkte Notruf. Sein Name war "Cyclops", er hatte nach dem "schlauen Buch" 9.076 BRT und ging auf 41.45 Grad Nord und 63.48 Grad West auf Tiefe, nachdem er noch einen Fangschuß erhalten hatte.
Dies war das erste Schiff, das auf diesen westlichen Längengraden je vernichtet worden war.
Am nächsten Morgen, mit offizieller Eröffnung des Paukenschlages,

kam auch U 130 unter Kals zum Schuß, der binnen weniger Stunden zwei Schiffe versenkte.
U 123 schloß sich am 14. Januar um 08.35 Uhr an. Es stand auf 70.50 Grad West, also dicht vor der US-Küste, als ein schneller Motortanker in Sicht kam, der offensichtlich aus dem Hafen von New York ausgelaufen war. Es war der unter panamesischer Flagge laufende Tanker "Norness". Der Torpedo traf ihn mittschiffs. Der Tanker meldete diesen Torpedotreffer mit den Worten: "Bin südlich Long Island auf Mine gelaufen!"
Dies war also der erste Tanker, der von U 123 vor der US-Küste versenkt worden war. Zehn weitere sollten noch folgen. Den nächsten trafen die Torpedos am 15. Januar um 9.41 Uhr. Es war der britische Tanker "Coimbra" mit 6.768 BRT. Am 17. Januar traf dieses Schicksal auch den kleinen amerikanischen Dampfer "San José", der nur 1.932 BRT groß war. Zwei Tage darauf wurde vor Cap Hatteras der amerikanische Dampfer "Brazos" mit 4.497 BRT vernichtet. Er erhielt den tödlichen Torpedo am frühen Morgen um 5.16 Uhr.

Wenige Stunden später sah Hardegen, der nicht von der Brücke gegangen war, eine Gruppe von Schiffen gleichzeitig, die sich offenbar im Pulk sicherer fühlten. Diesmal hatte der Kommandant die freie Auswahl, welchen Dampfer er zuerst angreifen sollte. Er entschloß sich, einen mittleren Dampfer, der in günstiger Schußposition stand, zuerst zu nehmen. Der Torpedo traf die 5.269 BRT große "City of Atlanta" und ließ sie sinken. Genau eine Minute nach 12.00 Uhr fiel der nächste Torpedoschuß, der die "Ciltvaira" tödlich traf.
Ein in Sicht kommender Tanker wurde wenige Minuten später mit der Bugkanone und den FlaMW auf dem Turm beschossen. Aus nur 200 Metern Distanz erhielt er einige schwere Treffer. Er brannte und blieb dann, in die Maschine getroffen, liegen. Die Brücke und die anderen Aufbauten wurden ebenfalls unter Feuer genommen, und als U 123 an diesem Schiff vorbeilief, "da erschrak ich doch", bemerkte Hardegen später. "Das war ja ein ganz anständiger Brocken."
Wie auch immer, die übrigen Schiffe waren nach diesen Torpedoschüssen und dem Feuergefecht in verschiedenen Richtungen verschwunden und als der Funkraum meldete, daß der Tanker einen Hilferuf gesendet hatte, sein Name "Malay" lautete und seine Tonnage 8.206 BRT betrug, lief U 123 zur Stelle zurück, wo der Tanker lag. Dieser hatte inzwischen das Feuer unter Kontrolle gebracht und lief mit kleiner Fahrt in Richtung Land.
"Fangschuß!" befahl Hardegen, und aus kurzer Distanz traf der Torpedo den Tanker, der nun wieder stoppte und tiefer sank.
Da der Gegner bald mit Zerstörern und Flugzeugen am Schauplatz die-

ser Ereignisse eintreffen mußte, ließ Hardegen sein Boot ablaufen, um es auf tieferes Wasser zu bringen und tauchen zu können.
Er war der festen Überzeugung, daß nichts und niemand mehr diesem Tanker würde helfen können. Doch mit großer Zähigkeit wurde das Schiff von einigen Bergungsschleppern eingebracht. Allerdings war es für lange Zeit ausgefallen.
Das Boot trat den Rückmarsch an. Es stieß am 25. Januar auf den britischen Dampfer "Culebra". In der vergangenen Nacht hatte Hardegen gemeldet, daß das Boot verschossen und acht Schiffe mit 53.000 BRT versenkt habe. Die Antwort des BdU ließ nicht lange auf sich warten: "An Paukenschläger Hardegen, Bravo! Sehr gut gepaukt!"
(Siehe Hardegen, Reinhard: a. a. O.)
Doch die Paukenschläge sollten auf dieser Feindfahrt noch nicht zu Ende sein. Die "Culebra", die am 25. Januar gewissermaßen als Antwort auf den Funkspruch, daß dem Kommandanten das Ritterkreuz des Eisernen Kreuzes verliehen worden war, mit der Artillerie angegriffen wurde, sank nach erbitterter Gegenwehr und mit ihr waren 3.044 BRT mehr auf das Versenkungskonto von U 123 gekommen. U 123 hatte zwei Verwundete zu beklagen.
In der kommenden Nacht wurde dann noch ein großer Tanker gesichtet. "Den lassen wir doch nicht aus, Herr Kaleunt?" meinte der Bootsmannsmaat der Wache.
Hardegen befahl trotz der sehr bald erkannten Bewaffnung dieses Tankers, zum Artillerie-Passiergefecht anzulaufen. Beide Kanonen und die Maschinenwaffen eröffneten das Feuer. Es gelang, den Tanker achtern in Brand zu schießen und damit die Benutzung des auf dem Heck stehenden Geschützes zu verhindern. Von der Brücke des Tankers peitschten die schnellen Abschüsse einiger Maschinenwaffen. Sie wurden ebenfalls ausgeschaltet. Die Besatzung des Tankers ging von Bord.
Nun konnte das Boot dichter herangehen und den Tanker durch Schüsse unterhalb der Wasserlinie versenken.
Es war der moderne Motortanker "Pan Norway", dessen 9.231 BRT noch zusätzlich auf Hardegens und das Konto von U 123 kamen.
Die schiffbrüchige Besatzung, die größtenteils aus Norwegern bestand, fand die Unterstützung von U 123, das einen neutralen Dampfer anwies, diese Männer an Bord zu nehmen, was auch geschah.
Mit zehn Versenkungswimpeln am Sehrohr und etwa 66.600 BRT lief das Boot in den Stützpunkt ein.
Nach der Meldung beim BdU schrieb Karl Dönitz in sein KTB: "Aus dem Bericht des Kommandanten wird klar ersichtlich, daß der 'Paukenschlag' ein weit stärkerer hätte werden können, wenn es möglich gewesen wäre, dem BdU für diese Operation nicht nur sechs, sondern

die von ihm beantragten zwölf großen Boote zur Verfügung zu stellen."
Die drei weiteren Boote, die Dönitz hier nannte, trafen vor der US-Küste ein, als die ersten drei Boote sich dort verschossen hatten. Es war U 106 unter Oblt. z. S. Rasch, U 103 unter Kptlt. Winter und U 107 unter Oblt. z. S. Gelhaus.

Der zweite Paukenschlag vor Amerika

U 123 lief bereits Anfang März 1942 zur nächsten Feindfahrt aus. In See stehend erhielt das Boot am 18. März den FT-Spruch der Operationsabteilung: "Freies Manöver an der amerikanischen Küste!"
Eine Kurskorrektur ließ das Boot herumgehen. Am Nachmittag des 22. März um 17.57 Uhr fiel der erste Torpedoschuß dieser Unternehmung. Es traf den amerikanischen Tanker "Muskogee", der 7.034 BRT groß war. Sehr rasch ging der Dampfer auf Tiefe.

Am frühen Morgen des 24. März, das Boot hatte 63 Grad West soeben erreicht, wurde erneut ein Tanker gesichtet. Es war die "Empire Steel" mit 8.138 BRT. Der Zweierfächer wurde um 3.00 Uhr geschossen. Unmittelbar darauf stoben riesige Stichflammen aus dem Tanker in die Höhe. Anhand der hellen Färbung wurde angenommen, daß es sich um eine Benzinladung handeln mußte. Da das Achterschiff des Tankers nicht sinken wollte, ließ Hardegen nahe herangehen und es mit einer Reihe Granaten aus dem Buggeschütz versenken.

Nun kam die US-Küste näher. Am frühen Morgen des 27. März, das Boot hatte die Küste fast erreicht, stieß U 123 auf einen Dampfer, der als kleiner Frachter erkannt wurde. Es war die amerikanische U-Boot-Falle "Atik" mit 3.209 BRT, die den in den vorderen Laderaum eingehauenen Torpedo verdaute, ohne mehr als eine leichte Schlagseite zu bekommen. Allerdings brach bei der Einschußstelle Feuer aus. Hardegen ließ näher herangehen, um diesen kleinen Dampfer mit der Bugkanone anzulüften und zum Sinken zu bringen.

Als der kleine Frachter dann plötzlich auf U 123 eindrehte und versteckte Geschütze freilegte, aus denen die ersten Schüsse zu U 123 herüberflitzten, mußte Hardegen die Geschützbedienung einsteigen lassen und mit Schnelltauchen auf Tiefe gehen. Mit seinem I. WO, Oblt. z. S. von Schroeter, blieb Hardegen allein auf dem Turm zurück. Beide sahen, wie die Leuchtspurgeschosse sich zu ihnen herüberzogen. U 123 entzog sich mit großer Fahrt diesem Feuer.

Als der Kommandant in die Zentrale kam, sah er, daß der Fähnrich z. S. Rudi Holzer, der an Bord kommandiert war, schwer verwundet dort gebettet worden war. Sein rechtes Bein war fast abgerissen worden. Er starb am nächsten Morgen.

Zur U-Boot-Falle "Atik" zurückkehrend, wurde diese mit einem weiteren Torpedo und der Artillerie versenkt.

Der Fähnrich wurde in einer schlichten Trauerfeier der See übergeben. Reinhard Hardegen sprach für ihn ein letztes Vaterunser.

Erst am 2. April kam das Boot wieder zum Schuß. Diesmal war es der US-Tanker "Libre", der nach dem Torpedo mit der Artillerie bekämpft wurde und bereits lichterloh in Flammen stand, als das Boot von einem US-U-Jäger angegriffen wurde und mit AK in den Keller ging. Dieser 7.057 BRT große Tanker sank nicht, sondern wurde eingeschleppt. Sechs Tage darauf wurde der US-Tanker "Oklahoma" um 7.52 Uhr mit einem Torpedoschuß in die Maschine getroffen. Dieser Tanker wurde gehoben, eingeschleppt und repariert. Er hatte 9.264 BRT. Am 28. März 1945 wurde er von U 532 unter Junker versenkt.

Da beinahe gleichzeitig damit ein weiterer Tanker gesichtet worden war, drehte U 123 auf diesen ein. Dieser Tanker hatte die Seenotraketen der "Oklahoma" gesehen und drehte nach Backbord. Er wollte of-

fenbar auf flaches Wasser entkommen, wohin ihm das U-Boot nicht folgen würde. Der um 8.44 Uhr geschossene Tropedo traf ihn schwer. Es gelang dem Kapitän dieses Tankers, sein Schiff auf Strand zu setzen, wo es später abgeborgen werden konnte. Damit gehen die 7.989 BRT der "Esso Baton Rouge" nicht auf das Versenkungskonto. (Dieses Schiff wurde am 23. Februar 1943 von U 202 unter Poser versenkt.)
Am Morgen des 9. April wurde auf flachem Wasser der amerikanische Dampfer "Esparta" versenkt, und am 11. April wurde wieder ein großer Tanker gesichtet: Die "Gulfamerica", die 8.081 BRT groß war und ein sehr gutes Schiff. Der Torpedo stoppte den Tanker, und mit der Artillerie wurde er vor dem Strand von Jacksonville Beach versenkt.
Am Morgen des 13. April wurde die 2.609 BRT große "Leslie" auf flachem Wasser versenkt, dennoch wurde das Schiff nicht wieder gehoben.
Zwei Stunden später kam U 123 auf das schwedische Motorschiff "Korsholm " zum Schuß, das ebenfalls rasch sank und vier Tage später, am 17. April, morgens um 5.23 Uhr, wurde der amerikanische Dampfer "Alcoa Guide" angegriffen. Da das Boot alle Torpedos verschossen hatte, ließ Hardegen wieder einmal in bewährter Manier zum Artillerieüberfall herangehen. Bereits die ersten Schüsse setzten den 4.834 BRT großen Dampfer in Brand. Der zweite Angriff ließ ihn nach einer Reihe von Treffern unterhalb der Wasserlinie sinken.
U 123 meldete und erhielt den Rückmarschbefehl. Am 23. April, noch in See stehend, wurde Reinhard Hardegen über Funk mitgeteilt, daß ihm am 23. April als 89. deutschen Soldaten das Eichenlaub zum Ritterkreuz des Eisernen Kreuzes verliehen worden sei.
Mit elf Versenkungswimpeln am ausgefahrenen Luftzielsehrohr lief U 123 in den Stützpunkt ein. Zwei der Versenkungen konnten nicht bestätigt werden. Dennoch waren diese beiden Schiffe auf lange Zeit aus dem Verkehr gezogen und mußten in langwieriger Arbeit wieder repariert werden.
Unmittelbar vor dem Einlaufen in den Stützpunkt hatte das Boot den letzten Tropfen Treiböl verbraucht. Der Flottillen-Ingenieur mußte dem Boot einen Ölprahm entgegenschicken, aber Hardegen winkte ab und schaffte das Einlaufen mit den beiden E-Maschinen.
Im Führerhauptquartier wurde Reinhard Hardegen das Eichenlaub zum Ritterkreuz übergeben.
In einer letzten Fahrt überführte er das Boot nach Kiel. Als es am Marine-Ehrenmal vorbeilief, stand die Besatzung mit Front nach Backbord angetreten. Die Flagge wurde zur Ehrung der Gefallenen gesenkt, und schließlich machte U 123 an der Blücherbrücke fest. Zum ersten — und einzigen Male hatte das Boot a l l e Versenkungswimpel geheißt. Es waren 45 mit einer Tonnage von 304.000 BRT, die unter der

Führung von zwei Kommandanten hatten fertiggestellt werden müssen. Kapitänleutnant Reinhard Hardegen meldete Kapitän zur See von Friedeburg das Boot "in die Heimat zurückgekehrt".

Versenkungserfolge von U 147 und U 123 unter Korvettenkapitän Reinhard Hardegen

02.03.41	22.12	nwD	"Augvald"	4.811	150 m NW Loch Ewe
20.06.41	20.19	ptD	"Ganda"	4.333	34.10 N/11.40 W
27.06.41	23.57	brD	"P. L. M. 22"	5.646	25.43 N/22.47 W
27.06.41	23.58	nlD	"Oberon"	1.996	25.43 N/22.47 W
29.06.41	19.36	brD	"Rio Azul"	4.088	29.-- N/25.-- W
04.07.41	03.55	brD	"Auditor"	5.444	25.33 N/28.23 W
21.10.41	04.20	brACL	"Aurania" =	13.984	50.-- N/19.-- W
12.01.42	01.49	brD	"Cyclops"	9.076	41.51 N/63.48 W
14.01.42	08.34	paMT	"Norness"	9.577	40.28 N/70.50 W
15.01.42	09.41	brDT	"Coimbra"	6.768	40.25 N/72.21 W
17.01.42	13.04	amD	"San José"	1.932	39.15 N/74.09 W
19.01.42	05.16	amD	"Brazos"	4.497	Cape Hatteras
19.01.42	09.09	amD	"City of Atlanta"	5.269	35.42 N/75.21 W
19.01.42	12.01	leD	"Ciltvaira"	3.779	35.25 N/75.23 W
19.01.42	12.44	amDT	"Malay" =	8.206	35.40 N/75.20 W
25.01.42	- - -	brD	"Culebra"	3.044	35.30 N/53.25 W
26.01.42	- - -	nwMT	"Dan Norway"	9.231	35.56 N/50.27 W
22.03.42	17.57	amDT	"Muskogee"	7.034	28.-- N/58.-- W
24.03.42	03.00	brMT	"Empire Steel"	8.138	37.45 N/63.17 W
27.03.42	02.37	amAPC	"Atik"	3.209	36.-- N/70.-- W
02.04.42	07.18	amDT	"Libre" =	7.057	34.11 N/76.08 W
08.04.42	07.52	amDT	"Oklahoma"	9.264	31.18 N/80.59 W
08.04.42	08.44	amDT	"Esso Baton Rouge" =	7.989	31.02 N/80.53 W
09.04.42	07.16	amD	"Esparta"	3.365	30.46 N/81.11 W
11.04.42	01.22	amDT	"Gulfamerica"	8.081	30.10 N/81.15 W
13.04.42	05.11	amD	"Leslie"	2.609	28.35 N/80.19 W
13.04.42	07.45	swM	"Korsholm"	2.647	28.21 N/80.22 W
17.04.42	05.23	amD	"Alcoa Guide"	4.834	35.34 N/70.08 W

Gesamterfolge: 24 Schiffe mit 138.204 BRT versenkt
4 Schiffe mit 32.516 BRT torpediert

Fregattenkapitän Erich Topp
Mit U 57 und U 552 im Einsatz

Das Unglücksboot U 57

Erich Topp meldete sich noch vor Ausbruch des Zweiten Weltkrieges zur U-Boot-Waffe. Bis dahin war er Lehroffizier auf der MLA in Friedrichsort gewesen. Nach Absolvierung der verschiedenen notwendigen Lehrgänge kam er als junger Oberleutnant und Wachoffizier auf U 46, das unter Sohler die ersten vier Feindfahrten mit Topp als WO unternahm.

Im Juni 1940 übernahm Topp von seinem Kameraden Korth das am 29. Dezember 1938 in Dienst gestellte U 57, ein Boot des Typs II C, einen der verbesserten Einbäume.

Am Turm des Bootes hatte sein Vorgänger Klaus Korth zwei tanzende Teufel anmalen lassen, die von da an als Bootswappen galten und später noch für die U-Boot-Waffe zu einem Begriff werden sollten.

Das Boot lief Anfang Juli 1940 unter Erich Topp zu seiner ersten Feindfahrt aus. Es ging zunächst nach Bergen, wo Treibstoff ergänzt wurde, um trotz der geringen Seeausdauer so lange wie möglich draußen bleiben zu können.

Als das Boot nach dieser Ergänzung den Korsfjord verließ, wurde es von einem englischen U-Boot angegriffen. Zum Glück konnte die Torpedoaufbahn gesichtet werden, und mit Hartruderlegen entging das Boot der drohenden Vernichtung.

Das Boot setzte den Weitermarsch ins Operationsgebiet vor der englischen Küste fort. Es hatte nur sechs Torpedos. Diese verschoß es binnen fünf Tagen. Die Erfolge waren: Am 17. Juli ging der schwedische Dampfer "O. A. Brodin" mit 1.960 BRT auf Tiefe, und noch am selben Abend traf einer der Torpedos eines Zweierfächers die 8.652 BRT große "Manipur". Dieser britische Dampfer erhielt noch einen Fangschuß, bevor Topp das Weite suchen mußte, weil ihm ein Bewacher zu dicht auf den Leib rückte. Das Boot setzte sich ab und verschoß kurz darauf den letzten Torpedo auf einen kleinen Dampfer, der auch getroffen wurde, aber aus eigener Kraft einen Hafen erreichte.

Das Boot lief zur Ergänzung nach Bergen zurück, um von dort aus eine Woche später zur zweiten Feindfahrt auszulaufen. Als das Boot in der Minch, dem Seegebiet zwischen den Hebriden und Schottland, einen kleinen Geleitzug sichtete, griff es an. Die beiden geschossenen Torpedos gingen vorbei, und U 57 wurde durch Wasserbomben werfende Geleitfahrzeuge abgedrängt.

Der Weitermarsch zum Nordkanal brachte das Boot schließlich in Angriffsposition auf einen Dampfer von geschätzten 5.000 BRT. Drei Anläufe und nicht weniger als drei Torpedos benötigte U 57, um diesen Gegner zu versenken. Es war der Schwede "Atos" mit 2.161 BRT. Unmittelbar darauf wurde das Boot von einem Seeflugzeug des Coastal Command gebombt. Zum Glück für U 57 war diese Bombe, die dicht neben der Backbordseite in die See schlug, ein Blindgänger.

Über Funk wurde auch U 57 zur Ergänzung in einen der nach dem Frankreich-Feldzug in Betrieb genommenen Atlantikhäfen eingewiesen. Es lief zur Ergänzung und Reparatur der kleinen Schäden nach Lorient.

Auf dem Marsch dorthin wurde das Boot abermals von einem britischen Flugzeug angegriffen. Aus der Bordkanone schießend und eine schwere Bombe werfend, versuchte dieses Flugzeug U 57 unter Deck zu schieben, wie die Vernichtungen solcherart genannt wurden. Auch diesmal war die Bombe ein Blindgänger. Aber 15 Schüsse aus den schweren MGs der Maschine hatten die Außenhaut des Bootes durchlöchert, zum Glück aber keinen Mann der 25köpfigen Besatzung verwundet.

Von Lorient aus in See

Nach Neuausrüstung und Reparatur lief U 57 bei sehr grober See und starkem Wind in der zweiten Augustdekade bereits wieder aus Lorient aus. Das Gruppenhorchgerät fiel am zweiten Tag in See bereits aus, und am elften Tag in See kam ein großer Dampfer in Sicht. Im Tages-Unterwasserangriff versuchte das Boot zum Schuß zu kommen, aber das Boot war nicht auf Sehrohrtiefe zu halten, und als es einmal vorn durchbrach, wurde es gesehen, und das Schiff drehte mit AK ab und entkam. Es war die "Ceramic", die hier den Torpedos eines U-Bootes entkommen war, um zwei Jahre darauf doch noch das Schicksal in Gestalt eines U-Boot-Angriffs und damit seine eigene Versenkung durch U 515 zu erleiden.
Am späten Abend des 23. August wurde ein Geleitzug gesichtet. Es war der OB 202.
"Auf Gefechtsstationen! — Das Boot greift wieder an!"
U 57 verwandelte sich in einen bißbereiten Wolf, der nun in die Herde des Konvols einbrach und 42 Minuten nach Mitternacht des 24. August drei gezielte Einzelschüsse auf Dampfer zwischen 9.000 und 5.000 BRT abfeuerte.
Einer der Geleitzerstörer drehte auf das Boot ein, noch ehe die Torpedos ihre Ziele erreichten. Aber bevor das Boot tauchen mußte, sahen die Männer auf dem Turm, daß der große Dampfer schwer getroffen liegenblieb. Und dann bliesen an dem zweiten und genau fünf Sekunden später an dem dritten Dampfer Torpedodetonationen in die Höhe. Alle drei Schiffe machten Notruf. Seenotraketen zischten durch den Nachthimmel. Zerstörer schossen Leuchtgranaten und der Geleitzug legte einen scharfen Zack nach Backbord ein.
"Alarm! — Schnelltauchen!" befahl Topp, als der Zerstörer, der etwas abgedreht hatte, plötzlich wieder spitz wurde und in Lage Null auf das Boot zupreschte.
Als letzter stieg er ins Boot, schlug das Luk zu und drehte es dicht. Der LI sah die Leuchtschrift: "Tauchklar!" und flutete die Tanks. Steil vorlastig kippte U 57 in die Tiefe und setzte bei 45 Metern Wassertiefe, soeben wieder einigermaßen in der Waagerechten, hart auf Grund.
Topp unterdrückte einen Fluch. "Alle Maschinen aus!" befahl er. Das Surren der E-Maschinen verstummte. Stille breitete sich im Boot aus. Die See in der Runde wurde von den Detonationswellen der auseinan-

derkrachenden Wasserbomben erschüttert. Wassereinbrüche erfolgten, die nicht einmal durch Lenzpumpen außenbords geschafft werden konnten, weil dies den Liegeplatz des Bootes verraten hätte. Mit Pützen mußte das eingedrungene Wasser gleichmäßig auf alle Abteilungen des Bootes verteilt werden.
Die ganze Nacht hindurch wurde das Boot mit Wasserbomben belegt. Schadensmeldungen trafen aus allen Abteilungen ein. Mit jeder neuen Wasserbomben-Detonation war die Gefahr der endgültigen Vernichtung gegeben.
Alles lag auf Ruhestationen. Mit Lt. z. S. Reichenbach-Klinke saß Topp in der Zentrale. Obersteuermann Säck notierte die Anzahl der geworfenen Wasserbomben. Der Morgen kam, es wurde Mittag, und plötzlich strich ein kratzendes Geräusch von achtern nach vorn über das Boot. Es war die Suchtrosse eines Zerstörers. Der Gegner wußte zum Glück nicht ganz genau, wo das Boot lag. Es war ein gespenstischer Augenblick. Würde die Trosse am Turm hängenbleiben? — Nein, sie schleifte weiter, und die ganz drohende Gefahr war vorüber.
Erst um 23.56 Uhr konnte U 57 auf Sehrohrtiefe auftauchen. In einem schnellen Rundblick sah Topp, daß achteraus ein gestoppt liegender Zerstörer auf ihr Auftauchen wartete, um sie mit seiner Artillerie zu vernichten. Mit kleiner E-Maschinen-Fahrt schlich das Boot zur Seite, und Topp versuchte, mit Nordwestkurs aus dem Nordkanal herauszukommen. Es gelang.
In den frühen Morgenstunden des 25. August wurden die beiden Oberdeckstorpedos umgeladen. Das Boot hatte bei dem Angriff am frühen Morgen des 24. August den 10.939 BRT großen englischen Dampfer "Cumberland" und den 5.681 BRT großen Dampfer "Saint Dustan" versenkt. Der ebenfalls torpedierte Dampfer "Havildar" mit 5.407 BRT konnte eingeschleppt werden.
Am Nachmittag des 25. August, das Boot war wieder zum Angriff bereit, wurde ein großer Motortanker gesichtet. Das Boot konnte den zum Angriff erforderlichen Vorlauf erlangen und drehte in Unterwasserfahrt auf den Tanker ein. Die "Pecten" mit 7.468 BRT erhielt zwei Treffer und sank binnen weniger Minuten. Abermals setzte eine schwere Wasserbombenverfolgung ein. Als die letzte Dieselkupplung brach, mußte die Rückwärtskupplung umgebaut werden. Solcherart hinkte das Boot in Richtung Deutschland, denn es mußte zur Reparatur in die Werft, um die schweren Schäden ausmerzen zu lassen.
Endlich stand U 57 vor der Schleuse von Brunsbüttel. Sie hatten es geschafft. So schien es wenigstens. Doch im selben Augenblick, als das Boot in die Schleuse einlaufen wollte, glitt der norwegische Frachter "Rona" heraus. Er zeigte die rote Backbord-Positionslaterne. Auch auf U 57 wurde "Rot" gezeigt. Alles ging glatt. Auf einmal zeigte die "Ro-

na" mit "Grün-Rot" beide Positionslichter, und während das Heck des Norwegers noch in der Schleuse lag, wurde sein Bug — bereits im Flutstrom stehend, unvermittelt gegen U 57 gedrückt.
Oberleutnant zur See Topp versuchte, mit "Beide AK zurück!" die Situation zu meistern und wieder freizukommen. Doch es war zu spät. Die "Rona" rammte das U-Boot, das sofort zu sinken begann.
"Alle Mann aus dem Boot!" rief Topp. "Auf den Frachter überspringen!"
Sekunden lang lag der Turm des Bootes auf gleicher Höhe mit dem Deck der "Rona". Männer sprangen hinüber, andere sprangen einfach ins Wasser in die Flutströmung hinein, die sie mit hier gehenden vier Knoten mitriß. U 57 aber sackte wie ein Stein weg und verschwand.
Als im Morgengrauen des Septembertages die Besatzung von U 57 angetreten war, meldete der Wachoffizier dem Kommandanten:
"Herr Oberleutnant, Besatzung von U 57 angetreten. — Bis auf sechs Mann! - - - Die Besatzung bittet darum, zusammenzubleiben und unter Ihrem Kommando weiterfahren zu dürfen!"
"Bis auf sechs Mann!" Diese hatte die See nach der Kollision behalten. Topp legte schweigend die Hand an die Mütze. Dann wandte er sich erschüttert ab.
Erich Topp wurde vor die Untersuchungs-Kommission zitiert. Das Ergebnis lautete: Der Dampfer "Rona" hatte diesen Unfall in der Schleuse zur Gänze verursacht. Topp war völlig rehabilitiert, und um dies auch dem Kommandanten zu beweisen, gab Admiral Dönitz ihm ein neues Boot.

Mit U 552 südlich von Island

Am 4. Dezember 1940 stellte Kapitänleutnant Topp mit U 552 ein Boot des berühmten Typs VII C in Dienst, des meistgebauten deutschen U-Bootes. Auch hier begann das Einfahren des Bootes und der zum Großteil neuen Besatzung, weil ja die Anzahl der Besatzungsmitglieder im Vergleich zu den Einbäumen fast doppelt so hoch lag. Eine ganze Reihe von Getreuen von U 57 aber waren mit dabei, als das Boot, das wie sein Vorgängerboot die beiden roten tanzenden Teufel am Turm aufgemalt erhielt, zu seiner ersten Feindfahrt auslief.
Es ging im letzten Februardrittel nach den in Danzig durchgeführten Restarbeiten durch den Kaiser-Wilhelm-Kanal mit Eisbrecherhilfe in die offene Nordsee. Von dort nahm das Boot Kurs in den Nordatlantik. Eben im Operationsgebiet angelangt, sichtete U 552 einen Konvoi. Das Boot griff nach der Fühlunghaltermeldung an, schoß fünf gezielte Einzelschüsse im Unterwasserangriff, die alle hätten treffen müssen. Doch keine einzige Detonation wurde gehorcht. Durch Geleitfahrzeuge wurde das Boot unter Wasser gedrückt und sackte nach achtern aus dem Geleitzug heraus.
Einige Stunden darauf tauchte in der einfallenden Abenddämmerung ein sehr schneller Einzelfahrer auf, der stark Zickzack-Kurse steuerte. Aus einer Distanz von 1.500 Metern ließ Topp einen Dreierfächer auf dieses große Schiff schießen. Auch diese Torpedos ergaben nichts. Sehr bald erkannten die Männer auf dem Turm von U 552, daß dieses Schiff nicht 1.500 sondern mindestens 4.000 Meter entfernt stand. Doch diese Fehleinschätzung war nicht verwunderlich. Es war die 43.000 BRT große "Ile de France", die das Boot vor den Rohren gehabt hatte. Der letzte noch in den Rohren klarliegende Torpedo wurde hinterher gejagt, erbrachte aber auch nichts.
Dann tauchte am Nachmittag des 1. März abermals ein Konvoi auf: der HX 109. Es gelang U 552 in gute Schußposition zu kommen. Der Zweierfächer, der um 23.56 Uhr die Rohre verließ, traf die "Cadillac", einen Tanker von 12.062 BRT, tödlich. Aber dieser Tanker sank erst nach dreistündigem Todeskampf, währenddessen die gesamte Besatzung von herbeilaufenden Bewachern abgeborgen werden konnte.
U 552 trat den Rückmarsch an und kam am 10. März abends noch mit dem letzten Torpedo auf den isländischen Fischdampfer "Reykjaborg" zum Schuß. Der Dampfer blieb getroffen liegen und wurde mit der Artillerie versenkt. Danach marschierte das Boot in den Stützpunkt zurück.

Die nächste Feindfahrt sah U 552 Ende April im Operationsgebiet Nordatlantik. Hier wurde am frühen Morgen des 27. April der Hilfs-U-Jäger "Commander Horton" mit 227 BRT versenkt, als er das Boot annehmen wollte. Der Torpedo ließ das kleine Schiff auseinanderbrechen. Eine Minute später war es von der Wasseroberfläche verschwunden.
Der Hilfs-U-Jäger gehörte zur Sicherung des Konvois HX 121, der soeben in den Seeraum südlich Island hineinlief. U 552 kam am Nachmittag des 27. April um 16.02 Uhr zum Schuß auf den modernen britischen Dampfer "Beacon Grange", der sich selbständig gemacht hatte, um seine Fahrt allein, und damit schneller als im Geleit möglich, fortzusetzen. Der Zweierfächer traf das 10.160 BRT große Schiff tödlich.
Am folgenden Vormittag nahm U 552 einen Fühlunghalterspruch von U 123 auf, das den Geleitzug gesichtet hatte und nun Standort, Geschwindigkeit und Kurs desselben durchtastete.
Gleichzeitig mit U 96 unter Lehmann-Willenbrock griff auch U 552 an. Der 8.190 BRT große britische Motortanker "Capulet" wurde von U 552 mit zwei Torpedos in Brand geschossen. Noch bevor das Boot den Fangschuß anbringen konnte, wurde es unter Wasser gedrückt und abgedrängt. Erst am 2. Mai wurde der noch immer schwimmende, von der Besatzung verlassene Tanker von U 201 unter Adalbert Schnee versenkt.
Am 30. April stieß U 552 in der Nacht auf ein von diesem Geleitzug versprengtes Schiff. Es war die "Nerissa", ein britischer Dampfer mit 5.583 BRT. Der Zweierfächer, der am Morgen des 1. Mai um 00.27 Uhr geschossen wurde, ließ das Schiff sehr rasch sinken.
Das Boot trat den Rückmarsch an und lief mit vier Versenkungswimpeln am ausgefahrenen Sehrohr in den Stützpunkt St. Nazaire ein.

Feindfahrten — Feindfahrten!

Anfangs Juni 1941 stand U 552 wieder in See. Kptlt. Topp hatte wieder darum gebeten, in den Nordkanal gehen zu dürfen, um vor der Haustüre des Gegners angreifen zu können. Der Große Löwe hatte zugestimmt. Vor dem Eingang zum Nordkanal angelangt, stand das Boot in den hellen Nächten des 8. und 9. Juni auf und ab und wartete auf Schiffe. Es wurde mehrfach unter Wasser gedrückt. Am Vormittag des 10. Juni war es dann soweit. Ein Schiff kam in Sicht, U 552 ging in den Keller und lief im Unterwasserangriff an. Alles lief schulmäßig und um 10.55 Uhr fiel der Zweierfächer, der den britischen Dampfer "Ainderby" tödlich traf. Die ersten 4.860 BRT dieser Feindfahrt wurden notiert.
Am frühen Morgen des 12. Juni aber sichtete das Boot das schnelle britische Motorschiff "Chinese Prince" mit 8.593 BRT. Im Überwasserangriff schnürte der bißbereite Wolf heran. Dann fielen die beiden Schüsse des Zweierfächers und nach Ablauf der Laufzeit blieb die "Chinese Prince" schwer getroffen liegen. Ein dritter Torpedo besiegelte ihr Schicksal.
In den nächsten Tagen mußte Topp mehrfach mit Alarmtauchen von der Wasseroberfläche verschwinden. In der Nacht zum 18. Juni stieß U 552 dann auf einen sehr schnellen Einzelfahrer, der glücklicherweise einen günstigen Kurs lief. Das Boot ging mit AK in die berechnete Kollisionslinie, und um 3.28 Uhr fiel der Fächerschuß aus den Rohren I und III. Die "Norfolk", ein Schiff mit 10.948 BRT, blieb liegen. Im zweiten Anlauf glitt U 552 sehr dicht an den Schiffsriesen heran, und nach dem Fangschuß sank die "Norfolk" auf 57.17 Grad Nord und 11.14 Grad West.
Auf dem Rückmarsch stieß U 552 auf eine U-Boot-Falle. Es gelang dem Boot, dieses gutgetarnte und gefährliche Schiff zu umlaufen und dann auszudampfen. Dann wurde ein Einzelfahrer gesichtet und mit dem letzten Torpedo versucht, ihn im Unterwasserangriff zu vernichten. Doch der Torpedo sackte einfach weg.
Mit drei Versenkungswimpeln am Sehrohr lief U 552 in St. Nazaire ein. Mit U 57 und U 552 hatte Kapitänleutnant Erich Topp bis dahin über 100.000 BRT feindlichen Schiffsraumes versenkt. Am 20. Juni war ihm bereits über FT-Spruch gemeldet worden, daß ihm das Ritterkreuz des Eisernen Kreuzes verliehen worden sei. Nun erhielt er die hohe Auszeichnung aus der Hand von Admiral Dönitz.
Die nächste Feindfahrt wäre um ein Haar die letzte von U 552 gewor-

den. Das Boot, das Mitte August ausgelaufen war, wurde auf den Konvoi OG 71 angesetzt, an dem bereits acht deutsche Boote dran waren. Im Anlaufen auf diesen Geleitzug sahen die Brückenwächter in der Nacht die flammenden Fanale der Torpedodetonationen über dem Seegebiet aufspringen, dem auch sie zustrebten. Doch bis das Boot herangekommen war, hatten die übrigen Boote diesen Geleitzug "abgewrackt" und zehn Schiffe herausgeschossen. In der Morgendämmerung des 23. August erreichte U 552 den norwegischen Dampfer "Spind", der einige Tage vorher von U 564 unter KptIt. Suhren angeschossen worden war, und versenkte ihn mit dem Buggeschütz. Diese 2.129 BRT sollten die einzige Ausbeute der vierten Feindfahrt werden, denn zwei Zerstörer flitzten dem U-Boot entgegen, die das Boot mit Wasserbomben belegten, noch ehe U 552 tief genug unter Wasser kommen konnte.

Mit schweren Schäden wich Topp zur Seite aus, ließ auf 180 Meter gehen und in Schleichfahrt ablaufen. Als die beiden Zerstörer von ihm abließen, war das Boot derart ramponiert, daß es mit Bordmitteln nicht mehr repariert werden konnte. Topp meldete und erhielt den Rückmarschbefehl.

Südlich von Grönland
— schnelle Schüsse —

Die fünfte Feindfahrt des Bootes führte in das Seegebiet südlich von Grönland. Der Geleitverkehr aus den USA und in die Vereinigten Staaten von Amerika lief nunmehr weit nach Norden, ehe er in den Atlantik eindrehte. Dieser Tatsache trug die Operationsabteilung des BdU Rechnung und schickte mehr Boote in diesen Seeraum.

Als Eitel-Friedrich Kentrat mit U 74 am 19. September auf den Konvoi SC 44 stieß und nach der Meldung zwei Schiffe daraus torpedierte, drehte auch U 552 ein und gewann in der Nacht zum 20. September Anschluß. Im Eindrehen zum Angriff wurde ein Kameradenboot in der Nacht gesichtet. Hinter diesem Boot eindrehend, lief U 552 zum Schuß an. Als erstes konnte es die Geleitzugsicherung in dieser Nacht durchbrechen. Zwei gezielte Einzelschüsse gingen vorbei. Abermals setzte sich U 552 vor, und die beiden noch in den Rohren liegenden Bugtorpedos verließen die Rohre. Sofort drehend schoß Topp nun auch den Heckaal.

Die beiden zuerst aufgefaßten Dampfer wurden getroffen und blieben liegen. Eines der nachfolgenden Schiffe lief auf den getroffenen britischen Tanker "T. J. Williams" auf und blieb ebenfalls beschädigt liegen.

Der 8.212 BRT große Tanker sank, ebenso der 4.150 BRT große Panamese "Pink Star". Das dritte Schiff blieb mit einem Treffer im Vorschiff liegen.

Die Geleitzerstörer rasten mit AK an der Geleitzugflanke entlang nach vorn. Sie schossen blindlings Leuchtgranaten in jene Richtung, aus der das U-Boot geschossen haben mußte. Ein strahlendes Nordlicht blitzte auf, daß es den Brückenwächtern war, als würden sie von einem Scheinwerfer mit Lichtfluten übergossen. Dennoch blieb das Boot über Wasser. Es drehte aus dem Kollisionskurs heraus und lief seitlich herausgestaffelt mit, bis die Rohre wieder nachgeladen waren.

Um 3.27 Uhr schoß der I. WO auf einen Tanker, den Topp als 10.000-Tonner angespochen hatte. Der Zweierfächer traf die "Barbro", einen schnellen norwegischen Motortanker, der immerhin noch stolze 6.325 BRT hatte.

Ein Hilfskreuzer, der im Konvoi mitlief, sichtete das Boot und drehte schießend auf U 552 ein. Im Zickzackkurs versuchte Topp, den nach-

geschickten Granaten zu entgehen. Als es endlich diesen gefährlichen Gegner abgeschüttelt hatte, tauchte ein Zerstörer auf. Wieder verschwand das Boot in der See.
U 552 hatte die Fühlung verloren und erhielt nach seiner Meldung den Rückmarschbefehl nach St. Nazaire.

Ein US-Zerstörer vernichtet

Die sechste Feindfahrt führte U 552 in den Nordatlantik. Der B-Dienst meldete den Konvoi HX 156. Auch U 552 erhielt Weisung, darauf zu operieren. U 96 und U 567 schlossen heran. Als U 552 eine Lücke zu finden versuchte, um in den Geleitzug einzudringen, wurde das Boot von einem unbekannten Zerstörer gejagt und beschossen.
"Den nehmen wir und gehen dann hinein!" entschied Topp. Das Boot war aus Sehrohrtiefe aufgetaucht, und Topp ließ einen Zweierfächer schießen. Dieser traf den US-Zerstörer "Reuben James", der völkerrechtswidrig — die USA waren neutral — auf die deutschen U-Boote Jagd machte, vorn und achtern. Die auf dem Heck des Zerstörers bereitliegenden Wasserbomben detonierten. Binnen einer Minute brach der US-Zerstörer auseinander.

Kurz danach sichteten die Männer auf dem Turm von U 552 ein Kameradenboot. Es war U 567 unter Endrass.
"Ein Zerstörer versenkt", berichtete Topp dem Kameraden.
"So, einer ist weg! Beruhigend. Setzen wir uns jetzt vor?"
"Klar! — Vorsetzen und dann im Unterwasser-Tagesangriff 'rangehen!" entgegnete Topp.
Um 7.23 Uhr des 1. November schoß U 552 zwei Torpedos auf einen 8.000-Tonner. Eine Detonation wurde gehorcht, doch das Boot konnte nicht zur Beobachtung auf Sehrohrtiefe auftauchen, weil es erneut gejagt wurde.
Ebenso erging es Endrass eineinhalb Stunden später. Er ließ zwei gezielte Einzelschüsse schießen, horchte zwei Detonationen, ohne eine Beobachtung dazu machen zu können.
Weitere 48 Stunden versuchten beide Boote auf diesen Geleitzug zum Schuß zu kommen, vergebens.
Beide Boote wurden brennstoffschwach und erhielten den Rückmarschbefehl.
Ende Dezember 1941 hatte U 552, das am 19. Dezember aus St. Nazaire zu einer neuen Feindfahrt ausgelaufen war, den Seeraum "Süd-Azoren" erreicht. An Bord befand sich als Kommandantenschüler der Oblt. z. S. Albrecht Brandi, der einer der ganz Großen der U-Boot-Fahrt werden sollte.
Das Boot überwachte zunächst den Seeverkehr von Ponta del Gada, wo allerdings kein Verkehr um diese Jahreszeit lief. Es drang bis in den Hafen hinein vor, fand aber auch hier kein Fahrzeug.
Am zweiten Abend vor dem Hafen wurde ein FT-Spruch aufgefangen, der dem Boot ein neues Operationsgebiet zuwies. Nun sollte U 552 die kanadische Küste ansteuern. Das Boot drehte auf den angegebenen Kurs und nahm Richtung nach Nordwesten. Am 4. Januar fiel die Steuerbord-Kupplung aus. Sie mußte bei hohem Seegang repariert werden. Es war "lausekalt", und der Wind blies mit Stärke 9. Das Boot aber hatte für den Süden ausgerüstet und verfügte nicht über genügend warme Sachen. An Bord befanden sich auch keine Elektro-Heizkörper. Als am 10. Januar 1942 die Lufttemperatur auf minus 10 Grad gefallen war, stand die Brückenwache im "großen Seehund" auf der Brücke. Der Turm schwankte hin und her. Hagel peitschte und riß den wachegehenden Männern die Haut auf. Dicke Eiszapfen hingen am Minenabweiser und an den Antennen.
Topp befahl "Ablösung alle Stunde". Danach ließ er nur immer einen Mann neben dem Wachoffizier auf den Turm kommen. Auch er übernahm einen Teil dieser Kurzwachen. Die Antennenführung riß mit einem peitschenden Schlag. Dann meldete der LI, daß sich die Ventile festsetzten. Das Boot mußte zum Abtauen hinuntergehen.

Im Unterwassermarsch lief U 552 die nächsten Stunden weiter. In der Nacht zum 15. Januar wurde dann ein Einzelfahrer gesichtet. Es war der britische Dampfer "Dayrose", der ebenso mit der See zu kämpfen hatte wie das U-Boot. Die "Dayrose" wurde mit einem Aal gestoppt und dann per Fangschuß aus kürzester Entfernung versenkt.
Am Morgen des 18. Januar kam ein Dampfer in Sicht, der angegriffen wurde. Drei Torpedos wurden in der hochgehenden See vergurkt, ehe es die vermeintliche "Dimitrios G. Thermiotis" traf. Diesen Namen jedenfalls nahm der Funkraum auf, als das Schiff seinen Notruf in den Morgen hineinschrie. Später jedoch erwies es sich, daß U 552 nicht dieses Schiff, sondern den amerikanischen Dampfer "Frances Salman" mit 2.609 BRT vernichtet hatte. Der griechische Dampfer war wenige Minuten vorher von U 86 unter Schug torpediert worden. Da er als einziger Notruf machte, bezogen sowohl Schug als auch Topp diesen auf ihre Treffer.
Das Boot mußte den Rückmarsch antreten und traf unangefochten in St. Nazaire ein.

Vor der Küste von Amerika

Zu seiner achten Feindfahrt lief U 552 am 7. März 1942 aus St. Nazaire aus. Operationsgebiet des Bootes war die US-Ostküste, wo bereits im

Januar die ersten fünf deutschen U-Boote große Erfolge errungen hatten und so mit weiteren Erfolgen in ähnlicher Größenordnung zu rechnen war.

Einen Tag bevor das Boot sein Einsatzgebiet vor Cap Cod erreichte, wurde in der Nacht zum 25. März ein Tanker gesichtet. Das Boot operierte darauf zu. Als der Gegner das U-Boot erkannte, versuchte er auf U 552 einzudrehen, um es zu rammen.

Mit Hartruderlegen kam das Boot keine 30 Meter vor dem heranbrausenden Tankersteven frei. Topp konnte den Kapitän auf der achtern liegenden Brücke des Tankers erkennen. Der Tanker rief sofort um Hilfe. Es war die 6.256 BRT große "Ocana", die um 4.13 Uhr zwei Torpedos erhielt und sofort zu brennen begann. Die "Ocana" brannte restlos aus. Ihre Wrackteile wurden erst am 15. April durch alliierte Zerstörer versenkt.

Damit war für U 552 der Auftakt zu einer Reihe großartiger Angriffe gegeben. Zunächst jedoch marschierte das Boot in Richtung Pollock-Feuerschiff und von dort aus ohne Erfolg weiter bis in die Höhe des Feuerschiffes in der Nanseat-Bay. Bei Tagesanbruch legte sich das Boot auf Grund, um jeweils nach Sonnenuntergang aufzutauchen, die Batterien wieder aufzuladen und auf die Suche nach Schiffen zu gehen. Vier Torpedos wurden geschossen, die alle vorbeigingen, ohne daß die "Mixer" im Bugraum dahinter gekommen wären, was die Ursache dieser Fehlschüsse gewesen sein könnte.

Erst am 3. April wurde der amerikanische Kohlefrachter "David A. Atwater" mit 2.438 BRT durch 93 Schüsse aus der Bordkanone vernichtet. Topp wollte Torpedos sparen, um noch möglichst viele Dampfer hier zu vernichten.

Am 5. April kam das Boot auf den US-Tanker "Byron T. Benson" zum Schuß, der immerhin 7.953 BRT groß war. Genau 48 Stunden darauf lief der britische Motortanker "British Splendour" mit 7.138 BRT dem Boot vor die Rohre. Der Zweierfächer ließ den Tanker brennend auf Tiefe gehen.

Sechs Stunden später trafen die beiden Torpedos das norwegische Walfangschiff "Lancing", dessen 7.866 BRT sehr gut in die "7.000er-Reihe" des Bootes paßten, wie der LI meinte, als der Kommandant sich mit ihm über das Ergebnis der letzten Tage unterhielt.

Und mit dem Tanker "Atlas" wurde am 9. April die Reihe der 7.000-Tonner um ein Schiff vermehrt, denn er hatte ebenfalls 7.137 BRT, lediglich der amerikanische Tanker "Tamaulipas" hatte "nur" 6.943 BRT. Er begann nach den beiden Treffern zu brennen und sackte dann auf flachem Wasser auf Grund. Dieser Tanker wurde jedoch nicht von den US-Bergungsfahrzeugen gehoben.

Mit einem "Wimpelsegen" von sieben und einer Gesamtversenkungs-

zahl von 45.731 BRT lief U 552 in den Stützpunkt von St. Nazaire ein. Fünf der sieben Schiffe waren wertvolle Tanker.
Am 11. April fing der Funkmaat einen für U 552 getasteten FT-Spruch auf, er lautete:
"Der Führer hat Kapitänleutnant Topp als 87. deutschen Soldaten das Eichenlaub zum Ritterkreuz des Eisernen Kreuzes verliehen. Gratuliere! — Dönitz."
Damit war Erich Topp der 12. U-Boot-Kommandant, dem diese hohe Auszeichnung verliehen wurde.

Gegen den Gibraltar-England-Verkehr

Am 9. Juni 1942 traf die Geleitsicherung des HG 84 bei dem aus Gibraltar in Richtung England laufenden Konvoi ein. Sie bestand aus der 36. Geleitgruppe unter Commander Walker, einem der berühmtesten englischen U-Boot-Killer, Träger des Victoria Cross, der höchsten britischen Auszeichnung, vergleichbar dem deutschen Ritterkreuz.
Walkers Führerboot war die Sloop "Stork". Jeder englische Seemann kannte dieses bullige und erfolgreiche Boot und seinen Kommandanten. Hinzu kamen die Korvetten "Convolvulus", "Gardenia" und "Marigold".

Diese 36. Geleitgruppe hatte auch im Dezember den zäh verfolgten Konvoi HG 76 gesichert.

In der Backbordkolonne des Konvois lief die "Empire Moon", die ein Katapult zum Starten eines Flugzeuges an Bord hatte. Der Dampfer "Copeland" diente als Rettungsschiff und stand dementsprechend am Schluß des Konvois.

Die Leistungen dieser in jedem Konvoi mitlaufenden Rettungsschiffe war über jedes Lob hinaus wirksam und effektiv. Sie hatten bisher immer noch größere Menschenverluste während der Rudelschlachten in der Weite des Atlantik verhindern können. Unter eigener Lebensgefahr liefen sie zu den torpedierten Schiffen, um die Schiffbrüchigen zu bergen und an Bord zu nehmen, dabei bildeten sie mehr als einmal gute Zielscheiben für einen weiteren U-Boot-Angriff.

Am 10. Juni hatte Commander Walker mit seiner Escort Group drei aus Lissabon kommende wichtige Schiffe aufgenommen und erreichte mit diesen am 12. Juni den Geleitzug, um dessen Sicherung zu übernehmen.

U 552, das Boot des Eichenlaubträgers Kapitänleutnant Erich Topp, war am 9. Juni 1942 aus St. Nazaire ausgelaufen. Vier Tage darauf, nahm der Funkmaat des Bootes die Meldung eines deutschen Aufklärers auf. Diese Maschine des Typs Focke-Wulf 200 "Condor" der I. Gruppe des Kampfgeschwaders 40, hatte auf der Gibraltar-England-Geleitzugroute einen Konvoi gesichtet und über Funk gemeldet.

Bei dieser Fernaufklärergruppe handelte es sich um einen Fliegenden Verband, der dem Befehlshaber der U-Boote zur Fernaufklärung, gewissermaßen als "Auge der U-Boot-Waffe" unterstellt worden war.

U 552 gab diese Meldung als Kurz-FT über Funk an den BdU weiter und operierte sofort auf den gemeldeten Standort zu. Noch am selben Tage sichtete die Brückenwache des Bootes die ersten Schiffe des Konvois. Topps Sichtmeldung lautete:

"Geleitzug besteht aus voraussichtlich 21 Schiffen. Sicherung etwa durch fünf bis sechs Fahrzeuge."

Das Wetter war wechselhaft. Einmal gab es ein kurzes Gewitter mit Sturmböen, dann wieder prasselten Regenböen gegen den Turm des Bootes an. Schließlich war der ganze Himmel mit einer dichten Wolkendecke verhängt.

Kapitänleutnant Topp ließ noch einmal Standort, Kurs und geschätzte Fahrtstufe des Konvois durchgeben. Wenig später befahl der BdU den Rudelansatz einer neu gebildeten U-Boot-Gruppe, die den Namen des gefallenen Kommandanten "Endrass" erhielt. Acht Boote versuchten Anschluß zu gewinnen und zum Schuß zu kommen. Nach Einbruch der Dunkelheit stieß U 552 zum Angriff herein. Erich Topp wollte in den Geleitzug einbrechen und seine gesamte Chargierung schießen.

An Bord herrschte gespannte Aufmerksamkeit und die Erregung, die die Besatzung immer erfaßte, wenn es zum ersten Angriff einer Feindfahrt kam.
Noch wußte der Kommandant des U-Bootes nicht, daß sein an den BdU getasteter Funkspruch von dem Rettungsschiff "Copeland", das einen Huff-Duff-Funkpeiler an Bord hatte, eingepeilt worden war. "Huff-Duff-Peiler" wurde der High Frequency Direction Finder — HF/DF genannt, mit dem die auf der Kurzwelle getasteten Funksprüche deutscher U-Boote auf See eingepeilt werden konnten. Dadurch war es wiederum möglich, den Standort eines eingepeilten Bootes zu ermitteln, zumindest eine Richtungspeilung zu bekommen, die anzeigte, von wo aus mit einem Angriff zu rechnen sein würde.
Commander Walker, der Chef der Sicherungsgruppe, wußte also schon sehr früh, daß ein deutsches U-Boot achtern vom Konvoi stand und rasch aufkam. Eine Viertelstunde darauf sichtete ein Brückenausguck der "Stork" das Boot. Diese Sichtmeldung wurde an die achtern laufende "Gardenia" weitergegeben, die ebenfalls auf das Boot eindrehte. Aus einer Entfernung von 13.600 yards eröffnete die Sloop "Stork" das Feuer. Topp ließ sein Boot mit Alarmtauchen in den Keller gehen und drehte weg.
Eine halbe Stunde lang wurde das mit wechselnden Fahrtstufen seiner E-Maschinen laufende und ständig zackende Boot durch das Asdic-Gerät der "Stork" erfaßt. Die Sloop griff diesen Gegner viermal mit jeweils einem Zehnerfächer an. Doch Erich Topp, ein gewitzter Taktiker des U-Boot-Kampfes, der allein auf U 552 bereits seine neunte Feindfahrt machte, entkam diesen Wasserbomben. Gelassen gab er seine Befehle. Seine Besatzung arbeitete schnell und zuverlässig, jeder Griff saß, jedes Kommando wurde unverzüglich befolgt.
Um 22.00 Uhr ließen die beiden genannten Sicherungsfahrzeuge von U 552 ab. Kapitänleutnant Topp ließ das Boot auf Sehrohrtiefe auftauchen, als die Schraubengeräusche verstummt waren.
Nach einem sichernden Rundblick, der dem Kommandanten zeigte, daß die See in der Runde um das Boot leer war, ließ Topp auftauchen. Er schwang sich als erster durch das Turmluk auf die Brücke, und die im Turm sich bereithaltende Brückenwache folgte nach.
Über Wasser lief U 552 auf dem Generalkurs weiter, erreichte abermals die letzte Kolonne des Konvois HG 84 und schloß auf der Steuerbordseite heran.
"Verdammt viel Meeresleuchten, Herr Kaleunt!" bemerkte der I. WO, der die Wache übernommen hatte.
"Wir gehen auf alle Fälle in den Konvoi hinein und schießen. Auf Gefechtsstationen!"
Erich Topp blickte auf die Uhr. Sie zeigte Mitternacht an. Die an Back-

bord laufenden Dampfer waren nur schwach zu erkennen. Es schien ihm jedoch zu gefährlich, n o c h näher heranzugehen, da das Meerleuchten sie dann verraten konnte.
"An die Torpedowaffe: Rohre I bis V klar zum Überwasserschuß. Wir schießen Einzelschüsse mit dem drehenden Boot."
Die einzelnen Ziele wurden bestimmt. Der I. WO stand hinter der Zieloptik der Zielsäule, die mit der Rechenanlage gekoppelt war. Alle ausgesuchten Schiffe wurden einzeln anvisiert, die Schußwerte in den Torpedorechner eingegeben, der daraus die Schußunterlagen ermittelte.
Topp gab seinem Ersten Wachoffizier die Schüsse frei. Binnen 90 Sekunden verließen die vier Torpedos der Bugrohre das Boot und liefen auf die anvisierten Schiffe zu.
"Steuerbord 20! — Rohr V fertig!" befahl der Kommandant.
Das Boot glitt herum, um noch das Heckrohr zum Schuß kommen zu lassen. Der fünfte Schuß verließ das Rohr und ging vorbei. Die anderen Torpedos aber trafen. Sekunden nach dem ersten Treffer ließ Commander Walker die von ihm entwickelte "Operation Butterblume" befehlen. Von allen Schiffen wurden die vorbereiteten großen Leuchtsätze in den Himmel geschossen, wo sie an ihren Fallschirmen hängend langsam herniedersanken und das gesamte Seegebiet ausleuchteten.
Drei der vier treffenden Torpedos ließen um 0.58 Uhr und 0.59 Uhr die Dampfer "Etrib", "Pelayo" und den norwegischen Motortanker "Slemdal", ein modernes Schiff von 7.374 BRT, sinken.
Leuchtgranaten wurden geschossen und flitzten als grellgelbe Lichtparabeln durch die Nacht. Alle Sicherungsfahrzeuge suchten bei der "Festbeleuchtung" die See nach dem Gegner ab.
Die Schiffe des Geleitzuges führten teilweise wilde Ausweichmanöver durch, die sie in die Gefahr brachten, mit anderen Schiffen zu kollidieren. Die Nacht schien tobsüchtig geworden vom Gebelfer der Schüsse und den dumpfen Schlägen, mit denen nun auch rote Seenotraketen gen Himmel stiegen.
"Korvette von achtern, schnell aufkommend! — Korvette von Steuerbord querab!"
Diese beiden Meldungen ließen den Kommandanten von U 552 sofort handeln: "Beide dreimal äußerste Kraft voraus!"
Mit Höchstfahrt lief U 552 in 90 Grad Bootspeilung von dem Konvoi fort und verschwand in der Nacht, ohne daß die herankommenden Korvetten es gesichtet hatten.
"Die haben vielleicht Munition", meinte Erich Topp zu seinem Wachoffizier, als nach 20 Minuten immer noch wie wild geschossen und Wasserbomben geworfen wurden. Erst eine halbe Stunde nach den

Schüssen erloschen die letzten noch am Himmel stehenden Leuchtfallschirme.
"Meldung, sobald die Rohre nachgeladen sind!" befahl Erich Topp. Er führte nun das Boot, während der I. WO weiterhin hinter der U-Boot-Zieloptik stand, um beim nächsten Anlauf erneut zu schießen.
Das Boot drehte wieder behutsam auf den Konvoikurs ein. Sicher und gekonnt führte es der Kommandant in gebührender Distanz zum Gegner. Die See klatschte gegen den Rumpf des Bootes. Der Turm wurde ab und zu von einem Gischtschleier überspült. Dann kam die Meldung aus dem Bugtorpedoraum: "Rohre I bis IV nachgeladen!" Und unmittelbar darauf wurde auch das Heckrohr wieder klargemeldet.
"Wo nur die übrigen Boote bleiben?" sagte der Kommandant, während er durch sein lichtstarkes Nachtglas zum Konvoi hinüberblickte.
"Wahrscheinlich wurden sie alle abgedrängt, Herr Kaleunt! Der Konvoi wird offenbar von einem guten Sicherungschef geleitet."
Eine Minute darauf meldete sich der Funkraum: "»U 94« erbittet Peilzeichen, Herr Kaleunt!" meldete der Funkmaat.
"Geben Sie eine halbe Minute Dauerton zur Peilung, Funkenpuster!" entschied der Kommandant.
Diese Peilungsanforderung bestätigte Erich Topp, daß er mit U 552 allein am Geleitzug stand.
Aber auch in dieser Situation, da sich alle Sicherungsfahrzeuge auf ihn konzentrieren konnten, kam für ihn nur ein Befehl in Frage:
"Boot greift wieder an!"
Es war inzwischen 4.05 Uhr geworden und auf die Frage des I. WO, ob wieder auf der Steuerbordseite angegriffen werden sollte, entschied Topp:
"Gerade deshalb Eins-W-Null!" Die Bewacher werden glauben, daß wir nun auf der Backbordseite angreifen. Den Gefallen werden wir ihnen nicht tun."
Sorgfältig wurden alle Torpedos als Einzelschüsse geplant, die wieder mit den gleichen Schußunterlagen und dem drehenden Boot geschossen werden sollten, weil dies schneller und sicherer war. U 552 schloß zum Angriff heran. Um 4.31 Uhr gab der Zielgeber "Hartlage!" Eine Minute später verließ der erste Torpedo das Rohr I.
"Kreisläufer, Herr Kaleunt!" meldete der Funkmaat, der den Lauf des Torpedos über das Horchgerät genau verfolgt hatte. Topp unterdrückte einen Fluch.
Der Schuß aus Rohr II galt einem Frachter von geschätzten 4.000 BRT und jener aus Rohr III einem Frachter, der einen weiteren Dampfer überlappte, wodurch sich ein größeres Ziel bildete. Der letzte Aal aus den Bugrohren wurde einem weiteren 4.000-Tonner angetragen.
Der erste Schuß traf die "City of Oxford", einen britischen Dampfer

von nur 2.759 BRT. Der zweite Torpedo rannte mittschiffs in den ebenfalls britischen Dampfer "Thurso" hinein.
Während die "City of Oxford" nur wenig Wirkung zeigte, weil der Torpedo die Bordwand dieses Schiffes durchschlagen hatte und erst im Laderaum hochgegangen war, zeigte sich die Trefferwirkung bei der "Thurso" mit einer solchen Gewalt, daß es den Männern auf dem U-Boot-Turm förmlich die Sprache verschlug.
Die "Thurso", die in der mittleren Kolonne lief, wurde von einer gigantischen Explosion, die keine zehn Sekunden nach dem Aufblasen des Torpedotreffers erfolgte, in Tausende Stücke gerissen. Die Männer auf dem U-Boot-Turm sahen einen weißglühenden Feuerball, der 200 Meter emporstieg und alle blendete. Als der Feuerball verglüht war und die Männer um Erich Topp wieder sehen konnten, war die "Thurso" von der Wasseroberfläche verschwunden. Die Explosion seiner aus Sprengstoffen und Granaten bestehenden Ladung hatte dieses Schiff in seine Einzelteile zerlegt, die nun rings um U 552 auf die See niedergingen und auch zwei Dampfern der vorderen Kolonne um die Aufbauten fetzten.

Auch der Torpedo aus Rohr IV erreichte sein Ziel: Dieses Ziel aber sank nicht, obgleich der Torpedo hochging. Trotz des wüsten Feuerzaubers, der abermals die Nacht zum Tage machte und mit Seenotraketen, Leuchtfallschirmen und Leuchtgranaten das Seegebiet in zuckendes Feuer tauchte, lief U 552 noch nicht ab. Topp ließ drehen und dann auch noch den Torpedo des Heckrohrs schießen. Dieser fünfte Torpedo ging vorbei, und mit AK zog sich U 552 aus der Flankennähe des Konvois HG 84 zurück.
Commander Walker befand sich auf der Brücke der "Stork", als der Feuerball der explodierenden "Thurso" die Nacht erhellte. Er sah auch die vorher in der Flanke der "City of Oxford" auflodernde Torpedoflamme und bemerkte, daß dieses Schiff liegenblieb und daß die nachfolgenden Schiffe mit scharfen Ruderbewegungen das Wrack umliefen.

Von allen Schiffen wurden Seenotraketen geschossen. Leuchtgranaten durchzischten die Nacht mit flammenden Lichterschnüren und plötzlich peitschten MG-Salven in die Brücke der "Stork" hinein. Sie kamen von eigenen Schiffen, die die Sloop offenbar für das aufgetaucht laufende Boot hielten.
"Commander an alle: Feuer einstellen; wenn kein Ziel gesehen wird auch nicht schießen!" Walker mußte dieses wilde Feuern sofort unterbinden, denn es bestand dabei die drohende Gefahr, daß die Sicherungsfahrzeuge einander schließlich noch selber versenkten oder miteinander kollidierten.

Die "Aktion Butterblume" erleuchtete ein weiteresmal die See, aber von einem deutschen U-Boot war nichts zu sehen.
U 552 schloß um 5.45 Uhr mit großer Zähigkeit ein drittesmal an diesen Geleitzug heran. Die letzten beiden Torpedos waren nachgeladen. Noch einmal gab das Boot 20 Sekunden lang Peilzeichen. Dann drehte es zum dritten Angriff ein. Doch die Geleitfahrzeuge waren auf der Hut und drängten U 552 ab. 20 Minuten später versuchte Topp mit großer Beharrlichkeit noch einmal zum Schuß zu kommen. Abermals wurde er abgedrängt. Konsequent verfolgte Erich Topp sein Ziel. Diesmal wollte er im Tages-Unterwasserangriff herangehen und die letzten zwei Torpedos schießen.

Ein stundenlanges Vorsetzen begann, in dem sich sowohl der Jäger als auch der Gejagte gut aus der Klemme zu ziehen verstand. Dann ließ der Geleitzug-Kommodore einen überraschenden weiteren Zack einlegen, und als das abgedrängte Boot dies bemerkte, war es schon weit achteraus gesackt.
U 552 tauchte auf und klotzte, mit beiden Dieseln AK laufend, hinterher. Am Nachmittag wurde das Boot von der "Convolvulus" gestellt und unter Wasser gedrückt. Die Korvette verfolgte ihren Gegner zwei Stunden lang.
Als U 552 danach wieder auftauchte, empfing das Boot einen Funkspruch des BdU:
"An Gruppe 'Endrass': Lage und Erfolg melden!"
Wenig später tastete der Funkmaat des Bootes die Antwort:
"Aus Geleit: 5 Frachter versenkt, einen Tanker torpediert. Ein Kreisläufer und ein Oberflächenläufer. 2 Fehlschüsse."
Die Antwort des Befehlshabers der U-Boote lautete: "Bravo Topp!"
Außer U 552 war kein anderes Boot an den Konvoi HG 84 herangekommen. Zwar hatte am Abend des 15. Juni ein zweites Boot versucht, zum Angriff heranzuschließen, wurde aber von einer Liberator gesichtet und mit Bombenwurf unter Wasser gedrückt. Die Liberator meldete:
"Habe U-Boot angegriffen und 17 Treffer erzielt. Feind ist entweder versenkt oder getaucht."
Gegen Mitternacht des 15. Juni wurde ein drittes Boot, das herangeschlossen hatte, von der "Stork" aufgespürt und mit deren letzten zehn Wasserbomben belegt.
Am Nachmittag des 16. Juni ließ der BdU diese Operation abbrechen. Lediglich U 552 war zum Schuß und zu einem großen Erfolg gekommen.
Commander Walker ließ veröffentlichen, er habe wahrscheinlich zwei deutsche U-Boote versenkt. Diesmal aber sollte sich der ansonst so

clevere und genaue U-Boot-Killer getäuscht haben. Kein deutsches U-Boot war am Geleitzug HG 84 verlorengegangen.
Als nach dem Kriege Commander Walker durch Großadmiral Dönitz erfuhr, daß es nur ein einziges Boot gewesen sei, das an dem von ihm gesicherten Geleitzug gekämpft und fünf Schiffe versenkt und ein sechstes torpediert hatte, meinte Walker:
"Ein toller Bursche, dieser Topp. Cool und beherrscht und von einem unbeugsamen Angriffswillen beseelt, wie es die gesamten Wolfs Packs auszeichnete. Ich möchte ihm sehr gern die Hand schütteln, auch wenn er meinem Ruf als bester Konvoischützer ein paar Glanzlichter ausgeblasen hat."

Die zehnte und letzte Feindfahrt

Am 4. Juli 1942 lief U 552 zu seiner zehnten Feindfahrt aus. Korvettenkapitän Topp wußte bereits, daß dies seine letzte Feindfahrt werden sollte. Der Große Löwe hatte ihn gedrängt, endlich die Taktische U-Flottille in Gotenhafen zu übernehmen.

Am 22. Juli wurde ein von U 71 aufgefangener FT-Spruch zum Hinweis, daß ein westgehender Geleitzug von dem Kameradenboot gesichtet worden war. U 552 operierte darauf. Bei dem Sturm, der eingesetzt hatte, mußte das Boot mit geschlossenem Turmluk, der angeschnallen Brückenbesatzung und mit zur Stabilisierung gefüllten Untertriebszellen gefahren werden.

Über FT meldete Topp dieses Unwetter. Dennoch gelang es diesem erfolgreichen Kommandanten am frühen Morgen des 25. Juli auf den Konvoi ON 113 zum Schuß zu kommen. Der britische Motortanker "British Merit" mit 8.093 BRT wurde mit einem Zweierfächer lahmgeschossen. Als das Boot näher heranging, um dem Tanker den Fangschuß zu geben, eröffnete dessen Besatzung das Feuer auf das angreifende U-Boot. U 552 mußte abdrehen und tauchen. Die um 4.09 Uhr geschossenen beiden Aale trafen den britischen Dampfer "Broompark" mit 5.136 BRT und ließen ihn sinken. Der Tanker aber blieb oben und wurde später eingeschleppt.

Ein wüster Zyklon setzte ein. U 552, das mühsam Fühlung gehalten hatte, wurde von einem Zerstörer gejagt und unter Wasser gedrückt. Als das Boot wieder auftauchte, waren sieben Stunden vergangen. Von dem Konvoi war nichts mehr zu sehen.

Aufgrund der Wettermeldung und des vom BdU angeforderten Situationsberichtes, den U 552 gab, brach Dönitz den Angriff am Nachmittag des 26. Juli ab. Bis dahin hatte nur noch U 607 unter Mengersen Anschluß gewonnen, und wenig später war auch noch U 704 unter Keßler für einen Schuß herangekommen. Dann tat sich nichts mehr, weil der Geleitzug stur seine Formation einhielt und die Geleitfahrzeuge ihn umkreisten.

Nachdem U 552 bei U 461 unter KKpt. Stiebler längsseits gegangen war, um sich "an der Milchkuh vollzulutschen", also Treiböl von dem Versorgerboot zu übernehmen, wurde es mit fünf weiteren Booten zur Gruppe "Steinbrinck" zusammengefaßt und auf den ON 115 angesetzt.

Am 3. August war U 552 herangekommen und schoß um 3.05 Uhr die gesamte Chargierung. Topp beobachtete, wie zwei der anvisierten Dampfer getroffen liegenblieben. Es waren die "Belgian Soldier" mit 7.167 BRT, die wenig später von U 607, Mengersen, versenkt wurde und der britische Motortanker "G. S. Walden" mit 10.627 BRT, der zwar auch schwer getroffen wurde, aber eingebracht werden konnte.

U 552 trat den Rückmarsch an und wurde dabei von einem aus einer Nebelbank in Lage Null herausstoßenden Zerstörer aus nur 100 Metern Distanz beschossen. Nur fünf Meter hinter dem Heck des Bootes lief der Rammsteven des Zerstörers ins Leere.

Mit Alarmtauchen ging U 552 in den Keller. Als es wieder auftauchte,

wurde es von dem auf See mit ausgeschalteten Maschinen lauernden Zerstörer mit 10,5 cm-Granaten beschossen. Der Dieselzuluftschacht wurde getroffen. Auch durch Wasserbomben entstanden weitere Schäden. U 552 aber entkam.
Als das Boot am 13. August 1942 in St. Nazaire einlief, wurden KKpt. Erich Topp durch den BdU als 17. deutschen Soldaten und 2. Soldaten der U-Boot-Waffe die Schwerter zum Ritterkreuz mit Eichenlaub verliehen.
Nunmehr übernahm Erich Topp die Führung der Taktischen U-Flottille in Gotenhafen. Als dann kurz vor Kriegsschluß, viel zu spät, die ersten Elektroboote fertig wurden, mit denen wirkliche Unterwasserfahrt gelaufen werden konnte, wurde Erich Topp Leiter der Erprobungsgruppe für diese Boote des Typs XXI. Dann übernahm auch er, inzwischen zum Fregattenkapitän befördert, eines dieser Boote und ging damit am 28. April in See. Es war U 2513, mit dem er am 2. und 3. Mai durch den Großen Belt lief. Am 5. Mai machte U 2513 in Horten fest. Aber es konnte nicht mehr zur Feindfahrt aus dem Oslofjord auslaufen. Am 8. Mai 1945 ließ FKpt. Topp die Reichskriegsflagge niederholen. Am Morgen des anderen Tages lief U 2513 auf tiefes Wasser. Hier ließ Topp die 23 Torpedos, die anderen Waffen und die Geheimunterlagen versenken, ehe er nach Smörtstein zurücklief. Die Tage vergingen. Am 28. Mai verholten die hier liegenden vier Elektroboote, von denen jeweils eines auch von Peter Erich Cremer und Adalbert Schnee gefahren worden war, zum Tygesholmkai. Hier machte U 2513, wie befohlen worden war, vor dem britischen Zerstörer "Campbell" fest. Geben wir Fregattenkapitän Erich Topp das letzte Wort zu diesen Ereignissen:
"Plötzlich, gegen 16.00 Uhr: 'Kommandant schnell an Oberdeck kommen!' Vor den Booten stehen englische Soldaten angetreten, unter Gewehr, mit aufgepflanztem Bajonett. Auf jedes Boot kommen zwei Offiziere und mehrere Mann, einer von ihnen hat jeweils die englische Flagge in der Hand. Diese Methode ist uns bekannt.
Englische Soldaten an Bord. Die Kranken werden mit Bajonetten aus den Kojen getrieben. Nach vier Minuten fehlen mir sämtliche Auszeichnungen, 500 Norwegerkronen und einige Seidenhalstücher. Unter Aufsicht des ablösenden englischen Kommandanten werden die letzten Habseligkeiten gepackt. - - -
Englische Offiziere haben ihre Männer nicht in der Hand. Es wird geplündert. Binnen kurzem betrunkene Soldateska.
Als ich an Oberdeck komme, ist die britische Flagge gesetzt. Ich verlasse mit kurzem Gruß gegen mein Boot den letzten deutschen Boden vor Norwegen."
Das war das Ende eines tapferen Soldaten, und es war zugleich auch das Ende des U-Boot-Krieges.

Versenkungsliste von U 57 und U 552 unter Fregattenkapitän Erich Topp

Datum	Zeit	Typ	Schiff	BRT	Position
17.07.40	04.10	swD	"O. A. Brodin"	1.960	59.22 N/03.40 W
17.07.40	22.22	brD	"Manipur"	8.652	58.41 N/05.14 W
03.08.40	08.10	swD	"Atos"	2.162	56.00 N/07.-- W
24.08.40	00.42	brD	"Cumberland"	10.939	55.43 N/07.33 W
24.08.40	00.42	brD	"Saint Dunstan"	5.681	55.43 N/07.18 W
24.08.40	00.42	brD	"Havildar" =	5.407	55.39 N/07.18 W
25.08.40	19.48	brMT	"Pecten"	7.468	56.22 N/07.55 W
01.03.41	23.56	brDT	"Cadillac"	12.062	59.44 N/11.16 W
10.03.41	20.52	isDf	"Reykjaborg"	687	45 m SE Island
27.04.41	02.10	brAPC	"Commander Horten"	227	62.-- N/16.00 W
27.04.41	16.16	brM	"Beacon Grange"	10.160	62.05 N/16.20 W
28.04.41	16.15	brMT	"Capulet" =	8.190	60.16 N/16.10 W
01.05.41	00.27	brD	"Nerissa"	5.583	57.57 N/10.08 W
10.06.41	10.55	brD	"Ainderby"	4.860	55.30 N/12.10 W
12.06.41	04.14	brM	"Chinese Prince"	8.593	56.12 N/14.18 W
18.06.41	03.28	brD	"Norfolk"	10.948	57.17 N/11.14 W
23.08.41	06.48	nwD	"Spind"	2.129	40.43 N/11.39 W
20.09.41	01.38	paDT	"T. J. Williams"	8.212	61.34 N/35.11 W
20.09.41	01.51	paD	"Pink Star"	4.150	61.36 N/35.07 W
20.09.41	03.27	nwMT	"Barbro"	6.325	61.30 N/35.00 W
31.10.41	08.34	amDD	"Reuben James"	1.190	51.59 N/27.05 W
15.01.42	01.38	brD	"Dayrose"	4.113	46.32 N/53.00 W
18.01.42	06.44	amD	"Frances Salman"	2.609	Neufundland
25.03.42	04.13	nlMT	"Ocana"	6.256	42.36 N/65.30 W
03.04.42	03.40	amD	"David A. Atwater"	2.438	37.57 N/75.10 W
05.04.42	04.47	amDT	"ByronT. Benson"	7.953	36.08 N/75.32 W
07.04.42	04.17	brMT	"British Splendour"	7.138	35.07 N/75.19 W
09.04.42	10.52	nwDW	"Lancing"	7.866	35.08 N/75.22 W
09.04.42	09.38	amDT	"Atlas"	7.137	34.27 N/76.16 W
10.04.42	06.27	amDT	"Tamaulipas"	6.943	34.25 N/76.00 W
15.06.42	00.58	brD	"Etrib"	1.943	43.18 N/17.38 W
15.06.42	00.58	brM	"Pelayo"	1.346	43.18 N/17.38 W
15.06.42	00.59	nwMT	"Slemdal"	7.374	43.18 N/17.38 W
15.06.42	04.33	brD	"City of Oxford"	2.759	43.42 N/18.12 W
15.06.42	04.43	brD	"Thurso"	2.436	43.41 N/18.02 W
25.07.42	03.53	brMT	"British Merit" =	8.039	49.03 N/40.36 W
25.07.42	04.09	brD	"Broompark"	5.136	49.02 N/40.26 W
03.08.42	03.05	brMT	"G. S. Walden" =	10.627	45.45 N/47.17 W
03.08.42	03.05	beD	"Belgian Soldier"	7.167	45.42 N/47.13 W

Gesamterfolge: 34 Schiffe mit 192.611 BRT versenkt
5 Schiffe mit 39.400 BRT torpediert

Korvettenkapitän Johann Mohr

Mit U 124 als Kommandant in der Schlacht im Atlantik

Als U 124 am 16. September 1941 zu seiner neuen Feindfahrt auslief, stand anstelle von Kapitänleutnant Schulz dessen erster Wachoffizier, Kapitänleutnant Johann Mohr, als Kommandant auf dem Turm. Fünf Feindfahrten hindurch hatte Mohr als II. und I. Wachoffizier des Bootes in vielen kritischen Situationen gezeigt, daß er die Befähigung zum Führen eines U-Bootes besaß. Als Admiral Dönitz bei der Berichterstattung des Kommandanten fragte, wem er, Schulz, nun sein Boot anvertrauen würde, da fiel seine Wahl auf den I. Wachoffizier Mohr.
"Er wird das Boot erfolgreich weiterführen, Herr Admiral! Er ist der geborene U-Boot-Fahrer."
"Und bei Ihnen, Schulz, durch eine gute Schule gegangen", sekundierte der Befehlshaber der U-Boote.
Am 16. September stand also Johann Mohr auf dem Turm, als das Boot aus dem Standort der 2. U-Flottille in Lorient auslief. Mit mittlerer Marschfahrt erreichte U 124 am Nachmittag des 20. September den Seeraum 500 Seemeilen südwestlich von Irland.
Der Kommandant saß in seiner Kammer vor dem Kriegstagebuch des Bootes, als Oberleutnant zur See Henke, der I. WO, einen Geleitzug sichtete. Er ließ den Kommandanten auf den Turm rufen. Mohr erblickte eine Minute später den Geleitzug.
"Ein Zerstörer steht vorn", meldete Henke. "Achteraus noch eine Korvette als Geleitsicherung zu erkennen."
Das Boot lief am Rande des Sichtkreises hinterher, gewann den nöti-

gen Vorlauf. Die Nacht fiel ein und als der Konvoi einen Zack einlegte, galt es wieder die alte günstige Schußposition zu bekommen. Um 23.00 Uhr erscholl der Befehl des Kommandanten:
"Auf Gefechtsstationen! — Boot greift den Geleitzug an!"
Alle Torpedos lagen schußbereit in den Rohren. Der OG 74 sollte nun angegriffen werden. Das Boot hatte einige Male Peilzeichen gegeben, und der Funkmaat hatte einen Kurzspruch von U 201 unter Adalbert Schnee gemeldet, daß dieser in günstiger Schußposition stehe.
Daß dies so war, zeigte sich, als kurz vor dem eigenen Angriff an der anderen Seite des Geleitzuges um 23.20 Uhr und genau eine Minute später abermals eine Torpedodetonation durch die Nacht grollte, die sich durch einen masthohen Feuerpilz bereits angezeigt hatte.
"Das ist Schnee", sagte Henke, der bereits hinter der auf der Zielsäule aufgesteckten U-Boot-Zieloptik stand.
So war es, und nun war die Reihe an ihm, die letzte Kurskorrektur zu befehlen, die das Boot in sichere Schußdistanz bringen mußte.
Die Schiffe waren nun bereits deutlich zu erkennen. Die Zündpistolen der Torpedos waren scharfgemacht, alles war zum Überwasserangriff bei Nacht klar.
"Einzelschüsse auf drei Fahrzeuge, darunter ein Tanker von geschätzten 8.000 Tonnen!"
Die Ziele wurden eingegeben. Der Rechner arbeitete und gab die Schußunterlagen heraus. Der Zielgeber meldete "Hartlage!"
"Schießen, Henke!"
Die drei Einzelschüsse fielen nacheinander. Die drei Torpedos liefen, und als erster wurde der Tanker getroffen, wie die Sprengsäule zeigte, die an ihm emportsob. Kurz danach schlug der zweite Torpedo in einen Dampfer ein, der sofort nach dem Schuß sank, dann war noch eine dritte Detonation zu hören.
"Der achtere Sicherungszerstörer, Herr Kaleunt!" rief der Backbordachtere Ausguck.
"Neuer Kurs 180 Grad!"
Das Boot drehte einen Halbkreis und lief nun nach Osten. Die Nacht wurde von zuckendem Feuerschein erhellt. Die Leuchtgranaten des achteren Zerstörers peitschten seitlich am Boot vorbei, das nun vom Kommandanten vorgeflutet wurde. Eine weitere Ruderkorrektur ließ das Boot nach Süden drehen. Der Zerstörer lief stur geradeaus weiter und warf Schreckwasserbomben, um das Boot vom Geleitzug abzudrängen. Das Boot gewann die freie See, ohne tauchen zu müssen.
Es hatte im ersten Angriff unter Mohr zwei Schiffe versenkt und ein drittes, den Tanker, beschädigt. Letzterer erreichte allerdings sicher den Bestimmungsort dieses Geleitzuges, der aus England nach Gibraltar unterwegs war.

Im Bugraum des Bootes wurden nunmehr die Torpedos nachgeladen. In Generalrichtung lief U 124 am nächsten Morgen nach Süden. Aber so sehr sich die Brückenwächter auch anstrengten, von dem Geleitzug war nichts mehr zu sehen, der war endgültig weg, nachdem U 201 ihn noch um ein weiteres Schiff verringert hatte, so daß er insgesamt fünf Schiffe verlor.

Auf sparsamer Marschfahrt versuchten beide Boote den Gegner noch einmal zu stellen. Am Abend des 21. September hielt Mohr die Sache für aussichtslos und ließ einen Kurz-FT an den BdU tasten. Vier Stunden darauf ging der Antwort-FT-Spruch ein:
"An U 124: Sparsame Marschfahrt nach Süden für etwaigen Ansatz auf Geleitzug nach Aufklärermeldung!"

Abermals verging ein ereignisloser Tag, ehe gegen Abend des 22. September der FT-Spruch des BdU einging: "An Mohr und Schnee: Gibraltargeleit erledigt. Marschfahrt nach Norden!"

Bereits am 19. September hatte das italienische Boot "Luigi Torelli", unter KKpt. de Giacomo, 600 Seemeilen westlich von Cap Finisterre einen riesigen Geleitzug gesichtet. Es war der HG 73. Auf diesen wurden nun auch Schnee und Mohr angesetzt. Am 23. September hatte auch das zweite italienische Boot in diesem Seebereich, "Malaspina" unter KKpt. Prini, Anschluß gewonnen. Dieses Boot kam als erstes zum Schuß. "Malaspina" schoß auf einen riesigen Dampfer von geschätzten 25.000 BRT und auf zwei weitere. Was mit diesem Dampfer geschah, ist nur zum Teil durch die Aufklärermeldung eines deutschen Flugzeuges überliefert, das das brennende Schiff sichtete. "Malaspina" wurde von den Geleitfahrzeugen unter Wasser gedrückt, mit Wabos eingedeckt und sank.

Unterwegs zum Kollisionspunkt mit diesem Geleitzug hörte der Funkmaat auf U 124, daß nun auch das nahebei stehende U 203 unter Mützelburg auf den HG 73 angesetzt worden war. Unter der Kurzbezeichnung HG tarnten sich alle von Gibraltar nach Großbritannien laufenden Geleitzüge.

Als in der Nacht zum 25. September ein Schatten vom Turm von U 124 gemeldet wurde, stellte sich dieser als Kreuzer heraus. Der Zweierfächer wurde klargemacht. Doch während dieser Arbeiten drehte der Kreuzer weg und verschwand sehr rasch. Wenig später wurde er erneut gesichtet, als er einen Kurswechsel vorgenommen hatte. U 124 gelang es, einen Zweierfächer zu schießen. Doch plötzlich ging der Kreuzer mit der Fahrtstufe herauf, und die Torpedos zischten hinter dem Riesen ins Nichts.

Am Morgen des 25. September um 7.44 Uhr kam dann U 124 auf einen kleinen Dampfer des HG 73 zum Schuß. Die "Empire Stream" sank. Das Boot wurde von zwei Geleitfahrzeugen abgedrängt und mit Was-

serbomben belegt. Es konnte sich absetzen und drehte nach dem Auftauchen wieder auf den Generalkurs ein, um mit AK beider Diesel hinterherzuknüppeln. Eine halbe Stunde nach Mitternacht des 26. September wurden voraus Torpedoflammen gesichtet. Wenig später dröhnten die Detonationen. Es war U 203, das drei Schiffe aus diesem Geleitzug versenkte.
"Das ist ganz nahe, jetzt kommen wir 'ran!" sagte Henke. Mit AK stieß U 124 vor, erreichte knapp zwei Stunden später die günstige Schußposition. Mohr ließ drei Einzelschüsse schießen, denen die beiden Dampfer "Petrel" und "Lapwing" zum Opfer fielen.
Abermals wurde das Boot abgedrängt und mit Wasserbomben belegt. Es entkam diesem Todeshagel und drehte gegen Abend des 26. September noch einmal auf den Geleitzug ein. Die "Cervantes" fiel einem um 23.35 Uhr geschossenen Torpedo zum Opfer.
In den frühen Morgenstunden des 27. September war es dann noch einmal Schnee, der drei Dampfer aus dem HG 73 herausschoß und mit den fünf Einzelschüssen auch noch ein kleines Sicherungsfahrzeug traf, das als Korvette angesprochen wurde.
U 124 erhielt den Rückmarschbefehl. Das Boot hatte sechs kleine Schiffe versenkt und einen Tanker torpediert. Für Johann Mohr, den seine Freunde Jochen nannten, war dieser Auftakt als Kommandant gelungen.

U 124 als "Rettungsboot"

Zur zweiten Feindfahrt war U 124 im November zu einer Operation in den Südatlantik ausgelaufen. An Bord befand sich als LI-Schüler Oblt. (Ing.) Egon Subklew.
Südlich der Kapverdischen Inseln übernahm U 124 gemeinsam mit U 129 unter Kptlt. Clausen Dieselöl und Proviant aus dem Versorgungsschiff "Python". Danach war das Boot weitergelaufen. Das Boot versuchte, irgendwo in der Weite des Südatlantik ein Schiff oder möglicherweise einen Geleitzug zu finden, doch alles Suchen war vergebens.
Mehr Erfolg im Suchen hatten jedoch die britischen Suchgruppen. Eine davon mit dem Kreuzer "Devonshire" sichtete das deutsche Schiff 16, den Handelsstörkreuzer "Atlantis" unter Kpt. z. S. Waldemar Rogge, der versenkt wurde.
U 126, das zu dem Zeitpunkt bei der "Atlantis" zur Versorgung gelegen hatte, nahm 450 Besatzungsmitglieder und Internierte teils an Bord, teils auf Flößen und Rettungsbooten in Schlepp.
Alle U-Boote, die in der Nähe standen, erhielten Weisung, auf die Versenkungsstelle der "Atlantis" zuzusteuern und die Überlebenden zu übernehmen. Das Versorgungsschiff "Python" wurde ebenfalls dazu abkommandiert.
Über Funk erhielt U 124 diese Meldung von U 126. Mohr befahl, sofort auf die Untergangsstelle, südlich Freetown auf Höhe der Ascension-Inseln, zuzulaufen. Eine Stunde darauf ging ein FT-Spruch der Operationsabteilung der U-Boote ein:
"Kr kr von BdU: U 124 läuft mit U 129 zur Hilfeleistung auf U 126 zu. Übernahme der Schiffbrüchigen, bis neue Weisungen erfolgen."
Es war die "Python", die am 24. November U 126 zuerst erreichte und die Schiffbrüchigen einschließlich der 22 Kapitäne übernahm, die von den versenkten Schiffen des Handelsstörkreuzers stammten.
U 124 fuhr immer noch nach Süden und suchte U 126, als gegen Mittag des 24. November Mastspitzen über der Kimm auftauchten. Mit einer Kursänderung hielt U 124 darauf zu. Mohr erkannte wenige Minuten später, als die Aufbauten dieses Schiffes über der Kimm auftauchten, daß es ein Engländer sein mußte. Möglicherweise der Kreuzer, der die "Atlantis" versenkt hatte.
Mohr befahl zu tauchen, um nicht gesichtet zu werden. Das Boot lief mit AK beider E-Maschinen auf den Kollisionspunkt zu. Im Sattelsitz

des Sehrohrs sitzend beobachtete Mohr den Kreuzer. Nach den besonderen Merkmalen, die Mohr erkannte, mußte es sich um einen Kreuzer der Dragon-Klasse handeln.
Die Rohre waren bewässert, die Mündungsklappen geöffnet und die Schußunterlagen errechnet. Dann fiel der Dreierfächer-Schuß, und in sechs Sekunden Abstand zueinander jagten die Torpedos durch die Preßluft der Ausstoßpatronen losgeschnellt aus den Rohren, um dann mit eigener Kraft auf diesen Gegner zuzulaufen.
Nach fünfeinhalb Minuten Laufzeit trafen zwei der drei Aale den Kreuzer, der sofort starke Steuerbord-Schlagseite erhielt. Mit offensichtlichem Ruderklemmer beschrieb der Kreuzer einen vollen Kreis, verschwand hinter einer dichten Wolkenwand aus Qualm und Pulverdampf und ging dann auf Tiefe.
Am anderen Morgen nahm der Funkmaat des Bootes eine Meldung der Britischen Admiralität auf:
"Die Admiralität seiner Britischen Majestät bedauert, den Verlust von HMS 'Dunedin' melden zu müssen. Der Kreuzer ging auf 03.00 Grad S und 26.00 Grad West unter. Wahrscheinlich durch Torpedotreffer."
Am nächsten Tag passierte U 124 den Äquator, und am Nachmittag kam der Funkmaat des Bootes zum Kommandanten, der sich in der Zentrale befand. Wortlos übergab er ihm einen Funkspruch:
"FT von U 68 (Kapitänleutnant Merten) Britischer Kreuzer 'Devonshire' hat Versorger 'Python' versenkt. U A und U 68 haben Überlebende an Bord genommen oder auf Flößen in Schlepp. Kapitän zur See Rogge an Bord U 68."
Zwei Stunden darauf, das Boot hatte bereits auf den Generalkurs eingedreht, erfolgte die Weisung des BdU, die Untergangsstelle der "Python" auf 27.53 S/03.55 W anzusteuern und sich an der Rettungsaktion zu beteiligen.
Außer U 124 war auch noch U 107 unter Nico Clausen dorthin befohlen worden. Mit AK lief das Boot mit dem Edelweiß am Turm auf den Untergangsstandort zu. Am 3. Dezember abends kam ein großer Dampfer in Sicht. Der Angriff auf ihn konnte das Boot nur wenige Stunden aufhalten, deshalb befahl Mohr den Angriff. Um 21.46 Uhr wurde das Schiff gestoppt. Es war der US-Dampfer "Sagadahoc", der nicht versenkt werden durfte, wenn er keine Bannware an Bord hatte. Ein Prisenkommando ging an Bord des amerikanischen Schiffes und stellte fest, daß dieses Schiff Banngut geladen hatte und zu versenken war. Mohr ließ die Besatzung in die Boote gehen und ablegen, ehe er dieses Schiff mit einem Zweierfächer versenkte.
Die "Sagadahoc" sank auf 21.50 S/07.50 W.
Am 6. Dezember kamen die Rettungsboote und die beiden schleppenden U-Boote in Sicht. Mohr eilte sofort auf den Turm. Er hörte den Ju-

bel der Erleichterung und sah, wie die Kameraden ihnen zuwinkten. Mohr ließ U 124 an U 68 längsseits gehen und meldete sich bei Kapitän zur See Rogge, der ihn bat, einen Teil der Schiffbrüchigen zu übernehmen. Die Übernahme begann sofort. Wenig später war auch U 124 mit etwa 150 Schiffbrüchigen überbeladen. Die drei Boote waren von ihrer eigentlichen Aufgabe entbunden. Sie strebten nun mit großer Fahrt der Heimat entgegen. Doch zwischen den Booten und den schützenden Stützpunkten lagen noch etwa 5.000 Seemeilen freier See.

Drei italienische Boote stießen um dem 15. Dezember hinzu. Die Fahrt wurde zu einer wahren Odyssee. Während U 68 mit Kpt. z. S. Rogge an Bord bereits am 24. Dezember in St. Nazaire festmachte, lief U 124 mit allen Geretteten am 29. Dezember in seinen Stützpunkt ein. Am ausgefahrenen Lufzielsehrohr flatterten zwei Versenkungswimpel. Oberleutnant (Ing.) Brinker, der noch amtierende Leitende Ingenieur des Bootes, erhielt das Deutsche Kreuz in Gold.

Vor der amerikanischen Ostküste
— Tankerschlacht —

Am 21. Februar 1942 machte U 124 in St. Nazaire Leinen los und lief zur dritten Feindfahrt unter Jochen Mohr aus. Operationsgebiet war diesmal die US-Ostküste, wo bereits im Januar 1942 die ersten Boote überraschend hohe Erfolge erzielt hatten.

Tage und Wochen vergingen, während das Boot durch die Frühjahrsstürme des Atlantik furchte, einem 5.000 Seemeilen entfernten Ziel zu. Am 13. März stand U 124 in seinem Operationsgebiet. In der Nacht lief das Boot mit kleiner Fahrt in Richtung Küste. Als vorgenommene Lotungen ergaben, daß das Boot nur etwa 20 Meter Wasser unter dem Kiel hatte und ein Tauchen demzufolge unmöglich war, "killte" es manchem Seelord doch mächtig in der Hose.
Jochen Mohr ließ weiterlaufen und ständig loten. Ein schneller Einzelfahrer kam am Abend des 14. März in Sicht. An den achteren Aufbauten wurde er als Tanker ausgemacht. Der Gegner lief stolze 12 Knoten. Der geschossene Zweierfächer traf ihn tödlich. Brennend auf der See liegend, funkte der britische Motortanker "British Resource" 'SSS'.
Der 7.209 BRT große Tanker stand fünf Minuten nach dem Schuß über alles in Flammen und schrie immer wieder seinen Notruf hinaus: "Submarine! — Submarine!"
Das Boot glitt aus dem seichten Wasser hinaus, und als es auf Parallelkurs zur Küste in Richtung Cap Lookout weiterlief, verschwanden die Flammen plötzlich und zeigten an, daß dieser Tanker gesunken war.
Tagsüber auf Grund liegend, um vor den ständig in der Luft befindlichen Maschinen des US-Coastal Command sicher zu sein, tauchte U 124 nach Einfall der Dunkelheit auf. Mehrfach wurde das Boot von Wachfahrzeugen mit Wasserbomben angegriffen, konnte sich aber stets ohne Schäden in Sicherheit bringen.
In der Nacht zum 17. März, das Boot befand sich vor Cap Hatteras, wurde ein kleiner Dampfer gesichtet. Die niederländische "Ceiba" sank nach dem Torpedotreffer binnen einer Minute.
Abermals wurde U 124 von Küstenwachfahrzeugen gejagt und unter Wasser gedrückt. Es entkam und legte sich erneut auf Grund, um am Abend des 17. März wieder aufzutauchen und die Suche fortzusetzen. Kurz vor Mitternacht wurde ein Tanker angegriffen. Es war der Amerikaner "Acme", der nach den beiden Torpedos auf Grund sank und für U 124 als versenkt galt, auch wenn er später geborgen werden konnte. Eine Stunde darauf kam der griechische Dampfer "Kassandra Louloudi" in Sicht. Er sank nach dem Einzelschuß.
Am Morgen des 18. März um 8.27 Uhr ließ Mohr einen Zweierfächer auf einen Tanker schießen, den er als 8.000-Tonner angesprochen hatte. Die 9.647 BRT große "E. M. Clark" sank auf 34.50 N/75.35 W.
Nach diesen schnellen Erfolgen mußte U 124 zunächst wieder auf tiefes Wasser laufen und sich auf Grund verholen. Aber in der Nacht zum 19. März war das Boot wieder, mit allen Rohren einsatzbereit, unterwegs. Die große Tankerschlacht vor Cap Hatteras konnte beginnen. Der Tanker "Papoose" war mit seinen 5.939 BRT zum Auftakt verhält-

nismäßig klein. Dann aber folgte gut eine Stunde später der Tanker "W. E. Hutton" mit 7.076 BRT nach.

U 124 operierte im Niedrigwasser vor der Küste. Hier erwies sich die Kaltblütigkeit des Kommandanten als wirksam. Jeder seiner Schüsse saß. Flugzeuge flitzten durch die Nacht und warfen Bomben. Geleitfahrzeuge und Küstenwachschiffe ließen einen wahren Feuerzauber los. Wabos fielen wie Regentropfen. U 124 aber mogelte sich durch und kam am Morgen des 21. März um 6.08 Uhr auf die "Esso Nashville" mit 7.934 BRT zum Schuß. Das Schiff brach in zwei Hälften auseinander und sank ebenfalls auf flachem Wasser. Damit galt es für U 124 als Versenkungserfolg, auch wenn später das Achterschiff des Dampfers geborgen wurde und mit einem neuen Vorschiff versehen wieder in Dienst ging.

Um 10.05 Uhr, am hellichten Tag, kam dann U 124 noch auf den amerikanischen Tankerriesen "Atlantic Sun" zum Schuß. Der Tanker erhielt zwei schwere Treffer. Da das Boot sofort von zwei Geleitzerstörern angegriffen wurde, konnte es diesem Tanker keinen Fangschuß mehr geben. Die "Atlantic Sun" wurde eingeschleppt.

Am 23. März, ebenfalls am hellen Vormittag, kam der Kommandant nach einer Sichtmeldung auf den Turm. Er sah einen Tanker in günstiger Schußposition. Weiter herausgesetzt lief ein Zerstörer. Mohr befahl, den letzten einsatzbereiten Torpedo zu schießen. Er traf die "Naeco", einen Tanker von 5.373 BRT.

Als der BdU mit einem Kurzspruch, "U 124 Lage und Erfolg melden", in Erinnerung brachte, daß es an der Zeit war, die Situation im Einsatzbereich zu schildern, verfaßte Jochen Mohr sofort den Situationsbericht, den er dem Funkmaat übergab, der auf den Turm gerufen worden war. Der Maat starrte verblüfft auf das Formular, dann blickte er den Kommandanten an:

"D a s soll ich durchtasten, Herr Kaleunt?" fragte der Maat.

"Nun reden Sie nicht so dusselig, Mann, machen Sie hin!" stauchte Mohr den Funker zusammen. Der zog mit breitem Grinsen ins Funkschapp, verschlüsselte den Spruch und tastete ihn durch.

Als in der Operationsabteilung des BdU der FT-Spruch von U 124 eintraf und entschlüsselt war, stieß er zunächst auf die gleiche Sprachlosigkeit, die sich dann aber in ein schallendes Gelächter verwandelte, als der Nachrichtenoffizier ihn vorlas:

"In der Gewitter-Neumondnacht
bei Hatteras tobte die Tankerschlacht!
Der arme Roosevelt verlor
Fünfzigtausend Tonnen — Mohr."

U 124 erhielt den Rückmarschbefehl. Unterwegs aber ging am 27.

März 1942 ein Funkspruch auf U 124 ein, der von dem Freiwache schiebenden I. WO persönlich auf den Turm gebracht wurde. Jochen Mohr hatte das Ritterkreuz erhalten. Der Kommandant schaltete die Bordsprechverbindung ein.
"An alle! Hier spricht der Kommandant: Der Führer hat mir das Ritterkreuz verliehen. Ich habe es Euch und unserem braven Boot zu verdanken, und ich werde es für Euch alle tragen!"
Am 10. April 1942 lief U 124 wieder in Lorient ein. Am ausgefahrenen Luftzielsehrohr flatterten zehn Versenkungswimpel. Das Boot hatte sieben Schiffe mit 56.860 BRT versenkt und drei Schiffe, darunter ein Tanker mit 11.355 BRT, torpediert.
Korvettenkapitän Kuhnke empfing den Kommandanten und kam dann mit dem Großen Löwen an Bord des Bootes, wo Dönitz dem Kommandanten das Ritterkreuz umhängte.
Als die Zeremonie vorüber war, wandte sich Dönitz an den Kommandanten: "Noch eines, Mohr. Ihr Gedicht hat mir gut gefallen."

Geleitzugschlacht im Atlantik

Am frühen Morgen des 4. Mai 1942 lief U 124 zu seiner vierten Feindfahrt aus. Operationsgebiet war diesmal der Nordatlantik. Damit stand ein Kampf gegen stark gesicherte Geleitzüge bevor.

Eine Woche darauf stand das Boot im Operationsgebiet und wurde der U-Boot-Gruppe "Hecht" zugeteilt, die mit sechs Booten auf einer breiten Suchharke stand.
Am 11. Mai sichtete U 569 unter Oblt. z. S. Hinsch einen Geleitzug. Es war der ONS 92, der von England aus nach Nordamerika laufen würde. Sofort operierte auch U 124 darauf. In der Nacht zum 12. Mai kam das Boot heran. Mohr ließ im ersten Anlauf drei Einzelschüsse auf drei Dampfer zwischen geschätzten 2.500 und 6.600 BRT schießen. Die "Empire Dell" und die "Llandover" sanken. Um 2.22 Uhr, 16 Minuten nach den ersten Schüssen, wurde ein vierter Einzelschuß abgefeuert, der nach 116 Sekunden einen Treffer mittschiffs auf einen 3.000-Tonner erzielte. Das Sinken dieses Schiffes konnte nicht mehr beobachtet werden, weil der Gegner nun die Jagd nach dem U-Boot aufnahm.
Der Konvoi lief auseinander. U 569 kam ebenfalls zum Schuß und erzielte einen weiteren Treffer. Dann stieß U 94 unter Ites hinzu, dem ehemaligen I. WO von U 48, der den panamesischen Dampfer "Cocle" versenkte. Während sich nun die Fahrzeuge der Geleitsicherung auf dieses Boot konzentrierten, drehte U 124 abermals ein und schoß zwei Zweierfächer auf zwei Dampfer. Beide blieben brennend liegen und während einer sehr rasch sank, konnte der zweite sich so lange halten, bis die Besatzung von einer Korvette übernommen worden war, die dann das dem Tod geweihte Schiff versenkte.
Die sich an diesen Angriff anschließende Wasserbombenverfolgung dauerte drei Stunden. U 124 wurde erheblich beschädigt. Doch die Schäden konnten sämtlich mit Bordmitteln behoben werden.
Bis zum 14. Mai versuchte U 124 mehrfach wieder heranzuschließen und diesen Geleitzug, der durch Ites noch zwei weitere Schiffe verlor, anzugreifen. Das Boot wurde immer wieder abgedrängt.

Die nächsten Tage und Wochen verliefen in erzwungener Untätigkeit. Schiffe zeigten sich nicht und wenn das Boot auf einen Konvoi angesetzt wurde, dann kam spätestens 24 Stunden später der Gegenbefehl, der zeigte, daß der Geleitzug entweder zerstreut war oder in die Reichweite der britischen Luftabwehr gelangt war.
Am 8. Juni wurde U 124 mit den übrigen Booten der Gruppe "Hecht" auf den Konvoi ONS 100 angesetzt. Ites mit U 94 und Hinsch mit U 569 waren bereits dicht am Konvoi und gaben Peilzeichen.
Mit AK lief U 124 diesem Geleitzug entgegen, um die letzten Torpedos noch anzulegen. Als er in Sicht kam, wurde das Boot von einer Korvette angegriffen und mußte mit Alarmtauchen von der Wasseroberfläche verschwinden. Es gab Wasserbomben, die keine Schäden hervorriefen. Als die Ortungsgeräusche verschwanden, ließ Mohr auf Seh-

rohrtiefe auftauchen. Er sah die Korvette sofort, die mit abgestellten Maschinen auf ihn lauerte.
"Rohr IV klar zum Unterwasserschuß!"
Wieder lief das gleiche Schema der Vorbereitungen zum Schuß ab. Als das Boot bis auf 600 Meter an die Korvette herangekommen war, die breitseits zu U 124 lag, gab Mohr den Feuerbefehl. Nach genau 56 Sekunden Laufzeit sprang am Heck der Korvette eine masthohe Sprengsäule empor. In einer nachfolgenden Wasserbomben-Detonation wurde die Korvette "Mimose" in ihre Einzelteile zerlegt und war eine Minute später von der Wasseroberfläche verschwunden.
Der Horchraum meldete Schraubengeräusche, die sich rasch in Lage Null näherten. Sofort ließ Mohr auf 120 Meter gehen und mit Hartruderlegen aus dem Kurs dieses Gegners herauslaufen. Die ihm geltenden Wasserbomben detonierten seitab. Es waren insgesamt drei Zerstörer, die auf ihn Jagd machten. Damit aber entblößten sie die Geleitsicherung, was wiederum Ites die Chance gab, in drei Anläufen wenigstens einmal mehr zum Schuß zu kommen, und außerdem auch Hinsch seine Chance gab.
In den Morgenstunden des 12. Juni hatte U 124 wieder Anschluß gewonnen. Nach fünfstündiger Verfolgungsfahrt wurde der britische Dampfer "Dartford" gestellt und mit einem Zweierfächer gestoppt. Der Dampfer sendete noch 30 Minuten lang seinen Notruf, ehe er sank.
Am 16. Juni hatte U 590 unter Kptlt. Müller-Edzards Anschluß an einen Konvoi erhalten und Peilzeichen gegeben. Drei Stunden darauf war als erster Ites mit U 94 zur Stelle. Das Boot wurde durch Wabowürfe eines Zerstörers getroffen und mußte schwer beschädigt abdrehen. U 590 erging es ebenso. Auch U 124 wurde abgedrängt. In dieser Situation erhielt U 124 einen FT-Spruch der Operationsabteilung des BdU:
"15.07 h BdU: Haben Sie persönlich durch die Abwehr Kenntnis von Überwasser-Ortungsmitteln des Gegners erhalten?"
Drei Minuten darauf ging die Antwort von U 124 nach Paris hinaus:
"15.10 h von Mohr: Ich mußte gestern im ganzen siebenmal mit Äußerster Kraft vor Zerstörern ablaufen. Kopplung ergibt, daß die Sicherung in allen Fällen in spitzer Lage aus der Kimm herauskam. Zweimal ist das Boot getaucht, Zerstörer haben Schreckbomben geworfen und sind wieder verschwunden. In den anderen Fällen glaube ich, nicht gesehen worden zu sein."
Am nächsten Tag, es war der 18. Juni 1942, kam U 124 doch noch einmal zum Schuß. Im Unterwasserangriff ließ Mohr auf drei Frachter des ONS 102 schießen. Auf der "Seattle Spirit" wurden

zwei Treffer beobachtet. Dann mußte das Boot tiefer hinuntergehen. Es horchte im Ablaufen vor Zerstörern zwei weitere Detonationen, doch bei diesen hatte es sich um einzelne Schreckwasserbomben gehandelt. Die 5.627 BRT große "Seattle Spirit" sank.
Am 21. Juni war der Kampf am ONS 102 beendet, und U 124 lief am 26. Juni in Lorient ein. Es hatte sieben Schiffe mit 32.429 BRT versenkt. Darunter die Korvette "Mimose". Zwei weitere Schiffe waren torpediert worden.
Das beschädigte Boot mußte zur Generalüberholung ins Dock. Die Besatzung ging in den lange schon verdienten großen Urlaub.

Die beiden letzten Feindfahrten

Zur fünften Feindfahrt lief U 124 im Dezember 1942 aus seinem Stützpunkt aus. Von den alten Besatzungsmitgliedern waren nur noch wenige an Bord. I. WO war Oblt. z. S. Molsen, II. WO Lt. z. S. Beyer und Leitender Ingenieur war Lt. (Ing.) Bachmann, Marine-Stabsarzt Dr. Ziemke war als Arzt an Bord kommandiert, weil diese Feindfahrt mit Treibölversorgung auf See länger als üblich dauern sollte.

Bereits beim Ausmarsch in der Biskaya wurde das Boot mehrfach angegriffen. Nicht nur von Flugzeugen, sondern auch von kleinen englischen "Killer Groups". Das Boot kam durch, überwand die Kälte des Atlantik, erreichte den wärmeren Golfstrom und übernahm von einem U-Tanker Treiböl.
Am 16. Dezember 1942 kam U 124 auf zwei große Tanker zum Schuß. Zwei Treffer wurden auf einem Tanker beobachtet, der 15 Minuten danach über den Bug sank. Ein weiterer Treffer ließ den zweiten Tanker durchbrechen und nach fünf Minuten sinken.
Trotz dieser genauen Beobachtungen konnten diese beiden Erfolge nicht anerkannt werden, weil sie vom Gegner nicht bestätigt wurden. Zwölf Tage darauf, das Boot hatte inzwischen eine Position auf 10.52 N/60.45 W erreicht, wurde der britische Dampfer "Treworlas" gestellt und versenkt.
Bereits am Nachmittag des 8. Januar 1943 kam dann der Konvoi TB 1 in Sicht, ein von Trinidad nach Bahia laufender Geleitzug. Binnen eineinhalb Stunden wurden von U 124 fünf Einzelschüsse geschossen. Der Konvoi verlor vier Schiffe, darunter den US-Tanker "Broad Arrow" mit 7.718 BRT.
Vor Zerstörern, die in Lage Null auf das Boot zustießen, mußte U 124 in den Keller und konnte mit Schleichfahrt quer zum Kurs des Geleitzuges entkommen. Die geworfenen Wasserbomben verhallten weit hinter dem Boot.
Das Boot hatte nach diesem Angriff nur noch einen Torpedo im Rohr, und dieser war unklar, doch der Torpedomixer machte ihn wieder klar. Dieser Aal wurde auf einen Zerstörer geschossen, der an dem besagten 12. Januar 1943 nur um Haaresbreite der Vernichtung entging. Am anderen Morgen nahm Funkgast Mannel einen FT-Spruch des BdU auf, der folgenden Wortlaut hatte:
"Der Führer hat Ihnen am 13. Januar 1943 in Anbetracht Ihrer Erfolge als Kommandant von U 124 als 177. Soldaten der Wehrmacht das Eichenlaub zum Ritterkreuz des Eisernen Kreuzes verliehen. Gratuliere, BdU."
Ende März 1943 lief U 124 zu seiner sechsten Feindfahrt aus. Johann Mohr war zum Korvettenkapitän befördert worden. Man hatte ihm den Vorschlag gemacht, als Lehrer zur Ausbildungs-Flottille zu gehen, oder eine Flottille als Chef zu übernehmen, doch Mohr wollte weiter fahren. Bereits auf dem Ausmarsch stieß U 124 auf 41.02 N/15.39 W auf den Konvoi OS 45. In gewohnter Manier griff Mohr den Konvoi an und versenkte daraus zwei Schiffe mit 9.547 BRT. Sicherungsstreitkräfte drängten das Boot ab.
Diesmal aber gelang ihm die Flucht nicht rechtzeitig. Das Boot wurde von den Sicherungsstreitkräften gestellt. Westlich Oporto beendeten

die britische Korvette "Stonecroft" und ein weiteres Sicherungsfahrzeug, die Fregatte "Blackswan", die Laufbahn dieses Bootes. Mit seiner gesamten Besatzung ging U 124 für immer auf Tiefe. Auf 41.02 Grad Nord und 15.39 Grad West fanden Boot und Besatzung ihr Grab.

Die Besatzung von U 124

Kommandant: Kptlt. Johann Mohr
am 2. April 1943 im Nordatlantik auf 41°02' N und 15°39' W versenkt

FkOGfr	Ahland	Rolf	24.12.1920
OLt (Ing)	Bachmann	Walter	20.06.1915
MaschOGfr	Baumann	Albert	15.03.1921
MtrOGfr	Bednorz	Heinz	05.12.1923
Lt	Beyer	Joachim	20.08.1918
MaschGefr	Beyer	Konstantin	04.04.1922
MaschMt	Bockemann	Hans	10.10.1916
MaschOGfr	Dittloff	Kurt	26.09.1921
MaschGfr	Dörner	Hans	02.04.1922
MtrOGfr	Doliwa	Hermann	21.02.1921

MaschOGfr	Engmann	Johannes	15.07.1923
MechGfr	Fahrion	Walter	31.01.1922
MechOGfr	Gieseler	Karl-Heinz	19.12.1920
MaschOGfr	Hasley	Heinrich	11.10.1920
OBtsmt	Hennig	Hubert	06.02.1919
MtrGfr	Herden	Herbert	15.05.1923
MtrGfr	Hetzert	Hermann	17.01.1925
MaschMt	Hey	Hans	18.04.1921
MaschGfr	Höltje	Heinrich	06.09.1923
MaschGfr	Hofbauer	Anton	29.01.1924
MaschMt	Kirschnik	Josef	12.04.1920
MaschGfr	Knof	Heinz	16.01.1922
MaschOGfr	Korb	Günther	03.01.1924
MaschOGfr	Korter	Eugen	03.01.1920
MaschOGfr	Krygel	Ernst	02.11.1922
MtrOGfr	Kutschke	Rudolf	26.01.1922
MtrOGfr	Langheinrich	Erich	10.03.1922
MtrOGfr	Lattmann	Erhard	15.11.1922
MechMt	Löber	Eduard	28.08.1919
FkOGfr	Mannel	Walter	19.07.1923
FkMt	Matauschek	Walter	31.10.1919
Fähnr	Meyer	Lutz	02.06.1924
KptLt	Mohr	Johann	12.06.1916
OLt	Molsen	Gert-Ulrich	12.07.1916
OMasch	Nächster	Erwin	08.05.1915
MtrOGfr	Opherk	Heinrich	20.05.1923
MaschOGfr	Oppermann	Herbert	14.02.1921
MtrOGfr	Peschkes	Josef	01.07.1922
FkMt	Ramm	Heinrich	29.03.1921
OMaschMt	Ranfft	Karl	18.01.1920
OMaschMt	Roth	Rudolf	01.05.1918
MtrGfr	Schmidt	Helmut	23.02.1924
MaschGfr	Schmidtke	Herbert	14.03.1923
Fähnr	Schulz	Helmut	10.07.1922
MaschOGfr	Sebastian	Otto	08.04.1923
OStrm	Sperber	Kuno	15.04.1915
MtrGfr	Stobbe	Heinrich	14.07.1923
MaschMt	Uischner	Erich	12.03.1919
MaschMt	Wember	Johannes	21.05.1919
OBtsmt	Wendt	Heinz	30.04.1919
OMasch	Winckler	Gerhard	02.10.1913
MarStArzt	Dr. Ziemke	Gernot	17.11.1914
MechGfr	Zitko	Fritz	20.03.1923

Die zweite Versenkungsliste von U 124

1. Feindfahrt:

20.09.41	23.32	brD	"Baltallinn"	1.303	48.07 N/22.07 W
20.09.41	23.33	brD	(Tanker)	---	---
20.09.41	23.34	brD	"Empire Moat"	2.922	48.07 N/22.05 W
25.09.41	07.44	brD	"Empire Stream"	2.922	46.03 N/24.40 W
26.09.41	02.23	brD	"Petrel"	1.354	47.40 N/23.30 W
26.09.41	02.23	brD	"Lapwing"	1.348	47.40 N/23.30 W
26.09.41	23.35	brD	"Cervantes"	1.810	48.37 N/20.01 W

versenkt: 6 Schiffe mit 11.659 BRT
torpediert: 1 Schiff mit - - -

2. Feindfahrt:

24.11.41	15.21	brCL	"Dunedin"	4.850	03.-- S/26.-- W
03.12.41	21.46	amD	"Sagadahoc"	6.275	21.50 S/07.50 W

versenkt: 2 Schiffe mit 11.125 BRT
darunter den britischen Kreuzer "Dunedin"

3. Feindfahrt:

14.03.42	21.18	brMT	"British Resource"	7.209	36.04 N/65.38 W
17.03.42	02.26	hoD	"Ceiba"	1.698	35.43 N/73.49 W
17.03.42	23.52	amDT	"Acme" =	6.878	35.05 N/75.20 W
18.03.42	01.14	grD	"Kassandra Louloudi"	5.106	35.05 N/75.25 W
18.03.42	08.27	amDT	"E. M. Clark"	9.647	34.50 N/75.35 W
19.03.42	04.31	amDT	"Papoose"	5.939	34.17 N/76.39 W
19.03.42	05.38	amDT	"W. E. Hutton"	7.076	34.25 N/76.50 W
21.03.42	06.08	amDT	"Esso Nashville" =	7.934	33.35 N/77.22 W
21.03.42	10.05	amDT	"Atlantic Sun" =	11.355	33.34 N/77.25 W
23.03.42	10.23	amDT	"Naeco"	5.373	33.59 N/76.40 W

versenkt: 7 Schiffe mit 42.048 BRT
torpediert: 3 Schiffe mit 26.167 BRT

4. Feindfahrt:

12.05.42	01.56	brD	"Empire Dell"	7.065	53.00 N/29.57 W
12.05.42	01.59	brD	"Llandover"	4.959	52.50 N/29.04 W

12.05.42	02.06	- - -	Dampfer		- - -	- - -
12.05.42	02.22	- - -	Dampfer		- - -	- - -
12.05.42	03.55	grD	"Mount Parnes"	4.371	52.31 N/29.20 W
12.05.42	03.58	brD	"Cristales"	5.389	52.55 N/29.50 W
09.06.42	04.10	brK	"Mimose"	925	52.12 N/31.24 W
12.06.42	06.12	brD	"Dartford"	4.093	49.19 N/41.33 W
18.06.42	06.21	amD	"Seattle Spirit"	5.627	50.24 N/42.37 W

versenkt: 7 Schiffe mit 32.429 BRT
darunter Korvette "Mimose"

torpediert: 2 Schiffe mit . . .

5. Feindfahrt:

16.12.42	06.37		Tanker		- - -	gesunken
16.12.42	06.39		Tanker		- - -	gesunken
			(Keine Bestätigung)			
28.12.42	09.46	brD	"Treworlas"	4.692	10.52 N/60.45 W
09.01.43	04.33	amDT	"Broad Arrow"	7.718	07.23 N/55.48 W
09.01.43	04.36	amD	"Birmingham City"	6.194	07.23 N/55.48 W
09.01.43	05.57	amD	"Collingsworth"	5.101	07.12 N/55.37 W
09.01.43	05.59	amD	"Minotaur"	4.554	07.12 N/55.37 W

versenkt: 5 Schiffe mit 28.259 BRT

wahrscheinlich
versenkt: 2 Schiffe (Tanker; unbestätigt)

6. Feindfahrt:

02.04.43	18.55	brD	"Katha"	4.357	41.02 N/15.39 W
02.04.43	18.55	brD	"Gogra"	5.190	41.02 N/15.39 W

versenkt: 2 Schiffe mit 9.547 BRT

Gesamt-
versenkungen: 29 Schiffe mit 135.067 BRT
torpediert: 3 Schiffe mit 26.167 BRT
wahrscheinlich
versenkt: 2 Schiffe (Tanker)

Kapitänleutnant Hans Diedrich Freiherr von Tiesenhausen

Schlachtschiff "Barham" versenkt

Als Leutnant zur See nahm Hans Diedrich Frhr. von Tiesenhausen an den Sicherungsfahrten des Kreuzers "Nürnberg" in den spanischen Gewässern ab April 1937 teil. Als er als Oberleutnant zur See bei der 5. Marine-Artillerie-Abteilung in Pillau diente, meldete er sich zur U-Boot-Waffe und erhielt nach Durchlaufen der diversen Lehrgänge seine Kommandierung als II. WO auf U 23 unter Kptlt. Kretschmer. Als II. und dann als I. WO fuhr Tiesenhausen einige Einsätze mit U 23, auf denen er das Einmaleins der U-Boot-Fahrt erlernte.
Als Kptlt. Kretschmer von Bord ging, um mit U 99 ein großes Boot zu übernehmen, blieb von Tiesenhausen noch eine Fahrt unter dem neuen Kommandanten, Kptlt. Beduhn, an Bord. Danach stieg er als I. WO auf U 93 um, das von Kptlt. Korth geführt wurde. Dieser schrieb über von Tiesenhausen:
"Da ist der I. WO, Oblt. z. S. von Tiesenhausen, mit dem Mechanikersmaat Biedermann von Kretschmers kleinem U 23 gekommen; fronterfahrene, kampferprobte und bewährte U-Boot-Fahrer. Ich schätze mich glücklich, sie an Bord zu haben."
Am 5. Januar 1941 war klar geworden, daß von Tiesenhausen ein eigenes Boot erhalten sollte. Er machte den Kommandanten-Schießlehrgang und durchlief in Emden die Baubelehrung, um am 31. März 1941 das erste bei den Nordseewerken in Emden erbaute Boot, U 331, in Dienst zu stellen.

I. WO dieses Bootes war Oblt. z. S. Franken, Leitender Ingenieur Oblt. (Ing.) Wintermann, II. WO Lt. z. S. d. Res. Koch.
Die erste Feindfahrt erfolgte vom 2. Juli bis 19. August 1941.
In der zweiten Septemberdekade, am 24. September, lief U 331 zu seiner zweiten Feindfahrt in den Atlantik aus. In See stehend erfuhr der Kommandant über Funk, daß er mit fünf anderen Booten als erstes deutsches U-Boot-Kontingent ins Mittelmeer marschieren sollte.
Das Boot konnte im Überwassermarsch die Seenge von Gibraltar durchlaufen. Es wurde von einer englischen Panzerfähre beschossen und erreichte mit durchschossener Außenhaut Anfang Oktober als e r s t e s deutsches U-Boot den erst notdürftig hergerichteten Stützpunkt Salamis. Dort wurden Boot und Besatzung vom Marine-Gruppenbefehlshaber Süd, Admiral Förste, begrüßt. Das Boot unterstand der soeben gebildeten 29. U-Flottille unter KKpt. Frauenheim.

Vor der afrikanischen Küste

Mitte November 1941 stand U 331 zum ersten Einsatz im Mittelmeer, dem dritten des Bootes, in See. Der Auftrag des Bootes lautete: "Absetzen eines Kommandotrupps unter Leutnant Kiefer des Sonderverbandes 'Lehrregiment Brandenburg' an der ägyptischen Küste bei Ras Gibeisa, ostwärts von Marsa Matruk und Wiederaufnahme desselben nach erfülltem Auftrag. Danach freie Jagd."

Am Abend des 17. November 1941 erreichte das Boot die angegebene Landungsstelle und setzte das große Schlauchboot des Trupps aus. Lt. Kiefer und Fw. Risch verabschiedeten sich von dem Kommandanten und vereinbarten mit diesem, daß sie noch in der gleichen Nacht zur Bucht und von dort zum Boot zurückkehren würden. Wenn dies mißlingen sollte, würden sie in der folgenden Nacht kommen.
Oberleutnant z. S. von Tiesenhausen blieb die ganze Nacht hindurch auf der Brücke, um die vereinbarten Lichtsignale zu erwarten. Während der ganzen Zeit sahen die Männer auf dem Turm von U 331 die Lastwagenkolonnen der britischen 8. Armee auf der Küstenstraße nach Westen rollen. Die britische Winteroffensive hatte begonnen.
Mit Tagesanbruch lief das Boot von der Küste ab und legte sich bei der 80 Meter-Marke auf Grund, um nach Einfall der Dunkelheit erneut aufzutauchen und nahe an die Küste heranzugehen, um nach den Leuchtzeichen Ausschau zu halten.
Auch in dieser Nacht erschienen die "Brandenburger" nicht. Später sollte Tiesenhausen erfahren, daß diese Gruppe in Gefangenschaft geraten war.
"Störung — wenn möglich Unterbindung — des britischen Nachschubs über See nach Tobruk", so lautete der FT-Befehl, den das Boot erhielt. Zwischen Marsa Matruk und Tobruk vor der Küste auf und abstehend, versuchte U 331 auf alliierte Schiffe zum Schuß zu gelangen. Tagsüber mußte das Boot fast ausschließlich getaucht fahren, weil Flugzeuge und Kriegsschiffe auf jedes Sehrohr Jagd machten. Sobald das Boot am Tage über Wasser marschierte, waren binnen weniger Minuten feindliche Flugzeuge da, und mit Alarmtauchen ging es wieder in den Keller.

Als der 25. November heraufzog, bahnte sich jedoch ein Ereignis an, das für U 331 bedeutende Folgen haben sollte. Am Vortage hatte Admiral Cunningham mit seiner Hauptflotte den Hafen von Alexandria verlassen, um den auf Malta stationierten leichten britischen Seestreitkräften bei ihrer Suche nach italienischen Nachschubschiffen für Afrika zu helfen und ihnen den notwendigen Rückhalt zu geben.
Diese Schiffe liefen am Morgen des 25. November vor der Küste bei Bardia und wurden von U 331 durch eine Horchpeilung geortet. Als Hans Diedrich von Tiesenhausen diese Meldung um 8.30 Uhr erhielt, ließ er auf Sehrohrtiefe hinaufgehen und suchte durch das Sehrohr den Horizont ab. Aber der Kommandant sah nichts anderes als die bewegte See. Er befahl aufzutauchen und schwang sich als erster auf den Turm seines Bootes. Mit dem ersten Blick erkannte er ein Flugzeug, das schon sehr nahe herangekommen war.
Noch war nicht völlig ausgeblasen, als Tiesenhausen wieder auf Tiefe

gehen ließ. Das Flugzeug hatte das U-Boot offensichtlich nicht gesehen, denn es erfolgte keine Aktion aus der Luft.
"Wir laufen auf die Horchpeilung zu!" befahl Tiesenhausen. Den ganzen Vormittag hindurch lief das Boot den gehorchten Schraubengeräuschen entgegen und teilweise auch nach. Die Peilung wanderte langsam nach Nordosten aus. Kurz nach Mittag ließ der Kommandant das Boot wieder auf Sehrohrtiefe emporsteigen und wagte einen Rundblick. Wieder war die See leer, und Tiesenhausen ließ auftauchen. Ein Flugzeug wurde in einigen 1.000 Metern Distanz gesichtet, doch es entfernte sich vom U-Boot, und von Tiesenhausen ließ oben weiterlaufen. Das Ruder wurde auf Nordostkurs gestellt, aus dem die letzte Horchpeilung gekommen war.
Um 14.30 Uhr wurden von dem I. WO "Rauchwolken zehn Grad an Steuerbord!" gemeldet. Ob es wirklich Rauchwolken waren oder nur eine bizarre Trübung der Kimm, konnte nicht entschieden weden. Dennoch ließ der Kommandant in diese Richtung weiterlaufen. Zehn Minuten darauf sichtete der Bootsmannsmaat der Wache Zerstörermasten über der Kimm voraus. Wieder eine Minute darauf erklärte der Kommandant der im Boot wartenden Besatzung:
"Ein größerer Schiffsverband. In der Mitte scheint ein Haufen größerer Pötte zu liegen. Er marschiert nach Süden."
Mit äußerster Kraft lief U 331 dem Verband entgegen, der plötzlich zackte und nun auf Ostkurs zu laufen schien.
"Flugzeuge drei Seemeilen achteraus!"
Der Kommandant ließ sein Boot oben und wenig später sah er, daß der Verband abermals auf Gegenkurs gegangen war. Nun lief er genau auf U 331 zu. Aber noch konnte das Boot nicht gesehen werden und blieb oben. Es war tatsächlich ein Kriegsschiffsverband.
"Alarmtauchen! — Auf Gefechtsstationen!" befahl von Tiesenhausen.
Das Boot wurde in Sehrohrtiefe eingesteuert und lief mit kleiner Fahrt auf den großen Verband zu, der ihm entgegenmarschierte.
"Ein Schlachtschiff in der Mitte der Mahalla!" berichtete von Tiesenhausen den auf den Wachstationen stehenden Soldaten des Bootes. Danach erkannte er drei Schlachtschiffe und acht Zerstörer. Zu kurzen Ausblicken ließ er das Sehrohr ausfahren. Es herrschte gutes Angriffswetter, der leichte Seegang verbarg die Bewegung der See durch das ausgefahrene Sehrohr.
Als er das Sehrohr abermals ausfahren ließ, erkannte der Kommandant, wie an den Rahen der Schlachtschiffe Flaggensignale gehißt wurden. Er sah, daß sich die beiden Zerstörer auf der Backbordseite des Verbandes vorsetzten und in Dwarsstaffel mit 500 Metern Abstand zueinander weiterliefen.

U 331 mußte zwischen den beiden Zerstörern hindurchlaufen, wenn es zum Angriff auf einen der Riesenpötte kommen wollte. Und von Tiesenhausen wollte!

In der Enge des Turmes befand sich neben dem im Sattelsitz des Sehrohrs hockenden Kommandanten der Obersteuermann Walther, der Gefechtsrudergänger und der Befehlsübermittler für die Feuerleitanlage. Das Boot glitt durch die Lücke hindurch, die beiden Zerstörer blieben achtern zurück. Jetzt galt es, das am günstigsten stehende Schlachtschiff aufs Korn zu nehmen und den Fächerschuß vorzubereiten.

Wie Tiesenhausen diese Situation sah, berichtete er nach seiner Rückkehr den Kriegsberichterstattern, unter ihnen auch Jochen Brennecke.

"Ich versuchte, hart heranzudrehen. Aber das Manöver gelang nicht mehr bei dem ersten Schlachtschiff, seine Fahrt war zu groß. Es galt nun, die Übersicht zu behalten. Die Beobachtungen, die Schätzungen mußten nun noch schneller erfolgen.

'Sehrohr aus!'

Nach einem schnellen Blick sah ich den zweiten riesigen Stahlkoloß heranrauschen, anscheinend ein Schlachtschiff älterer Bauart."

Der Kommandant gab dem Chronisten vor Jahren eine weitere Beschreibung: "Ich gab die nötigen Ruderkorrekturen durch, um noch näher heranzugehen. Noch lag mein Boot nicht günstig genug. Der Schußwinkel war noch über 90 Grad, noch mußte ich warten. U 331 stand nun fast querab zum Schlachtschiff. Die Mitte desselben füllte die ganze Zieloptik aus.

Der Bugraum meldete ununterbrochen 'Hartlage!'. Aber noch immer war ich nicht nahe genug herangekommen. Dann war es so weit!

'Viererfächer los!'

Alle Torpedos liefen dem Gegner entgegen. Sie waren mit jeweils vier bis sechs Sekunden Zeitabstand zueinander um 16.29 Uhr geschossen worden.

Das Sehrohr weiterdrehend, sah ich, daß das dritte Schlachtschiff genau auf unser Boot zulief. Ich befahl, auf 50 Meter zu gehen. Es sah so aus, als würde das Boot dem Tiefenruder gehorchen, doch plötzlich wurde es nach oben gedrückt, und der LI meldete mir, daß das Boot mit der Oberkante Turm die Wasseroberfläche durchbrochen habe.

'Turm räumen! — Schnell, schnell!'

Obersteuermann Walther warf die Unterlagen in die Zentrale und schloß das zweite Luk zwischen Zentrale und Turm.

Angespannt warteten die Männer in der Zentrale auf den Rammstoß, doch dieser erfolgte nicht, und das Boot war noch immer mit dem Turm über Wasser.

Dann erschollen nacheinander drei harte Treffer-Detonationen und dann eine vierte.
Nachdem das Boot fast 45 Sekunden an der Wasseroberfläche geblieben war, fiel es plötzlich weit vorlastig in die Tiefe und war diesem gefährlichen Gegner, der es einfach hätte überkarren und zermalmen können, entronnen.
Der Zeiger des Tiefenmanometers glitt schnell herum. Er zeigte 40, 50, 60 und schließlich 80 Meter an. Dann stand er plötzlich still."
Der Kommandant entsann sich jetzt einer anderen Gelegenheit ähnlicher Art, die er als I. WO auf U 23 erlebt hatte. Noch ehe der LI, Oblt. (Ing.) Siegert, etwas melden konnte, rief ihm Tiesenhausen zu: "Frage vorderes Tiefenmanometer?"
Jetzt schaltete der Gast, der auf die Frage des Kommandanten erschreckt "Endstellung" melden mußte, die richtige Manometer-Zuleitung für die Zentrale ein. Der Zeiger des Tiefenmanometers in der Zentrale raste nun weiter und blieb auf 266 Metern stehen.
Der LI brachte das Boot auf 250 Meter herauf. In dieser Tiefe konnte ihnen keine Wasserbombe mehr etwas anhaben.
Obermaschinist Köchy kam jetzt in die Zentrale, um dem Kommandanten eine Meldung zu machen. Er fragte unschuldig: "Haben wir den Zerstörer getroffen?"
"Nee, Köchy", belehrte ihn Obersteuermann Walther, "das war kein Zerstörer. Das war ein ausgewachsenes Schlachtschiff, dem wir aus 375 Metern Entfernung einen Viererfächer verpuhlt haben."
Der Obermaat starrte vom Kommandanten zum Leitenden Ingenieur und dann wieder zu Walther.
"Sie werden sich daran gewöhnen müssen", bestätigte ihm der Kommandant diese Mitteilung.
Es fielen Wasserbomben, weit entfernt und ungefährlich für das Boot. Was aber war bei der Schlachtschiff-Gruppe geschehen? Wie kam es, daß U 331 nicht einfach überlaufen und zermalmt wurde?
Die Flaggensignale, die von Tiesenhausen durch das Sehrohr gesehen hatte, leiteten eine Formationsänderung ein. Die drei Schlachtschiffe, "Queen Elizabeth", "Barham" und "Valiant", die in Kiellinie hintereinander gelaufen waren, drehten nach diesem Signal zur Backbord-Staffel ein.
In diesem Augenblick trafen drei Torpedos die "Barham", und die der "Barham" folgende "Valiant" sichtete im selben Augenblick den Turm eines U-Bootes, nur 130 Meter entfernt, 7 Grad Steuerbord.
Sofort ließ der Kommandant der "Valiant" sein Schiff hart Steuerbord drehen und mit den Maschinen auf AK heraufgehen. Er wollte das U-Boot rammen. Gleichzeitig begannen die leichten Maschinenwaffen des Schlachtschiffes zu feuern. Doch das Boot stand so dicht unter

dem Schiff, daß die Waffen nicht mehr so tief gesenkt werden konnten, um es noch zu erfassen. Alle Geschosse flitzten über den Turm von U 331 hinweg.
Da aber die "Valiant" soeben in der Backborddrehung begriffen war, dauerte es entscheidende Sekunden, bevor das riesige Schlachtschiff aus dieser Bewegung hinaus und in die entgegengesetzte Steuerborddrehung einschwenkte. Als das Ruder ansprach, das Schlachtschiff der neuen Ruderlegung gehorchte, schnitten Sehrohr und Turm des U-Bootes wieder unter. Die "Valiant" hatte den deutschen Angreifer nur um Haaresbreite verfehlt.
Zu allem Überfluß mußte die "Valiant" in diesem Moment auch noch erneut mit Hartruder Backbord versuchen, nicht in die schwer getroffene und gestoppte "Barham" hineinzulaufen.
Drei Torpedos von U 331 hatten also das englische Schlachtschiff getroffen. Der dritte Torpedo ging in die Munitionskammer des Schiffes und löste die vierte Explosion aus. Und mit dieser vierten großen, gewaltigen Explosion barst die "Barham", ein Riese von 31.000 BRT, in wuchtigen Munitionsexplosionen auseinander und sank 4 Minuten und 45 Sekunden nach den Teffern.
Trotz der Nähe der übrigen Schiffe verloren mit der "Barham" 862 britische Seeleute ihr Leben.
Ein winziges U-Boot hatte ein Schlachtschiff versenkt. Es war das e i n z i g e britische Schlachtschiff, das in See stehend von einem U-Boot versenkt wurde.
Erst zwei Monate später gaben die Engländer diesen schweren Verlust zu. Captain Roskill, der britische Seekriegshistoriker, schrieb dazu:
"Am 24. November verließ Admiral Cunningham mit seiner Hauptflotte Alexandria, um den auf Malta gestützten leichten Schiffen bei ihrer Suche nach den italienischen Nachschubschiffen Rückhalt zu geben. Am nächsten Nachmittag wurde die 'Barham' von den Torpedos von U 331 getroffen."
Am 3. Dezember 1941 lief U 331 in den Stützpunkt Salamis ein. Zur vierten Feindfahrt verließ das Boot am 14. Januar 1942 den Stützpunkt, um bis zum 31. Januar durch die See zu laufen und nach Gegnern zu suchen. Doch es kam zu keinem Torpedoangriff. Stattdessen gab es eine Reihe Schnelltauchmanöver, um den Flugzeugen und Zerstörern des Gegners zu entkommen.
Auf der fünften Feindfahrt im Februar gelang es U 331 unterwegs eine abgeschossene italienische Torpedoflieger-Besatzung aufzufischen. Capitano Marino Marini und seine Männer waren überglücklich, als sie den "festen" Boden eines U-Bootes anstelle des labilen Schlauchbootes unter den Füßen hatten.

Durch diese zusätzlichen Esser wurde die Verpflegung knapp, und als das Boot von dieser Feindfahrt nach Salamis einlief, wurde dem Verwaltungsoffizier der Flottille eine gekochte Schuhsohle überreicht, damit auch er einmal diesen leckeren Happen probieren konnte.
Das war natürlich spaßhaft gemeint, denn es gab noch immer genug Verpflegung an Bord des Bootes.

Weitere Feindfahrten von La Spezia aus

Von Salamis aus wurde U 331 durch den Kanal von Korinth und die Straße von Messina — vorbei am Stromboli — nach La Spezia übergeführt. Durch den Herzog von Aosta erhielt von Tiesenhausen, nunmehr Kapitänleutnant, die Italienische Tapferkeitsmedaille in Silber.

Dies geschah am 2. April, und wenige Tage später lief das Boot zu seiner nächsten Feindfahrt aus. Es legte vor Beirut eine Minensperre und torpedierte einen dort an der Mole liegenden Dampfer. Drei Frachtsegler fielen in den Küstengewässern vor Beirut noch den Granaten des Bootes zum Opfer. Am 16. April 1942 wurde noch ein weiterer Dampfer von geschätzten 4.000 BRT torpediert.

Beide getroffenen Dampfer tauchen nicht auf der britischen Verlustliste auf, was darauf schließen läßt, daß sie nicht sanken, sondern geborgen werden konnten.

Die nächste Feindfahrt Ende Mai 1942 führte das Boot wieder ins westliche Mittelmeer. Es war gegen den englischen Schiffsverkehr Tobruk—Sollum angesetzt. Hier kam das Boot am Abend des 4. Juni auf einen Zerstörer zum Schuß, der mit zwei anderen Sicherungsfahrzeugen drei Dampfer geleitete.

Bei dem Versuch, die Zerstörersicherung zu durchstoßen, wurde U 331 gesichtet und unter Wasser gedrückt. Von Tiesenhausen ließ einen Torpedo auf den zunächst stehenden Zerstörer schießen. Doch der Torpedo ging vorbei. Erst nach sieben Minuten und 16 Sekunden wurde ein Endstrecken-Detonierer gehört. Ein zweiter Torpedo, der wenige Sekunden später geschossen worden war, wurde ebenfalls Endstrecken-Detonierer.

Das Boot wurde in den darauffolgenden Tagen ununterbrochen von Flugzeugen oder Geleitfahrzeugen unter Wasser gedrückt. Es gab mehrfach schwere Schäden am Boot, und einige Männer der Brückenwache wurden von einem Flugzeug, das mit allen Waffen feuernd auf das Boot herunterstieß, glücklicherweise aber keine Bomben warf, verwundet.

Das Boot hinkte beschädigt nach La Spezia zurück.

Von dort aus ging U 331 nach gründlicher Reparatur und Überholung am 7. November 1942 wieder aus La Spezia ankerauf. Am nächsten Tage wurde das Boot in Richtung Algier in Marsch gesetzt, und Tiesenhausen erfuhr über Funk von den Landungen der Alliierten bei Casablanca, Oran und Algier. Dort mußte es Dickschiffe geben, und die sollte er angreifen.

Mit großer Fahrt lief U 331 in Richtung Algier. Am Mittag des 9. November sichtete die Brückenwache einen großen Dampfer, der nur sehr kleine Fahrt machte und "irgendwie zerrupft" aussah, wie der Bootsmannsmaat der Wache bemerkte, als der Kommandant auf den Turm enterte.

"Unterwasserangriff!" befahl der Kommandant, denn soeben kam auch ein niedriger Schatten in Sicht, der sich als Geleitfahrzeug herausstellte, das nun Wasserbomben warf, die offenbar zu dem Zweck

geworfen wurden, um unliebsame Gäste von diesem guten Ziel abzulenken.
Wenig später stellte von Tiesenhausen fest, daß das Schiff vor seiner Ankerkette schwoite. Irgend etwas war mit ihm geschehen. (Später stellte sich heraus, daß die "Leedstown" am vorhergehenden Nachmittag einen Lufttorpedotreffer erhalten hatte und am Morgen dieses Tages, da von Tiesenhausen den Dampfer in Sicht bekam, noch einmal gebombt worden war.)
Der Angriff von U 331 vollzog sich reibungslos. Aus 1.200 Metern fiel der Zweierfächer, der diesen großen Dampfer schwer traf und sofort große Schlagseite verursachte. Das Geleitfahrzeug lief in Lage Null auf das U-Boot zu, und der Kommandant ließ abdrehen und auf größere Tiefe gehen.
Die "Leedstown" hielt sich noch bis zum Nachmittag. Aber um 16.15 Uhr sank das Schiff dann, auf ebenem Kiel reitend, auf Grund.
Das Boot entging den aus Algier auslaufenden Zerstörern und versuchte mehrfach auf weitere große Dampfer zum Schuß zu kommen. Immer wieder wurde es abgedrängt und gebombt, und am 17. November 1942 war es dann so weit. Nordwestlich von Algier wurde das Boot vom Bombern angegriffen. Die ersten Bomben trafen bereits und machten U 331 tauchunklar. Die Abwehrwaffen waren zerstört worden. Weitere Angriffe von Bombern und Torpdoflugzeugen des Trägers "Formidable" brachten neue Schäden. Männer fielen. Dann gab der Lufttorpedo einer Swordfish dem Boot den Rest.
"Alle Mann aus dem Boot!" befahl der Kommandant.
U 331 sank, und Hans Diedrich von Tiesenhausen trat mit den 15 Geretteten den Weg in die Gefangenschaft an, die ihn von Algier auf einem Lazarettschiff nach England brachte, wo er in der Britischen Admiralität "befragt" wurde. Er nannte seinen Namen und Dienstgrad, das war alles.
Über das Lager Grizdale, wo vor ihm eine Reihe U-Boot-Offiziere gesessen hatten, darunter auch Otto Kretschmer, ging es nach Kanada, ins Lager Grand Ligne. Von dort wurde er im Jahre 1947 nach England zurückgeschafft und im November aus dem Camp Lodgemore bei Sheffield entlassen.

Versenkungsliste von U 331 unter Kapitänleutnant von Tiesenhausen

10.10.41	04.30	br.	"Bg A 18"	- - -	torpediert
25.10.41	16.29	brBB	"Barham"	31.300	32.34 N/26.24 E
15.04.42	18.33	- - -	Dampfer	3.000	torpediert
16.04.42	03.34	- - -	Dampfer	4.000	torpediert
16.04.42	abds.	- - -	3 Fischerei- fahrzeuge	- - -	versenkt
04.06.42	- - -	- - -	Zerstörer	- - -	Enddetonierer
09.11.42	13.10	amD	"Leedstown"	9.135	vor Algier

Gesamterfolge:
    1 Handelsschiff mit   9.135 BRT versenkt
    1 Schlachtschiff mit   31.300 tons versenkt
    3 Fischereifahrzeuge versenkt
    mehrere Dampfer torpediert

Fregattenkapitän Albrecht Brandi

Mit U 617, U 380 und U 967 im Mittelmeer

Die Maxime eines Kommandanten

"Für das Abschneiden eines Bootes ist die gesamte Besatzung verantwortlich. Alle Erfolge eines Kommandanten sind nur durch seine Besatzung und mit ihr möglich, auf deren Schultern der Einsatz ruht. Darum trägt der Kommandant seine Auszeichnungen für seine Besatzung und für das Boot, das sie alle miteinander als Kampfgemeinschaft fahren."
Es war Albrecht Brandi aus Dortmund, der diese Worte dem Chronisten des Buches sagte. Ein Mann, der erst verhältnismäßig spät zur U-Boot-Waffe kam, in einer Zeit, da ein Prien oder Schepke, ein Kretschmer oder Liebe ihre großen Einsätze bereits lange hinter sich und zum Teil mit dem Leben bezahlt hatten.
Als Oberleutnant zur See und Kommandant des Minensuchbootes M 1 bewarb sich Brandi im Frühjahr 1941 um die Übernahme zur U-Boot-Waffe. Es war ihm bekannt, daß auf einem U-Boot Schulterstücke und Ärmelstreifen keine entscheidende Rolle spielten, sondern daß es hieß, ein guter Kommandant zu sein, der sich und die Besatzung ganz in der Hand hatte und ein Kerl war.
Jede Schwäche wurde bei der Enge des Raumes von der Besatzung sofort registriert. Nach langer Feindfahrt in der Stahlröhre standen sich Kommandant und Besatzung aller Äußerlichkeiten entblößt ge-

genüber. N i c h t s war zu verbergen. Ein U-Boot-Kommandant mußte hart und in eiserner Selbstzucht seinen Dienst versehen.

"Die Dienststellung eines U-Boot-Kommandanten war die schönste und schwerste Aufgabe, die einem Seeoffizier übertragen werden konnte, und ich wollte mich dieser Aufgabe würdig erweisen."

Nach diesem selbstgesetzten Maßstab handelte Brandi. Er fuhr als Kommandantenschüler auf U 552 unter Kptlt. Topp, und als er dann so weit war, stellte er am 9. April 1942 bei Blohm und Voss in Hamburg sein erstes Boot in Dienst: U 617, ein Boot des Typs VII C.

Einfahren und Abnahmefahrten in der Ostsee folgten und außer dem Obersteuermann, zwei Maaten und zwei Männern der Besatzung waren alle übrigen Besatzungsmitglieder Neulinge an Bord diese Bootes. U 617 lief Ende August 1942 durch den Kaiser-Wilhelm-Kanal in die Nordsee, um von dort aus den Operationsraum Nordatlantik anzusteuern.

Zwischen Reykjavik und der schottischen Küste laufend, wurde ein Einzelfahrer gesichtet. Es war ein Fischdampfer. Dieser erhielt den ersten Torpedo des Bootes und sank sofort. Dies war am 7. September 1942 geschehen und nach längerer vergeblicher Wartezeit und ergebnisloser Suchfahrt, stieß U 617 kurz vor Mitternacht zum 23. September auf den Konvoi SC 100, den U 69 unter Gräf bereits drei Tage vorher gemeldet hatte.

"Auf Gefechtsstationen! Boot greift Geleitzug an!"

19 Minuten nach Mitternacht des 23. September fiel der Zweierfächer, der auf einen Tanker von geschätzten 9.000 BRT losgemacht wurde. Albrecht Brandi hielt sein Glas auf den großen, tief im Wasser liegenden Tanker gerichtet. Er sah als erster die aufzuckenden Torpedoflammen, und dann hallte der Donner der Detonationen über die See hinweg.

"Tanker vorn 20 und mittschiffs getroffen", berichtete Brandi den Männern in der Röhre. "Er verliert rasch an Fahrt, bleibt gestoppt liegen! - - - Jetzt brennt er!"

"Geleitfahrzeuge von achtern aufdampfend!" meldet der Backbordachtere Ausguck.

Brandi blieb oben. Er ließ zwar vorfluten, um gegebenenfalls rasch auf Tiefe gehen zu können, legte einen Zack nach Steuerbord ein, und der schnell laufende Gegner stieß in einem Abstand von 900 Metern am Boot vorbei nach vorn.

"Wir greifen einen zweiten Dampfer an. Hat geschätzte 5.500 Tonnen. Eins-WO, haben Sie ihn? Es ist der zweite in der Steuerbordkolonne!"

Der hinter der U-Boot-Zieloptik stehende I. WO bestätigte. Er gab die Schußwerte ein und als "Hartlage!" angezeigt wurde, schoß er den zweiten Zweierfächer. Genau nach Ablauf der geschätzten Laufzeit

bliesen die beiden Torpedodetonationen nur wenige Sekunden hintereinander an dem britischen Dampfer "Tennessee" empor, der nach dem Lloyds-Register nur 2.342 BRT groß war.
Danach wurde das Boot abgedrängt und unter Wasser gedrückt. Erst nach einigen Stunden konnte Brandi es wagen, wieder auf Sehrohrtiefe aufzusteigen und einen Rundblick zu nehmen. Vom Konvoi war nichts mehr zu sehen. Er ließ auftauchen und mit AK hinterherknüppeln.
Gegen Mittag war der Konvoi wieder in Sicht, am Rande des Sichtkreises lief das Boot so weit wie möglich vor. Dann ging es auf Sehrohrtiefe, um im Unterwassermarsch an das Ziel heranzugehen und zu schießen.
Der Torpedoschuß fiel um 13.58 Uhr. Der belgische Dampfer "Roumanie" mit 3.563 BRT fiel dem Einzelschuß des Bootes zum Opfer.
Damit verlor der SC 100 ein weiteres Schiff. U 617 kehrte in seinen Einsatzbereich zurück, und am Nachmittag des 26. September sichtete die Brückenwache eine Schiffsansammlung, die sich als der ON 131 erwies.
"Auf Gefechtsstationen!" befahl der Kommandant, als das Boot getaucht hatte und er im Sattelsitz des Angriffssehrohrs sitzend erkannte, daß er nun nur einzudrehen brauchte, um an den Gegner heranzukommen.
Alle vier Rohre waren geladen. Die Mündungsklappen wurden aufgedreht, die Rohr bewässert, und um 16.13, 16.18 und 16.21 Uhr fielen die gezielten Einzelschüsse.
Da das Boot unter Wasser gedrückt wurde, konnte die optische Beobachtung nicht durchgeführt werden. Aber bereits nach 62 Sekunden horchte Brandi auf dem zuerst anvisierten Schiff einen Torpedoaufschlag ohne Detonation, der ihm einen Zündpistolenversager anzeigte. Danach hörte er nach 42 Sekunden Laufzeit des zweiten Aals eine Torpedodetonation und 65 Sekunden nach dem dritten Schuß abermals eine schwere Detonation und anschließend Sinkgeräusche.
"Einer ist entkommen. Zwei haben Treffer, mindestens ein Schiff gesunken, wie die Sinkgeräusche anzeigten", berichtete er der Besatzung.
Als das Boot mit den letzten Litern Treiböl nach St. Nazaire einlief, flatterten fünf Versenkungswimpel am ausgefahrenen Sehrohr. Zwei dieser Versenkungen sind allerdings vom Gegner nicht bestätigt worden.
Der große Tanker, den das Boot am 23. September versenkt hatte, war die "Athelsultan", ein Brite mit 8.882 BRT gewesen.

Der Weg ins Mittelmeer

Anfang November 1942 lief U 617 zu seiner zweiten Feindfahrt aus. Wegen einer starken Grippe des Kommandanten hatte diese Fahrt um einige Tage verschoben werden müssen.
Am 4. November brachte der Funkmaat einen Kommandantenspruch auf die Brücke, der nur von Brandi selbst entschlüsselt werden durfte. Darin erhielt der Kommandant den Befehl, mit U 617 durch die Straße von Gibraltar ins Mittelmeer zu marschieren und den Hafen Toulon anzulaufen. Von dort aus sollte dann der Einsatz des Bootes im Mittelmeer erfolgen.
Als das Boot westlich von Gibraltar stand, wurde es von einer Sunderland gesichtet und unter Wasser gedrückt. Die geworfenen Bomben lagen dicht hinter dem Boot. Sie waren nur um Sekunden zu spät geworfen worden.
Im Unterwassermarsch lief U 617 durch die Meerenge. Da am 8. November die alliierten Landungen in Nordwestafrika begonnen hatten, rechneten die Engländer hier mit einem massierten deutschen U-Boot-Angriff und hatten dementsprechend starke Bewacherketten aufgestellt.
Nachdem es die Meerenge überwunden hatte, sah sich U 617 einem britischen Kriegsschiffsverband gegenüber, der einige große Transporter und einen Kreuzer geleitete. Durch sein Sehrohr suchte Brandi die besten Gegner aus und ließ dann einen Viererfächer schießen. Er hatte am 19. November 1942 auf einen Zerstörer und zwei Schiffe von geschätzten 5.000 BRT geschossen und beobachtete durch das Sehrohr nach 3 Minuten und 45 Sekunden auf einem Zerstörer eine hohe Torpedosprengsäule mit riesiger Stichflamme. Auch die auf die beiden Frachter geschossenen Torpedos detonierten nach 3 Minuten und einer Sekunde und dann neun Sekunden darauf. Einen der Dampfer sah Brandi als verloren an. Dies wurde vom Gegner nicht bestätigt.
Zwei Tage darauf, im Morgenlicht des 21. November sichtete der II. WO des Bootes ein Schlachtschiff, das von einem oder zwei Kreuzern und einer Anzahl von Zerstörern geleitet wurde. Abermals ließ der Kommandant im Unterwasserangriff einen Viererfächer schießen, davon drei auf den Schlachtschiffsriesen und einen Aal auf den Kreuzer. Drei der Torpedos detonierten am Schlachtschiff, einer an dem leichten Kreuzer.
Auch diesmal waren keine Beobachtungen möglich, da das Boot so-

fort von den Geleitzerstörern angelaufen und vier volle Stunden mit Wasserbomben gejagt wurde. Damit blieben auch diese Ergebnisse ungesichert.

Eines war sicher: Er hatte beide anvisierten Schiffe getroffen, wenn er sie auch nicht versenkt hatte. Und diese Treffer zeigten dem Gegner an, daß er übervorsichtig zu operieren hatte, wenn er hier nicht ein Desaster erleben wollte.

Das Boot kam durch und erreichte wohlbehalten den Hafen von Toulon. Hier wurde es neu ausgerüstet, mit Torpedos und Material sowie mit Proviant und Brennstoff versorgt.

Die Weihnachtsfahrt

Am 24. Dezember 1942 lief U 617 von Toulon zu seiner ersten reinen Mittelmeerfahrt aus. In 40 Metern Wassertiefe feierte die Besatzung das Weihnachtsfest. Dabei ging der Marsch in das vorgesehene Operationsgebiet weiter. Die Aufgabe des Bootes bestand darin, den für Tunis bestimmten Nachschubverkehr zu stören und so dem schwer ringenden Brückenkopf Tunesien Erleichterung zu verschaffen.

Am 28. Dezember, zwei Stunden nach Mitternacht, versenkte U 617 den 810 BRT großen britischen Schleppdampfer "St. Issey". Um 3.36 Uhr wurde ein Schlepper mit zwei Leichtern angegriffen und versenkt, wobei Brandi den Schleppdampfer auf 1.000 BRT schätzte. Ein hinzuschnürender Zerstörer wurde um 6.54 Uhr angegriffen. Brandi beobachtete einen Treffer auf diesem Zerstörer, der mit einer etwa 100 Meter hohen Sprengsäule in die Luft flog, als seine Wasserbomben explodierten. Der Name dieses Zerstörers ist nicht bekannt.

Am Nachmittag des 30. Dezember wurde eines der wenigen Geleite gesichtet, das durch einen Zerstörer gesichert war. Im Unterwasserangriff drehte U 617 ein.

Alles stand auf Gefechtsstationen. Alle vier Aale in den Bugrohren lagen klar zum Unterwasserschuß. Um 15.46 Uhr ließ Brandi vier gezielte Einzelschüsse schießen. Drei Detonationen wurden gehorcht. Dann erschollen die reißenden und berstenden Geräusche eines sinkenden Frachters. Es mußte jener gewesen sein, den der Kommandant als 8.000-Tonner angesprochen hatte. Aber auch diesmal war es nicht möglich, diese Erfolge optisch als sicher zu erkennen, weil der Geleitzerstörer Jagd auf sie machte. Erst nach mehrstündiger Waboverfolgung gelang es dem Kommandanten, das Boot aus der Wurflinie zu bringen und zu entkommen.

Nach dem Auftauchen in der kommenden Nacht wurden die Schäden notdürftig beseitigt. Es erwies sich jedoch, daß das Boot nicht mehr voll einsatzbereit war. Brandi ließ den Rückmarsch nach Toulon antreten, wo er am 2. Januar 1943 einlief.

Auch diesmal zeigte sich wieder, daß es sehr schwierig war, in diesen Gewässern Erfolgsmeldungen auch wirklich durch eigene Sichtung zu erhärten. Zu klein war das Seegebiet und zu engmaschig die Überwachung desselben durch den Gegner.

Am 7. Januar 1943 ausgelaufen, mußte das Boot wegen Schäden zurücklaufen. In Toulon wurden die Schäden beseitigt. Das Boot rüstete neu aus und marschierte ab dem 10. Januar ins westliche Mittelmeer zum Stützpunkt La Spezia.

Bei diesem Auslaufen zur nächsten Feindfahrt aus Toulon stieß U 617 unmittelbar hinter der deutschen Minensperre auf ein feindliches U-Boot, das sich hier auf die Lauer gelegt hatte. Beide Kommandanten versuchten, auf den Gegner zum Schuß zu kommen. Drei Stunden lang umliefen die stählernen Haie einander ohne Erfolg. Brandi brach das Duell ab und ging auf sehr große Tiefe, um den Weitermarsch fortzusetzen. Beim Tieftauchen stellte sich heraus, daß eines der beschädigten Geräte nicht ordnungsgemäß funktionierte. Das Boot kehrte wieder in den Hafen zurück.

So konnte U 617 erst am 10. Januar 1943 aus Toulon zu seiner neuen

Feindfahrt auslaufen. Am Morgen des 13. Januar wurde ein kleiner Dampferpulk gesichtet, der von einer Korvette geleitet wurde. Brandi drehte darauf ein und schoß einen Fächerschuß auf einen größeren Dampfer von geschätzten 4.000 BRT und zwei Einzelschüsse auf die beiden kleineren Dampfer, die er als 2.000-Tonner ansprach.
Der größere Dampfer erhielt zwei Treffer und sank, wie die Geräusche zweifelsfrei andeuteten, die gehorcht wurden. Einer der beiden übrigen Aale traf ein kleineres Schiff. Beide Namen wurden nicht bekannt und die Versenkung vom Gegner nicht bestätigt.
U 617 mußte ablaufen und ging auf tieferes Wasser. Im Bugraum wurden die Torpedos nachgeladen. Der 14. Januar verging ohne Sichtung, aber am Morgen des 15. Januar wurde wieder ein Kleingeleit mit einigen Zerstörern als Sicherung ausgemacht. Im Unterwasserangriff schnürte U 617 heran. Diesmal ließ Brandi auf jeden der beiden zuerst gesichteten Dampfer einen Zweierfächer schießen. Die vier Aale verließen in nur Sekundenabstand die Rohre und liefen zum Gegner hinüber. Der griechische Dampfer "Annitsa" und das norwegische Motorschiff "Harbor Jensen" sanken.
Unmittelbar darauf wurde das Boot direkt angeflogen und mußte mit Alarmtauchen von der Wasseroberfläche verschwinden. Als es in der kommenden Nacht wieder auftauchte, ließ Brandi über Funk melden, daß er bis auf einen Hecktorpedo verschossen habe und daß er befehlsgemäß in La Sepzia einlaufen würde.
Noch am 21. Januar 1943 erhielt Kapitänleutnant Brandi das Ritterkreuz des Eisernen Kreuzes.

Nur wenige Tage blieb U 617 zur Ausrüstung in La Spezia, ehe es wieder ablegte und an Kreta vorbei in Richtung afrikanische Küste lief. Am 1. Februar sichtete der Bootsmannsmaat der Wache einen Kreuzer, den der sofort auf die Brücke gerufene Kommandant als Kreuzer der "Dido-Klasse" ansprach. Das Boot stand in günstiger Position und schoß nach genauer Eingabe aller Schußunterlagen einen Zweierfächer, der um 17.45 Uhr die Rohre verließ. Der Kreuzer hatte die Anwesenheit des deutschen U-Bootes nicht bemerkt und lief auf geradem Kurs weiter.
Nach Ablauf der Laufzeit wurde der Kreuzer von den beiden Torpedos mittschiffs und 20 achtern getroffen. Er blieb sofort liegen, und nachdem auch noch die auf seinem Heck liegenden Minen detonierten, die den Kreuzer aufrissen, sank er binnen weniger Minuten weg.
Es war der englische Minenkreuzer "Welshman" gewesen, der auf 32.12 Grad Nord und 24.52 Grad Ost auf Tiefe ging, ein für das Mittelmeer ungeheuer wichtiges Schiff, wie Captain Roskill in "The War at Sea" schrieb:

"Wenn man einige Schiffe aller Klassen nennen soll, die mithalfen Malta zu retten, so muß die Wahl auf die 'Wasp' der US-Navy, das Nachschubschiff 'Breconshire' und den schnellen Minenleger 'Welshman' der Royal Navy fallen."

Am 5. Februar kam das Boot dann noch auf zwei Schiffe eines Kleingeleites zum Schuß, das ebenfalls schwer gesichert war.

Die um 8.08 Uhr geschossenen Torpedos trafen den norwegischen Dampfer "Henrik" ebenso wie die "Corona", die auch ein Norweger war. Beide Schiffe sanken.

Das war schon trotz der geringen Tonnagezahl ein guter Erfolg, denn hier waren keine großen Lorbeeren zu holen; allenfalls mit Wasserbomben war der Gegner nicht sparsam.

Daß es dennoch immer wieder gelang, trotz der nahtlosen Überwachung und der drohenden Gefahr der Vernichtung durch diese Bewacher, zum Angriff heranzuschließen, das war den eingefahrenen Besatzungen und ihren Kommandanten zu verdanken, die jede sich ihnen bietende Chance ergriffen.

Der Gegner mußte hier im Mittelmeer einen großen Teil seiner Flotte einsetzen, um sich dieser kleinen Boote der Deutschen erwehren zu können.

Am 10. April, U 617 befand sich auf seiner neuen Feindfahrt, kam ein britischer Kriegsschiffsverband in Sicht. Brandi ließ mit Alarmtauchen hinuntergehen und versuchte dann, durch verschiedene Rudermanöver zum Torpedoschuß heranzukommen. Ein Kreuzer und ein Zerstörer der "Tribal-Klasse" liefen dann dem Boot direkt vor die Rohre. Um 14.00 Uhr schoß Brandi einen Viererfächer, dessen drei erste Torpedos auf den Kreuzer der "Uganda-Klasse" gezielt waren. Zwei Torpedos trafen den Kreuzer, der sofort stoppte und rasch tiefer sank. Er wurde von Brandi nach der Horchbeobachtung als versenkt gemeldet, der Zerstörer wurde von dem Einzelschuß getroffen und beschädigt. (Die Versenkung des Kreuzers und der Treffer auf den Zerstörer wurde vom Gegner nicht bestätigt.) Das Boot wurde sofort von einigen Zerstörern gejagt und mußte auf 180 Meter Tiefe hinuntergehen.

Als das Boot am Abend, nach Einfall der Dunkelheit, auftauchte und die Erfolgsmeldung über Funk an den FdU Mittelmeer durchgab, erhielt er nur zwei Stunden darauf einen Antwortfunkspruch, in dem Brandi mitgeteilt wurde, daß ihm als 224. deutschen Soldaten und 26. der U-Boot-Waffe das Eichenlaub zum Ritterkreuz verliehen worden sei.

Über diese hohe Auszeichnung sagte er dem Chronisten: "Sie ist nicht durch eine Vielzahl von großen Erfolgen zu erklären, sondern nur dadurch zu verstehen, daß die U-Boot-Fahrt ab Mai 1943 die schlechteste Zeit hatte und bereits im April die Erfolge sehr hoch hingen. Selbst geringe Erfolge in diesem Zeitraum und dazu noch im Mittelmeer wogen schwerer als vorher. Sie stärkten das Vertrauen der U-Boot-Fahrer in ihre Waffe."

Am frühen Morgen des 13. April sichtete die Brückenwache des Bootes einen riesengroßen Transporter der "Orcades-Klasse", der eine Tonnage von 23.500 BRT hatte. Er wurde von einem Zerstörer geleitet. Das Boot griff unter Wasser an. Wieder ließ Brandi drei Torpedos als Fächerschuß auf den Schiffsriesen und einen auf den Zerstörer schießen.

Auf dem Zerstörer stieg als erstes die Torpedodetonation empor. Der Zerstörer verlor an Fahrt und blieb zurück. Drei Torpedotreffer wurden auf dem großen Transporter gemeldet. Wieder mußte U 617 vor einem hinter dem großen Schiff hervorpreschenden Zerstörer in die Tiefe gehen. Abermals begann eine schwere Waboverfolgung, die auch für U 617 zu einer möglichen letzten Fahrt in die Tiefe hätte werden können. Es gelang Albrecht Brandi, sein Boot nach drei Stunden aus der Gefahrenzone herauszubringen und abzulaufen.

Auch diese beiden Torpedierungen konnten nicht mit Namen belegt werden, weil der Gegner nichts darüber verlauten ließ.

Der Einsatz im westlichen Mittelmeer wurde zu dieser Zeit besonders erschwert durch die vom Gegner lückenlos aufgebaute Kette von fest stationierten Radarstationen an der nordafrikanischen Küste.

Zwischen dem Auftauchen eines U-Bootes, seinem Erfaßtwerden durch die Landstellen, der Alarmierung von Flugzeugen und Zerstörern und deren Eintreffen am Standort des Bootes vergingen nur 30 Minuten. Diese kurze Zeitspanne genügte jedoch den erfahrenen U-Boot-Kommandanten, aufzutauchen, das Boot gut durchzulüften, die Batterien für einen weiteren Tag unter Wasser aufzuladen und wieder wegzutauchen, bevor der Gegner erschien.

Unter diesen Gesichtspunkten sagte Albrecht Brandi in einem Gespräch: "Es ist für mich sicher, daß uns bei scharfem Einsatz aller alliierten Kräfte in Ortung, Überwachung und schnellem Einsatz von Flugzeugen und Zerstörern der U-Boot-Einsatz im Mittelmeer unmöglich gemacht worden wäre. Aber ich konnte während der gesamten Zeit meines Mittelmeer-Einsatzes stets mit der menschlichen Unzulänglichkeit des Gegners rechnen und sie mit einkalkulieren. Ich kam immer zu anderen Zeiten hoch, damit sich die Ortungsstellen auf keinen festen Turnus einstellen konnten. Und so konnte ich immer wieder der aufladen, durchlüften und weiterkämpfen.

Es wäre dem Gegner ein leichtes gewesen, immer einige Maschinen in der Luft zu haben und ihnen ständig über Funk die Standorte der gesichteten U-Boote mitzuteilen, so daß sie binnen weniger Minuten zur Stelle hätten sein können. Das hätte ein Aufladen und damit den

U-Boot-Einsatz im Mittelmeer überhaupt unmöglich gemacht."

Auf der nächsten Feindfahrt im Juni 1943 kam Brandi am 26. auf einen Zerstörer der "H-Klasse" zum Schuß und versenkte ihn. Auch diese Versenkung, obgleich gesehen, wurde vom Gegner nicht bestätigt. In kurzen Abständen lief U 617 zu immer neuen schnellen Vorstößen aus. Am Abend des 6. September 1943 kam das Boot auf der 40 Meter-Marke ostwärts Gibraltar auf einen Zerstörer zum Schuß. Es war der kleine Geleitzerstörer "Puckeridge", der unmittelbar nach dem Treffer auseinanderbrach und sank.
Am 11. September schoß das Boot auf zwei Zerstörer jeweils Einzelschüsse. Unter Wasser gedrückt, konnte durch die Horchbeobachtung das Sinken dieser beiden Zerstörer erkannt werden. Diese beiden Zerstörer gehörten zu der massiven Sicherung um zwei britische Flugzeugträger und drei Kreuzer, die nahe Gibraltar standen und Übungen abhielten. Auf sie war U 617 durch Konteradmiral Kreisch angesetzt worden. Brandi war bereits drei Tage in unmittelbarer Nähe dieses Verbandes gelaufen, ohne daß es ihm gelungen wäre, dessen enge Sicherung zu durchbrechen.
Mit der Versenkung der beiden Zerstörer, die ebenfalls nicht bestätigt wurde, wollte er eine Lücke aufbrechen, durch die er dann mit nachgeladenen Rohren eindringen und auf einen der Träger zum Schuß zu kommen hoffte.
Eine Stunde nach Mitternacht tauchte das Boot auf, um aufzuladen. In der Ferne gingen noch immer Wasserbomben hoch, die dem Boot galten. Brandi ging hinunter in den Horchraum. Die Wache übernahm Obersteuermann Jalke als III. WO. Wenig später wurde das Boot im Mondschein von einem feindlichen Flugzeug direkt angeflogen und mit drei Bomben belegt. Zwei Bomben detonierten nahe beim Boot, die dritte krachte 20 Meter unter dem Kiel auseinander. Die Brückenwache schoß das Flugzeug mit den Fla-Waffen ab.
Brandi eilte auf den Turm. Ein Diesel wurde als ausgefallen gemeldet. Die elektrische Ruderanlage versagte. Mit dem zweiten Diesel ließ Brandi in Richtung auf die afrikanische Küste von Spanisch-Marokko zulaufen. Weitere Flugzeuge griffen an. Das Boot versuchte, durch Zickzackkurse zu entkommen. Die MG-Salven des Flugzeuges wurden durch Herumlaufen um den Turm ausgetrixt. Eine Stunde vor Tagesanbruch des 12. September lief das Boot, das mit 400 Metern Seitenabstand zur Küste lief, auf einen Unterwasserfelsen auf. Es mußte gesprengt werden.
Die Besatzung wurde mit dem Schlauchboot an Land geschickt. Der I. WO, die Seemännische Nummer Eins und Brandi blieben an Bord. Gemeinsam schlugen sie die Sprengpäckchen an und machten im Heck-

rohr liegende Torpedos durch eine Sprengpatrone scharf.
Vor der Brücke stehend warteten die drei Männer auf die Detonation, die schließlich nach Ablauf der Zeitzündereinstellung emporbrandete.
Die drei Männer glitten ins Wasser und schwammen auf die Küste zu.
Als Brandi sich umblickte, sah er, daß das Boot noch mit dem Bug aus dem Wasser herausragte. Es wurde von dem britischen Zerstörer "Hyazinth" mit Granatfeuer versenkt.
Die Besatzung des Bootes wurde in Melilla interniert. Als sie nach Spanien gebracht wurden brach Brandi in Cadiz aus. Er gelangte auf allerlei Wegen, schließlich von Irun aus, unter dem Diplomatengepäck versteckt, nach Biarritz. Von dort wurde er zur Berichterstattung nach Berlin befohlen.

Mit U 380 in den neuen Einsatz

Anfang Januar 1944 übernahm Albrecht Brandi U 380 von Kapitänleutnant Röther und lief zum ersten Einsatz aus. Am 11. Januar kam er auf einen Zerstörer zum Schuß, aber der Torpedo ging vorbei und wurde Endstreckendetonierer. Ebenso erging es dem nächsten Aal, den er

sieben Stunden später auf einen Dampfer von geschätzten 4.000 BRT schoß. Auch dieser Torpedo wurde Endstreckendetonierer.
Alle übrigen Torpedos, die geschossen wurden, erbrachten nichts, außer Treffern ohne zählbaren Erfolg. Das Boot lief in den Stützpunkt zurück, wo es neu ausrüsten sollte. Bevor dies erfolgt war, wurde Toulon am 11. März 1944 beim ersten Büchsenlicht von US-Fliegern angegriffen. Unter den vernichteten Schiffen war auch U 380, das völlig zerbombt wurde und sank.
Im April übernahm dann Albrecht Brandi U 967 und lief Ende dieses Monats zu seiner ersten Feindfahrt mit dem dritten Mittelmeerboot aus.
Kurz nach Mitternacht des 5. Mai kam dann ein kleiner Konvoi in Sicht mit drei Tansportern und einigen Zerstörern. Das Boot griff im Überwasserangriff an und schoß um 3.54 Uhr einen Einzelschuß auf einen Dampfer von geschätzten 5.000 BRT. Erst nach 12 Minuten und 12 Sekunden wurde die Detonation des T-5-Torpedos als Endstreckendetonierer gehorcht.
Einer der herandrehenden Zerstörer sollte den nächsten Torpedo erhalten. Es war der 1.300 tons große Geleitzerstörer "Fechteler", der nach dem Treffer ins Heck und der Detonation der Wasserbomben in Stücke brach und blitzschnell unterschnitt. Das Boot wurde abgedrängt, kam am nächsten Morgen um 2.55 Uhr wieder an das Kleingeleit heran und schoß einen weiteren "Zerstörerknacker" auf einen Zerstörer. Aber dieser Torpedo ging vorbei und wurde Enddetonierer.
Am 9. Mai 1944 erhielt Albrecht Brandi als 66. deutscher Soldat und 5. U-Boot-Kommandant die Schwerter zum Ritterkreuz mit Eichenlaub.
Auf der nächsten Feindfahrt wurde er von einer eitrigen Angina befallen und mußte über Funk behandelt werden. Auf Befehl des FdU Mittelmeer mußte er sein Boot an Oblt. z. S. Eberbach abgeben.
Nach seiner Genesung wurde Brandi, inzwischen Korvettenkapitän, Einsatzleiter der U-Boote Helsinki. Hier leitete er den Kampf der deutschen U-Boote im Finnischen Meerbusen gegen russische Schiffe. Am 24. November erhielt er als 22. deutscher Soldat und 2. Soldat der Kriegsmarine überhaupt die Brillanten zum Ritterkreuz mit Eichenlaub und Schwertern.
Im Dezember 1944 ging er nach Ymuiden, wo er kurz darauf den Befehl über alle Marine-Kleinkampfverbände übernahm. Als gegen Kriegsende die immer noch gehaltene Festung "Dünkirchen" völlig eingeschlossen war und an Nahrungsmittelmangel zu leiden hatte, schickte Albrecht Brandi auf eigene Verantwortung drei "Seehunde" mit Buttertorpedos nach Dünkirchen, Oblt. z. S. Kuppler, Lt. z. S. Sparbrodt und Obersteuermann Fröhnert brachten ihre Zweimann-U-Boote sicher in den Hafen. In den Torpedohüllen lagen 4,5 Tonnen Speisefett.

Auf ihrem Rückmarsch nahmen sie 13.000 Briefe der in der Festung eingeschlossenen deutschen Soldaten mit nach Hause.
Albrecht Brandi erlebte mit seinen 3.000 Soldaten der Kleinkampfverbände das Kriegsende in Ymuiden. Er ersparte es seinen Männern, die Erniedrigung zu erfahren, die allerorten auf deutsche Soldaten und vor allem auch auf die U-Boot-Männer hierniederhagelten. In tadelloser Ordnung marschierten die Männer der "Marine-Division Brandi" in ihr Lager. Über 100.000 Soldaten schleuste der Fregattenkapitän (am 9. Mai 1944 zu diesem Rang befördert) anschließend durch sein Lager zur Entlassung nach Deutschland. Als letzter wurde dann auch er in die Heimat entlassen.

Versenkungserfolge von U 617, U 380 und U 967 unter Fregattenkapitän Brandi

07.09.42	21.57	faDf	"Tor II"	292	62.30 N/18.30 W	
23.09.42	00.19	brMT	"Athelsultan"	8.882	58.42 N/33.38 W	
23.09.42	01.42	brD	"Tennessee"	2.342	58.40 N/33.41 W	
23.09.42	13.58	beD	"Roumanie"	3.563	58.10 N/28.20 W	
28.12.42	02.00	brDt	"St. Issey"	810	32.37 N/22.22 E	
28.12.42	06.54	brDD	--- nicht bestätigt	---	in die Luft geflogen	
13.01.43	06.40	---	--- nicht bestätigt	4.000	gesunken	

15.01.43	10.31	grD	"Annitsa"	4.324	33.02 N/21.58 E	
15.01.43	10.31	nwM	"Harbor Jensen"	1.862	33.04 N/21.50 E	
01.02.43	17.45	brCM	"Welshman"	2.650	32.12 N/24.52 E	
05.02.43	08.08	nwD	"Henrik"	1.350	32.11 N/24.46 E	
05.02.43	08.08	nwD	"Corona"	3.264	32.11 N/24.46 E	
10.04.43	14.00	brCL	"Uganda-Klasse" nicht bestätigt	8.000	torpediert	
10.04.43	14.00	brDD	"Tribal-Klasse" nicht bestätigt	1.870	torpediert	
13.04.43	07.10	brDD	- - - nicht bestätigt	- - -	torpediert	
13.04.43	07.10	brD	"Orcades-Klasse" nicht bestätigt	23.500	torpediert	
26.06.43	- - -	brDD	"H-Klasse" nicht bestätigt	1.350	versenkt	
06.09.43	abds.	brDE	"Puckeridge"	1.050	40 m E Gibraltar	
11.09.43	- - -	brDD	- - - nicht bestätigt	- - -	torpediert	
11.09.43	- - -	- - -	- - - nicht bestätigt	- - -	torpediert	
05.05.44	04.41	amDE	"Fechteler"	1.300	36.07 N/02.40 W	

Gesamterfolge: 12 Schiffe mit 27.989 BRT versenkt; darunter Minenkreuzer "Welshman" und zwei Zerstörer
7 Schiffe mit 33.370 BRT torpediert.
Eine Reihe weiterer Treffer sind ungeklärt.

Korvettenkapitän Helmut Rosenbaum

Mit U 73 im Atlantik und im Mittelmeer

Am 30. September 1940 stellte Kapitänleutnant Helmut Rosenbaum, der seine ersten Feindfahrten als Kommandant von U 2 hinter sich gebracht hatte, mit U 73 ein Boot des Typs VII B in Dienst, das mit seinen fünf Torpedorohren und einer Reichweite von 6.500 Seemeilen schon ein mittleres Kampfboot war.
Die erste Feindfahrt sah das Boot bereits im Seeraum des Atlantik westlich des 20. Grades westlicher Länge im Einsatz. Nach einigen vergeblichen Ansätzen gelang es Rosenbaum, sein Boot in der Nacht des 24. Februar in Schußposition an den Geleitzug OB 288 heranzubringen. Um 4.19 Uhr fiel der Schuß, und die 4.260 BRT große britische "Waynegate" ging bei 58.50 Nord/21.47 West auf Tiefe.
Die nächste Feindfahrt sah das Boot im April in einem noch weiter nach Westen verlegten Einsatzgebiet. Es ging darum, die englische Luftsicherung des Konvois auszutrixen und mitten im Atlantik zum Schießen zu kommen.
Rosenbaum erhielt vom Funkraum am 2. April Nachricht, daß U 46 unter Engelbert Endrass auf den Konvoi SC 26 zum Schuß gekommen sei. Die Peilung ergab, daß U 73 nur wenige Seemeilen südlich dieses Geschehens stand.
Mit einer Ruderdrehung ging U 73 herum und lief nun in die Generalrichtung des Konvois hinterher.
Um 3.20 Uhr sichtete die Brückenwache einen in der See schwimmenden Havaristen. Das Boot kam schnell heran. Offenbar war dieses Schiff bereits verlassen worden.

Der um 3.28 Uhr geschossene Fangschuß ließ den unbekannten, verlassenen Dampfer von geschätzten 5.000 Tonnen auf Tiefe gehen. Es handelte sich um jenen 5.000-Tonner, von dem Endrass angenommen hatte, daß er ihn um 23.30 Uhr des Vortages verfehlt habe (die "Athenic"). Rosenbaum war es vorbehalten, ihn endgültig zu versenken.
Als U 74 unter Kentrat um 5.00 Uhr und eine Minute später zum Schuß kam, und die beiden Torpedodetonationen durch die Nacht grollten, war auch U 73 in Schußposition gekommen. Hinter der Nachtzieloptik stand der Torpedowaffenoffizier und visierte jene beiden Dampfer an, die Rosenbaum ihm zuwies. Die Einzelschüsse fielen um 5.08 und 5.12 Uhr. Der griechische Dampfer "Leonidas Z. Cambanis" mit 4.274 BRT und der belgische Dampfer "Indier" mit 5.409 BRT, die hier sanken, gingen aber auf das Konto von U 74, Kentrat. Rosenbaum versenkte bei diesem Angriff die "Westpool".
Eine kleine Ruderkorrektur ließ U 73 aus dem Nahbereich eines herbeilaufenden Zerstörers hinausgelangen. Dieser Zerstörer lief zu den Seenotraketen schießenden Dampfern hinüber und sichtete das deutsche U-Boot nicht.
"Wir greifen einen Tanker von geschätzten 12.000 Tonnen an!" sagte Rosenbaum, als dieser Tanker sich in die Sichtweite des Bootes schob.
Der Zweierfächer ließ den britischen Motortanker "British Viscount" liegenbleiben. Wenig später stand der Tanker über alles in Flammen, und die in seinem Innern sich bildenden Gase ließen seine Planken wegreißen. Es kreischte und knallte, und U 73 setzte sich etwas ab, um sodann vor einem heranlaufenden Zerstörer wegzudrehen und auf Tiefe zu gehen.
Das Boot kam nicht mehr an den SC 26 heran. Die letzten Schiffe schossen Kuppisch mit U 94, Gysae mit U 98 und von Hippel mit U 76 aus diesem Konvoi heraus, der elf Schiffe verlor. Der Hilfskreuzer "Worcestershire" erhielt von U 74 einen Treffer.

Der Erfolg von drei versenkten Schiffen stärkte das Selbstvertrauen des Kommandanten, der am 20. April noch auf den britischen Dampfer "Empire Endurance" stieß, als es bereits den Rückmarsch angetreten hatte. Ein Zweierfächer ließ diesen 8.570 BRT großen Dampfer sinken. Mit ihm gingen die beiden Motorlaunches ML 1003 und ML 1037 verloren, die von diesem Schiff transportiert wurden. Mit jeweils 46 tons waren sie zwar kleine, aber gefährliche Boote.
Im Juni 1941 stand U 73 abermals in See. Nach langer vergeblicher Sucherei und einigem Schußpech, kam das Boot am 4. Juni um 13.57 Uhr zum Schuß auf einen Dampfer von geschätzten 7.000 BRT. Der Zweierfächer schlug mit einem Aal auf die Steuerbordflanke des Schiffes

auf, ohne zu detonieren.
Ehe das Boot aufgetaucht war, um die Verfolgung aufzunehmen, hatte der Notruf des Dampfers einen Zerstörer herbeigerufen, der U 73 unter Wasser drückte und eine mehrstündige Verfolgungsjagd veranstaltete, der das Boot beschädigt entging.
Im August 1941 lief U 73 wieder aus. Operationsgebiet war der Nordatlantik. Das Boot gehörte zu jener Suchharke, die der BdU in lockerer Aufstellung südwestlich von Island dirigiert hatte. Einige Boote dieser 21 Boote starken Gruppe waren auf dieser Position erfolgreich, doch das Ergebnis war zu gering, als daß diese Suchharke hätte dort bleiben können.
Am 22. August wurden diese Boote dann auch weiter nach Osten gezogen. Am 27. August wurde diese Gruppe auf den HX 145 angesetzt. Alle Boote blieben erfolglos. U 73, das sehr weit abstand, kam nicht heran. Das Boot mußte wegen Treibstoffmangel den Rückmarsch antreten. Das in seinen Stützpunkt heimkehrende Boot sichtete am 1. September einen SL-Konvoi und meldete diesen, ohne selber in den Kampf eingreifen zu können.
Helmut Rosenbaum wußte nun, wie hart das Brot der U-Boot-Fahrt sein konnte, denn auch auf der nächsten Feindfahrt, die in den Seeraum südostwärts Cap Farewell führte, kam das Boot nicht zum Schuß. Es wurde zusammen mit U 77, U 101 und U 751 auf einen westlich laufenden Geleitzug angesetzt, der am 15. Oktober von U 553 gesichtet worden war. Doch auch diesmal kam Rosenbaum nicht zum Schuß.
In der Gruppe Reißewolf stehend, versuchte das Boot noch einmal, nach dem 19. Oktober zum Schuß zu kommen. Es gelang dem Boot, an dem von U 74 gesichteten und gemeldeten ON-Konvoi Fühlung zu halten, aber gleich den übrigen Booten, die ebenfalls herankamen und keinen Torpedoschuß auf diesen Geleitzug losmachen konnten, blieb auch U 73 erfolglos. U 73 setzte mit U 74 und U 106 die Verfolgung fort. Nach einer langen Jagd mußten U 106 und U 73 wegen Treibölmangel aufgeben, U 74 setzte die Verfolgung über 1.600 sm fort, ohne zum Schuß zu kommen.
Nach diesem dritten vergeblichen Versuch, zum neuen Erfolg zu gelangen, erhielt auch U 73 den Befehl, ins Mittelmeer zu marschieren.

Die ersten Mittelmeer-Einsätze

Zu seinem ersten Einsatz im Mittelmeer lief U 73 Mitte Januar 1942 gemeinsam mit den Booten U 375, U 431 und U 561 in Richtung afrikanische Küste aus, um den vor Tobruk erwarteten Nachschubtransport der Engländer abzufangen.
Am 3. Februar kam Rosenbaum auf zwei Zerstörer zum Schuß, die als Geleitsicherung nach See abgesetzt im Operationsgebiet standen. Um 23.05 Uhr fiel der Fächerschuß. Nach 175 Sekunden erscholl die erste Torpedodetonation. Die zweite folgte drei Sekunden später. Von den beiden Zerstörern war anschließend einer nicht mehr zu sehen. Ob er getroffen und gesunken war, das wurde von der Seite des Gegners nicht bestätigt.
Wenig später wurde das Boot von feindlichen Bombern angegriffen, und noch ehe es mit Alarmtauchen in den Keller gehen konnte, krachten schon die Bomben, von denen eine das Heck des Bootes traf und es tauchunklar machte.
Gleichzeitig mit dieser Erschütterung war das Funkgerät ausgefallen. Als halbes Wrack, tauchunklar, aber mit noch funktionierenden Dieselmaschinen, entkam das Boot nur deshalb, weil die Maschinen offenbar ihren gesamten Bombenvorrat geworfen hatten und abdrehten.
"Wir treten den Rückmarsch an!" gab Rosenbaum bekannt, aber niemand glaubte, daß sie es wirklich schaffen würden, denn hier im Mittelmeer war beinahe zu jeder Stunde mit feindlichen Fliegern zu rechnen und wie wollte man diesen entgehen, wenn man nicht einmal mehr tauchen konnte?
Vergebens bemühte sich der Funkmaat, das FT-Gerät wieder in Gang zu bringen und Hilfe herbeizurufen. Das Boot lief mit mittlerer Fahrt in Richtung La Spezia. Fünfmal mußte es mit Hartruderlegen vor gesichteten Flugzeugen zur Seite wegdrehen und entging so immer wieder der drohenden Gefahr, vernichtet zu werden. Hier kam es auf totalen Ausguck an, und alle Brückenwächter wußten dies.
Als dann U 73 am hellen Nachmittag durch die geöffnete Hafensperre von La Spezia in den Hafen einlief, da wähnte man Boot und Besatzung von den Toten auferstanden, denn seit einigen Tagen hatte es ja keinen Funkkontakt mehr gegeben.
Korvettenkapitän Franz Becker, Chef der 29. U-Flottille La Spezia, begrüßte jeden einzelnen Mann des Bootes mit Handschlag. Nun galt es, U 73 in monatelanger Werftarbeit wieder einsatzbereit zu machen,

was auf dieser fremden Werft nicht eben leicht war. Ein Teil der Besatzung wurde abkommandiert, um auf anderen Booten eingesetzt zu werden, ein kleiner Stamm der alten Besatzung aber blieb Rosenbaum zur Verfügung. Oblt. z. S. Deckert war I. WO geworden, der Leitende Ingenieur, zwei der drei Obermaschinisten, zwei Unteroffiziere und sieben Mann.
Ende Juli 1942 wurde U 73 wieder einsatzbereit gemeldet. Kapitänleutnant Rosenbaum — der in der Zwischenzeit Kommandant von U 8 gewesen war — wollte sich der Gruppe jener Mittelmeerboote anschließen, die in der Zwischenzeit Erfolge errungen hatten.
Das Boot wurde ausgerüstet, während noch die "Werftheinis" im Innern desselben arbeiteten. Am Abend des 4. August 1942 war es so weit. U 73 lief wieder aus und marschierte zwischen Tino und Palmeria hindurch in den freien Seeraum hinein.
Bereits der erste Tauchversuch zeigte, daß das Boot noch immer nicht voll einsatzbereit war, eine der beiden Dieselabgasklappen machte bei größerer Tauchtiefe Wasser, die Dieselkupplung schleifte, und einige weitere Einrichtungen waren nicht hundertprozentig.
Am zweiten Seetag hatten vier Männer der Besatzung Fieber, doch Rosenbaum ließ weitermarschieren. Sein Einsatzgebiet war das westliche Mittelmeer, denn von dort mußte ein großer Geleitzug in Richtung Malta unterwegs sein, und zu diesem Konvoi gehörte auch ein Flugzeugträger, dessen Maschinen den wichtigen Geleitzug wieder einmal mehr sichern sollten.
Diese von Malta erwarteten Geleitzüge, die von Gibraltar aus durch das westliche Mittelmeer liefen, galt es zu stoppen, wenn man die Felseninsel isolieren wollte.
Der englische Großkonvoi "Pedestal" lief am 10. August ins Mittelmeer ein. Sein Ziel war Malta. Er bestand aus 14 großen Dampfern und einem Tanker. Wie schrieb Captain Roskill über diese Geleitzüge?
"Das Schicksal Maltas beeinflußt unsere maritimen Pläne und Absichten, von der Arktis bis zum Indischen Ozean. Nach unserem Fehlschlag im Juni und Juli, einen Geleitzug durchzubringen, mußte dies unbedingt im August gelingen."
Während der Träger "Furious" weitere Jagdflugzeuge nach Malta zu schaffen hatte, fiel das Los, den Konvoi "Pedestal" zu begleiten auf den Träger "Eagle". Hinzu kamen die beiden weiteren Flugzeugträger "Indomitable" und "Victorious".
Die Bedeckungsstreitmacht dieses Geleitzuges bestand damit aus zwei Schlachtschiffen, drei Flugzeugträgern, sieben Kreuzern, 25 Zerstörern unter Führung von Vizeadmiral E. N. Syfret. Konvoi-Kommodore war Commander A. G. Venables, der auf der "Port Chalmers" eingeschifft war.

Auf den drei Trägern befanden sich 46 Hurricanes, zehn Martlets und 16 Fulmars.
Als sich dieser stark gesicherte Geleitzug am 11. August auf der Höhe von Algier befand, wurde er von U 73 gesichtet.
Das Boot war seit dem 4. August in See. Am 6. August war ein Tanker in Sicht gekommen. Aber Rosenbaum hatte vom Führer der U-Boote Mittelmeer, Konteradmiral Leo Kreisch, Weisung erhalten, seine Anwesenheit im Mittelmeer so lange wie möglich geheimzuhalten. U 73 umlief diesen Tanker. Zwei Stunden vor Mitternacht wurde ein U-Boot gesichtet. Mit abgeschalteten Dieselmaschinen in kleinster Fahrt der E-Maschinen wurde auch dieses Hindernis umlaufen.
Ab Sonnenaufgang des 7. August lief U 73 getaucht und kehrte erst nach Sonnenuntergang an die Wasseroberfläche zurück, um alles durchzulüften. Einer der Diesel wurde auf Aufladung der E-Maschinen geschaltet.

Die vier Kranken wurden am 8. und 9. August wieder gesund gemeldet. Der 10. August verlief wieder in Unterwasserfahrt, und in den frühen Morgenstunden des 11. August, das Boot war gerade wieder von der Wasseroberfläche verschwunden, meldete der Mann vor dem Gruppenhorchgerät "Schraubengeräusche aus 272 Grad".
Helmut Rosenbaum ließ auf Sehrohrtiefe auftauchen und das Sehrohr ausfahren. Er konnte nichts entdecken, wahrscheinlich stand das Schiff noch unter der Kimm. Er befahl eine Kursänderung auf 270 Grad. In Abständen von jeweils zwei Minuten ließ er das Sehrohr zu einem kurzen Rundblick ausfahren und ließ mit mittlerer Fahrtstufe der E-Maschinen in Richtung der Peilung weiterlaufen.
Nach achtmaligem Sehrohrausfahren sichtete der Kommandant in einer Distanz von etwa 5.000 Metern einen Zerstörer, allerdings war dieser nur an den über der Kimm hervortretenden Masten und den oberen Aufbauten zu erkennen.
"Das muß der Feger sein, Herr Kaleunt", bemerkte Deckert.
"Hoffentlich", entgegnete Rosenbaum. "Dann müssen bald auch die Aufbauten und weitere Masten der nachfolgenden Schiffe in Sicht kommen."
Als der Sehrohrmotor das nächstemal surrte und den Spargel emportrieb, sichtete Rosenbaum in Schiffspeilung 40 Grad ein großes Fahrzeug. "Riesenfrachter oder Kriegsschiff!" meldete er der auf Gefechtsstationen stehenden Besatzung. Danach sah er noch an Steuerbord dieses Fahrzeuges einen Zerstörer auftauchen und schließlich auch an Backbord und vor dem Riesen einen Zerstörer.
In den nächsten fünf Minuten zählte Rosenbaum allein fünf Zerstörer und einen weiteren Bewacher, den er nicht identifizieren konnte.

"Der Verband läuft 12 Knoten. Er steht etwa 6.000 Meter entfernt. Ein Schuß ist zu unsicher."
Als das Sehrohr zum nächsten Rundblick ausgefahren wurde, war nichts mehr zu sehen. Der Geleitzug hatte offensichtlich wieder einen Zack eingelegt. Die Meldungen aus dem Horchraum bestätigten dies sogleich.
Eine Stunde später, das Sehrohr war zweidutzendmal ausgefahren worden, stand der Zerstörer dicht beim Boot. Mit Schleichfahrt lief U 73 zur Seite, und der Zerstörer passierte den Standort des Bootes mit einem Seitenabstand von 500 Metern.
Der Zerstörer erhielt bald Gesellschaft. Ein zweiter lief direkt auf U 73 zu und passierte das Boot etwa 100 Meter hinter dem Heck entlanglaufend.
Der nächste Rundblick mußte einiges zeigen, wie die Meldung aus dem Horchraum bereits anzeigte, Aber was er sah, ließ Rosenbaum dennoch leicht zusammenzucken. Um ihn herum stand ein riesiger Wald von Masten.
"Da läuft die ganze Mahalla!" meldete er und ließ das Sehrohr einfahren. Die Spannung im Boot war auf den Siedepunkt gestiegen. Rosenbaum stand vor der Entscheidung, auf die Zerstörer und den einen oder anderen Frachter zu schießen oder noch zu warten, denn hier mußte auch ein Flugzeugträger in der Nähe sein.
Das Boot lief direkt auf den Geleitzug zu. Und dann kam der Befehl, auf den alle gewartet hatten:
"Auf Gefechtsstationen! — Alle Rohre klar zum Unterwasserschuß!"
Die Mündungsklappen wurden geöffnet, die Rohre bewässert und dann klargemeldet. Oben im Turm befand sich der Kommandant auf dem Sattelsitz hinter dem Sehrohrblock. Die vom Kommandanten durchgegebenen Schußunterlagen wurden berechnet und die Werte in die Feuerleitanlage eingegeben. Sie waren noch für zwei Frachter bestimmt. Aber beim nächsten Sehrohr-Rundblick sah Rosenbaum den Träger. Er lief am Schluß der Kolonne. Er wurde von nicht weniger als sieben Zerstörern umschwirrt. Dennoch ließ Rosenbaum die Schußwerte des Viererfächers auf den Träger einstellen und laufend korrigieren. Es herrschte völlige Stille im Boot. Zerstörer überliefen das Boot, das helle Jicheln ihrer Schrauben war gut zu hören.
Zwischen dem dritten und vierten Zerstörer drehte U 73 in die Sicherung ein, und wenig später befand sich das Boot innerhalb des Sicherungsringes.
In dieser Situation hätte Rosenbaum auf zwei große Transporter schießen können. Aber der dahinter stehende Flugzeugträger war wichtiger.
Das Boot kam bis auf kurze Schußdistanz an den Träger heran. Rosen-

baum gab den Befehl: "Torpedowaffe — Achtung! — Fächer los!" Nacheinander verließen die vier Torpedos die Ausstoßrohre. Wasser spritzte mit der aufwölkenden Preßluft der Ausstoßpatronen ins Boot. Der Zentralemaat flutete die Ausgleichstanks, außer dem achteren Tank I. Der LI rief einige Männer nach vorn, damit das Boot nicht mit dem Bug aufwärtsstieß und die Wasseroberfläche durchbrach.
"Paß auf, LI!" rief Rosenbaum dem Kameraden zu, als das Boot zu unkontrolliert steil hinabstieß. Der Leitende brachte es unter Kontrolle, und dazwischen meldeten Bugraum und Horchraum, daß alle vier Aale auf das große Ziel zuliefen.
Mit dumpfem Dröhnen ging der erste Torpedo am Flugzeugträger "Eagle" hoch, dann in jeweils sechs Sekunden Abstand zueinander der zweite, dritte und vierte.
"Alle Torpedos Treffer!"
Für Rosenbaum begann jetzt der schwierigste Teil des Unternehmens: Das Boot heil aus dem Ring der es umgebenden Kriegsschiffe herauszubringen.
"Sinkgeräusche!" meldete der Mann hinter dem Horchgerät. 14 Minuten nach den Treffern brüllte eine gewaltige Kesselexplosion durch die See, und die Druckwellen brandeten gegen das Boot an.
"Alle entbehrlichen Maschinen abstellen. — Auf 160 Meter gehen", befahl Rosenbaum. Drei Stunden lang schlich U 73 mit kleinster E-Maschinen-Fahrt nach Osten. Als das Boot nach einer weiteren Stunde mit 5 Tonnen Leckwasser in der Bilge auf Sehrohrtiefe auftauchte und die See absuchte, war keines der Feindfahrzeuge mehr zu entdecken. Aber das Boot zog eine lange Ölfahne hinter sich her.
"Treibstoff aus dem lecken Bunker umpumpen und Leckbunker ausdrücken!"
In der Abenddämmerung tauchte U 73 auf. Der Funkmaat setzte einen FT-Spruch an den FdU Italien ab: "Geleit — 15 Zerstörer und Geleitboote, 2 Kreuzer, 9 bis 10 Frachter, 1 Flugzeugträger, ein Schlachtschiff wahrscheinlich. Fächerschuß auf Flugzeugträger aus 500 m. Vier Treffer, starke Sinkgeräusche, alles klar. — Rosenbaum."
Am Abend des 11. August um 22.00 Uhr wurde durch den Großdeutschen Rundfunk die Versenkung des Flugzeugträgers "Eagle" bekanntgegeben.
Der größte Teil der Besatzung des 22.600 BRT großen Trägers konnte gerettet werden. Aber 200 Seeleute gingen mit ihrem Schiff unter.
Torpedoflugzeuge und italienische U-Boote, ein deutsch-italienischer Schnellbootangriff und wieder der Angriff deutscher Bomber dezimierten den Geleitzug, so daß nur noch fünf der 14 Transporter Malta erreichten.
Kapitän zur See Kreisch, der trotz der U-Boot-Knappheit zwei U-Boote

ins westliche Mittelmeer entsandt hatte, sagte zu der Leistung von U 73: "Die Versenkung der 'Eagle' ist als ein Musterbeispiel für einen taktisch richtigen und ungewöhnlich schneidigen U-Boot-Angriff bemerkenswert. Dem U-Boot-Kommandanten gelang es, von vorn kommend, die Sicherung unter Wasser zu durchbrechen. Spärlicher und sehr geschickter Sehrohrgebrauch verschafften Rosenbaum einen Überblick über Art und Aufstellung des Geleitzuges. Als wertvollste Einheit hat der Kommandant den ziemlich am Schluß marschierenden Flugzeugträger ausgemacht. - - -
Er setzte gewissermaßen alles auf eine Karte: auf die 'Eagle'. Rosenbaums taktisch richtiges Denken, sein Können und seine Charakterstärke wurden belohnt. Die vier aus 500 Metern Entfernung abgeschossenen Torpedos trafen sämtlich ihr Ziel. In wenigen Minuten war der stolze Flugzeugträger mit seinen Flugzeugen verschwunden."
Wochen später lief U 73 in seinen Stützpunkt La Spezia wieder ein. Das Boot hatte am 13. August einen nahebei laufenden feindlichen Zerstörer im Quadrat CJ 7739 angegriffen. Der Torpedo traf den Zerstörer nach genau 61 Sekunden, doch ein weiterer Zerstörer ließ das Boot mit Alarmtauchen hinuntergehen, so daß ein Sinken des Getroffenen nicht beobachtet werden konnte. Da auch der Gegner keinen Zerstörerverlust meldete, muß es diesem gelungen sein, einzulaufen. Als Rosenbaum in La Spezia über die ausgebrachte Stelling auf die Pier trat, intonierte die italienische Kapelle das Deutschlandlied und danach die "Lilli Marleen".
Kapitänleutnant Rosenbaum wurde von Leo Kreisch das Ritterkreuz umgehängt, das ihm am 12. August verliehen worden war.
Für kurze Zeit übernahm Kptlt. Rosenbaum dann die Führung der 29. U-Flottille stellvertretend, ehe er als Chef der 30. U-Flottille nach Konstanza ging. Sechs "Einbäume" waren im Landtransport nach Dresden geschafft worden, sie wurden über die Autobahn nach Ingolstadt und von dort auf Pontons über die Donau bis nach Galatz transportiert. Dort wurden sie wieder montiert und liefen nun von Galatz aus an der Küste entlang nach Konstanza, ihrem neuen Stützpunkt.
In Konstanza war der Stab der Flottille mit ihrem jungen Chef in einem Hotel untergebracht. Zum Stützpunkt gehörten noch eine Schule und ein Wohnhaus.
Bereits im Januar 1943 lief das erste Boot, es war U 9 unter Kptlt. Schmidt-Weichert, zur Feindfahrt aus. Es war dies eines der ältesten U-Boote der Reichsmarine und trug das Eiserne Kreuz, als Erinnerung an Weddigens U 9, am Turm. Lüth hatte das Boot schon gefahren und damit in der Nordsee Erfolge erzielt.
Auf flachem Wasser vor der Flußmündung legten sich die Einbäume auf die Lauer. Sie kamen auf Frachter und Schlepper zum Schuß. U 24

unter Kptlt. Petersen hatte die ersten kleinen Erfolge. Gaude und Schöler folgten, und dann gelang es Kptlt. Karl Fleige im Juni 1943 und im August, September, November, Februar 1944 und dann wieder im April eine Reihe Erfolge zu erzielen, die ihm am 18. Juli 1944 das Ritterkreuz einbrachten. Sein Boot U 18 wurde zum erfolgreichsten U-Boot im Schwarzen Meer. Zwanzig Feindfahrten machte Fleige und wurde zu einem Kenner des Schwarzen Meeres.

Am 10. Mai 1944 kam Helmut Rosenbaum, nach dem Tode zum Korvettenkapitän befördert, bei einem Dienstflug zum Admiral Schwarzes Meer, einen Tag vor seinem 31. Geburtstag ums Leben, als seine Maschine abstürzte.

Versenkungserfolge von U 73 unter Korvettenkapitän Rosenbaum

24.02.41	04.19	brD	"Waynegate"	4.260	58.50 N/21.47 W
03.04.41	03.28	- - -	"Athenic"	5.351	Fangschuß
03.04.41	05.12	brD	"Westpool"	5.724	58.12 N/27.40 W
03.04.41	05.32	brDT	"British Viscount"	6.895	58.15 N/27.30 W
20.04.41	03.32	brD	"Empire Endurance"	8.570	53.05 N/23.14 W
03.02.42	23.05	brDD	Zerstörer	1.400	torpediert
11.08.42	13.15	BrCV	"Eagle"	22.600	38.05 N/03.02 E
13.08.42	18.48	brDD	Zerstörer	1.335	torpediert

Gesamterfolge: 6 Schiffe mit 53.400 BRT versenkt
(darunter der Träger "Eagle")
2 Zerstörer torpediert

Oberleutnant zur See Horst Arno Fenski

Zerstörerknacker im Mittelmeer

Als Oberleutnant zur See Horst Arno Fenski U 410 von Korvettenkapitän Sturm übernahm, hatte das Boot auf einer Reihe von Feindfahrten im Nordatlantik im Einsatz gestanden und gehörte zu den eingefahrenen Booten des Atlantikkampfes.
In der Gruppe "Robbe" stand es im Februar-März 1943 mit sieben anderen Booten nördlich der Azoren in einem Suchstreifen. Südlich der Azoren stand die Gruppe "Rochen" mit zehn Booten.
Ziel dieser Aufstellung war es, die aus England in Richtung Mittelmeer laufenden Geleitzüge zu erfassen und zum Rudelansatz zu kommen.
Am 28. Februar operierte die Gruppe "Robbe" auf den gemeldeten Konvoi KMS 10. Als dieser Geleitzug am 5. März westlich Oporto von der Luftaufklärung erfaßt und gemeldet wurde, lief auch U 410 unter Horst Arno Fenski diesem Ziel entgegen.
Am Mittag des 6. März tauchte das Boot, um im Unterwasserangriff heranzuschließen. Das Boot schoß einen Viererfächer. Der erste Torpedo verließ Rohr I um 15.20 Uhr, und in Sekundenabstand zueinander folgten die übrigen drei Aale.
Der britische Dampfer "Fort Battle River" mit 7.133 BRT sank nach dem Treffer. Die 7.134 BRT große "Fort Paskoyac" blieb schwer getroffen liegen. Ein dritter Dampfer wurde — nach der Torpedodetonation — ebenfalls schwer getroffen.
Von der Geleitsicherung unter Wasser gedrückt, mußte sich U 410 absetzen und kam nicht mehr zum Schuß. Der Ansatz dieser Gruppe auf den OS 44 verlief für alle Boote ergebnislos mit einer Ausnahme:

U 107 kam heran und versenkte in einem rasanten Angriff am 13. März unter seinem schneidigen Kommandanten Harald Gelhaus vier Schiffe.
U 410 mußte den Rückmarsch antreten.
Auf der nächsten Feindfahrt erhielt auch U 410 den Auftrag ins Mittelmeer zu laufen. Das Boot durchlief fast gleichzeitig mit U 447 am 6. Mai 1943 die Enge von Gibraltar. Hier wurden beide Boote von Fliegern angegriffen. Während U 447 am 7. März 1943 versenkt wurde, gelang es Oberleutnant z. S. Fenski, sein Boot, wenn auch bei Alboran zwei Tage später beschädigt, durchzubringen und in den Stützpunkt einzulaufen, wo es repariert wurde.
Auf seiner ersten Feindfahrt im August 1943 sollte das Boot auch in den neuen Gewässern Erfolge erzielen.

Zwei erfolgreiche Feindfahrten im Mittelmeer

Als der Funkmaat von U 410 dem Kommandanten in der Nacht zum 24. August 1943 die mitgehörte Erfolgsmeldung von U 380 unter Röther auf den Turm brachte, mit dem dieser die Torpedierung eines großen US-Frachters meldete, war für Horst Arno Fenski das Signal gegeben, die Jagd zu eröffnen. Das Boot lief in die angegebene Richtung

vor Cap Bone und sichtete am Morgen des 26. August vor der algerischen Küste einen US-Konvoi mit einer Reihe großer Schiffe.
"Auf Gefechtsstationen! — Boot greift den Geleitzug an!" Binnen weniger Sekunden verwandelte sich U 410 in einen bißbereiten Hai. Es schloß heran und schoß mit vier verbundenen Einzelschüssen drei Dampfer in Brand. Der Amerikaner "John Bell" mit 7.242 BRT sank nach wenigen Minuten. Der zweite große Dampfer, die "Richard Henderson", mit 7.194 BRT, ebenfalls ein dicker Brocken für das Mittelmeer, ging ebenfalls auf 37.15 N/08.24 E auf Tiefe. Nur der dritte Dampfer entging der Versenkung. Er konnte von einem Zerstörer auf den Haken genommen und eingeschleppt werden.
Die sich an diesen Paukenschlag vor Cap Bone anschließende Wasserbombenverfolgung brachte das Boot zweimal in eine kritische Lage, aber Fenski verstand es, sich aus der Einschließung zu lösen und abzulaufen. Hinter dem Boot verhallten die Detonationen der Wabofächer.
Der nächste Einsatz des Bootes im September 1943 sah neben U 410 auch die Boote U 565, U 593 und U 617 im Einsatz. Horst Arno Fenski konnte am 26. September bei einem Angriff im Quadrat CJ 7794 auf einen großen Munitionstransporter und einen weiteren Dampfer von geschätzten 7.000 BRT zum Schuß kommen. Die Torpedos trafen einmal den 7.176 BRT großen Dampfer "Christian Michelsen", der sank. Der zweite Dampfer blieb getroffen liegen. Sein Sinken konnte nicht beobachtet werden, da sogleich die Abwehr zur Stelle war und das Boot abdrängte.
Am 1. Oktober war das Boot abermals an einen Geleitzug herangeschlossen, der als Munitions- und Materialtransport-Geleit gemeldet worden war.
"Boot greift wieder an! — Wir schießen fünf gezielte Einzelschüsse auf Dampfer von etwa 7.000 bis 8.000 Tonnen!"
Das Boot drehte zum Angriff ein. Alle Torpedos liefen auf ihre Ziele zu. Alle Aale trafen, wie die lauten Detonationen bewiesen. Vier Schiffe blieben liegen, von denen die 7.133 BRT große "Fort Howe" und die "Empire Commerce", ein britischer Tanker von 3.722 BRT, sanken.
Da auch dieser Geleitzug dicht unter der Küste lief, konnten die beiden torpedierten Dampfer eingeschleppt werden. Dennoch hatte U 410 unter Fenski einen großen Erfolg errungen.

Britischer Kreuzer "Penelope" versenkt

Nach der Landung der Alliierten bei Anzio-Nettuno setzte der FdU Mittelmeer eine Reihe von U-Booten gegen die Landungsfahrzeuge an. Als erste Boote kamen hier U 223 unter Gerlach und U 230 unter Siegmann zum Schuß. Sie hatten sich mit einem ganzen Rudel von Sicherungsfahrzeugen herumzuschlagen und schossen insgesamt acht Torpedos auf Korvetten, Zerstörer und Landungsfahrzeuge, ohne zu einem gesicherten Erfolg zu gelangen.

Mitte Februar 1944 hatte dann auch U 410 diesen Seeraum erreicht. Das Boot gelangte am 15. Februar auf den 7.154 BRT großen britischen Dampfer "Fort St. Nicolas" zum Schuß und versenkte ihn. Danach konnte Siegmann mit U 230 ein Landungsschiff versenken und sieben Minuten nach Mitternacht des 17. Februar kam er abermals zum Schuß. Dieser ging vorbei. Um 09.07 Uhr schoß er auf einen Zerstörer, auch dieser Schuß ging vorbei und wurde Endstreckendetonierer.

24 Stunden später wurde ein Kreuzer gesichtet. U 410 stand günstig und lief zum Angriff an. Zwei Zerstörer liefen dem unter Wasser angreifenden Boot entgegen und warfen Schreckwasserbomben. Fenski steuerte durch die Lücke zwischen diesen beiden Fahrzeugen hindurch. Der Zweierfächer traf den 5.270 tons großen Kreuzer "Penelope". Der Kreuzer blieb gestoppt auf der See liegen. Als er wieder Fahrt aufnahm, ging U 410 noch einmal nahe heran und traf den Kreuzer mit einem Fangschuß in den Wellenkanal. Die "Penelope" sank.

Am 19. Februar verfehlte Fenski einen Zerstörer. Die Laufbahn des Torpedos war weit zu horchen und nach 12 Minuten und 38 Sekunden horchten sie den Endstreckendetonierer.

Zwei Stunden war der 20. Februar erst alt, als Fenski sich an einen 1.625 BRT großen Dampfer herangearbeitet hatte, der sich als Landungsschiff LST 348 erwies. Der flach eingestellte Torpedo ließ das Schiff binnen weniger Sekunden auf Grund gehen.

Verschossen mußte U 410 den Rückmarsch antreten. Auch diesmal wieder hatte Fenski eine gute Versenkungsserie erzielt, wobei die Vernichtung eines der kampfkräftigen englischen Kreuzer besonders schwer wog.

Am 11. März 1944 fiel das Boot, das nach Toulon eingelaufen war, einem britischen Luftangriff auf diesen Hafen zum Opfer. Durch den

gleichen Angriff wurde auch U 380 versenkt. Dies war ein schwerer Schlag für die Mittelmeer-Boote.
Horst Arno Fenski übernahm mit U 371 ein neues Boot, das unter seinem früheren Kommandanten, Kapitänleutnant Mehl, große Erfolge errungen hatte.
Kapitän zur See Hartmann, der Konteradmiral Leo Kreisch als Führer der U-Boote Mittelmeer abgelöst hatte, mußte dem OB Süd, Generalfeldmarschall Kesselring, mitteilen, daß von den 16 Booten, die er ihm am 11. Februar einsatzbereit gemeldet hatte, wieder einige ausgefallen waren. Am 30. März war auch U 223 verlorengegangen, nachdem U 343 bereits am 10. März und U 450 am selben Tage durch Zerstörer vernichtet worden waren.
Im Mai 1944 befand sich U 371 unter dem neuen Kommandanten Kptlt. Fenski in See. Er fand an dem aus Bizerta auslaufenden Geleitzug GUS 38, der aus 107 Handelsschiffen und einer dichten Zerstörereskorte bestand, Anschluß.
Als U 371 kurz vor Mitternacht zum 2. Mai auf den Konvoi eindrehte, wurde das Boot von dem achtern laufenden Zerstörer "Menges", dem Flaggschiff der Zerstörer-Eskorte, im Radarschirm gesichtet. Lieutenant Commander McCabe befahl den Angriff, und um das deutsche U-Boot zu überlisten, lief der Zerstörer Zickzackkurse. Um 1.04 Uhr wurde das U-Boot im Radar genau identifiziert. "Menges" ging mit seiner großen Fahrt auf 15 Konten hinunter.
"Der Zerstörer wird langsamer, wir werden ihn uns jetzt vornehmen", erklärte Fenski den Männern auf dem Turm. Dann befahl er dem TWO zu schießen.
Der T 5-Torpedo, ein sogenannter "Zerstörerknacker", lief auf den Zerstörer zu und traf ihn um 1.18 Uhr ins Heck. Die "Menges" verlor sofort Schraube und Ruder. Durch eine gewaltige Torpedodetonation wurden die achteren Räume des Zerstörers völlig zerstört. Hier fanden 31 Besatzungsmitglieder den Tod, 25 wurden verwundet.
"Wir haben einen Zerstörer torpediert, Explosionen auf dem Heck, wahrscheinlich die hochgehenden Wasserbomben", unterrichtete der Kommandant die Besatzung und drehte mit Höchstfahrt ab, um nach der Drehung auf Tiefe zu gehen.
Commander Duvall, Chef der 66. Task Force, rief zwei Zerstörer zur Hilfeleistung an die "Menges" heran und befahl der "Pride", auch nach dem U-Boot zu suchen und sein Asdic zu benutzen.
Um 2.35 Uhr erhielt dieser Zerstörer Kontakt zu U 371 und warf zwei Wabofächer. Aber Kptlt. Fenski hatte das Boot bereits aus der Gefahrenzone gebracht und lief ab.
Das Boot wurde nun den ganzen Tag gejagt. Unter den Verfolgern auch der französische Zerstörer "Senegalais".

Dieser Zerstörer erhielt um 3.15 Uhr des 4. Mai wieder Kontakt mit dem aufgetauchten Boot, das ja zur Lufterneuerung und zum Aufladen der E-Maschinen nach oben mußte. Der Franzose schoß Leuchtsterne und erkannte das Boot in deren Licht. Die feuerbereiten Geschütze eröffneten die Beschießung des Bootes. Die Zerstörer "Campbell" und "Pride" liefen mit Höchstfahrt nach Norden, um dem Boot den Ausbruchsweg in diese Richtung zu verwehren. "Blankney", der im Laufe des Tages zu dieser Jagdgruppe gestoßen war, und "Sustain" versuchte dem Booten den Ausweg nach Westen zu verlegen. Aber so leicht ließ sich U 371 nicht stellen und vernichten.

"Sie wollen uns einkreisen", berichtete der Kommandant ins Boot, als er die Zerstörer in die genannten Richtungen laufen sah. "Wir müssen versuchen, nach Südwesten durchzukommen."

Eine Ruderkorrektur ließ das Boot herumgehen und mit Beide AK ließ Fenski sein Boot ausbrechen. Als es Höchstfahrt erreicht hatte, befahl er zu tauchen. Mit noch laufenden Dieseln stieß U 371 in die See hinunter. Erst als die Abluftschächte die Wasseroberfläche berührten, wurden die Diesel ausgeschaltet und an ihrer Stelle die E-Maschinen geschaltet.

Wie ein Schemen war U 371 um 3.59 Uhr von der Wasseroberfläche verschwunden. Es glitt in Sehrohrtiefe eingependelt in die richtige Schußposition zur "Senegalais" und machte seinen letzten Torpedo in diesem erbitterten Kampf los.

Es war 4.04 Uhr, als am Heck der "Senegalais" die Torpedodetonation aufbrüllte und den Zerstörer binnen weniger Minuten an den Rand des Abgrundes brachte. Aber die schwimmenden Überreste konnten dennoch eingeschleppt werden.

"Das war es, Männer. Wir kommen nicht mehr raus. Alles fertigmachen zur Selbstversenkung. Alle Geheimsachen wie befohlen vernichten."

Als letzten Befehl mußte Horst Arno Fenski den Befehl "Alle Mann aus dem Boot!" geben. Dann sprangen alle von Bord, hielten sich eng zusammen und entfernten sich von dem Boot, dessen Flutventile geöffnet waren. Die angeschlagenen Sprengpäckchen detonierten, und U 371 trat seine letzte Tauchfahrt an, von der es kein Zurück mehr gab.

Um 4.30 Uhr wurde der dicht beieinander schwimmende Pulk der Besatzung dieses Bootes von der Brückenwache der "Sustain" gesichtet. Der Minenleger hielt auf den rufenden Pulk der Männer zu und begann mit der Bergungsarbeit. 41 Soldaten und sieben Offiziere des Bootes wurden aus dem Wasser gefischt. Unter ihnen auch der Kommandant, Ritterkreuzträger Horst Arno Fenski, der diese hohe Auszeichnung am 26. November 1943 erhalten hatte.

Fünf Besatzungsmitglieder des Bootes gingen mit dem Boot unter.

Der Commander der Sicherung, Duvall, berichtete in dem Werk "Destroyer Operations in World War II":
"Wir erfuhren, daß dieses Boot, das von uns unbemerkt am 4. Mai um 4.09 Uhr gesunken war, U 371 war, eines der zähesten und besten deutschen U-Boote, die ich kenne. Die Besatzung hatte das Boot verlassen müssen, weil die Batterien gasten und die E-Maschinen während der kurzen Zeit an der Wasseroberfläche noch nicht wieder aufgeladen waren. Als der Kommandant des Bootes an Bord kam und sich zu erkennen gab, legte ich die Hand an die Mütze und salutierte."

Versenkungsliste von U 410 und U 371 unter Kapitänleutnant Fenski:

Datum	Zeit	Typ	Name	BRT	Position
06.03.43	15.20	brD	"Fort Battle River"	7.133	36.33 N/10.22 W
06.03.43	15.20	brD	"Fort Paskoyac" =	7.134	36.27 N/10.17 W
06.03.43	15.20	---	---	---	Treffer auf Df.
26.08.43	---	amD	"John Bell"	7.242	37.15 N/08.24 E
26.08.43	---	amD	"Richard Henderson"	7.194	37.15 N/08.24 E
26.08.43	---	---	---	---	Treffer auf Df.
26.09.43	---	nwD	"Christian Michelsen"	7.176	37.12 N/08.26 E
26.09.43	---	---	---	7.000	Df. torpediert
01.10.43	---	brD	"Fort Howe"	7.133	37.19 N/06.40 E
01.10.43	---	brDT	"Empire Commerce"	3.722	37.19 N/0.40 E
01.10.43	---	---	---	---	Df. torpediert
15.02.44	---	brD	"Fort St. Nicolas"	7.154	40.34 N/14.37 E
17.02.44	09.07	brDD	---	---	Fehlschuß
18.02.44	---	brCL	"Penelope"	5.270	40.55 N/13.25 E
19.02.44	23.10	brDD	---	---	Fehlschuß
20.02.44	02.00	amLS	"LST 348"	1.625	40.57 N/13.14 E
02.05.44	---	amDD	"Menges" =	1.200	37.01 N/05.29 E
04.05.44	---	frDE	"Senegalais" =	1.300	37.49 N/05.39 E

Gesamtversenkung: 9 Schiffe mit 53.649 BRT
darunter Kreuzer "Penelope"

Torpediert: 3 Schiffe und 2 Zerstörer mit 9.634 BRT

Kapitänleutnant Siegfried Koitschka

Mit U 616 im Mittelmeer

Auftakt im Atlantik

Als Oblt. z. S. Siegfried Koitschka von seinem Vorgänger Oblt. z. S. Spindlegger U 616 übernahm, stand dieses Boot noch in der Ausbildung. Auf der ersten Feindfahrt unter Koitschka wurde das Boot im Seegebiet des mittleren Nordatlantik im Februar-März 1943 in der U-Boots-Gruppe Burggraf eingesetzt.
Am 4. März sichtete U 405 unter KKpt. Hopmann den Konvoi SC 121, der mit 59 Schiffen auf Ostkurs in Richtung England durch die grobe See der Frühlingsstürme lief. Der Konvoi wurde stark gesichert. Im Geleitschutz lief auch der US-Zerstörer "Greer" mit.
In der aufgrund dieser Sichtmeldung gebildeten Gruppe "Westmark" stand auch U 616 und versuchte mit den übrigen 16 Booten Anschluß zu gewinnen und zum Schuß zu kommen.
Bei starkem Sturm bis zur Windstärke 10, Schneeschauern und Hagelschlägen knüppelte U 616 durch die See und kam am 10. März in Angriffsposition. Auf einen Dampfer von geschätzten 5.000 Tonnen schoß Koitschka einen Zweierfächer. Die Detonation die er horchte, kam jedoch nicht von seinem Treffer, sondern von einer Wasserbombe der Korvette "Dianthus" her. Das Boot wurde abgedrängt, und am frühen Morgen des 11. März ließ der BdU den Angriff auf diesen Geleitzug abbrechen.
Am 16. März wurde dann das Boot mit einer Reihe anderer Einheiten, die in dem betreffenden Seegebiet standen, auf den von U 653 gesichteten Konvoi HX 229 angesetzt. U 616 hatte gerade an U 463 versorgt und war wieder voll einsatzbereit.
Koitschka ließ am Abend des 16. März heranschließen und griff in den ersten Morgenstunden zusammen mit einigen anderen Booten an, die ebenfalls herangekommen waren.

Gerade als Koitschka das Boot zum Fächerschuß auf eine Reihe Dampfer der zweiten Kolonne vorbereitete, kam aus der Nacht der britische Zerstörer "Volunteer" und lief mit weißgischtendem Schnauzbart auf U 616 zu. Noch bevor das Boot mit Alarmtauchen hinunterging, ließ Koitschka einen Torpedo auf diesen Zerstörer schießen, der die "Volunteer" um Haaresbreite verfehlte.
Das Boot stieß steil hinunter, wurde mit Wasserbomben belegt und erlitt eine Menge Schäden.
Als es am Nachmittag des 17. März kurz auftauchte, wurde es abermals gesichtet und unter Wasser gedrückt. Es kam nicht mehr zum Schuß. Weder auf Schiffe des HX 229, noch auf jene des fast gleichzeitig damit laufenden Konvois SC 122. Es mußte nach weiteren Beschädigungen den Rückmarsch antreten.

Ins Mittelmeer — Die ersten Erfolge

Nach diesem erfolglosen ersten Einsatz unter Koitschka wurde das Boot im Mai 1943 zusammen mit U 410 und U 447 ins Mittelmeer beordert. Während U 410 beschädigt wurde und U 447 sank, kam U 616 unangefochten nach La Spezia durch, wo es am 18. Mai 1943 einlief.
Noch im Mai lief U 616 von hier aus zu seiner ersten Mittelmeer-Unternehmung aus. Es lief vor der Küste bei Oran und schoß auf ein

Geleitfahrzeug. Der Torpedo verfehlte es, aber mit dem zweiten Aal traf er einen der dort laufenden Dampfer, der nach Oran eingeschleppt wurde.

Die dritte Feindfahrt vom 28. Juli bis zum 18. August fand für U 616 abermals vor der algerischen Küste statt, wo nach wie vor starker Verkehr lief. Inzwischen hatte auch Koitschka bestätigt gefunden, was man ihm bei seiner Ankunft in La Spezia über diesen neuen Kampfraum gesagt hatte:

"Die Dummen fahren zur See, die g a n z Dummen im Mittelmeer!"

Koitschka, der die ersten beiden Einsätze in diesem Gewässer nach den Grundsätzen des Atlantikkampfes gemacht hatte, bezahlte dafür im Mittelmeer mit Wasserbombenverfolgungen und Fliegerbeschuß. Er sagte darüber:

"Mehr oder weniger angeschlagen erreichten wir nach jeder der ersten Feindfahrten unseren Stützpunkt La Spezia. Etwas klüger geworden, operierten wird dann bei den nächsten Feindfahrten tagsüber nur unter Wasser. Oft reichte jedoch die Zeit nicht aus, um die leergefahrenen Batterien nachzuladen.

Um zu Erfolgen zu kommen, suchten wir schließlich die alliierten Verkehrswege vor der nordafrikanischen Küste auf. Große Geleite waren hier selten, meistenteils waren es nur wenige, dafür aber s e h r stark gesicherte Dampfer.

Nach jedem Torpedoschuß und Treffer, der das schießende U-Boot verriet, war eine Wasserbombenverfolgung obligatorisch. Darüber hinaus wurde dann jedesmal die gegnerische Luftüberwachung wild und erschwerte das nächtliche Aufladen der Batterien erheblich. Trotz all dieser Widrigkeiten konnten unsere U-Boote im Mittelmeer dennoch eine ganze Menge Erfolge erzielen."

Am 15. August 1943 waren wieder einmal mehr U 371 unter Kptlt. Mehl, U 410 unter Oblt. z. S. Fenski, U 616 unter Koitschka und U 617 unter Brandi vor der algerischen Küste auf dem Zwangswechsel der feindlichen Dampfer. Mehl hatte bereits in der vorigen Woche einen 6.000-Tonner versenkt und vor Kap de Fer einen Kreuzer scharf verfehlt.

An dem genannten 15. August aber kam Siegfried Koitschka auf der 30 Meter-Linie nordnordwestlich von Bougie und wenig später auf der 40 Meter-Linie eben dort zum Schuß auf einen Kreuzer der Leander-Klasse, der einen Treffer erhielt, und horchte zwei Detonationen auf zwei Zerstörern, die diesen Kreuzer sicherten.

Wieder begann eine verheerende Wasserbombenjagd, der sich Koitschka nur unter Aufbietung aller Tricks entziehen konnte. Dennoch wurde sein Boot abermals angeschlagen und mußte den Rückmarsch in den Stützpunkt antreten.

Immer wieder waren es die Kriegsschiffe, derer sich U 616 auf der vierten Feindfahrt erwehren mußte, wenn das Boot zum Angriff auf einen Gegner heranschloß. Allerdings war dies im Mittelmeer, wo es von amerikanischen und englischen Zerstörern nur so wimmelte, eher die Regel als die Ausnahme, wie auch die anderen Kommandanten zu ihrem Leidwesen erfuhren.

So auch beim Angriff des diesmal am 3. Oktober aus Toulon auslaufenden U 616 gegen die Bucht von Salerno mit dem alliierten Landekopf, der sich dort gebildet hatte. Neben U 616 waren dort noch U 565 und U 593 eingesetzt.

In bravourösen Anläufen gingen Jahn, Koitschka und Mehl immer wieder heran. Am 9. Oktober stieß U 616 hier auf den amerikanischen Zerstörer "Buck". Da U 616 auch einige Zaunkönige genannte T 5-Torpedos, die Zerstörerknacker, an Bord und einen davon im Heckrohr hatte, wollte Koitschka es nun wissen.

"Es war eine helle Mondnacht, diesige Schleier hingen über der See", berichtete der Kommandant dem Chronisten, "und machte sie so klein wie einen Ententeich. - - -

Plötzlich tauchte voraus der Schatten eines Einschornstein-Zerstörers auf. Es erschien uns, als schwebe er über das Wasser hin. Wir machten kehrt und zeigten dem Gegner die schmale Silhouette. Der Zerstörer schien uns jedoch geortet zu haben. Aus seinem Schornstein stiegen schwarze Rauchwolken, und er kam schnell auf. Die Entfernung zu ihm war zu dieser Zeit 1.500 Meter.

Jetzt hatten wir ihn genau in unserem Kielwasser. Lage Null. Das war für einen Überwasserangriff eine aussichtslose Position. Plötzlich fiel mir unser Zaunkönig ein.

Der Zerstörer war etwa noch 1.200 Meter achteraus, als wir den T 5-Torpedo schossen.

Auf der Brücke bekamen wir langsam kalte Füße, denn dieser Gegner kam weiter auf. Gerade wollte ich Alarm geben, da sprang eine hohe Detonationswolke über dem Zerstörer in die Höhe, und kurz darauf knallte es.

Als die Detonationssäule wieder in sich zusammenfiel, konnte man nur noch einen sehr schmalen Strich auf dem Wasser erkennen, der ebenfalls sehr rasch im Dunst verschwand. Aus dem Funkraum kam unmittelbar danach die Meldung:

'Ortung ist weg!'

Sinkgeräusche wurden geortet, und binnen weniger Sekunden hatte sich das Drama einer Zerstörerversenkung im Mittelmeer vollzogen.

Jetzt mußte unser Boot auf große Tiefe gehen, da weitere Zerstörer der 'Nachtpatrouille' der Amerikaner schnell aufkamen."

Soweit der packende Report des Kommandanten, der eiskalt seine Chance genutzt hatte.
Hier noch der Bericht von Theodore Roscoe darüber, wie er diesen Verlust in "United Destroyer Operations in World War II" sah:
"Der Zerstörer 'Gleaves' und das britische Landungsboot LCT 170 liefen zur Untergangsstelle der 'Buck'. Sie retteten 57 Überlebende. Der Kommandant des Zerstörers, Lieutenant Commander Klein, war nicht darunter. Mit weiteren 150 seiner Seeleute war er mit seinem Zerstörer untergegangen."
Der T 5-Torpedo hatte sich in der Tat als Zerstörerkiller erwiesen, denn nur 15 sm von dieser Stelle entfernt war in der Nacht zum 11. September auch der US-Zerstörer "Rowan" von einem deutschen Schnellboot mit einem T 5-Torpedo vernichtet worden.
In den frühen Morgenstunden des 11. Oktober sichtete die Brückenwache von U 616, als es bis auf 6.000 Meter an die Hafeneinfahrt von Anzio heranlief, einen Schatten. Das Boot tauchte mit Beginn der Frühdämmerung und lief in 50 Meter, dann in 40 Meter Wassertiefe noch näher heran. Der Horchraum meldete Schraubengeräusche. Zwei Landungsfahrzeuge von etwa 3.000 BRT wurden wenig später, als das Boot auf Sehrohrtiefe eingependelt war, gesehen.
Der Kommandant ließ zwei Einzelschüsse schießen und traf damit einen der Dampfer. Dieser LST sackte sofort tiefer und drehte zurück. Der zweite Torpedo wurde Endstreckendetonierer, der erst nach 9 Minuten und 33 Sekunden Laufzeit hochging. Das Boot mußte sich absetzen.
U 616 trat den Rückmarsch an. Es lief am 15. Oktober ein.
Die nächste Feindfahrt begann am 20. November und führte U 616 wieder vor die algerische Küste. In den ersten Morgenstunden des 8. Dezember wurde ein Geleitzug gesichtet.
"Auf Gefechtsstationen!" befahl der Kommandant. Das Boot lief nach einer Ruderkorrektur auf die Kolonne der großen Versorgungsdampfer zu. Es schoß um 3.00 Uhr und 3.01 Uhr vier gezielte Einzelschüsse auf Dampfer von geschätzten 8.000 BRT. Nach Ablauf dieser berechneten Laufzeit wurden zwei Dampfer getroffen, die schnell tiefer sackten. Der dritte Dampfer geriet in Brand, auf ihn hatte Koitschka einen 'Zaunkönig' schießen lassen. Nur einer der Aale ging vorbei.
Unter Wasser gedrückt und durch eine schwere Wasserbombenverfolgung an der weiteren Beobachtung gehindert, lief U 616 ab und versuchte mit schnellen Kursänderungen den Gegnern zu entkommen, die sich auf ihn einwarfen.
Nach zweieinhalb Stunden hatte es U 616 wieder einmal mehr geschafft und den Gegner abgeschüttelt. Die Wabodetonationen verklangen weit hinter dem Boot.

Von Seiten des Gegners wurde keine der Versenkungen bestätigt. Am 9. Dezember um 19.55 Uhr mußte sich U 616 abermals eines Zerstörers erwehren. Der gechossene T 5-Aal wurde jedoch Enddetonierer. Verschossen trat das Boot den Rückmarsch an.
Die Januar-Feindfahrt sah das Boot seit dem 3. Januar 1944 abermals vor der afrikanischen Küste. Es galt den Geleitzugverkehr zu treffen,der den alliierten Nachschub von Gibraltar über die algerische Küste nach Neapel brachte. Neben U 616 griffen noch U 642 und U 380 an.
Am Vormittag des 9. Januar lief einer dieser Konvois, der von Brünning gemeldet worden war, in die Richtung, die ihn zu U 616 führen mußte.
Es war früher Vormittag und nur sehr schwacher Seegang. Das Meer lag klar wie ein Spiegel da, und für die U-Boote in diesen Gewässern war es die schlimmste Zeit des Tages, denn sie lagen gewissermaßen auf dem Präsentierteller und als Ziele für alle Geleitfahrzeuge gut sichtbar.

Das Boot hatte den Seeraum 80 Kilometer ostwärts Oran erreicht und näherte sich der Hafeneinfahrt von Mostaganem. Es war in 40 Meter Wassertiefe eingesteuert. Als der Horchraum Schraubengeräusche meldete, ließ Koitschka auf Sehrohrtiefe auftauchen.
Als er den Sehrohrausblick auf den Hafen drehte, sichtete er in etwa 3.000 Metern fünf Fahrzeuge, die er als U-Boote erkannte. Ein Geleitzerstörer, der aufgeregt hin und herlief, sicherte dieses große U-Boot-Aufgebot.
"Rohre I bis III klar zu drei verbundenen Einzelschüssen!" befahl er. Dann erfolgte die rasche Durchgabe der Daten und das Einstellen der Torpedos. Längst waren die Mündungsklappen geöffnet und die Rohre bewässert.
In 18 Sekunden wurden drei Aale um 11.24 Uhr geschossen und liefen ihren Zielen entgegen. Als das Geleitfahrzeug auf sie zudrehte und anlief, ließ Koitschka tiefer einsteuern und abdrehen. Hinter dem Horchgerät hockte der Funkmaat und achtete auf die Laufbahnen der Torpedos. Die T 5-Torpedos, die geschossen worden waren, mußten ihre Ziele erreichen.
Nach acht und zehn Minuten wurden ihre Detonationen gehorcht. Doch damit war auch für Koitschka klar, daß es sich um Endstreckendetonierer gehandelt haben mußte.
Das Geleitfahrzeug warf einige Schreckschußwasserbomben, und U 616 lief — tiefer hinuntergehend — ab.
Kurz nach Mitternacht des 13. Januar kam das Boot auf zwei Dampfer zum Schuß. Ein in Lage Null mit hochaufgischtendem Schnauzbart

auf das Boot zulaufender Zerstörer wurde mit einem weiteren T 5 beschossen. Ein Endstreckendetonierer wurde gehorcht, sonst blieb es still, wenn man von der neuen Wasserbombenverfolgung absehen wollte.

Dies waren genau die Zustände im Mittelmeer: daß man zu keiner Zeit in der Lage war, die Erfolge seiner Schüsse genau zu registrieren und durch eigene Sichtmeldungen das Sinken eines Gegners feststellen konnte, weil dieser immer stets einige Geleitfahrzeuge zur Stelle hatte und das Boot unter Wasser drückte.

Wie im Januareinsatz, so erging es U 616 auch im März 1944, als das Boot immer wieder von Zerstörern unter Wasser gedrückt wurde und sich am 2. März ebenso wie am 6. März mit einem Torpedo gegen diese Jäger zur Wehr setzten. Beide Aale gingen vorbei.

Das Ende von U 616

Seit dem 3. Mai 1944 stand U 616 zur neunten Feindfahrt in See und versuchte, zu einem Erfolg zu gelangen, was im Mittelmeer nicht so einfach war. Die Situation hier war so, wie sie Albrecht Brandi gegen-

über dem Chronisten zum Ausdruck gebracht hatte: "Bevor ein U-Boot im Mittelmeer zu einer guten Reihe von Erfolgen gekommen ist, hat es längst ins Seegras gebissen."
Diese Formel sollte sich an allen im Mittelmeer zum Einsatz gelangten U-Booten bewahrheiten, von denen der überwältigende Teil in See stehend versenkt wurde.
An den gemeldeten Konvoi UGS 40, der am 9. Mai mit 65 Schiffen die Straße von Gibraltar passierte und von einer Reihe US-Zerstörern, von französischen und englischen Geleitfahrzeugen und dem Flakkreuzer "Caledon" geleitet wurde, kamen weder U 967, das dritte Boot von Albrecht Brandi im Mittelmeer, noch U 616 heran. Beide Boote wurden abgedrängt.
Vor Kap Tenes aber stieß dann U 616 unter Siegfried Koitschka am 14. Mai auf den Geleitzug GUS 39. Wieder einmal ließ Koitschka angreifen. Er ließ einen Zweierfächer auf den amerikanischen Großtanker "G. S. Walden" und einen weiteren Zweierfächer auf den Transporter "Ford Fidler" schießen, der 7.127 BRT groß war.
Beide Fächerschüsse trafen. Der Tanker geriet in Brand und der Transporter sackte sofort tiefer. Dennoch konnten beide Fahrzeuge eingeschleppt und später repariert werden.
U 616 aber wurde von zwei britischen Geleitfahrzeugen unter Wasser gehalten und verfolgt. Über Funk wurde eine ganze Vernichtungsmaschinerie in Gang gesetzt. Flugzeuge der RAF-Squadron 36 wurden in das Seegebiet befohlen, in dem sich U 616 unter Wasser verholt hatte.
Sie kreisten in großen Schleifen über der See, jederzeit bereit, auf das auftauchende Boot herunterzustoßen und es mit Bomben und Bordwaffenfeuer zu vernichten.
Darüber hinaus wurden aus Oran zwei Zerstörergruppen mit insgesamt acht Fahrzeugen in Marsch gesetzt, um das deutsche U-Boot zu fassen und zu vernichten.
Aus dem Jäger im Mittelmeer war ein Gejagter geworden und bei der Zahl seiner Jäger war es nur eine Frage der Zeit, bis wann U 616 erledigt war.
Hier die US-Unterlagen über diese einmalige Jagd:
"Von acht unserer Zerstörer und einigen anderen Fahrzeugen und Flugzeugen wurde das deutsche Boot gesucht. Unsere Leute sahen rot wegen der Versenkungen, die einige deutsche U-Boote bewirkt hatten. Den ersten Kontakt erhielt der Zerstörer 'Ellison'. Er warf einen Wabofächer und mußte das Boot getroffen haben, denn ein starker Strahl Dieselöl drang aus der Tiefe an die Wasseroberfläche empor.
Am Morgen des 15. Mai sichtete ein Seeaufklärer der 36. britischen Squadron das Boot zehn Meilen westlich des alten Angriffspunktes. Von diesem Zeitpunkt an bis gegen Mitternacht des 16. Mai suchten

unsere zwei Zerstörergruppen das Boot zwischen der spanischen Küste und Cap Santa Pola.
U 616 hatte nach Norden gedreht und lief um sein Überleben. Zwei Meuten Verfolger saßen ihm im Nacken und trotz vieler Tricks, die der Kommandant dieses Bootes beherrschte, konnte es die Verfolger nicht abschütteln, weil es eben viel zu langsam war und immer wieder geortet werden konnte.
Die Zerstörer kreisten das Boot ein. 'Macomb' sah es dann zuerst, im Licht einer Leuchtrakete in etwa 2.400 Meter Entfernung.
Aus seiner 2 cm-Kanone eröffnete das U-Boot das Feuer, es wollte nicht kampflos untergehen. 'Macomb' erwiderte es mit Salven aus seinen 12,7 cm-Geschützen. Das Boot tauchte weg. 'Macomb' lief auf die Tauchstelle zu und warf einen Waboteppich, der in 180 Meter Wassertiefe detonierte.
Zerstörer 'Gleaves' griff in den Kampf ein und um 4.45 Uhr erschien auch 'Nields'. Die 'Emmons' folgte. Sieben Zerstörer waren schließlich an dieser Jagd beteiligt. Ununterbrochen krachten Wasserbomben. Bereits vier Tage lang hatte uns dieses eine deutsche U-Boot genarrt. Und um 2.30 Uhr des 16. Mai ging der Kontakt abermals verloren.
Gegen 6.45 Uhr wurde der Kontakt wieder hergestellt. 'Hambleton' fand das Boot im Asdic, zehn Meilen südlich der Stelle, wo der Kontakt in der Nacht verlorengegangen war. Dieser Zerstörer warf zwei Wasserbombenfächer, die auf große Tiefe eingestellt waren. Während vier Boote das U-Boot in einem Abstand von vier sm umzingelten, warfen neben 'Hambleton' noch 'Ellyson' und 'Rodman' ihre Wabos.
Es war genau 7.10 Uhr, als in der Mitte des Zerstörerkreises in einem dichten Wasserschwall U 616 an die Oberfläche emporschoß. Gleichzeitig eröffneten die drei Zerstörer das Feuer, der Turm des Bootes wurde getroffen. Die Besatzung verließ das Boot, und dann sackte U 616 auf einmal weg.
53 Männer der Besatzung wurden von 'Ellison' und 'Rodman' geborgen. Das Unternehmen 'MONSTROUS 1' war beendet." (Siehe: Alman Karl: Graue Wölfe in blauer See.)
Mit der Besatzung war auch Siegfried Koitschka gerettet worden, der wie Hans Arno Fenski in letzter Sekunde für seine Besatzung den Weg ins Leben fand und sie nicht mit dem Boot untergehen ließ. Nach völligem Aufbrauch der Batterie wurde das Boot selbst versenkt.

Versenkungsliste von U 616 unter Kapitänleutnant Siegfried Koitschka

10.03.43	15.00		Dampfer	5.000		Fehlschuß
12.05.43	- - -		Dampfer	- - -		Treffer
15.08.43	- - -		Kreuzer	- - -		Treffer
09.10.43	00.36	amDD	"Buck"	1.570		39.57 N/14.28 E
10.10.43	- - -		Dampfer	- - -		torpediert
08.12.43	- - -		zwei Dampfer	- - -		torpediert
11.10.43	05.41	LST	LST - - -	3.000		torpediert
08.12.43	- - -		zwei Dampfer	- - -		torpediert
14.05.44	- - -	amMT	"G. S. Walden" =	10.627		36.45 N/00.55 E
14.05.44	- - -	brD	"Ford Fiedler" =	7.127		36.45 N/00.55 E

Versenkt: Zerstörer "Buck" mit 1.570 tons

Torpediert: 2 Schiffe mit 17.754 BRT

Korvettenkapitän Adalbert Schnee

17 Feindfahrten auf den Sieben Meeren

Noch als der junge Leutnant zur See Adalbert Schnee im Oktober 1936 auf dem Kreuzer "Leipzig" an dessen Sicherungsaufgabe in den spanischen Gewässern teilnahm, ahnte er nicht, daß er vielleicht sehr bald auf U-Boote umsteigen würde.
Am 20. Mai 1937 wurde er dann auf Veranlassung des Führers der U-Boote, Kapitän zur See Dönitz, in die U-Boot-Waffe übernommen, die in der Entwicklung stand und zukünftige Kommandanten brauchte.
Nach seiner Ausbildung in Flensburg-Mürwik wurde Schnee auf U 23 kommandiert. Dieses Boot befehligte der damalige Oberleutnant zur See Otto Kretschmer. Insgesamt machte Schnee ab Kriegsbeginn fünf Feindfahrten auf diesem Boot, ehe er im Dezember 1939 Kommandant des kleinen Schulbootes U 6 wurde, das mit den Booten U 1 bis U 5 zur 8. Gruppe der Aufstellung für die Operation "Weserübung" gehörte und vor der südnorwegischen Küste operierte. Auch U 6 ging vor Norwegens Küste leer aus.
Am 19. Juli 1940 übernahm Adalbert Schnee, inzwischen zum Oberleutnant zur See befördert, U 60 von Oblt. z. S. Schewe. Es war dies ein Boot des Typs II C, ein verbesserter Einbaum.

Die Feindfahrten mit U 60

Anfang August 1940 lief U 60 zu seiner ersten Feindfahrt unter Oblt. z. S. Schnee aus. Bereits am 13. August abends sichtete die Brückenwache auf der 25 Meter-Marke nordnordostwärts von Malin Head einen Küstengeleitzug. Das Boot schloß zum Angriff heran und versenkte mit einem Einzelschuß den 1.787 BRT großen schwedischen Dampfer "Nils Gorthon".
Am nächsten Abend kam es auf einen 7.000-Tonner zum Schuß, der Torpedo traf das Schiff, aber es wurde nicht bekannt, um was für einen Dampfer es sich gehandelt hatte, der vom Gegner eingeschleppt werden konnte.
Das Boot trat wenig später den Rückmarsch an und hatte damit unter Adalbert Schnee die ersten Erfolge errungen.
Auf der zweiten Feindfahrt, noch im August, stieß das Boot südwestlich der Hebriden auf einen Konvoi. Schnee ließ über Funk melden und griff dann in der mondhellen Nacht an. U 60 kam auf Schußweite an einen 6.000-Tonner heran, als der Kommandant in der Mitte des Geleitzuges einen großen Truppentransporter erkannte. Schnee brauchte nicht lange zu überlegen.
"Wir greifen einen Truppentransporter an von geschätzten 12.000 Tonnen. Möglicherweise ist er auch größer."
Im Überwasser-Nachtangriff glitt U 60, alle drei Rohre schußbereit, an diesen Gegner heran, der schließlich als 20.000-Tonner beschrieben wurde. Der TWO hatte seine Position hinter der UZO eingenommen, Der Zielgeber meldete "Hartlage!"
Dann fiel der Befehl zum Fächerschuß. Alle zwei Torpedos rauschten zum Gegner hinüber. Die Distanz war nur noch gut 300 Meter und infolge der sehr hohen Anlaufgeschwindigkeit lief U 60 weiter auf den sofort nach den Treffern stoppenden Transporter zu und kam mit einem harten Ruck an dessen Bordwand zum Stehen, die haushoch über dem Boot emporragte. Von der Brücke der "Volendam", so hieß der Transporter nach der aufgefangenen SOS-Meldung, schoß ein MG, dann fiel eine Schnellfeuerkanone in dieses Feuer ein. U 60 befand sich in einer scheußlichen Situation. Schnee aber reagierte sofort. Über den Achtersteven tauchend, ließ er auf 60 Meter gehen. Er selbst sagte zu diesem außergewöhnlichen Manöver:
"Nicht zuletzt verdankt das Boot seinem tüchtigen Leitenden Ingenieur, Diplomingenieur Oberleutnant (Ing.) Lechtenbörger sein Entkom-

men. Es gelang ihm, das Boot abzufangen und dann auf 100 Meter Wassertiefe einzupendeln."

Mit AK beider E-Maschinen lief U 60 hakenschlagend ab und entging solcherart der Waboverfolgung des Gegners.

Dieser Angriff, der später von der U-Boot-Führung als klassischer Angriff mit Ausnutzung aller Chancen dargestellt und den jungen Kommandantenschülern als Schulbeispiel vorgetragen wurde, ließ die "Volendam" liegenbleiben. Dieser niederländische Transporter in englischen Diensten hatte 15.434 BRT.

Das Boot setzte sich ab und stieß am 3. September auf einen kleinen Dampfer, der durch einen gezielten Einzelschuß versenkt wurde. Es war die 1.401 BRT große "Ulva", ein britisches Schiff.

Danach sollte Schnee ein neues großes Boot erhalten, und am 25. Januar 1941 stellte er mit U 201 eines der meistgebauten U-Boote der Welt, ein Boot des Typs VII C, auf der Germaniawerft in Kiel in Dienst.

Kampf am Geleitzug OB 318

Ende April lief U 201 unter Oblt. z. S. Schnee zu seiner ersten Feindfahrt aus. Bereits auf dem Ausmarsch sichtete das Boot ein großes

Schiff, das sich beim Herangehen als Tanker herausstellte. Es schien gebrannt zu haben und nun war die Besatzung offensichtlich dabei, es wieder flottzumachen.

"Boot versenkt diesen Tanker!" sagte Schnee und ließ nahe herangehen. Der Einzelschuß aus Rohr I ließ den 8.190 BRT großen britischen Motortanker "Capulet" sinken. Dies war der erste Erfolg für U 201. Es stellte sich später heraus, daß dieser Tanker bereits am Nachmittag des 28. April von U 552 unter Topp aus dem Geleitzug HX 121 herausgeschossen worden war und daß Topp ihm keinen Fangschuß mehr hatte geben können, weil er von Sicherungsfahrzeugen unter Wasser gedrückt und gejagt worden war.

Am 5. Mai wurde U 201 zusammen mit U 94 unter Kuppisch, U 110 unter Lemp und U 556 unter Wohlfahrt auf den auslaufenden Konvoi OB 318 angesetzt. Als erster kam Kuppisch mit U 94 heran und versenkte zwei Dampfer, die Whisky geladen hatten. Kuppisch meldete und gab die Standortangabe, auf die nun auch U 201 operierte.

Am Mittag des 8. Mai hatte das Boot den zum Unterwasser-Tagesangriff notwendigen Vorlauf erreicht und tauchte. In Sehrohrtiefe schnürte das Boot näher an den Konvoi heran und schoß am Nachmittag um 15.47 Uhr auf einen Dampfer von geschätzten 6.000 Tonnen. Der Aufschlag des Torpedos wurde beobachtet, es folgte jedoch keine Detonation, so daß ein Erfolg sehr unsicher war. Es gilt als sicher, daß es die 2.018 BRT große "Kervegan" war. Dafür aber wurde das Boot von der Geleitsicherung abgedrängt und kam erst am Morgen des 9. April erneut auf Schußweite heran.

"Auf Gefechtsstationen! — Boot greift wieder an!" lautete der um 10.00 Uhr gegebene Befehl. Doch bis zum Torpedoschuß sollte es noch bis zum frühen Nachmittag dauern. Im Unterwasserangriff glitt U 201 in die günstigste Schußposition.

Als plötzlich zwei Bewacher vor dem Boot standen, ließ Schnee tiefer hinuntergehen und genau zwischen den beiden Bewachern "Amazon" und "Hollyhock" hindurchlaufen. Danach ging das Boot wieder auf Sehrohrtiefe hinauf. Um 14.26 Uhr und 14.28 Uhr fielen die beiden gezielten Einzelschüsse, die beide trafen. Der britische Dampfer "Gregalia" mit 5.802 BRT sank, während die topedierte "Empire Cloud" mit 5.969 BRT eingeschleppt werden konnte.

Als Schnee das Sehrohr zu einem Ausblick ausfahren ließ, sah er dicht vor dem Boot, in Lage Null näherkommend, einen Zerstörer auftauchen. Das Boot drehte sofort weg und ging auf 140 Meter Wassertiefe hinunter. Noch in der Abwärtsbewegung detonierten die ersten fünf Wasserbomben einer Serie schräg achtern hinter dem Boot. Die letzten detonierten nur knapp hinter dem Boot.

Schadensmeldungen liefen in der Zentrale ein. Der Kommandant befahl alle Außenbordverschlüsse zu prüfen. Der Horchraum meldete weiterhin Schraubengeräusche eines zweiten Gegners.

"Beide E-Maschinen AK!"

Das Boot glitt mit fast acht Knoten Fahrt durch die See. Hinter ihm dröhnte die Detonation einer Markierungsbombe, die dort fiel, wo sie gerade gestanden hatten.

Dann fielen zwei Fächer dicht nacheinander. Aber U 201 war bereits einige hundert Meter von diesem Standort entfernt.

Wenig später fanden die Zerstörer das Boot wieder, wie die auftreffenden Asdic-Ortungsstrahlen anzeigten. Wieder ließ der Kommandant das Boot mit Hartruderlegen herumgehen, als der Horchraum den Gegner dicht hinter dem Boot meldete.

Die Wasserbombenserie fiel neben das Boot und schüttelte es durch. Wasser stob in einem dünnen Strahl aus einem undichten Verschluß ins Boot.

U 201 wurde von dem zum U-Jäger umgebauten Fischdampfer "St. Apollo" unter Oberleutnant Marchington und von der britischen Korvette "Aubrietia" unter Commander Smith verfolgt. Commander Smith teilte nach dem Kriege Adalbert Schnee mit, er habe unter Wasser so geschickt operiert, daß er der Überzeugung gewesen sei, es mit drei U-Booten zu tun gehabt zu haben. Sein Gefechtsrudergänger habe sogar gemeldet:

"Sir, wir haben fünf Boote angegriffen; drei davon haben wir versenkt."

U 201, das einzige Boot, das angegriffen worden war, entkam nach siebenstündigem Wasserbomben-Bombardement. 99 Wabos waren gezählt worden. Das Boot tauchte gegen 21.15 Uhr auf und setzte sich nach Südosten ab. Einer der Treibstoff-Tanks leckte, und das Boot zog eine Ölspur hinter sich her, an welcher die Verfolger seinen Standort jeweils schätzen konnten.

Das Boot lief nach Lorient zurück, denn die Schäden zwangen zu einer raschen Reparatur.

Auf der nächsten Feindfahrt im August 1941 wurde das Boot gemeinsam mit U 106 unter Oesten, U 564 unter Suhren, U 204 unter Kell und U 559 unter Heidtmann auf den Konvoi OG 71 angesetzt. Später kam dann noch U 552 hinzu, das von Kptlt. Topp geführt wurde.

Als erster kam Kell mit U 204 heran und versenkte aus der Geleiteskorte den norwegischen Zerstörer "Bath". Damit gewann auch U 201, das dicht hinter U 204 stand, die Möglichkeit heranzugehen. Um 4.06 Uhr des 19. August schoß Schnee einen Viererfächer aus vier gezielten Einzelschüssen. Das Boot horchte und beobachtete zwei Detonationen auf einem Tanker und jeweils eine auf einem dahinter stehenden Dampfer. Sprengwolken stießen den Himmel empor, Feuerschein blendete auf.

Von den drei angegriffenen und getroffenen Schiffen sanken jedoch nur die "Ciscar" und die "Aguila".
Das Boot wurde abgedrängt, kam aber am späten Abend des 22. August wieder heran und konnte die Torpedodetonationen der dort am Konvoi schießenden Kameradenboote sehen. Dann drehte auch U 201 im Überwasserangriff herein. Zum zweitenmal vierließ ein Viererfächer aus vier gezielten Einzelschüssen zwischen 2.14 Uhr und 2.15 Uhr des 23. August die Rohre des Bootes. Diesmal traf es das britische Motorschiff "Stork" mit nur 787 BRT und den 1.974 BRT großen Dampfer "Aldergrove", der sofort sank. Ein dritter Frachter wurde getroffen, dessen Sinken jedoch nicht bestätigt wurde.
Das Boot trat wenig später den Rückmarsch nach Lorient an. Es wurde wieder ausgerüstet und versorgt, und bereits am 16. September lief es zur nächsten Unternehmung aus. Adalbert Schnee, nunmehr Kapitänleutnant und seit dem 30. August mit dem Ritterkreuz des Eisernen Kreuzes ausgezeichnet, führte es zu einer Feindfahrt in Richtung der Konvoiroute England-Gibraltar.
Das Boot wurde am 18. September abends auf einen dieser Konvois angesetzt. Es war der OG 74. Als erstes Boot kam U 124 unter Johann Mohr auf diesen Konvoi zum Schuß und versenkte daraus am späten Abend des 20. September zwei Schiffe. Unmittelbar darauf gewann auch U 201 Fühlung. Es dauerte jedoch noch bis zum Abend des 21. September, ehe das Boot zum Schuß kam. Der britische Dampfer "Runa" fiel dem um 22.50 Uhr geschossenen Torpedo zum Opfer, auch er nur ein kleiner Kolcher von 1.575 BRT.
Um 23.20 Uhr kam das Boot abermals zum Schuß. Die 1.511 BRT große "Lissa" sank sofort nach dem Treffer. Elf Minuten später hämmerte der nächste Torpedo in den britischen Dampfer "Rhineland" hinein, der mit 1.281 BRT noch kleiner war. Dennoch waren diese Schiffe, die Gibraltar und Malta versorgten, wegen ihrer Ladung technischer Geräte und Ersatzteile enorm wichtig. Daß es bei dieser Art von Versenkungen niemals zu einer erhebenden Tonnagezahl kommen konnte war klar, dennoch griff U 201 verbissen weiter an, mochten die versenkten Schiffe noch so klein sein.
In den ersten Morgenstunden des 27. September aber gewann U 201 an einem Geleitzug Fühlung, auf den das Boot mit einigen Kameradenbooten und dem italienischen Boot "Torelli" angesetzt worden war. Es war der Konvoi HG 73, aus dem Mützelburg, Mohr und Zapp bereits einige Schiffe herausgeschossen hatten.
Das Boot schoß im ersten Anlauf fünf Torpedos zwischen 2.08 Uhr und 2.11 Uhr. Einer der Torpedos traf den britischen Dampfer "Springbank" mit 5.155 BRT. Dieses Schiff explodierte mit einer hohen Stichflamme und sank sofort.

Der norwegische Dampfer "Siremalm" sank ebenfalls sofort. Ein Torpedo detonierte auf einem Sicherungsfahrzeug, das von Schnee als Korvette angesprochen wurde. Das Sinken dieser Korvette konnte nicht beobachtet werden.

Mit einigen Sicherungsfahrzeugen machte der Gegner nun Jagd auf dieses U-Boot und drängte es ab. Nach dreistündiger Wasserbombenverfolgung war U 201 entkommen und drehte noch einmal heran.

Am Abend dieses 27. September erfolgte der nächste Angriff. Vier Torpedos liefen, und der britische Dampfer "Margareta" mit 3.103 BRT sank sofort. Ein zweiter Dampfer brach in zwei Teile und sank ebenfalls. Um was für ein Schiff es sich gehandelt hat, wurde nicht bekannt. Die Versenkung wurde vom Gegner nicht bestätigt. Sicher ist, daß auch dieser Dampfer gesunken ist.

Verschossen trat U 201 den Rückmarsch an.

Vor der US-Küste im Einsatz

Im April 1942 erhielt das Boot, zu neuer Feindfahrt ausgelaufen, das Operationsgebiet vor der US-Ostküste zugewiesen, wo bereits einige kleine Wolfsrudel gestanden und Erfolge erzielt hatten.

Vor der Küste von New York gelang es dem Boot, gegen Mitternacht zum 18. April einen argentinischen Motortanker zu stellen. Es war die "Victoria" mit 7.417 BRT. Die beiden Torpedos, 46 Minuten nach Mitternacht geschossen, trafen den Tanker schwer. U 201 lief eben zum Fangschuß an, als das Boot von zwei Zerstörern unter Wasser gedrückt wurde.
In einer seemännischen Meisterleistung wurde der argentinische Tanker dann von der USS "Owl" auf den Haken genommen. Die beiden US-Zerstörer "Nicholson" und "Swanson" sicherten diesen Abschlepptransport, der am 21. April den Hafen von New York erreichte. Dennoch war dieser Tanker für weit über ein Jahr aus dem Verkehr gezogen.
Nach diesem furiosen Auftakt, der dem Kommandanten zeigte, daß die US-Küste auch nicht mehr d e r gefahrlose Jagdgrund der ersten Einsätze war, kam das Boot am 21. April auf den norwegischen Dampfer "Bris" zum Schuß, der nach dem Torpedotreffer sofort auf Tiefe ging.
Der amerikanische Dampfer "San Jacinto" mit 6.069 BRT war zäher. Er benötigte erst einen Fangschuß, ehe er auf Tiefe ging. Das war am 22. April, und die Zeit des Schusses war 3.29 Uhr. Knapp sechs Stunden später lief das Boot auf den britischen Dampfer "Derryheen" an. Um 9.05 Uhr fiel der Fächerschuß, der diesen 7.217 BRT großen Dampfer sinken ließ.
"Jetzt kommen wenigstens dicke Pötte hinzu", bemerkte der Rudergänger, als er diesen Erfolg erfuhr.
Doch für diese Feindfahrt sollte es sein Bewenden mit dem letzten Dampfer haben. Das Boot trat wenig später verschossen den Rückmarsch an. Vier Schiffe waren torpediert worden und drei davon gesunken.

Zwischen Rio und Freetown

Von St. Nazaire aus ging U 201 am 27. Juni zur nächsten Feindfahrt in See. Noch auf dem Marsch ins Operationsgebiet vor der westafrikanischen Küste sichtete die Brückenwache am späten Abend des 5. Juli einen großen Zweischornsteindampfer, der mit großer Fahrt aus dem Raum Azoren in Richtung England lief.

"Der ist noch schneller als wir, Herr Kaleunt!" meldete der Obersteuermann, nachdem er seine Berechnungen angestellt hatte.

"Ja, stimmt!" gab Schnee zu, "aber wir zacken nicht wie er, und darum können — müssen wir ihn kriegen. Das ist ein ganz fetter Brocken."

Mit AK ließ Adalbert Schnee sein Boot gegen die mit Stärke 6 gehende See anknüppeln. Er wollte versuchen, bis Einfall der Dunkelheit seine etwas vorliche Stellung zu halten und dann zum Schuß einzudrehen. Mit hämmernden Dieseln wummerte das Boot durch die See. Brecher wuschen über den Turm.

"Herr Kaleunt, der Dieselraum säuft bald ab, wir stehen bis zu den Knöcheln im Wasser!" meldete der Dieselobermaschinist.

Durch die Lüftungsschächte der Diesel, die unterhalb der Brückennock lagen, schlug die See ins Boot. Die Lenzpumpen wurden eingeschaltet und pumpten das Wasser außenbords.

Die Nacht war eingefallen. U 201 kam näher und näher an den Schiffsriesen heran. Längst stand der I. WO als TWO hinter der UZO, die auf die Zielsäule aufgesteckt war. Dann gab Schnee den Fächerschuß frei. Aus 1.400 Meter Distanz geschossen, traf er den riesigen Dampfer, der auslief und dann gestoppt auf der groben See lag und Notrufe funkte.

"Er heißt 'Avila Star' und hat nach dem Lloyds-Register 14.443 Tonnen", meldete der Funkmaat.

"Der sinkt nicht, Herr Kaleunt!"

"Wir legen sicherheitshalber noch einen Aal an", bestätigte Schnee die unausgesprochene Frage des TWO. U 201 lief um den gestoppten Riesen herum und schoß von der Backbordseite aus 450 Meter Entfernung. Der Fangschuß traf mittschiffs, aber er zündete nicht.

Von der "Avila Star" wurden die Rettungsboote zu Wasser gelassen. Schnee wartete, bis die Besatzung das Schiff verlassen hatte, dann traf der vierte Torpedo achtern in den Maschinenraum. Es gab eine gewaltige Detonation und danach eine berstende Explosion. Mit einem

Ruck stellte sich das große Schiff auf das Heck und rutschte weg.
Am 11. Juli wurde ein weiterer Einzelfahrer gesichtet. Dieses Schiff wurde von einer Korvette geleitet. Der Angriff wurde gefahren, und kurz vor Abgabe des Einzelschusses blies eine masthohe Sprengsäule auf diesem Dampfer hoch.
"Da schießt noch einer!" rief der Bootsmannsmaat der Wache überrascht. Es war U 116 unter Kptlt. von Schmidt, der gleichzeitig mit U 201 gegen diesen Dampfer angerannt war. Als das Schiff seinen Notruf machte und U 116 von der Korvette gejagt wurde, schoß auch U 201 drei Minuten nach dem Treffer des anderen Bootes. Der Torpedo traf die 7.093 BRT große "Cortona", aber dieses zähe Schiff funkte weiter SSS und setzte mit verminderter Geschwindigkeit die Fahrt fort.
"Der bekommt noch einen Fangschuß!" entschied der Kommandant. Der dritte Torpedo von U 201 traf mittschiffs, und unmittelbar darauf explodierte die Kesselanlage der "Cortona", womit ihr Schicksal entschieden war.
Der Kapitän der "Cortona" wurde an Bord genommen. Er berichtete Schnee, daß mehrere schnelle Schiffe des OS 33 Weisung bekommen hätten, allein nach Südamerika zu laufen. Dies bewog Schnee, in Generalrichtung nachzusetzen.
Dieser Entschluß sollte sich als richtig herausstellen, denn nur zwei Stunden später wurde der schnelle britische Dampfer "Siris" gesichtet und angegriffen. Der um 4.13 Uhr des 12. Juli geschossene Torpedo ließ das Schiff sinken.
Nun bat Schnee über FT die Operationsabteilung, hinter den Einzelfahrern in Richtung Rio herlaufen zu dürfen, doch der BdU entschied, daß das Boot weiter auf dem Kurs nach Afrika bleiben sollte.
Dennoch wurde am Abend des 12. Juli ein dritter Einzelfahrer gesichtet. Auch dieser lief mit Kurs Südamerika, so daß Schnee sein Boot abermals herumwarf und hinterherlief.
Um 2.01 Uhr am 13. Juli wurde der Torpedo abgeschossen. Er lief irgendwie vorbei. Der nächste Torpedo ging los, noch ehe der Befehl dazu gegeben worden war, irgend etwas mit der Abfeuerungsanlage war nicht in Ordnung gewesen. Der Torpedomaat meldete, daß ein Splint gebrochen sei.
Erst der dritte Torpedo, um 2.21 Uhr geschossen, traf sein Ziel. Der britische Dampfer "Sithonia", mit Kohlen für Rio vollgeladen, sank. Er hatte 6.723 BRT.
Damit hatte U 201 noch vor Erreichen des Operationsgebietes vier Dampfer versenkt. Abermals drehte das Boot nun auf Generalkurs Freetown. Es wollte hinter den anderen Booten herlaufen, die einen Geleitzug gemeldet hatten. Zwei Tage später stand für Schnee fest, daß er diesen Konvoi nicht mehr erreichen würde. Er beschloß, doch

wieder auf Südamerikakurs zu gehen. Genau 20 Stunden später wurde ein Tanker gesichtet. Es war der Brite "British Yeoman" mit 6.990 BRT, der dem ersten Angriff des Bootes zackend entkam. Der Torpedo verschwand irgendwo in der Weite der See.
Der zweite Aal traf den Tanker um 1.46 Uhr des 15. Juli mittschiffs. Er geriet in Brand und stand nunmehr sechs Stunden als riesige Fackel auf der See. Am anderen Morgen ragte sein Heck noch immer aus dem Wasser heraus, und Schnee ließ es mit der Artillerie versenken.
Am späten Abend dieses vergangenen 15. Juli war ein FT-Spruch eingegangen, nach welchem Adalbert Schnee als 105. Soldaten der Wehrmacht das Eichenlaub zum Ritterkreuz verliehen wurde. Damit war er der 15. Angehörige der Kriegsmarine, der diese hohe Auszeichnung bekommen hatte.
Das Boot hatte noch einen Torpedo. Damit lief es aufgrund einer neuen Weisung des BdU wieder auf "Afrikakurs". Tagelang marschierte U 201 in Äquatornähe dahin. Es wurde in den nächsten Tagen zu einer wirklichen "Badereise", wie einer der "Unterirdischen" während einer Zigarettenpause auf dem Turm bemerkte.
In der Nacht zum 19. Juli wurde U 201 von zwei Zerstörern entdeckt und angegriffen. Schon hatte Schnee den Befehl zum Einsteigen gegeben. Aber dann blieb er allein auf dem Turm und versuchte hakenschlagend zu entkommen, denn wenn er wirklich hätte tauchen lassen, wäre es dem nahebei laufenden Gegner sicher gelungen, das Boot noch zu rammen und damit zu vernichten.
Er trickste den Zerstörer mit Hartruderlegen einige Male aus. Dann ließ er mit Schnelltauchen in den Keller gehen.
Das Boot war 30 Meter tief gekommen, als hinter ihm Wasserbomben fielen.
Vier Tage lang stand U 201 vor Freetown auf und ab.
In den späten Abendstunden des 25. Juli wurde ein Zerstörer entdeckt, der zum Glück das spitz zu ihm stehende Boot nicht erkannte. U 201 konnte nicht abdrehen, denn wenn es dem Gegner die Breitseite zeigte, würde der es sichten. Schnee gab den einzig möglichen Befehl: "Torpedo auf den Zerstörer!"
Es war der einzige noch einsatzklare Aal, und ein Fehlschuß würde das Ende des Bootes bedeuten. Schnee ließ näher herangehen, und um 23.05 Uhr fiel der Schuß, der aus 700 Metern Distanz den Gegner dicht hinter dem Schornstein traf. Im Detonationswirbel seiner hochgehenden Wasserbomben wurde der Hilfs-U-Boot-Jäger "Laertes" vernichtet. Ein aufgefischter Rettungsring trug die Aufschrift "H.M.S. T 137".
Das Boot erhielt den Rückmarschbefehl und traf am 8. August wieder in St. Nazaire ein. Es hatte fünf Schiffe und einen U-Jäger vernichtet.

Nunmehr mußte Adalbert Schnee sein Boot abgeben und trat in den Operationsstab des BdU ein. Nach 17 Feindfahrten hatte dieser U-Boot-Kommandant sich zu einem Spezialisten für Geleitzugoperationen herangebildet, der nunmehr alle Kommandantenberichte auszuwerten hatte, um die Ergebnisse in Weisungen für den Rudelkampf der U-Boote umzusetzen.
Als Korvettenkapitän gab Adalbert Schnee schließlich die taktischen Anweisungen für die U-Boot-Waffe heraus.
Kurz vor Kriegsschluß aber erhielt er eine neue Aufgabe, die ihn voll in Anspruch nahm. Mit dem erfahrenen Ingenieur-Offizier Gerd Suhren stellte er U 2511, eines der ersten fertigen U-Boote des Typs XXI in Dienst. Es war das einzige wirkliche Unterwasser-Boot, das noch zum Einsatz kam. Am 30. April lief U 2511 von Bergen zur ersten Feindfahrt aus. Es lief ständig unter Wasser mit Schleichfahrt nach Westen. Nach vier ereignislosen Tagen lief das Boot auf eine britische U-Jagd-Gruppe zum Angriff an. Mit der bis dahin für unmöglich gehaltenen Unterwassergeschwindigkeit von 16 Knoten konnte das Boot allen Angriffen des Gegners entkommen. Das Boot lief seinen Überwassergegnern einfach davon. Es setzte seinen Marsch fort. Schnee hatte Befehl erhalten, mit diesem Boot zum Panamakanal zu laufen und dort dem Gegner große Verluste beizubringen.
Am 4. Mai 1945 traf jedoch ein FT-Spruch des BdU ein, der allen in See stehenden Booten Weisung gab, die Kampfhandlungen einzustellen. Wenige Stunden darauf wurde vom Horchraum Schraubengeräusche gemeldet. Auf Sehrohrtiefe auftauchend, sah Schnee einen englischen Kreuzer von 10.000 BRT. Noch einmal fuhr Schnee einen Angriff, der allerdings nur noch simuliert war. Er durchbrach die Sicherung der Zerstörer und ging mit U 2511 bis auf 500 Meter an den Kreuzer heran. Nun brauchte er nur den Fächerschuß zu befehlen und dieser Kreuzer würde in die Luft geblasen werden.
U 2511 ging wieder auf Tiefe und lief unbemerkt vom Gegner ab. Als KKpt. Schnee später in Bergen diesen Angriff berichtete, war es nicht möglich, den britischen Kreuzer-Kommandanten von der Wahrheit dieser Meldung zu überzeugen. Erst nachdem die Kriegstagebücher verglichen worden waren, anerkannte der Gegner diese Tatsache, die den Verlust seines Schiffes bedeutet hätte.
Das U-Boot U 2511 und alle anderen Boote des Typs XXI wurden zum Prototyp der wirklichen Tauchboote der Zukunft und zu Vorläufern der ersten Atom-U-Boote.
Als im Jahre 1962 der Verband der U-Boot-Fahrer im Deutschen Marinebund gegründet wurde, war es Adalbert Schnee, der von seinen Kameraden zum 1. Vorsitzenden gewählt wurde.

Versenkungsliste von U 60 und U 201 unter Kapitänleutnant Schnee

13.08.40	21.47	swD	"Nils Gorthon"	1.787	25 m NNE Malin Hd.
31.08.40	00.00	nlD	"Volendam" =	15.434	56.04 N/09.52 W
03.09.40	03.26	brD	"Ulva"	1.401	55.45 N/11.45 W
02.05.41	21.14	brMT	"Capulet"	8.190	60.16 N/16.10 W
08.05.41	15.47	frD	"Kervegan"	2.018	60.-- N/32.-- W
09.05.41	14.26	brD	"Gregalia"	5.802	60.24 N/32.37 W
09.05.41	14.28	brD	"Empire Cloud" =	5.969	61.00 N/32.30 W
19.08.41	04.06	brD	"Ciscar"	1.809	49.-- N/17.- W
19.08.41	---	brD	"Aguila"	3.255	--- ---
23.08.41	02.14	brM	"Stork"	787	40.43 N/11.39 W
23.08.41	02.14	brD	"Aldergrove"	1.974	40.43 N/11.39 W
21.09.41	22.50	brD	"Runa"	1.575	46.20 N/22.23 W
21.09.41	23.20	brD	"Lissa"	1.511	47.-- N/22.-- W
21.09.41	23.21	brD	"Rhineland"	1.381	47.-- N/22.-- W
27.09.41	02.08	brD	"Springbank"	5.155	49.10 N/20.05 W
27.09.41	02.11	nwD	"Siremalm"	2.468	49.05 N/20.10 W
27.09.41	23.03	brD	"Margareta"	3.103	50.15 N/17.27 W
27.09.41	23.03	---	---	---	Dampfer gesunken
18.04.42	00.46	arMT	"Victoria" =	7.417	36.41 N/68.48 W
21.04.42	02.36	nwD	"Bris"	2.027	34.-- N/69.-- W
22.04.42	03.29	amD	"San Jacinto"	6.069	31.10 N/70.45 W
22.04.42	09.05	brD	"Derryheen"	7.217	31.20 N/70.35 W
06.07.42	00.39	brD	"Avila Star"	14.443	38.04 N/22.46 W
12.07.42	02.25	brD	"Cortona"	7.093	32.45 N/24.45 W
12.07.42	04.13	brD	"Siris"	5.242	31.20 N/24.48 W
13.07.42	02.21	brD	"Sithonia"	6.723	29.-- N/25.-- W
15.07.42	01.46	brDT	"British Yeoman"	6.990	26.42 N/24.20 W
25.07.42	23.05	brAPC	"Laertes"	545	06.00 N/14.17 W

Gesamterfolge: 24 Schiffe mit 88.995 BRT versenkt
3 Schiffe mit 28.820 BRT torpediert
1 Schiff mit unbekannter Tonnage torpediert und versenkt
1 Geleitfahrzeug torpediert

Korvettenkapitän Georg Lassen

Mit U 160 auf Feindfahrt

Vor der USA-Küste im Einsatz

Am frühen Morgen des 1. März 1942 machte U 160 in Wilhelmshaven Leinen los. Das Boot marschierte durch die Nordsee in den Nordatlantik. Während der Frühjahrsstürme drang es in sein Operationsgebiet vor der amerikanischen Ostküste ein.
U 160 war in der zweiten Gruppe der von der U-Boot-Führung in dieses Seegebiet entsandten Boote etwa gleichzeitig mit U 123 (Hardegen), U 124 (Mohr), U 203 (Mützelburg) und U 552 (Topp) ausgelaufen. Oberleutnant zur See Georg Lassen, der auf U 29 unter Kapitänleutnant Schuhart sieben Feindfahrten unternommen hatte, stellte am 16. Oktober 1941 U 160 in Dienst, das nun nach langer Ausbildungs- und Einfahrzeit zur ersten Feindfahrt unterwegs war.
Am 25. März stand das Boot im Operationsgebiet zwischen Kap Hatteras und Kap Lookout vor der Ostküste Amerikas. In der ersten Morgenstunde des 27. März wurde ein Dampfer gesichtet. U 160 schnürte zum ersten Male an den Gegner heran. Der Einzelschuß aus etwa 1.200 Meter Distanz fiel um 1.38 Uhr. Der panamesische Dampfer "Equipoise" mit 6.210 BRT sank nach wenigen Minuten. Das Boot setzte sich ab, als der Funkraum Funkmeldungen durchgab und dann auch im Horchraum Schraubengeräusche erhorcht wurden.
Die nächsten 48 Stunden verliefen ergebnislos. U 160 mußte sich

mehrfach auf tiefes Wasser verholen und lag tagsüber getaucht auf Grund, um nur ab und zu, wenn Schraubengeräusche gehorcht wurden, auf Sehrohrtiefe aufzutauchen.

Am späten Nachmittag des 29. März, U 160 war aufgetaucht und hatte eben Fahrt aufgenommen, als der steuerbordachtere Ausguck Rauchsäulen meldete, die über der Kimm auftauchten. Wenig später traten die Aufbauten eines großen Dampfers über die Kimm heraus.

Mit Alarmtauchen verschwand das Boot von der Wasseroberfläche. Es wurde in Sehrohrtiefe eingesteuert, und Georg Lassen schwang sich auf den Sattelsitz. Er sah den Dampfer näherkommen.

"Einzelschuß aus Rohr I! — Mündungsklappen auf!"

"Rohr bewässert!" meldete der Torpedomaat, aus dem Bugraum. Der Dampfer wuchs ins Visier. Der Torpedorechner spie die Schußwerte aus. Dann meldete der Zielgeber "Hartlage!"

"Rohr I — los!"

"Torpedo läuft!" meldete der Torpedomaat, der zur Sicherheit noch auf die Handabzugstaste geschlagen hatte, für den Fall, daß die Elektrik versagen sollte.

Rauschend stob das Wasser in die Ausgleichtanks und brachte das leicht nach vorn hochgehende Boot wieder in Trimm.

Das amerikanische Motorschiff "City of New York", das nach dem Lloyds-Register 8.272 BRT hatte, blieb schwer getroffen liegen, nachdem der Torpedo nach Ablauf der Laufzeit mittschiffs hochgegangen war.

Boote wurden gefiert. Die Besatzung verließ das sinkende Schiff. Seenotraketen stiegen über dem sinkenden Dampfer in die Höhe. Dann wurde dieser, wie von Geisterhänden gepackt, in die Tiefe gerissen.

U 160 drehte von der Untergangsstelle weg, denn die "City of New York" hatte noch Notsignale funken können, und bald würde es an dieser Stelle der See von Gegnern wimmeln.

Am 1. April fiel der britische Dampfer "Rio Blanco" einem Torpedo von U 160 zum Opfer, und fünf Tage darauf war es der Motortanker "Bidwell", der von einem Torpedo von U 160 getroffen wurde und brennend liegenblieb. Zwei US-Zertörer tauchten aus dem Morgendunst auf und liefen in Lage Null auf das Boot zu. Mit Alarmtauchen ging U 160 in den Keller und wurde vom Kommandanten in drei, vier Winkelzügen aus der Gefahrenzone geführt.

Der US-Dampfer "Malchace", der in den ersten Morgenstunden des 9. April in Sicht kam, wurde auf flachem Wasser angegriffen. Der Torpedo suchte sein Ziel, das keine 800 Meter weit entfernt lief. Nach Ablauf der Laufzeit wurde das Schiff, das 3.516 BRT groß war, mittschiffs getroffen und sank auf ebenem Kiel binnen weniger Minuten auf Grund. Obgleich dieses Schiff auf flachem Wasser lag, erschien der US-

Schiffahrtsbehörde die Hebung nicht sinnvoll. Es blieb, wo es war.
In Richtung auf Kap Hatteras laufend, mußte ein Meerleuchten passiert werden, als das Boot am Abend des 11. April wieder aufgetaucht war. Die Ausgucks suchten die See ab. Um 20.10 Uhr wurde ein Schatten gesichtet. Mit halber Fahrt lief U 160 auf diesen Schatten zu. Die Fahrt noch weiter verringernd, versuchte Lassen, über Wasser in günstige Schußposition zu kommen.

Der Dampfer wuchs in die U-Boot-Zieloptik hinein, die auf dem Turm auf die Zielsäule aufgesteckt worden war. Ein Zerstörer tauchte auf, dann ein zweiter.
Mit Alarmtauchen verschwand U 160 von der Wasseroberfläche. Oblt. z. S. Lassen ließ mit einer Ruderkorrektur 10 Grad Steuerbord aus dem Kollisionskurs herausdrehen. Die Zerstörer drehten nicht mit, wie der Mann aus dem Horchschapp meldete.
Als die Zerstörer vorübergerauscht waren, ließ Lassen wieder auftauchen. Der Dampfer war inzwischen groß herausgekommen. Lassen sah, daß es ein großer Brocken war und daß er ihn nur kriegen konnte, wenn er etwas anlegte. Er ließ die Rohre I bis III zum Überwasserschuß klarmachen. Die Rechenanlage arbeitete nach den eingegebenen Werten. Die Schußunterlagen wurden in den Torpedo eingegeben.
"Hartlage! — Hartlage!" meldete der Zielgeber.
"Fächerschuß aus Rohr I bis III — los!"
Das Boot bäumte sich steil auf, als die drei Torpedos in nur wenigen Sekunden Abstand zueinander ihre Rohre verließen. Die Ausgleichstanks wurden geflutet und das Boot wieder in die Horizontale gebracht.
Zäh vertickten die Sekunden in die Vergangenheit. Die beiden Zerstörer waren bereits nach vorn außer Sicht gekommen.
"Zeit ist um!" meldete der Obersteuermann.
Sekunden später sahen die Männer auf dem Turm des U-Bootes eine dreifache Flammenlanze mittschiffs und achtern an dem großen Dampfer emporspringen.
Dann erscholl das ohrenbetäubende Dröhnen der drei Torpedodetonationen. Dreimal 350 Kilogramm Trinitrotoluol gingen an diesem Dampferriesen hoch.
"Das Boot hat einen großen Dampfer getroffen. Er bleibt liegen, brennt über alles!" meldete Lassen in die Röhre hinunter. "Die Besatzung versucht, Rettungsboote zu fieren."
"Schiff macht Notruf!" meldete der Funkmaat. "Sein Name ist 'Ulysses', hat nach dem Lloyds-Register 14.647 BRT."
Jubel brandete durchs Boot, der sofort verstummte, als eine Sichtmeldung einging:

"Zerstörer, zehn Grad Backbord voraus; kommt in Lage Null!"
"Alarm! — Schnelltauchen!"
Die Brückenwache verschwand durch das Luk ins Boot, und als letzter stieg Lassen ein, zog das Turmluk zu, drehte es dicht und meldete "Luk zu!"
Der Leitende Ingenieur ließ die vorderen Tauchtanks fluten. Steil vorlastig stieß das Boot in die Tiefe hinunter. Eine Ruderkorrektur ließ es aus dem gelaufenen Kurs herausdrehen, und der auf U 160 zustoßende Feindzerstörer lief in etwa 600 Metern seitlich am Boot vorbei. Wasserbomben fielen. Die Druckwellen trafen das Boot nur leicht. Weiter drehend lief U 160 nach Osten ab. Die weiteren Wasserbomben, die von diesem und dem zweiten hinzugekommenen Zerstörer geworfen wurden, verhallten weit hinter dem Boot.
Eine Stunde darauf tauchte U 160 auf. Georg Lassen schwang sich auf den Turm. Die Brückenwache folgte, als der Kommandant die Luft rein fand.
"Steuerbord-Diesel voll voraus. Backborddiesel auf Aufladung schalten. Frischluftumwälzer ein!" befahl der Kommandant. In einem belebenden Strom wallte die Seeluft ins Boot hinein und wurde bis in den letzten Winkel getrieben, als alle Schotts geöffnet wurden.
Georg Lassen ging in den Funkraum hinunter. "Funkspruch an den großen Löwen", befahl er. "Dampfer 'Ulysses' mit 14.647 BRT auf 34.23 N/75.35 W versenkt. Vor Zerstörern getaucht. Ein Torpedo, 40 Kubikmeter."
Die Antwort des BdU ließ nicht lange auf sich warten. Sie lautete: "Gut gepaukt! Ausspreche Anerkennung. Rückmarsch!"
Wenige Sekunden später hörte es die gesamte Besatzung, die auf ihren Ruhestationen waren: "Hier spricht der Kommandant: Das Boot tritt den Rückmarsch an."
Jubel brandete auf, der diesmal nicht vom Kommandanten unterdrückt wurde.
Auf seiner ersten Feindfahrt, die U 160 im Frühjahrssturm vor die Küste der USA gebracht hatte, wurden fünf Schiffe mit 36.731 BRT versenkt und ein Schiff mit 6.837 BRT torpediert. (Siehe dazu: Versenkungsliste von U 160.)

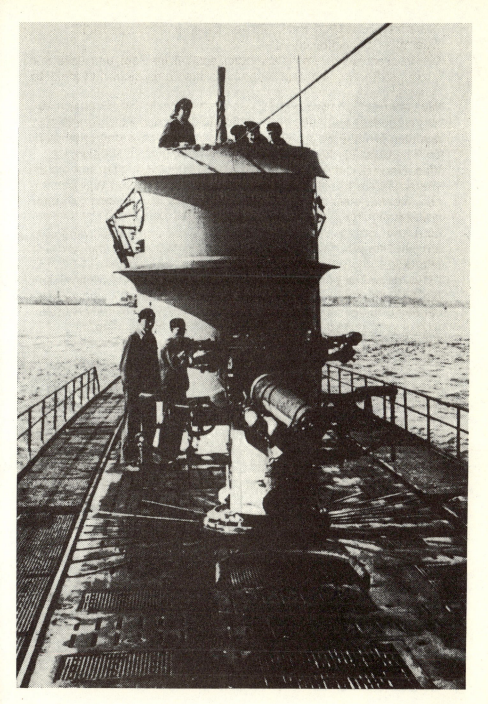

Vor Trinidad

Nach der Rückkehr des Bootes, das am 28. April in den Hafen von Lorient eingelaufen war und der Begrüßung durch den Befehlshaber der U-Boote, Admiral Dönitz, ging das Boot ins Reparaturdock, während die Besatzung in drei Törns in den wohlverdienten Urlaub fuhr.
Mitte Juli 1942 stand das Boot, das am 20. Juni zur zweiten Feindfahrt ausgelaufen war, bereits wieder in seinem neuen Operationsgebiet vor Trinidad. In den frühen Morgenstunden des 16. Juli wurde ein Tanker gesichtet, der hier, auf der "Tankerweide", unterwegs war. Der erste Angriff der zweiten Unternehmung begann. Der Tanker "Beaconlight" lief ins Visier der UZO hinein. Er kam hoch heraus. Schon füllte der große Schatten Zweidrittel der Zieloptik aus. U 160 kam bis auf 800 Meter heran. Der Schuß fiel, und genau nach Ablauf der geschätzten Laufzeit sprang die Treffersäule am Tanker empor.
Es war nicht der Tanker "Gallia" wie Lassen irrtümlich meldete, sondern die panamesische "Beaconlight" mit 6.926 BRT, die wenige Minuten nach dem ersten Torpedo noch einen zweiten Aal erhielt und dann über alles brennend auf Tiefe ging.
Der panamesische Dampfer "Carmona" mit seinen 5.496 BRT war das nächste Opfer des Bootes, auf annähernd gleicher Position. Er sank am Nachmittag des 18. Juli.
Bei glühender Hitze, die im Boot bis zu 50 Grad betrug, stand U 160 in diesem Jagdgebiet auf und ab. Vor Flugzeugen mußte U 160 in den nächsten beiden Tagen mehrfach mit Alarmtauchen in den Keller. Einmal prasselte der Brückenwache ein MG-Feuerstoß um die Ohren, als ein Seeflugzeug, aus der tiefstehenden Sonne kommend, auf das Boot zustieß.
Als es plötzlich zu regnen begann, atmeten alle Männer auf U 160 auf. Das Boot glitt mit kleiner Fahrt mitten in diese Regenwand hinein. Plötzlich tauchte — wie aus dem Nichts heraus — keine 600 Meter vor ihnen, ein Tanker auf, der glücklicherweise nicht auf Kollisionskurs lief.
"Rohr I und II — fertig! — Rohre los!"
Es ging alles sehr schnell. Die Eingabe der Schußwerte dauerte nicht länger als zehn Sekunden, dann fiel der Zweierschuß. Sofort drehte U 160 herum. Es befand sich noch mitten in der Drehung, als die beiden Treffer dröhnten und die Flammenpinien den dichten Regen durchstießen.
"Tanker stoppt, er brennt vorn und mittschiffs."

Aber dieser Tanker blieb nicht liegen. Er setzte einen Notruf ab, der vom Funkmaat des Bootes aufgefangen wurde:
"SSS from 'Donovania': torpedoed by german submarine!"
"Korvette, Herr Oberleutnant! — Kommt achtern um den Tanker herum!" meldete der backbordachtere Ausguck.
"Wir bleiben oben! — Buggeschütz besetzen!"
Aber die Korvette schien U 160 noch nicht gesichtet zu haben, was in der Regenwand auch schwerfallen würde. Sie lief näher an den Tanker heran, um zu helfen.
"Funkraum an Brücke: "Dampfer, ich korrigiere, Tanker 'Donovania' hat nach dem Lloyds-Register 8.149 BRT."
"Fangschuß aus Rohr III!" befahl Lassen, als man auf dem Tanker scheinbar die Flammen unter Kontrolle gebracht hatte.
Das Rohr wurde klargemeldet, und der Schuß fiel. Er traf offenbar mitten in die Kesselanlage des Tankers hinein; mit ungeheurem Krachen riß der Brückenaufbau weg. Die "Donovania" stellte sich auf den Achtersteven, während das Vorschiff höher und höher aus der See herausragte. Dann stieß sie steil in die Tiefe hinunter.
Im Augenblick des Unterganges sah Lassen noch, wie die Korvette mit AK zurückging, um nicht in den Sinkstrudel oder in die Explosionen hineinzugeraten.
U 160 lief mit AK beider Dieselmaschinen ab. Der Kommandant befahl eine halbe Stunde später, als sie aus der Gefahrenzone heraus waren, das Nachladen der leergeschossenen Rohre.
Drei Stunden später, die Sonne schickte ihre Glut auf die See herunter, erreichte U 160 die 1.000 Meter-Marke. Hier konnte das Boot gut vor eventuellen Gegnern tauchen. Georg Lassen befand sich gerade in seiner Kammer, als er auf den Turm gerufen wurde. Zwei Zerstörer waren aus westlicher Richtung, von der Insel Blanquilla aus, in Sicht gekommen.
Lassen ließ sofort tauchen, und als das Boot 60 Meter Tauchtiefe erreicht hatte, horchte der Mann am Gruppenhorchgerät Schraubengeräusche, die rasch näherkamen. Kurz darauf waren die ersten auftreffenden Asdic-Ortungsstrahlen zu vernehmen.
"Auf 100 Meter gehen!" befahl Lassen.
"Zerstörer kommt in Lage Null!"
"Hartruder Steuerbord!"
Alles klammerte sich fest, um nicht bei dieser harten Drehung gegen Wände oder Armaturen geschleudert zu werden. Die Asdicstrahlen wanderten aus. Vier Wasserbomben-Detonationen hämmerten hinter U 160 auseinander. Dann entfernte sich der Zerstörer immer weiter vom Boot.
"Zweiter Zerstörer, Herr Oberleutnant!"

"Auf 150 Meter gehen!"
Das Boot stieß weiter hinunter, und wie gebannt starrten die Tiefenrudergänger auf die Manometernadel. Mit einer weiteren Ruderkorrektur und in Schleichfahrt, um möglichst wenig Geräusche zu verursachen, drehte das Boot weg. Weitere Wasserbomben krachten auseinander. Die E-Maschinen hummelten leise.
U 160 gelang es, diesen Gegner abzuschütteln. Das Boot war wieder einmal seinen Jägern entkommen.
In den nächsten Tagen kam kein Schiff in Sicht. Stattdessen wurden immer wieder Seeflugzeuge oder Zerstörer gesichtet, die das Boot zum Alarmtauchen zwangen.
Von beinahe 11 Grad Nord lief U 160 auf etwa 9 Grad Nord hinunter. Am 25. Juli war es endlich so weit. Der kleine niederländische Dampfer "Telamon" wurde mit einem Einzelschuß versenkt. Er hatte nur 2.078 BRT.
Wieder vergingen drei ereignislose Tage. Die "Prescodoc", ein kanadischer Dampfer, der bis unter die Lukendeckel mit Munition und Sprengstoffen vollgeladen war, flog am 29. Juli nach einem einzigen Treffer binnen einer Minute in die Luft.
Fünf Stunden lang wurde U 160 von Zerstörern gejagt. Mehrfach schien ein Wasserbombenwurf das Ende des Bootes und seiner Besatzung anzuzeigen, doch immer wieder gelang es Lassen, das Boot rechtzeitig herumzureißen. Schließlich konnten sie auf tiefes Wasser entkommen.
Das Boot war bei den oftmals sehr dichtbei detonierenden Wabos beschädigt worden. Die Reparaturen dauerten den ganzen folgenden Tag an. Das Leben im Boot schien unerträglich zu werden. Bei 27 Grad Wassertemperatur und 50 Grad im Boot schien alles zu schmelzen. Aber das Boot hatte noch sechs Torpedos.
Die Hälfte dieser Aale mußten auf den britischen Dampfer "Treminnard" geschossen werden, ehe diese 4.694 BRT von der Wasseroberfläche verschwanden. Die Besatzung des Schiffes war längst in die Boote gegangen und ruderte in Richtung Land.
Am 4. August stieß U 160 auf den norwegischen Motortanker "Havsten". Der Zweierfächer traf das Schiff und ließ es rasch mit der Fahrt heruntergehen. Ein Fangschuß ließ es liegenbleiben. Um sicher zu gehen, wurde es mit der Artillerie beschossen. Stark achterlastig war die "Havsten" mit Sicherheit vernichtet, als U 160 aufgrund der verschiedenen Notrufe und einiger Antworten darauf mit AK den Untergangsort des Tankers verließ. Noch lange konnten die Männer auf dem Turm die dunkle Rauchsäule des brennenden Tankers sehen. Der war mit Sicherheit weg.
Die "Havsten" hielt sich noch 52 Stunden über Wasser. Am 6. Au-

gust wurde sie von dem italienischen U-Boot "Tazzoli" unter Carlo Fecia di Cossato mit einem Fangschuß versenkt. Damit wurde dieses Schiff mit 6.161 BRT von der Versenkungsliste der zweiten Feindfahrt gestrichen. Es galt nur noch als torpediert.
Auf dem Rückmarsch wurde U 160 in der Biskaya von einem Pulk viermotoriger Bomber angegriffen. Das Boot wurde stark beschädigt, konnte aber entkommen. In der Nacht wurde es von einer deutschen Räumboot-Gruppe aufgenommen und nach Lorient geleitet. Nach 68 Seetagen hatte die Besatzung wieder festes Land unter den Füßen.
Bei der Begrüßung war es Korvettenkapitän Kuhnke, der Flottillenchef, der die Besatzung willkommen hieß. Die Besatzung war enttäuscht, denn man hoffte darauf, daß der Große Löwe kommen und dem Kommandanten das Ritterkreuz überreichen würde. Immerhin wußten sie ja schon, daß diese hohe Auszeichnung ihrem Kommandanten am 10. August verliehen worden war.
Am Morgen des 5. September 1942 stand Georg Lassen dem BdU gegenüber. Dieser überreichte ihm das Ritterkreuz, das der A4 der Operationsabteilung dem Kommandanten umhängte.
Als 57. Offizier der U-Boots-Waffe hatte Georg Lassen diese hohe Auszeichnung erhalten.
Die Ausbeute der zweiten Feindfahrt war: sechs Schiffe mit insgesamt 29.281 BRT versenkt, und ein Schiff mit 6.161 BRT torpediert.

Geleitzugkämpfe in der Karibischen See

Die dritte Feindfahrt, die am 23. September 1942 begann, führte U 160 abermals in die Karibische See und in den Seeraum vor Trinidad. Die ersten zwei Tage im Operationsgebiet, das am 14. Oktober erreicht wurde, verliefen ereignislos. Am 16. Oktober wurden auf 61.10 Grad West zwei Schiffe gestellt und torpediert. Die 730 BRT große "Castle Harbour" sank nach dem Torpedotreffer. Der US-Dampfer "Winona" wurde schwer beschädigt.

Vom 16. Oktober bis zum 3. November schien die See leergefegt. Am 3. November aber stand das Boot auf 12 Grad Nord und 62 Grad West. Zwei Zerstörer kamen in der hellen Nacht in Sicht, vor denen das Boot mit Alarmtauchen in den Keller ging. Bereits zwei Minuten nach dem Tauchen wurden Schraubengeräusche vieler Schiffe gemeldet.

Es war offenbar ein Geleitzug, und Lassen ließ auf Sehrohrtiefe auftauchen. Ein schneller Rundblick zeigte ihm, daß die Zerstörer längst außer Sicht waren.

Wenig später wurde der erste Dampfer gesichtet. Das Boot lief mit und schob sich bis zur Spitze des Geleitzuges vor. Dabei passierte es einen großen Tanker, der nicht angegriffen werden konnte, weil er von zwei kleineren Schiffen der vorderen Kolonne verdeckt wurde.

"Wir nehmen den Dampfer mit geschätzten 7.400 Tonnen!" entschied Lassen.

Als der Einzelschuß fiel, legte gerade die Kolonne mit dem großen Dampfer einen Zack ein. Doch der Torpedo traf stattdessen den nur 2.260 BRT großen kanadischen Dampfer "Chr. J. Kampmann", der sofort sank.

Von dem achtern laufenden und nun nach vorn preschenden Zerstörer glitt U 160 nach Steuerbord weg, und als dieser mit hoch aufgischtendem Schnauzbart vorübergebraust war, drehte das Boot wieder ein. Das Rohr I war bereits nachgeladen, als Lassen um 6.30 Uhr mit zwei Zweierfächern auf einen Tanker und einen Frachter schießen ließ.

Beide Schiffe wurden getroffen. Der Tanker "Thorshavet", mit seinen 11.015 BRT ein großer Brocken, sackte sofort tiefer, als die beiden Torpedos seine Flanke aufrissen. Der zweite anvisierte Dampfer blieb ebenfalls liegen und begann zu brennen. Als der Tanker bereits im Sinken war, mußte das Boot abdrehen und mit Alarmtauchen in den Keller gehen. Die beiden vorn laufenden Zerstörer kehrten zurück, warfen einige Schreckbomben und liefen dann zu den beiden getroffenen Schiffen hinüber, von denen das zweite gerettet und in Schlepp genommen werden konnte.

Am Rande des Sichtkreises mitlaufend wurden die Rohre nachgeladen. Es war der Konvoi TAG 18, der hier seine ersten Schiffe verlor, ein von Trinidad nach Aruba und Guantanamo laufender Geleitzug.

Um 10.00 Uhr waren die Rohre nachgeladen, und U 160 drehte im Unterwassermarsch abermals auf diesen Konvoi ein. Der zum Schuß notwendige Vorlauf war erreicht worden, und schon wuchsen abermals zwei Dampfer in die Zieloptik hinein und die Rechenanlage spuckte die Schußunterlagen aus, die sofort eingespeist wurden.

Um 11.37 Uhr fielen abermals zwei Zweierfächerschüsse. Das Boot wäre um ein Haar zur Wasseroberfläche durchgebrochen, doch zum Glück für U 160 achtete niemand darauf. Nach Ablauf der Laufzeit sprangen am britischen Dampfer "Gypsum Empress" und am panamesischen Tanker "Leda" die Torpedopinien empor. Brände brachen aus, wieder herrschte das Tollhaus der Seenotraketen und der Signale. Beide Schiffe sanken.

Die Abendmeldungen aus Port of Spain meldeten die Versenkung dieser beiden Schiffe. Zum Schluß wurde berichtet: "Der Zerstörer 'King Hazel' traf das U-Boot mit einem Wasserbombenfächer. Mit seiner Versenkung ist zu rechnen."

Drei Tage später, am Abend des 6. November, glitt U 160 an zwei hintereinander laufende Schiffe heran. Georg Lassen ließ zwei verbundene Einzelschüsse schießen. Nach 104 Sekunden wurde der erste Dampfer, der Brite "Arica", getroffen. Der zweite Schuß ging vorbei. Nach etwa sieben Minuten wurde die Detonation gehorcht. Es war also ein Endstreckendetonierer.

In den nächsten Tagen wurde U 160 immer wieder durch Flugzeuge unter Wasser gedrückt. Das Boot horchte zwar Schraubengeräusche von Schiffen, kam aber nicht heran. Erst in der Nacht zum 11. November hatte das Boot wieder eine Chance. Die Sichtmeldung ließ den Kommandanten auf den Turm eilen. U 160 schob sich mit AK langsam nach vorn. Der schnelle Einzelfahrer war ein modernes Schiff und machte 12 Knoten Fahrt. Dennoch wurde der zum Schuß notwendige Vorlauf gewonnen, und da es inzwischen hell geworden war, ließ Lassen auf Sehrohrtiefe tauchen.

Im Sattelsitz des Sehrohrs sitzend, visierte er den Dampfer an. Das Boot drehte weiter ein, dann kam die Meldung "Hartlage!" Aber noch etwas weiter ließ der Kommandant herangehen, ehe er den Befehl zum Zweier-Fächerschuß gab.

Der britische Dampfer "City of Ripon" erhielt zwei Treffer. Das Schiff sank, auf ebenem Kiel reitend, weg.

Das niederländische Motorschiff "Bintang" war mit seinen 6.481 BRT ein gutes Ziel, das von U 160 am 21. November anvisiert wurde. Um 9.26 Uhr fiel der Schuß, der die "Bintang" für immer auf Tiefe gehen ließ. Noch einmal wurde das Boot unter Wasser gedrückt und durch die hinterhergeworfenen Bomben des Flugbootes durchgeschüttelt. Doch auch diesmal entkamen sie mit einem blauen Auge.

Um Mitternacht des 22. November drehte das Boot ein letztesmal zum Schuß auf einen Dampfer mit geschätzten 4.000 BRT ein. Der letzte Torpedo lag im Rohr. Er lief direkt auf das Schiff zu. Nach genau 56 Sekunden Laufzeit erscholl ein dumpfer Aufschlag, dem aber keine Detonation folgte.

"Zündpistolenversager, Herr Kaleunt", sagte der II. WO lakonisch. "Da kann man nichts machen."

Das Boot trat den Rückmarsch an. Als es nach 77 Seetagen am 9. Dezember 1942 in Lorient einlief, flatterten neun Versenkungswimpel am ausgefahrenen Sehrohr. Der Kommandant hatte nach seinen Berechnungen 54.868 BRT feindlichen Schiffsraumes versenkt.

Gesunken waren jedoch "nur" acht Schiffe, ein neuntes war torpediert, jeoch nicht tödlich getroffen worden.

Insgesamt hatte das Boot auf dieser Feindfahrt vom Gegner bestätigte sieben Schiffe mit 44.135 BRT versenkt und ein Schiff torpediert.

Trotz der vielen Schäden, die U 160 erhalten hatte, war es am Jahresanfang 1943 wieder einsatzbereit.

Vor Südafrika — Das Eichenlaub

Am 6. Januar 1943 legte U 160 unter dem Kommando von Kapitänleutnant Lassen zu seiner vierten Feindfahrt ab. Operationsgebiet war die Südküste Afrikas.
Am 8. Februar 1943 kam auf 22.00 Grad Süd/07.45 Grad West ein Einzelfahrer in Sicht. Es war der US-Dampfer "Roger B. Taney" mit 7.191 BRT, der dem ersten Torpedo von U 160 zum Opfer fiel.
Das Boot drehte nun aus seiner Position weit südlich von St. Helena mehr auf Land ein. Am 3. März stand es vor Port Shepstone. Gleich U 160 waren noch einige weitere Boote vom BdU auf diesen Küstenbereich um das südliche Afrika angesetzt worden. Doch keinem gelang es, zum Schuß zu kommen.
Der neue I. WO, Oblt. z. S. von Bitter, der vorher auf U 160 II. WO gewesen war und die Wache am 3. März 1943 ging, ließ bei einfallender Abenddämmerung nahe der Küste entlangsteuern. Das Boot lief vor der Südostküste Südafrikas in Höhe von Durban.
"Wir müssen von der Küste weg", sagte Lassen, als er auf den Turm kam. Das Boot drehte auf Ostkurs ein, und eine Stunde später wurde ein Geleitzug direkt voraus gesichtet, dessen Aufbauten gerade über der Kimm auftauchten.
Es war der Konvoi DM 21 — Durban nordgehend — zu dem nun das Boot, auf Nordkurs drehend, aufschloß und rasch herankam.
Mit Höchstfahrt lief U 160 durch die immer wieder verdunkelnde Nacht, wenn sich Wolken vor den Mond schoben.
"Wir haben ihn, Herr Kaleunt", wisperte der II. WO aufgeregt.
"Sieht so aus", bestätigte Lassen, eher zurückhaltend.
"Auf Gefechtsstationen! — Boot greift an!"
Die Männer standen bereit, alle Torpedos waren einsatzbereit in den Rohren.
"Sicherungsfahrzeuge an Backbord querab!" meldete einer der Ausgucks.
"Zehn Grad Steuerbord!" Leicht schob sich das Boot aus der gefährlichen Nähe dieses Gegners heraus. Dann ließ Lassen aufdrehen und schnell nach vorn laufen. Als das Boot einen genügenden Vorlauf erreicht hatte, drehte es, auf kleine Fahrt zurückgehend, damit das Schraubenwasser und die Bugsee sie nicht verriet.
Das Boot lief genau in die große Lücke des Konvois hinein. Lassen be-

fahl, vier Einzelschüsse auf die großen Schiffe zu schießen, unter ihnen, wie man an den achteren Aufbauten erkannte, auch ein Tanker.
Um 23.22 Uhr fielen die ersten vier Schüsse. Drei Schiffe wurden binnen weniger Sekunden zueinander, nach Ablauf der allgemeinen Laufzeit, getroffen und schrien ihren Verzweiflungsruf "SSS" in die Nacht hinaus. Dieses dreifache "Submarine", das die tödliche Gefahr aufzeigte, in welcher sich alle Schiffe des Konvois nach Auftauchen des Grauen Wolfes befanden.
Der US-Dampfer "Harvey W. Scott" sank ebenso wie der britische Dampfer "Nirpura". Der Tanker "Tibia", ein Niederländer, schwenkte schwer getroffen aus dem Konvoi heraus, konnte aber dennoch in einer sagenhaften Fahrt den Hafen von Durban erreichen.
Die Nacht wurde von den Notrufen der Schiffe durchgellt.
U 160 lief mit dem Konvoi mit, ohne seinen Kurs wesentlich zu verändern. Im Bugraum schufteten die Torpedogasten, um die leergeschossenen Rohre wieder nachzuladen. Da alle Torpedos bereits vorbereitet waren, ging dies sehr viel schneller, als allgemein üblich. Eine Stunde nach Mitternacht drehte das Boot zum zweiten Anlauf auf den Pulk in der zweiten Kolonne ein. Um 1.10 Uhr fielen die beiden Einzelschüsse. Eines der getroffenen Schiffe sank sehr rasch. Es war die "Empire Mahseer" mit 5.087 BRT. Der zweite getroffene Dampfer stoppte seine Fahrt und begann zu brennen. Sein Sinken konnte nicht beobachtet werden, weil Geleitfahrzeuge das Boot abdrängten.
Kurz nach 3.00 Uhr griff der graue Wolf ein drittesmal an. Vier Torpedos als Zweierfächer geschossen, liefen auf die beiden als 5.000-Tonner angesprochenen Schiffe zu. Die "Marietta E.", ein britischer Dampfer mit 7.628 BRT, sank. Das zweite Schiff, die "Sheaf Crown", blieb ebenfalls schwer getroffen liegen, mußte aber verlassen werden, weil eine Korvette, Leuchtgranaten schießend, sich mit großer Fahrt dem Standort des U-Bootes näherte, ohne es aber zu sichten.
Von den sieben beschossenen Schiffen des Konvois DN 21 sanken vier, zwei weitere wurden torpediert, das siebte verfehlt.
Damit hatte der wichtige Geleitzug einen Teil seiner Schiffe verloren. Im Unterwassermarsch lief U 160 zur Küste zurück und legte sich bei 80 Meter Wassertiefe auf Gund. Der Paukenschlag von Durban war beendet. Die Männer im Bugraum schufteten beim Nachladen der Rohre, um das Boot wieder in den bißbereiten gefährlichen Hai zurückzuverwandeln.
Am 7. März 1943, nachdem der Funker diesen Paukenschlag gemeldet hatte, erhielt Georg Lassen als 208. deutscher Soldat das Eichenlaub zum Ritterkreuz des Eisernen Kreuzes. Am 9. März wurde diese Verleihung in der Presse veröffentlicht.
Am 11. März, U 160 befand sich bereits wieder auf dem Rückmarsch,

wurde gegen Abend ein letzter Dampfer angegriffen. Es war der Brite "Aelybryn" mit 4.986 BRT. Die letzten Torpedos des Bootes ließen dieses Schiff sinken.
In Höhe der Kapverdischen Inseln fiel auf dem Rückmarsch das Tiefenruder aus. Von diesem Zeitpunkt an war ein Alarmtauchen des Bootes nur noch mit "alle Mann nach vorn!" zu bewerkstelligen. Aber Georg Lassen hielt Besatzung und Boot fest in der Hand, und am 10. Mai lief das Boot nach 124 Seetagen in die Girondemündung ein und machte schließlich an der Pier in Bordeaux fest.
U 182 unter dem unvergeßlichen Nico Clausen, dem Kämpfer von Guayana, das wenige Tage darauf mit U 160 einlaufen sollte, wurde am 6. Mai durch US-Seestreitkräfte vernichtet.
Nach 124 Seetagen war U 160 von seiner vierten Feindfahrt heimgekommen. Auf der Versenkungsliste standen sieben Schiffe mit 45.205 BRT, zwei weitere Schiffe mit insgesamt 15.224 BRT waren torpediert worden.
Nach der Feindfahrt-Besprechung mit dem Führer der U-Boote West, Kapitän zur See Hans-Rudolf Rösing, erhielt Georg Lassen den Befehl, als Ausbildungsoffizier und Chef der Offizierskompanie bei der I. U-Boots-Lehrdivision nach Pillau zu gehen.
Zwei Jahre gingen hier junge U-Boot-Fahrer und angehende Kommandanten durch seine Schule.
Am 1. April 1945 wurde Georg Lassen zum Korvettenkapitän befördert.

Die Versenkungsliste von U 160 unter Korvettenkapitän Georg Lassen

Erste Feindfahrt:

27.03.42	01.38	panD	"Equipoise"	6.210	36.36 N/74.75 W
29.03.42	19.36	amM	"City of New York"	8.272	35.16 N/74.25 W
01.04.42	16.22	brD	"Rio Blanco"	4.086	35.16 N/74.18 W
06.04.42	08.07	amMT	"Bidwell" =	6.837	34.25 N/75.57 W
09.04.42	07.58	amD	"Malchace"	3.516	34.28 N/75.56 W
11.04.42	22.23	brD	"Ulysses"	14.647	34.23 N/75.35 W

Versenkt: 5 Schiffe mit 36.731 BRT
torpediert: 1 Schiff mit 6.837 BRT

Zweite Feindfahrt:

16.07.42	16.33	paDT	"Beaconlight"	6.926	10.59 N/61.05 W
18.07.42	09.34	paD	"Cormona"	5.496	10.58 N/61.20 W
21.07.42	10.29	brMT	"Donovania"	8.149	10.56 N/61.10 W
25.07.42	01.14	nlD	"Telamon"	2.078	09.15 N/59.54 W
29.07.42	10.19	caD	"Prescodoc"	1.938	08.50 N/59.05 W
02.08.42	18.18	brD	"Treminnard"	4.694	10.40 N/57.07 W
04.08.42	01.59	nwMT	"Havsten" =	6.161	11.18 N/54.45 W

Versenkt: 6 Schiffe mit 29.281 BRT
torpediert: 1 Schiff mit 6.161 BRT

Dritte Feindfahrt:

16.10.42	21.20	brD	"Castle Harbour"	730	11.00 N/61.10 W
16.10.42	21.20	amD	"Winona" =	6.197	11.00 N/61.10 W
03.11.42	02.02	canD	"Chr. J. Kampmann"	2.260	12.06 N/62.42 W
03.11.42	06.30	brMT	"Thorshavet"	11.015	12.16 N/64.06 W
03.11.42	06.30	unbek.	- - -	- - -	- - -
03.11.42	11.37	brD	"Gypsum Empress"	4.034	12.27 N/64.04 W
03.11.42	11.37	paMT	"Leda"	8.546	12.16 N/64.06 W
06.11.42	19.15	brD	"Arica"	5.431	10.58 N/60.52 W
06.11.42	19.15	- - -	- - -	- - -	- - -
11.11.42	08.01	brD	"City of Ripon"	6.368	08.40 N/59.20 W
21.11.42	09.26	nlM	"Bintang"	6.431	10.30 N/51.00 W
22.11.42	00.18	- - -	- - -	- - -	- - -

Versenkt: 8 Schiffe mit 44.815 BRT
torpediert: 1 Schiff mit 6.197 BRT
Fehlschüsse bzw. Versager: 2

Vierte Feindfahrt:

08.02.43	02.13	amD	"Roger B. Taney"	7.191	22.00 S/07.45 E
03.03.43	23.22	amD	"Harvey W. Scott"	7.176	31.54 S/30.37 E
03.03.43	23.22	brD	"Nirpura"	5.961	32.47 S/30.48 E
03.03.43	23.22	nlMT	"Tibia" =	10.356	32.00 S/30.21 E
04.03.43	01.10	brD	"Empire Mahseer"	5.087	32.01 S/30.48 E
04.03.43	01.10	brit	"Empire Mahseer"		(zweiter Treffer)
04.03.43	03.46	brD	"Marietta E."	7.628	31.49 S/31.11 E
04.03.43	03.46	brD	"Sheaf Crown" =	4.868	31.49 S/31.11 E
08.03.43	abds.	amD	"James B. Stephens"	7.176	28.53 S/33.18 E
11.03.43	abds.	BrD	"Aelbryn"	4.986	28.30 S/34.00 E

Versenkt: 6 Schiffe mit   38.029 BRT
torpediert: 2 Schiffe mit   15.224 BRT

Gesamterfolge: 26 Schiffe mit 156.032 BRT versenkt
                  5 Schiffe mit 34.419 BRT torpediert

Oberleutnant zur See Hans Trojer

Zwei große Geleitzugschlachten

Der Kampf am SC 104

Als Hans-Hartwig Trojer im Januar 1941 nach Bremen kommandiert wurde, um auf U 67 einzusteigen und dort als II. Wachoffizier zu dienen, das von Kapitänleutnant Bleichrodt in Dienst gestellt worden war, erlebte er eine Enttäuschung und eine Freude gleichzeitig. Enttäuscht war er, daß er nach dem Einfahren nicht mit diesem Boot auf Feindfahrt gehen konnte, erfreut durch die Tatsache, daß er mit U 3 ein eigenes Boot erhielt, mit dem er allerdings nur in küstennahen Gewässern operieren konnte. Er unternahm mit diesem Boot eine Minenaufgabe vor der englischen Küste.
Bereits vorher war ihm aber vom BdU gesagt worden, daß er ein neues großes Boot bekommen werde, sobald eines zur Indienststellung bereit sei.
Am 9. Mai 1942 stellte Trojer dann U 221 in Dienst und lief mit diesem Boot Anfang September zu seiner ersten Feindfahrt aus.
Das Boot lief mit kleiner Marschfahrt durch die hochgehende See. Die Brückenwächter hatten in der Zentrale das Gummizeug und die Südwester übergezogen und mußten sich auf dem Turm festschnallen. Der wachhabende II. WO trat das Turmluk zu, weil zu viel Wasser ins Boot geschlagen wäre, denn die grobe See überrollte das Vorschiff des Bootes und knallte oben gegen den Turm, um alle Männer mit dichter grüngrauer Gischt zu übersprühen. Ab und zu wölbte sich ein besonders hoher Roller auf und schlug über den Turm hinweg.

Dichte dunkle Wolkenballen wurden vom starken Wind über den Himmel getrieben. Der Mond trat nur selten hinter dieser dunklen Wand hervor.
Die Kälte stach durch die dichten Seesachen. Die Füße der wachegehenden Männer schienen erstarrt. Immer wieder gaben sie ihre Ferngläser in den Turm hinein, damit sie trockengewischt wurden.
Ab und zu meldete der Funkraum einen FT-Spruch von einem der 14 Boote, die sich in zwei Such-Rudeln an der Stelle der See zusammenfanden, wo ein feindlicher Konvoi erwartet wurde.
Es war bereits Nacht, zwei Stunden vor Mitternacht zum 13. Oktober 1942. Hans Trojer, der in seiner Koje das KTB vervollständigt hatte, kam wieder nach oben. Wenig später brachte ihm der Funkmaat einen FT-Spruch des BdU auf den Turm:
"Gruppen 'Wotan' und 'Leopard' mit Höchstfahrt nach Planquadrat A 4532 marschieren. Geleitzug SC 104 gesichtet."
Hans Trojer ließ das Boot in den neuen Generalkurs eindrehen. "Hundertprozentiger Ausguck, Männer, nach dieser Meldung müssen wir dicht dran sein und genau in den Konvoi hineinlaufen", schärfte er den Wachgängern ein.
Zwei Stunden darauf enterte der Kommandant mit den abgelösten Wachgängern in die Zentrale ab und ließ sich aus dem Seezeug helfen. Dankend nahm er die dampfende Kaffeetasse entgegen, die der "Schmutt" ihm reichte. Dann ging er in seine Kammer, um das ebenfalls feucht gewordene Unterzeug zu wechseln. Doch er konnte sich nicht zu lange der Ruhe erfreuen, denn kurz darauf erscholl der Ruf: "Kommandant auf den Turm!"
Trojer enterte auf und erfuhr vom Wachoffizier, daß die erste Sichtmeldung gemacht worden sei: "Zwanzig Grad Backbord voraus zwei Korvetten!" meldete er.
Trojer spähte durch sein Fernglas. Er sah die beiden Korvetten, die ebenfalls mit der See zu kämpfen hatten und dahinter eine Reihe niedriger Schatten.
"Wir haben den Geleitzug!" sagte er. "FT-Spruch an den BdU: Geleitzug gesichtet. Mindestens zwanzig Fahrzeuge! Kurs und Standort und die errechnete Geschwindigkeit einfügen und tasten."
Wenig später ging der Funkspruch hinaus. Einige der aus diesen Konvoi operierenden Boote meldeten sich und erbaten Peilzeichen, um ihren genauen Kurs zu bestimmen.
Der Funkmaat von U 221 gab den dafür vorgesehenen Dauerton. Die Jagd der grauen Wölfe auf einen Geleitzug konnte beginnen.
"Auf Gefechtsstationen! — An Torpedowaffe: Alle Rohre klar zum Überwasserschuß!"
Der Torpedowaffen-Offizier stand hinter der UZO auf dem Turm, die

wie das Sehrohr mit der Rechenanlage verbunden war und visierte die von Trojer durchgegebenen Ziele an. Um 5.56 Uhr erfolgte der Befehl zum ersten gezielten Einzelschuß. 28 Minuten später wurde im nächsten Anlauf der zweite Torpedo geschossen, und in gleichen Abständen fielen die Schüsse aus den beiden übrigen Bugrohren.

Vier Torpedos liefen auf ihre Ziele zu. Nach Ablauf der Laufzeit bliesen nacheinander vier Torpedodetonationen an den anvisierten Dampfern empor.

"Zwei Schiffe stoppen und bleiben liegen. Sie brennen. Ein drittes Schiff sackt nach achtern aus dem Geleitzug heraus. - - - Das vierte beginnt ebenfalls zu brennen."

Es waren die "Fagersten", die "Ashworth" und die "Senta", die diesen Schüssen zum Opfer fielen.

Dieser Bericht des Kommandanten zeigte den auf ihren Stationen im Bauch des Bootes stehenden Männern, daß ihre Torpedos die Ziele erreicht hatten.

Seenotraketen zischten gen Himmel. Leuchtgranaten zogen ihre flachen Bahnen über die stürmische See. U 221 setzte sich etwas aus der Schußlinie ab. Eine Korvette lief in die Richtung, die auch das Boot nahm. Eine weitere Ruderkorrektur ließ U 221 wieder freikommen.

"Nachladen!" befahl der Kommandant, und in der Enge des Bugraumes begann die Schufterei, die Torpedos nachzuladen. Währenddessen lief U 221 in der Generalrichtung neben dem Geleitzug her. Die beiden zuerst getroffenen Schiffe des Konvois waren nach zehn und 20 Minuten gesunken. Das brennende Schiff folgte wenig später nach. Nur vom vierten Dampfer, der beim dritten Angriff getroffen wurde, war nichts mehr zu entdecken. Er war in Brand geschossen worden.

Den ganzen 13. Oktober hindurch lief U 221 am Rande des Sichtkreises mit. Nach Einfall der Abenddämmerung schloß das Boot zu einem neuen Angriff heran. U 607 unter Mengersen und U 618 unter Baberg waren ebenfalls herangekommen und griffen nach U 221 an.

Kurz vor Mitternacht, die Männer standen seit einer halben Stunde auf Gefechtsstationen, hatte das Boot die günstigste Schußposition wieder erreicht. Trojer sah ein großes Schiff, das von ihm als Walfangmutterschiff angesprochen wurde. Auf dieses wurde ebenso geschossen, wie auf drei weitere von 3.000, 6.000 und 4.000 BRT geschätzter Größe.

Vier Minuten nach Mitternacht fielen die vier Einzelschüsse. Das erste getroffene Schiff sank nach 10 Minuten; es war nach dem Treffer in der groben See in der Mitte durchgebrochen. Der zweite getroffene Dampfer war abgesackt und vom dritten wurden Sinkgeräusche gehört. Nur das große Schiff, das in Brand geraten war, lief noch immer, wenn auch mit verminderter Geschwindigkeit in der Generalrichtung

des Geleitzuges mit, wobei es ständig weiter zurückfiel und von den nachfolgenden Schiffen seiner Kolonne überholt wurde.
"Fangschuß, Herr Oberleutnant?" fragte der Bootsmannsmaat der Wache, der neben dem Kommandanten stand. Trojer nickte und gab dem TWO einen Befehl. Der Fangschuß verließ um 0.32 Uhr das Rohr und traf das Walfang-Mutterschiff "Southern Empress" mit 12.398 BRT tödlich. Das riesige Schiff ging wenige Minuten nach diesem Fangschuß auf 53.40 N/40.40 W unter.
U 221 trat den Rückmarsch an. Es hatte auf seiner ersten Feindfahrt acht Schiffe torpediert, von denen nach der Bestätigung des Gegners fünf mit insgesamt 29.681 BRT gesunken waren. Nach Forschungen des U-Boots-Archivs sind noch der Dampfer "Nellie" und der jugoslawische Frachter "Nikolina Matkowic" von U 221 versenkt worden.
Der Befehlshaber der U-Boote schrieb in das vorgelegte KTB des Bootes: "Eine gut geführte Feindfahrt. Insbesondere das zähe Ausharren am Geleitzug verdient volle Anerkennung."

Das Drama im Dezember

Anfang Dezember 1942 stand U 221 wieder in See. Operationsgebiet war der Nordatlantik, der zu dieser Zeit von Winterstürmen durchtost wurde. Das Boot operierte auf den von U 524 gemeldeten Konvoi HX 217; es kam aber nicht heran, weil am Nachmittag des 6. Dezem-

ber Undichtigkeiten am Anschluß des Regelbunkers und am Sauganschluß der Regelzelle das Boot tauchunklar machten.
Damit konnte nun nicht auf einen scharf bewachten Geleitzug zugefahren werden. Das Boot mußte repariert werden. Als alle Schäden mit Bordmitteln behoben waren, ließ Trojer mit AK weiter auf den Konvoikurs laufen. Das Boot kam so nahe heran, daß die Brückenwächter die Torpedodetonationen aufspringen sahen. Dann wurde U 221 von einer Korvette unter Wasser gedrückt.
Wieder aufgetaucht, wurde U 221 kurz darauf abermals angegriffen. Netzabweiser und Antenne wurden dem Boot heruntergeschossen. Abermals ging es mit AK in den Keller. Diesmal aber wurde das Boot lange verfolgt und mit Wasserbomben belegt. Von drei Geleitfahrzeugen eingekreist, erlebte U 221 eine böse Zeit, mit Wassereinbrüchen und Ausfall der Backbord-E-Maschine. Vier Stunden danach verschwand der Gegner, und Trojer ließ wenig später auf Sehrohrtiefe auftauchen. Der Konvoi war weg.
Am späten Nachmittag des 8. Dezember wurden Peilzeichen von U 254 aufgenommen, das unter Kptlt. Hans Gilardone Anschluß gewonnen hatte.
Mit großer Fahrt beider Dieselmotoren lief U 221 hinter dem Geleitzug her. Als die Erste Seewache um 20.00 Uhr aufzog, ermahnte Trojer die Männer, scharf Ausguck zu halten, denn das Kameradenboot mußte irgendwo in der Nähe sein.
Eine Stunde später wurden Schatten gemeldet. Trojer enterte auf den U-Boots-Turm auf und ließ sich den Gegner zeigen. Es war der Geleitzug.
"Auf Gefechtsstationen! — Boot greift Geleitzug an!" lautete sein Befehl. Eine kleine Ruderkorrektur ließ U 221 in die genaue Angriffsrichtung herumschwenken. Es hatte zu regnen begonnen, und nun schob sich zu allem Überfluß noch eine dicke Wolkenbank vor den Mond, die bis auf die See herunterzureichen schien.
Der Geleitzug verschwand wie ein Schemen. Sekunden später hallte eine Meldung an die Ohren der Wachgänger: "Steuerbord voraus deutsches U-Boot!"
Trojer wirbelte herum, für einen Sekundenbruchteil sah er, wie beide Boote in Rammposition aufeinander zuliefen.
"Hart Backbord!" rief er und ließ mit AK heraufgehen, um den drohenden Zusammenstoß zu vermeiden. Aber beide Befehle kamen zu spät. Der Steven von U 221 stieß leicht in Höhe der wasserdichten Back in das andere Boot hinein, kam aber sofort wieder frei, und U 221 beschrieb den Kreisbogen nach Backbord weiter. Schon hoffte Trojer, daß es noch einmal gut gehen werde. Aber noch in der Drehung meldete der backbordachtere Ausguck:

"Es sinkt, Herr Oberleutnant! — Es sinkt!"
"Alle Mann aus dem Boot!" hallte der Ruf von der Brücke des anderen Bootes durch die Nacht bis zu ihnen herüber. Und während U 221 den Kreisbogen auslief, um sodann längsseits des gerammten Kameradenbootes zu gelangen und die Besatzung desselben aufnehmen oder aus der See bergen zu können, sah Trojer, daß das gerammte Boot sehr rasch starke Schlagseite erhielt und dann steil nach vorn in die Tiefe sackte. Wild rasselnd drehten die in der Luft befindlichen Schrauben einige Sekunden leer, ehe auch sie von der See verschlungen wurden.
"Lampen auf den Turm! Seenot-Rettungstrupps an Deck!" befahl Trojer. Die Männer, die auf Deck abenterten, trugen Wurfleinen, an deren Enden sie Schwimmwesten angebracht hatten.
"Helft uns!" gellten die Rufe der im Wasser schwimmenden Kameraden! Arme reckten sich empor, griffen nach den zugeworfenen Schwimmwesten.
"Sanderleinenpistole auf den Turm!" rief Trojer. Sie wurde heraufgereicht und schickte das rettende Seil zu den im Wasser schwimmenden Männern hinüber.
Es war eine Nacht des Grauens und der Verzweiflung. Die ersten Kameraden konnten an Bord gehievt werden. Dann ein dritter und schließlich noch ein vierter. Mehr gab die hochgehende See nicht her. Immer wieder suchten die Scheinwerfer die See ab. Drei Stunden blieb U 221 auf der Stelle liegen und versuchte zu retten, was noch zu retten war. Als dann Bewacher des Geleitzuges herankamen, mußte die Suche abgebrochen werden. Wer jetzt noch in dem eisigen Wasser schwamm, der lebte nicht mehr. Das Boot drehte vor einem herankommenden Bewacher ab und lief mit kleiner Fahrt nach Norden. Zurück blieb ein Grab in der See, das U 254 mit dem größten Teil seiner Besatzung aufgenommen hatte. Auch Hans Gilardone befand sich unter den Männern, die mit dem Boot in die Tiefe gingen.
Tag für Tag schob Hans Trojer die Meldung über diesen Zwischenfall auf, an dem weder er noch sein Kommandanten-Kamerad auf U 254 schuld waren.
Das Boot wurde auf den Konvoi ON 153 angesetzt, aber es kam nicht zum Schuß. Wenig später wurde ein Einzelfahrer torpediert, der aber nicht sank.
Als U 221 den Rückmarsch antreten mußte, ließ Trojer den FT-Spruch absetzen, der das Ramming und den Untergang von U 254 meldete.

Am HX 228 und HX 229

Ende Februar 1943 standen wieder einige U-Boot-Gruppen einsatzbereit auf den großen Wechseln der Geleitzüge. Unter ihnen wieder U 221. Am 7. März kam Trojer auf das norwegische Motorschiff "Jamaica" zum Schuß. Der Einzelschuß ließ das 3.015 BRT große Schiff sinken.
Als erstes Boot kam U 221 am Abend des 10. März auf die ersten Schiffe des Konvois HX 228 zum Schuß. Es hatte drei Munitionsfrachter erwischt. Bei den Explosionen, die die ersten beiden Schiffe auseinanderrissen, wurde das Boot von umherfliegenden Wrackteilen getroffen und mußte sich absetzen. Der dritte Dampfer, die "Lawton B. Evans", mit 7.197 BRT ein großes amerikanisches Libertyschiff, wurde ebenfalls beschossen, konnte aber unbeschädigt die Clydemündung erreichen.
Bei der anschließenden Waboverfolgung geriet eine Schalttafel in Brand und mußte mit Handfeuerlöschern gelöscht werden. Beim nächsten Anlauf des Zerstörers wurden zehn Wabos geworfen. Regler, Dieselabgasklappen und das Turmluk machten Wasser. Auch diesmal gelang es Trojer, sein Boot durchzubringen. Das defekte Sehrohr wurde wieder gerichtet und die Verfolgung aufgenommen. Doch das Boot kam nicht mehr heran.
Am HX 228 wurde U 444 von dem Zerstörer "Harvester" und der "Aconit" versenkt. Im Gegenzug gelang es U 432 unter Kptlt. Eckhardt, den Zerstörer "Harvester" mit einem der neuen G7s-Torpedos "Falke" zu vernichten.
"Dies war", nach den Worten von Captain Roskill, dem offiziellen britischen Seekriegshistoriker, "ein Beispiel des erbarmungslosen Gebens und Nehmens." (Siehe Roskill: The War at Sea)
U 432 wurde keine 30 Minuten nach seinem Erfolg von der französischen Korvette "Aconit" mit vier Wasserbomben voll getroffen und platzte wie eine reife Frucht auseinander. Es gab keine Überlebenden.
Seit dem 16. März rakten deutsche U-Boote an den nachfolgenden Geleitzug HX 229. Bertelsmann, Manseck, Strelow und Kinzel schossen die ersten Schiffe aus diesem Konvoi heraus. Zurmühlen, Walkerling, Christophersen, Krüger und von Rosenberg-Gruszczynski kamen ebenfalls zum Schuß. Die Boote gaben Peilzeichen, und am 18. März hatte auch U 221 herangeschlossen.
Am Nachmittag des 18. März kam Trojer zum Schuß. Jeweils ein Zwei-

erfächer ließ den amerikanischen Dampfer "Walter Q. Gresham" mit 7.191 BRT und den britischen Dampfer "Canadian Star" mit 8.293 BRT sinken. Ein drittes Schiff, das anvisiert worden war, entkam.
Damit hatte sich auch Trojer in die Versenkungsliste gegen diese beiden großen Geleitzüge eingetragen.
Am Montag, dem 20. März, ließ der Große Löwe diese Operation abbrechen. In der vom 16. bis zum 19. März andauernden Rudelschlacht waren 21 Schiffe mit vom Gegner bestätigten 140.842 BRT versenkt worden. Elf weitere Schiffe wurden torpediert. Von ihnen erreichten nur doch drei ihren Zielhafen. Die übrigen fielen der schweren See zum Opfer.
24 Stunden darauf erhielt U 221 den Rückmarschbefehl. Als das Boot in Lorient einlief, erhielt Hans Trojer das ihm bereits am 24. März 1943 verliehene Ritterkreuz. U 221 hatte auf dieser Feindfahrt fünf Schiffe mit 30.476 BRT versenkt und ein weiteres mit 7.197 BRT torpediert.
Die Versenkungsquote der deutschen U-Boote belief sich im Monat März 1943 auf 627.000 BRT. Der Seekriegshistoriker Captain Roskill sagte zu diesem Ergebnis:
"Man kann auf diesen Monat nicht zurückblicken, ohne so etwas wie Entsetzen über jene Verluste zu empfinden, die wir erlitten haben. - - - Die Britische Admiralität muß gespürt haben, auch wenn niemand dies zugab, daß ihr die Niederlage ins Gesicht starrte."

Das Ende von U 221

Als am Mittag des 11. Mai 1943 der Konvoi HX 237 gemeldet wurde, drehte U 221 zum Angriff auf diesen Geleitzug ein.
Am Abend dieses Tages war das Boot bereits sehr nahe herangekom-

men. Der Funkmaat nahm einen FT-Spruch von U 403 unter Kptlt. Clausen auf. Das Boot hatte ein Schiff aus dem Geleitzug herausgeschossen.

An der Flanke des Konvois entlanglaufend, sichtete Trojer, am 1. April 1943 zum Kapitänleutnant befördert, einen großen Tanker, den er auf 8.000 BRT schätzte. Er ließ angreifen und wurde von einem von achtern aufdampfenden Zerstörer unter Wasser gedrückt. Die geworfenen Wasserbomben detonierten im Kielwasser des Bootes. U 221 entkam mit einer Hartruderdrehung und beide AK der E-Maschinen. Der Zerstörer drehte ab und verschwand. Offenbar war sein Asdic-Gerät ausgefallen.

Eine Stunde darauf tauchte das Boot wieder auf, und Trojer sah zu seiner Enttäuschung, daß die See leer war. Dann aber wurde ein Nachzügler gesichtet. Es war ein Tanker. Auch er wurde vom Kommandanten auf 8.000 BRT geschätzt.

"Beide AK! — Auf Gefechtsstationen! — Boot greift Tanker von geschätzten 8.000 Tonnen mit Zweierfächer an!"

30 Minuten später hatte das Boot die günstigste Schußposition erreicht. Der Befehl zum Schuß erfolgte, und beide Torpedos jagten zu diesem Tanker hinüber. Sie trafen nach 67 und 73 Sekunden den Tanker mittschiffs und 20 achtern.

Der Tanker stoppte. Flammen züngelten aus dem Innern in die Höhe. Dann rief er seinen SSS-Schrei in den Tag hinaus.

"Ist ein Norweger, heißt 'Sandanger' und hat nach dem Lloyds-Register 9.432 BRT!" meldete der Funkmaat.

Fünf Minuten darauf brannte die "Sandanger" über alles. Auslaufendes Öl setzte die See in Brand. Ein Zerstörer stieß durch diesen dunkelroten Flammenteppich hindurch und lief in Lage Null auf U 221 zu.

"Alarm! — Schnelltauchen!"

Das Boot verschwand binnen einer halben Minute von der Wasseroberfläche. Schon krachte der erste Wabofächer auseinander. Das Boot wurde durchgeschüttelt. Das Turmluk machte Wasser. Steil und schnell ging es weiter abwärts. Erst auf 189 Meter konnte das Boot abgefangen werden. Über ihm krachte ein zweiter Wabofächer auseinander. Neue Schadensmeldungen trafen ein.

Als schließlich das Wasserbombenfeuer verstummte und das Boot eine halbe Stunde später auftauchte, wußte Trojer bereits, daß die Schäden derart waren, daß er nur noch den Befehl zum Rückmarsch geben konnte.

Das Boot schlug sich durch, wurde in der Biskaya noch einmal gebombt und erreichte schließlich den Stützpunkt. Hans Trojer meldete dem Führer der U-Boote West, Kapitän zur See Rösing, und dieser bestätigte dem Kommandanten:

"Das einzig Richtige, Trojer! Sie mußten diese Operation abbrechen, wenn Sie Boot und Besatzung heil zurückbringen wollten."

Als U 221 aus der Reparaturwerft zurückkam und neu ausgerüstet wurde, war es Juni 1943 geworden. Das Boot unternahm eine Feindfahrt, die keine Versenkungserfolge zeitigte. Auf der nächsten Feindfahrt erreichte Hans Trojer mit U 221 am Morgen des 26. September 1943 das Operationsgebiet und lief mit sparsamer Marschfahrt nach Nordwesten. Am Morgen des 27. September geschah es dann. Auf 47.00 Grad Nord und 18.00 Grad West stehend, wurde das Boot an diesem Tage von einem aus den dichten Wolken niederstoßenden Bomber angegriffen. Der Bombenschütze setzte seine schwere Bombe direkt auf das Boot, das soeben zum Tauchen angesetzt hatte.

Der Pilot der Maschine gab nach seiner Rückkehr zu Protokoll: "Ich hatte das Boot voll getroffen. Es gab eine riesige Explosion. Das Boot sackte sofort über den Achtersteven hinunter und zog einen dicken Ölstreifen hinter sich her. Dann sah ich eine Explosion aufblitzen. Die See quoll empor und loses Gut trieb auf der See. Ich zog hoch, denn ich war nun sicher, daß ich dieses deutsche U-Boot vernichtet hatte."
U 221 war mit seiner gesamten Besatzung gesunken.

Versenkungsliste von U 221

1. Feindfahrt:

13.10.42	05.56	nwD	"Fagersten"	2.342	53.05 N/44.06 W
13.10.42	06.22	brD	"Ashworth"	5.227	53.05 N/44.06 W
13.10.42	06.23	nwD	"Senta"	3.785	53.-- N/44.-- W
13.10.42	07.10	- - -	Dampfer	- - -	brennend
14.10.42	00.04	- - -	Dampfer	- - -	Treffer
14.10.42	00.12	amD	"Susana"	5.929	53.41 N/41.23 W
14.10.42	00.13	- - -	Dampfer	- - -	brennend
14.10.42	00.32	brDW	"Southern Empress"	12.398	53.40 N/40.40 W

versenkt: 5 Dampfer mit 29.681 BRT
torpediert: 3 Dampfer mit - - -

2. Feindfahrt:

07.03.43	- - -	nwM	"Jamaica"	3.015	48.-- N/23.30 W
10.03.43	21.26	brD	"Tucurinca"	5.412	51.00 N/30.10 W
10.03.43	21.31	amD	"Andrea F. Luckenbach"	6.565	51.20 N/29.29 W
10.03.43	21.31	amD	"Lawton B. Evans" =	7.197	51.20 N/29.25 W
18.03.43	16.43	amD	"Walter Q. Gresham"	7.191	53.35 N/28.05 W
18.03.43	16.49	brM	"Canadian Star"	8.293	53.24 N /28.34 W

versenkt: 5 Dampfer mit 30.476 BRT
torpediert: 1 Dampfer mit 7.197 BRT

3. Feindfahrt:

12.05.43	- - -	nwMT	"Sandanger"	9.432	46.-- N/21.-- W

Versenkt: 1 Dampfer mit 9.432 BRT

Gesamterfolge:
Auf 3 Feindfahrten: 11 Dampfer mit 69.589 BRT versenkt
1 Dampfer mit 7.197 BRT torpediert
3 Dampfer mit --- BRT torpediert

Tödlicher Mai 1943

Die Monate vorher

Nach dem erfolgreichsten Monat des gesamten U-Boot-Krieges, dem November 1942, in dessen Verlauf 119 Schiffe mit einer Gesamttonnage von 729.160 BRT versenkt worden waren, erhoffte die deutsche U-Boot-Führung für das Jahr 1943 einen weiteren Aufschwung. Mit diesen Zahlen an verlorener Tonnage konnten alle Neubauwerften der Alliierten nicht Schritt halten.
In diesem Monat, auf den die britische Admiralität nicht "ohne Schrecken und Furcht" zurückblicken konnte, waren insgesamt 86 U-Boote zum Einsatz gekommen. Von ihnen gingen 13 Boote verloren. Acht Boote sanken mit der gesamten Besatzung. Ein Boot ging in der Heimat durch einen Unfall verloren. Auch hierbei erlitt die U-Boot-Waffe 28 Tote.
Das war trotz aller Erfolge eine schlimme Bilanz. Admiral Dönitz versuchte alles, die erschreckend hohen Verlustzahlen zurückzuschrauben, aber der Gegner hatte zu dieser Zeit bereits den gesamten Atlantik mit seinen Sicherungs- und Geleitzugstreitkräften überdeckt.
In den folgenden Monaten konnten die Versenkungszahlen nicht mehr erreicht werden, aber auch die Verluste an Booten hielten sich wieder in Grenzen.
Im März gelang es den U-Boot-Rudeln, wieder einige Geleitzugschlachten durchzuführen, und als dieser Monat zu Ende ging, waren ein weiteres Mal über 100 feindliche Schiffe versenkt worden. Es waren exakt 108 feindliche Schiffe mit 627.000 BRT.
Im Admirality Monthly — dem Monatsprotokoll der Britischen Admiralität — hieß es darüber:
"Niemals kamen die deutschen U-Boote ihrem Ziel, die Verbindung zwischen der Alten und der Neuen Welt zu unterbrechen, so nahe, wie in den ersten 20 Tagen des März 1943."
Der britische Seekriegshistoriker Captain Roskill ging in seinem Werk "The War at Sea" noch darüber hinaus, wenn er schrieb:
"Man kann auf diesen Monat nicht zurückblicken, ohne so etwas wie Entsetzen zu empfinden über die Verluste, die wir erlitten. - - -

Die Britische Admiralität muß gefühlt haben, auch wenn niemand dies zugab, daß ihr die Niederlage ins Gesicht starrte."

Aber wenn Reichsminister Goebbels im April vollmundig erklärte: "Wir haben mit unseren U-Booten England endlich an der Kehle gepackt", so war dies gerade zu dem Zeitpunkt, an dem die U-Boot-Führung bereits ahnte, daß der Gegner nahe daran war, diesen U-Boot-Krieg zum Erliegen zu bringen.

Im April 1943 standen dem Gegner — und das verschwieg Dr. Goebbels wohlweislich — 2.600 Kriegsfahrzeuge in See zur Verfügung, um die "Wolfs-Packs" zu jagen und zu vernichten.

In aller Stille und mit der notwendigen Geheimhaltung war es den Engländern gelungen, ein neues Funkmeßgerät (Radar) zu entwickeln, das auf dem Zentimeterbereich arbeitete. Es wurde "H 2 S-Panorama" genannt. Dieses Gerät konnte von den Horchgeräten der U-Boote auf See nicht erfaßt werden, während beispielsweise Flugzeuge, die mit diesem Gerät ausgerüstet waren, selbst durch dickste Nebelbänke hindurch und in finsterster Nacht die deutschen U-Boote orten und im Sturzflug auf sie niederstoßen konnten.

Diese neuen Ortungsgeräte waren so wirksam, daß nur zwölf damit ausgerüstete schwere Bomber der Royal Air Force den gesamten Raum vor der französischen Atlantikküste unter Kontrolle halten konnten.

Hinzu kamen die bereits erwähnten "Hedgehog"-Wasserbombenwerfer, die für tiefste Einstellungen einsatzbereite Thorpex-Wasserbombe, die neu eingesetzten Hilfs-Flugzeugträger, die alle Konvois begleiteten und deren Flugzeuge in der Lage waren, angreifende U-Boote abzudrängen, zu bomben und zu vernichten; Support-Groups, Killer-Groups und andere Verbände kamen hinzu.

Dies alles wurde Ende März vom britischen Anti-U-Boat-Committee zusammengefaßt, um den Würgegriff um die Britischen Inseln aufzubrechen.

Im April wirkten sich diese Maßnahmen noch nicht so gravierend aus, wenn auch schon zu dieser Zeit eine Reihe von Booten mit diesen Abwehrmitteln Bekanntschaft machen mußte.

Mitte April 1943 entstand wieder eine U-Boot-Leere im Atlantik, weil die meisten Boote, die im Einsatz gewesen waren, verschossen den Rückmarsch hatten antreten müssen. Ende des Monats aber war diese Leere wieder überwunden, und mit dem 1. Mai 1943 standen der U-Boot-Führung wieder vier U-Boot-Gruppen zur Verfügung. Drei davon waren ostwärts von Neufundland auf einen durch den Horchdienst erfaßten Konvoi angesetzt worden. Doch sie fanden diesen nicht. Dennoch war ihr Ins-Leere-laufen doch noch erfolgreich, als sie auf einen noch nicht gemeldeten Geleitzug stießen: den ONS 5, der

Ende April 1943 aus Liverpool ausgelaufen war. Er bestand aus 43 Dampfern, die von drei Zerstörern, einer Fregatte, vier Korvetten und zwei Rettungsschiffen begleitet wurden.
Als die Britische Admiralität erfuhr, daß dieser Konvoi gesichtet worden war, ließ Admiral Horton, der Chef der Western Approaches, aus St. Johns auf Neufundland die 3. Sicherungsgruppe mit fünf Zerstörern auslaufen. Einen Tag darauf wurde die 1. Escort Group, die aus fünf Einheiten bestand, in Marsch gesetzt. Von Island startete eine Gruppe Fernbomber zur weiteren Sicherung. Damit war der ONS 5 einer der bestgesichertsten Konvois, die jemals den Weg über den Atlantik angetreten hatten.
Der Konvoi furchte durch die grobe See. Er wurde am 4. Mai 1943 von U 125, Folkers, und U 630, Winkler, gemeldet.
Während U 630 zum ersten Angriff heranzuschließen versuchte, wurde das Boot südlich von Cape Farewell, Grönland, von einem der Fernbomber angeflogen und gebombt. Es war ein Canso-Flugboot der RCAF-Squadron 5 der Kanadier.
U 630 sank so rasch, daß sich kein einziger Mann der Besatzung aus dem Boot retten konnte.
Dies war der Auftakt zu einem mörderischen Duell der U-Boote gegen die Geleitzugsicherung zur See und aus der Luft.
U 125 kam als erstes Boot heran. Kapitänleutnant Ulrich Folkers, der seit dem Vortage das Ritterkreuz trug, griff trotz der starken Geleitsicherung an. Er schoß auf einen 4.000-Tonner. Der Torpedo ließ die 4.635 BRT große "North Britain" sehr schnell sinken.
Während das Boot zunächst ablief, um später wieder heranzuschließen, kam U 192 an eine kleine Gruppe Nachzügler des inzwischen weit auseinandergezogenen Konvois heran. Während noch Oberleutnant Happe aus dieser Gruppe von zwölf Schiffen das beste Ziel heraussuchte, stieß die einzige Fregatte, die als Sicherung bei diesen Nachzüglern zurückgeblieben war, direkt auf das Boot zu. U 192 versuchte, unter Wasser zu kommen, aber als das Boot noch mit dem Heck an der Wasseroberfläche war, hatte die "Pink" es erreicht und warf einen Wasserbombenfächer, der dem Boot das Rückgrat brach und es steil in die Tiefe stürzen ließ. Der ONS hatte das zweite U-Boot gekostet.

"Zehn Boote greifen an!"

Inzwischen hatten zehn U-Boote den Konvoi erreicht, und in der Operationsabteilung des BdU wurden Konteradmiral Godt diese zehn Angreifer am Morgen des 5. Mai 1943 gemeldet.
Eines der angreifenden Boote, U 628 unter Kapitänleutnant Hasenschar, schoß am frühen Morgen dieses 5. Mai seine ganze Chargierung. Nur ein Dampfer wurde schwer getroffen und blieb liegen. Es war die "Harbury", die später mit Fangschuß von U 628 versenkt wurde, nachdem das Boot nachgeladen hatte.
Kapitänleutnant Looks, der mit U 264 herangeschlossen hatte, sah die Detonationen und die Brände, Leuchtgranaten und Signalsterne flitzten durch den Nachthimmel. Er ließ angreifen und schoß vier Einzelschüsse, jeweils zwei davon trafen die "West Maximus" und die "Harperley". Während letztere sank, mußte Looks auf die "West Maximus" einen Fangschuß schließen.
Die See bot in diesen Stunden eine schaurige Szenerie von Feuer und Rauch, von Schießereien und Hilferufen, von in der eiskalten See schwimmenden Seeleuten und um Rettung rufenden Schiffen. Die Verteidigung des Konvois war durch die in so großer Zahl und zu beiden Flanken des Konvois angreifenden Boote verunsichert, sie wußten nicht, wo sie zuerst eingreifen sollten. Neben Looks war noch Manke mit U 358 herangekommen. Nölke mit U 584, Gretschel mit U 707 und Jessen mit U 266 schossen aus allen Torpedorohren auf den Konvoi, der zwölf Schiffe verlor.
Mit Tagesanbruch des 5. Mai waren es bereits 15 U-Boote geworden, die alle zum Schuß zu kommen trachteten.
In dieser Situation waren die fünf aus St. Johns in Marsch gesetzten Zerstörer zum Geleit vorgestoßen. Die 1. Escort Group war ebenfalls eingetroffen, so daß von nun an der Konvoi mit einem dichten Sicherungsnetz umgeben war.
Aus dem Nichts der Nebelbänke jagten die Zerstörer heraus und direkt auf die angreifenden U-Boote zu. Eines dieser Boote war U 638, das Anschluß zu finden versuchte, um zum Schuß zu kommen. Das Boot fuhr nach den im Horchgerät aufgefaßten Schraubengeräuschen; zu sehen war nicht viel.
In dieser Situation kam plötzlich mit AK eine Korvette aus dem Nebel heraus direkt auf das Boot zu. Kapitänleutnant Staudinger versuchte noch, mit Schnelltauchen hinunterzukommen. Noch ehe das Boot auf

sichere Tiefe gelangt war, hatte die Korvette "Loosestrife" bereits Wurfposition erreicht und schleuderte ihre Wasserbomben genau auf das Boot. Sekunden nach dem mehrfachen Detonationsschlag wurden die ersten großen Wrackteile aufgewirbelt. Preßluft des Bootes wirbelte Trümmerstücke und die toten Soldaten nach oben. Kein Mann der Besatzung kam bei diesem Untergang von U 638 mit dem Leben davon.
Kapitänleutnant Ulrich Folkers hörte diese Detonationen. Er sah vom Turm von U 125 die emporstiebenden Torpedopinien, die Leuchtgranaten und die Signalsternschüsse. Er sah auch das Feuer und die Detonationen des Kameradenbootes, die aus der Nebelwand emporloderten. Und dann sah der Bootsmannsmaat der Wache aus dem Nebel einen Zerstörerbug herauskommen. Sofort reagierte Folkers. U 125 drehte, aber das Boot war nicht schnell genug. Maschinenwaffen des Zerstörers feuerten. Der scharfe Zerstörerbug rammte das U-Boot, aber es konnte sich noch einmal aus dieser Situation befreien.
"Beide dreimal AK!" rief Folkers, der gegen die Brückennock gestürzt war und sich anklammern konnte.
"Boot ist tauchunklar!" meldete der Leitende Ingenieur und zerstörte damit die letzte Chance, die der Kommandant noch sah.
U 125 lief ab. Das Boot sah, daß der Zerstörer nicht folgte. Offenbar war er ebenfalls beschädigt worden. Der Zerstörer "Oribi" setzte einen Funkspruch ab, und die Korvette "Snowflake" kam mit AK auf das Gefechtsfeld, um die Verfolgung des U-Bootes fortzusetzen und das Werk der "Oribi" zu vollenden. Mit AK lief die Korvette hinter U 125 her, das nicht mehr tauchen konnte. Als sie nahe genug herangekommen war, eröffnete sie das Feuer aus allen Rohren. U 125 erhielt schwere Treffer unterhalb der Wasserlinie und in den Druckkörpern. Als es wegsackte, wurde es von der "Snowflake" überlaufen, die dem sinkenden Boot noch einen Wasserbombenteppich hinterherschickte, der das Boot vollends vernichtete.
Als dann der beschädigte Zerstörer "Oribi" zum Geleitzug zurückkehrte, waren am Morgen des 6. Mai plötzlich auf dem Radarschirm des Bootes "Blips" zu sehen, und Sekunden später meldete die Brückenwache dem Kommandanten:
"Feindliches U-Boot an Steuerbord querab!"
Mit 28 Knoten Fahrt und schußbereitem Hedgehog-Werfer lief "Oribi" auf dieses Ziel zu. Als der von achtern aufdampfende Zerstörer von der Brückenwache dieses Bootes gesichtet wurde und dieses mit Schnelltauchen von der Wasseroberfläche verschwand, war "Oribi" wenige Sekunden nach dem Wegtauchen zur Stelle. 24 Wasserbomben wurden von dem Mehrfachwerfer in die See geschleudert. Sekunden später dröhnte eine brüllende Explosion unter Wasser. Die See

wurde in einem Kegel emporgetrieben und inmitten des Wassers schwammen Wrackteile des Bootes mit in die Höhe.

"Oribi" hatte U 531 unter Kapitänleutnant Herbert Neckel gestellt und versenkt. Auch hier entstand Totalverlust.

U 533 unter Kapitänleutnant Hennig wurde wenig später von der Korvette "Sunflower" gerammt, konnte aber entkommen.

Die 1. Escort Group mit der Fregatte "Pelican" als Führerboot stellte U 438 unter Kapitänleutnant Heinson. Dieser versuchte, über Wasser zu entkommen, doch die "Pelican" war inzwischen zu nahe herangekommen. Die ersten Granaten schlugen in den Turm des Bootes hinein. Das Boot hatte aber noch nicht völlig unterschnitten, als der Hedgehog der "Pelican" in Aktion trat. Die Wasserbomben trafen das Boot direkt und ließen es auseinanderbrechen.

Sieben deutsche U-Boote sanken insgesamt am ONS 5, vier weitere wurden schwer beschädigt. Das war eine zu schlechte Bilanz, als daß sich dies hätte fortsetzen dürfen.

Im U-Boot-Hauptquartier, das Ende Januar 1943 nach Berlin verlegt hatte, herrschte ebenso wie bei den Flottillenstäben in den Atlantikstützpunkten helle Aufregung, denn bereits in den ersten Maitagen noch vor diesem Angriff auf den ONS 5 waren drei Boote vernichtet worden.

Der Führer der U-Boote West, Kapitän zur See Rösing, rief die Flottillenchefs nach Angers in sein Hauptquartier. Da kamen die alten Asse, die Emmermann und Scholtz, Lehmann-Willenbrock und Zapp, Kuhnke, Sohler und Winter.

Als es darum ging, daß ein Gerät zu entwickeln sei, mit dessen Hilfe die anfliegenden feindlichen Flugzeuge auf mindestens zehn Kilometer Distanz geortet werden konnten, erklärte einer der Funk-Experten, daß dies eine Entwicklungszeit von mindestens 15 Monaten dauern würde, und der Sachexperte der U-Boot-Waffe, Korvettenkapitän Meckel, erwiderte das, was alle anderen dachten:

"Dann ist die U-Boot-Waffe am Ende."

Die noch im Atlantik befindlichen 18 Boote wurden in der Gruppe "Elbe" zusammengefaßt. Sie versuchten zum Schuß zu kommen. Eines der Boote dieser Gruppe war U 402 unter Kapitänleutnant Siegfried Freiherr von Forstner. Diesem Kommandanten war es im erfolgreichsten Monat des U-Boot-Krieges gelungen, binnen zweier Stunden aus dem Konvoi SC 107 sieben Schiffe zu torpedieren, von denen fünf sanken.

Am 9. Februar 1943 hatte von Forstner nach der Versenkung von vier Schiffen und der Torpedierung des 9.272 BRT großen dänischen Tankers "Daghild", der das Landungsboot LCT 2335 an Bord hatte, das Ritterkreuz erhalten.

Am 11. Mai griff er den SC 129 an. Chef der Escort Group B 2, die diesen Konvoi zu schützen hatte, war Commander Donald Macintyre, nach Commander Walker der erfolgreichste U-Boot-Killer der Engländer.
Elf Booten war es gelungen, an diesen Konvoi heranzukommen. Genau um 20.00 Uhr ließ Kapitänleutnant von Forstner, dessen Boot auf der Steuerbordflanke mitgelaufen war, vier Einzelschüsse im Überwasserangriff schießen. Die beiden Schiffe "Antigone" und "Grado" sanken.
Sofort wurde das Boot von einem Zerstörer angegriffen. Nicht weniger als fünfmal überlief dieser das getauchte Boot, das bis auf 200 Meter Tiefe herunterging und nur von der einen geworfenen Thorpex-Wasserbombe erreicht werden konnte. Diese schüttelte U 402 kräftig durch. Das Boot wurde tiefer hinuntergedrückt, und bei 250 Meter blieb der Tiefenmesser stehen. Acht Stunden dauerte diese Verfolgungsjagd, der das Boot entkam.
Als dann U 403 unter Kapitänleutnant Clausen den gleichzeitig in diesem Seeraum stehenden HX 237 angriff und gemeinsam mit U 456 unter Teichert die "Fort Concord" angriff, die nach den Treffern beider Boote sank, wurde das Boot von einem Flugzeug gesichtet. Diese Sichtmeldung wurde von dem Zerstörer "Broadway" aufgefangen. Dieser Zerstörer erhielt den Befehl, gemeinsam mit der Fregatte "Lagan" anzugreifen.
15 Minuten nach Beginn dieser Suche wurde das deutsche U-Boot gesichtet, das im Überwassermarsch abzulaufen versuchte.
Das Flugzeug wollte wieder angreifen, doch der Kommandant der "Broadway" befahl ihm, nicht anzugreifen, um nicht die eigenen Einheiten zu treffen. Doch die Maschine hatte bereits zum Angriff angesetzt. Die Bomben fielen und beschädigten das deutsche U-Boot noch einmal.
"An 'Lagan'!" rief der Kommandant der "Broadway, "Angriff! Direkter Kurs auf die Sinkstelle des Bootes. Wir laufen voraus und werfen. Sie werfen in die Detonation hinein."
Die "Broadway" jagte, mit beiden Maschinen AK. laufend, mit 30 Knoten auf die Sinkstelle zu. Der Mann am Horchgerät meldete den Kontakt und fügte dann hinzu, daß das Boot mit Steuerbordruder herausdrehe. Während die "Lagan" Weisung erhielt, Wasserbomben dort zu werfen, wo sie das U-Boot zum Abdrehen zwingen und auf die "Broadway" zutreiben würde, lief der Zerstörer in jene Richtung, die das U-Boot nehmen mußte. Dank der viermal größeren Geschwindigkeit, war dieses Manöver kein Problem.
Die "Lagan" warf einen Viererfächer, dann noch zweimal Zweierwürfe und drehte dann mit Hartruderlegen aus dem Ziel heraus, das nun von

der "Broadway" angelaufen wurde, die ebenfalls die gesamte Chargierung warf. Die See schien zu kochen. Dann plötzlich gellte der Ruf des Ausgucks an Backbord:

"U-Boot Backbord querab!"

Wie ein gestrandeter Wal kam der Bootskörper nach oben. Er wurde vom Feuer der beiden Verfolger empfangen. Granaten durchschlugen den Turm, und noch ehe weitere Salven geschossen werden konnten, sackte das Boot abermals weg. Im zweiten Anlauf setzte "Lagan" noch vier Wasserbomben hinterher. Wrackteile kamen nach oben. Es war U 89, das hier vernichtet worden war.

Auf diese Weise ging es im Mai weiter. Deutsche U-Boote sahen sich einem übermächtigen Gegner gegenüber, der mit geballter Kraft zuschlug. Eines der angegriffenen Boote aber, U 223 unter Oberleutnant zur See Gerlach, erlebte und überlebte einen Angriff, wie er härter und entschlossener nicht hätte geführt werden können.

U 223 entkommt Macintyre

Commander Donald Macintyre stand auf der Brücke seines Führerzerstörers "Hesperus", als die Meldung von der Vernichtung von U 456 einging. Er blickte durch sein Fernglas, das er nach der Versenkung von U 99 dessen Kommandanten Kapitänleutnant Kretschmer abgenommen hatte, zum Nachbar-Schiff hinüber und befahl diesem, zehn Grad nach Steuerbord wegzudrehen, um die Sicherung zu optimieren. Es war einer jener Zerstörerkommandanten, die alles von dieser harten und entschlossenes Zupacken verlangenden Arbeit des Killens von U-Booten verstanden. Er ging in den Kartenraum, um alle zu warnen, daß in der folgenden Nacht die Wolfs-Packs wieder angreifen würden und organisierte das "Empfangskomitee".

Danach kehrte er auf die Brücke zurück. Unten auf dem Achterdeck erkannte er Mr. Pritchard, den Torpedooffizier, der mit seiner Gruppe die Wasserbombenserien vorbereitete. Alles war zum Kampf klar; was fehlte, war nur noch der angreifende Gegner. Aber auch auf den brauchte Macintyre nicht mehr lange zu warten, denn eine Minute später erreichte folgende Meldung die Brücke:

"Radarraum an Brücke: U-Boot in 230 Grad Bootspeilung. Entfernung von Konvoi 5 Kilometer." U 223 war entdeckt.

Alles ging nun auf Gefechtsstationen. Die Maschinen der "Hesperus" arbeiteten auf hohen Touren. Mit 28 Knoten Fahrt schnellte der schlanke Zerstörer durch die See, dem gemeldeten Ziel entgegen.

Der Commander suchte durch das gute deutsche Zeißglas die See voraus ab. Plötzlich entdeckte er eine weiße Kiellinie. Dann sah er davor auch das U-Boot.

"Es taucht weg, Commander!" meldete Lieutenant Ridley aufgeregt. Macintyre sah die weißgischtende Wasserblume, als das Boot von der Wasseroberfläche verschwand. Mit AK lief der Zerstörer darauf zu. Als die "Hesperus" die grünweiße Rose der Schraubensee des U-Bootes überlief, war dieses bereits verschwunden.

"Erster Fächer nach Augenmaß, Bill!" rief Macintyre dem Leutnant zu. Die Wasserbombenracks schleuderten die schwarzen Tonnen des Todes in hohem Bogen in die See. Klatschend schlugen sie auf und detonierten einige Sekunden später und trieben große Wasserglocken empor, die dann als Schaumberge in die See zurückfielen.

"Hesperus" wurde auf halbe Fahrt gebracht. Der Asdicmann hatte das U-Boot wenig später wiedergefunden. Die Wasserbombenracks waren inzwischen geladen worden, und unter ihnen befand sich eine Thorpex-Wasserbombe von einer Tonne Gewicht.

Als sich das Boot über Kopf befand, wurde geworfen. Commander Macintyre lief nach achtern und versuchte, in der See etwas zu entdecken.

Mit ohrenbetäubendem Getöse gingen die Wasserbomben hoch. Das U-Boot ließ sich offenbar nicht mehr auf Tiefe halten, und später meldete Gerlach, was geschehen war:

"Die Backbordmaschine brannte, dann gasten die Batterien und es blieb nur noch das Auftauchen übrig, wenn man nicht schon jetzt aufgeben wollte."

Das Boot schoß an die Wasseroberfläche zurück. Als es diese durchbrach, öffnete der Kommandant das Luk und befahl, sofort einen

Hecktorpedo klarzumachen. Sie standen hinter der in einem weiten Kreis drehenden "Hesperus".
"U-Boot achtern", meldete dort auf der Brücke der achtere Ausguck. Commander Macintyre wirbelte herum.
"Hartruder Steuerbord!" befahl er.
Noch war das Boot nicht herumgekommen, als er auch schon die Feuereröffnung befahl.
Granaten flitzten zum deutschen U-Boot hinüber. Dieses schoß einen Torpedo, der nur dank der raschen Reaktion von Macintyre das Ziel um wenige Meter verfehlte. Von der Brücke des U-Bootes schossen die beiden Zweizentimeter-Waffen, und die Granaten hämmerten in die Brückenpanzerung der "Hesperus" hinein.
"Rammstoß!" befahl Macintyre. Der Zerstörer lief mit kleiner Fahrt an U 223 heran, um das Boot zu rammen. Gerlach steuerte entgegen, und es gelang ihm, den Rammstoß nur schräg auftreffen und abgleiten zu lassen. Durch die Wucht des Aufpralles ging ein Mann der Brückenwache von U 223 über Bord.
"Achtung: Von Geleitzugkommodore an Commander Macintyre: wir haben weitere U-Boote gesichtet. Kommen Sie zur Abwehr in Sektion II."
Macintyre, der der Überzeugung war, daß dieses U-Boot endgültig genug habe, ließ von U 223 ab und kehrte zum Konvoi zurück.
Oberleutnant zur See Gerlach ließ sofort die Reparaturarbeiten beginnen. Die ganze Nacht hindurch wurde verbissen geschuftet. Am anderen Morgen gegen 10.00 Uhr war U 223 wieder fahrbereit und ging auf Heimatkurs.
Ein Mann des Bootes war über Bord gegangen, ansonsten war es mit einigen leichten Verwundungen abgegangen.
Als das Boot, das eigentlich nur noch ein Wrack war, in St. Nazaire festmachte, glaubte Gerlach seinen Augen nicht trauen zu dürfen, denn auf der Pier stand jener Matrosenobergefreite, den sie in der wilden See verloren hatten und dessen Tod sicher gewesen war.
Der Obergefreite wurde stürmisch begrüßt. Er berichtete, daß er sich in der Schwimmweste so lange über Wasser habe halten können, bis ein anderes deutsches Boot keine 200 Meter entfernt von ihm die Wasseroberfläche durchbrochen hatte. Er habe so lange gewinkt, bis man ihn entdeckt, und an Bord nahm. Das war eines jener Wunder, an denen der U-Boot-Krieg reich war.
Als Commander Macintyre davon erfuhr, daß das von ihm wrackgeschlagene U-Boot den heimatlichen Stützpunkt wieder erreicht habe, meinte er anerkennend:
"Eine einmalige Leistung der deutschen Seeleute und dieses jungen Kommandanten. Ein Beispiel bester Seemannschaft."

Der Kampf war noch nicht zu Ende, und als am 22. Mai 1943 Großadmiral Dönitz, der Oberbefehlshaber der Kriegsmarine, das Fazit zog, da waren bis zu diesem Tage 31 U-Boote allein im Mai verlorengegangen. Am 24. Mai befahl er allen noch in den Weiten des Atlantik stehenden Booten, in den Seeraum südlich der Azoren auszuweichen. Damit waren der Nordatlantik und die Konvoirouten geräumt.
Bis Ende dieses Monats gingen insgesamt 42 Boote verloren. Diesen ungeheuren Verlusten stand eine Erfolgsquote von 44 Schiffen gegenüber. Dazu Captain Roskill:
"Wir wußten, daß wir nunmehr einen Griff abgeschüttelt hatten, der uns beinahe den Hals zugedrückt hätte."
Nach 45 Monaten der Schlacht im Atlantik war die deutsche U-Boot-Waffe mit fliegenden Fahnen untergegangen.

Korvettenkapitän Werner Henke

In der Gefangenschaft erschossen

Der am 13. Mai 1908 in Rudak bei Thorn geborene Werner Henke hatte bereits während seiner Schulzeit in Ostpreußen seine besondere Liebe zur See entdeckt. Da seine Eltern mit dieser Wahl einverstanden waren, ging Henke mit 15 Jahren zur See.
Auf dem Segelschulschiff "Großherzogin Elisabeth" unternahm Seekadett Henke seine erste große Reise.
Es ist einer jener Zufälle, die sich in der Seefahrt immer wieder einstellen, daß auch sein späterer Lehrmeister in der U-Boot-Fahrt, Kapitänleutnant Georg-Wilhelm Schulz, auf dessen Boot U 124 Henke als Wachoffizier fuhr, seine Ausbildung zum Seemann auf diesem Schiff erhalten hatte.
Der rotblonde hochgewachsene Seemann Henke kämpfte sich durch die harte Welt der Seefahrt, in der sich jeder, der es in den Zwanzigerjahren zu etwas bringen wollte, mit aller Kraft behaupten mußte. Er machte sein Steuermannsexamen und erhielt nach längerer Fahrzeit, die ihn durch alle Sieben Meere brachten das Patent A 6. Damit war Werner Henke Kapitän auf Große Fahrt geworden und hatte das selbstgesteckte Ziel erreicht.
Vier Jahre lang fuhr er als Offizier auf den Schiffen der HAPAG über den Großen Teich, ehe auch er durch die tiefe Flaute der Schiffahrt in den ersten Dreißigerjahren arbeitslos wurde.

Gleich Prien und Schulz und so vieler weiterer, meldete sich Henke im Jahre 1933 zur Kriegsmarine, die sich so hochqualifizierte Seeoffiziere nicht entgehen ließ. Er durchlief die üblichen Ausbildungs-Lehrgänge

und stand bei Kriegsausbruch als Leutnant auf dem Linienschiff "Schleswig-Holstein".
Sehr bald war sich auch Henke darüber im klaren, daß die Zeit der "Dickschiffe" vorüber war. Wie viele andere, so meldete auch er sich zur U-Boot-Waffe, und da er als "gelernter" Sailor nicht nur etwas von der Menschenführung, sondern auch s e h r viel von Navigation verstand, war seine Wahl die richtige, denn gerade als U-Boots-Kommandant mußte man ein ausgezeichneter Navigator sein, um sein Boot in der unendlichen Weite der See genau auf d e n Punkt zusteuern zu können, auf dem beispielsweise ein Versorgerschiff stand und auf das Boot wartete, oder wo es galt, sich einem irgendwo stehenden U-Boots-Rudel anzuschließen.
Als II. Wachoffizier stieg Werner Henke auf U 124 ein, um seine erste Fahrt als "Konfirmand" — lies Kommandantenschüler — zu machen. Kapitänleutnant Schulz, sein Kommandant auf diesem Boot, war ebenfalls ein "eisgrauer" Fahrensmann, und von ihm lernte Henke alles das, was er zu einem erfolgreichen Kommandanten brauchte.
Als Wilhelm Schulz sein Boot abgab, wurde dieses von dem bis dahin als I. WO darauf fahrenden Johann Mohr übernommen.
Mit "Jochen", wie Mohr zur Unterscheidung von den anderen "Mohren" genannt wurde, fuhr Henke noch zwei Feindfahrten auf U 124. Als er von der letzten dieser beiden Fahrten zurückkehrte, erhielt er die Nachricht, die ihn glücklich machte, wie er später seiner Frau erzählte. Sie lautete:
"Henke, Ihr Boot ist fertig! — Sie stellen U 515 in Dienst."
Am 21. Februar 1942 stellte Werner Henke, noch als Oberleutnant zur See, U 515 in Dienst.
Am 12. August 1942 lief U 515, ein Boot des Typs IX C, zu seiner ersten Feindfahrt aus, um gemeinsam mit den Booten U 514 unter Auffermann und U 516 unter Tillessen in den Westatlantik zu marschieren, um im Seeraum Trinidad — Kleine Antillen den Schiffsverkehr aus den USA nach Brasilien und Port of Spain abzufangen und lahmzulegen.
Genau einen Monat nach dem Auslaufen wurde ein großer Tanker gesichtet. Das Boot hängte sich am Rande der Sichtgrenze an, um nach Sonnenuntergang auf diesen Tanker einzudrehen. Zum ersten Male erscholl im Einsatz der Befehl: "Auf Gefechtsstationen! — Rohre I und II klar zum Überwasserschuß."
Um 10.00 Uhr fiel der Fächerschuß. Mittschiffs und Achterkante Brücke getroffen, stoppte der Dampfer sofort. Er war wenige Minuten später über alles in Flammen gehüllt und sank. Es war der panamesische moderne Motortanker "Stanvac Melbourne" mit 10.013 BRT, der den ersten scharf geschossenen Torpedos von U 515 zum Opfer fiel.

Inzwischen war am Rande des Sichtkreises ein weiterer Dampfer gesichtet worden, auf den das Boot nunmehr operierte. Der niederländische Motortanker "Woensdrecht" konnte nach den beiden Torpedotreffern noch SSS funken und tastete im Klartext hinterher: "Torpedoed from german submarine, sinking quickly."
Eine halbe Stunde darauf schien der Dampfer von der Wasseroberfläche verschwunden. (Er wurde mit vier Torpedotreffern in den Hafen geschleppt, gilt aber als Totalverlust.) Das Boot stand zehn Grad nördlich des Äquators und auf 60 Grad West. Es lief zur Küste von Trinidad weiter und blieb tagsüber getaucht und auf Sehrohrtiefe eingependelt. Als es auftauchte, wurde es von einem viermotorigen Seeflugzeug wieder unter Wasser gedrückt. Dreimal wiederholte sich das gleiche Spiel.
In der Nacht zum 13. September tauchte U 515 auf, und eine Stunde darauf wurde ein großer Dampfer gesichtet. Es war die "Ocean Vanguard" mit 7.174 BRT. Da die Nacht sehr hell war und das Boot günstig stand, fuhr Henke einen Unterwasserangriff. Der Torpedo traf das Schiff und ließ es sinken. U 515 setzte sich einige Meilen parallel zur Küste laufend ab, und gegen 6.00 Uhr kam ein kleines Küstenschiff in Sicht, die "Nimba". Sie erhielt einen Torpedo und sank sofort, nachdem sie durch die Wucht des Treffers in der Mitte durchgerissen wurde.
Der britische Dampfer "Harborough" wurde am frühen Nachmittag des 14. September gestellt und im Unterwasserangriff mit einem Torpedo gestoppt. Da der Dampfer nicht sank, ließ Henke auftauchen und versenkte ihn mit der Artillerie. Wieder waren 5.415 BRT zu den ersten Versenkungen hinzugekommen.
Oberleutnant zur See Henke zeigte, daß er als I. WO. unter Johann Mohr gut schießen gelernt hatte.
Mit Schnelltauchen mußte das Boot vor einem Zerstörer hinuntergehen. Henke ließ einen der neuen Bolde ausstoßen. Dieses moderne Mittel, sich der feindlichen Asdicortung zu entziehen, erwies sich als erfolgreich. Der Zerstörer verlor sie, und mit kleiner Fahrt lief U 515 seitlich ab. Dort aber, wo die in dem zylindrischen Körper des Bold befindlichen Calciumcarbide ausflossen und mit dem Meerwasser eine Verbindung eingingen, die zu einer dichten und weiten Bläschenbildung führte, die aus Wasserstoffgas bestand, fielen die Wabos, weil dort das U-Boot vermutet wurde.
Am Vormittag des 15. September fiel das norwegische Motorschiff "Sörholt" mit 4.801 BRT einem Zweierfächer des Bootes zum Opfer. 23 Stunden später kam U 515 auf den amerikanischen Dampfer "Mae" zum Schuß. Dieses Schiff hatte 5.607 BRT, und da die Torpedos sehr knapp geworden waren, ließ Henke den Dampfer mit der Bordkanone

versenken, nachdem die Besatzung in die Boote gegangen war.
Der britische Dampfer "Redpool" trat am Morgen des 20. September seinen letzten Weg an. Der Norweger "Lindvangen" folgte am 23. September, und in der darauffolgenden Nacht wurde noch der Dampfer "Antinous" getroffen. Er wehrte sich mit seiner 12,7 cm-Kanone, als das U-Boot zum Artilleriegefecht näher heranging. Eine Kesselexplosion brachte dann den Gegner zum Schweigen, und auftauchende Flugzeuge veranlaßten Henke, sofort mit Alarmtauchen in die Tiefe zu gehen. Dieser letzte Dampfer sank nicht. Er konnte eingeschleppt werden.
Als das Boot am 14. Oktober nach 64 Seetagen in Lorient eintraf, flatterten neun Versenkungswimpel am ausgefahrenen Luftzielsehrohr. U 515 hatte auf seiner ersten Feindfahrt neun Schiffe mit 46.782 BRT versenkt und ein Schiff mit 6.034 BRT torpediert.

Die "Ceramic" sinkt

Am 7. November lief U 515 unter Oberleutnant zur See Henke zur zweiten Feindfahrt in das Operationsgebiet Gibraltar aus. Die alliierten Landungen in Nordwestafrika bei Casablanca, Oran und Algier waren am nächsten Morgen vor sich gegangen, und das Boot wurde nun auf die alliierte Landungs-Flotte angesetzt. Hinzu kam U 130 unter Kals. In der Nacht zum 12. November wurde Werner Henke vom Wachhabenden Offizier auf die Brücke gebeten. Als er dort erschien, wurde ihm ein britischer Kreuzerverband gemeldet. Hier die KTB-Eintragungen der nächsten entscheidenden Stunden eines unerbittlich zähen Kampfes.

"11.11.42: Um 19.15 Uhr Überwassermarsch. Kreuzerverband in Sicht. Zwei Kreuzer "Birmingham" und "Frobisher", dazu drei Zerstörer der K-Klasse auf Ostkurs. Fahrt 15 kn. Ich setze mich 5 Stunden lang mit AK vor und werde mehrmals von Zerstörern abgedrängt. - - -
12.11.42, 00.15 Uhr: Auf achteren Kreuzer der "Birmingham-Klasse" angelaufen. Von einem Viererfächer sind zwei Torpedos Oberflächen- und Kreisläufer; einer trifft Mitte Maschinenraum nach 70 Sekunden Laufzeit. Das Schiff bleibt gestoppt liegen, drei Zerstörer sichern. Der zweite Kreuzer läuft mit hoher Fahrt nach Osten ab.
Nach einer Stunde die Sicherung durchstoßen. Um 1.28 Uhr und 1.48 Uhr jeweils ein Fangschuß. - - - Kreuzer liegt mit schwerer Schlagseite nach Steuerbord. Auf einem dort längsseits gehenden Zerstörer der K-Klasse erziele ich um 2.01 Uhr einen Treffer im Achterschiff. Es erfolgt eine heftige Detonation mit hoher, breiter Sprengsäule und Wabodetonationen unter dem Heck.
Um 2.06 Uhr weitere Treffer auf Kreuzer erzielt. Schiff sinkt immer noch nicht. Ich werde von einem Leuchtgranaten schießenden Zerstörer gejagt, habe Ruderversager und Schalttafelbrand. Werde unter Wasser gedrückt und gejagt. - - -
Nachgeladen und um 4.30 Uhr aufgetaucht. Auf tief im Wasser liegenden Kreuzer, der langsam von einem längsseits liegenden Zerstörer über den Achtersteven geschleppt wird. Plötzlich Artilleriebeschuß von sicherndem Zerstörer und vom vorderen Turm des Kreuzers. Wieder Alarm und Schnelltauchen. - - -
Um 6.13 Uhr wieder aufgetaucht. Auf Kreuzer zugelaufen. Werde von einem Zerstörer mit Artillerie beschossen. Um 6.50 Uhr Doppelschuß aus Rohr II und I mit verlegtem Treffpunkt am Ziel. Einen Treffer gehört. Wieder auf Tiefe. Wasserbomben und Horchverfolgung. Bolde mit Erfolg angewandt." - - -
U 515 hatte das britische Depotschiff "Hecla" mit 10.850 BRT vernichtet und den Zerstörer "Marne" torpediert. Dieser konnte noch aus eigener Kraft nach Gibraltar einlaufen.
Nach diesem zäh errungenen Erfolg wurde U 515 zur freien Jagd in den Atlantik entlassen. Am 6. Dezember wurden zwei Rauchfahnen gesichtet. Es war genau 18.32 Uhr, als diese Meldung den Kommandanten erreichte. Das Boot stand im Marinequadrat CD 2576, westlich der Azoren.
Es war ein Dampfer mit vier Masten, wie Henke nach einem genauen Ausblick auf den auftauchenden Riesen verkündete. Ein "ganz mäch-

tiger Kasten", meinte Oblt. z. S. Hashagen, der als I. WO die Wache ging. Das Boot versuchte mit AK eine gute Position zu erlaufen, was nicht eben leicht war, weil der Gegner seine 15 Knoten Fahrt machte. Es dauerte fünf Stunden, ehe U 515 so nahe herangekommen war, daß sich ein Viererfächer lohnen würde.
Aus 1.200 Meter Distanz wurde der Zweierfächer von Oblt. z. S. Hashagen, dem I. WO, geschossen. Einer der Torpedos durchschlug die Bordwand und detonierte nicht. Der zweite Aal traf den Maschinenraum. Eine hohe Detonationssäule sprang empor. Das Schiff verlor schlagartig an Fahrt. Dann nahm der Funkmaat von U 515 einen Notruf auf:
"SSS from 'Ceramic': torpedoed by submarine, help!"
Die "Ceramic" hatte nach dem Lloyds-Register 18.713 BRT. Die ersten Boote wurden zu Wasser gelassen. Aber dieser Riese sank nicht von einem Treffer. Der dritte Torpedo lief, und mit diesem Treffer erlosch das Licht auf dem Dampfer schlagartig. Aber erst der fünfte Torpedoschuß ließ die "Ceramic" um 1.03 Uhr, 63 Minuten nach dem ersten Treffer, sinken.
In der Nacht meldete U 515 die Versenkung dieses Riesen und erhielt vom BdU um 7.00 Uhr Weisung (nachdem das Boot aufgetaucht war), noch einmal an die Untergangsstelle heranzugehen und durch Befragung von Schiffbrüchigen in den Rettungsbooten mehr über Ladung und Ziel des Schiffes in Erfahrung zu bringen.
U 515 drehte in die Richtung ein, in welcher sich der Pulk der Rettungsboote bewegt hatte. Am Nachmittag des 7. Dezember wurden die Trümmer des gesunkenen Dampfers gesichtet. Die Rettungsboote waren außer Sicht. Lediglich eines wurde gefunden. Darin befand sich nur noch ein Lebender. Alle übrigen Insassen waren tot. Darunter auch, zum Entsetzen der Brückenwache des Bootes, eine Frau und ein Kind.
Der Lebende wurde sofort versorgt und später befragt. Sein Name war Eric Munday. Er gehörte zu jenen Royal Engineers, die auf diesem Schiff aus den USA nach England gebracht werden sollten.
Am 17. Dezember erhielt Oberleutnant zur See Henke auf See das Ritterkreuz des Eisernen Kreuzes. Das Boot trat verschossen den Rückmarsch an und erreichte am 6. Januar 1943 seinen Stützpunkt Lorient.

Zwischen Freetown und Cape Coast

Es war der 21. Februar 1943, an dem Werner Henke, nunmehr zum Kapitänleutnant befördert, mit U 515 zu seiner dritten Feindfahrt auslief. Aufgrund einer B-Dienst-Meldung wurde das Boot in den Seeraum der Azoren auf eine Warteposition befohlen, wo es am 4. März das große britische Motorschiff "California Star" mit 8.300 BRT stellte und mit einem Zweierfächer vernichtete.
Am beschädigten und zum Rückmarsch befohlenen U 106 unter Kptlt. Damerow ergänzte Henke Treiböl und nahm die zwei nicht verschossenen Torpedos über. Das war am 24. März. Bis dahin hatte das Boot den Südmarsch fortgesetzt und war einige Male von Flugzeugen unter Wasser gedrückt worden.
Am 9. April wurde vor der Senegalküste das französische Motorschiff "Bamako" durch einen Torpedotreffer gestoppt und mit 17 Schüssen aus der 10,5 cm-Bordkanone versenkt. Was nun folgte war ein wochenlanges Auf- und Abstehen vor der westafrikanischen Küste, wo in den Vorjahren einige Boote so große Erfolge erzielt hatten. Aber U 515 fand nicht das kleinste Schiff. Erst am Abend des 30. April sichtete die Brückenwache 90 Seemeilen südlich Freetown einen Konvoi mit 18 Dampfern. Es war der TS 37, ein Trinidad-Freetown-Geleitzug.
Geben wir erneut Werner Henke und seinem KTB das Wort:
"30.4., 21.00 Uhr: Standort 90 sm südlich Freetown, Rauchwolken in rechtweisend 145 Grad in Sicht. Abstand 15 sm. Als Geleitzug auf Nordwestkurs, ausgemacht etwa 14 voll beladene Dampfer, drei Zerstörer, fünf Bewacher. In dunkler Regenbö abgesetzt, Ortung bis Lautstärke 4 auf 141 cm Wellenlänge im Metox festgestellt. Da die vordere und seitliche Sicherung zu stark, von hinten in den Geleitzug hineingestoßen.
Zwischen 22.56 und 23.01 Uhr bei dunkler Nacht und starkem Wetterleuchten sechs gezielte Einzelschüsse, Tiefe 5 m, auf fünf Frachter und einen Tanker. Alle Treffer Mitte. - - -
Leuchtgranaten und Leuchtraketen von der Steuerbordsicherung. Ein Zerstörer in Lage Null, ein Bewacher und ein Zerstörer an Backbord. Getaucht und auf 170 m gegangen. Wasserbomben in mittlerer Entfernung, starke Sinkgeräusche, 3 ETOs nachgeladen.
1. Mai, 2.30 Uhr: Aufgetaucht. Ich gehe zur Versenkungsstelle, ein großes Trümmerfeld, das sich in Ost-West-Richtung erstreckt. Viele beleuchtete Boote und Flöße, ein größerer Bewacher nimmt Überleben-

de auf. Beim Absuchen des Gebietes kein angeschossenes Schiff gefunden. Stoße nach.
Um 5.13 Uhr: Fühlung zum Geleitzug in sehr dunkler Nacht wieder hergestellt. Schiebe mich von hinten in den Geleitzug hinein. 5.40 Uhr: Drei gezielte Einzelschüsse mit Tiefe 7 m auf drei große Frachter, die nach guten Treffern zu sinken beginnen. - - -
5.49 Uhr: Leuchtgranaten und Raketen, zwei Zerstörer in spitzer Lage, Alarm! Wassertiefe hier nur 80 m. Wabos und Asdic erzwingen ein Verholen über Grund auf tiefes Wasser. Günstige Wasserschichtungen im gesamten Küstengebiet. Werde nicht erfaßt. Sinkgeräusche an Steuerbord. Viele Wasserbomben weitab. - - -"
Mit diesen beiden entschlossen durchgeführten Angriffen versenkte U 515 sieben vom Gegner bestätigte Schiffe mit insgesamt 43.265 BRT. Nach Henkes Meldung war ein Schiff mehr gesunken und ein weiteres torpediert worden. Und zwar im ersten Anlauf bei den Schüssen um 21.02 Uhr eines und bei den Schüssen um 22.56 Uhr ein zweites.
Großadmiral Dönitz schrieb in sein KTB und übernahm später in sein Werk "Zehn Jahre und zwanzig Tage":
"Welch ein großes Können und welche Kaltblütigkeit dazu gehören, um solche Erfolge zu erringen, ist, glaube ich, auch für den Laien verständlich.
Besonnen und kritisch meldete Henke als Versenkungsergebnis acht Schiffe mit 50.000 BRT. Tatsächlich hat er nach heute zugänglichen Unterlagen sieben Schiffe mit 45.612 BRT versenkt."
80 Seemeilen südlich Cape Coast gelang es U 515 am 9. Mai 1943 noch einmal zum Schuß zu kommen. Das 4.544 BRT große norwegische Motorschiff "Corneville" wurde versenkt.
Eine Woche später erhielt Henke Weisung, aus dem Treibölversorger U 460 unter Kptlt. Schnoor zu ergänzen. U 515 tat dies und operierte weitere vier Wochen glücklos vor Freetown und Liberia. Dann trat es den Rückmarsch an und lief am 26. Juni 1943 mit einem Erfolgskonto von zehn versenkten Schiffen mit 58.456 BRT (nur vom Gegner bestätigte Schiffe genannt) in Lorient ein.
Am 4. Juli 1943 wurde Kptlt. Werner Henke als 257. deutschen Soldaten das Eichenlaub zum Ritterkreuz des Eisernen Kreuzes verliehen. Er erhielt diese Auszeichnung als 26. U-Boot-Kommandant.
Als Werner Henke am 27. Juni beim FdU West, Kpt. z. S. Rösing in Angers zur Fahrtbesprechung weilte, übergab ihm einer der Adjutanten einen verschlossenen Umschlag, auf dem ein roter "Geheim"-Stempel aufgedrückt war. Henke fand darin einen Text, der von der Funkhorchabteilung der Seekriegsleitung mitgehört worden war. Es handelte sich um eine Meldung der "Stimme Amerikas" im britischen Rund-

funk vom 31. März 1943, in der Henke des Mordes an 264 hilflosen Schiffbrüchigen angeklagt wurde. Es handelte sich dabei um die mit der "Ceramic" zu Tode gekommenen Soldaten und Zivilisten. Der Schluß der Meldung lautete:
"Männer wie Henke werden ihrer Verantwortung nicht entgehen."
Daß dies später so werden würde, war zu dieser Zeit noch nicht abzusehen. Wichtig aber war, daß von nun an U 515 vom Gegner ganz besonders unter die Lupe genommen wurde und daß kein Auslaufdatum des Bootes mehr geheim blieb.
Die Meldung dieses Senders, daß Henke auf Schiffbrüchige habe schießen lassen, war unwahr, und der Zeuge dafür war einer der Überlebenden, der diese Propagandamärchen entlarvte.
Von der "Ceramic", auf der sich 350 Menschen befunden hatten, waren nur 85 gerettet worden. 264 Menschen waren umgekommen.
Am 29. August 1943 lief U 515 zu seiner vierten Feindfahrt aus. Südlich der Azoren stieß das Boot am 7. September auf einen westgehenden Geleitzug. Das Boot griff an, wurde gesichtet und verfolgt. Schwer beschädigt mußte U 515 in den Stützpunkt zurücklaufen. Es erreichte am 12. Sepember Lorient und ging zur Reparatur in die Werft.

Die fünfte Feindfahrt
— Drei Schiffe versenkt —

Erst am 9. November 1943 konnte U 515 zu seiner fünften Feindfahrt auslaufen. Ziel war die Elfenbeinküste. Hier stand das Boot lange vergebliche Wochen auf und ab und versuchte zum Schuß zu kommen. Am 18. November wurde das britische Patrol Ship "Chanticlair" torpediert. Es konnte nicht mehr repariert werden. Zweimal wurden sehr schnelle Einzelfahrer gesichtet, die aber nicht mehr eingeholt werden konnten. Ansonsten schien die See in diesem Gebiet leergefegt. Erst am 17. Dezember wurde der britische Einzelfahrer "Kingswood" gesichtet und gestellt. Der Zweierfächer ließ den 5.080 BRT großen Dampfer auf 5.57 Grad Nord und 1.43 Grad Ost sinken.

Der Bann schien gebrochen, denn bereits 48 Stunden später lief U 515 zum Angriff auf den 7.406 BRT großen britischen Dampfer "Phemius" an. Der Torpedo-Fächerschuß stoppte den modernen Dampfer. Mit 40 Schüssen aus der Zehnfünf wurde er dann vernichtet. Die Besatzung war in die Boote gegangen und pullte in Richtung Küste davon.

Am 24. Dezember wurde dann mit der sehr schnellen "Dumana", ein modernes britisches Motorschiff von 8.427 BRT und zugleich ein zäher Gegner serviert. Das Schiff manövrierte den Zweierfächer aus. Henke ließ noch näher herangehen und einen Einzelschuß schießen. Aber auch diesmal war der Kapitän dieses Schiffes clever genug, den Aal auszumanövrieren.

Erst mit dem dritten Anlauf, der U 515 bis auf 480 Meter an den großen Dampfer heranbrachte, wurde die "Dumana" mit einem Zweierfächer voll getroffen. Das Schiff brach in der Mitte durch und beide Teile sanken sehr schnell.

Vor einem Seeflugzeug tauchte U 515 auf tiefem Wasser und drehte weg. Am Morgen des 25. Dezember erhielt das Boot den Rückmarschbefehl. Es lief am 14. Januar, "nach dem schönsten Weihnachtsgeschenk, das jemals ein Mann der Besatzung erhalten hatte", in Lorient ein. Drei Versenkungswimpel zeigten an, daß es auch diesmal mit 20.913 BRT einen guten Erfolg errungen hatte. Hinzu kam die "Chanticlair" mit 1.350 tons.

Der rätselhafte Tod
eines Kommandanten

Am Morgen des 28. März 1944, U 515 war soeben von einer kurzen Probefahrt, auf welcher einige reparierte Geräte getestet worden waren, zurückgekommen, hörte Werner Henke zufällig den englischen Soldatensender. Was er erfuhr, verschlug ihm die Sprache:
"Morgen läuft U 515 aus Lorient aus. Kapitänleutnant Henke sollte wissen, daß wir nichts vergessen haben. Er soll daran denken: einmal werden wir ihn erwischen und dann gnade ihm Gott!"
Nach dieser sechsten und letzten Feindfahrt sollte Werner Henke, seine Beförderung zum Korvettenkapitän stand heran, eine U-Boot-Flottille als Chef übernehmen.
Am Nachmittag es 29. März 1944 ging U 515 in See. Das Boot durchlief die gefährliche Biskaya im Unterwassermarsch und erreichte am 7. April das vorgesehene Operationsgebiet westlich der Kanarischen Inseln.
Am Abend des 8. April wurde das Boot von einem Trägerflugzeug gesichtet, das bis auf 1.000 Meter an U 515 heranflog und dann abdrehte, so, als habe es das Boot überhaupt nicht gesehen.
Eine Viertelstunde später kam die Maschine wieder zurück, das glaubte Henke wenigstens, doch er sollte sich irren. Es war eine andere Maschine, eine von jenen vier, die Captain Gallery, der Chef der hier in der Nähe stehenden US-U-Jagd-Gruppe, zur weiteren Erkundung des gemeldeten U-Boot-Standortes hatte starten lassen.
Zur gleichen Zeit ließ der Escort Group-Commander die beiden Zerstörer "Chatelain" und "Flaherty" auf den gemeldeten U-Boots-Kurs eindrehen. Genau drei Minuten nach der Sichtmeldung war auch der Flugzeugträger "Guadalcanal" verständigt, und von diesem erfuhren es jene drei Zerstörer, die zur Sicherungsgruppe des Trägers gehörten.
Die Jagd konnte mit dem Start der ersten Träger-Flugzeuge beginnen. Diese griffen U 515 mit Bomben an. Das Boot entkam mit Schnelltauchen. Als es erneut auftauchte, wurde es von einem aus der Sonne heraus angreifenden Flugzeug gebombt. Wieder ging es hinunter.
Gleich darauf wurden Asdic-Peilstrahlen gehört. Der erste Zerstörer lief an, seine vier Wasserbomben detonierten dicht hinter dem Heck des U-Bootes. Dann fielen kurz nacheinander zwei Wasserbomben dicht an der Steuerbordseite. Das Boot wurde von der Wucht dieser

Detonationen halb herumgerollt. Schäden wurden gemeldet. Henkes Befehl lautete:
"Bold ausstoßen und auf 220 Meter gehen!"
Plötzlich aber sackte das Boot nach achtern weg. Es mußte abgefangen werden, sonst waren sie alle verloren. Oblt. (Ing.) Altenburger erhielt den Befehl zum Anblasen. Die Männer legten bereits Schwimmwesten und Tauchretter an. Dann meldete der LI, daß das Boot durch sei.
Henke drehte das Turmluk auf. Die Zerstörer, die das Boot gestellt hatten, eröffneten das Feuer. Es waren: die "Pope", die "Pillsbury", die "Chatelain" und die "Flaherty".
"Alle Mann aus dem Boot!" befahl Henke. Granaten schlugen in den U-Raum ein. Eine Granate zerriß die auf dem Turm liegenden Wasserstoff-Flaschen. Der Turm begann zu brennen. Die Munition der Dreisieben explodierte. Männer fielen.
Von den 60 Soldaten von U 515 wurden 44 gerettet. Sie wurden zu dem Träger "Guadalcanal" geschafft. Unter ihnen befand sich auch Kptlt. Henke.
Captain Gallery, der davon wußte, daß U 515 die "Ceramic" versenkt hatte, drohte damit, daß er Henke den Engländern übergeben würde und daß die ihn sicher mit Wonne massakrieren wollten.
Er brachte Henke irgendwie dazu, daß er versprach, alle ihm gestellten Fragen zu beantworten, wenn er nach Amerika gebracht werde. Dies sicherte Gallery zu. Als dann Henke im US-Verhörlager "Fort George G. Meade" — ein Lager für Kriegsgefangene, das entgegen den Bestimmungen des Internationalen Roten Kreuzes n i c h t gemeldet war — verhört werden sollte, verweigerte er weitergehende Aussagen, die über seine eigene Person und seinen Dienstgrad hinausgingen.
Jeden Tag wurde er zwei- bis dreimal zum Verhör geholt und nach allen Regeln der Kunst vernommen. So trieben die Verhörenden den Kommandanten derart in die Enge, daß Henke schließlich keinen anderen Ausweg sah, als bei "einem Fluchtversuch erschossen zu werden".
Er lief am Abend des 15. Juni gegen 18.55 Uhr zum Drahtzaun, der das Verhörlager umgrenzte und begann hinaufzuklettern. Der Posten rief zweimal "Halt!". Als Henke den Zaun überstieg, schoß der Posten und traf den Gefangenen, der daraufhin bewegungslos im Zaun hängenblieb.
Dies war wenigstens die amerikanische Version in der Meldung, die die US-Gefangenenbehörde aufgrund einer dringenden Anforderung nach fünfeinhalb Monaten (!) am 29. November 1944 dem Internationalen Roten Kreuz in Genf schickte.
In dieser Urkunde heißt es, daß Henke mit einer Schußwunde in der

rechten Schläfe tot aus dem Stacheldrahtzaun geholt worden sei. Zeugen, die die Verhältnisse in diesem unbekannten Lager kannten, sagten nach dem Kriege, als sie in die Heimat zurückkehrten, daß Henke niemals mit einem Schuß in die rechte Schläfe hätte getroffen werden können, wenn er den Zaun hätte übersteigen wollen, weil die Postenstellen sich etwa 30 Meter hinter dem Zaun befunden hätten und er demzufolge dem Posten den Rücken zugekehrt haben müsse, als er über den Zaun stieg. — Es sei denn, er habe sich nach dem Posten umgedreht.

Wie auch immer: Werner Henke war tot. Er wurde in Fort George G. Meade bestattet. Während der Gefangenschaft war er noch zum Korvettenkapitän befördert worden.

Versenkungsliste von U 515 unter Kapitänleutnant Henke

Datum	Zeit	Code	Schiff	BRT	Position
12.09.42	10.00	paMT	"Stanvac Melbourne"	10.013	10.30 N/60.20 W
12.09.42	00.41	nlMT	"Woensdrecht"	4.668	10.27 N/60.17 W
13.09.42	02.27	brD	"Ocean Vanguard"	7.174	10.43 N/60.11 W
13.09.42	06.34	paD	"Nimba"	1.854	10.41 N/60.24 W
14.09.42	14.10	brD	"Harborough"	5.415	10.03 N/60.20 W
15.09.42	07.14	nwM	"Sörholt"	4.801	10.45 N/60.00 W
16.09.42	06.25	amD	"Mae"	5.607	08.03 N/58.13 W
20.09.42	08.15	brD	"Redpool"	4.838	08.58 N/57.34 W
23.09.42	06.19	nwD	"Lindvangen"	2.412	09.20 N/60.10 W
24.09.42	03.00	amD	"Antinous" =	6.034	09.20 N/60.00 W
12.11.42	00.15	brAD	"Hecla"	10.850	35.43 N/09.54 W
12.11.42	02.12	brDD	"Marne" =	1.920	35.50 N/09.57 W
07.12.42	00.00	brD	"Ceramic"	18.713	40.30 N/40.20 W
04.03.43	- - -	brM	"California Star"	8.300	42.32 N/37.20 W
09.04.43	- - -	frM	"Bamako"	2.357	14.57 N/17.15 W
30.04.43	21.02	brM	"Corabella"	5.682	07.15 N/13.49 W
30.04.43	21.02	brD	"Bandar Shahpur"	5..236	07.15 N/13.49 W
30.04.43	21.02	nlM	"Kota Tjandi"	7.295	07.15 N/13.49 W
30.04.43	22.56	brD	"Nagina"	6.551	07.19 N/13.50 W
01.05.43	05.13	brD	"Clan Macpherson"	6.940	07.58 N/14.14 W
01.05.43	05.13	beM	"Mocambo"	4.996	07.58 N/14.14 W
01.05.43	05.13	brD	"City of Singapore"	6.555	07.55 N/14.16 W
09.05.43	- - -	nwM	"Corneville"	4.544	04.50 N/01.10 W
18.11.43	- - -	brPS	"Chanticlair"	1.350	40.06 N/19.48 W
17.12.43	- - -	brD	"Kingswood"	5.080	05.57 N/01.43 E
19.12.43	- - -	brD	"Phemius"	7.406	05.01 N/00.47 E
24.12.43	- - -	brM	"Dumana"	8.427	04.27 N/06.58 E

Gesamterfolge: 24 Schiffe mit 155.714 BRT versenkt
1 Patrol Ship mit 1.350 tons versenkt
1 Schiff mit 6.034 BRT torpediert
1 Zerstörer mit 1.920 BRT torpediert

Kapitän zur See Werner Hartmann

Mit U 37 und U 198 im Einsatz

Als Chef der Atlantikgruppe

Als Chef der 6. U-Flottille "Hundius" in Wilhelmshaven stieg Korvettenkapitän Werner Hartmann am frühen Morgen des 19. August 1939 auf U 37 unter Kptlt. Schuch ein. Kommodore Dönitz hatte den erfahrenen U-Boot-Kommandanten, der im Mai 1936 das erste deutsche Hochsee-U-Boot, U 26, in Dienst gestellt hatte, zum Chef der Atlantikgruppe ernannt, jener ersten U-Boot-Gruppe, die ausgelaufen war.
Einsatzraum war der Seeraum vor Gibraltar. Dort sollten die Boote im Rudel angreifen und englische Geleitzüge vernichten. Von den neun Booten, die ursprünglich zu dieser Gruppe gehörten, waren sechs durch verschiedene Gründe ausgefallen. Nur drei standen Hartmann zur Verfügung.
U 37, mit Hartmann an Bord, hatte keine Feindberührung. Die beiden anderen Boote versenkten insgesamt drei Dampfer.
Als U 37 dann zu seiner ersten selbständigen Feindfahrt auslief, war Werner Hartmann Kommandant des Bootes. Kptlt. Schuch war erkrankt, und Hartmann war für ihn eingesprungen.
In der nördlichen Nordsee und vor dem Nordkanal sollten die Boote der 6. U-Flottille, deren Chef Hartmann geblieben war, nach dem Gegner suchen. Es gehörten außer U 37 dazu: U 42 unter Kptlt. Dau, U 48 unter Kptlt. Herbert "Vaddi" Schultze, U 46 unter Kptlt. Sohler, U 45 unter Kptlt. Gelhaar und U 40 unter Kptlt. von Schmidt. U 40 ging als

erstes Boot dieser Gruppe verloren. Es lief am 13. Oktober auf eine Mine und sank.

Am 8. Oktober wurde der erste Gegner gesichtet. Die "Vistula" wurde mit der Artillerie angehalten und anschließend nach der Prisenordnung versenkt. Der Fangschuß ließ das kleine Schiff rasch sinken.

Vier Tage darauf wurde der griechische Dampfer "Aris" gesichtet und mit der Artilerie versenkt, als die Prüfung der Papiere ergab, daß er Bannware für England führte.

Am 15. Oktober kam der französische Dampfer "Vermont" in Sicht. Auch er wurde mit der Artillerie gestoppt und als sich erwies, daß er Bannware für England geladen hatte, durch angeschlagene Sprengpatronen versenkt. Mit diesem Schiff ging ein 5.186 BRT großer Dampfer auf Tiefe.

Der 24. Oktober wurde für U 37 zu einem Tag des dreifachen Erfolges. Der britische Dampfer "Menin Ridge" fiel um 06.16 Uhr einem Torpedo des Bootes zum Opfer. Um 9.18 Uhr wurde der Brite "Ledbury" gestoppt und nach Untersuchung versenkt, indem das Buggeschütz dem Dampfer eine Reihe Treffer unterhalb der Wasserlinie beibrachte. Um 11.19 Uhr wurde dann noch der britische Dampfer "Tafna" versenkt.

U 37 hatte sich bis auf einen Hecktorpedo verschossen und trat den Rückmarsch an. Aber am 30. Oktober kam ein weiterer Dampfer in Sicht. Es war der griechische Dampfer "Thrasyvoulos", der nach dem Stoppsignal anhielt, die Boote fierte und durch den letzten Torpedo versenkt wurde, nachdem sich Hartmann davon überzeugt hatte, daß er für England fuhr.

Mit acht Versenkungswimpeln am ausgefahrenen Sehrohr kehrte das Boot nach Wilhelmshaven zurück, wo es am 12. November einlief.

In der folgenden zweimonatigen Werftliegezeit wurden einige Umbauten an U 37 vorgenommen, und am 31. Januar 1940 lief U 37 zu seiner zweiten Feindfahrt unter Hartmann, der jetzt Chef der 2. U-Flottille geworden war, aus. Das Boot hatte die landnahen Seegebiete westlich Irland, im Englischen Kanal und in der westlichen Biskaya als Operationsgebiet erhalten.

Am 4. Februar um 4.15 Uhr fiel der erste Schuß, der den norwegischen Dampfer "Hop" vernichtend traf.

Noch am selben Tage nach Sonnenuntergang wurde ein weiterer Dampfer gesichtet. Mit AK erlief das Boot den zum Überwasserschuß notwendigen Vorlauf, und um 21.25 Uhr wurde der Einzelschuß auf diesen auf 7.000 Tonnen geschätzten Dampfer geschossen. Der Torpedo detonierte bedeutend eher als berechnet worden war und dies zeigte Hartmann, daß er sich in der Größe des Dampfers verschätzt hatte. Es war die 4.330 BRT große "Dawson", die zehn Minuten nach dem Treffer auf Tiefe ging.

In den nächsten Tagen tat sich nichts. Das Boot lief von einem vermuteten Einsatz zum anderen, ohne ein Schiff zu sichten. Es wurde mehrfach von Maschinen des Coastal Command unter Wasser gedrückt. Hartmann aber blieb dran, und am 10. Februar hatte er wieder Erfolg. Um 20.59 Uhr fiel der Torpedoschuß, der die "Silja" sinken ließ.

In den ersten Morgenstunden des 11. Februar kam das Boot auf einen britschen Fischdampfer zum Schuß mit der Artillerie. Der Dampfer von 290 BRT wurde erst beschossen, als die Besatzung in das Rettungsboot gestiegen und weit vom Dampfer fortgerudert war. Die "Togimo" sank auf 50.40 N/11.02 W.

Am 15. Februar versenkte ein Aal von U 37 den dänischen Dampfer "Aase", ein sehr kleiner Kolcher, der den Aal eigentlich nicht wert war. Als U 37 Befehl erhielt, gemeinsam mit U 26 und U 50 im Seegebiet nordwestlich von Kap Finisterre zu operieren, ließ Hartmann diesen Kurs legen, und am 17. Februar stieß U 37 auf den Dampfer "Pyrrhus", der bereits aus dem Konvoi OG 18 entlassen war. Mit seinen 7.418 BRT war er ein großes Schiff, und der Zweierfächer war gut angelegt. Die "Pyrrhus" sank.

Der griechische Dampfer "Ellin" wurde auf der 25 Meter-Wasserlinie nordwestlich von Kap Finisterre kurz nach Mitternacht des 18. Februar gestellt und versenkt. Ihm folgte am selben Tage, nur knapp acht Stunden später, der französische Erzdampfer "P.L.M. 15" nach. Damit hatte U 37 sämtliche Torpedos verschossen und lief nach Wilhelmshaven zurück. Das Boot hatte acht weitere Dampfer versenkt.

Am 31. März lief U 37 zu seiner neuen Feindfahrt aus. In ihrem ersten Abschnitt galt es, für das auslaufende "Schiff 16", den Handelsstörkreuzer "Atlantis", die Geleitsicherung zu leisten. U 37 geleitete das Schiff in Richtung Jan Mayen durch die Dänemarkstraße. Hier wurde der Handelsstörkreuzer am 9. April entlassen. Für U 37 begann nun die "freie Jagd".

Am 10. April wurde der schwedische Motortanker "Sveaborg" mit stolzen 9.076 BRT durch Zweierfächer versenkt. Zwei Stunden später, es herrschte noch stockfinstere Nacht, kam das Boot auf das norwegische Motorschiff "Tosca" zum Schuß. Der Torpedo ließ dieses Schiff rasch sinken.

Im weiteren Verlauf dieser Jagd stellte das Boot am Vormittag des 12. April den britischen Dampfer "Stancliffe", der hart südlich Island auf Tiefe ging.

Inzwischen war der Einsatz zum Unternehmen "Weserübung" angelaufen, und auch U 37 wurde im Zuge dieser Operation in den Seebe-

reich der Shetlandinseln dirigiert. Hier kam es auf einen englischen Kreuzer der Glasgow-Klasse zum Schuß.
Der Dreierfächer lief normal. Zwei Detonationen wurden an dem Kreuzer gehorcht, dann mußte das Boot vor heranlaufenden Geleitfahrzeugen auf Tiefe gehen. 90 Minuten dauerte das ständige Ausweichen und Rochieren. Während dieser Zeit fielen 18 Wasserbomben, ohne jedoch das Boot zu beschädigen. Dann herrschte wieder Stille, und Hartmann ließ auf Sehrohrtiefe auftauchen.
Da die See leer war, wurde aufgetaucht. Als erster schwang sich der Kommandant auf den Turm. Vom Gegner war nichts mehr zu sehen. Als sie die Stelle erreicht hatten, an der sie dem Kreuzer den Torpedo angetragen hatten, sahen sie hier ein Trümmerfeld. Hatten sie den Kreuzer versenkt? Es schien sicher. (Der Gegner bestätigte diese Versenkung nicht.)
Am 17. April mußte KKpt. Hartmann dem BdU einen schweren Maschinenschaden melden, der die Rückkehr des Bootes nach Wilhelmshaven notwendig machte. U 37 hatte als eines der wenigen Boote dieser Einsatzzeit des April Erfolge errungen und drei Schiffe versenkt und ein weiteres torpediert. Die gemeldete Versenkung des Kreuzers der "Glasgow-Klasse" wurde jedoch nicht bestätigt.
Als zweiter U-Boot-Kommandat hatte KKpt. Werner Hartmann auf drei Feindfahrten insgesamt über 100.000 BRT feindlichen Handelsschiffsraumes versenkt. Er erhielt am 9. Mai 1940 aus der Hand des BdU das Ritterkreuz des Eisernen Kreuzes als vierter Offizier der U-Boot-Wafffe, direkt nach Admiral Dönitz.
Noch im April holte der BdU den erfahrenen Kommandanten und Flottillenchef als I. Asto in seinen Stab. Sechs Monate später wurde Werner Hartmann Kommandeur der 2. U-Boots-Lehr-Division in Gotenhafen-Oxhöft. Am 1. April 1941 erfolgte seine Beförderung zum Fregattenkapitän. Im Dezember wurde er dann Chef der taktischen Frontausbildung der U-Boote und Chef der 27. U-Flottille in Gotenhafen.

Zweihundert Tage in See

Als Ende Dezember 1941 und Anfang 1942 die ersten Boote des Typs IX D-2 in Dienst gestellt wurden und der Befehlshaber der U-Boote dafür erfahrene und hundertprozentig standfeste Kommandanten suchte, kam er sofort auf Werner Hartmann zurück. Er ließ ihn nach Frankreich kommen und als sich Hartmann gemeldet hatte, fragte ihn der Große Löwe:
"Was meinen Sie zu einem der neuen Boote, Hartmann?"
"Kann ich eines bekommen, und wann kann es losgehen?" fragte Hartmann, sofort Feuer und Flamme.
"Es dauerte noch etwas, aber Sie sollten sich schon jetzt mit diesem Boot vertraut machen und es dann auch in Dienst stellen."
Am 3. November 1942 stellte Kapitän zur See Werner Hartmann U 198 in Dienst. Das Einfahren begann und schließlich war alles bereit. Das Boot war versorgt worden und legte am 9. März 1943 in Bordeaux ab, um in das Operationsziel Indischer Ozean und Seeraum Madagaskar zu laufen.
Als Leitender Ingenieur war Kapitänleutnant (Ing.) J. F. Wessels eingestiegen, der bereits mit ihm als LI auf U 37 gefahren war.
Das neue Boot war für weite ozeanische Verwendung vorgesehen. Zwei zusätzlich eingebaute Diesel-Generatoren mit 1.000 PS, die bei Dieselfahrt auch gemeinsam mit den beiden Hauptmotoren von zusammen 4.400 PS betrieben werden konnten, ergaben für diese Boote, von denen während des Krieges ingesamt 29 in Dienst gestellt wurden, einen Fahrbereich von 31.500 Seemeilen. Damit konnten sie gut eineinhalbmal um die Erde laufen, ohne auch nur einmal Öl bunkern zu müssen.
Während des Auslaufens, das Boot stand in der Nähe der Kapverdischen Inseln, wurde U 198 durch einen Fliegerangriff unter Wasser gedrückt. Das Boot erlitt keine schwerwiegenden Schäden.
Als der Löwenrücken, das Wahrzeichen von Kapstadt, gesichtet wurde, hatte das Boot noch immer kein Schiff angegriffen. Die es unterwegs passiert hatte, waren zu klein gewesen, um dafür einen Überraschungseffekt zu verlieren. Die Südspitze von Afrika wurde umrundet, und wenig später erreichte das Boot den Einsatzraum ostwärts von Durban und südlich der Insel Madagaskar.
Am 17. Mai 1943 wurde schließlich ein kleiner Geleitzug entdeckt. Es handelte sich um den LMD 17, eine Geleitzuggruppe, die von Lauren-

co Marques nach Durban lief. Das Boot stand günstig, es tauchte, wurde in Sehrohrtiefe eingependelt und lief auf den Kollisionspunkt mit dem Konvoi zu. Um 14.12 Uhr schoß Hartmann zwei Zweierfächer auf Schiffe von jeweils 6.000 BRT. Der erste Fächerschuß traf die 4.392 BRT große "Northmoor". Der zweite Fächer traf ebenfalls, wie die gehorchten Detonationen und die wenig später ertönenden Sinkgeräusche zeigten. Der Auftakt war gemacht, und am 29. Mai wurde das britische Motorschiff "Hopetarn" mit 5.231 BRT versenkt.
Am Vormittag des 5. Juni traf es den britischen Dampfer "Dumra" und am 6. Juni ging der Amerikaner "William King", mit seinen 7.176 BRT ein gutes Schiff, für immer auf Tiefe.
Mit fünf weiteren Booten der "Monsungruppe" traf sich dann U 198 bei dem deutschen Treibölversorgungsschiff "Charlotte Schliemann". Die sechs Tage dauernde Versorgung im Südosten des Indischen Ozeans wurde von der gesamten Besatzung zu einem anständigen Mittagessen an Bord der "Charlotte Schliemann" genutzt. Es gab auch einen Film im Bordkino zu sehen. Dann machte U 198 wieder los und lief in sein Operationsgebiet zurück.
Am 6. Juli um 20.30 Uhr ging nach einem Zweierfächer der griechische Dampfer "Hydraios" auf Tiefe. Zehn Stunden darauf traf es den britischen Dampfer "Leana".

Dann war die See in diesem Gebiet wie leergefegt. U 198 lief auf dem Suchschlag durch das gesamte Seegebiet, ehe es am 1. August 1943 auf 25.06 Grad Süd und 34.14 Grad Ost einen Dampfer sichtete. Es war der 8.457 BRT große niederländische Dampfer "Mangkalibat", der nach dem Zweierfächer sank und das Erfolgskonto des Bootes auf acht Schiffe heraufschraubte, von denen eines unbekannt war.
Nach 200 Tagen in See lief U 198 wohlbehalten in Bordeaux ein. Auf Vorschlag des Kommandanten wurde Kptlt. (Ing.) Johann-Friedrich Wessels am 9. März 1944 mit dem Ritterkreuz des Eisernen Kreuzes ausgezeichnet.
Nach einer Erholungspause, die nach 200 Seetagen notwendig war, wurde Werner Hartmann im Januar 1944 zum Führer der U-Boote Mittelmeer ernannt und löste Admiral Kreisch ab, der zum Führer der Torpedoboote und Zerstörer ernannt worden war. Dazu schrieb Großadmiral Dönitz dem Chronisten:
"Hartmann war ein Kommandant der alten U-Boot-Garde. Er hat als U-Boot-Wachoffizier und Kommandant die Friedensausbildung durchlaufen und sich im Kriege als U-Boots-Kommandant und in der U-Boots-Ausbildung in der Ostsee als Kommandeur einer Lehrdivision, hoch bewährt. Für die verantwortungsvolle Aufgabe eines Führers der U-Boote Mittelmeer war er der richtige Mann."

Am 5. November 1944 erhielt Kpt. z. S. Werner Hartmann als 645. das Eichenlaub zum Ritterkreuz. (Als FdU-Mittelmeer.)
Am 14. Februar 1945 übernahm Werner Hartmann noch das Marine-Grenadier-Regiment 6 der 2. Marine-Infanterie-Division und kam mit dieser Truppe aus Seesoldaten an Weser und Aller, in der Lüneburger Heide und zur Sicherung des wichtigen Kaiser-Wilhelm-Kanals zum Einsatz.

Versenkungsliste von U 37 und U 198 unter Kapitän zur See Hartmann

Datum	Zeit	Typ	Schiff	BRT	Position
08.10.39	14.00	swD	"Vistula"	1.018	Flugga/Shetland
12.10.39	19.45	grD	"Aris"	4.810	53.28 N/14.30 W
15.10.39	08.18	frD	"Vermont"	5.186	48.01 N/17.22 W
17.10.39	16.31	brD	"Yorkshire"	10.184	44.52 N/14.31 W
24.10.39	06.16	brD	"Menin Ridge"	2.474	36.01 N/07.22 W
24.10.39	09.18	brD	"Ledbury"	3.528	36.01 N/07.22 W
24.10.39	11.19	brD	"Tafna"	4.413	35.44 N/07.23 W
30.10.39	13.33	grD	"Thrasivoulos"	3.693	49.25 N/11.18 W
04.02.40	04.15	nwD	"Hop"	1.365	58.55 N/00.14 W
04.02.40	21.25	brD	"Leo Dawson"	4.330	60.10 N/00.39 W
10.02.40	20.59	nwD	"Silja"	1.259	51.21 N/11.32 W
11.02.40	03.30	brDf	"Togimo"	290	50.40 N/11.02 W
15.02.40	05.45	däD	"Aase"	1.206	49.17 N/08.15 W
17.02.40	15.53	brD	"Pyrrhus"	7.418	44.02 N/10.18 W
18.02.40	00.45	grD	"Ellin"	4.917	25 m NW Cape Finisterre
18.02.40	08.23	frD	"P.L.M. 15"	3.754	43.37 N/09.15 W
10.04.40	01.36	swMT	"Sveaborg"	9.076	62.52 N/07.34 W
10.04.40	03.52	nwM	"Tosca"	5.128	62.52 N/07.34 W
12.04.40	09.42	brD	"Stancliffe"	4.511	45 m NE Unst. Isl.
13.04.40	12.34	brCL	"Glasgow-Klasse"	9.100	Kreuzer versenkt?
17.05.43	14.12	brD	"Northmoor"	4.392	28.27 S/32.43 E
17.05.43	14.12	- - -	Dampfer =	6.000	28.27 S/32.43 E
29.05.43	19.37	brM	"Hopetarn"	5.231	30.50 S/39.32 E
05.06.43	vorm.	brD	"Dumra"	2.304	28.15 S/33.20 E
06.06.43	vorm.	amD	"William King"	7.176	30.25 S/34.15 E
06.06.43	20.30	grD	"Hydraios"	4.476	22.44 S/35.12 E
06.06.43	06.45	brD	"Leana"	4.742	25.06 S/35.33 E
01.08.43	- - -	nlD	"Mangkalibat"	8.457	25.06 S/34.14 E

Gesamterfolge:
26 Schiffe mit 119.238 BRT versenkt
1 Schiff mit 6.000 BRT wahrscheinlich
1 Kreuzer mit 9.100 BRT wahrscheinlich

Kapitän zur See Wolfgang Lüth

Auf vier Booten im Einsatz

Mit dem Einbaum vor der englischen Küste

Werner Lüth meldete sich unmittelbar nach seiner Beförderung zum Oberleutnant zur See zur U-Boot-Waffe. Nach der allgemeinen Ausbildung erhielt er ein Kommando auf U 38. Kptlt. Liebe wurde sein Lehrmeister, und das zeigte sich später, als Lüth mit U 9 sein erstes Boot erhielt.
Im Dezember 1939 übernahm Lüth U 9, ein Boot, an dessen Turmseite als Wappen ein Eisernes Kreuz angebracht war. Dieses Eiserne Kreuz sollte an Otto Weddigen erinnern, dem legendären U-Boot-Kommandanten des Ersten Weltkrieges. Eine Woche nach der Übernahme dieses Bootes Anfang Januar 1940 lief er zu seiner ersten Feindfahrt als Kommandant aus.
In den Winterstürmen vor der englischen Küste gelang es Lüth am Abend des 18 Januar, den schwedischen Dampfer "Flandria" mit 1.179 BRT zu torpedieren. Der Dampfer sank. Eine Stunde nach Mitternacht des nächsten Tages sichtete der II. WO einen weiteren Dampfer, der dicht unter der Küste von Great Yarmouth lief und den Hafen zu erreichen versuchte. U 9 schloß heran und schoß die 1.188 BRT große "Patria" mit einem Torpedo in den Grund.
Der nächste Einsatz des Seeoffiziers war ein Minenunternehmen. Auf der Minensperre, die von U 9 gelegt wurde, sank mit Sicherheit ein Schiff mit 5.995 BRT. Nach Erledigung dieser Minenaufgabe gelang es Lüth am 11. Februar um 18.20 Uhr, auf einen weiteren kleinen Dampfer

zum Schuß zu kommen. Es war der estnische Dampfer "Linda" mit 1.213 BRT, der nach dem Torpedotreffer sank. Ein Schuß auf einen Zerstörer, der das Boot angriff, ging dicht vorbei.
Im Norwegen-Feldzug war auch U 9 eingesetzt. Wie alle übrigen Boote auch, blieb U 9 erfolglos. Lediglich ein Schuß auf einen Zerstörer, am Mittag des 20. April um 12.48 Uhr geschossen, traf. Aber der Zerstörer konnte eingeschleppt werden.
Anfang Mai 1940 lief dann das Boot zu einer weiteren Feindfahrt aus. Inzwischen war bekannt geworden, daß der britische Tanker "San Tiburcio" als einziges Schiff auf einer von U 9 gelegten Minensperre auf der 4 Meter-Linie 330 Grad Tarbett Ness im Moray Fjord gesunken war. Diese 5.995 BRT kamen in Lüths Versenkungsliste.
Auf dem Ausmarsch ins Operationsgebiet sichtete der I. WO, Oblt. z. S. Gramitzky, bei Terschelling ein feindliches U-Boot. Das Boot fuhr mitten in einer Gruppe von erleuchteten Fischerbooten und war selber unbeleuchtet. Noch war nicht klar, ob es sich um ein deutsches Boot handelte.
"Wir laufen darauf zu und sehen nach!" befahl Lüth. U 9 drehte in die Richtung zum U-Boot ein, das ihnen plötzlich das Heck zeigte. Die Jagd setzte sich fort. Hier der Bericht von Lüth über dieses Ereignis:
"Eine Stunde drehen wir uns schon umeinander herum. Dann aber haben wir das Boot. Wir fahren jetzt mit E-Maschinen, weil die Dieselmotoren bei der ruhigen Nacht zu weit zu hören sind. Mit kleiner Fahrt laufen wird auf ihn zu. Er ist kein Deutscher, muß also Engländer oder Franzose sein. Der Vorhaltewinkel ist nach Gefühl — über den Daumen gepeilt. — Ich gebe Feuererlaubnis. Gramitzky zielt ruhig.
'Rohr I fertig! — Rohr eins — los!'
Wir haben gestoppt, um nicht zu nahe heranzukommen. Da, getroffen! Eine Feuersäule steigt mittschiffs am feindlichen U-Boot hoch. Ein grausiges Schauspiel, das von lauten Detonationen begleitet wird. Seine Torpedos fliegen mit in die Luft. — Wir laufen zur Untergangsstelle, um Schiffbrüchige zu retten. Nichts ist zu sehen. Nur ein sich weiter und weiter ausbreitender Ölfleck.
'Arme Kerle', sagt Gramitzky, 'Sind doch auch U-Boot-Fahrer.'
Es war das französische U-Boot 'Doris', das wir 14 Minuten nach Mitternacht des 9. Mai 1940 versenkt haben."
Die "Doris" hatte 552 tons.
An der Westhinder Buoy gelang es U 9 kurz nach Mitternacht des 11. Mai den estnischen Dampfer "Viiu" zu stellen und zu torpedieren. Am frühen Nachmittag dieses Tages kam U 9 auf den britischen Dampfer "Tringa" zum Schuß. Auch er sank. Bis zum 23. Mai verlief dann alles sehr eintönig, aber immer gefährlich, denn überall konnten schnelle Zerstörer und auch Flugzeuge des Coastal Command auftauchen.

Am Mittag des 23. Mai kam das Boot dann auf den von den Belgiern beschlagnahmten und in Dienst genommenen deutschen Dampfer "Sigurd Faulbaums" zum Schuß. Die 3.256 BRT große "Sigurd Faulbaums" fiel ebenfalls einem Torpedo dieses Einbaums zum Opfer.
In den Stützpunkt zurückgekehrt, stellte Wolfgang Lüth am 27. Juni 1940 mit U 138 sein neues Boot in Dienst, das allerdings auch nicht wesentlich kampfkräftiger war, als der Einbaum U 9. Dennoch: es war ein neues Boot, und Lüth hoffte, damit eine Reihe Erfolge zu erringen. Doch beim ersten Auslaufen ging zunächst alles schief.

Der Motortanker "New Sevilla"

Am Ende der ersten Septemberdekade legte U 138 zu seiner ersten Feindfahrt ab. Doch diese Feindfahrt sollte sich als sehr problematisch herausstellen, zumindest was die ersten Tage anging. Bereits beim Auslaufen war eine Mine gestreift und die "Himmelfahrt" nur um Zentimeter "verpaßt" worden.
Am zweiten Tag in See stellte der LI des Bootes fest, daß die Regelzelle ein Leck hatte. Es blieb Lüth nichts anderes übrig, als diese Zelle vollaufen zu lassen und, um das Übergewicht loszuwerden, einen Teil des Wasch- und Trinkwassers außenbords zu pumpen.

Danach aber schien alles sich in Wohlgefallen aufgelöst zu haben. Am späten Nachmittag des 20. September sichtete die Brückenwache in der Nähe des Nordkanals den Geleitzug OB 216.
"Auf Gefechtsstationen!" befahl Lüth eine Stunde später, als es dunkel geworden war und sich das Boot an den Konvoi heranpirschte. "Alle Rohre klar zum Überwasserschuß!"
Die UZO wurde auf den Turm gereicht, und der I. WO postierte sich dahinter. Die Schiffe liefen ins Visier. Es war ein Tanker von geschätzten 7.500 Tonnen und zwei große Schiffe, die Lüth mit jeweils einem Einzelschuß zumindest lahmlegen wollte, um ihnen dann nach dem Aufladen der drei Rohre den Rest zu geben.
Um 21.20 Uhr und dann jeweils drei Minuten später fielen die gezielten Einzelschüsse. Alle drei Torpedos trafen. Der britische Tanker "New Sevilla" machte als erster einen Notruf. Lüth ließ im Lloyds-Register nachsehen. Der Tanker war dort mit 13.801 BRT angegeben. Das war für ein so kleines Boot eine fabelhafte Leistung. Doch noch war der Tanker nicht unter Wasser.
Lüth ließ nachladen und wieder an den Tanker herangehen.
Die beiden Dampfer, der Panamese "Boka" mit 5.560 BRT und der Brite "Empire Adventure" mit 5.145 BRT, waren bereits gesunken, als die "New Sevilla" den Fangschuß erhielt, zu dem U 138 sehr nahe herangegangen war.
U 138 mußte sich mit Alarmtauchen absetzen, als eine Reihe von Fahrzeugen sichtbar wurde, die durch die Hilferufe des Tankers aufgeschreckt worden waren und nun mit AK dem Untergangsort entgegenliefen, um wenigstens die Besatzungen dieser drei Schiffe zu retten.
Doch U 138 gab nicht auf. Lüth ließ gegen Mitternacht wieder auf den Geleitzug eindrehen und sichtete den britischen Dampfer "City of Simla". Dieser 10.138 BRT große Dampfer benötigte ebenfalls zwei Torpedos, ehe er sank.
Damit hatte sich U 138 verschossen und trat mit einem Versenkungserfolg von vier Schiffen mit 34.644 BRT den Rückmarsch an. Dies war übrigens das beste Versenkungsergebnis, das ein "Einbaum" im Zweiten Weltkrieg erzielte.
Auf der nächsten Feindfahrt kam Wolfgang Lüth am 13. Oktober auf das norwegische Motorschiff "Dagrun" zum Schuß. Der Torpedo detonierte unmittelbar vor dem Schiff und verursachte einige Schäden, ohne daß die "Dagrun" sank.
Am 15. Oktober, dem Geburtstag des Kommandanten, kamen zwei Schiffe in Sicht, die möglicherweise zum Konvoi SC 7 gehörten und abgesprengt worden waren. Um 5.10 Uhr und fünf Minuten darauf ließ Lüth schießen. Der britische Dampfer "Bonheur" mit 5.327 BRT sank. Der Motortanker "British Glory", der 6.993 BRT groß war, wurde torpe-

diert und blieb schwer getroffen liegen. Vor einem Zerstörer mußte das Boot tauchen und konnte das Sinken dieses Tankers nicht mehr beobachten. Es stellte sich später heraus, daß er eingeschleppt werden konnte.

Das Boot trat den Rückmarsch an, und als es am 24. Oktober wieder in seinen Stützpunkt einlief, erhielt Oblt. z. S. Lüth das Ritterkreuz des Eisernen Kreuzes. Er war übrigens der einzige Kommandant eines Einbaumes, der mit dieser hohen Auszeichnung bedacht wurde.

Im November dieses Jahres übernahm er das von Kptlt. Ambrosius in Dienst gestellte U 43, ein großes Boot des Typs IX A, womit er zum ersten Male ein Boot für weite ozeanische Verwendung fahren konnte. U 138 übernahm sein WO auf U 9 und U 138, Franz Gramitzky.

Die großen "Pötte" im Fadenkreuz

Zur ersten Feindfahrt mit U 43 lief die Besatzung unter nunmehr Kapitänleutnant Lüth in den Nordatlantik. Am frühen Morgen des 2. Dezember wurde der Kommandant auf den Turm gerufen. Das britische Motorschiff "Pacific President" war in Sicht gekommen. Um 9.01 Uhr fiel der Fächerschuß aus den Rohren I und II. Beide Torpedos trafen das Ziel, das sehr bald mit dem Vordersteven steil vorlastig in die Tiefe sackte.

Damit waren die ersten 7.113 BRT auf dem Konto dieses neuen Bootes notiert. Genau 40 Minuten darauf fiel der zweite Zweierfächer. Ziel war diesmal der britische Motortanker "Victor Ross" mit 12.247 BRT. Lüth hatte damit zwei schnelle Einzelfahrer gefaßt, die sich aus dem langsameren Geleitzug HX 90 gelöst hatten und allein weiterlaufen wollten.

Von zwei Zerstörern wurde das Boot unter Wasser gedrückt. Es gelang dem Kommandanten, den Wabobombardements zu entgehen. Das Boot blieb am Geleitzug, aber es kam nicht mehr heran und zum Schuß.

Am 6. Dezember kam U 43 auf den norwegischen Dampfer "Skrim" zum Schuß, der auf Westkurs als Einzelfahrer unterwegs war. Der Torpedo traf nach 63 Sekunden Laufzeit mittschiffs. Das Schiff sank.

Es war der 13. Dezember, als das Boot auf das britische Motorschiff "Orari" stieß. Der Zweierfächer ließ dieses 10.350 BRT große Schiff stoppen. Es sackte rasch tiefer, sank aber nicht. Und bevor U 43 zum Fangschuß herangehen konnte, wurde das Boot von drei Zerstörern unter Wasser gedrückt und mit Wasserbomben-Fächern belegt, die U 43 durchschüttelten und einige Schäden verursachten, die jedoch mit Bordmitteln behoben werden konnten.

Das Boot trat den Rückmarsch an. Es hatte auf dieser Feindfahrt drei Schiffe versenkt und eines torpediert.

Zwei weitere Feindfahrten mit U 43

Im Juni 1941 stand U 43 wieder in seinem alten Operationsgebiet im Einsatz. Das Boot wurde weit nach Westen in den Altantik hinein dirigiert und kam am 6. Juni um 20.24 Uhr auf den niederländischen Dampfer "Yselhaven", mit 4.802 BRT ein gutes Schiff mittlerer Größe, zum Schuß. Der Niederländer sank auf 49.25 N/40.45 W.
Nach diesem erfolgreichen Auftakt hoffte Lüth, zu einer Reihe weiterer schneller Erfolge zu kommen, doch diese Hoffnung trog, denn erst am 17. Juni kam U 43 zum nächsten Erfolg. Es war das britische Motorschiff "Cathrine", das nach dem Torpedoschuß auf Tiefe ging und mit 2.727 BRT im Versenkungsrekord von U 43 zu Buche schlug. Damit war dann auch schon die "Erfolgsserie dieser Feindfahrt" gestoppt, und mit diesen beiden Versenkungen mußte Lüth mit einem beschädigten Boot den Rückmarsch antreten.
Die dreizehnte Feindfahrt von Wolfgang Lüth führte das Boot U 43 Ende November in den Mittelatlantik. Am Morgen des 29. November um 4.11 Uhr kam das Boot an den Geleitzug OS-12 heran und versenkte daraus die "Thornliebank", einen britischen Munitionstransporter von 5.569 BRT. Das Boot ließ sich nicht durch Geleitfahrzeuge abdrängen, sondern lief am Rande des Sichtkreises mit, um nach Einfall der Dunkelheit des nächsten Tages wieder heranzuschließen. Der am 30. November um 19.26 Uhr geschossene Zweierfächer traf die 4.868 BRT große "Ashby", die ebenfalls sank.
Danach wurde das Boot abgedrängt und lief auf Suchkurs weiter durch die See. Es drehte am 1. Dezember auf Ostkurs und stand am frühen Morgen des 2. Dezember im Seeraum zwischen den Azoren und Madeira, als der Kommandant auf die Brücke gerufen wurde. Der wachegehende II. WO hatte einen Einzelfahrer entdeckt.
"Boot greift an! — Wir setzen uns vor, tauchen dann und greifen unter Wasser an!"
Es gelang dem Boot den genügenden Vorlauf herauszuholen. Unter Wasser eindrehend, führte Lüth U 43 an den Tanker heran, der nach seiner Schätzung 12.000 BRT haben mußte. Um 9.24 Uhr fiel der Fächerschuß. Nach Ablauf der Laufzeit stiegen an dem Tanker "Astral" die beiden Torpedodetonationen empor. Der 7.542 BRT große Tanker geriet in Brand. Eine Kesselexplosion vollendete dann sein Schicksal.
Danach kam das Boot erst wieder am 12. Januar 1942 auf ein schnelles Motorschiff zum Schuß, das im Konvoi HX 168s mitlief. Die 5.246

BRT große "Yngaren" sank, und U 43 wurde von den Geleitfahrzeugen abgedrängt.

Danach sichtete die Brückenwache des Bootes am Abend des 13. Januar den Konvoi ON 55. Das Boot meldete der Operationsabteilung und griff in der kommenden Nacht an. Als erstes Schiff fiel der griechische Dampfer "Maro" einem Einzelschuß des Bootes zum Opfer. Um 3.04 Uhr erfolgte der nächste Anlauf. Diesmal traf es den britischen Dampfer "Empire Surf", und um 4.53 Uhr wurde der panamesische Dampfer "Chepo" mit 6.641 BRT mit einem Zweierfächer versenkt.

Das Boot trat den Rückmarsch an. Mit U 43 hatte Wolfgang Lüth in 192 Seetagen auf drei Feindfahrten eine stolze Reihe von elf Schiffen versenkt und ein Schiff torpediert.

Kurs auf Südafrika — Mit U 181 in See

Am 9. Mai 1942 stellte Wolfgang Lüth mit U 181 eines der ersten Boote des Typs IX D-2 in Dienst. Dieses Boot war auf der Deschimag-Werft in Bremen erbaut worden. Die Einfahrzeiten und die Schießzeiten nahmen einige Monate in Anspruch, aber am 12. September 1942 lief U 181 von Kiel zu seiner ersten Feindfahrt aus. Operationsgebiet war der Seeraum um Südafrika. Lüth hatte gemeinsam mit den ersten Booten dieser Gruppe U 177 unter Kptlt. Gysae und U 178 unter Kptlt. Dommes die bereits vor Südafrika im Einsatz stehende Gruppe "Eisbär" abzulösen.

Anfang November erreichte U 181 sein Operationsgebiet, und am 3. November nachmittags stellte das Boot südwestlich von Kapstadt das US-Motorschiff "East Indian" mit 8.159 BRT. Das Schiff wurde mit zwei Torpedos versenkt.
Am 8. November folgte die unter der Flagge von Panama fahrende "Plaudit" nach, und zwei Tage darauf wurde der Norweger "K. G. Meldahl" gestellt und versenkt.
Unmittelbar vor Port Johns traf es genau drei Tage darauf auf den Amerikaner "Excello" mit 4.969 BRT; an diesem Tage wurde Lüth über FT-Spruch mitgeteilt, daß ihm mit Wirkung vom selben Tage als 142. Soldaten der deutschen Wehrmacht und 18. Soldaten der U-Boot-Waffe das Eichenlaub zum Ritterkreuz verliehen worden sei.
Das Boot blieb weiter dran, und am 19. November wurde der kleine norwegische Dampfer "Gunda" versenkt. Einen Tag später schlug ein Torpedo in den griechischen Dampfer "Corinthiakos" ein und versenkte diesen. Abermals 48 Stunden später war die "Alcoa Pathfinder" an der Reihe. Ihre 6.797 BRT kamen zum Konto des Bootes hinzu.
Damit nicht genug, konnte U 181 am Morgen und am Abend des 24. November jeweils ein Schiff von mittlerer Größe durch Torpedoschuß stellen und mit der Artillerie versenken. Fangschüsse anzulegen, konnte sich der Kommandant aus Mangel an Torpedos nicht mehr leisten. Von nun an würde es heißen: ein Schiff und ein Torpedo.
Dieses Verfahren wurde auch bei dem griechischen Dampfer "Evanthia" angewandt, der am 28. November einem Torpedo und einer Reihe von Treffern aus dem Buggeschütz zum Opfer fiel. Die "Cleanthis" folgte in gleicher Manier am 30. November morgens auf dem Weg in die Tiefe nach.
Am Nachmittag des 2. Dezember genügte ein Torpedo, um die 4.328 BRT große "Amaryllis" auf Tiefe gehen zu lassen.
Danach stand das Boot weitere 14 Tage vergeblich im Seegebiet auf und ab, um die beiden letzten Torpedos anzulegen. Doch es kam kein Schiff mehr in Sicht. Das Boot erhielt den Rückmarschbefehl, wurde am 8. Januar 1943 noch auf den Konvoi TM 1 angesetzt, kam aber nicht heran.
Am 18. Januar 1943 lief U 181 nach 129 Seetagen in den Stützpunkt der 12. U-Flottille, Bordeaux, ein. Am ausgefahrenen Sehrohr flatterten zwölf Versenkungswimpel mit der Gesamtzahl von 58.381 BRT.

U 181 206 Tage in See

Am 23. März 1943 lief U 181 zu seiner zweiten Feindfahrt aus. Operationsgebiet war wiederum der Seeraum Südafrika bis Südostafrika und Madagaskar. Zur gleichen Zeit etwa liefen auch U 177, U 178 und U 195 aus Bordeaux zu ihren großen Einsätzen aus. Ihnen schlossen sich U 196 unter Kptlt. Kentrat, U 197 unter Kaptlt. Bartels und U 198 unter Korvettenkapitän Hartmann an.
Diesmal sollte der Seeraum Südafrika deckend im U-Boots-Raster liegen und möglichst viele Schiffe der Alliierten sollten dort ihr Ende finden.
Auf dem Ausmarsch stieß U 181 am 11. April auf 2.31 Grad Nord und 15.55 Grad West auf einen britischen Dampfer. Dieser wurde mit einem Torpedo mittschiffs versenkt. Es war die "Empire Whimbrel" mit 5.983 BRT, die als erstes Opfer von U 181 auf Tiefe ging.
Am 11. Mai stand das Boot im Einsatzgebiet. Bereits am 15. April waren dem Kommandanten als 29. Soldaten der deutschen Wehrmacht die Schwerter zum Ritterkreuz verliehen worden, die er als vierter U-Boots-Kommandant erhielt.
Um 4.08 Uhr dieses 11. Mai kam das Boot auf den britischen Dampfer "Tinhow" zum Schuß. Der 5.232 BRT große Dampfer sank vor Laurenco Marques. Am Morgen des 20. Mai kam das kleine schwedische Motorschiff "Sicilia" in Sicht. Der Dampfer wurde angehalten. Die Besatzung erhielt Zeit um in die Boote zu gehen und sich zu verproviantieren, ehe der Fangschuß aus 450 Meter den Dampfer durchbrechen und sofort sinken ließ.
Am 1. Juni lief U 181 in den freien Seeraum des Indischen Ozeans hinein, um aus dem durch die Sundrastraße kommenden Versorger "Charlotte Schliemann" Treiböl, Proviant und Torpedos zu übernehmen.
Vom Gegner unbemerkt ergänzten alle sechs in diesem Seeraum stehenden U-Boote an dem deutschen Versorgungsschiff. Dann marschierte U 181 in sein Operationsgebiet zurück. Es sichtete am Morgen des 7. Juni den kleinen südafrikanischen Dampfer "Harrier" und versenkte diesen, nachdem die Besatzung in die Boote gegangen war.
Von diesem Tage an, bis zum Nachmittag des 2. Juli 1943 schien die See wie leergefegt. Erst gegen Abend dieses Tages kam nördlich von Mauritius der britische Dampfer "Hoihow" in Sicht, der mit einem Torpedo versenkt wurde.

Am 15. und 16. Juli fielen die Dampfer "Empire Lake" und "Fort Franklin" den Torpedos des Bootes zum Opfer. Dann herrschte wieder "Ebbe", und das Boot irrte auf Suchschlag durch die See. Erst am 4. August kam es auf den britischen Dampfer "Dalfram" zum Schuß. Drei Tage später trat die "Umvuma", ebenfalls ein Engländer, den Weg in die Tiefe an, und am 11. August kam der britische Dampfer "Clan Mac-Arthur" in Sicht. Dieser Dampfer von 10.528 BRT benötigte drei Torpedos, ehe er sich anschickte, in die Tiefe zu gehen.
Damit hatte sich das Boot bis auf einen einzigen Torpedo verschossen und trat den Rückmarsch an. Es wurde noch zur Suche nach dem verschollenen U-Boot U 197 angesetzt, konnte aber ebensowenig wie U 196 etwas von diesem Kameradenboot entdecken. Bereits am 20. August war U 197 südlich von Madagaskar durch britische Flieger der Geschwader 259 und 265 durch Bombenwürfe versenkt worden.
Als U 181 am 14. Oktober 1943 nach 206 Seetagen in den Stützpunkt Bordeaux einlief, hatte dieses Boot die zweitlängste Feindfahrt des Zweiten Weltkrieges hinter sich gebracht und auch diesmal wieder zehn Schiffe mit zusammen 45.331 BRT versenkt.
Bereits am 9. August 1943 war Korvettenkapitän Wolfgang Lüth, in See stehend, als 7. deutschen Soldaten und erstem Marineoffizier überhaupt, die Auszeichnung der Brillanten zum Ritterkreuz mit Eichenlaub und Schwertern verliehen worden.
Am 15. Oktober wurden Korvettenkapitän Lüth in feierlicher Form von Großadmiral Dönitz die Brillanten übergeben. Der Kommandant von vier U-Booten erhielt kein weiteres Boot mehr. Vorzeitig zum Fregattenkapitän befördert, führte Lüth die Ausbildungs-Flottille bis zum Frühjahr 1944, offiziell noch bis Anfang Juli, danach wurde er Kommandeur der 1. Abteilung der Marineschule Flensburg-Mürwik. Am 14. September 1944 wurde Wolfgang Lüth, soeben zum Kapitän zur See befördert, letzter Kommandeur dieser berühmten Schule. Er war der jüngste und der einzige Marineoffizier, der diese traditionsreiche Schule führte, ohne die Admiralsstreifen zu tragen.
Nach Kriegsschluß behielt Kpt. z. S. Lüth die Zügel fest in der Hand. Hier befanden sich nunmehr über 400 Offiziere der Kriegsmarine und die Reichsregierung Dönitz. Das Wachbataillon "Cremer", unter KKpt. Peter Erich Cremer hatte auch das Gelände der Marineschule zu bewachen.
Als am Abend des 13. Mai 1945 um 18.00 Uhr die zwölf Wachposten und der Wachhabende vor dem Gebäude der Marineschule vergattert wurden, waren sie darüber instruiert worden, daß sie auf jeden Unbekannten, der sich nicht durch das Kennwort dieser Nacht ausweisen konnte, schießen mußten.
Es mußten drei Doppelposten gestellt werden. Wachhabender war in

dieser Nacht Maschinenmaat Karl Franz von U 2519, dem letzten Boot von KKpt. Cremer, das in der Nacht zum 4. Mai in der Kieler Bucht selbstversenkt worden war.

Während der Wache, die von 0.00 Uhr bis 2.00 Uhr dauerte, hörte plötzlich einer der Posten, der die Wache am Kommandeurshaus ging, ein verdächtiges Geräusch. Er drehte sich in diese Richtung, erblickte eine schemenhaft sichtbare Gestalt und rief: "Halt! Wer da? — Parole!"

Die Parole dieser Nacht war Tannenberg. Aber der Mann, der noch immer nur schemenhaft sichtbar wurde, sagte nicht nur die Parole nicht, er sagte gar nichts.

Der Posten nahm das Gewehr herunter und fragte noch einmal nach der Parole. Als er wieder keine Antwort erhielt, legte er den Sicherungsflügel des Karabiners herum und schoß. Der Mann ihm gegenüber sackte tödlich getroffen zusammen.

Als Maschinenmaat Franz, der vor dem Kommandeurshaus gestanden und noch einige Minuten vorher mit dem Leiter der Marineschule gesprochen hatte, den Schauplatz des Ereignisses erreichte und neben dem zu Boden gegangenen Manne herunterging, erkannte er ihn. Es war — Kapitän zur See Wolfgang Lüth.

Der Kommandeur der Marineschule Flensburg-Mürwik war tot. Großadmiral Dönitz ordnete sofort ein Staatsbegräbnis an.

Commander Roberts, der in Flensburg saß und für alles, was die Marine betraf, verantwortlich war, erhielt aus den Händen von KKpt. Ramm das Protokoll der Untersuchung. Wenige Minuten später ging er damit zu Brigadier Churcher, dem Stadtkommandanten. Dieser erteilte die Erlaubnis zum Staatsbegräbnis.

Am 16. Mai 1945, acht Tage nach Kriegsschluß, begann um 10.00 Uhr die Trauerfeier in der Aula der Marineschule. Sechs Ritterkreuzträger, Kameraden von Lüth und U-Boots-Kommandanten wie er, trugen den Sarg zum Dorffriedhof von Adelby am Rande Flensburgs. Dort wurde einer der erfolgreichsten U-Boot-Kommandanten der Welt, Wolfgang Lüth, beigesetzt.

Versenkungserfolge von
U 9, U 138, U 43, U 181
unter Kapitän zur See Lüth

18.01.40	23.53	swD	"Flandria"	1.179	54.00 N/03.40 W
19.01.40	01.45	swD	"Patria"	1.188	54.-- N/03.30 W
11.02.40	18.20	esD	"Linda"	1.213	58.51 N/01.45 W
09.02.40	---	brDT	"San Tiburcio"	5.995	(Mine von U 9)
09.03.40	00.14	frSS	"Doris"	552	53.40 N/04.-- E
11.03.40	00.49	esD	"Viiu"	1.908	Westerhinder Buoy
11.03.40	14.00	brD	"Tringa"	1.930	51.21 N/02.25 E
23.05.40	12.54	dtD	"Sigrun Faulbaums"	3.256	51.29 N/02.38 E
20.09.40	21.20	brDT	"New Sevilla"	13.801	55.48 N/07.22 W
20.09.40	21.23	paD	"Boka"	5.560	55.54 N/07.24 W
20.09.40	21.26	brD	"Empire Adventure"	5.145	Islay
21.09.40	02.27	brD	"City of Simla"	10.138	55.55 N/08.20 W
13.10.40	15.32	nwM	"Dagrun" =	4.562	---
15.10.40	05.10	brD	"Bonheur"	5.327	57.10 N/08.36 W
15.10.40	05.15	brMT	"British Glory" =	6.933	57.10 N/08.36 W
02.12.40	09.01	brM	"Pacific President"	7.113	56.04 N/18.45 W
02.12.40	09.41	brMT	"Victor Ross"	12.247	56.04 N/18.30 W
06.12.40	22.48	nwD	"Skrim"	1.902	Nordatlantik
13.12.40	20.47	brM	"Orari" =	10.350	49.50 N/20.55 W
06.06.41	20.24	nlD	"Yselhaven"	4.802	49.25 N/40.54 W
17.06.41	03.15	brM	"Cathrine"	2.727	49.30 N/16.-- W
29.11.41	04.11	brD	"Thornliebank"	5.569	41.50 N/29.48 W
30.11.41	19.26	brD	'Ashby"	4.868	36.54 N/29.51 W
02.12.41	09.24	amDT	"Astral"	7.542	35.40 N/24.00 W
12.01.42	08.02	swM	"Yngaren"	5.246	57.-- N/26.-- W
14.01.42	02.54	grD	"Maro"	3.838	Nordatlantik
14.01.42	03.04	paD	"Chepo"	5.582	58.30 N/19.40 W
14.01.42	04.53	brD	"Empire Surf"	6.641	58.42 N/19.16 W
03.11.42	16.22	amM	"East Indian"	8.159	37.23 S/13.34 E
08.11.42	20.55	paD	"Plaudit"	5.060	36.00 S/26.32 E
10.11.42	08.27	nwD	"K. G. Meldahl"	3.799	34.59 S/29.45 E
13.11.42	08.01	amD	"Excello"	4.969	32.23 S/30.07 E
19.11.42	21.25	nwD	"Gunda"	2.241	25.40 S/33.53 E
20.11.42	01.24	grD	"Corinthiakos"	3.562	24.42 S/33.27 E
22.11.42	00.33	amD	"Alcoa Pathfinder"	6.797	26.45 S/33.10 E
24.11.42	07.37	grD	"Mount Helmos"	6.481	26.38 S/34.59 E
24.11.42	20.34	brD	"Dorington Court"	5..281	27.00 S/34.45 E
28.11.42	22.50	grD	"Evanthia"	3.551	35.13 S/34.00 E
30.11.42	05.11	grD	"Cleanthis"	4.153	24.29 S/35.44 E
02.12.42	17.40	paD	"Amaryllis"	4.328	28.14 S/33.24 E
11.04.43	---	brD	"Empire Whimbrel"	5.983	02.31 N/15.55 W

11.05.43	04.08	brD	"Tinhow"	5.232	25.15 S/33.30 E
20.05.43	- - -	swM	"Sicilia"	1.633	24.31 S/35.12 E
07.06.43	vorm.	saD	"Harrier"	193	29.-- S/34.-- E
02.07.43	23.15	brD	"Hoihow"	2.798	19.30 S/55.30 E
15.07.43	- - -	brD	"Empire Lake"	2.852	21.27 S/51.47 E
16.07.43	12.00	brD	"Fort Franklin"	7.135	22.36 S/51.22 E
04.08.43	- - -	brD	"Dalfram"	4.558	20.53 S/56.43 E
07.08.43	- - -	brD	"Umvuma"	4.419	20.18 S/57.14 E
11.08.43	- - -	brd	"Clan MacArthur"	10.528	23.-- S/53.11 E

Gesamterfolge: 47 Schiffe mit 221.981 BRT versenkt, darunter das U-Boot "Doris".
3 Schiff mit 21.845 BRT torpediert

Kapitänleutnant Hans-Günther Lange

Zwischen Island und Murmansk

Am 26. September 1942 stellte Kapitänleutnant Hans-Günther Lange U 711 in Dienst. Der ehemalige Torpedo-Offizier hatte erst verhältnismäßig spät zur U-Boot-Fahrt gefunden. Nun aber sollte er mit seinem Boot im Eismeer zum Einsatz gelangen.
Die Ausbildungs- und Einfahrzeit hatte der Kommandant mit Bravour hinter sich gebracht. Der Auftrag, den er von seinem Flottillenchef erhalten hatte, lautete:
"Angriff auf die russische Funkstation Praudy, 30 Seemeilen ostwärts der Stadt Indiga in der Petschora-See. Vernichtung dieser Station durch Artilleriebeschuß. Weiter in Richtung Plagepoluchia operieren und Vernichtung der dort befindlichen, durch Aufklärerfotos identifizierten zweiten russischen Funkstation, ebenfalls durch Artillerie."
Diese Funkstationen waren entscheidende Bindeglieder zwischen den sowjetischen U-Jagd-Gruppen und den Fliegerverbänden. Die Vernichtung dieser beiden wichtigen Stationen würde für die deutschen U-Boote, die an den Eismeer-Konvois rakten, von entscheidender Bedeutung sein, weil es ihnen ein gefahrloses Durchlaufen dieser nordöstlichen Gewässer, der Westsibirischen See und der Barentsee, ermöglichen würde.
Als Kptlt. Lange seine Kammer verließ und in die Zentrale kam, sah er den Obersteuermann am Kartentisch. Er ging zu ihm, und der Obersteuermann zeigte ihm den Standort des Bootes auf der Karte der Barentsee.
"Dies ist unser erkoppelter Standort, Her Kaleunt: auf 70 Grad Nord und 45 Grad Ost."
"Dann ist die Stadt dort an Land also Malosemelsskaja Tundra",

meinte der Kommandant. "Sieht so aus, als würden wir es im ersten Anlauf schaffen."
"Bestimmt, Herr Kaleunt!"
Lange ging zum Niedergang. "Aufwärts!" rief er, damit ihm von oben niemand auf den Kopf stieg, während er auf den Turm enterte.
Der II. WO, der die Wache ging, meldete keine besonderen Vorkommnisse. Das Boot, das zur 14. U-Flottille Narvik gehörte, glitt durch die mit Stärke drei gehende See. Hier in Landnähe mußten sie sich sehr vor russischen Flugzeugen in Acht nehmen.
"Wir müßten gleich Land sichten, Männer", wandte sich Lange an die Brückenwächter. "Falls unser Obersteuermann recht hat."
Fünf Minuten darauf wurde Land gesichtet, und nach den Berechnungen des Obersteuermannes mußten sie etwa acht Seemeilen ostwärts der ersten Funkstation stehen.
Der Tag war in den Abend übergegangen. In einem unbeschreiblichen Rot stand die untergehende Sonne am Rande des Sichtkreises. Mit "Beide große Fahrt" lief das Boot nun nach einer Ruderkorrektur nach Südwesten und kam damit näher auf Land zu. Hans-Günther Lange suchte die Küste mit dem Fernglas ab. Er erkannte die auf dem Luftbild deutlich zu sehende Landzunge und dahinter den flachen Hügel. Dort mußte die Funkstation stehen.
"Beide kleine Fahrt!" befahl er.
Als er die Funkmasten erkannte, war Lange erleichtert und überrascht zugleich, denn irgendwie war es ihm unwahrscheinlich vorgekommen, daß sie nach einem Marsch von weit über 1.000 Seemeilen das Ziel direkt angesteuert und gefunden hatten.
"Auf Artillerie-Gefechtsstationen!"
Die Bedienung der Achtacht vorn auf Deck und die Männer der Dreisieben auf dem Turm nahmen ihre Positionen ein. Die Granaten wurden auf den Turm gemannt und dann die Rutsche abwärts an Deck befördert.
"Instruktion für die Besatzung: Wir laufen in 45 Grad Landpeilung an und gehen in Schußweite der Dreisieben auf Parallelkurs zur Küste. Nach Ablauf der Feuerstrecke wird Gegenkurs angesteuert und die Beschießung fortgesetzt."
Fünf Minuten später, es war inzwischen dunkel geworden, eröffnete die Achtacht das Feuer. Bereits die zweite Granate, die zu dieser russischen Funkstelle hinüberheulte, war ein Treffer, und als das Boot die günstige Schußposition auch für die Dreisieben erreicht hatte, fiel diese in das Feuer ein.
Plötzlich sprang ein rötlicher Punkt aus dem mittleren Gebäude, wohl der Funkbaracke, empor. Flammen schlugen aus dem Dach heraus und binnen kurzer Zeit stand das Gebäude in hellen Flammen.

"Das kleine Nebengebäude. Dort wird sich das Aggregat befinden!" befahl Lange, und der II. WO, der als Artillerieoffizier fungierte, ließ diesen Punkt unter Feuer nehmen.
In diesem Moment blitzte dort das Feuer einer Schnellfeuerkanone auf. "Sie schießen mit einer 4 cm-Bofors!" meldete der II. WO. — "Richtungswechsel auf das Feindgeschütz!"
Nach zwei Achtacht-Granaten war das Geschütz verstummt. U 711 war am Ende der guten Schußmöglichkeiten angelangt. Das Boot drehte mit Hartruder 20 und als es einen halben Kreis gelaufen hatte, hatten auch die Bedienungen der beiden Waffen die Rohre gedreht und eröffneten nach dieser kurzen Pause erneut das Feuer.
Der kleine niedrige Anbau wurde voll getroffen und flog mit einer grandiosen Flammenlanze in die Luft. Als das Boot in seine Ausgangsposition zurückgekommen war, war von dem Funklager der Sowjets nichts mehr zu erkennen. Es wurde von einem Qualmpilz überstiegen, aus dem immer noch Explosionen erschollen und brennendes Gut emporwirbelte.
Mit einer erneuten Drehung wandte sich das Boot nach Norden und lief mit AK ab. Nach einigen Seemeilen Fahrt drehte es auf Nordostkurs. Es stand nun zwischen der Insel Kolgujew und dem Festland. Mit Halber Fahrt lief es weiter und erreichte im Morgengrauen die Höhe von Kultbasa Smidowitscha. Es galt nunmehr, auch die Funkstation Plagepoluchia zu erreichen und sie ebenfalls auszuschalten.
"Alle Mann auf Gefechtsstationen!" hallte der Alarmruf am anderen Mittag um 15.03 Uhr durch das Boot. Die Brückenwache hatte Mastspitzen über der Kimm herauskommen sehen und darauf reagiert. Der Kommandant eilte auf den Turm und sah, wie eben die Aufbauten eines Zerstörers aus dem Dunst über der Kimm heraustraten. Mit einer Kursänderung versuchte Lange, dem Zerstörer zu entkommen und ungesehen zu bleiben. Aber der Zerstörer drehte mit.
"Auf Tauchstationen! — Alarmtauchen!"
U 711 glitt in die Tiefe der See hinunter. Es wurde auf 60 Meter Wassertiefe eingependelt und lief mit Schleichfahrt aus dem Kurs des Zerstörers hinaus. Der Zerstörer drehte nicht mit, und nach einer weiteren halben Stunde meldete der Mann am Gruppenhorchgerät, daß die Schraubengeräusche verstummt seien. Das Boot kehrte an die Wasseroberfläche zurück.
Mit Großer Fahrt lief U 711 dem zweiten Ziel entgegen. Um 20.18 Uhr wurde Land gesichtet, und eine halbe Stunde darauf hatten sie die Funkstation von Plagepoluchia im Blickfeld.
Wieder lief das Boot zum Artilleriegefecht an und schoß in die Funkstation der Russen hinein. Dreimal lief U 711 auf Parallelkurs zur Küste, und bereits nach dem ersten Vorbeilauf mit kleinster Fahrt stand

das Hauptgebäude dieser Funkstation ebenfalls in Flammen. Durch sein Fernglas sah Lange, wie die Funker die Gebäude verließen und hinter einer Bodenwelle verschwanden.

Als nur noch rauchende Trümmer übrig waren und auch das Benzinlager in die Luft flog, ließ Kapitänleutnant Lange abdrehen und wieder auf die offene See hinauslaufen. Dort wurde nach Mitternacht der FT-Spruch an den BdU abgesetzt: "Beide Funkstationen vernichtet."

Wenige Minuten später kam die Antwort des BdU zurück: "Gut gepaukt. Rückmarsch antreten!"

Getaucht durchlief das Boot die Kara-Straße. Mehrfach mußte vor Zerstörern zur Seite ausgewichen werden. Kurze Zeit darauf befand sich das Boot in einem Treibeisfeld. Lange mußte tauchen lassen, damit sie sich nicht den Bug verbogen, wie einer der Brückenwächter bemerkte.

Auf Höhe der Bäreninsel stehend geriet U 711 in einen der hier sehr schnell aufziehenden Stürme. Schnee trieb in beinahe waagerechten weißen Wänden von achtern gegen das Boot und hüllte die Männer ein.

Ein FT-Spruch von U 960 wurde gehorcht. Das Boot meldete den erfolgreichen Abschluß einer Minenaufgabe vor Port Dickson. Sein Standort war ganze fünf Grad höher, als jener von U 711. Dort mußte dichtes Treibeis stehen.

Kapitänleutnant Lange mußte eine Stunde später, als der Wind zum Sturm geworden war, auf 60 Meter Wassertiefe hinuntergehen und den Rückmarsch unter Wasser fortsetzen. Drei Tage später machte das Boot an der Pier von Narvik fest.

Auf der nächsten Feindfahrt war Kapitänleutnant Lange zunächst der U-Boot-Gruppe "Wiking" zugeteilt, die gemeinsam mit dem Schweren Kreuzer "Lützow" gegen einen Eismeerkonvoi angesetzt werden sollte. Doch es wurden keine Konvois gesichtet, und in der Folgezeit operierte das Boot gemeinsam mit U 960 ostwärts der Matockin-Straße. Hier kam es zu einem dramatischen Duell zwischen U 711 und einem Bewacher. Nicht weniger als drei Torpedos ließ Lange auf diesen zähen Burschen schießen, der immer wieder entkam, allerdings auch keine Zeit hatte, sich gegen das U-Boot zu wenden. Nach einer langen vergeblichen Jagd mußte das Boot schließlich wegen Treibstoffmangels den Rückmarsch antreten.

Der Kampf gegen die Zerstörer

Ende März 1944 stand U 711 wieder im Einsatzgebiet. Es sollte mit den anderen Booten, die aus Kirkenes, Drontheim, Bergen und seinem Stützpunkt Narvik ausgelaufen waren, auf den Geleitzug JW 58 operieren.
Die Bezeichnung JW-Konvoi war im Dezember 1942 für die vorher gültige Bezeichnung PQ eingesetzt worden. Dabei handelte es sich um Konvois, die von Loch Ewe zum Kola-Fjord unterwegs waren und den Russen Waffen und Munition aller Art lieferten. Ein Teil dieser Konvois lief meistenteils direkt nach Archangelsk oder Murmansk.
Die in entgegengesetzter Richtung laufenden Konvois wurden RA-Geleitzüge genannt.
U 711 gehörte mit den Booten U 277, U 355 und U 956 zur Gruppe "Blitz". Die Gruppen "Thor" mit vier und "Hammer" ebenfalls mit vier Booten kamen hinzu. Fünf weitere Boote waren zusätzlich angelaufen.
Kurz nach Mitternacht des 1. April gewann U 990 unter Oblt. z. S. Nordheimer Anschluß und gab Peilzeichen.
"Nordheimer ist dran, Herr Kaleunt!" empfing der I. WO den Kommandanten, der auf den Turm geentert war.
"Dann man los! — Kursänderung auf 94 Grad. Beide AK!"
Das Auf und Nieder der Dieselgeräusche verstärkte sich. U 711 glitt schneller durch die See, dem Punkt entgegen, wo der Konvoi gesichtet worden war.
Bis zum Abend hatte das Boot Anschluß gewonnen. Um 10.50 Uhr hatte sich auch U 968 unter Kptlt. Westphalen gemeldet und von starker Zerstörersicherung gesprochen.
Die Peilung des Bootes wurde heraufgegeben und abermals erfolgte eine Ruderkorrektur. Diesmal mußte das Boot herankommen.
Um 22.15 Uhr wurde die erste Sichtmeldung in die Zentrale hintergegeben, wo sich Lange mit dem LI besprach. Sofort eilte der Kommandant auf den Turm. Die ersten Aufbauten kamen heraus. U 711 meldete und gab ebenfalls Peilzeichen.
"Backbord querab niedriger Schatten! — Zerstörer, Herr Kaleunt!" meldete der backbordachterne Ausguck.
"T 5-Angriff auf den Zerstörer!"
Die UZO wurde auf den Turm gereicht, und binnen zweier Minuten wa-

ren die Werte in die Rechenanlage gewandert und wurden dort in die Schußwerte für den Torpedo umgewandelt.

Um 23.08 Uhr fiel der Einzelschuß. U 711 mußte vor einem weiteren Zerstörer in den Keller. Aber nach 126 Sekunden wurde der Torpedotreffer gehorcht und wenig später eine harte Detonation.

"Treffer auf Zerstörer. Offenbar ist auch seine Waboladung hochgegangen."

"Dann ist er mit Sicherheit weg, Herr Kaleunt!" meinte der Obersteuermann, der neben dem Kommandanten stand, der sich in den Sehrohrsitz hockte und nach dem Einpendeln auf Sehrohrtiefe einen Rundblick nahm.

Das Boot wurde abgedrängt, schloß am Nachmittag des nächsten Tages wieder heran und schoß um 18.47 Uhr einen Einzelschuß auf einen britischen Zerstörer. Unmittelbar nach U 711 kam auch U 739 zum Schuß auf den Zerstörer "Ashanti" und hörte ebenfalls einen Torpedotreffer.

Abermals mußte U 711 ablaufen. Es versuchte immer wieder heranzuschließen, kam aber nicht mehr zum Schuß. Wasserbombenverfolgungen schüttelten das Boot durch. Es kam nicht mehr heran und wurde am 9. April auf den nach England zurücklaufenden Konvoi RA 58 angesetzt. Da aber die meisten Boote zu weit achteraus standen, U 711 stand am weitesten zurück, mußte diese Operation am 10. April abgebrochen werden.

Das Boot trat den Rückmarsch nach Narvik an.

Ende April standen alle neu versorgten Boote wieder in See. Als die deutsche Luftaufklärung in der Nacht zum 29. April den Konvoi RA 59 sichtete, griffen die beiden U-Boot-Gruppen "Donner" und "Keil" mit insgesamt zwölf Booten an. In der Gruppe "Keil" stand auch U 711.

Am Abend des 30. April kam U 307 unter Herrle zum Angriff auf drei Schiffe, von denen es zwei als versenkt und eines als torpediert meldete.

U 387 unter Büchler torpedierte einen Zerstörer. Mit AK knüppelte U 711 heran.

Um 21.30 Uhr hatte das Boot den Konvoi erreicht und lief zum Angriff an. Alle Männer standen auf Gefechtsstationen. Das Boot lief zum Schuß herein. Alle Werte waren in die Aale eingegeben, als der TWO hinter der U-Boots-Zieloptik den Feuerbefehl gab: "Einzelschüsse aus den Rohren I bis III — los!"

In Minutenabstand zueinander verließen die drei Aale das Boot. Lange hatte einen T 5-Zerstörerknacker, einen FAT-Torpedo und einen normalen Aal schießen lassen.

Die Sekunden vertickten, und während die Männer im Bugraum bereits die Rohre nachluden, sah Lange den ersten Torpedo am Zerstö-

rer hochgehen. Es war ein Zerstörer der "Groznyi"-Klasse. Genau eine Minute später ging der Aal an dem weiter zurückgesetzt laufenden Frachter hoch, und nach 6 Minuten wurde eine dritte Detonation gehorcht, ohne daß Lange hätte sagen können, was er dort getroffen hatte.
Der amerikanische Dampfer "William S. Thayer" mit 7.176 BRT, der bis unter die Lukendeckel mit Lastwagen und Munition für die Rote Armee vollgeladen war, ging nach einer Reihe heftiger Explosionen bei 73.52 N/18.26 E in die Tiefe.
Lange mußte mit Alarmtauchen in den Keller, als ein weiterer Zerstörer in der Nacht sichtbar wurde und in Lage Null auf das Boot lospreschte. U 711 erhielt 108 Wasserbomben, die allerdings nicht trafen und nur leichte Schäden verursachten, die mit Bordmitteln beseitigt werden konnten.
Am 2. Mai mittags mußte das Boot vor einem abermals auftauchenden Zerstörer in die Tiefe. Auf Sehrohrtiefe eingependelt, trug der Kommandant diesem Zerstörer ebenfalls einen Torpedo an. Wieder lief ein T 5 auf einen der gefährlichsten Gegner der U-Boote zu. Aber der Schuß ging vorbei, und nach 9 Minuten und 7 Sekunden horchte der Mann hinter dem Gruppenhorchgerät eine Detonation. Der T 5 war Endstreckendetonierer.
Das Boot trat den Rückmarsch an.

Anfang August 1944 liefen U 957 unter Oblt. z. S. Schaar, U 362 unter Oblt. z. S. Franz, U 278 unter Kptlt. Franze und U 711 unter Hans-Günther Lange zur nächsten Feindfahrt aus. Die Boote U 739 und U 365 folgten nach. Operationsziel war die Kara-See.
Da in den nächsten Wochen nichts geschah, liefen U 957 und U 711 noch zu einer Ölergänzung zurück und versorgten nach ihrem neuen Auftauchen im Operationsgebiet die dort zurückgebliebenen Boote.
Als das Boot auf 71.10 Nord und 20.00 Grad Ost stand, erhielt es einen FT-Spruch, daß der B-Dienst ein nach Osten laufendes britisches Schlachtschiff gemeldet habe. Es handelte sich um das alte Schlachtschiff "Royal Sovereign", ein Riese von 29.150 BRT, das im Jahre 1915 vom Stapel gelaufen war.
Dieses Schlachtschiff sollte an Rußland ausgeliehen werden. Dazu hatte es den neuen Namen "Archangelsk" erhalten.

Eine gute Stunde nach Mitternacht meldete U 354 unter Kptlt. Sthamer die englische Fregatte "Bickerton" als versenkt und die Torpedierung des Geleitträgers "Nabob". Eine Stunde später wurde Kptlt. Lange auf den Turm seines Bootes gerufen.
"Mastspitzen voraus, Herr Kaleunt!" meldete der II. WO.
Das Glas an die Augen setzend, suchte der Kommandant den Seeraum voraus ab. U 711 glitt in eine dichte Nebelbank hinein. Nach den Berechnungen des Kommandanten mußte das Schiff dann in guter Position stehen, wenn er die Nebelbank durchlaufen hatte.
Als dann das Schiff in Sicht kam, stieß Lange schnaubend die Luft aus. "Schlachtschiff", sagte er. "Das kann nur die 'Archangelsk' sein. Alarm! — Schnelltauchen!"
Das Boot glitt ungesehen in die Tiefe, wurde auf Sehrohrtiefe eingependelt, und durch das ausgefahrene Angriffssehrohr sah der Kommandant, daß das Schlachtschiff in günstiger Position lief.
"FAT-Zweierfächer!" befahl Lange.
Die Zeit vertickte zäh. Dann meldete der Zielgeber "Hartlage."
"Fächer — los!"
Die Zeit vertickte, und nach 8 Minuten und 45 Sekunden traf der Zweierfächer das Schlachtschiff. Lange sah, daß die Torpedos vorn getroffen hatten. Aus dem vorderen Schornstein stieß eine starke Rauchwolke empor. "Treffer vorn!" berichtete er ins Boot. "Schlachtschiff

geht mit der Fahrt zurück. - - - Zwei, nein drei Zerstörer laufen längsseits zur 'Archangelsk'!"
Fünf Zerstörer liefen plötzlich an der Steuerbordseite des Riesenschiffes, um es zu decken.
"Angriff auf Zerstörer!"
Der T 5-Aal wurde um 7.28 Uhr, acht Minuten nach dem Zweierfächer geschossen. Es traf den 1.190 BRT großen russischen Zerstörer "Zarkij", der ebenfalls eine englische Leihgabe war und früher "Brighton" hieß.
Abdrehend und bis auf 120 Meter hinuntergehend, gelang es dem Boot, der folgenden Wasserbomben-Verfolgung zu entkommen. Vier Stunden dauerte die Jagd der Zerstörer, und als Lange danach auftauchen konnte, wußte er, daß er nur mit letzter Kraft entkommen war.
Nach der Meldung an den Führer der U-Boote Nordmeer, Korvettenkapitän Suhren, lief U 711 weiter nach Nordosten hinter dem Konvoi JW 59 her, der inzwischen angegriffen worden war. Am 26. August um 6.41 Uhr schoß Lange auf ein Boot, das er als U-Boot ansprach. Die Russen meldeten den Untergang eines zum Bewacher umgebauten Fischdampfers von 840 BRT.
Damit war diese ereignisreiche Feindfahrt für U 711 zu Ende. Das Boot kehrte in den Stützpunkt zurück.

Bis zum bitteren Ende im Einsatz

Als die U-Boot-Gruppe "Rasmus" im Februar 1945 gegen den nach Murmansk laufenden Konvoi JW 64 angesetzt wurde, der aus 26 Schiffen bestand und von zwei Geleit-Flugzeugträgern, dem Kreuzer "Bellona" und 17 weiteren Geleitfahrzeugen gesichert wurde, war den beteiligten Kommandanten der zwölf angesetzten Boote klar, daß es diesmal eine sehr harte Sache werden würde, denn die Wetterverhältnisse hatten sich sehr verschlechtert.
Die Gruppe "Rasmus", der auch U 711 angehörte, wurde in der Bärenenge postiert. Die vier anderen Boote vor dem Kolafjord, wo sie den Geleitzug erwarten sollten.
Kapitänleutnant Hans-Günther Lange, seit dem 26. August mit dem Ritterkreuz ausgezeichnet, hatte in der Zwischenzeit wieder einen Landangriff durchgeführt. Und zwar galt es diesmal, die russische Funkstation Sterligowa anzugreifen und außer Gefecht zu setzen. Gemeinsam mit den Booten U 739 unter Oblt. z. S. Mangold und Oblt. z. S. Schaar mit U 957 galt es, zum Nordende der Samojeden-Halbinsel zu laufen. 15 Seemeilen südlich des Westausgangs der Malygin-Straße, zwischen der Insel Bjelyi und dem Festland, lag damit ihr neues Operationsgebiet.
Eine Gruppe des B-Dienstes sollte diesen Einsatz begleiten. Am 21. September 1944, die drei Boote waren zu diesem fernen Ziel unterwegs, brach ein plötzlicher Temperatursturz herein. Die Boote hatten die Westsibirische See erreicht und liefen mit Nordostkurs auf die Spitze der Samojeden-Halbinsel zu.
Nach einem Zwischenfall mit einem russischen U-Boot, der für beide Seiten ohne Folgen blieb, erreichten die drei Boote den Ausgangspunkt der Operation. Im Schlauchboot kamen die Kommandanten der beiden anderen Boote zu U 711 herüber, um sich mit Kptlt. Lange, dem Führer des Einsatzes, zu beraten.
Danach liefen sie in der Nacht auf Land zu, um etwa eine Seemeile weit außerhalb die Schlauchboote zu Wasser zu lassen. Auf U 957 waren es zwei Boote, im zweiten saß Oblt. z. S. Schaar, und mit ihm fuhren die Männer des B-Dienstes ans Festland. Schaar hatte die Führung der Landeoperation übernommen. Lange blieb als Führer der in See wartenden Boote zurück.
Die Landung und Überrumpelung der russischen Funkbesatzung der Station gelang reibungslos. Als die russische Funkstelle in Port Dick-

son rief, zog der Funkmaat Kampmann von U 711 einen Scheinverkehr auf, indem er sich genau so verhielt, wie es auch die russischen Funker nach der Funkkladde getan hatten, die Kampmann lesen konnte. Danach setzte er auf der U-Boot-Welle, von der er nicht hoffte, daß sie eingepeilt wurde, einen FT-Spruch an die Operationsabteilung ab: "Panther ist gelungen."

Es hatte zu stürmen begonnen. An eine Rückfahrt mit den Schlauchbooten zu den U-Booten war unter diesen Umständen nicht zu denken. 40 Stunden lang hielt der Sturm an und ebenso lange tasteten sie ihren Scheinverkehr mit Port Dickson. Danach wurden die Sprengladungen angeschlagen, die Funkunterlagen und die Gefangenen in den Schlauchbooten verstaut und der Rückweg angetreten. Diesmal stiegen die Männer des B-Dienstes auf U 711 ein. Die Boote traten den Rückmarsch an. Eine Stunde später gingen die Zeitzünder-Sprengladungen hoch und vernichteten die Funkstation Sterligowa. Gerhard Schaar erhielt am 1. Oktober für diese Leistung und seine vorherigen Erfolge das Ritterkreuz.

Doch zurück zum Einsatz des Februar 1945. Das Boot hatte am 12. Januar 1945 in Narvik losgemacht und stand drei Tage später bereits auf der Höhe des Nordkaps. Die bewegte See setzte dem Boot arg zu, und mehr als einmal war der Kommandant versucht, einfach unter Wasser zu verholen, um der groben See und den Schneestürmen zu entgehen, aber er blieb oben. Allerdings mußten die Wachen alle Stunde abgelöst werden.

Solcherart kämpfte sich U 711 mit nur sieben Knoten Fahrt vorwärts. Als es dann in ein Treibeisfeld geriet, ließ Lange tauchen und im Unterwassermarsch weiterlaufen.

In den nächsten Tagen und Wochen war die Westsibirische See leer. U 711 stampfte auf dem befohlenen Suchkurs kreuz und quer durch die See. Am 10. Februar erhielt das Boot einen FT-Spruch des Führers der U-Boote Nordmeer, der es mit einigen anderen Booten aus der Barentsee in den Kola-Fjord dirigierte, wo sie einen einlaufenden Geleitzug erwarten sollten.

Als U 992 unter Oblt. z. S. Falke am frühen Morgen des 13. Februar die britische Korvette "Danbigh Castle" versenkte und Schiffe meldete, drehte U 711 sofort auf diese Sichtmeldung ein.

Am frühen Morgen des 14. Februar schälten sich Umrisse einiger Schiffe aus dem dichten Nebel heraus.

"Auf Gefechtsstationen!" befahl Lange. Das Boot wurde wenig später klar gemeldet. Es lief zum Angriff heran und kam um 10.39 Uhr zu zwei Zweierfächer auf jeweils ein großes Schiff.

Beide Schiffe wurden getroffen. Eines davon sank sofort, während das andere, die 7.200 BRT große "Horace Gray" beim Einschleppen sank,

als der russische Schlepper das Schiff vorzeitig vom Haken ließ. Die Versenkung des ersten Schiffes wurde vom Gegner nicht bestätigt.
Als eine Vielzahl alliierter Geleitschiffe und Kampfzerstörer am 16. Februar versuchten, die vor der Einfahrt in den Kola-Fjord lauernden deutschen U-Boote zu vertreiben, kam es zu erbitterten Duellen zwischen den U-Booten und den feindlichen Überwasserschiffen. Dennoch gelang es zwei deutschen U-Booten, und zwar U 968 und U 711, den dort auslaufenden Geleitzug anzugreifen, U 968 unter Westphalen versenkte die Sloop "Lark" und den 7.167 BRT großen Dampfer "Thomas Scott".
Als U 711 zum Angriff eindrehte, wurde das Boot von der Korvette "Bluebelle", die zur britischen Escort Force unter KAdm. McGrigor gehörte, angegriffen. Es gelang U 711, diesen Gegner mit einem T 5-Torpedo zu versenken. Als am 18. Februar die Fühlung abriß, ordnete der FdU Nordmeer den neuen Ansatz der Boote an und befahl U 286, U 711 und U 716 mit den ebenfalls verfügbaren weiteren Booten U 307, U 968 und U 992 zur Bärenenge zu marschieren, um dort den Geleitzug zu stellen. Aber keines der genannten Boote gewann mehr Fühlung.
Ein Angriff des Torpedo-Geschwaders 26 scheiterte ebenfalls. Es verlor sechs Maschinen, die durch den Jagdschutz des Geleitzuges abgeschossen wurden. Der am 23. Februar versenkte Nachzügler "Henry Bacon" war das letzte Schiff, das durch deutsche Flugzeuge im Zweiten Weltkrieg versenkt wurde.
Mit U 968 gleichzeitig erreichte U 711 den Stützpunkt. Es war noch einmal davongekommen und sollte auch noch zu einer weiteren Feindfahrt auslaufen.

Die letzte Feindfahrt

Am 21. März 1945 verließ U 711 mit den anderen einsatzbereiten Booten ein letztesmal Narvik. Alle Boote waren auf den Konvoi JW 66 angesetzt, dessen Auslaufen bereits am 16. April vom B-Dienst gemeldet worden war. Ein letztesmal lief die Eismeerflottille aus. Hinzu stießen die Boote der Flottille in Bergen.

Mit großer Fahrt marschierte U 711 in den Seeraum 70 sm westlich der Fischer-Halbinsel, um von dort aus im Unterwassermarsch zu seiner Lauerposition zu laufen und diese unbemerkt zu erreichen.

Die Gruppe "Faust", das letzte U-Boot-Rudel des Zweiten Weltkrieges, wurde aufgestellt. Vor Kola Inlet lagen nun dreimal drei deutsche U-Boote in Quadraten von jeweils drei Seemeilen Kantenlänge schußbereit.

Am 19. April wurde ein kleiner sowjetischer Dampfer gemeldet, der in guter Schußentfernung das Boot passierte. Lange ließ aus einer Distanz von 800 Metern einen Einzelschuß schießen. Der Dampfer wurde mittschiffs getroffen und sank, in zwei Teile zerbrechend, sofort.

In den nächsten Tagen warteten alle Boote auf das Auslaufen des Geleitzuges. Russische Zerstörer und die Einheiten der 19. Escort Group versuchten immer wieder, die vor dem Hafen liegenden U-Boote abzudrängen und zu vernichten. Am 25. April versuchte U 711 sich aus der Enge hinauszubugsieren, als das Boot von einem russischen Zerstörer angegriffen wurde. Lange ließ einen T 5 schießen. Der Zerstörer wurde schwer getroffen und Lange sah, wie er wegsackte und dann unterschnitt. (Leider haben die Russen niemals irgendwelche Verluste bestätigt.)

In einem letzten großen Paukenschlag hatten alle Boote am 29. April gegen eine vielfache Überzahl an U-Jägern und anderen Gegnern zu kämpfen. U 968 unter Westphalen und U 427 unter Graf Gudenus versenkten jeweils zwei Geleitfahrzeuge, die Treffer erwiesen sich allerdings im letzteren Falle als Nahdetonierer, während Westphalen den Geleitzerstörer "Goodall" traf.

An diesem Tag ging ein FT-Spruch auf U 711 ein. Er kam vom BdU. Darin wurde dem Kommandanten mitgeteilt, daß ihm als 853. Soldaten der Deutschen Wehrmacht das Eichenlaub zum Ritterkreuz des Eisernen Kreuzes verliehen worden sei.

U 711 gelang es, sich der intensiven Waboverfolgung durch die alliierten Zerstörer zu entziehen und am 3. Mai 1945 den Andsfjord zu erreichen. Wenig später machte das Boot in Harstad im Vagsfjord fest. Meldungen liefen ein, die das Ende ankündigten.

Am 5. Mai 1945 erlebte U 711 an der Pier in Harstad einen Fliegerangriff britischer Trägerflugzeuge, die von den Trägern "Searcher", "Queen" und "Trumpeter" gestartet waren. Diese Träger gehörten zu einer britischen Kampfgruppe unter KAdm. McGrigor. U 711 fiel den Bomben dieser Trägerflugzeuge zum Opfer. Mit ihm gingen noch das Depotschiff "Black Watch" und ein Tanker verloren.

Aus dem sinkenden Boot konnten sich nur ein Teil der Besatzung mit dem Kommandanten retten. U 711, das erfolgreichste Eismeerboot, das in zehn unvergleichlichen Einsätzen im Hohen Norden gekämpft hatte, war nicht mehr.

U 711 hatte damit das Schicksal so vieler deutscher U-Boote geteilt, die kämpfend in der See verschwunden waren. Es hatte neun Zerstörer torpediert und einige davon mit Sicherheit versenkt, fünf Handelsschiffe und eine Fregatte, sowie einen Trawler durch Artilleriebeschuß vernichtet und in einem Sondereinsatz mit einer Landungsgruppe die Funkstelle Sterligowa ausgeschaltet. Dazu Großadmiral Dönitz in einem Gespräch mit dem Chronisten nach dem Kriege:

"Lange war einer der zähesten Kommandanten, der nie die Nerven verlor. Ein Mann, der nicht nur für seine Besatzung zum Vorbild wurde."

Versenkungsliste von U 711 unter Kapitänleutnant Lange

02.04.44	18.47	brDD	"Ashanti"	1.870	
30.04.44	22.12	amD	"William S. Thayer"	7.176	73.52 N/18.26 E
30.04.44	22.14	rDD	"Groznyi-Klasse"	1.600	Treffer beobachtet
27.07.44	07.20	rBB	"Archangelsk"	29.150	Treffer beobachtet
27.07.44	07.28	rDD	"Zarkij"	1.190	Treffer
25.07.44	01.58	brDD	"Keppel"		mögl. Treffer
26.07.44	06.41	rSS	U-Boot S-Klasse		Treffer
14.01.45	10.39	amD	"Horace Gray"	7.200	68.23 N/33.47 E
14.01.45	10.39	- - -	- - -		Schiff torpediert
17.01.45	- - -	brK	"Bluebell"	925	69.36 N/25.29 E
22.03.45	- - -	rDf	- - -		Trawler versenkt
19.04.45	- - -	rD	- - -	3.000	versenkt (?)
25.04.45	- - -	rDD	- - -	1.200	versenkt

Gesamterfolge: 2 Schiffe mit 14.376 BRT versenkt
1 Schlachtschiff, neun Zerstörer torpediert
davon gesunken und bestätigt: "Bluebell"

Die unbekannten Boote: U 999 unter Oberleutnant zur See Werner Heibges

Es war März 1945, Ostpreußen stand in Flammen. Die rote Dampfwalze rollte durch das Land und begrub und zermalmte alles unter sich. Auf der Halbinsel Hela nahe Danzig drängten sich Zehntausende von Menschen. Alle waren auf der Flucht vor der Roten Armee, von der schauerliche Nachrichten bekannt wurden.
Hier erhielt Oblt. z. S. Werner Heibges, ein 24jähriger junger Kommandant, den Befehl, mit seinem Boot zunächst nach Hamburg zu verlegen, um sodann von dort aus nach Norwegen zu marschieren, im Nordmeer nach feindlichen Schiffen zu suchen und diese zu versenken.
Heibges sah die Zahl der Mütter mit kleinen Kindern, und er kannte auch den Befehl, k e i n e Flüchtlinge aufzunehmen, weil diese an Bord von U-Booten besonders gefährdet waren und auch den Unterwasser-Fahrbetrieb entscheidend behindert hätten.
Aber Heibges dachte nicht daran, diesem Befehl nachzukommen. "Ich mußte diesen armen Menschen einfach helfen", sagte er später. "Das militärische Risiko hielt ich für den Marsch nach Hamburg für vertretbar."
In der Nacht des 14. März ließ er neben den 50 Männern der Besatzung noch 40 Flüchtlinge in die Stahlröhre klettern. Er wußte, daß auf See russische U-Boote, Flieger und Minensperren Gefahren bringen konnten.

Getaucht ließ er U 999 auf dem sogenannten "Zwangsweg", der minenfrei war, ablaufen. Sein nächsten Ziel für die Flüchtlinge war das zunächst noch sichere Warnemünde. Bis dahin waren es 270 Seemeilen, etwa 500 Kilometer Fahrt. In Unterwasserfahrt lief das Boot in den nächsten 48 Stunden 140 Seemeilen nach Westen.
Eine solche "Fracht" hatte noch kein U-Boot der Welt gesehen. In der Zentrale, dem Nervenzentrum des Bootes, hingen Windeln auf der Leine. Sicher hat auch noch niemals vorher ein Wachoffizier kleinen Kindern Andersens Märchen vorgelesen, und der Leitende Ingenieur lernte hier noch ein Fläschchen zuzubereiten, denn das erste, das er mit Kondensmilch gefüllt hatte, wurde von einem der Babies nicht angenommen.
Vor Bornholm tauchte U 999 auf, und in den folgenden elf Stunden wurden die restlichen 130 Seemeilen im Überwassermarsch zurückgelegt.
In Warnemünde gingen diese 40 Geretteten aus Danzig-Hela von Bord. Der Kommandant sagte seinen "sieben Geißlein", wie er die Kinder nannte, die zur Großfamilie Müller gehörten, Lebewohl.
Das Boot lief weiter auf Westkurs und erreichte am 1. April 1945 den Bunker des U-Boot-Stützpunktes Hamburg-Finkenwerder. Hier sollte ein Schnorchelmast montiert werden, damit das Boot dauernd getaucht laufen konnte; aber am 9. April kam das Ende. Eine schwere Bombe durchschlug die meterdicke Betondecke und beschädigte das Boot schwer; es konnte noch einmal repariert werden, und am 5. Mai 1945 versenkte der Kommandant sein Boot in der Geltinger Bucht, damit es dem Gegner nicht in die Hände fiel.
Im Frühjahr 1985 gelang es der Familie Müller, ihren Kommandanten wiederzufinden und kurz darauf konnte der heutige Regierungsdirektor Wolfang Heibges auch seine "sieben Geißlein" wiedersehen.

Die Kommandanten:

Korvettenkapitän Heinrich Bleichrodt, geb. am 21. Oktober 1909 in Berga/Kyffhäuser. Kommandant U 48 und U 109. Ritterkreuz am 24. Oktober 1940; 125. Eichenlaub am 23. September 1942.
Letzte Dienststellung: Chef 22. U-Flottille.
Gesamterfolg: 28 Schiffe mit 162.171 BRT.
Gestorben am 9. Januar 1977

Fregattenkapitän Albrecht Brandi, geb. am 20. Juni 1914 in Dortmund. Kommandant U 617, U 380, U 967. Ritterkreuz am 21. Januar 1943; 224. Eichenlaub am 11. April 1943; 66. Schwerter am 9. Mai 1944; 22. Brillanten am 23. November 1944.
Letzte Dienststellung: Chef Marine-Kleinkampf-Verbände.
Gesamterfolg: 12 Schiffe mit 27.989 BRT, darunter Minenkreuzer "Welshman".
Gestorben am 6. Januar 1966

Korvettenkapitän Peter Erich Cremer, geb. am 25. März 1911 in Metz/Lothringen. Kommandant U 333. Ritterkreuz am 5. Juni 1942.
Gesamterfolg: 7 Schiffe mit 35.968 BRT.
Letzte Dienststellung: Kommandeur des Wachbataillons "Dönitz".

Kapitänleutnant Engelbert Endrass, geb. am 2. März 1911 in Bamberg. Kommandant U 46 und U 567. Ritterkreuz am 5. September 1940; 14. Eichenlaub am 10. Juni 1941.
Gesamterfolg: 26 Schiffe mit 142.105 BRT.
Gefallen am 21. Dezember 1941

Kapitänleutnant Horst Arno Fenski, geb. am 3. November 1918 in Königsberg/Preußen. Kommandant U 410 und U 371. Ritterkreuz am 26. November 1943.
Gesamterfolg: 9 Schiffe mit 53.649 BRT; darunter Kreuzer "Penelope".
Gestorben am 10. Februar 1965.

Korvettenkapitän Reinhard Hardegen, geb. am 18. März 1913 in Bremen. Kommandant U 147 und U 123. Ritterkreuz am 23. Januar 1942; 89. Eichenlaub am 23. April 1942.
Gesamterfolg: 24 Schiffe mit 138.204 BRT.

Kapitän zur See Werner Hartmann, geb. am 11. Dezember 1902 in Silstedt/Harz. Kommandant U 37 und U 198. Ritterkreuz am 9. Mai 1940; 645. Eichenlaub am 5. November 1944.
Gesamterfolg: 25 Schiffe mit 111.645 BRT.
Letzte Dienststellung: Kommandeur des Marine-Grenadier-Rgt. 6.
Gestorben am 26. April 1963

Korvettenkapitän Werner Henke, geb. am 13. Mai 1908 in Rudak/Thorn. Kommandant U 515. Ritterkreuz am 17. Dezember 1942; 257. Eichenlaub am 4. Juli 1943.
Gesamterfolg: 24 Schiffe mit 155.714 BRT, 1 Patrol Ship mit 1.350 tons.
Gefallen am 15. Juni 1944 (beim Fluchtversuch)

Fregattenkapitän Günther Hessler, geb. am 14. Juni 1909 in Beerfeld, Kreis Lebus. Kommandant U 107. Ritterkreuz am 24. Juni 1941.
Gesamterfolg: 21 Schiffe mit 118.822 BRT.
Letzte Dienststellung: 1. Admiralsstabsoffizier des BdU.
Gestorben am (unbekannt)

Kapitän zur See Ernst Kals, geb. am 2. August 1905 in Glauchau/Sachsen. Kommandant U 130. Ritterkreuz am 1. September 1942.
Gesamterfolg: 21 Schiffe mit 149.191 BRT.
Letzte Dienststellung: Chef des Stützpunktes Lorient.
Gestorben am 8. November 1979

Kapitänleutnant Siegfried Koitschka, geb. am 6. August 1917 in Bautzen. Kommandant U 616. Ritterkreuz am 27. Januar 1944.
Gesamterfolg: 2 Schiffe mit 17.754 BRT, darunter Zerstörer "Buck".

Kapitänleutnant Hans-Günther Lange, geb. am 28. September 1916 in Hannover. Kommandant U 711. Ritterkreuz am 26. August 1944; 846. Eichenlaub am 29. April 1945.
Gesamterfolg: 2 Schiffe mit 14.376 BRT. Beschießung russischer Funkstationen und Landungsoperation.

Fregattenkapitän Heinrich Lehmann-Willenbrock, geb. am 11. Dezember 1911 in Bremen. Kommandant U 96. Ritterkreuz am 26. Februar 1941; 51. Eichenlaub am 31. Dezember 1941.
Gesamterfolg: 25 Schiffe mit 183.253 BRT.
Letzte Dienststellung: Chef der 11. U-Flottille.

Korvettenkapitän Georg Lassen, geb. am 12. Mai 1915 in Berlin. Kommandant U 160. Ritterkreuz am 10. August 1942; 208. Eichenlaub am 7. März 1943.
Gesamterfolg: 25 Schiffe mit 156.032 BRT.
Letzte Dienststellung: Kompaniechef in der 1. U-Boot-Lehrdivision.

Kapitänleutnant Fritz-Julius Lemp, geb. am 19. Dezember 1913 in Tsingtau. Kommandant U 39 und U 110. Ritterkreuz am 14. August 1940.
Gesamterfolg: 17 Schiffe mit 68.607 BRT.
Gefallen am 9. Mai 1941

Fregattenkapitän Heinrich Liebe, geb. am 29. Januar 1908 in Gotha. Kommandant U 38. Ritterkreuz am 14. August 1940; 13. Eichenlaub am 10. Juni 1941.
Gesamterfolg: 32 Schiffe mit 168.506 BRT.
Letzte Dienststellung: Referent im OKM 2. Skl-BdU op.

Kapitän zur See Wolfgang Lüth, geb. am 15. Oktober 1913 in Riga. Kommandant U 9, U 138, U 43 und U 181. Ritterkreuz am 24. Oktober 1940; 142. Eichenlaub am 13. November 1942; 29. Schwerter am 15. April 1943; 7. Brillanten am 9. August 1943.
Gesamterfolg: 47 Schiffe mit 221.981 BRT, darunter U-Boot "Doris"
Letzte Dienststellung: Kommandeur Marineschule Flensburg-Mürwik.
Gefallen am 15. Mai 1945 (von Wachtposten erschossen)

Kapitän zur See Karl-Friedrich Merten, geb. am 15. August 1905 in Posen. Kommandant U 68. Ritterkreuz am 13. Juni 1942; 147. Eichenlaub am 16. November 1942.
Gesamterfolg: 27 Schiffe mit 170.275 BRT.
Letzte Dienststellung: zur Verfügung des Marineoberkommandos West.

Korvettenkapitän Johann Mohr, geb. am 12. Juni 1916 in Hannover. Kommandant U 124. Ritterkreuz am 27. März 1942; 177. Eichenlaub am 13. Januar 1943.
Gesamterfolg: 29 Schiffe mit 135.067 BRT; darunter Korvette "Mimose" und Kreuzer "Dunedin".
Gefallen am 3. April 1943

Kapitänleutnant Rolf Mützelburg, geb. am 23. Juni 1913 in Kiel. Kommandant U 203. Ritterkreuz am 17. November 1941; 89. Eichenlaub am 15. Juli 1942.
Gesamterfolg: 21 Schiffe mit 83.284 BRT.
Verunglückt am 11. September 1942

Korvettenkapitän Günther Prien, geb. am 16. Januar 1908 in Osterfeld/Thüringen. Kommandant U 47. Ritterkreuz am 18. Oktober 1939; 5. Eichenlaub am 20. Oktober 1940.
Gesamterfolg: 33 Schiffe mit 208.501 BRT; darunter Schlachtschiff "Royal Oak".
Gefallen am 8. März 1941

Korvettenkapitän Helmut Rosenbaum, geb. am 11. Mai 1913 in Döbeln/Sachsen. Kommandant U 73. Ritterkreuz am 12. August 1942.
Gesamterfolg: 6 Schiffe mit 53.400 BRT; darunter Flugzeugträger "Eagle".
Letzte Dienststellung: Chef der 30. U-Flottille.
Verunglückt am 10. Mai 1944

Kapitänleutnant Joachim Schepke, geb. am 8. März 1912 in Flensburg. Kommandant U 3, U 19 und U 100. Ritterkreuz am 24. September 1940; 7. Eichenlaub am 20. Dezember 1940.
Gesamterfolg: 37 Schiffe mit 145.842 BRT.
Gefallen am 17. März 1941

Korvettenkapitän Adalbert Schnee, geb. am 31. Dezember 1913 in Berlin. Kommandant U 60 und U 201. Ritterkreuz am 30. August 1941; 105. Eichenlaub am 15. Juli 1942.
Gesamterfolg: 24 Schiffe mit 88.995 BRT.
Letzte Dienststellung: Kommandant U 2511 (E-Boot)
Gestorben am 4. November 1982

Fregattenkapitän Klaus Scholtz, geb. am 22. März 1908 in Magdeburg. Kommandant U 108. Ritterkreuz am 26. Dezember 1941; 123. Eichenlaub am 10. September 1942.
Gesamterfolg: 25 Schiffe mit 123.990 BRT.
Letzte Dienststellung: Kommandeur des III. Bataillons/Marine-Regiment "Badermann".

Korvettenkapitän Wilhelm Schulz, geb. am 10. März 1906 in Köln. Kommandant U 64 und U 124. Ritterkreuz am 4. April 1941.
Gesamterfolg: 19 Schiffe mit 88.986 BRT.
Letzte Dienststellung: Chef 25. U-Flottille.

Kapitänleutnant Hans-Diedrich von Tiesenhausen, geb. 22. Februar 1913 in Riga. Kommandant U 331. Ritterkreuz am 27. Januar 1942.
Gesamterfolg: 2 Schiffe mit 40.435 BRT versenkt; darunter Schlachtschiff "Barham".

Fregattenkapitän Erich Topp, geb. am 2. Juli 1914 in Hannover. Kommandant U 57 und U 552. Ritterkreuz am 20. Juni 1941; 87. Eichenlaub am 11. April 1942; 17. Schwerter am 17. August 1942.
Gesamterfolg: 35 Schiffe mit 192.611 BRT.
Letzte Dienststellung: Kommandant U 2513 (E-Boot).

Kapitänleutnant Hans Trojer, geb. am 22. Januar 1916 in Birthähn/Siebenbürgen. Kommandant U 221. Ritterkreuz am 24. März 1943.
Gesamterfolg: 11 Schiffe mit 69.589 BRT.
Gefallen am 27. September 1943

Kapitänleutnant Herbert Wohlfarth, geb. am 5. Juni 1915 in Kanagawa/Japan. Kommandant U 14, U 137, U 556. Ritterkreuz am 15. Mai 1941.
Gesamterfolg: 21 Schiffe mit 61.467 BRT.
Gestorben im August 1982

(Dienstränge: die zuletzt erreichten. Torpedierungen und nicht vom Gegner bestätigte Versenkungen sind in dieser Liste nicht aufgeführt.)

Danksagung

Der besondere Dank des Autors gilt allen U-Boot-Fahrern, die ihn seit Jahrzehnten in seinem Bemühen um eine lückenlose und exakte Darstellung des U-Boot-Krieges unterstützten; ohne Übertreibung ist zu sagen, daß ohne ihre Hilfeleistung das Werk nicht in der vorliegenden Fassung hätte entstehen können.
Zu früheren Werken hat Großadmiral a. D. Karl Dönitz in selbstloser Weise beigetragen. In vielen Gesprächen konnte die Situation des U-Boot-Krieges verdeutlicht werden.
Das Bundesarchiv/Militärarchiv in Freiburg/Brg. war seit Jahrzehnten hilfreich und hat in dankenswerter Weise immer wieder alles vorhandene Material vorbereitet. Vor allem die Kriegstagebücher des Führers/Befehlshabers der U-Boote, KTB verschiedener U-Boote und KTB der Seekriegsleitung.
Der Verband Deutsche U-Bootfahrer e. V., Kapitän zur See a. D. Diggins, war ebenfalls hilfreich.
Aus dem U-Boot-Archiv Westerland im Verband Deutscher U-Bootfahrer e. V. stammen eine Vielzahl der Fotos und wertvolle Hinweise. Der Gründer und Leiter des Archivs, Horst Bredow, besorgte die kritische Durchsicht des Manuskripts vor Drucklegung; ihm gilt der besondere Dank des Autors und des Verlags.

Dortmund, im Juli 1986   Franz Kurowski

Abkürzungsverzeichnis

äg	— ägyptischer Dampfer
AK	— äußerste Kraft
amD	— amerikanischer Dampfer
Asdic	— U-Boot-Ortungsgerät
Asto	— Admiralstabsoffizier
BB	— Schlachtschiff
beD	— belgischer Dampfer
BdU	— Befehlshaber der U-Boote
BdU op	— Operationsabteilung des BdU
brD	— britischer Dampfer
bzD	— brasilianischer Dampfer
BRT	— Bruttoregistertonnen
caD	— kanadischer Dampfer
CL	— Leichter Kreuzer
CM	— Minenkreuzer
CVE	— Geleitträger
däD	— dänischer Dampfer
DD	— Zerstörer
DE	— Geleitzerstörer
E-Boot	— Elektro-U-Boot
E-Maschine	— Elektromaschine
ETO	— Elektrotorpedo
FdU	— Führer der U-Boote
fiD	— finnischer Dampfer
FlaMW	— Flak-Maschinenwaffe
frD	— französischer Dampfer
FT	— Funk-Telegraphie
FT	— Freetown-Trinidad-Konvoi
grD	— griechischer Dampfer
G 7s	— Falke-Torpedo
HG	— Gibraltar-England-Konvoi
HX	— Halifax-England-Konvoi
I. WO	— Erster Wachoffizier
II. WO	— Zweiter Wachoffizier
Ing.	— Ingenieur
KJ	— Kingston-Europa-Konvoi
KKpt.	— Korvettenkapitän

KMF	— England-Mittelmeer-Konvoi
Kptlt.	— Kapitänleutnant
Kpt. z. S.	— Kapitän zur See
LI	— Leitender Ingenieur
LS	— Landungsschiff
LST	— Tanklandungsschiff
MLA	— Marine-Lehrabteilung
niD	— niederländischer Dampfer
nwD	— norwegischer Dampfer
OB	— Liverpool-Nordamerika-Konvoi
Oblt.	— Oberleutnant
OG	— England-Gibraltar-Konvoi
ON	— Methil-Bergen-Konvoi
ONS	— England-Nordamerika-Konvoi
OS	— England-Freetown-Konvoi
PQ	— Island-Nordrußland-Konvoi
QP	— Nordrußland-Island-Konvoi
SC	— Sydney (Nordamerika)-England-Konvoi
saD	— südafrikanischer Dampfer
Skl	— Seekriegsleitung
SL	— Sierra Leone-England-Konvoi
SS	— U-Boot
SSS	— Submarine — U-Boot
swD	— schwedischer Dampfer
TA	— England-USA-Konvoi
TAG	— Trinidad-Aruba-Guantanamo-Konvoi
TF	— Trinidad-Freetown-Konvoi
TWO	— Torpedo-Wachoffizier
T-5	— Torpedo (Zerstörerknacker)
US	— United States
USA	— Vereinigte Staaten von Amerika
UZO	— U-Boot-Zieloptik

Quellenangabe und Literaturverzeichnis

Alman, Karl:	"Ritter der sieben Meere", Rastatt 1963
ders.:	"Angriff, ran versenken!", Rastatt 1965
ders.:	"Graue Wölfe in blauer See", Rastatt 1967
ders.:	"U-Boot-Krieg im Mittelmeer", Herrsching 1985
ders.:	"Günther Prien — Der Wolf und sein Admiral", Leoni 1981
ders.:	"Großlandung in der Seinebucht", Rastatt 1962
ders.:	"Großadmiral Karl Dönitz — Vom U-Boot-Kommandant zum Staatsoberhaupt", Berg 1983
ders.:	"U-Boot-Asse", Wien 1981
Antier, Jean-Jaques:	"Historie mondiale du sous-marin", Paris 1963
Auphan und Mordal, Jaques:	"La marine francaise dans la seconde Guerre mondiale", Paris 1959
Bekker, Cajus:	"Kampf und Untergang der Kriegsmarine", Hannover 1953
ders.:	"Verdammte See", Oldenburg 1973
Bernotti, Romeo:	"Storia della guerra nel Mediterraneo", Rom 1960
Brandi, Albrecht:	"Meine Mittelmeer-Einsätze", i. MS
Brennecke, Jochen:	"Jäger — Gejagte", Biberach/Riss, 1956
Brustat-Naval, Fritz und Suhren, Teddy:	"Nasses Eichenlaub — Als Kommandant und F.d.U. im U-Boot-Krieg", Herford 1983
Buchheit, Gert:	"Der U-Boot-Krieg in der deutschen Strategie, 1939 — 1945", ZS 1972
Busch, Dr. Harald:	"So war der U-Boot-Krieg", Bielefeld 1957
Busch, Fritz-Otto:	"Großadmiral Karl Dönitz", Rastatt 1963
Chatterton Edward K.:	"Fighting the U-Boats", London 1963
Cocchia, Aldo:	"Sommergibili all' attacco", Rom 1955
ders.:	"Convogli", Neapel 1956
Churchill, Sir Winston:	"Memoiren, Der Zweite Weltkrieg", Bern 1954
Cope, H. F. und Karig, Walter:	"Battle submerged", New York 1951
Creswell, John:	"Sea warfare 1939 — 1945", London 1950
Cunningham, Lord Andrew B.:	"A saylors odyssee", London 1951
Dönitz, Karl:	"Zehn Jahre und 20 Tage", Bonn 1958
ders.:	"U-Boot-Waffe", Berlin 1939
ders.:	"Bedeutung der Seestrategie im Zweiten Weltkrieg", i. Ms.
ders.:	"Mein wechselvolles Leben", Göttingen, Zürich, Berlin, Frankfurt 1968
ders.:	"Der Krieg in 40 Fragen", Table Ronde, Paris 1970
ders.:	"Bedeutung der Seestrategie im Zweiten Weltkrieg", i. Ms. 1962
ders.:	"Kräftebinden des U-Boot-Krieges ab Mai 1943", i. Ms. 1962
ders.:	"Wie ich Günther Prien sah", (Gespräche mit dem

	Großadmiral), "Meine U-Boot-Männer" (Gespräche mit dem Großadmiral)
ders.:	"Pfingstansprache am U-Boot-Ehrenmal in Laboe", i. MS 1962
ders.:	"Die Schlacht im Atlantik in der deutschen Strategie des Zweiten Weltkrieges", ZS 1964
ders.:	"Kriegstagebücher, Befehle, KTB 1. und 2. Halbjahr", 1941
ders.:	"Skl Ib 1321/41 gKdos, Chefsache und 1. Skl Teil D PG 31798 und PG 31801a 15m" (beide in Abschrift übergeben)
Frank, Wolfgang:	"Prien greift an", Hamburg 1942
ders.:	"Die Wölfe und der Admiral", Oldenburg 1953
Frank, Walter:	"Dokumentation zur Zeitgeschichte: Großadmiral Karl Dönitz", Wilhelmshaven 1981
Fraschka, Günter:	"Mit Schwertern und Brillanten", Rastatt 1961
Gayer, A.:	"Die deutschen U-Boote in der Kriegführung 1914 — 1918", Berlin o. J.
Geisenheyner, Stefan:	"U-Bootabwehr, eine unmögliche Aufgabe?", ZS 10/1974
Godt, Erhard:	"Der U-Bootkrieg, in: Bilanz des Zweiten Weltkrieges", Oldenburg 1953
Görlitz, Walter:	"Der Zweite Weltkrieg 1939 — 1945", Stuttgart 1951, Bd. I und II
Gröner, Erich:	"Die deutschen Schiffe der Kriegsmarine und Luftwaffe 1939 — 1945", München 1954
Hardegen, Reinhard:	"Auf Gefechtsstationen", Leipzig 1943
Hessler, Günther:	"Meine Feindfahrten", i. Ms. 1963
Hartmann, Werner:	"U-Boot westwärts!", Berlin 1940
Hillgruber-Hümmelchen:	"Chronik des Zweiten Weltkrieges", Frankfurt/Main 1966
Hirschfeld, Wolfgang:	"Feindfahrten", Wien 1982
Jacobsen, Hans-Adolf und Rohwer, Dr. J.:	"Entscheidungsschlachten des Zweiten Weltkrieges", Frankfurt/Main 1960
Klepsch, Peter:	"Die fremden Flotten im Zweiten Weltkrieg und ihr Schicksal", München 1968
Kraus, Hans-Werner:	"U-Boot-Krieg im Mittelmeer", i. MS 1966
Kreisch, Leo:	"Vom Einsatz deutscher U-Boote im Mittelmeer", i. MS 1966
ders.:	"Führungsorganisation und Einsatzgebiet im Mittelmeer", i. MS 1966
ders.:	"U-Boot-Erfolge im Mittelmeer", i. MS 1966
Kühn, Volkmar:	"Torpedoboote und Zerstörer im Einsatz 1939 — 1945", Stuttgart 1985 (5. Aufl.)
ders.:	"Schnellboote im Einsatz 1939 — 1945", Stuttgart 1975
Kurowski, Franz:	"Zu Lande, zu Wasser, in der Luft", Bochum 1976
ders.:	"Krieg unter Wasser", Düsseldorf 1979
ders.:	"Mit Eichenlaub und Schwertern", Herrsching 1985
ders.:	"Tondokumente und Gespräche mit U-Boot-Fahrern 1962 bis 1986"

Lüth, Wolfgang und Korth, Klaus:	"Boot greift wieder an!", Berlin 1944
Macintyre, Donald:	"U Boat Killer", London 1956
Mars, Alastair:	"Unbroken, true story of a Submarine", Edinburgh 1962
Mason, David:	"Submarine warfare. The War at Sea 1940 — 1945", ZS 1968
Meister, Jürg:	"Der Seekrieg in den osteuropäischen Gewässern", München 1958
Metzler, Jost:	"Sehrohr südwärts!", Berlin 1943
Mielke, Otto:	"Die deutschen U-Boote 1939 — 1945", München 1959
Moll, Dr. O. E.:	"Die deutschen Generalfeldmarschälle", Rastatt 1961
Morison, Samuel, E.:	"United States Naval Operations in World War II", Vol. I-XV, Boston 1950-57
Murat, S.:	"La guerre sous-marin en atlantique", Paris 1946
Prien, Günther:	"Mein Weg nach Scapa Flow", Berlin 1940
Raeder, Erich:	"Mein Leben", Bd. 2 Tübingen 1957
Range, Clemens:	"Die Ritterkreuzträger der Kriegsmarine", Stuttgart 1974
Robertson, Terence:	"Jagd auf die Wölfe", Oldenburg 1960
ders.:	"Der Wolf im Atlantik", Wels 1962
Rohlfing, Friedrich:	"Deutsche Marinegeschichte", Eutin 1956
Rohwer, Dr. Jürgen:	"U-Boote", Oldenburg 1962
ders.:	"Die U-Boot-Erfolge der Achsenmächte 1939 — 1945", München 1968
ders.:	"Der U-Boot-Krieg und sein Zusammenbruch, in: Entscheidungsschlachten des Zweiten Weltkrieges", Frankfurt/Main 1960
ders.:	"Deutsche U-Boote auf den sibirischen Seewegen", Herford 1972; "Köhlers Flottenkalender"
ders. und Hümmelchen, G.:	"Chronik des Seekrieges 1939 — 1945", Oldenburg 1968
Roscoe, Theodore:	"United States submarine Operations in World War II", Annapolis 1945
ders.:	"United States Destroyer Operations in World War II", Annapolis 1953
Roskill, S. W.:	"The War at Sea", Vol I bis III-IV, London 1954-56
ders.:	"Royal Navy", Oldenburg 1961
ders.:	"Das Geheimnis um U 110", Frankfurt 1960
Ruge, Friedrich:	"Der Seekrieg 1939 — 1945", Stuttgart 1954
Schepke, Joachim:	"U-Boot-Fahrer von heute", Berlin 1940
Schürholz, Peter:	"Die Schicksale der deutschen U-Boote 1939 — 1945", Heidenheim o. J.
Schulz, Joh.:	"Tödlicher Atlantik", Wuppertal 1962
ders.:	"Der letzte Torpedo", Balve 1960
ders.:	"Unternehmen Oberlord", Balve 1961
ders.:	"Fackeln der Vernichtung", Balve 1961
Shankland, Peter und Hunter, Antony:	"Durchbruch nach Malta", München 1963
Siverstone, Paul, H.:	"US Warships of World War II", London 1965

Raiola, Giulio:	"Uomini dell' Atlantico", Milano 1973
Trizzino, Antonio:	"Sopra di noi l'Oceano", Mailand 1962
Turner, John Frayn:	"Periscope Patrol", London 1957
Wagner, Gerhard, Hrgb.:	"Lagevorträge des Oberbefehlshabers der Kriegsmarine vor Hitler 1939 — 1945", München 1972
Warlimont, Walter:	Im Hauptquartier der Deutschen Wehrmacht, Frankfurt/Main 1962